U0052604

張大可
韓兆琦 等 注譯

新譯資治通鑑

(十八)

宋紀十四—十六
齊紀一—四

三民書局 印行

國家圖書館出版品預行編目資料

新譯資治通鑑(十八) / 張大可,韓兆琦等注譯.——
初版一刷.——臺北市: 三民, 2017
冊; 公分.——(古籍今注新譯叢書)
ISBN 978-957-14-6236-3 (平裝)
1. 資治通鑑 2. 注釋

610.23 105022866

© 新譯資治通鑑(十八)

注譯者	張大可 韓兆琦等
責任編輯	陳榮華
美術設計	李唯綸
發行人	劉振強
著作財產權人	三民書局股份有限公司
發行所	三民書局股份有限公司
	地址 臺北市復興北路386號
	電話 (02)25006600
	郵撥帳號 0009998-5
門市部	(復北店) 臺北市復興北路386號
	(重南店) 臺北市重慶南路一段61號
出版日期	初版一刷 2017年1月
編號	S 034200

行政院新聞局登記證局版臺業字第〇二〇〇號

有著作權・不准侵害

ISBN 978-957-14-6236-3 (平裝)

http://www.sanmin.com.tw 三民網路書店

※本書如有缺頁、破損或裝訂錯誤,請寄回本公司更換。

新譯資治通鑑 目次

第十八冊

卷第一百三十二

宋紀十四

起強圉協洽（丁未　西元四六七年），盡上章閹茂（庚戌　西元四七〇年），凡四年。

【題　解】本卷寫宋明帝泰始三年（西元四六七年）至泰始六年共四年間的劉宋與北魏等國的大事。主要寫了宋將張永、沈攸之見魏軍已進駐彭城，遂率軍南退，被魏將尉元、薛安都等追擊，大破於呂梁之東，枕屍六十餘里，淮北四州與豫州之淮西諸郡遂盡入魏人之手；寫了沈文秀、崔道固被青、冀之人所攻，乞降於魏，並攻為朝廷據守之明僧暠，朝廷遣劉懷珍浮海救之，劉懷珍有勇有謀，進擊獲勝，沈文秀、崔道固又乞降歸宋，二人遂又轉而為劉宋據守青、冀二州；寫魏將慕容白曜用酈範之謀先破殺宋將申纂於無鹽；又獲肥城、垣苗、麋溝，齊地大震；寫了宋明帝劉彧強令沈攸之二次進攻彭城，結果又被尉元的部將孔伯恭所慘敗，還屯淮陰；寫了魏將尉元以書說諭王玄載，輕取下邳；魏將孔伯恭等繼續攻取宿豫、淮陽，宋將皆棄城逃去；寫魏將尉元取得團城，又取兗州、蘭陵；魏將慕容白曜說降崔道固、劉休賓，取得歷城、梁鄒；寫了宋派沈文靜率軍救青州，被魏軍圍殺於不其城；寫了魏將慕容白曜圍攻青州，沈文秀堅守三年，青州被魏軍攻克，從此青、冀地區盡入於魏；慕容白曜對青、冀一帶撫御有方，新沒之民遂皆安之於魏；寫了魏之馮太后還政於其子拓跋弘，拓跋弘勤於政事，頗有作為；寫了柔然部真可汗侵魏，魏主拓跋弘用張白澤之議數道北伐柔然，大破柔然於武川；寫了魏主拓跋弘挾舊怨殺其名將慕容白曜，又因內部矛盾殺其舊臣李順之子李敷、李奕兄弟諸人；此外還寫了宋明帝劉彧殺其弟廬江王劉褘，其兄劉休仁因位尊權大，亦招致劉彧懷疑而對之不滿；以及宋將蕭道成在軍中日久，勢力日大，劉彧召之入朝，蕭道成製造邊境緊張，以求繼續屯駐於淮陰等等。

太宗明皇帝中

泰始三年（丁未　西元四六七年）

春，正月，張永等棄城夜遁❶。會❷天大雪，泗水冰合❸，永等棄船步走，士卒凍死者太半❹，手足斷者什七八❺。尉元邀其前❻，薛安都乘其後❼，大破永等於呂梁之東❽，死者以萬數❾，枕尸六十餘里❿，委棄⓫軍資器械不可勝計⓬。永足指亦墮⓭，與沈攸之僅以身免⓮，梁、南秦⓯二州刺史垣恭祖⓰等為魏所虜。上聞之，召蔡興宗，以敗書⓱示之曰：「我愧卿甚⓲！」永降號左將軍⓳，攸之免官，以貞陽公領職⓴，還屯淮陰㉑。由是失淮北四州㉒及豫州淮西之地㉓。

裴子野㉔論曰：「昔齊桓㉕矜於葵丘而九國叛㉖，曹公㉗不禮張松而天下分㉘。一失豪釐，其差遠矣㉙。太宗之初㉚，威令所被㉛，不滿百里，卒有離心㉜，士無固色㉝，而能開誠心，布款實㉞，莫不感恩服德，致命效死㉟，故西摧北蕩㊱，寓內褰開[37]。既而六軍獻捷[38]，方隅束手[39]，天子欲賈其餘威[40]，師出無名，長淮以北，倏忽為戎[41]。惜乎！若以嚮之虛懷[42]，不驕不伐[43]，則三叛[44]奚為而起[45]哉！高祖[46]蟣虱生介胄[47]，經啓疆埸[48]，後之子孫，日蹙百里[49]。播獲堂構，豈云易哉[50]！」

魏尉元以彭城兵荒之後，公私困竭，請發冀、相、濟、兗[51]四州粟，取張永所棄船九百艘，沿清運載[52]，以賑新民[53]，魏朝從之。

魏東平王道符[54]反於長安，殺副將[55]駙馬都尉萬古真等。丙午[56]，司空和其奴[57]等將殿中兵討之。丁未[58]，道符司馬段太陽攻道符，斬之。以安西將軍陸真[59]為長安鎮將以撫之。道符，翰之子也。

閏月，魏以頓丘王李峻[60]為太宰。

沈文秀、崔道固為土人[61]所攻，遣使乞降於魏，且請兵自救。

二月，魏西河公石自懸瓠引兵攻汝陰太守張超[62]，不克，退屯陳項[63]，議還長社[64]，待秋擊之。鄭羲[65]曰：「張超蟻聚窮命[66]，糧食已盡，不降當走[67]，可翹足而待也。今棄之遠去，超修城浚隍[68]，積薪儲穀，更來[69]恐難圖矣。」石不從，遂還長社。

初，尋陽既平，帝遣沈文秀弟文炳以詔書諭文秀[70]，又遣輔國將軍劉懷珍[71]將馬步三千人與文炳偕行[72]。未至，值張永等敗退，懷珍還鎮山陽[73]。文秀攻青州刺史明僧暠[74]，帝使懷珍帥龍驤將軍王廣之[75]將五百騎、步卒二千人浮海[76]救之，至東海[77]，僧暠已退保東萊[78]。懷珍進據朐城[79]，眾心兇懼[80]，欲且保郁洲[81]，懷珍曰：「文秀欲以青州歸索虜[82]，計齊之士民[83]，安肯甘心左衽邪[84]？今揚兵直前[85]，宣布威德，諸城可飛書而下[86]，柰何[87]守此不進，自為沮撓[88]乎！」遂進，至黔陬[89]。文秀所署[90]高密、平昌[91]二郡太守棄城走，懷珍送致文炳[92]，達朝廷意[93]，文秀猶不降。百姓聞懷珍至，皆喜。文秀所署長廣[94]太守劉桃根將數千人戍不其城[95]，懷珍軍於洋水[96]，眾謂且宜堅壁伺隙[97]，懷珍曰：「今眾少糧竭，懸軍深入[98]，正當以精兵速進，掩[99]其不備耳。」乃遣王廣之將百騎襲不其城，拔之。文秀聞諸城皆敗，乃遣使請降，帝復以為青州刺史。崔道固亦請降，復以為冀州刺史。懷珍引還。

魏濟陰王小新成[100]卒。

沈攸之之自彭城還[101]也，留長水校尉王玄載[102]守下邳[103]，積射將軍沈韶守宿豫[104]，睢陵、淮陽[105]皆留兵戍之。玄載，玄謨之從弟[106]也。時東平太守申纂[107]守無臨[108]，幽州刺史劉休賓[109]守梁鄒[110]，并州刺史清河房崇吉[111]守升城[112]，輔國將軍清河張讜[113]守團城[114]，及兗州刺史王整、蘭陵[115]太守桓忻，肥城、縻溝、垣苗[116]等戍皆不附於魏。休賓，乘民[117]之兄子也。

魏遣平東將軍長孫陵[118]等將兵赴青州，征南大將軍慕容白曜[119]將騎五萬為之繼援。白曜，燕太祖[120]之玄孫也。白曜至無鹽，欲攻之，將佐皆以為攻具未備，不宜遽進[121]。左司馬范陽酈範[122]曰：「今輕軍遠襲，深入敵境，豈宜淹緩[123]？且申纂必謂我軍來速，不暇攻圍[124]，將不為備[125]。今若出其不意，可一鼓而克[126]。」白曜曰：「司馬策是[127]也。」乃引兵偽退，申纂不復設備。白曜夜中部分[128]，三月甲寅日[129]，攻城，食時克之[130]。纂走，追擒，殺之。白曜欲盡以無鹽人為軍賞[131]，酈範曰：「齊，形勝之地[132]，宜遠為經略[133]。今王師[134]始入其境，人心未洽[135]，連城相望，咸有拒守之志，苟非以德信懷之[136]，未易平也。」白曜曰：「善！」皆免之[137]。

白曜將攻肥城，酈範曰：「肥城雖小，攻之引日[138]。勝之不能益軍勢[139]，不勝足以挫軍威。彼[140]見無鹽之破，死傷塗地[141]，不敢不懼。若飛書告諭[142]，縱使不降，亦當逃散。」白曜從之，肥城果潰，獲粟三十萬斛[143]。白曜謂範曰：「此行得卿，三齊(144)不足定(145)也。」遂取垣苗、糜溝二戍，一旬中(146)連拔四城，威震齊土。

丙子(147)，以尚書左僕射蔡興宗為郢州(148)刺史。

房崇吉守升城，勝兵者(149)不過七百人。慕容白曜築長圍(150)以攻之，自二月至于夏四月，乃克之。白曜忿其不降，欲盡阬(151)城中人，參軍事(152)昌黎韓麒麟(153)諫曰：「今勍敵(154)在前而阬其民，自此以東，諸城人自為守，不可克也。師老(155)糧盡，外寇乘之(156)，此危道(157)也。」白曜乃慰撫其民，各使復業。

崇吉脫身走。崇吉母傅氏，申纂妻賈氏，與濟州刺史盧度世(158)有中表親(159)，然已疏遠。及為魏所虜，度世奉事甚恭，贍給(160)優厚。度世閨門之內(161)，和而有禮。雖世有屯夷(162)，家有貧富，百口怡怡(163)，豐儉同之。

崔道固閉門拒魏(164)，沈文秀遣使迎降於魏，請兵援接(165)。白曜欲遣兵赴之，酈範曰：「文秀室家墳墓皆在江南，擁兵數萬，城固甲堅，彊則拒戰，屈(166)則遁去。我師未逼其城，無朝夕之急，何所畏忌而遽求援軍！且觀其使者，視下而色愧(167)，語煩而志怯(168)，此必挾詐以誘我(169)，不可從也。不若先取歷城，克盤陽(170)，下梁鄒，平樂陵(171)，然後按兵徐進，不患其不服也。」白曜曰：「崔道固等兵力單弱，不敢出戰，吾通行無礙，直抵東陽(172)。彼自知必亡，故望風求服，夫又何疑！」範曰：「歷城兵多糧足，非朝夕可拔。文秀坐據東陽，為諸城根本[173]。今多遣兵則無以攻歷城，少遣兵則不足以制東陽。若進為文秀所拒，退為諸城所邀[174]，腹背受敵，必無全理[175]。願更審計[176]，無墮賊彀中[177]。」白曜乃止。文秀果不降。

魏尉元上表稱：「彭城賊之要藩[178]，不有[179]重兵積粟，則不可固守。若資儲既廣[180]，雖劉彧師徒悉起[181]，不敢窺淮北之地[182]。」又言：「若賊向彭城，必由清泗[183]過宿豫，歷下邳[184]；趨青州[185]，亦由下邳、沂水[186]經東安[187]；此數者，皆為賊用師之要[188]。今若先定下邳、平宿豫、鎮淮陽[189]、戍東安，則青、冀諸鎮[190]可不攻而克[191]。若四城不服[192]，青、冀雖拔，百姓狼顧[193]，猶懷僥倖之心[194]。臣愚以為，宜釋青、冀之師[195]，先定東南之地[196]，斷劉彧北顧之意[197]，絕愚民[198]南望之心。夏水雖盛，無津途可由[199]，冬路雖通[200]，無高城可固[201]。如此，則淮北自舉，暫勞永逸[202]。兵貴神速，久則生變，若天雨既降，彼或因水通，運糧益眾[203]，規為進取[204]，恐近淮之民翻然改圖[205]，青、冀二州猝未可拔[206]也。」

五月壬戌[207]，以太子詹事袁粲[208]為尚書右僕射[209]。

沈攸之自送運米至下邳[210]，魏人遣清泗間人詐攸之[211]云：「薛安都欲降[212]，求軍迎接。」軍副吳喜[213]請遣千人赴之，攸之不許。既而[214]來者益多[215]，喜固請不已[216]，攸之乃集來者告之曰：「君諸人[217]既有誠心[218]，若能與薛徐州子弟俱來[219]者，皆即假君以本鄉縣[220]，唯意所欲[221]。如其不爾[222]，無為空勞往還。」自是[223]一去不返。攸之使軍主[224]彭城陳顯達[225]將千人助戍下邳而還。

【章　旨】以上為第一段，寫宋明帝泰始三年（西元四六七年）上半年的大事。主要寫了魏將尉元等繼續進攻宋將張永，張永、沈攸之棄下磕城（今徐州東南）夜遁，尉元、薛安都追擊大破張永、沈攸之於呂梁之東，枕屍六十餘里，淮北四州與豫州之淮西諸郡盡入魏人之手；寫了沈文秀、崔道固被青、冀之人所攻，乞降於魏，並攻為朝廷據守之明僧暠，朝廷遣劉懷珍浮海救之，劉懷珍有勇有謀，進擊獲勝，沈文秀、崔道固乞降，朝廷仍以之為青、冀二州刺史；寫魏將慕容白曜攻青州，用酈範謀先破殺宋將申纂於無鹽；又獲肥城、垣苗、糜溝，齊地大震；沈文秀詐降，魏將酈範料事精審，沈文秀謀未得逞；寫了魏將尉元上書魏主論平定青、冀與淮北之策，建議先取下邳、宿豫、淮陽、東安四城；以及沈攸之運米並派兵增戍下邳等等。

【注　釋】❶棄城夜遁　張永當時駐軍於下磕城，在今江蘇徐州東南。❷會　正趕上。❸泗水冰合　泗水上結滿了冰。泗水從山東泗水縣流來，中經曲阜、兗州、徐州，南流入淮水。❹太半　一大半；四分之三。❺什七八　十分之七八。❻邀其前　從前方攔住其退路。邀，攔截。❼乘其後　從後面追擊。❽呂梁之東　呂縣的泗水橋東。呂，古縣名，南朝宋置，舊址在今徐州南泗水的故道北岸。梁，橋。胡三省引《水經注》曰：「泗水自彭城東南過呂縣南，泗水之上有石梁焉，故曰『呂梁』。」❾以萬數　用萬來計算，意即好幾萬。❿枕尸六十餘里　在其邊戰邊逃所經過的六十來里地上，到處屍橫遍野。枕尸，橫屍。枕，相互枕藉，極言其多。⓫委棄　拋棄；丟棄。⓬不可勝計　沒法計算。勝，能。⓭足指亦墮　腳趾頭也凍掉了。⓮僅以

身免　勉強地單身逃脫，其他人一無所回。⑮梁南秦　劉宋的二州名，由一個刺史統轄，州治即今陝西漢中。⑯垣恭祖　劉宋名將垣護之的兒子，時為梁、南秦二州刺史。傳見《宋書》卷五十。⑰敗書　北方送來的失敗消息。⑱我愧卿甚　當宋明帝劉彧派張永等率大軍北迎薛安都等人時，蔡興宗曾勸阻說：「安都歸順，此誠非虛，正須單使尺書。今以重兵迎之，勢必疑懼；或能招引北虜，為患方深。……如其外叛，將為朝廷旰食之憂。」劉彧不從，今果招致慘敗。事見本書上卷之末。⑲永降號左將軍　張永此前為鎮軍將軍，青、冀二州刺史；左將軍的地位在鎮軍將軍之下。⑳以貞陽公領職　意即免除沈攸之的一切職務，只以貞陽公的爵位仍主管原有的軍政事務。沈攸之此前的職務是前將軍，封貞陽縣公。㉑淮陰　縣名，即今江蘇淮安之淮陰區。㉒淮北四州　胡三省以為應指青州、冀州、徐州、兗州。㉓豫州淮西之地　胡三省以為應指汝南、新蔡、譙、梁、陳、南頓、潁川、汝陽、汝陰諸郡。㉔裴子野　南朝梁代的史學家、文學家，著有《宋略》二十卷。全書已散佚，僅存若干片斷。事跡見《梁書》卷三十。㉕齊桓　指春秋時代的齊桓公，西元前六八五－前六四三年在位，為春秋五霸的第一位霸主。事跡詳見《左傳》或《史記・齊太公世家》。㉖矜於葵丘而九國叛　據《史記・齊太公世家》，齊桓公在稱霸以後，因功高權重，在葵丘召集諸侯會盟時有輕天下諸侯之意，於是「諸侯多有叛者」。周天子的代表宰孔對晉侯說「桓公驕矣」。《春秋公羊傳》更有所謂「葵丘之會，桓公震而矜之，叛者九國」云云。矜，驕傲；傲慢。㉗曹公　指東漢末年的曹操。事跡見《三國志・魏書・武帝紀》。㉘不禮張松而天下分　曹操趕走劉備佔領荊州後，益州的軍閥劉璋派其別駕張松向曹操表示歸順之意。由於曹操態度傲慢，厭惡張松的其貌不揚，未能給予充分的禮遇，於是張松對曹操不滿，回益州後勸說劉璋與曹操斷絕來往，而結盟於劉備，從而招致日後益州被劉備所據。事見《三國志・蜀書・劉二牧傳》及本書卷六十五漢獻帝建安十三年。天下分，指曹操未能統一天下，而導致了魏、蜀、吳三國鼎立。㉙一失豪釐二句　即通常所說的「失之毫釐，差之千里」，意思是開頭考慮得有一點不周到，而給後來造成的結果就大大的不同了。豪，同「毫」。㉚太宗之初　指宋明帝劉彧初即位時，即泰始元年（西元四六五年）末與泰始二年初。㉛威令所被　對國內所能實現統治的地方。被，覆蓋；管轄。㉜離心　叛變之心。㉝固色　為劉彧政權堅守的樣子。㉞開誠心二句　指劉彧朝廷能對天下人做出一種誠心誠意，推心置腹的姿態。款實，誠心誠意。㉟致命效死　獻出生命，不怕犧牲。「致命」與「效死」意思相同。致，獻出。效，交出。指吳喜、殷孝祖等。㊱西摧北蕩　指向西打敗了袁顗、鄧琬，滅掉了尋陽政權；向北打敗了殷琰，平定了壽陽、合肥。㊲寓內褰開　籠罩在國家上空的黑雲被驅散。寓內，六合之內；整個國家的上空。褰開，拉開；拉開大幕。㊳六軍獻捷　朝廷的軍隊紛紛向中央報捷。六軍，西周時期周天子有六軍，大國諸侯頂多可以有二軍、三軍。故通常用「六軍」代指朝廷軍隊。㊴方隅束手　一度背叛朝廷的州郡紛紛歸降朝廷。方隅，指四方的州郡。束手，指束手歸降。如薛安都、常珍奇等。㊵賈其餘威　逞其威風，炫耀其武力。《左傳》成公二年齊國猛將高固有所謂「欲勇者賈余餘勇」，本是一種炫耀的意思。賈，買。當下青年還有所謂「借給我個膽子」，大意相同。㊶倏忽為戎　一下子都落入了鮮卑人之手，指薛安都、常珍奇等投降魏國。戎，古指少數民族。這裡代指魏國。㊷嚮之虛懷　以前那種虛懷若谷地禮賢下士。即前文之「開誠心，布款實」云云。㊸不驕不伐　不驕傲，不誇耀。伐，顯示；誇耀。㊹三叛　指薛安都、畢眾敬、常珍奇。㊺奚為而起　怎麼會又起來背叛了朝廷呢。㊻高祖　以稱宋武帝劉裕。㊼蟣虱生介冑　鎧甲、頭盔裡長滿了蝨子，極言其軍旅生活之艱苦。蟣，蝨子的卵。介冑，即甲冑。鎧甲和頭盔。曹操樂府詩有所謂「鎧甲生蟣虱，萬姓以死亡」，皆言征戰生活之艱苦。㊽經啓疆場　在戰場上開疆闢土。經啓，經營、開拓。㊾日蹙百里　每天都要喪失上百里的國土。蹙，縮小；減少。《詩經・召旻》有所謂「昔先王受命，有如召公，日辟國百里；今也日蹙國百里」。皆言其後代子孫之不成材。㊿播穫堂構二句　做子孫的要想繼承父祖的基業，這哪裡是一件容易的事情。《尚書・大誥》有所謂「若考作室，既厎法，厥子乃弗肯堂，矧肯構？厥父菑，厥子乃弗肯播，矧肯穫？」大意是說其父為蓋房子而買了宅地，畫出藍圖，但做兒子的竟連堂基都不肯打，更不用說在上面蓋房了；又如其父開墾出了土地，而其子竟連播種都不想幹，更不用說收穫了。故後世遂以「播穫堂構」以比喻後代兒孫之繼承其父祖輩基業的態度。51冀相濟兗　當時魏國的四個州名，冀州的州治即今河北冀州，相州的州治即今河北臨漳西南的鄴鎮，濟州的州治盧縣，在今山東東阿西北，兗州的州治瑕丘，在今山東兗州的西北側。52沿清運載　沿著清水向彭城運送糧食。清水是當時河北山東鄰近地區的河水名，這裡是指冀州、相州的糧食先經過清水，再轉入泗水送達彭城。53新民　新歸順魏國的徐州之民。54東平王道符　拓跋道符，魏東平王翰之子，承襲父爵為東平王。傳見《魏書》卷十八。55副將　鎮守長安的副軍政長官。其正長官即東平王拓跋道符。56丙午　正月二十四。57和其奴　魏大臣，此時任司空之職。傳見《魏書》卷四十四。58丁未　正月二十五。59陸真　拓跋燾以來的魏國名將，因功賜爵河南公。傳見《魏書》卷三十。60頓丘王李峻　魏大臣，文成元皇后李氏之兄，被封為頓丘王。傳見《魏書》卷八十三上。61土人　當地人。這裡指青、冀二州的人。62汝陰太守張超　據司馬光《通鑑考異》，此張超即《宋書》卷八〈明帝紀〉中提到的張景遠。《宋書》、《魏書》均無傳。汝陰郡的郡治即今安徽阜陽，當時屬於劉宋。63陳項　即陳郡的郡治項縣，故址在今河南項城東北。64長社　魏縣名，縣治在今河南長葛西。65鄭羲　魏國的有才智之臣，但為人貪黷。傳見《魏書》卷五十六。66蟻聚窮命　像螞蟻一樣聚集在一起，形容其聚於彈丸之地而苟延殘喘。67不降當走　不投降就只有逃跑。68修城浚隍　增修城牆，深挖護城河。浚，疏通；深挖。隍，護城河。69更來　二次再來。70諭文秀　勸說沈文秀。

諭，為之分析；對其勸說。(71)劉懷珍　先為宋將，蕭道成建立齊朝後，又為齊將。傳見《南齊書》卷二十八。(72)偕行　一起相伴而行。(73)山陽　郡名，郡治即今江蘇淮安。(74)明僧暠　原為劉彧朝廷的散騎常侍，因起兵攻沈文秀，被劉彧任為青州刺史。事見本書上卷之泰始二年四月。青州的州治即今山東青州。(75)王廣之　宋、齊兩朝的將領，此時為劉宋的龍驤將軍。傳見《南齊書》卷二十九。(76)浮海　乘船由海路，即出長江口沿海邊北上。(77)東海　郡名，郡治在今山東郯城北。(78)東萊　郡名，郡治即今山東萊州。(79)朐城　縣名，縣治在今江蘇連雲港市西南的錦屏山（古代叫朐山）側。(80)兇懼　恐懼、騷動。(81)且保郁洲　暫且退到郁洲駐守。郁洲，古代海邊的洲名，在今江蘇海州東與陸地相隔不遠的大海中。(82)以青州歸索虜　帶著青州投降魏國。索虜，南北朝時南朝對魏國的辱稱，乃因鮮卑人習慣留辮子而云然。(83)計齊之士民　我們想一想齊地的百姓。計，設想；推想。齊，古代指今山東半島一帶地區。(84)安肯甘心左衽邪　怎麼會甘心投降鮮卑人呢。左衽，古代某些少數民族的服裝，前襟向左掩，與中原一帶人民的右衽相反。(85)揚兵直前　揮舞著武器，奮勇前進。揚，揮舞。(86)飛書而下　一道檄文發出去，敵區的軍民百姓就可以立即反正過來。(87)柰何　怎麼能。(88)自為沮撓　自己把自己搞得軍心渙散、停止不前。沮，渙散；瓦解。撓，曲；受阻。(89)黔陬　古縣名，縣治即今山東膠州。(90)署　委任；委派。(91)高密平昌　二郡名，高密郡的郡治在今山東高密西南，平昌郡的郡治在今山東安丘西南。(92)送致文炳　將沈文炳送到沈文秀軍中。(93)達朝廷意　向沈文秀傳達了朝廷的意思。(94)長廣　郡名，郡治在今山東嶗山縣北。(95)戍不其城　戍，駐守。不其，縣名，縣治在今山東嶗山縣西北。(96)軍於洋水　駐紮在洋水一帶。洋水，今稱彌河。源出山東臨朐南的沂山西麓，向北流經臨朐縣、壽光縣入海。(97)且宜堅壁伺隙　應該暫且紮營堅守以等待時機。(98)懸軍深入　遠離根據地的深入敵境。(99)掩　襲擊。(100)濟陰王小新成　北魏景穆帝拓跋晃的第四子。傳見《魏書》卷十九上。因其長兄陽平王名叫「新成」，故此行四者乃稱曰「小新成」以區別之。(101)自彭城還　自彭城被魏人打敗而還。據《宋書》本傳，沈攸之等此敗甚慘，「為虜所乘，又值寒雪，士眾墮指十二三」。(102)王玄載　字彥休，王玄謨的堂弟，泰始初為長水校尉，後為益州刺史。入齊後為左民尚書。傳見《南齊書》卷二十七。(103)下邳　郡名，郡治在今江蘇邳州南之古邳鎮。(104)宿豫　縣名，縣治在今江蘇宿遷東南。(105)睢陵淮陽　二縣名，睢陵縣的縣治即今江蘇睢寧，淮陽縣的縣治在今江蘇淮安之淮陰區西南，當時也是淮陽郡的郡治所在地。(106)從弟　堂弟。(107)申纂　申鍾的曾孫，劉宋的將領，官至兗州刺史，被魏軍打敗擒殺。傳見《魏書》卷六十一。(108)無鹽　當時為東平郡的郡治所在地，故址在今山東東平東。(109)劉休賓　曾被劉彧王朝任為輔國將軍、幽州刺史，後降魏。傳見《魏書》卷四十三。(110)梁鄒　古縣名，縣治即今山東鄒平。當時為劉宋王朝幽州刺史的駐地。(111)房崇吉　劉彧王朝的并州刺史，戰敗後投降北魏。傳見《魏書》卷四十三。

(112)升城　古城名，在今山東長清西南，當時為劉宋并州刺史的駐兵之地。(113)張讜　劉彧王朝的輔國將軍，後投降北魏。傳見《魏書》卷六十一。(114)團城　古城名，舊址在今山東沂水縣。(115)蘭陵　郡名，郡治在今山東棗莊的嶧城鎮。(116)肥城糜溝垣苗　都是當時的軍事據點名，肥城的故址即今山東肥城，糜溝、垣苗約在今之肥城或長清境。(117)乘民　劉乘民，原為劉宋王朝的高陽、勃海二郡太守，駐兵於臨濟城（今山東高青東南），當劉彧政權十分孤立時，是宣告忠於朝廷的武裝勢力之一。事見本書上卷之上年四月。(118)長孫陵　北魏大將長孫肥之子。傳見《北史》卷二十二。(119)慕容白曜　東晉時燕人慕容元真的玄孫，魏主拓跋弘即位初期，與拓跋乙渾共掌魏國大政。傳見《魏書》卷五十。(120)燕太祖　即慕容皝，字元真，前燕政權的奠基者，其子慕容儁稱帝後，追尊之為燕太祖。傳見《晉書》卷一百九。(121)不宜遽進　不能貿然進軍。遽，突然；立刻。(122)酈範　拓跋燾以來的魏國老臣，古地理學家酈道元之父。隨慕容白曜出兵三齊，立有大功，被任青州刺史。傳見《魏書》卷四十二。(123)淹緩　中途逗留，行動遲緩。淹，逗留；停留。(124)必謂我軍來速二句　胡三省曰：「師速而疾者，略也；略，謂略地也，無暇於攻城圍邑。」(125)將不為備　胡三省曰：「白曜以形形申纂，故料其不為備也。」(126)一鼓而克　意即一舉攻下，不勞再舉。古語有所謂「一鼓作氣，再而衰，三而竭」，此處即指「一舉」。(127)司馬策是　左司馬酈範的預測是正確的。策，預測；估計。(128)夜中部分　半夜起床，調兵遣將。部分，調動、派遣；部署、安排。(129)三月甲寅旦　三月初三的早晨。旦，平明；天亮。(130)食時克之　等到該開飯的時候敵人就被打敗了。食時，約當現在的上午九、十點鐘。古人一日兩餐，第一頓在日出之後、中午之前，故通常即稱這段時間為「食時」。克之，敵城被攻下。按，慕容白曜之破申纂，恰如韓信之破陳餘。見《史記・淮陰侯列傳》。(131)盡以無鹽人為軍賞　把所攻佔的整個無鹽縣城的百姓都分給作戰的有功人員做獎勵。(132)形勝之地　既地理條件優越，又文化發達、人才薈萃。(133)宜遠為經略　應該做長遠考慮。經略，經營、治理。(134)王師　王者之師，這裡是魏人自稱其本國的軍隊。(135)未洽　未安定；未服貼。洽，和諧；融洽。(136)苟非以德信懷之　如果我們不是用仁義德惠的辦法感化他們。苟，如果；一旦。(137)皆免之　都把他們饒過了。(138)引日　意即花費時間。引，延；拖長。(139)益軍勢　壯大我軍的聲勢。(140)彼　指肥城、糜溝、垣苗等據點的敵軍。(141)塗地　滿地；遍地。(142)飛書告諭　發文告曉諭、告知。飛書，發出文告。(143)斛　容量單位，通常以十斗為一斛，意同一石。(144)三齊　即指今山東半島的古齊國地區，因在秦楚之際這一帶曾出現過齊、膠東、濟北三個國家，故云。(145)不足定　很容易被平定。不足，不費力。(146)一旬中　十天之內。古稱十天為一旬。(147)丙子　三月二十五。(148)郢州　州治江夏，即今武漢的漢口區。(149)勝兵者　剛能拿起武器的人，極言其年幼。(150)築長圍　在敵方的城池之外築起一道圍牆將該城圍困起來，斬斷其城內與外部的聯絡。(151)盡阬　全部活埋。(152)參軍事　官名，即通常所說的參軍，也就是現在的參謀。(153)韓麒麟　魏國境內的漢族人，被任為伏波將軍。傳見《魏書》卷六十。(154)勍敵　強敵。勍，強健。(155)師老　軍隊疲倦厭戰。(156)外寇乘之　敵軍趁勢攻擊我們。外寇，這裡當指劉宋的軍隊。乘，趁機。(157)危道　危險的做法。(158)濟州刺史盧度世　盧度世是盧玄之子，晉代盧諶的後人，在魏國為官。傳見《魏書》卷四十七。據《魏書》，盧度世當時為齊州刺史，《北史》作濟州刺史。齊州的州治歷城，即今山東濟南，濟州的州治盧縣，在今山東聊城東南。(159)中表親　是表兄弟、表姐妹的親戚關係。(160)贍給　供給衣食之需。(161)閨門之內　家庭的內部。閨，內宅的門戶。(162)世有屯夷　世道有艱難、有太平。屯是《周易》中的卦名，代表艱難的卦象，通常即用以代指社會人生的艱難、不順。夷，平；太平；順利。(163)怡怡　和順、快樂的樣子。(164)閉門拒魏　緊閉冀州城門，不許魏人進城。按，崔道固所據守的冀州實際是在歷城，今山東濟南。(165)請兵援接　請求魏國派兵到青州來迎接。(166)屈　力屈，指兵力受挫或不利之時。(167)視下而色愧　說話時眼睛不敢正視人，像是內心有愧。(168)語煩而志怯　語言囉嗦而內心怯懦。(169)此必挾詐以誘我　這必然是想用奸計來引誘我們上鉤。挾詐，耍陰謀。胡三省曰：「春秋之時，諸侯交兵，謀人之軍師者，多能以此覘敵，酈範亦祖其智耳。」按，《左傳》寫秦穆公設謀派邳鄭入晉行詐，以圖晉人出晉惠公以入重耳，邳鄭入晉後重賂呂省、郤稱、冀芮三人，三人曰：「幣厚言甘，此必邳鄭賣我於秦。」酈範之言即效此。見《左傳》魯僖公九年與《史記・晉世家》。(170)盤陽　這裡指盤陽城，舊址在今山東淄博西南的淄川一帶。(171)樂陵　郡名，郡治在今山東高青東。(172)東陽　此指東陽城，古代的戰略要地，即今山東青州，當時為沈文秀之所佔據者。(173)為諸城根本　是周圍其他為劉宋據守之城的主心骨。(174)所邀　所襲擊；所攔截。(175)必無全理　肯定使我們難以保全。(176)願更審計　希望您能再認真考慮。審計，周密、慎重地考慮。(177)無墮賊彀中　不要落入敵人的圈套，成為敵箭所射的靶子。彀中，敵箭所瞄準待射的靶子。(178)賊之要藩　曾經是劉宋王朝的邊疆大州。藩，籬笆。古代用以代稱諸侯國，諸侯國是中央天子的屏藩。晉代以來用以稱各州刺史，因為他們位高權大，有如古代的諸侯。(179)不有　如果沒有。不，無。(180)資儲既廣　魏國在徐州的駐軍與物資一樣充實。(181)師徒悉起　出動其全國軍隊。(182)淮北之地　指新被魏軍所佔的徐州、兗州、豫州等廣大地區。(183)清泗　即泗水。當時的泗水有時稱清水，有時稱清泗。(184)歷下邳　經過下邳郡。當時的下邳在彭城之東。宿豫、下邳、彭城都在泗水邊上。(185)趨青州　如果劉宋軍隊要進攻青州。趨，奔向。(186)沂水　河水名，源出山東沂源，南流經今臨沂，再南流至當時的下邳入泗水。(187)東安　魏郡名，郡治團城，即今山東沂水縣。(188)用師之要　用兵作戰的必經之地。(189)淮陽　郡名，郡治即今睢寧，在當時睢水之濱，東近泗水，宿豫在其東南，下邳在其正北。(190)青冀諸鎮　青州、冀州等州郡的首埠。即州治、郡治所在地。(191)可不攻而克　因為宿豫、下邳、淮陽、東安這幾個軍事要點都在青州、冀州的南方，在他們與劉宋都城建康相聯絡的交通要道泗水、沂水之上，只要佔據這幾個軍事要點，則青、冀諸州都將陷於孤立無援。192不服　不首先攻克；不首先佔領。193狼顧　四處觀望，做各種準備的樣子。194懷僥倖之心　指盼著被劉宋軍隊解救過去。195釋青冀之師　放開青、冀二州的這兩股敵兵不打。196先定東南之地　先解決東南方的下邳、宿豫、淮陽、東安等城鎮。197北顧之意　想解救北方這些州郡的想法。198愚民　指青、冀等州的百姓。199無津途可由　意即無路可通，因中途的許多城鎮都已被魏軍所佔。津途，渡口與水路、旱路。200冬路雖通　指河水結冰，障礙減少。201無高城可固　指宋軍即使可以到達下邳、宿豫這些地區，但沒有城堡依托，仍難以立足。固，堅守。202暫勞永逸　花短時間的辛苦，而獲得永久性的安逸。203運糧益眾　指增兵運糧地支援彭城。204規為進取　再謀劃進一步地有所發展，指收復已被魏軍佔領的失地。規，計劃；打算。205翻然改圖　指改變服從魏國之心，另謀南返劉宋之想。206猝未可拔　未可猝拔，不是短時間所能攻克的了。猝，急；倉促。207五月壬戌　五月十二。208袁粲　原名愍孫，後改為粲，袁淑之姪，劉宋的節烈之臣。傳見《宋書》卷八十九。209尚書右僕射　尚書省的副長官，有左右二人，位同副丞相。210自送運米至下邳　親自押送支援青、冀諸地的軍糧沿泗水抵達下邳。211詐攸之　欺騙沈攸之。212欲降　想要歸降於沈攸之。213軍副吳喜　軍副是該軍隊的副統領，主官是沈攸之。軍副不是正式的軍官名，只表示其在軍中的地位與權柄。吳喜是劉彧朝廷的功臣，在劉彧極度艱難的時刻挺身而出，在平定東方數郡的戰鬥中有大功。傳見《宋書》卷八十三。214既而　接著。215來者益多　魏人派來送假情報的人越來越多。216固請不已　堅持要求派兵往迎薛安都。217君諸人　你們大家。218既有誠心　既然有歸降朝廷的真誠之心。219若能與薛徐州子弟俱來　誰要是能夠與薛安都的子弟一起前來。意即請薛安都派出一個兒子或兄弟前來做人質。薛徐州，對薛安都的敬稱，因薛安都當時任徐州刺史。220皆即假君以本鄉縣　全都立即任命你們為本地區的縣令或縣長之職。假，加；任命。本鄉縣，本地區的一官之長。221唯意所欲　你們想要哪個縣，就給你們哪個縣。222如其不爾　如果你們做不到，意即如果薛安都不派出人質。不爾，不如此。223自是　從此，自打這次談話以後。224軍主　一支軍隊的主官。不是正式的官名，其地位高低隨其所統領的人數多少而不同。225陳顯達　仕宋曾為濮陽太守、廣州刺史，後入齊，官至太尉。傳見《南史》卷四十五、《南齊書》卷二十六。

【語　譯】太宗明皇帝中

泰始三年（丁未　西元四六七年）

　春季，正月，宋國的鎮軍將軍張永等人抵擋不住魏國鎮東大將軍尉元的進攻，遂拋棄了下磕城連夜逃走。

正趕上天降大雪，氣溫驟降，泗水河上結滿了冰，船隻無法航行，張永等人只得拋棄戰船徒步逃走，士卒在逃跑的路上被凍死了一大半，被凍掉手腳的佔了十分之七八。尉元率領軍隊在前方堵截，薛安都率軍從後面追擊，在呂縣泗水橋東，將張永等所率領的宋軍打得大敗，宋軍損失了好幾萬人，在其邊戰邊逃所經過的六十里路上，到處屍橫遍野，丟棄的軍用物資、器械多得無法計算。張永的腳趾頭也被凍掉了，他與中領軍沈攸之勉強地單身逃脫，其餘的則沒有人生還，擔任梁、南秦二州刺史的垣恭祖等人被魏軍俘虜。宋明帝劉彧聽到這個消息後，馬上召見擔任尚書左僕射的蔡興宗，把北方送來的有關張永等人失敗的書信拿給蔡興宗看，宋明帝對蔡興宗說：「我在你面前感到非常的慚愧！」張永因為戰敗被降職為左將軍，沈攸之被免去了一切職務，以貞陽公的身分仍然主管原來的軍政事務，回到淮陰縣駐紮。宋國從此失去了淮河以北的青州、冀州、徐州、兗州四個州以及豫州管轄之下的淮河以西的土地。

裴子野評論說：「春秋時代的齊桓公自從稱霸之後，因為自己功高權重，遂在葵丘召集諸侯會盟的時候流露出有輕視天下諸侯之意而導致了九個諸侯國的背叛，東漢末年的曹操因為對益州牧劉璋所派遣的使者張松傲慢無禮而最終未能完成統一天下的大業，導致了魏、蜀、吳三國鼎立。如果在事情開始的時候考慮得有一點不周到，其結果就會與最初的設想相差很遠。宋明帝即位初年，對國內所能實現統治的地方，方圓不足一百里，士卒都有叛變之心，而官僚士大夫也沒有為劉彧政權進行堅守的意思，在那時，宋明帝因為能夠對天下人做出一副誠心誠意、推心置腹的姿態，所以從上到下沒有人不對宋明帝感恩戴德，願意為他捨命效忠，所以才能向西打敗了袁顗、鄧琬，滅掉了以晉安王劉子勛為名義建立的尋陽政權；向北打敗了都督豫、司二州諸軍事、豫州刺史的殷琰，平定了壽陽、合肥，將籠罩在整個國家上空的黑雲驅散。不久朝廷的軍隊紛紛向中央報捷，曾經一度背叛朝廷的州郡也都紛紛歸降朝廷，此時的宋明帝便要向長淮以北地區逞自己的威風、炫耀自己的武力，然而實屬師出無名，最終導致徐州刺史薛安都、汝南太守常珍奇投降了魏國，轉眼之間，長江、淮河以北的廣大地區就成了戎狄的國土而不再屬於宋國所有。實在是太可惜了！如果宋明帝還能像當初那樣虛懷若谷地禮賢下士，不驕傲，不誇耀，那麼徐州刺史薛安都、兗州刺史畢眾敬、汝南太守常珍奇這三個人怎麼會又起來背叛朝廷投降魏國呢！宋高祖劉裕由於連續作戰，頭盔和鎧甲都長滿了蝨子，南征北戰開拓了疆土，而他的後世子孫卻每天都要喪失上百里的國土。做子孫的要想繼承父祖開創的基業，哪裡是一件容易的事呢！」

魏國鎮東大將軍尉元因為彭城經過兵荒馬亂之後，無論是官府還是民間全都十分貧困，財用已經枯竭，於是請求魏國朝廷從冀州、相州、濟州、兗州四州的國庫中調撥糧食，利用宋國鎮軍將軍張永所拋棄的九百艘戰船沿著清水河向彭城運送糧食，賑濟那些新近歸順魏國的徐州百姓，魏國朝廷同意了尉元的請求。

魏國的東平王拓跋道符在長安發動叛亂，殺害了鎮守長安的副將、擔任駙馬都尉的萬古真等人。正月二十四日丙午，魏國擔任司空的和其奴等人率領朝廷的禁衛軍討伐發動叛亂的東平王拓跋道符。二十五日丁未，在東平王拓跋道符屬下擔任司馬的段太陽率眾進攻東平王拓跋道符，將拓跋道符殺死。魏國朝廷任命擔任安西將軍的陸真為長安鎮將以安撫長安的軍民。拓跋道符，是拓跋翰的兒子。

閏正月，魏國任命頓丘王李峻為太宰。

沈文秀、崔道固因為受到當地土著人的圍攻，遂派遣使者到魏國請求投降，並且請求魏國發兵救援。

二月，魏國的西河公拓跋石率領軍隊從懸瓠出發攻打汝陰太守張超，沒有取得勝利，遂撤退到陳郡的治項縣駐紮，並商議返回魏國的長社縣，等到秋天再率軍來進攻張超。鄭羲建議說：「張超的部眾就像螞蟻一樣聚集在一起，已經到了窮途末路，而且他們的糧食已經耗盡，擺在他們面前的只有一條路可走：不投降就只有逃走，我們只需翹起腳來等待。如果我們拋棄這個機會返回到遠處的長社縣屯紮，張超就會利用這個機會加固城牆，深挖護城河，積蓄柴草，儲存糧食，我們秋天再來進攻的時候恐怕就很難取勝了。」西河公拓跋石沒有聽從鄭羲的勸告，就率領著軍隊返回長社縣駐紮。

當初，尋陽的劉子勛政權被滅亡之後，宋明帝派遣青州刺史沈文秀的弟弟沈文炳攜帶著詔書去勸說沈文秀，又派遣擔任輔國將軍的劉懷珍率領三千騎兵、步兵與沈文炳一同前往青州。還沒等他們到達沈文秀那裡，就遇到張永等人兵敗撤退，劉懷珍遂返回山陽郡鎮守。沈文秀率軍進攻青州刺史明僧暠，宋明帝派遣劉懷珍率領著龍驤將軍王廣之以及五百騎兵、二千步兵乘船從海路北上去援救明僧暠，劉懷珍等人到達東海郡時，明僧暠已經撤退到東萊郡進行堅守。劉懷珍於是進軍佔據了朐城縣，軍心十分惶恐不安，都想暫且撤退到郁洲駐守，劉懷珍勸導他們說：「沈文秀想把青州貢獻給魏國，向魏國投降，我們想一想齊地的百姓，怎麼肯心甘情願地投降魏國，去穿左邊開襟的鮮卑人的衣服呢？如果我們揮動著手中的兵器，奮勇直前，向他們宣傳朝廷的威勢和恩德，向各敵佔區發一道檄文，就可以使那裡的百姓反正過來，怎麼能駐守在這裡不向前進軍，自己把自己搞得軍心渙散，不敢前進呢！」劉懷珍等遂率領軍隊繼續前進，到達黔陬縣。沈文秀所任命的高密郡、平昌郡二郡太守棄城逃走，劉懷珍將沈文炳送到青州刺史沈文秀的軍中，沈文炳向沈文秀傳達了朝廷的旨意，沈文秀還是不肯向朝廷投降。青州的百姓聽說輔國將軍劉懷珍率領朝廷軍到來的消息，都非常歡喜。沈文秀所任命的長廣郡太守劉桃根正率領數千人駐守在不其城，劉懷珍將軍隊駐紮在洋水一帶，他屬下的將佐都認為應該暫且紮營堅守以等待有利時機，劉懷珍說：「如今我們的軍隊人數既少，糧食又已經消耗光了，遠離根據地的深入敵境，形勢十分危急，正應當趁他們還沒有防備的時候，派精兵迅速前進，打他們一個措手不及才是上策。」於是就派遣王廣之率領一百名騎兵襲擊不其城，很快就將不其城攻克。沈文秀聽說轄區內的各城都已經失敗，這才派遣使者向朝廷請求投降，宋明帝仍然任命沈文秀為青州刺史。冀州刺史崔道固也向朝廷請求投降，宋明帝重新任命崔道固為冀州刺史。劉懷珍率領軍隊勝利班師。

魏國的濟陰王拓跋小新成去世。

貞陽公沈攸之從彭城被魏軍打敗之後返回京師建康的時候，留下了擔任長水校尉的王玄載守衛下邳，擔任積射將軍的沈韶守衛宿豫縣，此外在睢陵縣、淮陽縣都留下了軍隊進行防守。王玄載，是王玄謨的堂弟。當時擔任東平郡太守的申纂鎮守無鹽縣，擔任幽州刺史的劉休賓鎮守梁鄒縣，擔任并州刺史的清河郡人房崇吉守衛升城，擔任輔國將軍的清河郡人張讜守衛團城，此外還有擔任兗州刺史的王整、擔任蘭陵郡太守的桓忻，以及肥城、麋溝、垣苗等處的宋國守軍都沒有歸降魏國。劉休賓，是劉乘民哥哥的兒子。

魏國派遣擔任平東將軍的長孫陵等人率領魏軍趕往青州，派遣擔任征南大將軍的慕容白曜率領五萬騎兵作為後續的增援部隊。慕容白曜，是燕太祖慕容皝的玄孫。慕容白曜率領這五萬騎兵到達無鹽縣，準備進攻宋國鎮守無鹽縣的東平郡太守申纂，而手下的將佐卻都認為攻城的器械還沒有準備好，不能貿然進軍攻打無鹽。擔任左司馬的范陽人酈範則說：「如今我們輕裝前進，經過長途跋涉來襲擊敵人，現在已經深入敵境，怎麼能在中途逗留而延緩戰機呢？況且申纂必定認為我軍迅速到來是為了攻佔土地，而無暇顧及攻打城邑，必將不做防備。如果我軍出其不意，可以一舉攻克無鹽縣。」慕容白曜說：「左司馬酈範的分析是對的。」於是慕容白曜率領軍隊假裝後退，申纂果然不再防備。慕容白曜在半夜起床，進行調兵遣將，三月初三日甲寅的天亮時分，開始攻打無鹽縣城，等到該開飯的時候就攻下了無鹽。東平太守申纂棄城逃走，被魏軍追上擒獲，殺死。慕容白曜想把攻佔的無鹽縣城中所有的百姓全部分給作戰有功的人員作為獎勵，酈範勸阻說：「齊地是一個地理條件非常優越，而且文化發達、人才薈萃的地方，應當從長遠利益來考慮如何治理這塊土地。如今我們這支王者之師剛剛進入宋國的境內，這裡的民心還沒有安定下來，與我們相處得還不融洽，這裡的城池一個連接著一個，相互之間都可以望得見，他們全都據守城池，不肯歸順，如果我們不能用仁義、恩惠、誠信去感化他們，恐怕他們的反抗就不容易平息。」慕容白曜聽了酈範的意見，說：「你說得有道理！」這才饒過了無鹽縣城的百姓。

慕容白曜準備進攻肥城，酈範說：「肥城雖然很小，但要攻下也需要耗費時日。而且即使攻克了肥城也不能壯大我軍的聲威，如果不能攻克，卻可以使我軍的聲威受到挫折。肥城、糜溝等據點的宋軍看到無鹽城被攻破之時，死傷的人遍地都是，他們不能不感到恐懼。如果我們用箭把文告射入城中勸諭城中的百姓，即使他們不投降，也一定會四散逃走。」慕容白曜聽從了酈範的建議，肥城果然崩潰，魏軍繳獲了三十萬斛的糧食。慕容白曜對酈範說：「這次出兵作戰有你在旁邊出謀劃策，三齊之地會很容易被平定。」魏軍遂趁勝進攻垣苗、糜溝二處的軍事據點，十天之內連續攻下了四座城池，魏軍的聲威震懾了三齊大地。

三月二十五日丙子，宋明帝任命擔任尚書左僕射的蔡興宗為郢州刺史。

并州刺史房崇吉防守升城，能夠拿得動兵器守衛升城的士兵還不到七百人。慕容白曜在升城的外圍修築起一道圍牆將升城圍困起來進行攻打，從二月一直圍攻到夏季四月，才攻下升城。慕容白曜對升城不肯投降感到非常憤恨，就想把升城中所有的人全部活埋，擔任參軍事的昌黎人韓麒麟勸阻慕容白曜說：「如今前面還有更強大的敵人，而我們卻在這裡活埋全城的百姓，那麼從這裡往東的各處城池，必定人人加強防守，不可能再被我軍攻克。我軍長時間出征在外，將士疲憊厭戰，糧食消耗殆盡，宋國的軍隊如果趁機進攻我們，後果將不堪設想，這是一種很危險的做法。」慕容白曜聽了韓麒麟的意見之後，便親自去慰問、安撫升城的百姓，讓他們恢復各自的職業。

房崇吉在升城被魏軍攻破之時脫身逃走。房崇吉的母親傅氏，東平太守申纂的妻子賈氏，都與擔任魏國濟州刺史的盧度世是中表親戚，然而血緣關係已經很疏遠了。等到傅氏、賈氏被魏軍俘虜之後，盧度世對待他們非常恭敬，供給他們的衣食所需都很優厚。盧度世的家庭內部都很和睦而且對人有禮。雖然遭遇的世道有艱難有太平，家道有貧窮有富足，而這個百口之家仍然能夠和睦相處，其樂融融，苦樂共同承擔。

宋國冀州刺史崔道固緊閉冀州城門，抵抗魏軍的入侵，而青州刺史沈文秀則派遣使者向魏軍投降，並請求魏國派兵到青州來迎接。魏國征南大將軍慕容白曜準備派兵前往青州接應沈文秀，左司馬酈範說：「沈文秀的家屬以及祖墳都在江南，手中又掌握著好幾萬軍隊，冀州城城牆堅固，鎧甲精良，兵力強盛就據城固守，形勢不利則可以撤退逃走。我軍還沒有逼近他的城下，早晚之間還沒有危機降臨在他的頭上，他畏忌什麼而急於要請求我軍接應他呢！而且我觀察他的使者，說話的時候眼睛不敢正視人，像是內心有愧的樣子，言語囉嗦而內心膽怯，這一定是想用奸詐的計謀來引誘我們上當受騙，我們不能輕信他的話。我們現在不如先攻取歷城，攻佔盤陽城，奪取梁鄒城，平定樂陵城，然後整肅軍隊慢慢前進，不怕沈文秀不投降我們。」慕容白曜說：「崔道固等人兵力單薄，力量弱小，不敢出城作戰，我軍可以通行無阻，直抵東陽城下。沈文秀知道自己一定會被滅亡，所以才望風請降，我們又何必懷疑他呢！」酈範說：「歷城的守軍兵多糧足，不是一朝一夕就能將其攻破。沈文秀坐鎮東陽城，是周圍其他諸城守軍的主心骨。如果我們多派軍隊去攻取東陽城，就沒有足夠的兵力去進攻歷城，少派軍隊則不足以制服東陽城的守軍。如果我們進攻東陽城的軍隊受到沈文秀的阻擊，想撤退時又遭到其他各城宋軍的攔截，我軍就會腹背受敵，必定使我們難以保全。希望你再認真、慎重地考慮考慮，不要中了敵人的詭計。」慕容白曜這才沒有對東陽城採取行動。而青州刺史沈文秀果然不是真心投降魏國。

魏國鎮東大將軍尉元給魏國朝廷上表說：「彭城曾經是宋國的邊疆大州，如果沒有重兵把守和充足的糧食儲備，就不可能長期堅守。如果我國在彭城駐軍與物資儲備都十分充實，即使劉彧出動全部的軍隊，也不敢窺視淮河以北的徐州、兗州、豫州等地。」尉元又說：「如果宋軍要攻打彭城，必然會由泗水一帶通過宿豫，經過下邳；如果宋軍要進攻青州，也需要從下邳出發沿著沂水北上經過東安郡；這幾個地方，都是賊軍用兵作戰的必經之地。如果我們先平定了下邳、宿豫，鎮守淮陽郡，防守東安，那麼青州、冀州等州郡的首府就陷入了孤立無援的境地，可以不攻自破。如果我們不能首先攻克下邳、宿豫、淮陽、東安這四個城，即使攻佔了青州、冀州，那裡的百姓也不會真心歸順，而是四處觀望，心存僥倖，盼望著被宋軍解救過去。我雖然愚鈍，但我以為應當放開青州、冀州的這兩股敵兵不打，先解決東南方向的下邳、宿豫、淮陽、東安等城鎮，斷絕劉彧想出兵解救北方這些州郡的想法，斷絕了青州、冀州那些愚民百姓盼望回歸南方的念頭。要讓他們認識到：夏天雨水雖然大，卻沒有水路、陸路可以通行，冬天河水結冰，宋軍即使可以到達下邳、宿豫、淮陽、東安等地，但沒有城堡可以作為依托，仍然難以立足。這樣的話，淮北地區自然會被我們長期佔有，花費短時間的辛苦而換來永久性的安逸。兵貴神速，時間一長，形勢就會發生變化，如果天降大雨，他們因為河道暢通，就可能利用船隻運送糧食、增派士兵來支援彭城，進一步謀劃收復被我軍佔領的失地，到那時恐怕淮河一帶的百姓就會改變服從魏國之心，青州、冀州二州就不是短時間內所能攻克的了。」

五月十二日壬戌，宋明帝任命擔任太子詹事的袁粲為尚書右僕射。

貞陽公沈攸之親自押送軍糧沿著泗水抵達下邳，魏國人派遣泗水一帶的居民欺騙沈攸之說：「薛安都想要歸降，請求將軍派兵前去迎接。」擔任副統領的吳喜請求沈攸之派遣一千人前往彭城迎接薛安都，沈攸之不同意。後來，通風報信的人越來越多，吳喜堅決要求沈攸之派遣軍隊去迎接薛安都，沈攸之於是將那些通風報信的人召集起來，告訴他們說：「你們這些人既然有歸降朝廷的這份真誠之心，如果你們能夠帶著徐州刺史薛安都的子弟一起來，我就立即任命你們為本地區的縣令或縣長之職，你們想要哪個縣，我就給你們哪個縣。如果你們做不到的話，你們就不必再這樣徒勞無益地跑來跑去了。」從這次談話以後，那些前來報信的人就一去不復返了。沈攸之派遣一支軍隊的頭領彭城人陳顯達率領一千人協助守衛下邳而後返回。

薛安都子伯令[1]亡命❶梁、雍之間❷，聚黨數千人，攻陷郡縣。

秋，七月，雍州刺史巴陵王休若❸遣南陽太守張敬兒❹等擊斬之。

上復遣中領軍❺沈攸之等擊彭城。攸之以為清泗方涸❻，糧運不繼，固執❼以為不可。使者七返，上怒，強遣之。八月壬寅❽，以攸之行南兗州刺史❾，將兵北出，使行徐州事❿蕭道成將千人鎮淮陰⓫。道成收養豪俊，賓客始盛。

魏之入彭城也，垣崇祖⓬將部曲⓭奔朐山⓮，據之，遣使來降⓯，蕭道成以為朐山戍主⓰。朐山濱[2]海孤絕⓱，人情未安，崇祖浮舟水側⓲，欲有急則逃入海。魏東徐州⓳刺史成固公⓴戍團城㉑，崇祖部將有罪，亡降魏。成固公遣步騎二萬襲朐山，去城二十里。崇祖方出送客，城中人驚懼，皆下船欲去。崇祖還，謂腹心曰：「虜非有宿謀㉒，承叛者之言㉓而來耳，易誑㉔也。今得百餘人還㉕，事必濟㉖矣。但人情一駭，不可斂集，卿等可亟去此一里外㉗，大呼而來，云㉘：『艾塘義人已得破虜[29]，須戍軍速往相助逐之[30]。』」舟中人果喜，爭上岸，崇祖引入，據城[31]。遣羸弱入島[32]，人持兩炬火[33]，登山鼓譟，魏參騎[34]以為軍備甚盛，乃退。

上以崇祖為北琅邪、蘭陵[35]二郡太守。

垣榮祖[36]亦自彭城奔朐山[37]，以奉使不效[38]，畏罪不敢出，往依蕭道成于淮陰。榮祖少學騎射，或謂之曰：「武事可畏[39]，何不學書？」榮祖曰：「昔曹公父子[40]上馬橫槊[41]，下馬談詠[42]，此於天下[43]，可不負飲食[44]矣。君輩[45]無自全之伎[46]，何異犬羊[47]乎！」劉善明[48]從弟僧副[49]將部曲二千人避魏居海島，道成亦召而撫之[50]。

魏於天宮寺[51]作大像，高四十三尺，用銅十萬斤，黃金六百斤。

魏尉元遣孔伯恭[52]帥步騎一萬拒沈攸之，又以攸之前敗[53]所喪士卒瘃墮膝行者[54]悉還攸之，以沮其氣[55]。上[56]尋悔遣攸之等[57]，復召使還。攸之至焦墟[58]，去下邳五十餘里，陳顯達引兵迎攸之至睢清口[59]，伯恭擊破之。攸之引兵退，伯恭追擊之，攸之大敗，龍驤將軍姜彥之[60]等戰沒[61]。攸之創重[62]，入保[63]顯達營。丁酉[64]夜，眾潰，攸之輕騎南走[65]，委棄軍資器械以萬計，還屯淮陰。

魏尉元以書諭徐州刺史王玄載[66]，玄載棄下邳走，魏以隴西辛紹先[67]為下邳太守。紹先不尚苛察[68]，務舉大綱[69]，教民治生禦寇[70]而已，由是下邳安之[71]。

孔伯恭進攻宿豫，宿豫戍將魯僧遵亦棄城走。魏將孔太恆[3]等將千騎南攻淮陽，淮陽太守崔武仲焚城走。

慕容白曜進屯瑕丘(72)。崔道固之未降(73)也，綏邊將軍房法壽(74)為王玄邈(75)司馬，屢破道固軍，歷城人(76)畏之。及道固降(77)，皆罷兵。道固畏法壽扇動百姓(78)，迫遣法壽使還建康(79)。會從弟崇吉自升城來，以母妻為魏所獲，謀於法壽(80)。法壽雅不欲南行(81)，怨道固迫之。時道固遣兼治中房靈賓(82)督清河、廣川(83)二郡事，戍盤陽[4]，法壽乃與崇吉謀襲盤陽，據之，降於慕容白曜，以贖崇吉母妻(84)。道固遣兵攻之，白曜自瑕丘遣將軍長孫觀(85)救盤陽，道固兵退。白曜表(86)冠軍將軍韓麒麟與法壽對為冀州刺史(87)，以法壽從弟靈民、思順、靈悅、伯憐、伯玉、叔玉、思安、幼安等八人皆為郡守(88)。

白曜自瑕丘引兵攻崔道固於歷城，遣平東將軍長孫陵等攻沈文秀於東陽。道固拒守不降，白曜築長圍守之。陵等至東陽，文秀請降，陵等入其西郭(89)，縱士卒暴掠(90)。文秀悔怒，閉城拒守，擊陵等，破之。陵等退屯清西(91)，屢進攻城，不克。

癸卯(92)，大赦(93)。○戊申(94)，魏主李夫人(95)生子宏(96)。夫人，惠(97)之女也。馮太后[98]自撫養宏[99]。頃之[100]，還政於魏主[101]。魏主始親國事，勤於為治，賞罰嚴明，拔清節[102]，黜貪汙，於是魏之牧守[103]始有以廉潔著聞者[104]。

太中大夫徐爰[105]，自太祖時用事[106]，素不禮於上[107]。上銜之[108]，詔數[109]其姦佞之罪，徙交州[110]。

冬，十月辛巳[111]，詔徙義陽王昶為晉熙王[112]，使員外郎李豐以金千兩贖昶於魏[113]。魏人弗許，使昶與上書[114]，為兄弟之儀[115]。上責其不稱臣，不答。魏主復使昶與上書，昶辭曰：「臣本實彧兄，未經為臣[116]。若改前書[117]，事為二敬[118]；苟或不改[119]，彼所不納[120]。臣不敢奉詔[121]。」乃止。魏人愛重昶，凡三尚公主[122]。

十一月乙卯[123]，分徐州置東徐州[124]，以輔國將軍張讜為刺史[125]。

十二月庚戌[126]，以幽州刺史劉休賓為兗州刺史[127]。休賓之妻，崔邪利[128]之女也，生子文曄[129]，與邪利皆沒於魏[130]。慕容白曜將其妻子[131]至梁鄒城下示之，休賓密遣主簿尹文達至歷城見白曜，且視其妻子。休賓欲降，而兄子聞慰[132]不可。白曜使人至城下呼曰：「劉休賓數遣人來見僕射[133]約降，何故違期不至！」由是城中皆知之，共禁制[134]休賓不得降，魏兵圍之。

魏西河公石復攻汝陰[135]，汝陰有備，無功而還。常珍奇雖降於魏，實懷貳心[136]，劉勔[137]復以書招之。會西河公石攻汝陰，珍奇乘虛燒劫懸瓠[138]，驅掠上蔡、安成、平輿[139]三縣民，屯於灌水[140]。

【章　旨】以上為第二段，寫宋明帝泰始三年（西元四六七年）下半年的大事。主要寫了宋明帝劉彧強令沈攸之二次進攻彭城，結果又被尉元的部將孔伯恭所慘敗，還屯淮陰；寫了薛安都部將垣崇祖逃出彭城，佔據朐山，回降於劉彧王朝，劉宋以垣崇祖為北琅邪、蘭陵二郡太守；寫了魏將尉元以書嚇退王玄載，輕取下邳；魏將孔伯恭等繼續攻取宿豫、淮陽，宋將皆棄城逃去；寫了宋將房法壽、房崇吉等以盤陽城降慕容白曜，白曜任命房氏眾人皆為郡守；寫了慕容白曜攻歷城的崔道固與青州的沈文秀，皆屢攻不克；慕容白曜又欲招降梁鄒的守將劉休賓，劉休賓欲降而未果；寫了魏將拓跋石攻宋之汝陰，太守張超堅守不下；前已降魏的常珍奇受宋將劉勔招撫，趁機燒劫懸瓠，驅掠鄰近之縣民屯於灌水；此外還寫了宋將蕭道成屯兵淮陰，垣榮祖、劉僧副等皆歸之，蕭氏的勢力日益強大；以及魏人頗重前已降魏之劉義隆子劉昶，劉昶在魏三尚魏公主；又魏之馮太后還政於其子拓跋弘，拓跋弘勤於政事，頗有作為等等。

【注　釋】❶亡命　改換名姓，化裝潛逃。❷梁雍之間　梁州的州治即今陝西漢中，轄境為今陝西之西南部一帶地區，雍州的州治即今湖北襄樊之襄陽區，轄境為今河南西南部與湖北北部一帶地區。❸休若　劉休若，劉義隆之子，宋明帝劉彧之弟。被封為巴陵王，此時任雍州刺史。傳見《宋書》卷七十二。❹張敬兒　泰始初為南陽太守，後入齊為蕭氏重臣。傳見《南史》卷四十五。❺中領軍　統領朝廷禁兵，官位三品。❻涸　乾枯無水。❼固執　堅持；堅決主張。❽八月壬寅　八月二十三。❾行南兗州刺史　代理南兗州刺史。南兗州的州治在今江蘇揚州西北。❿行徐州事　代理徐州刺史的職權。按，此徐州僑治鍾離，故城在今安徽鳳陽東北。因本來的徐州已為魏國所佔據。⓫淮陰　郡名，郡治在今江蘇淮安之淮陰區西南。⓬垣崇祖　劉宋名將垣護之之姪。傳見《南史》卷二十五。⓭將部曲　率領部下。部、曲，都是古代的軍隊編制名，一個將軍統領若干部，部的長官稱校尉；一個校尉統領若干曲，曲的長官稱軍候。南朝也以「部曲」稱當時世家豪族或某將領的私人武裝。⓮朐

山　山名，即今江蘇連雲港市西南的錦屏山，又名馬耳峰。⑮來降　來向朝廷軍投降。垣崇祖為薛安都之將，前此已隨薛安都降魏。⑯戍主　軍事據點的統領。戍，軍事據點。⑰濱海孤絕　靠近大海，形勢孤立。⑱浮舟水側　在水邊上準備著一些船隻。⑲東徐州　魏州名，州治即今山東之沂水縣。⑳成固公　魏將的封爵名，姓拓跋，名字不詳，封地為成固縣，在今之漢中東。㉑圂城　古城名，故址當在今山東沂水縣境。㉒虜非有宿謀　魏虜成固公並非是按其預定的謀略。虜，對敵方的蔑稱。宿，久於其事。㉓承叛者之言　無非是聽信了我們叛徒的話而來的。承，接受；聽信。㉔易誑　容易哄騙。㉕今得百餘人還　只要我們能招呼百數個上船欲跑的人回來。㉖事必濟　大事一定能成功，指讓魏人成固公上當。㉗亟去此一里外　趕緊到離城一里多地之外。亟，急；趕緊。㉘大呼而來二句　一邊向城裡跑來，一邊高喊著說。㉙艾塘義人已得破虜　艾塘據點的義士們已經打敗魏軍。艾塘，劉宋的軍事據點名，在今江蘇東海縣西北。胡三省曰：「宋人謂起兵拒魏者為義人。」㉚須戍軍速往相助逐之　希望我們的駐軍趕緊前去幫著他們一起追趕逃跑之敵。㉛引入二句　把他們接入城內，守好城池。引，迎接。㉜遣羸弱入島　派一些老弱殘兵登上海島。㉝人持兩炬火　每個人手舉兩個火炬。人，每個人。㉞參騎　探馬；偵察騎兵。㉟北琅邪蘭陵　二郡名，北琅邪郡的郡治在今山東臨沂東南，蘭陵郡的郡治在今山東滕州東南。㊱垣榮祖　垣崇祖堂兄，垣護之的兒子。泰始二年（西元四六六年）正月奉命到徐州勸說薛安都反正歸南，事未成，被扣留在徐州。事詳《南齊書》卷二十八。㊲自彭城奔朐山　逃出彭城往歸垣崇祖。㊳奉使不效　指前往勸說薛安都反正未成。㊴武事可畏　舞刀弄槍的生涯，容易犧牲性命。㊵曹公父子　指曹操及魏文帝曹丕兄弟。㊶上馬橫槊　上了馬能征戰、廝殺。槊，長矛，此處泛指兵器。㊷下馬談詠　下了馬能清談、能寫作詩賦。談，清談《周易》、《老》、《莊》，東晉以來貴族文人的一種癖好。詠，吟詠；吟詩作賦。㊸此於天下　能這樣地過一輩子、生活在世上。㊹可不負飲食　才能算是沒有白吃飯。㊺君輩　像你們這些人。㊻無自全之伎　沒有自我保護的本領。㊼何異犬羊　與到了時候只能等著被宰割的牲畜有什麼區別。㊽劉善明　劉宋名將劉懷珍的族弟，於天下州郡紛紛反對劉彧政權之時，劉善明偏能起兵擁護朝廷，深得劉彧賞知。傳見《南史》卷四十九。㊾僧副　劉善明的堂弟，自劉宋之末即歸附於蕭道成。事見《南史》卷四十九。㊿召而撫之　請到部下，加以善待。(51)天宮寺　佛教的寺廟名，在當時的魏都平城，今山西大同東北。(52)孔伯恭　北魏將領。事詳《魏書》卷五十一。據本傳，前文尉元、薛安都大破劉宋張永、沈攸之軍隊時，孔伯恭也是參與者之一。(53)前敗　即本卷前文所敘本年正月張永、沈攸之被尉元、薛安都之所敗。(54)瘃墮膝行者　因嚴寒凍掉腳趾，只能跪地前行的劉宋的俘虜兵。瘃墮，因嚴寒凍掉腳趾。瘃，凍瘡。這裡作動詞用。(55)以沮其氣　以瓦解宋軍的士氣。沮，渙散；瓦解。(56)上　指宋明帝劉彧。(57)尋悔遣攸之等　很快地就後悔了派沈攸之等二次率軍北出。(58)焦墟　地名，又叫焦墟曲，在今江蘇駱馬湖西南岸的皂河一帶。(59)睢清口　睢水與泗水的匯合之地，在今江蘇宿遷西南。清，即指泗水。(60)姜彥之　據《宋書》卷九十四，當作「姜產之」。宋將，被任為龍驤將軍。(61)戰沒　戰死於疆埸。(62)創重　傷勢嚴重。創，兵器造成的傷口。(63)入保　逃進。(64)丁酉　八月十八。(65)輕騎南走　拋下軍隊，只帶著身邊的人逃走。(66)徐州刺史王玄載　胡三省曰：「沈攸之留王玄載戍下邳，因領徐州刺史。」(67)辛紹先　西涼的節義之臣辛淵的兒子，拓跋燾平涼州，辛紹先降於魏，因為魏將。傳見《魏書》卷四十五。(68)不尚苛察　為政執法不苛求細節。(69)務舉大綱　只抓主要問題。(70)教民治生禦寇　治理百姓只要著重生產生活，與抵抗敵軍進攻兩大項。治生，謀生；發展生產。(71)下邳安之　下邳人都服從他的管理。(72)瑕丘　古縣名，故址在今山東兗州北側，當時為兗州的州治所在地。(73)未降　指未歸降劉彧政權。(74)房法壽　房崇吉的堂兄弟，在天下紛紛反對劉彧之時，起兵擁護劉彧政權，被授為魏郡太守。事詳《魏書》卷四十三。(75)王玄邈　宋將王玄謨的堂兄弟，在宋時曾為青州刺史，是擁護劉彧政權的武裝勢力。傳見《南史》卷十六。(76)歷城人　此指崔道固的軍隊，時崔道固任冀州刺史，駐兵歷城。(77)道固降　指歸降劉彧朝廷。(78)畏法壽扇動百姓　時房法壽任魏郡太守，而崔道固任冀州刺史，房法壽是崔道固的下屬。(79)使還建康　打發他離開魏郡。(80)謀於法壽　向房法壽討主意。(81)雅不欲南行　本來就不願意到京城建康去。雅，平素；本來。(82)治中房靈賓　崔道固的僚屬房靈賓。治中，官名，州刺史的僚屬。房靈賓，房法壽之遠房堂兄弟。傳見《魏書》卷四十三。(83)清河廣川　冀州治下的二郡名，此清河亦叫東清河，郡治即下文所說的盤陽城，也稱貝丘，在今山東淄博南，廣川郡的郡治在今山東鄒平東北。(84)以贖崇吉母妻　時崇吉母、妻被魏人所俘，今房法壽、房崇吉二人據盤陽以城降魏，請魏人歸母、妻於崇吉。(85)長孫觀　魏國名將長孫道生之孫。傳見《魏書》卷二十五。(86)表　給魏國朝廷上表推薦。(87)對為冀州刺史　兩人同時任冀州刺史。對，兩人共任一職。(88)以法壽從弟靈民句　八人分別為清河、濟南、平原、廣川、河間、高陽、樂陵、高密之太守。見《魏書》卷四十三。(89)西郭　西面的外城。(90)縱士卒暴掠　放任士兵大肆搶掠。(91)清西　清水之西。(92)癸卯　八月二十四。(93)大赦　此指劉宋政權實行大赦。(94)戊申　八月二十九。(95)魏主李夫人　即魏主獻文帝拓跋弘的皇后李氏。傳見《魏書》卷十三。(96)子宏　即後來的北魏孝文帝拓跋宏，西元四七一—四九九年在位。傳見《魏書》卷七。(97)惠　李惠，曾為青州刺史，有惠政，被馮太后所殺。傳見《魏書》卷八十三上。(98)馮太后　魏主拓跋弘之母，文成皇帝拓跋濬的皇后。傳見《魏書》卷十三。(99)自撫養宏　魏國的章程是，皇后生了太子，皇后照例被殺死，故太子例皆被其他女人撫養大，此被祖母所親養，足見其對孫子的重視。(100)頃之　不久。(101)還政於魏主　馮太后頗具政治才能，曾兩次臨朝聽政。第一次從天安元年（西元四六六年）到皇興元年（西元四六七年），共兩年多時間，是代其兒子拓跋弘執政，拓跋弘當時十二歲。九年後又殺其子拓跋弘，代其孫拓跋宏臨朝執政，這是後話。(102)拔清節　提拔清正廉潔、有操守的人。(103)牧守　指州刺史與郡太守兩級位高權重的地方官。牧，州牧，即刺史。(104)始有以廉潔著聞者　言外之意是在此以前的魏國官吏個個都是貪汙犯。(105)太中大夫徐爰　一個幾乎與整個劉宋王朝相終始的佞幸之臣，從晉末被劉裕所知，歷經劉宋的七代皇帝，以善迎合而永保官位。傳見《宋書》卷九十四。徐爰到劉彧為帝時任太中大夫之職。太中大夫是皇帝身邊的侍從官員，地位清顯。(106)自太祖時用事　從劉義隆做皇帝時徐爰就在朝廷掌權。太祖，宋文帝劉義隆的廟號，西元四二四—四五二年在位。(107)素不禮於上　在那時徐爰一向對皇子劉彧沒有禮貌。上，指現任的皇帝劉彧。(108)上銜之　劉彧從那時就將徐爰記恨在心。(109)詔數　下詔書一一列舉。(110)徙交州　改派到交州為官。徙，遷；流放。交州，州治龍編，在今越南河內東北。(111)十月辛巳　十月初三。(112)徙義陽王昶為晉熙王　宋明帝劉彧改封義陽王劉昶為晉熙王。義陽王劉昶是宋文帝劉義隆的第九子。元嘉二十二年（西元四四五年）被封義陽王，景和元年（西元四六五年）被前廢帝劉子業逼反，兵敗後北投魏國。事見《宋書》卷七十二。義陽、晉熙都是郡名，義陽郡的郡治即今河南信陽，晉熙郡的郡治即今安徽潛山縣。(113)贖昶於魏　想用錢把劉昶從魏國贖回來。(114)與上書　給劉彧寫信。(115)為兄弟之儀　以兄弟的身分相稱。按親緣關係，劉昶行九，劉彧行十一。劉昶是劉彧之兄。(116)未經為臣　從來沒有做過他的臣子。(117)若改前書　如果改變上次信的寫法，意即稱他為帝。(118)事為二敬　這就等於讓我承認有兩個皇帝。既稱臣於魏，又稱臣於宋。(119)苟或不改　如果還按著上次信的寫法。(120)彼所不納　那又是他所不能接受的。(121)臣不敢奉詔　意即我沒法再寫了。(122)凡三尚公主　前後曾三次娶魏國皇帝的女兒為妻。尚，高攀，娶的敬稱。(123)十一月乙卯　十一月初八。(124)分徐州置東徐州　這句話的主語是劉彧王朝。因徐州已被魏國佔領，而劉宋還希望名義上有一個徐州的建制，故而在其轄境內另割別的地盤立了一個東徐州，州治在今安徽鳳陽東北的臨淮。(125)以輔國將軍張讜為刺史　胡三省曰：「張讜時守團城，就置東徐州，以刺史命之。」(126)十二月庚戌　十二月戊寅朔，無庚戌。《宋書．明帝紀》云：「十二月庚辰，以寧朔將軍劉休賓為兗州刺史。」當是。庚辰，十二月初三。(127)為兗州刺史　胡三省曰：「時兗州之境已沒於魏，劉休賓守梁鄒，就以刺史命之。」按，劉休賓當時所據的梁鄒，即今山東鄒平。(128)崔邪利　本宋將，元嘉末為魯郡太守，治鄒山。元嘉二十七年（西元四五〇年）魏攻宋至鄒山，崔邪利被俘降魏。事詳《魏書》卷二十四。(129)文曄　劉文曄，在魏官至高陽太守。傳見《魏書》卷四十三。(130)皆沒於魏　都一起淪陷在了魏國。沒，淪陷。(131)將其妻子　帶著劉休賓的妻室兒女。(132)聞慰　劉聞慰，劉休賓之姪。(133)僕射　指慕容白曜，白曜時為尚書右僕射。(134)禁制　控制、禁止。(135)復攻汝陰　今年二月拓跋石曾攻汝陰，不克而退。汝陰的守將是其太守張超。見本卷前文。汝陰的郡治即今安徽阜陽。136懷貳心 仍想回歸劉宋。常珍奇降魏又對魏不滿事，見本書上卷。137劉勔 宋臣，官至中領軍、守尚書右僕射。此時為都督豫、司二州諸軍事、征虜將軍、豫州刺史。傳見《宋書》卷八十六。138懸瓠 古城名，即今河南汝南縣，當時為汝南、新蔡二郡的郡治所在地。139上蔡安成平輿 三縣名，當時的上蔡即今河南汝南縣，當時的安成縣在今河南正陽東北，當時的平輿縣在今河南平輿西南。140灌水 也叫灌河，在今河南東南部。源出大別山，東北流到固始蔣家集與史河匯流後，在三河尖入淮河。

【校記】1伯令 原作「令伯」。據章鈺校，甲十一行本、乙十一行本、孔天胤本二字皆互乙，今據改。2濵 原作「瀕」。據章鈺校，甲十一行本、乙十一行本皆作「濵」，今據改。3孔太恆 原作「孔大恆」。據章鈺校，甲十一行本、乙十一行本皆作「孔太恆」，今據改。4盤陽 原誤作「磐陽」。嚴衍《通鑑補》改作「盤陽」，今據以校正。

【語譯】薛安都的兒子薛伯令潛逃到梁州、雍州一帶，聚集了幾千名黨徒，攻陷郡縣。

秋季，七月，宋國擔任雍州刺史的巴陵王劉休若派遣擔任南陽太守的張敬兒等人斬殺了薛伯令。

宋明帝劉彧又派遣中領軍沈攸之等人率軍進攻彭城。沈攸之因為泗水河乾枯無水，恐怕糧食運輸跟不上，所以堅持認為不可以進攻彭城。宋明帝派遣的使者往返了七次，沈攸之都堅持己見，宋明帝於是大怒，強迫沈攸之率軍出征。八月二十三日壬寅，宋明帝任命沈攸之為代理南兗州刺史，率領軍隊北上進攻彭城，令代理徐州刺史職務的蕭道成率領一千人鎮守淮陰。蕭道成收養、結交豪強俊傑，賓客開始興盛起來。

魏軍進入彭城的時候，垣崇祖率領自己的部下逃往朐山城據守，他派遣使者來向宋國朝廷投降，蕭道成遂任命垣崇祖為朐山守軍的統領。朐山靠近大海，形勢孤立，與周圍隔絕，因此人心不安，垣崇祖遂在水邊準備了一些船隻，準備遇到危急情況時就逃入大海。魏國擔任東徐州刺史的成固公戍守圏城，垣崇祖的一個部將因為犯了罪，就從朐山城逃出投降了魏軍。成固公派遣二萬步兵、騎兵襲擊朐山，距離朐山只有二十里。恰好此時垣崇祖出城送別客人，朐山城中的守軍得知魏軍來襲的消息後都非常驚惶恐懼，於是都下到船中準備逃走。垣崇祖回到城中後對他的心腹們說：「魏國的賊敵並非是按照預定的謀略前來攻打，無非是聽信了那個叛逃人的話才臨時決定來進攻我們，很容易讓他們受騙上當。如果我們能夠招呼到一百個上船欲逃的人回來，大事就一定能夠成功。只是由於受到驚嚇，人心已亂，不可能再讓他們集結起來了，你們這些人趕快到距離朐山城一里以外的地方，一邊向城裡跑來，一邊高喊說：『艾塘據點的義士們已經打敗了魏軍，希望我們戍守朐山城的人趕緊前去幫助他們一同追擊逃跑的敵人。』」船中那些準備逃跑的人聽到喊聲果然喜出望外，全都爭著上岸，垣崇祖把他們接入城中，據城堅守；一面派遣老弱病殘進入海島，每個人手舉兩枝火把，登上山去擂鼓吶喊，虛張聲勢，魏軍中負責擔任巡邏偵察的騎兵遂以為朐山城中的宋國守軍勢力強盛，準備充足，於是就撤退了。宋明帝任命垣崇祖為北琅邪郡、蘭陵郡二郡的太守。

垣榮祖此時也從彭城逃奔朐山，垣榮祖因為未能說服徐州刺史薛安都改變立場擁戴宋明帝，懼怕遭到懲處而不敢返回京師建康，於是就到淮陰去依附於蕭道成。垣榮祖年紀很小的時候就開始學習騎馬射箭，有人對他說：「舞刀弄槍的生涯是件很可怕的事情，容易丟掉性命，你為什麼不去讀書？」垣榮祖回答說：「過去曹操與他的兒子曹丕兄弟跨上馬揮動兵器能征戰、廝殺，下了馬能清談、能寫詩作賦，能這樣活在世上過一輩子，才算是沒有白吃飯。像你們這些人連保全自己的本領都沒有，與那些只能等著受人宰割的犬羊有什麼區別呢！」劉善明的堂弟劉僧副此時正率領著屬下的二千人為躲避魏軍而居住在一個海島上，蕭道成也把他們召集到自己的部下，加以善待。

魏國在天宮寺鑄造了一尊大佛像，佛像高達四十三尺，用了十萬斤銅，六百斤黃金。

魏國鎮東大將軍尉元派遣鎮東將軍孔伯恭率領一萬名步兵、騎兵抵抗沈攸之，他們還把沈攸之在泰始三年與魏軍作戰失敗時因為天氣嚴寒凍掉了腳趾而被俘虜、現在只能用膝蓋爬行的人全部送還給沈攸之，用以瓦解沈攸之軍隊的士氣。沒過多久，宋明帝就對派遣沈攸之等人率軍北上進攻彭城之事感到後悔，於是又派遣使者把沈攸之等召回。沈攸之抵達焦墟，這裡距離下邳城還有五十多里，陳顯達率領軍隊把沈攸之迎接到睢清口時，被孔伯恭所率領的魏軍打敗。沈攸之率領軍隊撤退，孔伯恭則率領魏軍隨後追擊，把沈攸之的軍隊打得大敗，龍驤將軍姜彥之等戰死於疆場。沈攸之也在戰鬥中身負重傷，逃入陳顯達的軍營。八月十八日丁酉夜間，沈攸之所率領的宋軍全部潰敗，沈攸之拋下軍隊，只帶著身邊的一些人輕裝向南逃走，被拋棄的軍用物資、器械數以萬計，沈攸之逃回到淮陰駐紮。

魏國鎮東大將軍尉元寫信給宋國戍守下邳的代理徐州刺史王玄載，勸王玄載投降魏國，王玄載拋棄下邳逃走，魏國任命隴西人辛紹先為下邳太守。辛紹先為政執法不苛求細節，而是善於抓主要問題，治理百姓只抓發展生產、搞好生活與抵禦賊寇的入侵兩大項，因此下邳的人都安心於他的統治。

魏國鎮東將軍孔伯恭率軍進攻宿豫，宋國的宿豫守將魯僧遵也棄城逃走。魏國的將領孔太恆等人率領一千騎兵向南進攻淮陽，宋國的淮陽太守崔武仲在淮陽城內放了一把火之後也棄城逃走。

魏國征南大將軍慕容白曜率領大軍進駐瑕丘縣。宋國冀州刺史崔道固在向宋明帝投降之前，綏邊將軍房法壽還在王玄邈的屬下擔任司馬，房法壽曾經多次率軍打敗冀州刺史崔道固的軍隊，因此駐守歷城的崔道固的軍隊非常懼怕房法壽。後來崔道固向宋明帝投降，雙方這才停止作戰。崔道固懼怕房法壽會煽動百姓反對他，於是就強行打發房法壽返回京師建康。恰遇房法壽的堂弟并州刺史房崇吉從升城來到魏郡，他因為自己的母親、妻子都被魏軍俘虜，所以來找房法壽商量辦法。房法壽本來就不願意向南到京師建康去，正在怨恨崔道固逼迫自己。當時崔道固派遣兼任治中的房靈賓去監督清河、廣川二郡的事務，就駐守在盤陽城，房法壽於是與房崇吉密謀襲擊房靈賓，佔據了盤陽城，投降了魏國的征南大將軍慕容白曜，以贖回房崇吉的母親和妻子。崔道固派遣軍隊進攻佔據了盤陽城的房法壽、房崇吉，慕容白曜也從瑕丘派遣將軍長孫觀率軍前來救援盤陽，崔道固看見有魏軍來救，於是率軍退走。慕容白曜向魏國朝廷上表舉薦擔任冠軍將軍的韓麒麟與房法壽兩人同時擔任冀州刺史，舉薦房法壽的堂弟房靈民、房思順、房靈悅、房伯憐、房伯玉、房叔玉、房思安、房幼安等八人分別擔任了清河、濟南、平原、廣川、河間、高陽、樂陵、高密郡太守。

魏國征南大將軍慕容白曜率領軍隊從瑕丘出發前往歷城攻打冀州刺史崔道固，派遣平東將軍長孫陵等人率領軍隊前往東陽攻打青州刺史沈文秀。崔道固堅守歷城堅決不肯向魏軍投降，慕容白曜就在歷城周圍修築起一道圍牆把崔道固圍困起來。長孫陵等人率領軍隊來到東陽城，青州刺史沈文秀向魏軍請求投降，長孫陵率軍進入東陽城西面的外城，放縱士兵大肆搶掠。沈文秀又是悔恨又是憤怒，於是關閉了城門據守，並出兵攻打長孫陵等，把長孫陵所率領的魏軍打得大敗。長孫陵等人退出東陽外城，屯紮在清水之西，長孫陵雖然多次率軍攻打東陽城，但都沒有攻克。

八月二十四日癸卯，宋國實行大赦。〇二十九日戊申，魏國獻文帝拓跋弘的李夫人生了個兒子，取名叫拓跋宏。李夫人，是青州刺史李惠的女兒。不久，馮太后親自撫養拓跋宏。馮太后把朝政大權交還給獻文帝拓跋弘執掌。拓跋弘開始親自處理朝政，他勤於政事，賞罰嚴明，提拔清正廉潔、有高尚操守的人，罷黜貪汙腐敗的官員，於是魏國的州刺史和郡太守這兩級位高權重的地方官員中開始出現了以廉潔奉公而著稱的人。

宋國擔任太中大夫的徐爰，從宋太祖劉義隆做皇帝時就開始擔任官職，那時的徐爰一向對還是皇子的劉彧沒有禮貌。劉彧從那時起就對徐爰懷恨在心，此時便下詔一一列舉了徐爰的種種奸佞罪狀，而後把他調離京城派到交州為官。

冬季，十月初三日辛巳，宋明帝下詔改封義陽王劉昶為晉熙王，派遣擔任員外郎的李豐為使者攜帶著千兩黃金前往魏國想要贖回晉熙王劉昶。魏國人不同意宋國贖回劉昶，而是讓劉昶給宋明帝寫信，劉昶在書信中對宋明帝以兄弟的身分相稱。宋明帝責怪劉昶不向自己稱臣，所以沒有給予答覆。魏國皇帝拓跋弘又讓劉昶給宋明帝寫信，劉昶推辭說：「我本來是劉彧的哥哥，從來沒有做過他的臣子。如果改變上一次書信的寫法和稱呼，就等於讓我既稱臣於魏，又稱臣於宋；如果還按照上次書信的寫法和稱呼，劉彧又不肯接受。所以我不能奉行陛下的詔令。」魏主拓跋弘遂不再堅持讓劉昶給宋明帝寫信。魏國人非常喜愛、敬重劉昶，劉昶先後三次娶魏國的公主為妻。

十一月初八日乙卯，宋國在其境內劃分出一部分地盤，設置為東徐州，任命輔國將軍張讜為東徐州刺史。

十二月庚戌日，宋明帝任命擔任幽州刺史的劉休賓為兗州刺史。劉休賓的妻子是原魯郡太守崔邪利的女兒，她為劉休賓生的兒子名叫劉文曄，他們與崔邪利一起全都淪陷在了魏國。魏國征南大將軍慕容白曜帶著劉休賓的妻子和他的兒子劉文曄來到梁鄒城下讓劉休賓看，劉休賓於是祕密地派遣擔任主簿的尹文達到歷城去面見慕容白曜，並且替他看望妻兒。劉休賓準備投降魏國，而劉休賓的姪子劉聞慰卻不同意降魏。慕容白曜派人到梁鄒城下高聲喊話，說：「劉休賓已經多次派人來見尚書右僕射慕容白曜，已經約定投降魏國，為什麼違背期限不來投降呢！」因此城中的人都知道了劉休賓準備投降的事，於是大家一同控制了劉休賓，不許他投降魏國，魏軍遂圍困了梁鄒城。

魏國的西河公拓跋石又率領軍隊進攻汝陰，因為鎮守汝陰的宋軍已經有了準備，所以拓跋石仍然是無功而返。汝南太守常珍奇雖然投降了魏國，其實他心裡還是想回歸宋國，劉勔又給常珍奇寫信招他回歸宋國。恰好遇上西河公拓跋石進攻汝陰，常珍奇遂乘這個機會放火燒毀了懸瓠城，劫掠了一番之後，便驅趕、劫持著上蔡縣、安成縣、平輿縣三個縣的百姓，屯駐在灌水岸邊。

四年（戊申　西元四六八年）

春，正月己未❶，上祀南郊❷，大赦。

魏汝陽司馬❸趙懷仁帥眾寇武津❹，豫州刺史劉勔遣龍驤將軍申元德擊破之，又斬魏于都公閼于拔❺於汝陽臺❻東，獲運車❼千三百乘❽。魏復寇義陽❾，勔使司徒參軍孫臺瓘❿擊破之。

淮西民⓫賈元友上書，陳伐魏取陳、蔡⓬之策，上以其書示劉勔。勔上言：「元友稱『虜主幼弱，內外多難，天亡有期。』臣以為虜自去冬蹈藉王土⓭，磐據數郡⓮，百姓殘亡；今春以來，連城圍逼⓯，國家未能復境⓰，何暇滅虜！元友所陳，率多⓱夸誕狂謀，皆非[1]實，言之甚易，行之甚難。臣竊尋⓲元嘉以來⓳，傖荒遠人⑳，多干國議㉑，負檐[2]歸闕㉒，皆勸討虜㉓。從來信納㉔，皆貽後悔㉕。境上之人㉖，唯視強弱㉗。王師至彼㉘，必壺漿候塗㉙；裁見退軍㉚，便抄截蜂起㉛。此前後所見，明驗非一㉜也。」上乃止。

魏尉元遣使說㉝東徐州刺史張讜，讜以團城降魏。魏以中書侍郎高閭㉞與讜對為東徐州刺史㉟，李璨㊱與畢眾敬㊲對為東兗州㊳刺史。元又說兗州刺史王整、蘭陵太守桓忻，整、忻皆降於魏。魏以元為開府儀同三司、都督徐・南・北兗㊴三州諸軍事、徐州刺史，鎮彭城。召薛安都、畢眾敬入朝，至平城，魏以上客待之，羣從㊵皆封侯，賜第宅，資給㊶甚厚。

慕容白曜圍歷城經年，二月庚寅㊷，拔其東郭。癸巳㊸，崔道固面縛㊹出降。白曜遣道固之子景業與劉文曄同至梁鄒，劉休賓亦出降。白曜送道固、休賓及其僚屬於平城。

辛丑㊺，以前龍驤將軍常珍奇為都督司・北豫二州諸軍事、司州刺史㊻。魏西河公石攻之，珍奇單騎奔壽陽。○乙巳㊼，車騎大將軍、曲江莊公王玄謨㊽卒。

三月，魏慕容白曜進圍東陽。

上以崔道固兄子僧祐為輔國將軍，將兵數千從海道救歷城。至不其㊾，聞歷城已沒，遂降於魏。◯交州刺史劉牧㊿卒。州人李長仁殺牧北來部曲，據州反，自稱刺史。◯廣州刺史羊希(51)使晉康(52)太守沛郡劉思道伐俚(53)。思道違節度失利(54)，希遣收之(55)，思道帥所領攻州，希兵敗而死。龍驤將軍陳伯紹將兵伐俚，還擊思道，擒斬之。希，玄保(56)之兄子也。

夏，四月己卯(57)，復減(58)郡縣田租之半。◯徙東海王禕(59)為廬江王(60)，山陽王休祐(61)為晉平王(62)。上以廢帝謂禕為驢王(63)，故以廬江封之(64)。◯劉勔敗魏兵於許昌(65)。◯魏以南郡公李惠為征南大將軍、儀同三司、都督關右(66)諸軍事、雍州(67)刺史，進爵為王。

五月乙卯(68)，魏主畋于崞山(69)，遂如繁畤(70)。辛酉(71)，還宮。

六月，魏以昌黎王馮熙(72)為太傅。熙，太后之兄也。

秋，七月庚申(73)，以驍騎將軍蕭道成為南兗州(74)刺史。

八月戊子(75)，以南康相劉勃為交州刺史。

上以沈文秀之弟征北中兵參軍文靜(76)為輔國將軍，統高密等五郡(77)軍事，自海道救東陽。至不其城，為魏所斷，因保城自固(78)。魏人攻之，不克。辛卯(79)，分青州置東青州(80)，以文靜為刺史。

九月辛亥[81]，魏立皇叔楨[82]為南安王，長壽為城陽王，太洛為章武王，休為安定王。

冬，十月癸酉朔[83]，日有食之。發諸州兵北伐[84]。

十一月，李長仁遣使請降，自貶行州事[85]，許之。

十二月，魏人拔不其城，殺沈文靜，入東陽西郭[86]。

義嘉之亂[87]，巫師請發脩寧陵[88]，戮玄宮[89]為厭勝[90]。是歲，改葬昭太后[91]。

先是[92]，中書侍郎、舍人[93]皆以名流[94]為之，太祖始用寒士秋當[95]，世祖猶雜選士庶[96]，巢尚之、戴法興[97]皆用事。及上即位，盡用左右細人[98]，游擊將軍阮佃夫[99]、中書通事舍人王道隆[100]、員外散騎侍郎楊運長[101]等，並參預政事，權亞人主[102]，巢、戴所不及也。佃夫尤恣橫，人有順迕，禍福立至[103]。大納貨賂，所餉減二百匹絹[104]，則不報書[105]。園宅飲饌，過於諸王；妓樂服飾，宮掖不如[106]也。朝士貴賤，莫不自結[107]。僕隸[108]皆不次除官[109]，捉車人[110]至虎賁中郎將[111]，馬士[112]至員外郎[113]。

五年（己酉　西元四六九年）

春，正月癸亥[114]，上耕籍田[115]，大赦。

沈文秀守東陽，魏人圍之三年[116]，外無救援，士卒晝夜拒戰，甲冑生蟣蝨，無離叛之志。乙丑(117)，魏人拔東陽(118)，文秀解戎服，正衣冠，取所持節(119)坐齋內(120)。魏兵交至(121)，問：「沈文秀何在？」文秀厲聲曰：「身是(122)！」魏人執之，去其衣，縛送慕容白曜，使之拜。文秀曰：「各兩國大臣，何拜之有！」白曜還其衣，為之設饌(123)，鎖送平城。魏主數其罪(124)而宥之(125)，待為下客，給惡衣疏食(126)，既而重其不屈(127)，稍嘉禮之(128)，拜外都下大夫(129)。於是青、冀之地盡入於魏矣。

戊辰(130)，魏平昌宣王和其奴(131)卒。

二月己卯(132)，魏以慕容白曜為都督青・齊(133)・東徐三州諸軍事、征南大將軍、開府儀同三司、青州刺史，進爵濟南王。白曜撫御(134)有方，東人安之(135)。

魏自天安(136)以來，比歲(137)旱饑，重以(138)青、徐用兵，山東之民疲於賦役(139)。顯祖(140)命因民貧富為三等輸租之法(141)，等為三品(142)：上三品(143)輸平城(144)，中輸它州(145)，下輸本州(146)。又，魏舊制：常賦之外，有雜調十五(147)，至是悉罷之(148)，由是民稍贍給(149)。

河東柳欣慰等謀反，欲立太尉廬江王禕。禕自以於帝為兄(150)，而帝及諸兄弟皆輕之(151)，遂與欣慰等通謀相酬和(152)。征北諮議參軍杜幼文(153)告之，丙申(154)，詔降禕為車騎將軍、開府儀同三司、南豫州刺史，出鎮宣城(155)，帝遣腹心楊運長領兵防衛。欣慰等並伏誅。

三月，魏人寇汝陰[156]，太守楊文萇擊卻之。

夏，四月丙申[157]，魏大赦。

五月，魏徙青、齊民於平城，置升城、歷城民望[158]於桑乾[159]，立平齊郡以居之[160]；自餘悉為奴婢，分賜百官。

魏沙門統曇曜[161]奏：「平齊戶[162]及諸民有能歲輸穀六十斛入僧曹[163]者，即為僧祇戶[164]，粟為僧祇粟[165]，遇凶歲，賑給飢民。」又請「民犯重罪及官奴，以為佛圖戶[166]，以供諸寺灑掃。」魏主並許之。於是僧祇戶、粟及寺戶徧於州鎮矣[167]。

六月，魏立皇子宏為太子。○癸酉[168]，以左衛將軍沈攸之為郢州刺史。

上又令有司奏廬江王褘忿懟[169]有怨言，請窮治[170]，不許。丁丑[171]，免褘官爵，遣大鴻臚持節奉詔[172]責褘，因逼令自殺，子輔國將軍充明廢徙新安[173]。

冬，十月丁卯朔[174]，日有食之。○魏頓丘王李峻[175]卒。

十一月丁未[176]，魏復遣使來脩和親[177]，自是信使歲通[178]。

閏月戊子[179]，以輔師將軍[180]孟陽為兗州刺史，始治淮陰[181]。

十二月戊戌[182]，司徒建安王休仁[183]解揚州[184]。休仁年與上鄰亞[185]，素相友愛，景和[186]之世，上賴其力以脫禍[187]。及泰始初，四方兵起，休仁親當矢石[188]，克成大功，任總百揆[189]，親寄甚隆[190]。由是朝野輻湊[191]，上漸不悅。休仁悟其旨，故表解揚州[192]。己未[193]，以桂陽王休範[194]為揚州刺史。

分荊州之巴東、建平[195]，益州之巴西、梓潼[196]郡，置三巴校尉[197]，治白帝[198]。先是，三峽蠻、獠[199]歲為抄暴[200]，故立府[201]以鎮之。上以司徒參軍東莞孫謙[202]為巴東、建平二郡太守，謙將之官，敕募千人自隨，謙曰：「蠻夷不賓[203]，蓋待之失節[204]耳，何煩兵役以為國費！」固辭不受。至郡，開布[205]恩信，蠻、獠翕然懷之[206]，競餉金寶[207]，謙皆慰諭[208]，不受。

臨海賊帥[209]田流自稱東海王，剽掠海鹽[210]，殺鄞令[211]，東土大震。

六年（庚戌　西元四七〇年）

春，正月乙亥[212]，初制[213]間二年一祭南郊[214]，間一年一祭明堂[215]。

二月壬寅[216]，以司徒休仁為太尉，領司徒[217]，固辭。

癸丑[218]，納江智淵[219]孫女為太子妃。甲寅[220]，大赦。今百官皆獻物，始興太守孫奉伯止獻琴、書，上大怒，封藥賜死，既而原之[221]。

魏以東郡王陸定國[222]為司空。定國，麗之子也。○魏主遣征西大將軍上黨王長孫觀[223]擊吐谷渾[224]。

夏，四月辛丑[225]，魏大赦。○戊申[226]，魏長孫觀與吐谷渾王拾寅[227]戰於曼頭山[228]，拾寅敗走，遣別駕康盤龍[229]入貢，魏主囚之。○癸亥[230]，立皇子燮[231]為晉熙王，奉晉熙王昶後[232]。

五月，魏立皇弟長樂[233]為建昌王。

六月癸卯[234]，以江州刺史王景文[235]為尚書左僕射[236]、揚州刺史，以尚書僕射袁粲為右僕射[237]。

上宮中大宴，裸婦人而觀之，王后以扇障面[238]。上怒曰：「外舍寒乞[239]！今共為樂，何獨不視？」后曰：「為樂之事，其方自多，豈有姑姊妹集[240]而裸婦人以為笑！外舍之樂[241]，雅異於此[242]！」上大怒，遣后起[243]。后兄景文聞之曰：「后在家劣弱[244]，今段[245]遂能剛正如此！」

南兗州刺史蕭道成在軍中久[246]，民間或言道成有異相[247]，當為天子。上疑之，徵為黃門侍郎[248]、越騎校尉[249]。道成懼，不欲內遷，而無計得留。冠軍參軍廣陵荀伯玉[250]勸道成遣數十騎入魏境，安置標榜[251]，魏果遣遊騎[252]數百履行境上[253]。道成以聞[254]，上使道成復本任[255]。秋，九月，命道成遷鎮淮陰[256]。以侍中、中領軍劉勔為都督南徐．兗等五州諸軍事，鎮廣陵。

戊寅[257]，立總明觀[258]，置祭酒[259]一人，儒、玄、文、史學士各十人[260]。

柔然部真可汗[261]侵魏，魏主引羣臣議之。尚書右僕射南平公目辰[262]曰：「若車駕親征，京師危懼，不如持重固守。虜懸軍深入[263]，糧運無繼，不久自退。遣將追擊，破之必矣。」給事中張白澤[264]曰：「蠢爾荒愚[265]，輕犯王略[266]，若鑾輿[267]親行，必望麾崩散[268]，豈可坐而縱敵[269]？以萬乘之尊，嬰城自守[270]，非所以威服四夷[271]也。」魏主從之。白澤，袞[272]之孫也。

魏主使京兆王子推[273]等督諸軍出西道，任城王雲等督諸軍出東道，汝陰王賜[3]等督諸軍為前鋒，隴西王源賀[274]等督諸軍為後繼，鎮西將軍呂羅漢[275]等掌留臺事[276]。諸將會魏主於女水[277]之濱，與柔然戰，柔然大敗。乘勝逐北，斬首五萬級，降者萬餘人，獲戎馬器械不可勝計。旬有九日[278]，往返六千餘里，改女水曰武川。

司徒東安王劉尼[279]坐昏醉，軍陳[280]不整，免官。壬申[281]，還至平城。

是時，魏百官不給祿[282]，少能以廉白自立[283]者。魏主詔：「吏受所監臨[284]羊一口、酒一斛者，死；與者[285]以從坐論[286]；有能糾告[287]尚書[288]已下罪狀者，隨所糾官輕重授之。」張白澤諫曰：「昔周之下士[289]，尚有代耕之祿[290]。今皇朝[291]貴臣，服勤無報[292]，若使受禮者刑身[293]，糾之者代職[294]，臣恐姦人闚望[295]，忠臣懈節[296]，如此而求事簡民安，不亦難乎！請依律令舊法，仍班祿[297]以酬廉吏。」魏主乃為之罷新法[298]。

冬，十月辛卯[299]，詔以世祖繼體[300]，陷憲無遺[301]，以皇子智隨[302]為世祖子[303]，立為武陵王[304]。

初，魏乙渾專政[305]，慕容白曜頗附之。魏主追以為憾[306]，遂稱白曜謀反，誅之，及其弟如意。

初，魏南部尚書李敷[307]，儀曹尚書李訢[308]，少相親善，與中書侍郎盧度世[309]皆以才能為世祖、顯祖所寵任，參豫機密，出納詔命[310]。其後訢出為相州[311]刺史，受納貨賂，為人所告，敷掩蔽[312]之。顯祖聞之，檻車徵訢[313]，案驗[314]服罪，當死[315]。是時敷弟奕[316]得幸於馮太后，帝意已疏之[317]。有司以中旨[318]諷訢告敷兄弟陰事[319]，可以得免[320]。訢謂其壻裴攸曰：「吾與敷族世[321]雖遠，恩踰同生[322]，今在事[323]勸吾為此，吾情所不忍。每引簪自刺，解帶自絞[324]，終不得死。且吾安能知其陰事，將若之何？」攸曰：「何為為人死也[325]？有馮闡者，先為敷所敗[326]，其家深怨之。今詢其弟[327]，敷之陰事可得也。」訢從之。又趙郡范檦條列敷兄弟事狀凡三十餘條，有司以聞[328]。帝大怒，誅敷兄弟。訢得減死[329]，鞭髡配役[330]。未幾，復為太倉尚書[331]，攝南部事[332]。敷，順之子也。

魏陽平王新成[333]卒。○是歲，命龍驤將軍義興周山圖[334]將兵屯浹口[335]討田流[336]，平之。

柔然攻于闐[337]，于闐遣使者素目伽奉表詣魏求救。魏王命公卿議之，皆曰：「于闐去京師[338]幾萬里[339]，蠕蠕[340]唯習野掠[341]，不能攻城；若其可攻[342]，尋已亡矣[343]。雖欲遣師，勢無所及。」魏主以議[344]示使者，使者亦以為然。乃詔之曰：「朕應急敕諸軍以拯汝難，但去汝遐阻[345]，必不能救當時之急。汝宜知之！朕今練甲養士，一二歲間，當躬[346]帥猛將，為汝除患。汝其[347]謹脩警候[348]，以待大舉[349]！」

【章旨】以上為第三段，寫宋明帝泰始四年（西元四六八年）至泰始六年共三年間的大事。主要寫了宋劉勔擊破進攻汝陽、義陽之魏軍；寫了淮西民賈元友向劉彧朝廷上書，鼓動伐魏討陳、蔡，劉勔痛駁其浮言惑眾；寫了魏將尉元取得團城，又取兗州、蘭陵；魏將慕容白曜說降崔道固、劉休賓，取得歷城、梁鄒；寫了宋派沈文靜率軍救青州，被魏軍圍殺於不其城；寫了魏將慕容白曜圍攻青州，沈文秀堅守三年，青州被攻克，青、冀地區遂盡入於魏；慕容白曜對青、冀一帶撫御有方，新沒之民遂皆安之於魏；寫了柔然侵魏，魏主拓跋弘數道北伐柔然，大破柔然於武川；寫了魏主拓跋弘挾舊怨殺其名將慕容白曜，又因內部矛盾殺其舊臣李順之子李敷、李奕兄弟諸人；此外還寫了宋明帝劉彧殺其弟廬江王劉禕，其兄劉休仁因位尊權大，亦招致劉彧懷疑而對之不滿；以及宋將蕭道成在軍中日久，勢力日大，劉彧召之入朝，蕭道成製造邊境緊張，以求繼續屯駐於淮陰等等。

【注釋】❶正月己未　正月十三。❷上祀南郊　宋明帝劉彧在南郊祭天。❸汝陽司馬　胡三省曰：「汝陽郡司馬也。」❹武津　宋縣名，縣治即今河南上蔡。❺于都公關于拔　姓關于，名拔，被封為于都公。❻汝陽臺　亦名章華臺，在今河南汝南縣東。❼運車　滿裝貨物的運輸之車。❽千三百乘　一千三百輛。古稱一車四馬曰「一乘」。❾義陽　郡名，郡治即今河南信陽。❿孫臺瓘　胡三省曰：「臺瓘當作曇瓘。」《宋書》卷八十六〈劉勔傳〉作「曇瓘」，當是。⓫淮西民　淮西地區的士民。淮西指今皖北豫西的淮河北岸一帶地區。⓬陳蔡　春秋時諸侯國名，陳國的都城即今河南淮陽，蔡國的都城即今河南上蔡。都在通常所說的淮西地區。⓭蹈藉王土　侵犯劉宋王朝的國土。蹈藉，踐踏，這裡即指侵犯。王土，天子的國土，這裡是敬指劉宋的領土。⓮磐據數郡　佔去了我們的幾個郡。實則豈只幾個郡而已。⓯連城圍逼　一連串的城池受到魏國的攻逼。⓰未能復境　還未能收復失地，回到原來的邊境。⓱率多　大體上都是。率，一般地；大體上。⓲竊尋　暗想；心裡尋思。⓳元嘉以來　從元嘉時代的北伐失敗以來。元嘉，是宋文帝劉義隆的年號，在劉義隆在位時期曾發動過兩次北伐，皆以可恥的失敗而告終。⓴傖荒遠人　住在邊遠地區的淺陋之人。傖荒，當時南方貴族對北方逃到南方來的人的蔑稱，猶今所謂「土老冒」、「土豹子」。㉑多干國議　都想來干預國家大計。㉒負檐歸闕　背著包袱、挑著行李地來到宮門之下。負，肩挑；背負。檐，擔子。闕，宮門兩側的高臺，通常即指宮門。㉓皆勸討虜　都鼓動著國家討伐北虜。虜，對魏國的蔑稱。㉔從來信納　凡是相信、採納了他們說法的人。㉕皆貽後悔　都給自己留下了莫大的悔恨。㉖境上之人　住在邊境上的居民。㉗唯視強弱　都是看著哪邊的兵力強盛就擁護哪邊。㉘王師至彼　我們國家的大軍一旦開拔到那裡。㉙必壺漿候塗　他們必然簞食壺漿地在路邊等候歡迎我們。候塗，在路邊等候歡迎。塗，同「途」。㉚裁見退軍　剛一見我們軍隊向後撤退。裁，通「才」。剛剛。退軍，婉言劉宋軍隊的失敗。㉛抄截蜂起　立刻一哄而起，對我軍攻擊劫奪。㉜明驗非一　有鮮明教訓的不止一次。驗，證據；教訓。㉝說　勸說。㉞高閭　魏國的名臣，馮太后時代，曾與高允並掌大政。傳見《魏書》卷五十四。㉟對為東徐州刺史　同時並任東徐州刺史。㊱李璨　魏國名臣李靈之姪，曾佐魏將尉元大敗宋將張永。傳見《魏書》卷四十九。㊲畢眾敬　先與薛安都共反劉彧，後轉投魏國。傳見《魏書》卷六十一。㊳東兗州　此為北魏所置，州治瑕丘，在今山東兗州之北側。㊴南北兗　北魏因王整新降，又分兗州為南兗、北兗二州，州治都在瑕丘。㊵羣從　所有的跟隨到平城的人。㊶資給　供給；

賞賜的東西。㊷二月庚寅 二月十四。㊸癸巳 二月十七。㊹面縛 背縛雙手，身前只見其面。㊺辛丑 二月二十五。㊻司州刺史 劉宋的司州州治懸瓠，即今河南汝南縣。㊼乙巳 二月二十九。㊽曲江莊公王玄謨 王玄謨是劉宋有名無實的腐敗將領，元嘉北伐失敗的罪魁。傳見《宋書》卷七十六。王玄謨被封為曲江縣公，莊字是其謚。㊾不其 縣名，在今山東青島北，當時為長廣郡的郡治所在地。㊿劉牧 葛曉音曰：「《南齊書．東南夷傳》作『張牧』。」(51)羊希 羊玄保之姪，泰始三年（西元四六七年）出任廣州刺史。事詳《宋書》卷五十四。(52)晉康 郡名，郡治在今廣東德慶東。(53)俚 當時的少數民族名，也叫「俚子」、「俚人」。主要分布在今廣東西南沿海及廣西東南部等地。(54)違節度失利 因違背刺史羊希的指揮調度而招致失敗。(55)遣收之 派人拘捕他。(56)玄保 羊玄保，自劉裕時為宋臣，歷文帝、孝武帝，官光祿大夫。傳見《宋書》卷五十四。(57)四月己卯 四月初四。(58)復減 再一次減徵各郡各縣的田租。(59)東海王禕 劉禕，劉義隆的第八子，人品最劣。傳見《宋書》卷七十九。(60)廬江王 封地廬江郡，郡治即今安徽舒城。(61)山陽王休祐 劉義隆的第十三子，性情惡劣。傳見《宋書》卷七十二。(62)晉平王 封地晉平郡，郡治不詳。(63)上以廢帝謂禕為驢王 廢帝稱劉禕為「驢王」事見本書〈宋紀〉十二泰始元年十一月。(64)故以廬江封之 因「廬」與「驢」二字音近。(65)許昌 縣名，縣治在今河南許昌東。(66)關右 函谷關以西，指今陝西中部一帶地區。(67)雍州 魏國的雍州州治長安，在今西安的西北側。(68)五月乙卯 五月十一。(69)畋于崞山 在崞山一帶打獵。崞山在今山西渾源西北。(70)如繁時 前往繁時郡。繁時郡的郡治在今山西繁時東北，渾源西南。(71)辛酉 五月十七。(72)馮熙 北魏大臣，馮太后之兄。先後曾任侍中、太師、中書監、內都大官。傳見《魏書》卷八十三。(73)七月庚申 七月十六。(74)南兗州 州治廣陵。(75)八月戊子 八月十五。(76)文靜 沈文靜，沈文秀之弟，時為征北將軍的中兵參軍。事見《宋書》卷八十八。(77)高密等五郡 五郡指高密、平昌、長廣、東海、東莞。高密郡的郡治在今山東濰坊東。(78)保城自固 依托不其城以自守。(79)辛卯 八月十八。(80)東青州 州治即沈文靜當時所據的不其城，在今山東青島北，當時也是長廣郡的郡治所在地。(81)九月辛亥 九月初八。(82)皇叔楨 拓跋楨，魏景穆帝拓跋晃之子，文成帝拓跋濬之弟，現任魏主拓跋弘之叔。傳見《魏書》卷十九下。以下拓跋長壽、拓跋太洛、拓跋休，亦皆拓跋晃之子，拓跋濬之弟，其傳亦均見《魏書》卷十九下。(83)十月癸酉朔 十月初一是癸酉日。(84)發諸州兵北伐 此句的主語是宋文帝劉彧。(85)自貶行州事 自己撤銷了自命的交州刺史職務。行州事，代理該州刺史的職務。行，代理。(86)入東陽西郭 攻入了沈文秀所守的東陽城的西外城。當時的青州州治名叫東陽，即今山東青州。(87)義嘉之亂 指西元四六六年晉安王劉子勛起兵討伐前廢帝劉子業，在長史鄧琬等擁戴下即皇帝位於尋陽（今江西九江市），改元義嘉事。(88)請發脩寧陵 建議劉彧發掘孝武帝劉駿之母路太后的陵墓，以破壞其孫劉子勛的風水。脩寧陵，路太后的陵墓。[89]劉玄宮　破壞路太后的陵墓與棺木。這是對死者的極大侮辱，有些巫師也企圖以這種手段對死者的後人構成某種不利。劉，陳屍示眾。玄宮，墓穴。[90]厭勝　用迷信手段，亦即所謂妖術置人於不利。[91]改葬昭太后　宋明帝劉彧在天下人紛紛擁戴劉子勛時，曾殺害了路太后，又發掘了路太后的陵墓。至此已過三年，劉子勛的事情也久已平息。劉彧又擔心路太后的陰靈對他不利，故又下令修復路太后的陵墓。[92]先是　寫史的常用語，作為追述舊事的前導，這裡指元嘉以前。[93]中書侍郎舍人　都是中書省裡的官員。中書侍郎是中書令的副職，位同副宰相；中書舍人也叫中書通事舍人，掌管詔令的傳送。[94]名流　指士族出身的名門之後。[95]太祖始用寒士秋當　從宋文帝劉義隆開始，任用了寒門出身的人士姓秋名當。寒士，一般家庭出身的人，即所謂庶族。寒士不是窮人，只是非世家豪族而已。[96]世祖猶雜選士庶　孝武帝在位時是士族與庶族兼收並用。[97]巢尚之戴法興　孝武帝劉駿在位期間的兩個當權人物。巢尚之出身於士族，官至中書通事舍人、中書侍郎、黃門侍郎；戴法興出身於貧苦人家，做過買賣，也官至中書通事舍人、給事中等。二人之傳皆見於《宋書》卷九十四。[98]細人　小人，指出身卑微的人。[99]阮佃夫　先為小吏，又為廢帝身邊的用人，因謀殺廢帝，推立劉彧之功，被劉彧封侯，任之為龍驤將軍。[100]王道隆　先為劉彧任典籤，後為中書通事舍人。[101]楊運長　先在劉彧屬下任小吏，後為散騎侍郎、龍驤將軍。以上阮佃夫、王道隆、楊運長，三人之傳皆見於《宋書》卷九十四。[102]權亞人主　權力僅比皇帝差一點。[103]人有順迕二句　意即順者得福，逆者得禍，效果昭然。迕，逆；不順服。[104]所餉減二百匹絹　進貢送禮的數量少於二百匹絹。餉，進貢。減，少於。[105]不報書　不寫回信；不打收條。[106]宮掖不如　皇宮裡的氣派也比不上他。[107]莫不自結　沒有一個不去巴結他。[108]僕隸　阮佃夫家中的奴僕。[109]不次除官　不按正常的次序授予官職，都能破格飛升。除官，任命為官。[110]捉車人　趕車的車夫。[111]虎賁中郎將　皇帝的侍衛長官。[112]馬士　馬夫。[113]員外郎　這裡指員外散騎侍郎，皇帝的侍從官員。[114]正月癸亥　正月二十二。[115]上耕籍田　宋明帝劉彧親自到特定的地塊上進行耕種表演。其所以做如此表演，是為了顯示皇帝的重視農業，以為天下人做榜樣。籍田，皇帝親自耕種的示範田。[116]魏人圍之三年　泰始三年，魏始攻文秀，至此時，首尾涉三年。[117]乙丑　正月二十四。[118]魏人拔東陽　胡三省曰：「史言沈文秀善守，以援兵不接而沒。」[119]所持節　劉宋皇帝之所賜，用以表示其身分、權威的信物。節，指旌節，以竹竿為之，以旄牛尾為之飾，三重。[120]齋內　讀書或休閒之室內。[121]交至　多人先後並至。[122]身是　我就是。身，猶言「我」，以稱自己。[123]設饌　安排酒飯。饌，飯食。[124]數其罪　胡三省曰：「以文秀既迎降，復拒守也。」[125]宥之　寬恕了他。[126]疏食　粗劣的飯食。[127]重其不屈　敬重他的有氣節、不屈服。[128]稍嘉禮之　漸漸地讚許他，對他以禮相待了。稍，漸；逐漸。[129]外都下大夫　外都大官的僚屬。外都大官是分掌京城以外地區司法問題的長官。130戊辰　正月二十七。131平昌宣王和其奴　和其奴是魏國名將，被封為平昌王，宣字是其諡。傳見《魏書》卷四十四。132二月己卯　二月初九。133齊　魏州名，州治在今山東濟南。134撫御　安撫、駕御，即今所謂管理。135東人安之　東人，指當時的青、冀二州，即今山東一帶地區的人，因其在魏國都城的大東方，故稱之「東人」。胡三省曰：「荀卿有言：兼并易也，堅凝之難。魏并青、徐，淮北四州之民未忘宋也，惟其撫御有方，民安其生，不復引領南望矣。《書》云：『撫我則后，虐我則讎。』信哉！」136天安　魏國獻文帝拓跋弘的第一個年號（西元四六六—四六七年）。137比歲　連年。比，挨近；並列。138重以　再加上。139疲於賦役　被賦稅徭役弄得筋疲力盡。胡三省曰：「師之所聚，荊棘生焉；大兵之後，必有凶年，豈謂是耶？」140顯祖　指獻文帝拓跋弘。141因民貧富為三等輸租之法　根據百姓的貧富不同而實行上中下三等的交租辦法。輸租，交納租稅。142等為三品　把交稅的百姓分為上中下三個等級，即富裕戶、中等戶、貧困戶三類。143上三品　富裕戶裡頭的三類，即上上、上中、上下。144輸平城　都把應交的東西運送到國都平城，即今山西大同。145中輸它州　中等三類戶，把租稅運送到其他別的州治所在地。146下輸本州　下等三類戶的租稅，運送到本州的州治所在地。147雜調十五　各種名目的苛捐雜稅共有十五項。148至是悉罷之　從現在開始一律廢除。罷，停止；廢除。149稍贍給　漸漸寬裕起來。150於帝為兄　是宋明帝劉彧之兄。劉褘行八，劉彧行十一。151皆輕之　大家都瞧不起他。152相酬和　彼此書信來往，有問有答。153杜幼文　西晉名將杜預的後代，宋代著名地方官杜驥之子，為人貪鄙，時任征北將軍的參謀。傳見《宋書》卷六十五。154丙申　二月二十六。155宣城　郡名，郡治即今安徽宣城。156汝陰　郡名，郡治即今安徽阜陽。157四月丙申　四月二十七。158升城歷城民望　兩城百姓中有威望的人物。升城舊址在今山東長清西南。159桑乾　魏郡名，郡治在今山西山陰東，地處桑乾水之畔。160立平齊郡以居之　意思是在桑乾郡裡劃出一塊地盤，稱之為平齊郡，讓「升城、歷城民望」居住在這裡，以示優寵。161沙門統曇曜　統轄僧尼的僧官名叫曇曜。162平齊戶　平齊郡裡的住戶。其地位類似農奴，被強迫墾殖耕作，不許自由遷徙。163入僧曹　交納給管轄寺院的機關。僧曹，國家政府的一個職權部門，主管僧尼及佛教寺廟等事。164僧祇戶　僧官管轄的戶口，受僧曹統領。165僧祇粟　僧官管理的糧食，受僧曹調配。166佛圖戶　亦名寺戶，寺院管轄的民戶，地位比僧祇戶低。167徧於州鎮矣　各州與各軍鎮到處都有很多僧祇戶、佛圖戶。王夫之曰：「拓跋氏置僧祇戶、佛圖戶，奪國之民，而委賦役於貧弱之農民，其主倡之，州鎮因而效之，徧天下以為民害，讀楊衒之《伽藍記》窮奢競靡，而拓跋氏以亡。」168癸酉　六月初五。169忿懟　對朝廷怨恨不滿。170請窮治　請求朝廷對劉褘嚴加追究。171丁丑　六月初九。172持節奉詔　手執旌節，以皇帝的口氣。173廢徙新安　撤去官爵，流放到新安郡。新安郡的郡治在今浙江淳安西。174十月丁卯朔　十月初一是丁卯日。175李峻　文成帝拓跋濬的元皇后李氏之兄。傳見《魏書》卷八十三上。176十一月丁未　十一月十一。177來脩和親　重提和親之好。脩，恢復。178信使歲通　每年都派使者相互往來。胡三省曰：「自元嘉之末，南北不復通好。帝即位之三年、四年，再遣聘使。是歲，魏使來，復通好。」179閏月戊子　閏十一月二十二。180輔師將軍　即原來的輔國將軍，自今年改稱。181始治淮陰　兗州原來的州治是瑕丘，在今山東兗州的北側。現因瑕丘已落入魏國境內，故將兗州的州治改在淮陰，即江蘇淮安之淮陰區。182十二月戊戌　十二月初三。183休仁　劉休仁，劉義隆的第十二子。傳見《宋書》卷七十二。184解揚州　解除揚州刺史的職務。185與上鄰亞　與明帝劉彧的年齡接近而略小。按，劉彧行十一，劉休仁行十二，劉彧只比劉休仁大三歲。186景和　宋前廢帝劉子業的年號（西元四六五年）。187上賴其力以脫禍　事見本書卷一百三十明帝泰始元年。188親當矢石　猶今所謂親自冒著槍林彈雨。189任總百揆　為群臣之首，朝廷百官都對他唯命是從。百揆，百官。190親寄甚隆　寵信無比。親，寵信。寄，依賴。191朝野輻湊　不論在朝的還是在野的，都趨附於他的門下。輻湊，如車輪的輻條歸總於車轂。192表解揚州　上書辭去揚州刺史職務。193己未　十二月二十四。194休範　劉休範，劉義隆的第十八子。傳見《宋書》卷七十九。195巴東建平　二郡名，巴東郡的郡治在今重慶市奉節，建平郡的郡治即今重慶市巫山縣。196巴西梓潼　二郡名，兩個郡的郡治都在涪縣，今四川綿陽東北，兩個郡由一個太守管轄。197三巴校尉　軍政長官名，因其管轄巴西、巴郡、巴東廣大地區而得名。198白帝　古城名，在今重慶市奉節東。199三峽蠻獠　三峽地區的少數民族名。200歲為抄暴　每年都出山搶掠沿江的商旅與民戶。歲，年年。201立府　設立三巴校尉府。202孫謙　東莞郡（郡治即今山東莒縣）人，時任司徒劉休仁的參軍。傳見《梁書》卷五十三。203不賓　不服管轄。賓，歸服。204待之失節　國家對待他們的政策有失誤。失節，章法、次序有失誤。205開布　講清楚並貫徹實行。206翕然懷之　像風吹草偃一樣安靜下來，並對政府很感謝。懷，思念；感謝。207競餉金寶　爭先恐後向他贈送財寶。208慰諭　好言安慰，講清道理。209臨海賊帥　臨海郡的土匪頭目。臨海郡的郡治在今浙江臨海東南。210剽掠海鹽　搶劫海鹽縣。海鹽縣當時屬會稽郡。211鄮令　鄮縣縣令。當時的鄮縣在今浙江寧波南。212正月乙亥　正月初十。213初制　首次規定。214祭南郊　即前文所說的「上祀南郊」，亦即歷代皇帝所奉行的冬至日在都城的南郊祭天。215祭明堂　在明堂祭祀上帝與祖先。明堂，相傳是古代帝王宣明政教、禮敬賢才的地方。216二月壬寅　二月初八。217領司徒　代理司徒之職。劉休仁已進爵太尉，仍兼任司徒之職。領，兼任。218癸丑　二月十九。219江智淵　孝武帝劉駿的寵臣，官至尚書吏部郎。傳見《宋書》卷五十九。220甲寅　二月二十。221既而原之　過後又饒了他。原，寬赦。222陸定國　魏國的元勳老臣陸俟之孫、陸麗之子。傳見《魏書》卷四十。223長孫觀　魏國大臣長孫道生之孫，襲其祖爵為上黨王。傳見《魏書》卷二十五。224吐谷渾　當時的少數民族名，聚居於今青海一帶地區。[225]四月辛丑　四月初八。[226]戊申　四月十五。[227]吐谷渾王拾寅　樹洛干之子，繼慕利延後為吐谷渾王。傳見《魏書》卷一百一。[228]曼頭山　在今青海之東北部。[229]別駕康盤龍　康盤龍，在拾寅部下任別駕之職。別駕是官名，是州刺史的高級僚屬，因其隨刺史出行時能獨自乘坐一輛車而得名。[230]癸亥　四月三十。[231]皇子燮　劉燮，宋文帝劉彧的第六子，後來官至司徒。傳見《宋書》卷七十二。[232]奉晉熙王昶後　過繼給晉熙王劉昶做後嗣。當時劉昶外逃在魏國。劉昶原被封為義陽王，今改封之為晉熙王。[233]長樂　拓跋長樂，被封為建昌王。傳見《魏書》卷二十。[234]六月癸卯　六月十一。[235]王景文　（西元四一二—四七二年）原名曰彧，自幼被劉裕所賞識，文帝時已任州刺史，又能及早地擁護劉彧，故被劉彧所倚任，王彧之妹即劉彧的皇后。傳見《宋書》卷八十五。[236]尚書左僕射　尚書令的副職，位同副宰相。[237]袁粲為右僕射　袁粲原一人為僕射，今乃改僕射為左右二人，等於袁粲的地位下降。[238]以扇障面　表示不忍目睹。[239]外舍寒乞　娘家寒陋，沒見過世面。外舍，指王皇后的娘家。寒乞，貧寒而孤陋寡聞。[240]姑姊妹集　大輩小輩的女人都在這裡。姑，長輩的女子。[241]外舍之樂　我們家裡尋取快樂的方法。[242]雅異於此　和你這裡根本不同。[243]遣后起　喝令她離開。[244]劣弱　軟弱；膽小怕事。[245]今段　這一回；這一次。[246]在軍中久　葛曉音曰：「據蕭子顯《南齊書．高帝紀》載，蕭道成第一次奉宋文帝命領偏軍討沔北蠻是在元嘉十九年（西元四四二年），從那時到泰始六年（西元四七〇年）已有二十八年時間，所以這裡說『在軍中久』。」[247]有異相　生有一副不同尋常的相貌。葛曉音曰：「據《南齊書．高帝紀》載，蕭道成『姿表英異，龍顙鐘聲，鱗文遍體』。」[248]黃門侍郎　皇帝的侍從官，官秩五品。[249]越騎校尉　軍官名，官秩四品。[250]荀伯玉　冠軍將軍蕭道成的僚屬，此時為參軍之職。傳見《南齊書》卷三十一。[251]安置標榜　故意做出一種有所圖謀的樣子。[252]遊騎　流動性騎兵，起偵察與消滅小股敵人之用。[253]履行境上　沿著邊境巡行。[254]以聞　將邊境的動態報告給宋明帝。[255]復本任　回到原來崗位。當時蕭道成任南兗州刺史，鎮廣陵，今江蘇揚州。[256]遷鎮淮陰　胡三省曰：「三年（西元四六七年）八月，蕭道成以行徐州事鎮淮陰，以沈攸之北伐，使為後鎮也。攸之北還，道成代為南兗州刺史，鎮廣陵，今復使遷鎮淮陰。」[257]戊寅　九月十七。[258]總明觀　搜集與整理書籍的機關。[259]祭酒　古代學官名，國家太學的總管。[260]儒玄文史學士各十人　胡三省曰：「文帝元嘉十五年，立儒、玄、文、史四學，今置總明觀祭酒以總之。」[261]柔然部真可汗　名叫予成，吐賀真之子，號稱受羅部真可汗。西元四六四—四八四年在位。傳見《魏書》卷一百三。[262]南平公目辰　拓跋目辰，魏桓帝拓跋猗㐌之後，官至司徒。傳見《魏書》卷十四。[263]懸軍深入　遠離根據地而深入敵區。[264]張白澤　張袞之孫，本名鍾葵，拓跋弘賜名白澤。官至殿中尚書。傳見《魏書》卷二十四。[265]蠢爾荒愚　輕舉妄動的一群邊荒野種。蠢爾，蠢蠢妄動的樣子。荒愚，荒誕愚昧。[266]輕犯王略　竟敢侵犯天子您的疆土。略，封疆。267鑾輿　這裡指獻文帝拓跋弘的車駕。268望麾崩散　一看到您的大旗就會望風而散。麾，大將的指揮旗。269坐而縱敵　眼看著敵人讓其逃走。270嬰城自守　消極地防守孤城。嬰城，四面守城。271非所以威服四夷　這不是施展神威、征服敵人的做法。272袞　張袞，拓跋珪時代的名將，在破柔然、破燕等戰役中都有很好的謀略。傳見《魏書》卷二十四。273京兆王子推　及下文的任城王雲、汝陰王天賜均為魏景穆帝拓跋晃之子。傳見《魏書》卷十九。274隴西王源賀　拓跋珪時代以來的老臣，累官至太尉。傳見《魏書》卷四十一。275呂羅漢　拓跋燾時代以來的魏國名將，累官至內都大官。傳見《魏書》卷五十一。276掌留臺事　即留守京城，掌管、處理朝廷的軍政大事。277女水　河水名，在今內蒙古自治區武川縣西南。278旬有九日　即十九天。279劉尼　平定宗愛之亂，擁立文成帝有大功，被封為東安王，累官至司徒。傳見《魏書》卷三十。280軍陳　軍陣；軍隊的行列。陳，同「陣」。281壬申　九月十一。282不給祿　不發給俸祿。283少能以廉白自立　胡三省曰：「前言魏主拔清節，黜貪汙，魏之牧守始有以廉潔聞者；此言魏之百官少能以廉潔自立，蓋法行於州郡，未行於朝廷也。」284所監臨　所管轄部門或地區的官民。285與者　給他送東西的人。286以從坐論　按照參與犯罪或受牽連犯罪論處。287糾告　查出、舉報。288尚書　此指尚書令，位同宰相，國家的最高行政官。289下士　低級官吏。古代天子、諸侯設士，分上士、中士、下士。290代耕之祿　即指官吏的俸祿。胡三省曰：「孟子曰：『周室頒爵祿，下士與庶人在官者同祿，祿足以代其耕也。』」291皇朝　敬指魏國朝廷。皇，盛明美好的意思。292服勤無報　給國家出了許多力而沒有一點補償。293刑身　其人受到懲罰。身，指受禮者。294代職　代替他的職務。295姦人闚望　壞人們都往這個方面打主意。闚望，找機會；鑽空子。296忠臣懈節　忠於國事的人感到喪氣、灰心。297班祿　發給俸祿。班，同「頒」。發放。298罷新法　撤銷了鼓勵人舉報官吏受禮的辦法。299辛卯　十月初一。300世祖繼體　即宋孝武帝劉駿的子嗣。世祖，孝武帝劉駿的廟號。301陷憲無遺　因觸犯國法都被殺光了。按，劉駿共有二十八個兒子，有些是因為被裹挾起兵反劉彧被殺，有些是被劉彧強加罪名所殺害，年齡最大的是十一歲，最小的是四歲。302智隨　宋明帝劉彧的第九子，字仲敷。其名字史書記載不一，一作「贊」，一作「智贊」，一作「智隨」。泰始六年生。傳見《宋書》卷八十。303為世祖子　過繼給劉駿為後嗣，意思是讓他這個哥哥不至於絕後，還有人給他祭祀燒香。304立為武陵王　因劉駿在未做皇帝前是武陵王，故過繼給他為後的劉智隨接稱武陵王。305乙渾專政　事在魏主拓跋弘即位之初。見本書前文卷一百三十、一百三十一。306追以為憾　回想起來心中就有氣。追，回想。憾，恨。307南部尚書李敷　李敷是魏國名臣李順之子，曾事文成、獻文二朝，此時任南部尚書。傳見《魏書》卷三十六。蕭子顯曰：「魏初有殿中、樂部、駕部、南部、北部五尚書。」南部尚書主管南部邊郡的事務。308儀曹尚書李訢　李訢早年被拓跋燾、崔浩所賞識，後又被拓跋弘所寵信，此時任儀曹尚書。傳見《魏書》卷四十六。儀曹尚書主管朝廷禮儀。309盧度世　魏國名儒盧玄之子，曾任齊州刺史。傳見《魏書》卷四十七。310出納詔命　負責宣示帝王的詔命，並向帝王報告下面的意見。311相州　魏州名，州治鄴城，即今河北臨漳西南的古鄴鎮。312掩蔽　掩蓋、包庇。313檻車徵訢　用囚車將李訢押解到朝廷。檻車，像是裝牛馬一樣囚禁犯人的有柵欄的車。這裡用作動詞，即用囚車。徵，召；調。314案驗　查辦、取證。315當死　判處死刑。316奕　李奕，官至散騎常侍、都官尚書。傳見《魏書》卷三十六。317帝意已疏之　拓跋弘已有疏遠李奕的意思。318有司以中旨　主管此事的官員把皇帝拓跋弘的意思。中旨，宮中皇帝的意思。319諷訢告敷兄弟陰事　示意李訢，讓李訢告發李敷兄弟的陰謀。諷，用含蓄的話暗示。陰事，不可告人祕密之事。320可以得免　可以免己之死。321族世　在同一個家族中的親緣關係。322恩踰同生　我們之間的關係比親兄弟還要親。323在事　管事人，即指上文的「有司」。324自絞　自縊；上吊。325何為為人死也　怎麼能為了別人而犧牲自己呢。也，同「耶」。反問語詞。326為敷所敗　是被李敷整垮的。327今詢其弟　如果我們向馮闡的弟弟打聽。328有司以聞　主管此事的官員把趙郡范某的條狀上報給了皇帝。329減死　免其一死，從寬一等發落。330鞭髡配役　改判為鞭打、剃髮和流放到邊遠地方服勞役。髡，古代一種剃去頭髮的刑罰。331太倉尚書　官名，管理國家糧倉的官。332攝南部事　代理南部尚書的事務。333陽平王新成　拓跋新成，魏景穆帝拓跋晃之子。傳見《魏書》卷十九上。334周山圖　劉宋將領，此時任龍驤將軍。傳見《南齊書》卷二十九。335浹口　當時的海防要地，故址在今浙江鎮海市東南。336田流　當時鎮海一帶的變民首領，於上年殺鄞縣令，自稱將軍。事見本卷前文。337于闐　古西域國名，都城在今新疆和田西南，當時屬魏。338去京師遠離魏都平城。339幾萬里　差不多有萬里之遙。幾，近；差不多。《北史》曰：「于闐國去代九千八百里。」340蠕蠕　即柔然。341野掠　在原野上作戰與搶掠。342若其可攻　如果于闐的都城不能堅守。343尋已亡矣　很快也就亡國了。尋，不久。344以議　把群臣討論的意見。345去汝遐阻　離著你這裡路途遙遠，而且難走。阻，路途艱難。346躬　親自。347汝其　請你；你要。其，語氣詞，表示祈請與命令的語氣。348謹脩警候　做好各種偵察與準備的工作。警，防備。候，偵察。349以待大舉　以等待我們對柔然人的大舉討伐。

【校記】 1非　原作「無事」。據章鈺校，甲十一行本、乙十一行本、孔天胤本皆作「非」，今據改。2檐　據章鈺校，甲十一行本、乙十一行本皆作「擔」。按，二字通。3賜　原作「天賜」。據章鈺校，甲十一行本、乙十一行本、孔天胤本皆無「天」字，今據刪。

【語譯】四年（戊申　西元四六八年）

春季，正月十三日己未，宋明帝劉彧到京師建康的南郊舉行祭天活動，大赦天下。

魏國擔任汝陽郡司馬的趙懷仁率領部眾入侵宋國的武津縣，宋國擔任豫州刺史的劉勔派遣龍驤將軍申元德打敗了趙懷仁的入侵，又在汝陽臺以東斬殺了魏國的于都公閼于拔，繳獲了魏軍一千三百輛裝滿貨物的運輸車輛。魏軍又入侵宋國的義陽郡，劉勔派遣擔任司徒參軍的孫臺瓘打敗了魏軍的入侵。

淮西地區的士民賈元友給宋明帝上書，進獻討伐魏國、收復淮西地區陳縣、上蔡縣的計策，宋明帝把賈元友的奏疏拿給劉勔看。劉勔上書說：「賈元友所說的『魏國皇帝年紀幼小，治理國家的能力很弱，而且魏國內外多難，上天滅亡它的日期已經到來。』我認為魏國自從去年冬天以來屢屢侵犯我國的疆土，搶佔了我們好幾個郡，百姓遭到摧殘，傷亡很大；今年春天以來，一連串的城池又遭到魏軍的圍攻逼迫，我們還未能收復失地，恢復原來的邊境，哪裡還有時間顧得上滅亡胡虜呢！賈元友所陳述的，大體上來說都是一些華而不實、荒誕狂妄的主張，全都不合實際，說起來很容易，真正做起來很困難。我私下裡尋思，自從元嘉年間的北伐失敗以來，那些從邊遠北方過來的見識淺陋的人，都想來干預國家大計，他們背著包袱、挑著行李來到宮門之下，都鼓動朝廷出兵討伐北方的魏國。以往凡是相信並採納了他們意見的人，都給自己留下了莫大的悔恨。居住在邊境上的人，都是看著哪方的兵力強盛就擁護哪方。我們朝廷的軍隊一旦到了那裡，他們必定會簞食壺漿地在路邊等候迎接；而一旦看到我們打了敗仗，部隊剛剛向後撤退，他們就一哄而起，對朝廷的軍隊進行攻擊劫奪。這些前前後後所發生的事情都是我們親眼所見親耳所聞，有鮮明教訓的已經不止一次。」宋明帝這才沒有採納賈元友的建議。

魏國鎮東大將軍尉元派使者前往勸降東徐州刺史張讜，張讜遂獻出了自己負責守衛的團城投降了魏國。魏國朝廷任命擔任中書侍郎的高閭與張讜兩個人同時擔任東徐州刺史，任命李璨與畢眾敬兩個人同時擔任東兗州刺史。尉元又派人勸說兗州刺史王整、蘭陵太守桓忻投降，於是王整、桓忻也都投降了魏國。魏國朝廷任命尉元為開府儀同三司、都督徐州、南兗州、北兗州三州諸軍事、徐州刺史，鎮守彭城。魏國朝廷徵召宋國降將薛安都、畢眾敬入朝，他們到達魏國的都城平城之後，魏國人把他們全都當做上等客人對待，那些跟隨他們到平城的人都封了侯，賞賜給他們府第、宅院，供給、賞賜他們的東西很豐厚。

魏國征南大將軍慕容白曜率軍把歷城圍困了一年多，二月十四日庚寅，慕容白曜攻陷了歷城的東郭。十七日癸巳，崔道固反綁著雙手出城向魏軍投降。慕容白曜派遣崔道固的兒子崔景業與劉文曄一同來到梁鄒城下，於是劉休賓也出城向魏軍投降。慕容白曜把崔道固、劉休賓以及他們的僚屬全都送往魏國的都城平城。

二月二十五日辛丑，宋明帝任命曾擔任龍驤將軍的常珍奇為都督司州、北豫州二州諸軍事、司州刺史。○魏國的西河公拓跋石率領魏軍進攻常珍奇，常珍奇作戰失敗，單人匹馬逃往壽陽。○二十九日乙巳，宋國擔任車騎大將軍的曲江莊公王玄謨去世。

三月，魏國征南大將軍慕容白曜率領魏軍進兵圍困了東陽城。

宋明帝任命崔道固哥哥的兒子崔僧祐為輔國將軍，派他率領幾千人乘船從海路去解救歷城。當他們到達不其城的時候，聽說歷城已經被魏軍攻陷，於是也投降了魏國。○宋國擔任交州刺史的劉牧去世。交州人李長仁殺死了劉牧從北方帶來的部眾，佔據交州背叛了朝廷，自稱交州刺史。○宋國擔任廣州刺史的羊希派擔任晉康太守的沛郡人劉思道討伐當時的少數民族俚族人。劉思道因為違背羊希的指揮調度而導致作戰失敗，羊希派人去逮捕劉思道，劉思道於是便率領自己的部下進攻廣州，羊希兵敗被殺。龍驤將軍陳伯紹也率軍討伐俚族人，他得知劉思道叛變，遂率領所部還擊劉思道，將劉思道活捉並斬首。羊希，是羊玄保哥哥的兒子。

夏季，四月初四日己卯，宋明帝再一次減徵各郡縣一半的田租。○宋明帝改封東海王劉禕為廬江王，改封山陽王劉休祐為晉平王。宋明帝因為廢帝劉子業曾經稱劉禕為驢王，所以把廬江封給劉禕。○宋國的豫州刺史劉勔在許昌打敗了魏軍。○魏國任命南郡公李惠為征南大將軍、開府儀同三司、都督關右諸軍事、雍州刺史，晉封為王爵。

五月十一日乙卯，魏國獻文帝拓跋弘在崞山打獵，又從崞山前往繁時郡進行巡視。十七日辛酉，返回平城的皇宮。

六月，魏國朝廷任命昌黎王馮熙為太傅。馮熙，是馮太后的哥哥。

秋季，七月十六日庚申，宋明帝任命擔任驍騎將軍的蕭道成為南兗州刺史。

八月十五日戊子，宋明帝任命擔任南康相的劉勃為交州刺史。

宋明帝任命青州刺史沈文秀的弟弟擔任征北中兵參軍的沈文靜為輔國將軍，統領高密等五郡軍事，率軍隊走海路前往救援東陽城。沈文靜率軍到達不其城時，被魏軍截斷了前往東陽的通道，因無法繼續前進，遂依托不其城進行自守。魏軍進攻不其城，沒有攻克。八月十八日辛卯，宋國把青州劃分出一部分另行設置為東青州，任命沈文靜為東青州刺史。

九月初八日辛亥，魏國朝廷封獻文帝拓跋弘的叔叔拓跋楨為南安王，拓跋長壽為城陽王，拓跋太洛為章武王，拓跋休為安定王。

冬季，十月初一日癸酉，發生日蝕。宋明帝調集了各州的軍隊北伐魏國。

十一月，李長仁派使者向朝廷請求投降，自己主動撤銷了自命的交州刺史職務，宋明帝遂同意李長仁投降。

十二月，魏軍攻克了不其城，殺死了沈文靜，攻入了東陽城的西外城。

宋晉安王劉子勛在長史鄧琬等人的擁戴下在尋陽稱帝反抗劉彧所建立的朝廷，並改年號為義嘉的時候，巫師建議宋明帝派人挖掘了埋葬著劉子勛祖母路太后的脩寧陵，破壞了路太后的墓穴與棺木，並將路太后陳屍示眾，企圖用這種迷信手段平息劉子勛的反叛。這一年，宋明帝下令修復路太后的陵墓，將路太后重新安葬。

先前，南朝的中書侍郎、舍人，都由士族出身的名門之後來擔任，從宋太祖劉義隆開始，任用了出身寒門的秋當來擔任此職，宋世祖劉駿在位時期則是對出身士族和出身寒門的人士兼收並蓄，出身士族的巢尚之、出身寒門的戴法興都受到重用，掌握著朝廷大權。等到宋明帝登上皇帝寶座之後，所任用的都是他身邊那些出身卑微的人，擔任游擊將軍的阮佃夫、擔任中書通事舍人的王道隆、擔任員外散騎侍郎的楊運長等人全都參與朝政，他們手中的權力僅比宋明帝劉彧差一點，就連巢尚之、戴法興這樣的人都比不上他們。游擊將軍阮佃夫尤其恣意蠻橫，順從他的人立即就能封官晉爵，違背他的人立即就能招致殺身之禍。阮佃夫還大肆收受賄賂，進貢送禮的數量如果少於二百匹絹，他就連信都不回一封。他所擁有的園田、宅院，享用的飲食、菜餚，其奢華程度都超過了那些親王；歌伎樂隊的服飾，就是皇宮之中也比不上他家氣派。朝中的士大夫無論地位尊貴還是低下，沒有不爭著去巴結他。他家的奴僕都能不按正常的次序授予官職，就連趕車的車夫都能做到虎賁中郎將，馬夫也能官至員外散騎侍郎。

五年（己酉　西元四六九年）

春季，正月二十二日癸亥，宋明帝親自到專門預備給皇帝用來進行耕種表演的那塊土地上進行耕種表演，大赦天下。

宋國的青州刺史沈文秀負責鎮守東陽，魏軍把沈文秀圍困了長達三年之久，在沒有任何外援的情況下，守城的士卒不分白天黑夜地堅守城池，與攻城的魏軍作戰，身上穿的鎧甲、頭上戴的頭盔裡都生滿了蝨子，卻仍然沒有人產生背叛的念頭。正月二十四日乙丑，魏軍攻克了東陽城，沈文秀看到城池已經被魏軍攻陷，遂脫下軍服，整理了一下自己的衣冠，取出朝廷賜予他的旌節，端坐在書齋之內。魏軍蜂擁而至，問：「沈文秀在哪裡？」沈文秀嚴厲地回答說：「我就是沈文秀！」魏軍遂逮捕了他，他們脫去沈文秀身上的衣服，把他捆綁起來押送到征南大將軍慕容白曜的面前，並讓他向慕容白曜跪拜。沈文秀拒絕說：「我們分別是宋國和魏國的大臣，我怎麼會向他跪拜！」慕容白曜把衣服歸還給沈文秀，還為沈文秀安排了酒飯，然後給沈文秀戴上枷鎖，押送到平城。魏國獻文帝拓跋弘指責了沈文秀此前既然已經派使者向魏國投降，請求魏國出兵迎接，後來又堅守城池抗拒魏軍的罪過，而後又寬恕了他，把他作為下等的賓客看待，提供給他的是粗劣的衣服和食物，後來又敬重他有氣節、不屈服的精神，漸漸地讚許他，對他以禮相待，並任命他為外都下大夫。於是青州、冀州的土地全部併入了魏國的版圖。

正月二十七日戊辰，魏國的平昌宣王和其奴去世。

二月初九日己卯，魏獻文帝任命征南大將軍慕容白曜為都督青州、齊州、東徐州三州諸軍事、征南大將軍、開府儀同三司、青州刺史，晉封為濟南王。慕容白曜安撫、治理地方很有一套辦法，所以新歸附的青州、冀州地區的民眾全都服從了他的統治。

魏國自從獻文帝登基、改年號為天安以來，連年遭受旱災、饑荒，再加上軍隊在青州、徐州一帶與宋軍作戰，山東的百姓被沉重的賦稅徭役弄得筋疲力盡。魏顯祖拓跋弘便根據百姓的貧富不同而實行上中下三個等級的繳納租稅的方法，又把每一個等級劃分成三品：屬於上三品的百姓要把所繳納的租稅運送到都城平城，屬於中三品的百姓要把所繳納的租稅運送到其他州的州治所在地，屬於下三品的百姓則只需把繳納的租稅輸送到本州的州治所在地。再有，按照魏國舊有的制度：在正常的賦稅之外，還有各種名目的苛捐雜稅十五項，從現在開始全部廢除，從此百姓的生活逐漸寬裕起來。

宋國的河東郡人柳欣慰等人起兵謀反，準備擁戴擔任太尉的廬江王劉禕為皇帝。廬江王劉禕認為自己是宋明帝劉彧的哥哥，而宋明帝以及其他的兄弟們卻都瞧不起自己，於是就與柳欣慰等人串通謀劃，彼此書信往來。擔任征北諮議參軍的杜幼文向朝廷告發了他們的陰謀，二月二十六日丙申，宋明帝下詔，貶廬江王劉禕為車騎將軍、開府儀同三司、南豫州刺史，讓他離開京城去鎮守宣城，宋明帝派遣自己的心腹楊運長率領軍隊對劉禕進行監視和防衛。而柳欣慰等人則全部被誅殺。

三月，魏軍進犯宋國的汝陰郡，擔任汝陰郡太守的楊文萇率軍擊退了魏軍的入侵。

夏季，四月二十七日丙申，魏國實行大赦。

五月，魏國把青州、齊州的百姓遷徙到魏國的都城平城，把升城、歷城中那些在百姓中有一定威望、有一定影響力的人物另行安置在桑乾郡，從桑乾郡劃出一塊地盤，設置為平齊郡，讓他們居住；其他的百姓則全部淪為奴婢，被分別賞賜給魏國的文武官員。

魏國負責統領僧尼的官員曇曜給朝廷上奏章說：「平齊郡中的住戶以及平齊郡中的各類百姓有人能夠每年繳納給管轄寺院的部門六十斛穀物，就可以成為僧官管轄下的戶口，受僧曹的統領，他們繳納的糧食將成為僧官管理的糧食，受僧曹調配，遇到災荒年景，就拿出來賑濟災民。」又請求「將那些犯有重大罪行的人以及官奴，成為寺院管轄的民戶，負責給各寺院打掃衛生。」魏獻文帝對他的請求全部予以批准。於是各州與各軍鎮到處都有受僧官管轄、向僧曹繳納糧食的僧祇戶和接受寺院管轄的佛圖戶了。

六月，魏國獻文帝立皇子拓跋宏為皇太子。〇初五日癸酉，宋明帝任命擔任左衛將軍的沈攸之為郢州刺史。

宋明帝又下令讓有關部門上奏指控廬江王劉禕對朝廷心懷怨恨不滿，口出怨言，請求朝廷嚴加追究，宋明帝故意擺出一副姿態不予批准。六月初九日丁丑，宋明帝免除了劉禕所擔任的官爵，派遣大鴻臚手持皇帝賜予的符節代表皇帝前往劉禕所在的宣城去責備劉禕，並逼迫劉禕自殺，劉禕的兒子擔任輔國將軍的劉充明被免官後流放到新安郡。

冬季，十月初一日丁卯，發生日蝕。〇魏國頓丘王李峻去世。

十一月十一日丁未，魏國又派遣使者來到宋國重提和親，恢復兩國間的友好關係，從此以後兩國每年都派使者互相往來。

閏十一月二十二日戊子，宋明帝任命擔任輔師將軍的孟陽為兗州刺史，開始把兗州的州治改在淮陰。

十二月初三日戊戌，擔任司徒的建安王劉休仁被解除了揚州刺史的職務。劉休仁與宋明帝劉彧的年齡接近而略小，一向互相友愛，宋廢帝劉子業在位的景和年間，宋明帝依靠了劉休仁的幫助才得以擺脫災禍。等到宋明帝登基改年號為泰始的初年，四方叛軍蜂擁而起，劉休仁在率領軍隊討伐叛軍時，不顧生死，親自冒著箭雨滾石的危險指揮作戰，終於建立了很大的功勳，成為群臣之首，文武百官都對他唯命是從，宋明帝對他寵信無比。於是不論是在朝的還是在野的人都來趨附在他的門下，宋明帝因此漸漸地不高興起來。劉休仁覺察到了宋明帝對自己的不滿，所以上表要求辭去揚州刺史的職務。二十四日己未，宋明帝任命桂陽王劉休範為揚州刺史。

宋國把荊州的巴東郡、建平郡，益州的巴西郡、梓潼郡劃分出來，設置三巴校尉，治所設在白帝城。先前，三峽一帶的蠻族人、獠族人每年都要出山搶掠沿江的商旅與民戶，嚴重地危害了當地的治安，所以朝廷設立了三巴校尉府以鎮服他們。宋明帝任命擔任司徒參軍的東莞人孫謙為巴東郡、建平郡二郡太守，孫謙即將前往赴任之時，宋明帝讓他自行招募一千人跟隨前去赴任，孫謙說：「蠻夷不服從管轄，主要是因為朝廷對待他們的政策有失誤，何必非要勞師動眾、花費國家的資財！」因而堅決推辭，沒有接受宋明帝要他招募軍隊以自隨的命令。劉謙到達任所後，開誠布公，廣泛推行德政，堅守誠信，那些蠻族人、獠族人就像風吹草偃一樣很快地就安靜下來，他們對新來的太守劉謙心懷感激，都爭先恐後地給他贈送金銀珠寶，孫謙對他們都用好言安慰，講清道理，而對他們所贈送的財寶一點也沒有接受。

臨海郡的賊寇首領田流自稱東海王，率眾洗劫了海鹽縣，殺死了鄞縣縣令，宋國東部的人大為驚駭、恐懼。

六年（庚戌　西元四七〇年）

春季，正月初十日乙亥，宋朝首次規定每隔兩年的冬至日在南郊舉行一次祭天活動，每隔一年在明堂舉行一次祭祀上帝與祖先的活動。

二月初八日壬寅，宋明帝任命擔任司徒的建安王劉休仁為太尉，兼任司徒，劉休仁堅決推辭，沒有接受任命。

二月十九日癸丑，宋明帝為皇太子劉昱娶了江智淵的孫女為太子妃。二十日甲寅，實行大赦。宋明帝命令文武百官都要向宮廷貢獻物品，擔任始興太守的孫奉伯只貢獻了琴和書，宋明帝不禁大怒，馬上派使者攜帶著密封的毒藥賞賜給孫奉伯，令孫奉伯自殺，隨後又赦免了他。

魏國任命東郡王陸定國為司空。陸定國，是陸麗的兒子。○魏國獻文帝派遣擔任征西大將軍的上黨王長孫觀率領軍隊去襲擊吐谷渾。

夏季，四月初八日辛丑，魏國實行大赦。○十五日戊申，魏國的征西大將軍、上黨王長孫觀率領魏軍在曼頭山與吐谷渾王拾寅交戰，拾寅戰敗逃走，吐谷渾王派遣擔任別駕的康盤龍到魏國進貢，魏國獻文帝囚禁了康盤龍。〇三十日癸亥，宋明帝封皇子劉燮為晉熙王，過繼給晉熙王劉昶做後嗣。

五月，魏國獻文帝封自己的弟弟拓跋長樂為建昌王。

六月十一日癸卯，宋明帝任命擔任江州刺史的王景文為尚書左僕射、揚州刺史，任命擔任尚書僕射的袁粲為尚書右僕射。

宋明帝在皇宮中大擺宴席，讓宮女脫光衣服以供他觀看，王后因為不忍目睹，遂用扇子擋住了自己的臉。宋明帝大怒說：「你的娘家貧寒鄙陋，沒見過世面！如今大家共同取樂，為什麼就你一個人不看？」王后說：「取樂的辦法很多，豈有不分長輩小輩，所有的女人全都聚在一起觀看光著身子的宮女取樂的呢！我娘家取樂的方法和你這裡根本不同，比你這裡文雅得多！」宋明帝劉彧非常惱怒，喝令王后馬上離開。王后的哥哥王景文聽到這個消息說：「王后在沒有出嫁的時候性格懦弱、膽小怕事，這一回竟然能夠如此的剛烈、正直不阿！」

在宋國擔任南兗州刺史的蕭道成在軍中掌握軍權已經很久，民間甚至有人傳說蕭道成的長相非同尋常，應該做皇帝。宋明帝因此而對蕭道成產生懷疑，遂徵調蕭道成回到朝廷擔任黃門侍郎、越騎校尉。蕭道成很害怕，不想回京任職，卻又沒有辦法使自己留下不走。擔任冠軍參軍的廣陵人荀伯玉勸說蕭道成派遣幾十名騎兵進入魏國的境內，故意做出一種有所圖謀的樣子，魏國果然派遣了好幾百名流動性騎兵到邊境一帶進行巡邏。蕭道成便把邊境上有魏軍出沒的情況奏報給宋明帝，宋明帝於是又讓蕭道成回到原來的崗位。秋季，九月，宋明帝命令蕭道成遷到淮陰鎮守。宋明帝任命擔任侍中、中領軍的劉勔為都督南徐州、兗州等五州諸軍事，鎮守廣陵。

九月十七日戊寅，宋國設立了主管搜集與整理書籍的機關總明觀，內設祭酒一名，儒學、玄學、文學、史學學士各十名。

柔然的受羅部真可汗率軍進犯魏國，魏國獻文帝召集群臣商議對策。擔任尚書右僕射的南平公拓跋目辰說：「如果皇帝陛下御駕親征，必定使京師之人感到形勢危急，人心恐慌，不如穩住陣腳進行堅守。柔然的軍隊離開了自己的根據地深入我國境內，糧食供應接續不上，不久就會自動退軍。到那時再派遣將領率軍追擊，一定能夠將柔然軍打敗。」擔任給事中的張白澤說：「柔然人是一群荒誕愚昧的野人，竟然敢輕舉妄動來侵犯天子的疆土，如果皇帝陛下親自率軍出征，他們一看見您的指揮大旗就會立即崩潰、逃散，豈能坐在這裡眼看著敵人，讓他逃走？一個擁有萬乘兵車的皇帝，卻消極地防守孤城，這可不是施展神威、征服敵人的做法。」獻文帝聽從了張白澤的建議，決定御駕親征。張白澤，是張袞的孫子。

魏獻文帝讓京兆王拓跋子推等人統領各軍從西路進軍，令任城王拓跋雲等統領各軍從東路進軍，派汝陰王拓跋賜等人統領各軍作為前鋒，派隴西王源賀等人統領各軍作為後續部隊，令鎮西將軍呂羅漢等人留守京城，負責掌管、處理朝廷的軍政大事。諸路將領全都到女水邊和獻文帝會師，然後與柔然軍展開決戰，柔然被打得大敗。魏軍乘勝追擊敗逃的柔然軍，斬獲了五萬顆首級，向魏軍投降的柔然人有一萬多，魏軍所繳獲的戰馬、軍用器械多得不可勝數。魏軍在十九天裡往返六千多里，獻文帝把女水改叫武川。擔任司徒的東安王劉尼因為醉酒誤事，致使軍隊的行列不整齊而被免去官職。九月十一日壬申，獻文帝返回魏國的都城平城。

當時，魏國的文武百官都不發給俸祿，因此很少有人能夠做到廉潔自立。獻文帝下詔說：「官吏如果接受了所管轄部門或區域的官民所贈送的一隻羊、一斛酒，一律處死；給他送東西的人按照參與犯罪或受牽連犯罪論處；有人能夠查出、舉報尚書以下官員所犯罪行的，根據他舉報的官員所擔任職務的大小授予舉報人同等的官職。」張白澤諫阻獻文帝說：「過去周朝最低級的官員，都享受足以代替其耕作所收穫的俸祿。如今我朝就連最尊貴的大臣，他們忠於王事，勤勤懇懇出了很多力卻沒有得到一點俸祿作為報償，如果讓接受禮物的人都受到懲罰，而讓檢舉他們的人來代替他們的職務，我擔心那些奸佞小人都會往這方面打主意，而使那些忠於國是的人感到灰心喪氣，用這樣的辦法來求得政令簡便易行、百姓生活安定，豈不是很困難嗎！請求陛下依照舊有的法律法令，仍然按照官員的等級發給其俸祿，以酬勞那些廉潔的官吏。」獻文帝於是撤銷了鼓勵人舉報官員收受禮物的新法令。

冬季，十月初一日辛卯，宋明帝下詔，因為宋世祖劉駿的子嗣觸犯了國法而全都被殺，宋明帝把自己的兒子劉智隨過繼給世祖劉駿做兒子，封劉智隨為武陵王。

當初，魏國的乙渾專擅朝政，慕容白曜曾經依附於他。獻文帝每當回想起來就感到很憤恨，於是就誣陷慕容白曜謀反，而把慕容白曜和他的弟弟慕容如意殺死。

當初，魏國擔任南部尚書的李敷與擔任儀曹尚書的李訢，從小關係就很親密友善，他們與擔任中書侍郎的盧度世都因為才能出眾而受到魏世祖拓跋燾、魏顯祖拓跋弘的寵愛與信任，參與討論國家機密，負責宣示皇帝的詔命，並向皇帝報告下面的意見。後來李訢離開朝廷到相州擔任刺史，他在刺史任上收受賄賂，被人檢舉告發，李敷為李訢進行掩蓋和包庇。顯祖拓跋弘聽說後，就用囚車把李訢押解到朝廷，經過查辦、取證，李訢對自己所犯的罪行供認不諱，因此被判處死刑。這時，李敷的弟弟李奕正受到馮太后的寵信，顯祖拓跋弘已經有意在疏遠李奕。有關部門的官員把皇帝的意思暗示給李訢，讓李訢揭發李敷、李奕兄弟不可告人的祕密之事，這樣做李訢就可以免死。李訢對自己的女婿裴攸說：「我與李敷在家族的親緣關係上雖然已經很疏遠，但我們之間的感情卻比親生兄弟還要親，如今管事的人勸我揭發李敷的隱私，從內心來說我實在不忍心那樣去做。我曾經多次用簪子刺向自己的咽喉，解下帶子上吊自縊，卻都沒有死成。再說李敷所幹的不可告人的密事我又怎麼會知道呢，你說我該怎麼辦呢？」裴攸說：「怎麼能為了別人而犧牲自己呢？有一個名叫馮闡的人，先前是被李敷整垮的，馮闡的家人非常怨恨李敷。如今我們向馮闡的弟弟打聽，就可以獲得李敷暗中做下的不可告人的壞事了。」李訢聽從了裴攸的意見。又有趙郡人范檦一條一條地列舉了李敷兄弟的三十多條罪狀，有關部門的官員把這些情況報告了魏獻文帝。獻文帝大怒，立即誅殺了李敷兄弟。李訢因為檢舉有功而被從寬發落，免於一死，而改判為鞭打、剃髮和流放到邊遠地方服勞役。不久，獻文帝又任命李訢為太倉尚書，並代理南部尚書的事務。李敷，是李順的兒子。

魏國的陽平王拓跋新成去世。〇這一年，宋明帝命令擔任龍驤將軍的義興郡人周山圖率領軍隊駐紮浹口，討伐田流，很快就平息了田流的叛亂。

柔然出兵攻打地處西域的于闐國，于闐國派素目伽為使者攜帶著表章到魏國求救。魏國獻文帝命令公卿大臣商討是否出兵援救于闐，大臣們都說：「于闐國的都城距離魏國的都城平城差不多有一萬里，柔然人只習慣於在原野上作戰、搶掠，而不能攻打城池；如果柔然人能夠攻城，于闐國很快也就滅亡了。即使我們想派遣軍隊前往于闐國救援，恐怕也來不及。」魏獻文帝把群臣商議的意見拿給于闐國的使者素目伽看，素目伽也認為魏國大臣們說得對。於是魏獻文帝下詔說：「我要趕緊命令各軍去拯救于闐國的災難，但我們魏國距離你們于闐國路途遙遠，而且十分難走，必然不能解救于闐國當前所遭遇的危急。這一點你們應該清楚！現在我就命令工匠們努力製造盔甲，將帥們加緊訓練士兵，在一、二年之內，我要親自率領精兵猛將為你們于闐國掃除災禍。你們要認真地做好各種偵察與準備工作，等待我們對柔然人的大舉討伐，為你們報仇雪恨！」

【研　析】本卷寫了宋明帝泰始三年（西元四六七年）至泰始六年共四年間的劉宋與北魏的大事，其重大的事件是，宋國在擁戴劉子勛為帝、反對劉彧朝廷的地方勢力被劉彧王朝逐次打敗後，徐州刺史薛安都、兗州刺史畢眾敬、冀州刺史崔道固、汝南太守常珍奇等都宣布放棄抵抗，願歸順劉彧朝廷。這是多麼好的一種廣開天門、咸與維新、收合眾望的大好形勢！可是昏聵而又心胸狹隘的劉彧，竟欲乘著南方已平的有利形勢而示威淮北，他派了張永、沈攸之率甲士五萬北迎薛安都，分明是還要武力解決。尚書僕射蔡興宗說：「安都歸順，此誠非虛，正須單使尺書。今以重兵迎之，勢必疑懼；或能招引北虜，為患方深。」劉彧不聽，結果招致了薛安都、崔道固、常珍奇等人都率領各自的州郡紛紛北投魏國。魏國的大將尉元與慕容白曜統領大兵南下，張永與沈攸之的部隊望風而退，被魏軍追擊大敗之，死者萬數，枕屍六十餘里，張永、沈攸之僅以身免。劉彧仍不死心，半年後，硬是逼著沈攸之二次進攻彭城，結果又被魏將孔伯恭等大破之，沈攸之輕騎南走，委棄軍資器械以萬計。接著魏軍又進攻歷城、青州，崔道固、沈文秀或投降、或被俘，於是在一年多的時間裡，淮北的徐州、兗州、冀州、青州以及淮西豫州的汝南、新蔡、潁川、汝陰等郡，也就是今天的山東全省以及蘇北、皖北與河南南部的大片地區，一齊落入魏人之手。這劉彧應該算是一個何等的歷史罪人！齊代的裴子野曾寫《宋略》對此評論說：「太宗之初，威令所被，不滿百里，卒有離心，士無固色，而能開誠心，布款實，莫不感恩服德，致命效死，故西摧北蕩，寓內褰開。既而六軍獻捷，方隅束手，天子欲賈其餘威，師出無名，長淮以北，倏忽為戎。惜乎！若以嚮之虛懷，不驕不伐，則三叛奚為而起哉！高祖蟣虱生介胄，經啓疆埸；後之子孫，日蹙百里。播穫堂構，豈云易哉！」說得很帶感情。

關於薛安都、常珍奇等人的北投魏國，難道是他們自願的嗎？不是，完全是被劉彧逼反的。清代王夫之《讀通鑑論》對此評論說：「殺機動於內，禍亂極於外。宋之季世，拓跋氏未有南侵之謀也，而淮西、淮北席捲而收之，薛安都一反面北向，風靡萍散而不可止，謂明帝不從蔡興宗之言，以重兵迎薛安都而使疑懼，猶末論也。帝與子勛爭立，而盡殺孝武二十八子，是石虎之所以殲其種類者，宋之不亡，幸耳；尚能撫有淮甸哉？二十八王，非皆挾爭心者也。以子勛故，而遷忿怒以殲之，骨肉之恩，斬絕不恤，則夫淮、汝州郡應子勛而起者，雖剖心瀝血以慰勞之，固將懷芒刺於寤寐，奚更待重兵之見脅乎？夫子業不道，而孝武恩在人心，人未忘也。子業死，明帝與子勛兩俱有可立之勢，而子勛兄弟為尤正，明帝據非所有，逞忮毒以殄懿親，寧養假子而必絕劉氏之宗，明於義者去之若污，審於害者逃之若鶩，尚孰與守國而不亟颺以飛耶？」按，被劉彧所殺的孝武帝的二十八子，最大的是十一歲，最小的是四歲，別說有的根本沒有反劉彧，即使是打著這些孩子的名義起兵反劉彧的武裝勢力，這些孩子能對他們負責任麼？可是他們都被殺光了！這就是宋明帝劉彧幹的事！

本卷還寫了一段宋明帝花錢向魏國請求贖回劉昶的故事。劉昶是孝武帝劉駿之弟，是宋明帝劉彧之兄。在孝武帝在位時，劉昶與孝武帝鬧矛盾，孝武帝要殺他，劉昶逃到了魏國。待至幾年後劉彧做了皇帝時，他派人出使魏國，想把劉昶贖回來。劉昶給劉彧寫回信，是用了哥哥對弟弟說話的口氣，劉彧看了不高興，事情於是作罷。對於這件事情，讀歷史的人看法不一樣。清代王夫之在《讀通鑑論》裡說：「宋以金贖劉昶於拓跋氏，其情匿，其志慘（狠毒）矣。何言乎『其情匿』也？昶之北奔，畏孝武之疑忌而見殺也。明帝既殺孝武之子以泄其忿媢，恐人懷孝武之恩而致怨於己，故召回昶以暴孝武之過，曰『彼欲滅兄弟而我復之』，託於昶以揚孝武之惡，懷匿故為之名也。何言乎『其志慘』也？休仁者，亦其兄弟，所與爭國而有功者也。疑忌既深，休仁自解揚州牧以免禍，而終不免於鴆。褘與休若、休祐無毫髮之嫌，而先後被殺；所僅全者，庸劣之休範耳。昶才非休範之匹，又有拓跋氏之外援，畏其在外且挾強敵之勢以入，爭其養子，故召之歸。使其返邪，鴆殺之禍必不在休仁兄弟之後。欲加之罪，而何患無辭乎？故曰『其志慘』也。於是而魏人知之矣，昶亦知之矣，亢兄弟之詞，而無歸來之志，魏以全昶而昶以自全，灼見其惡而遠之唯恐不夙，人其可以罔乎哉？論者乃曰：『贖昶，義也。』亦嘗見明帝滅絕天性之惡已著而不可掩者乎？」這段文字在探測與發掘劉彧的狼子野心上也很深刻。

本書從上卷開始寫到了蕭道成的起家。蕭道生成於宋文帝元嘉四年（西元四二七年），十五歲率軍平定漢水流域的蠻族，十七歲率軍與魏兵作戰，獲得勝利。劉彧稱帝之初，天下州郡多反之，而蕭道成忠心擁護劉彧，為劉彧東征南討，屢立戰功。當薛安都與劉彧政權對抗時，蕭道成曾與之多次接戰。當張永、沈攸之被魏軍所破時，蕭道成為南兗州刺史，駐軍淮陰，勢力已經相當強大，尤其是他所統領的這一支軍隊還從來沒有遭受過外敵的嚴重打擊。宋明帝劉彧開始對他不放心，下旨把他調回朝廷，改授他職。蕭道成不幹，其僚屬荀伯玉「勸道成遣數十騎入魏境，安置標榜，魏果遣遊騎數百履行境上。道成以聞，上使道成復本任。」故意製造出一點小小的邊境緊張，於是就讓朝廷再也不能輕易地調他離任了。王夫之《讀通鑑論》對此說：「無可信之邊將者國必危，掩敗以為功，匿寇而不聞，一危也；貪權固位，懷憂疑以避害，無寇而自張之，以自重於外，二危也。二者均足以危國，而張虛寇以怙權者尤為烈焉。宋明帝欲除蕭道成，荀伯玉為之謀，使輕騎挑魏之遊兵，而遽以警聞，由是而道成終據兗州以立篡弒之基。」《通鑑》的這段故事表現了宋明帝劉彧之愚，與蕭道成之奸，皆深刻精警，發人深思，歷代的邊將以這種伎倆專位固權的人比比皆是。

卷第一百三十三

宋紀十五

起重光大淵獻（辛亥　西元四七一年），盡旃蒙單閼（乙卯　西元四七五年），凡五年。

【題　解】本卷寫宋明帝劉彧泰始七年（西元四七一年）至蒼梧王劉昱元徽三年（西元四七五年）共五年間的劉宋與北魏等國的大事。主要寫了劉彧初即位時頗有一些善政，後來則日益猜忌殘暴，先是殺了其叔晉平王劉休祐、建安王劉休仁、巴陵王劉休若，又殺了當年發動政變親手殺死廢帝劉子業、擁立劉彧為帝的壽寂之，又殺了在天下各州郡紛紛起兵擁戴劉子勛，劉彧政權處於非常危殆，而獨挺身而出，率軍平定了東方諸郡的大功臣吳喜；又擔心自己死後王皇后輔幼子臨朝時，其兄王景文會以國舅專權，而提前將王景文賜死；寫了劉彧臨死前任命劉勔、蔡興宗、沈攸之、袁粲、褚淵等為顧命大臣；劉彧死後其子劉昱繼位，袁粲等力改弊政，欲有作為，但不能抑制近習小人王道隆、阮佃夫之專權當道；寫了劉宋的骨幹之臣荊州刺史蔡興宗死；寫了宋將沈攸之自在郢州時即招降納叛，改任荊州刺史後更集蓄力量，欲為變亂；寫了江州刺史劉休範，愚蠢無能而又不自量力，典籤許公輿為之謀主，在集蓄了一定力量後起兵進攻建康，建康的形勢危急，在保衛京師的過程中蕭道成一躍成為中心人物；寫了朝廷將領黃回與張敬兒詐降劉休範，騙得信任，乘機將劉休範殺死，劉休範的部將不知，仍苦戰進攻不已，朝廷老將劉勔戰死於秦淮河上，撫軍長史褚澄開東府門迎降，中書舍人孫千齡開臺城以降，朝廷緊急萬分；寫了忠臣袁粲堅貞與敵兵決戰，陳顯達、張敬兒、任農夫、周盤龍等猛烈出擊，大破劉休範的部將杜黑騾、丁文豪等，又值劉休範已死的消息透露，進攻建康的軍隊遂告失敗；而荊州刺史沈攸之也假惺惺地不受劉休範的拉攏，聯合各路地方軍援助朝廷，攻擊江州，殺死劉休範之二子，江州遂告平定；寫蕭道成取得朝廷大權，任命張敬兒為雍州刺史，張敬兒假意向沈攸之討好，做好了朝廷與雍州內外夾擊沈攸之的準備；寫了魏主拓跋弘厭棄塵事，禪帝位於其子拓跋宏，但作為太上皇的拓跋弘退而不休，他改革法制，規定「罪止一人，廢除門、房之誅」，強調依法辦事，強調各級政府、各曹官長的責任心，不得為疑奏，大刑多令覆鞫，以及為發展農業而禁殺牛馬；他還下令郡縣長官使同部之內貧富相通，家有兼牛者與無牛者通借互助以發展生產；又鼓勵郡縣長官積極做好工作，並有嚴格的獎勵辦法，從而魏國政治一片勃勃生機等等。

太宗明皇帝下

泰始七年（辛亥　西元四七一年）

春，二月戊戌❶，分交、廣置越州❷，治臨漳❸。

初，上為諸王❹，寬和有令譽❺，獨為世祖❻所親。即位之初❼，義嘉之黨❽多蒙全宥❾，隨才引用，有如舊臣。及晚年，更猜忌忍虐❿，好鬼神，多忌諱⓫，言語、文書有「禍敗」、「凶喪」及疑似之言⓬應回避者數百千品⓭，有犯必加罪戮。改「騧」字為「䯄」⓮，以其似「禍」字故也。左右忤意⓯，往往有刳斮⓰者。

時淮、泗用兵[17]，府藏空竭，內外百官，並斷俸祿。而上[1]奢費過度[18]，每所造器用[19]，必為正御、副御、次副[20]各三十枚[21]。嬖倖[22]用事[23]，貨賂公行。上素無子[24]，密取諸王姬[25]有孕者內宮中[26]，生男則殺其母，使寵姬子之[27]。至是寢疾[28]，以太子幼弱，深忌諸弟。南徐州刺史晉平刺王休祐[29]，前鎮江陵[30]，貪虐無度，上不使之鎮[31]，留之建康，遣上佐[32]行府州事[33]。休祐性剛狠[34]，前後忤上非一[35]，上積不能平[36]，且慮將來難制，欲方便除之[37]。甲寅[38]，休祐從上[39]於巖山射雉[40]，左右從者並在仗後[41]。日欲闇[42]，上遣左右壽寂之[43]等數人，逼休祐令墜馬，因共毆，拉殺[44]之，傳呼「驃騎[45]落馬！」上陽驚[46]，遣御醫絡驛就視[47]，比其左右至[48]，休祐已絕[49]，去車輪，輿還第[50]。追贈司空，葬之如禮[51]。

建康民間訛言[52]，荊州刺史巴陵王休若[53]有至貴之相[54]，上以此言報之[55]，休若憂懼。戊午[56]，以休若代休祐為南徐州刺史。休若腹心將佐皆謂休若還朝，必不免禍，中兵參軍京兆王敬先[57]說休若曰：「今主上彌留[58]，政成省閤[59]，羣豎恟恟[60]，欲悉去宗支[61]以便其私。殿下聲著海內，受詔入朝，必往而不返。荊州帶甲[62]十餘萬，地方數千里，上可以匡天子[63]，除姦臣；下可以保境土，全一身；孰與[64]賜劍邸第[65]，使臣妾飲泣[66]而不敢葬[67]乎？」休若素謹畏[68]，偽許之[69]。敬先出，使人執之(70)，以白於上而誅之(71)。

三月辛酉(72)，魏假員外散騎常侍(73)邢祐(74)來聘(75)。

魏主使殿中尚書胡莫寒(76)簡西部敕勒(77)為殿中武士。莫寒大納貨賂，眾怒，殺莫寒及高平假鎮將奚陵(78)。夏，四月，諸部敕勒皆叛(79)，魏主使汝陰王天賜(80)將兵討之，以給事中(81)羅雲為前鋒。敕勒詐降，襲雲，殺之，天賜僅以身免(82)。

晉平剌王既死，建安王休仁益不自安。上與嬖臣楊運長(83)等為身後之計，運長等亦慮上晏駕(84)後，休仁秉政，己輩不得專權，彌贊成之(85)。上疾嘗暴甚(86)，內外莫不屬意於休仁(87)，主書(88)以下皆往東府(89)訪休仁所親信，豫自結納(90)；其或在直不得出者(91)，皆恐懼。上聞，愈惡之。五月戊午(92)，召休仁入見，既而(93)謂曰：「今夕停尚書下省宿(94)，明可早來。」其夜，遣人齎藥(95)賜死。休仁罵曰：「上得天下，誰之力邪？孝武以誅鉏兄弟(96)，子孫滅絕(97)，今復為爾(98)，宋祚其得[2]久乎(99)？」上慮(100)有變，力疾(101)乘輿出端門(102)，休仁死，乃入。下詔稱：「休仁規結禁兵(103)，謀為亂逆，朕未忍明法(104)，申詔詰厲(105)。休仁慙恩懼罪(106)，遽自引決(107)。可宥其二子(108)，降為始安縣王(109)，聽其子伯融襲封(110)。」

上慮人情不悅，乃與諸大臣及方鎮詔(111)，稱：「休仁與休祐深相親結(112)，語休祐云：『汝但作佞[113]，此法自足安身，我從來頗得此力[114]。』休祐之隕[115]，本欲為民除患，而休仁從此日生嬈懼[116]。吾每呼令入省[117]，便入辭楊太妃[118]。吾春中多與之射雉，或[119]陰雨不出，休仁輒語左右云：『我已復得今一日[120]。』休仁既經南討[121]，與宿衛將帥[122]經習狎共事[123]。吾前者積日失適[124]，休仁出入殿省[125]，無不和顏厚相撫勞[126]。如其意趣，人莫能測[127]。事不獲已[128]，反覆思惟，不得不有近日處分[129]。恐當不必即解[130]，故相報知。」

上與休仁素厚[131]，雖殺之，每謂人曰：「我與建安[132]年時相鄰[133]，少便款狎[134]，景和、泰始之間[135]，勳誠實重[136]。事計交切[137]，不得不相除，痛念之至，不能自已[138]。」因流涕不自勝。

初，上在藩[139]與褚淵[140]以風素相善[141]，及即位，深相委仗[142]。上寢疾，淵為吳郡[143]太守，急召之。既至，入見，上流涕曰：「吾近危篤[144]，故召卿，欲使著黃纙[145]耳。」黃纙者，乳母服也。上與淵謀誅建安王休仁，淵以為不可，上怒曰：「卿癡人[146]！不足與計事[147]！」淵懼而從命。復以淵為吏部尚書[148]。庚午[149]，以尚書右僕射袁粲為尚書令，褚淵為左僕射[150]。

上惡太子屯騎校尉壽寂之勇健[151]，會有司奏寂之擅殺邏將[152][3]，徙越州[153]，於道殺之。

丙戌[154]，追廢晉平王休祐為庶人。

巴陵王休若至京口[155]，聞建安王死，益懼。上以休若和厚[156]，能諧緝物情[157]，恐將來傾奪幼主[158]，欲遣使殺之，慮不奉詔[159]，欲徵入朝，又恐猜駭[160]。六月丁酉[161]，以江州刺史桂陽王休範為南徐州刺史，以休若為江州刺史[162]。手書殷勤[163]，召休若使赴七月七日宴[164]。

丁未[165]，魏主如河西。

秋，七月，巴陵哀王休若[166]至建康，乙丑[167]，賜死於第[168]，贈侍中、司空，復以桂陽王休範為江州刺史。時上諸弟俱盡，唯休範以人才凡劣[169]，不為上所忌，故得全。

沈約論曰：「聖人立法垂制[170]，所以必稱先王[171]，蓋由[172]遺訓餘風[173]足以貽之來世[174]也。太祖[175]經國之義雖弘[176]，隆家之道不足[177]。彭城王[178]照不窺古[179]，徒見昆弟之義[180]，未識君臣之禮[181]，冀以家情行之國道[182]，主猜而猶犯[183]，恩薄而未悟[184]，致以呵訓之微行[185]，遂成滅親之大禍[186]。開端樹隙，垂之後人[187]。太宗[188]因易隙之情[189]，據已行之典[190]，翦落洪枝[191]，不待顧慮[192]。既而本根無庇[193]，幼主孤立，神器[194]以勢弱傾移[195]，靈命[196]隨樂推回改[197]，斯蓋履霜有漸，堅冰自至[198]，所由來[4]遠矣[199]。」

裴子野論曰：「夫噬虎之獸[200]，知愛己子；搏狸之鳥[201]，非護異巢[202]。太宗保字螟蛉[203]，剿拉同氣[204]，既迷[205]在原之天屬[206]，未識父子之自然[207]。宋德告終[208]，非天廢也[209]。夫危亡之君，未嘗不先棄本枝[210]，嫗煦旁孽[211]，推誠嬖狎[212]，疾惡父兄[213]。前乘覆車[214]，後來并轡[215]。借使叔仲有國[216]，猶不失配天[217]；而他人入室[218]，將七廟絕祀[219]。曾是莫懷[220]，甘心揃落[221]。晉武[222]背文明之託[223]，而覆中州者賈后[224]；太祖棄初寧之誓[225]，而登合殿者元凶[226]。禍福無門，奚其豫擇[227]！友于兄弟，不亦安乎[228]！」

丙寅[229]，魏主至陰山[230]。

初，吳喜之討會稽[231]也，言於上曰：「得尋陽王子房及諸賊帥[232]，皆即於東戮之[233]。」既而生送子房[234]、釋顧琛[235]等。上以其新立大功，不問，而心銜之[236]。及克荊州，剽掠[237]，贓以萬計[238]。壽寂之死，喜為淮陵[239]太守、督豫州諸軍事，聞之，內懼，啓乞中散大夫[240]，上尤疑駭。或譖[241]蕭道成在淮陰有貳心於魏[242]，上封銀壺酒[243]，使喜自持賜道成。道成懼，欲逃，喜以情告道成[244]，且先為之飲，道成即飲之。喜還朝，保證道成[245]。或密以啓上[246]，上以喜多計數[247]，素得人情[248]，恐其不能事幼主[249]，乃召喜入內殿，與共言謔甚款[250]，既出，賜以名饌[251]。尋賜死，然猶發詔賻賜[252]。

又與劉勔等詔曰：「吳喜輕狡萬端[253]，苟取物情[254]。昔大明中[255]，黟、歙[256]有亡命數千人，攻縣邑[257]，殺官長，劉子尚[258]遣三千精甲討之，再往[259]失利。孝武以喜將數十人至縣，說誘羣賊，賊即歸降。詭數幻惑[260]，乃能如此。及泰始初東討[261]，止有三百人，直造三吳[262]，凡再經薄戰[263]，而自破岡[264]以東，至海十郡[265]，無不清蕩[266]。百姓聞吳河東[267]來，便望風自退。若非積取三吳人情[268]，何以得弭伏如此[269]！尋喜心迹[270]，豈可奉守文之主[271]，遭國家可乘之會[272]邪！譬如餌藥[273]，當人羸冷[274]，資散石以全身[275]。及熱勢發動[276]，去堅積[277]以止患，非忘其功[278]，勢不獲已[279]耳。」

戊寅[280]，以淮陰為北兗州[281]，徵蕭道成入朝。道成所親[282]以朝廷方誅大臣，勸勿就徵[283]，道成曰：「諸卿殊不見事[284]！主上自以太子稚弱，翦除諸弟，何預它人[285]？今唯應速發[286]，淹留顧望[287]，必將見疑。且骨肉相殘，自非靈長之祚[288]，禍難將興[289]，方與卿等戮力耳[290]。」既至，拜散騎常侍、太子左衛率[291]。

八月丁亥[292]，魏主還平城[293]。

戊子[294]，以皇子躋[295]繼江夏文獻王義恭[296]。○庚寅[297]，上疾有間[298]，大赦。○戊戌[299]，立皇子準[300]為安成王[301]，實桂陽王休範之子[302]也。

魏顯祖[303]聰睿夙成[304]，剛毅有斷，而好黃老、浮屠之學[305]，每引朝士及沙門[306]共談玄理[307]，雅薄富貴[308]，常有遺世之心[309]。以叔父中都大官京兆王子推[310]沈雅[311]仁厚，素有時譽[312]，欲禪以帝位[313]。時太尉源賀[314]督諸軍屯漠南[315]，馳傳召之[316]。既至，會[317]公卿大議，皆莫敢先言。任城王雲[318]，子推之弟也，對曰：「陛下方隆太平[319]，臨覆四海[320]，豈得上違宗廟[321]，下棄兆民[322]。且父子相傳，其來久矣。陛下必欲委棄塵務[323]，則皇太子宜承正統。夫天下者，祖宗之天下，陛下若更授旁支[324]，恐非先聖之意。啓[325]姦亂之心[326]，斯乃禍福之原，不可不慎也。」源賀曰：「陛下今欲禪位皇叔，臣恐紊亂昭穆[327]，後世必有逆祀[328]之譏。願[329]深思任城之言。」東陽公丕[330]等曰：「皇太子雖聖德早彰[331]，然實沖幼[332]。陛下富於春秋[333]，始覽萬機[334]，柰何欲隆獨善[335]，不以天下為心，其若宗廟何[336]？其若億兆[337]何？」尚書陸馛[338]曰：「陛下若捨皇[5]太子，更議[339]諸王，臣請刎頸殿庭，不敢奉詔！」帝怒，變色，以問宦者選部尚書[340]酒泉趙黑[341]，黑曰：「臣以死奉戴皇太子，不知其它！」帝默然。時太子宏[342]生五年矣，帝以其幼，故欲傳位子推。中書令高允[343]曰：「臣不敢多言，願陛下上思宗廟託付之重，追念周公抱成王[344]之事。」帝乃曰：「然則[345]立太子，羣公輔之，有何不可？」又曰：「陸馛，直臣也，必能保吾子。」乃以馛為太保[346]，與源賀持節奉皇帝璽紱[347]傳位於太子。丙午[348]，高祖[349]即皇帝位，大赦，改元延興[350]。

高祖幼有至性[351]，前年，顯祖病癰[352]，高祖親吮[353]。及受禪，悲泣不自勝。顯祖問其故，對曰：「代親之感[354]，內切於心[355]。」

丁未[356]，顯祖下詔曰：「朕希心玄古[357]，志存澹泊[358]，爰命儲宮[359]踐升大位[360]。朕得優遊恭己[361]，棲心浩然[362]。」

羣臣奏曰：「昔漢高祖稱皇帝，尊其父為太上皇，明不統天下[363]也。今皇帝幼沖，萬機大政，猶宜陛下總之[364]。謹上尊號曰太上皇帝。」顯祖從之。

己酉[365]，上皇徙居崇光宮，采椽不斲[366]，土階而已[367]，國之大事咸以聞[368]。崇光宮在北苑[369]中，又建鹿野浮圖[370]於苑中之西山，與禪僧[371]居之。

冬，十月，魏沃野、統萬[372]二鎮敕勒叛，遣太尉源賀帥眾討之，降二千餘落，追擊餘黨至枹罕、金城[373]，大破之，斬首八千餘級，虜男女萬餘口，雜畜三萬餘頭。詔賀都督三道諸軍[374]，屯于漠南。

先是，魏每歲秋、冬發軍，三道並出以備柔然，春中乃還。賀以為「往來疲勞，不可支久。請募諸州鎮武健者三萬餘人，築三城以處(375)之，使冬則講武，春則耕種。」不從(376)。

庚寅(377)，魏以南安王楨(378)為都督涼州及西戎諸軍事，領護西域校尉(379)，鎮涼州(380)。

上命北琅邪、蘭陵二郡太守垣崇祖(381)經略淮北(382)，崇祖自郁洲(383)將數百人入魏境七百里，據蒙山(384)。十一月，魏東兗州刺史于洛侯(385)擊之，崇祖引還。

上以故第為湘宮寺(386)，備極壯麗，欲造十級浮圖(387)而不能，乃分為二(388)。新安(389)太守巢尚之罷郡入見(390)，上謂曰：「卿至湘宮寺未？此是我大功德，用錢不少。」通直散騎侍郎(391)會稽虞愿(392)侍側，曰：「此皆百姓賣兒貼婦錢(393)所為，佛若有知，當慈悲嗟愍(394)；罪高浮圖(395)，何功德之有！」侍坐者失色。上怒，使人驅下殿。愿徐去(396)，無異容(397)。

上好圍棋，棋甚拙，與第一品(398)彭城丞王抗圍棋，抗每假借之(399)，曰：「皇帝飛棋(400)，臣抗不能斷(401)。」上終不悟，好之愈篤(402)。愿又曰：「堯以此教丹朱(403)，非人主所宜好也。」上雖怒甚，以愿王國舊臣(404)，每優容(405)之。

王景文[406]常以盛滿為憂[407]，屢辭位任，上不許。然中心[408]以景文外戚貴盛[409]，張永[410]累經軍旅，疑其將來難信，乃自為謠言曰：「一士不可親[411]，弓長射殺人[412]。」景文彌懼[413]，自表解揚州[414]，情甚切至[415]。詔報[416]曰：「人居貴要，但問心若為耳[417]。大明之世[418]，巢、徐、二戴[419]，位不過執戟[420]，權亢人主[421]。今袁粲作僕射領選[422]，而人往往不知有粲[423]，粲遷為令[424]，居之不疑[425]。人情向粲[426]，淡然[427]亦復不改常日[428]。以此居貴位要任，當有致憂競不[429]？夫貴高有危殆之懼[430]，卑賤有溝壑[6]之憂[431]，有心於避禍[432]，不如無心於任運[433]。存亡之要[434]，巨細一揆[435]耳。」

【章旨】以上為第一段，寫宋明帝劉彧泰始七年（西元四七一年）一年間的大事。主要寫了宋明帝劉彧初即位時頗有一些善政，但後來則日益猜忌殘暴，先殺了其叔晉平王劉休祐，又殺了對其奪得帝位很有大功的建安王劉休仁，又殺了巴陵王劉休若。沈約《宋書》與裴子野《宋略》都對劉彧這種殘酷翦除兄弟的行為進行了批判；寫劉彧殺了當年發動政變親手殺死廢帝劉子業、並立即擁立劉彧為帝的壽寂之，又殺了在天下各州郡紛紛起兵擁戴劉子勛、劉彧政權處於非常危殆，而獨挺身而出，率軍平定了東方諸郡的大功臣吳喜，且假惺惺地下詔與諸將申說其殺掉吳喜的理由。歷史家通過這些倒行逆施，揭示了劉彧政權所埋伏的種種矛盾的尖銳與激烈。劉彧還不顧疆域日小、民生交困，而點綴佛寺、大興土木以自求多福，結果被虞愿所痛斥；此外還寫了魏主拓跋弘厭棄塵事，禪其帝位於其子拓跋宏，魏將源賀為其主平定了敕勒的叛亂，以及宋將蕭道成機智巧妙地偽裝自己，騙得宋明帝劉彧之信任，為其篡取宋氏政權埋下伏筆等等。

【注 釋】❶二月戊戌 二月初十。❷分交廣置越州 從交、廣二州中各分出一塊地盤合起來稱做越州。交州的州治龍編，在今越南河內東北的天德江北岸，廣州的州治即今廣東廣州。❸治臨漳 以臨漳縣為越州的州治所在地。臨漳，亦作「臨障」，即今廣西合浦。❹為諸王 還是一個諸侯王的時候。諸王，許多王中的一個。按，劉彧在元嘉二十五年被封為淮陽王，元嘉二十九年又被改封為湘東王。❺令譽 美好的聲譽。令，美好。❻世祖 宋孝武帝劉駿，廟號世祖，是劉彧之兄。劉駿行三，劉彧行十一。❼即位之初 劉彧泰始元年，為西元四六五年。❽義嘉之黨 指泰始二年（西元四六六年）天下各州郡起兵擁護劉子勛為皇帝的人們。西元四六五年晉安王劉子勛起兵討伐前廢帝劉子業，第二年在長史鄧琬等擁戴下即皇帝位於尋陽（今江西九江市），年號義嘉。劉子勛在當時獲得了全國絕大多數州郡的響應，但時間不長就都被劉彧政權打敗了。事見本書前文卷一百三十一。❾多蒙全宥 很多人都受到了劉彧政權的寬赦而獲得安全。宥，寬饒。❿更猜忌忍虐 遂變得好猜疑、好忌妒，殘忍暴虐。忍，心狠。⓫多忌諱 有很多不願聽到的言語或不願看到的行為表現。⓬疑似之言 與「禍敗」、「凶喪」意思差不多的詞語。⓭數百千品 幾百種乃至上千種。品，種；類。⓮改騧字為䯄 把「騧」字改寫為「䯄」字。騧，黑嘴的黃馬。⓯忤意 不合他的心思，冒犯了他。忤，抵觸；冒犯。⓰刳斮 刳指開膛、破腹。斮指剁成碎塊。⓱淮泗用兵 指劉彧政權在淮河與泗水流域與魏國和投降魏國的州郡作戰。即本書前卷與上卷之所寫。當時的徐州、兗州以及汝南、新蔡、義陽諸郡都在泗水與淮河流域。⓲奢費過度 指劉彧的宮廷生活仍毫無節制。⓳器用 指劉彧宮廷中所使用的東西。⓴正御副御次副 皇帝用的、準備給皇帝用的、更多一種準備給皇帝用的。㉑各三十枚 每種都做三十件。枚，一只；一件。㉒嬖倖 不正道的親愛、寵幸。這裡即指被帝王所極度寵愛的小人。㉓用事 掌權。㉔素無子 本來沒有兒子。素，向來；本來。㉕諸王姬 諸兄弟家的姬妾。㉖內宮中 收納在自己的宮廷裡。㉗使寵姬子之 讓受寵的妃嬪把孩子說成自己的孩子撫養起來。㉘寢疾 臥病。㉙南徐州刺史晉平刺王休祐 南徐州是劉宋境內的僑置州名，州治即今江蘇鎮江市。晉平刺王，晉平王是劉休祐的封號，刺是劉休祐死後的謚。「刺」的意思是行為荒唐悖謬。㉚前鎮江陵 劉休祐從宋明帝泰始二年（西元四六六年）九月到泰始五年閏十一月為荊州刺史，荊州的州治在今湖北江陵。㉛不使之鎮 不讓他到南徐州的州治去上任。㉜上佐 劉休祐的高級僚屬，如別駕、司馬、長史等。㉝行府州事 代理都督府、刺史府的一應大權。行，代理。㉞剛狠 剛烈、兇狠。㉟前後忤上非一 前後冒犯劉彧不只一回。㊱積不能平 越來越不能容忍。平，克制；容忍。㊲欲方便除之 想找合適的機會殺掉他。㊳甲寅 二月二十六。㊴從上 陪著劉彧。㊵於巖山射雉 在巖山射野雞。巖山，也叫龍山，在當時的建康（今南京）城南，江寧城北。㊶並在仗後 都在皇帝儀仗隊的後頭。㊷日欲闇 天光漸漸地黑下來。㊸壽寂之 宋明帝的心腹之臣，當年殺死廢帝劉子業的政變即壽寂之等所為，劉彧為帝後，壽寂之官為屯騎校尉、南泰山太守。傳見《宋書》卷九十四。㊹拉殺　拉扯其肢體使之斃命。㊺驃騎　指劉休祐。此時劉休祐為驃騎大將軍。㊻陽驚　假裝吃驚。陽，通「佯」。假裝。㊼絡驛就視　一波接一波地前來診治。絡驛，通「絡繹」。接連不斷的樣子。㊽比其左右至　等劉休祐的部屬來到劉休祐跟前。㊾已絕　已經斷氣。㊿去車輪二句　用一輛摘去車輪的車廂把劉休祐抬回了家。(51)葬之如禮　按照應有的規格埋葬了劉休祐。(52)訛言　謠言；謠傳。(53)休若　劉休若，劉義隆的第十九子，劉彧的小弟。傳見《宋書》卷七十二。(54)至貴之相　有真龍天子的長相。至貴，富貴到極點。(55)上以此言報之　劉彧把這話轉告給了劉休若。(56)戊午　二月三十。(57)王敬先　劉休若的僚屬，時為中兵參軍。(58)彌留　很快就要死亡之際。(59)政成省閣　未來的國家大事都決定於身處高位的幾個人。省閣，指中書省、尚書省等中央辦事機關，這裡指皇帝的左右親近之臣。(60)羣豎恟恟　一群皇帝身邊的近習小人都氣勢洶洶，張牙舞爪。恟恟，氣焰兇盛的樣子。(61)悉去宗支　全部趕走皇室的一切親屬，這裡主要指宋明帝劉彧的弟兄。(62)帶甲　披甲的將士，這裡即指軍隊。(63)匡天子　護衛、輔佐中央皇帝。匡，正；扶持；護衛。(64)孰與　看看哪個更好，意思是比較上文所說與下文所說之二事。上文指守好荊州，不去朝廷；下文指進朝後被人所殺。(65)賜劍邸第　賜以尚方寶劍，逼令在家自殺。邸第，王侯在京的府第。(66)臣妾飲泣　手下的男男女女，只能暗暗哭泣。(67)不敢葬　連喪事都不能正大光明地辦。(68)素謹畏　一向膽小怕事。(69)偽許之　假裝同意他的話。(70)使人執之　派人把王敬先拘捕起來。(71)白於上而誅之　將王敬先勸他不要受詔入朝的事報告了皇帝，而後將王敬先殺掉了。(72)三月辛酉　三月初三。(73)假員外散騎常侍　臨時代理的員外散騎常侍。員外散騎常侍是皇帝身邊的侍從官員。(74)邢祐　原任著作郎，因其出使臨時授以員外散騎常侍之職。傳見《魏書》卷六十五。(75)來聘　來劉宋友好訪問。聘，國家之間的友好往來。(76)胡莫寒　拓跋莫寒，後來拓跋氏改用漢姓，拓跋莫寒一支改姓為胡。(77)簡西部敕勒　從西部地區的敕勒民族中選拔一批勇士。簡，挑選。敕勒，也稱高車，魏國境內的少數民族名，自魏太武帝拓拔燾時代，歸降於魏，附塞下而居。所謂「西部」，是指武周縣（今山西左雲）以西的長城以外地區。(78)高平假鎮將奚陵　高平軍鎮的臨時軍事統領姓奚名陵。高平，軍鎮名，即今寧夏固原。假，代理。(79)諸部敕勒皆叛　不僅西部敕勒，其他地區的敕勒也一同發生叛變。(80)汝陰王天賜　拓跋天賜，北魏恭宗拓跋晃之子。傳見《魏書》卷十九上。(81)給事中　皇帝的侍從官員，主管為皇帝出納詔命等事務。(82)僅以身免　言其全軍覆沒，只有他一個人逃了回來。(83)楊運長　宋明帝劉彧的寵幸。傳見《宋書》卷九十四。(84)晏駕　宮車沒按時出來，婉稱帝王之死。(85)彌贊成之　越發慫恿劉彧及早除掉劉休仁。彌，越發；更加。(86)嘗暴甚　曾有一次病情突然變重。(87)莫不屬意於休仁　沒有一個不是希望讓劉休仁主管朝廷大政。屬意，歸心；一致同意。

[88]主書　官名，中書省的屬官，掌管文書檔案。[89]東府　丞相府，這裡指劉休仁的辦公機關之所在。[90]豫自結納　提前與劉休仁的部屬們搞好關係。結納，結交，拉關係。[91]其或在直不得出者　有一些因在朝廷值班，沒有工夫去拉關係的人。在直，值班；值勤。[92]戊午　五月初一。[93]既而　過了一會兒。[94]停尚書下省宿　你就住宿在尚書省裡。[95]齎藥　拿著毒藥。齎，持；拿著。[96]誅鉏兄弟　誅戮親生兄弟。被孝武帝所殺的兄弟有南平王劉鑠、竟陵王劉誕、海陵王劉休茂。[97]子孫滅絕　劉駿的所有兒子都在泰始的幾年之間被劉彧殺光。[98]今復為爾　今天你又做這樣的事情。爾，如此。[99]宋祚其得久乎　劉氏王朝的統治還能長久嗎。祚，福，這裡指皇位、統治權。[100]慮　擔心。[101]力疾　勉強支撐著病體。[102]乘輿出端門　坐著車子到宮門外轉了一圈，以顯示他的身體還不錯。端門，皇宮的最前門。[103]規結禁兵　謀劃勾結禁衛部隊。規，圖謀。[104]未忍明法　不忍心公開地繩之以法。[105]申詔詰厲　下詔書嚴厲地訓斥了他。詰厲，嚴厲地訓斥、質問。[106]慙恩懼罪　慚愧辜負厚恩，害怕罪孽深重。[107]遽自引決　於是就突然自殺了。[108]宥其二子　饒恕他的兩個兒子。[109]降為始安縣王　將劉休仁的封爵由建安郡王降為始安縣王。[110]聽其子伯融襲封　讓他的兒子劉伯融繼承他的爵位為始安縣王。聽，許可；任憑。[111]與諸大臣及方鎮詔　給朝廷百官和各地區的軍政長官下詔書。方鎮，掌握一方軍政大權的長官，指各州的刺史與各鎮的都督。[112]深相親結　緊密勾結。[113]汝但作佞　你儘管向皇帝花言巧語地獻媚討好。佞，用好話取悅於人。[114]頗得此力　用此方法使自己獲利不少。[115]隕　通「殞」。死。[116]日生嬈懼　內心的恐懼不安越來越嚴重。嬈，驚擾不安。[117]呼令入省　喊他到朝廷來。省，朝廷的主要部門名稱，如中書省、尚書省等，這裡即指朝廷、宮廷。[118]便入辭楊太妃　就總是要去和他的生母告別一番，懷疑我要害死他。楊太妃，劉義隆的嬪妃，劉休仁的生母。[119]或　有時候。[120]我已復得今一日　我又多活了一天。[121]既經南討　曾率軍南討劉子勛的叛軍。指泰始二年劉休仁率兵十萬，親冒矢石，南拒尋陽之兵事。[122]宿衛將帥　守衛宮廷的禁兵將帥。[123]經習狎共事　曾經很親密地一道共事。習狎，親密得過度、不正常。[124]積日失適　長時間地身體欠安。[125]出入殿省　指有事進入宮廷。[126]無不和顏厚相撫勞　對我身邊那些負責警衛的將帥們都一一地深加慰問。[127]如其意趣二句　他究竟是安的什麼心，讓人無法理解。[128]事不獲已　我實在是沒有別的辦法。[129]不得不有近日處分　不得不做出前幾天那樣的處置，指派人給他送毒藥賜死。[130]恐當不必即解　我擔心你們不一定立刻就能明白我為什麼要這樣做。[131]素厚　感情一直很好。[132]建安　指劉休仁。劉休仁生前被封為建安王。[133]年時相鄰　年歲的大小相接近。按，劉彧在兄弟排行中第十一，劉休仁排行第十二。[134]少便款狎　從小推心置腹，相互親近。款，誠；以誠相待。狎，親近。[135]景和泰始之間　指從宋廢帝向宋明帝過渡的這段時間裡。景和，宋廢帝劉子業的年號（西元四六五年之七月到十一月）。宋廢帝在西元四六五年正月稱永光，七月改稱景和，至十

一月發生政變，劉子業被殺。(136)勳誠實重　在幫助劉彧稱帝上功勞確實很大。在當時一群小人政變殺了劉子業之後，是劉休仁挺身而出首先擁立劉彧為皇帝；接著在全國起兵擁戴劉子勛，反對劉彧的艱難時刻，劉休仁帶兵出征，為劉彧掃平反對勢力，又有很大功勳。(137)事計交切　這次他的謀反實在是關係到國家命運。交切，太重要，涉及到了根本問題。(138)不能自已　無法克制自己內心的痛苦。(139)上在藩　當劉彧還在為湘東王的時候。藩，以喻諸侯。(140)褚淵　生於一個世代與劉氏皇室通婚的家庭，又較早地與劉彧搭上了關係，後又很快地成了蕭道成的部下。傳見《齊書》卷二十三。(141)以風素相善　因性情愛好相同而關係不錯。風素，性情愛好。(142)深相委仗　深深地依靠。委仗，委託、仰仗。(143)吳郡　郡名，郡治即今蘇州。(144)危篤　病情嚴重。(145)欲使著黃襹　想讓你輔佐幼主。黃襹，是乳母穿的衣服。想讓你穿乳母的衣服，意即想託孤於你。(146)卿癡人　你是個傻子。(147)不足與計事　不值得與你商量大事。(148)復以淵為吏部尚書　泰始初年褚淵曾任吏部尚書，後來出為吳郡太守，這次臨終受命，又被任為吏部尚書。(149)庚午　五月十三。(150)左僕射　僕射是尚書令的副職，設左右二人，位同副丞相。(151)勇健　勇猛敢為。當年就是壽寂之親手殺了廢帝劉子業。(152)擅殺邏將　擅自做主地殺了負責巡邏的將官。(153)徙越州　流放到越州。越州的州治合浦，在今廣西合浦東北。(154)丙戌　五月二十九。(155)京口　古城名，即今江蘇鎮江市，當時為南徐州的州治所在地，劉休若來此就南徐州刺史任。(156)和厚　平和、寬厚。(157)能諧緝物情　能協調各方面的關係，能統一社會輿論。諧緝，調和、統一。物情，人心。(158)傾奪幼主　奪取小皇帝的權位。(159)慮不奉詔　擔心他不肯束手就擒，會舉兵抵抗。(160)猜駭　因猜疑而驚懼出逃。(161)六月丁酉　六月初十。(162)以江州刺史二句　意即把劉休範、劉休若的官職相互對調。(163)手書慇勤　親筆信寫得誠實懇切。(164)使赴七月七日宴　召劉休若進京參加七月初七的宮廷宴會。(165)丁未　六月二十。(166)巴陵哀王休若　劉休若的封號是巴陵王，哀字是諡。(167)乙丑　七月初九。(168)賜死於第　劉休若當時二十四歲。(169)凡劣　平庸；沒出息。(170)立法垂制　建立法度以流傳後世。垂制，讓制度被後世所沿用。(171)所以必稱先王　後代子孫之所以經常引用先王的範例，以證明自己所施為的合理。(172)蓋由　就是因為。(173)遺訓餘風　先輩遺留的法則和他們辦事的風度。(174)足以貽之來世　有留給後代做參考的價值。貽，傳給。(175)太祖　指宋文帝劉義隆。(176)經國之義雖弘　治理國家的辦法雖然還算好。弘，弘大；有長處。(177)隆家之道不足　管理家庭的能力較差。(178)彭城王　指宋武帝劉裕的第四子劉義康，被封為彭城王。傳見《宋書》卷六十八。(179)照不窺古　有聰明才智而不知道吸取古訓。照，光輝，以喻識見。窺，看；學習。(180)徒見昆弟之義　只看到了兄弟之間的親情關係。昆弟，兄弟。(181)未識君臣之禮　沒有注意君臣之間的等級差別。(182)冀以家情行之國道　希望把家人之間感情用到治理國事上。冀，希望。國道，治國之道。(183)主猜而猶犯　做君主的已經對你產生了懷疑，你還要接著去冒犯他。猜，懷疑。(184)恩

薄而未悟　他對你已經沒有好感而你還看不透。[185]致以呵訓之微行　致使只是一種應該加以訓斥的小過失。[186]遂成滅親之大禍　竟然鬧成了殺害同胞手足的大事件。胡三省曰：「沈約言義康之罪，文帝當呵而訓之，不當遂殺之也。」[187]開端樹隙二句　劉義隆這種在兄弟之間鬧矛盾、找碴子的做法，給他的後代子孫開了頭。[188]太宗　指宋明帝劉彧。[189]因易隙之情　藉著兄弟之間容易產生隔閡的這種思想基礎。[190]據已行之典　按著宋文帝已經採取的殺戮章程。[191]翦落洪枝　大肆砍伐樹幹上的枝枝杈杈。洪枝，大枝大杈。洪，大。古人常把太子比成樹幹，把其他兄弟比成樹枝。如把樹幹上的枝杈都砍掉，這棵樹也就不會有太多的活頭了。[192]不待顧慮　不用任何考慮。極言其天良喪盡，鐵石心腸。[193]本根無庇　剩下做皇帝、做太子的一個人孤立無援。無庇，沒有保護者、支持者。[194]神器　這裡指國家政權、皇位寶座。[195]以勢弱傾移　由於勢力太弱而被篡奪、被消滅。[196]靈命　天命；一個王朝的命運。[197]隨樂推回改　隨著眾人的擁戴而朝代改換。樂推，愉快地擁戴。[198]履霜有漸二句　《周易・坤卦》有所謂「履霜堅冰至」，意思是說當你踩到了地上的霜，你就會知道冰天雪地的日子快要到來了。它要表達的道理是萬事萬物都有一個發展變化的過程，都是由小到大，越來越嚴重的。有漸，即逐漸發展。[199]所由來遠矣　其意思是說劉宋王朝滅亡的苗頭，是在很早以前就已出現了。按，以上沈約所發的議論，見《宋書・明帝紀》的傳論。[200]噬虎之獸　能咬死老虎的猛獸。噬，咬。[201]搏貍之鳥　能與野貓搏鬥的猛禽。貍，野貓。[202]非護異巢　也只是護住自己的巢。以上四句總言不管什麼動物，對自己的後代都有一種關心愛護的本能。[203]保字螟蛉　能撫育自己收養的孩子。保字，保護、養育。螟蛉，通常用以指收養的孩子。[204]剿拉同氣　殺戮自己的同胞兄弟。剿拉，剿滅、摧折。同氣，同胞兄弟。[205]迷　迷失；不懂。[206]在原之天屬　指親兄弟之間的患難與共的固有天性。《詩經・常棣》有所謂「脊令在原，兄弟急難。」脊令是一種鳥，詩人用以起興，以引出兄弟在同甘苦、共患難中誓死不分的天性。天屬，天性如此。[207]父子之自然　父子之間在遇到危難時自然而然地就有一種相互救援的本能。[208]宋德告終　劉宋王朝的滅亡。宋德，猶言宋王朝的福祿。[209]非天廢也　不是老天爺讓它滅亡，是他們自己把自己滅亡的。[210]先棄本枝　先翦除自己的同胞兄弟，如曹丕、司馬炎、劉駿、劉彧皆是也。[211]嫗煦旁孽　撫養別人家的孩子。嫗煦，慈心關愛。旁孽，姬妾生的孩子，這裡指別人家的孩子。[212]推誠嬖狎　對身邊的近習小人以誠相待。嬖狎，以不正當手段博得歡心重用的小人。[213]疾惡父兄　對自己的父兄疾恨如仇。[214]前乘覆車　前面走的車子已經翻了。乘，一車四馬，這裡即指車。[215]後來并轡　後面的車子還在沿著舊路快馬加鞭地向前趕。并轡，猶言齊驅，加足馬力向前趕。以言其絲毫不接受前人的教訓。[216]借使叔仲有國　假如你的政權被你的兄弟篡去了。叔仲，老三、老二。有國，奪取了你的國家。[217]不失配天　你們共同的父親、祖父，在新皇帝祭天時還是會享受配祭的。[218]他人入室　如果讓外姓人篡取了你們的宮廷。219將七廟絕祀　那你們家的祖廟就將被夷為平地了。七廟，七代祖先的靈牌。中間是開國的太祖，兩邊是六代的三昭三穆。220曾是莫懷　殘暴的昏君們根本不考慮這一點。曾，竟；根本。是，此；這一點。莫懷，不考慮；不顧及。221甘心揃落　心甘情願地讓自己國家徹底滅亡。揃落，殞落；滅亡。222晉武　晉武帝司馬炎，司馬懿之子，司馬昭之孫。西元二六五—二九〇年在位。223背文明之託　違背其母文明太后的叮囑。司馬氏之所以能篡奪曹氏的政權，是司馬懿、司馬師、司馬昭幾代連續努力的結果。司馬懿死後由其長子司馬師掌權；司馬師死後由其弟司馬昭掌權。司馬昭臨死時有兩個兒子，大兒子司馬炎是他的接班人，二兒子司馬攸過繼在沒有兒子的司馬師門下。司馬昭感到自己所以能掌權都是接續了其兄司馬師的基業，所以他曾想讓過繼給司馬師的次子司馬攸作為自己的接班人。由於其長子司馬炎玩弄陰謀手段，最後還是從其父手中接取了權位。其母文明太后知道司馬炎的狠毒，臨死前請求司馬炎好好對待他的弟弟，但司馬炎最終還是將司馬攸殺害了。事見《晉書》卷三十八。224覆中州者賈后　招致中原地區大亂，最後西晉被少數民族所滅的罪魁是賈皇后。晉武帝的大兒子司馬衷是個白痴，根本沒有能力管理國事，但權臣賈充與其女硬是弄虛作假地欺騙司馬炎，讓司馬炎把傻兒子立做了接班人。司馬炎一死，傻兒子上臺，賈充之女做了皇后，操縱政權，先是引起了「八王之亂」，緊接著少數民族入侵，西晉政權被滅，整個黃河流域落入少數民族之手。225太祖棄初寧之誓　指宋文帝劉義隆曾指著初寧陵對他的姐姐發誓，他絕不會殺他的弟弟劉義康，但沒過多久劉義隆還是把劉義康殺掉了。事見《宋書》卷六十八。棄，丟棄；拋開。初寧，劉義隆之父劉裕的陵墓。226登合殿者元凶　登上合殿殺死宋文帝劉義隆的是他的太子元凶劉劭。合殿，劉義隆被殺時所居住的殿名。元凶劉劭殺其父的過程詳見《宋書》卷九十九與本書前文卷一百二十七。227禍福無門二句　意思是禍福之來去無定，誰也沒法事先選擇。228友于兄弟二句　如果能加強兄弟間的友好感情，那不就平安無事了嗎。友于兄弟，加深兄弟之間的友愛之情。229丙寅　七月初十。230陰山　橫亙在今內蒙古包頭、呼和浩特以北的東西走向的大山，其地有魏國的行宮別館，故魏主屢去其地。231吳喜之討會稽　事在宋明帝泰始二年，見本書卷一百三十一。吳喜是宋明帝在極其艱難情況下的忠實支持者與立有大功之名將。傳見《宋書》卷八十三。會稽，郡名，郡治即今浙江紹興。當時尋陽王劉子房為會稽太守，長史孔覬佐之擁戴劉子勛，起兵反對劉彧政權。232諸賊帥　指反對劉彧政權的各軍事頭領。233皆即於東戮之　都在東方把他們就地處死，不必押解到京城。東，這裡指會稽郡，會稽郡的地理位置在建康的東南方。234生送子房　吳喜抓到劉子房並沒有就地殺掉，而是將他活著送到了京都建康。235釋顧琛　寬饒了賊將顧琛。顧琛時為吳郡太守，屬劉子房的部下。吳喜當時所以將劉子房押送建康，又寬釋顧琛等，是出於觀望形勢，想為自己留條後路。236心銜之　心裡記恨著他。銜，含，含恨在心。恨吳喜向反對派示意討好。237剽掠縱兵殺戮與搶奪百姓。[238]贓以萬計 貪汙受賄的數目之大以萬統計。[239]淮陵 郡名，郡治不詳，當在今江蘇境內。[240]啓乞中散大夫 上書請求改任中散大夫。中散大夫是皇帝的侍從官員，屬閒散官職。[241]或譖 有人在皇帝跟前說壞話。[242]有貳心於魏 意即私通魏國。貳，懷二心；腳踩兩條船。[243]封銀壺酒 用銀壺裝滿毒酒，上加封條。[244]以情告道成 把實情告訴蕭道成，說這壺酒已經換過了。[245]保證道成 意即擔保蕭道成是忠於劉宋王朝的。保證，為之擔保；為之證明。[246]或密以啓上 有人將吳喜換酒以試蕭道成的情況報告劉彧。[247]多計數 心眼多、有辦法。[248]素得人情 一向受人擁護。人情，人心。[249]事幼主 侍候未來的小皇帝。事，為之做事。[250]言謔甚款 說說笑笑，很是推心置腹。[251]名饌 名貴的飯食。[252]發詔賻賜 下詔書賞賜其家許多錢物。賻，向有喪事的人家贈送財物。[253]輕狡萬端 輕狂、狡猾到了極點。[254]苟取物情 變著法地收買人心。[255]昔大明中 當初孝武帝大明年間，即西元四五七—四六四年。[256]黟歙 二縣名，都在今安徽南部新安江上游。[257]縣邑 縣城和縣裡的大鄉鎮。[258]劉子尚 孝武帝劉駿的第二子，當時被封為西陽王，後被劉彧所殺。傳見《宋書》卷八十。西陽王的封地西陽郡離黟、歙二縣不遠，故派兵往討之。[259]再往 兩次派兵前往。[260]詭數幻惑 詭計多端，容易讓人受騙上當。[261]東討 即討伐會稽一帶的反劉彧政權之亂。[262]直造三吳 直搗東方的吳興、吳郡、義興三郡。直造，直搗；直掃。極言進兵之勇決。三吳，統稱吳興、吳郡、義興。三郡都在太湖周圍。[263]再經薄戰 經過多次激烈衝殺。再，兩次；多次。薄戰，近戰；激戰。指短兵相接。[264]破岡 破岡瀆，秦淮河上游的運河名，舊址在今江蘇句容東南。當時東方的反劉彧軍已經打到這一帶，離建康只有數百里之遙。[265]至海十郡 從破岡瀆向東直達海邊的十個郡，指晉陵、義興、吳郡、吳興、南東海、會稽、東陽、臨海、永嘉、新安。[266]無不清蕩 都被吳喜的軍隊掃平。[267]吳河東 當時的百姓們敬稱吳喜。吳喜在孝武帝大明年間曾任河東太守。[268]積取三吳人情 長期地收買三吳的人心。[269]何以得弭伏如此 怎麼能對他順服到這種樣子。弭伏，順伏；順從。

[270]尋喜心迹 細想吳喜的心思。[271]豈可奉守文之主 怎麼能讓他侍候一位不太英武的皇帝。守文之主，與英武的開國雄主相比而言，即遵守成法之君。言外之意是文弱、平和，手腕不夠剛猛的意思。[272]遭國家可乘之會 再遇上國家有讓他們可乘的機會。遭，遇；逢。[273]餌藥 有病吃藥。[274]羸冷 瘦弱怕冷。[275]資散石以全身 就得靠吃五石散以暖和身子，維持生命。散石，即所謂五石散，當時貴族喜歡服用的一種養生的藥。[276]熱勢發動 渾身發高燒，即所謂「散發」。[277]去堅積 不能再用丹石一類堅硬易積於內的藥物。例如五石散就是用石頭、硫磺等研製而成。[278]非忘其功 不是說它沒有起過作用。既指五石散，也指吳喜。[279]勢不獲已 形勢所逼不得不這麼幹。按，劉彧大段說吳喜之功，可謂句句是實，如果沒有吳喜，不知當時的東方諸郡會幹出如何的結果。時至今日，這些反倒成了吳喜該死的罪名。《詩經・氓》有所謂「三歲為婦，靡室勞矣；夙興夜寐，

靡有朝矣；言既遂矣，至于暴矣！」欲加之罪，何患無辭？胡三省曰：「用人如此，人不自保，其肯終為之用乎？」280戊寅　七月二十二。281以淮陰為北兗州　上一年任命蕭道成為南兗州刺史，駐兵淮陰；今改淮陰為北兗州之州治，則蕭道成無再留淮陰的理由，是為調蕭道成進京所用的手段。282道成所親　蕭道成身邊的親信。283勿就徵　不要聽從劉彧的命令到朝廷去。284殊不見事　實在是看不清朝廷的形勢。殊，實在；特別。不見事，看不清形勢。285何預它人　與外姓人有何關涉。預，干涉；關係。286唯應速發　唯一要做的是迅速出發。287淹留顧望　稍微有點怠慢、觀望。淹，逗留。288自非靈長之祚　當然不是國家昌盛長遠的好兆頭。祚，福。289禍難將興　大事變就要臨頭了。290方與卿等戮力耳　這可正是與你們大家共同奮鬥的好機會。胡三省曰：「史言骨肉相殘，則奸雄生心因之而起，為蕭氏取宋張本。」291太子左衛率　太子警衛部隊的長官。292八月丁亥　八月初一。293魏主還平城　由陰山還平城。294戊子　八月初二。295皇子躋　劉躋，劉彧的第八子。傳見《宋書》卷九十。296繼江夏文獻王義恭　過繼給江夏文獻王義恭為後嗣。江夏王是文帝劉義隆之弟劉義恭的封號，文獻是劉義恭的謚。劉義恭父子於永光元年（西元四六五年）被廢帝劉子業所殺。297庚寅　八月初四。298上疾有間　劉彧的病情有所好轉。299戊戌　八月十二。300皇子準　即後來的宋順帝，西元四七七—四七九年在位。傳見《宋書》卷十。301安成王　封地安成郡，郡治即今江西安福。302桂陽王休範之子　劉彧將其叔劉休範的兒子弄進宮廷，假說是他的妃嬪所生。303魏顯祖　即魏獻文帝拓跋弘，西元四六六—四七〇年在位。304聰睿夙成　聰明智慧與生俱來。305黃老浮屠之學　道家和佛教的學問。黃老，道家學派的一個分支，以黃帝、老子相標榜，在戰國與秦漢之際盛行一時。306沙門　和尚。307共談玄理　共同討論玄妙的道理，指佛學、老莊等形而上的微妙義理。308雅薄富貴　一向鄙棄功名富貴。雅，平素。薄，鄙視；看不起。309遺世之心　脫離塵世的想法，即想要出家當和尚或尋仙訪道。310中都大官京兆王子推　拓跋子推，拓跋晃之子，拓跋濬之弟，被封為京兆王，當時任中都大官。傳見《魏書》卷十九上。中都大官，掌管京城的糾察司法等事務。311沈雅　沉穩而有雅量。312素有時譽　很受當時輿論的稱讚。313欲禪以帝位　想把皇帝之位讓給他。禪，傳，通常指將帝王之權位轉讓他人。314源賀　魏國的元勳老臣。傳見《魏書》卷四十一。315漠南　蒙古大沙漠的南側，在今內蒙古自治區境內。316馳傳召之　通過驛站飛速地召他進京。傳，驛車。317會　召集。318任城王雲　拓跋雲，拓跋晃之子，被封為任城王。傳見《魏書》卷十九中。319方隆太平　正在創建興旺太平盛世。隆，盛，這裡用如動詞。320臨覆四海　意即統治天下。臨，君臨；居高臨下。覆，覆蓋；包有。二字都是「統治」的意思。321上違宗廟　意即辜負祖先傳位於你為帝的意願。322下棄兆民　拋棄了天下百姓對你的一片擁戴之心。323委棄塵務　想要放棄管理國家的繁雜事務。塵務，世俗的事務，指一切軍政大權。324更授旁支　指傳位於其叔。旁支，嫡長子以外的其他支屬。(325)啓 誘發。(326)姦亂之心 奸詐叛逆之臣圖謀篡位的野心。(327)紊亂昭穆 搞亂了宗廟靈牌的昭穆次序。古代宗廟裡供奉七代靈牌，開國始祖的靈牌居中，其他第二、四、六代的靈牌排列在左方，稱作「昭」；第三、五、七代的靈牌排列在右方，稱作「穆」，都是按照父子相承的順序排下來的。如今拓跋弘想傳位於其叔，故源賀說他「紊亂昭穆」。(328)逆祀 指太廟靈牌的輩分次序顛倒，祭祀關係不順。胡三省曰：「《春秋》：魯莊公薨，子般弒，季友立閔公。閔公復弒，立僖公。閔公，弟也；僖公，兄也。及僖公薨，魯人以先大後小為順，遂躋僖公於閔公之上。仲尼以臧文仲不知者三，縱逆祀其一也。」(329)顧 希望您。(330)東陽公丕 拓跋丕，魏烈帝拓跋翳槐之孫。以除掉乙渾之功，受到拓跋弘的信任。傳見《魏書》卷十四。(331)早彰 早已顯示出來。彰，顯。(332)沖幼 年紀幼小。(333)富於春秋 年方鼎盛。春秋，這裡指年齡。(334)始覽萬機 剛從馮太后手裡接過政權不久。(335)欲隆獨善 想放棄政權，尋求獨善其身。(336)其若宗廟何 您怎麼向祖宗交代呢。其若……何，如何對得起……；怎麼向……交代。(337)億兆 猶前所謂「兆民」。(338)陸馛 魏之元勳老臣陸俟之子，此時為魏之尚書令。傳見《魏書》卷四十。(339)更議 另行考慮。更，改。(340)宦者選部尚書 太監身分的吏部尚書。選部，即後代的吏部，主管官員的選拔任命。(341)趙黑 魏國的宦官，累官至尚書左僕射。傳見《魏書》卷九十四。(342)太子宏 後來漢化時改稱元宏，即歷史上的魏孝文帝，西元四七一—四九九年在位。傳見《魏書》卷七上。(343)高允 拓跋燾以來的魏國名臣，漢族人。傳見《魏書》卷四十八。(344)周公抱成王 周公是西周武王姬發之弟，武王死時，其子成王年幼，周公輔佐成王管理國家大事，平定了管叔、蔡叔勾結殷紂王之子武庚祿父所發動的叛亂，是古代輔佐幼主治理天下的名臣。事見《史記・周本紀》與〈魯周公世家〉。(345)然則 既然如此，那麼就……。胡三省曰：「高允之言婉而當，且發於眾言交進之後，故轉移上意為力差易。」(346)太保 官名，三公之一，負責輔導太子。(347)皇帝璽紱 皇帝的印璽。紱是繫印的絲條，通常與「印」字、「璽」字連用，即指印璽。(348)丙午 八月二十。(349)高祖 即拓跋宏，獻文帝拓跋弘的長子。(350)延興 北魏孝文帝元宏年號（西元四七一—四七六年），共六年。(351)至性 純真的天性。通常指善良、孝順、友愛、慈悲等等而言。(352)病癰 長了毒瘡。病，這裡用如動詞，相當於「患」。(353)親吮 親自用嘴為其父吸膿。(354)代親之慼 取代了父親職務的那種感覺。(355)內切於心 心裡悲痛極了。袁俊德曰：「宏是時方五歲，史稱前年吮癰，當是三四歲事，即悲泣對問，亦非五歲兒所能辨，不問可知其偽。」（《歷史綱鑑補》）(356)丁未 八月二十一。(357)希心玄古 內心仰慕淳樸遠古的道德與生活。玄古，清虛、古樸。(358)志存澹泊 一心想著平平淡淡，與世無爭。(359)爰命儲宮 於是讓我的太子。爰，於是。儲宮，宮中所儲，即指太子。(360)踐升大位 登上寶座。(361)優遊恭己 悠閒自得，無事一身輕。恭己，意同「拱己」。垂衣拱手而坐，清閒無事的樣子。(362)棲心浩然 神遊於浩渺的大自然之中，即今之所謂「天人合一」。[363]明不統天下　以表明這個天下還不是一個人說了算，背後還有更高的權威在。[364]猶宜陛下總之　還應該由您來大體上管著點。總，總管。[365]己酉　八月二十三。[366]采椽不斲　採來山木以為椽，而不加任何的雕斫與修飾，極言其所居屋舍之簡陋。[367]土階而已　臺階就是用土夯成的。[368]咸以聞　都報告給他知道。[369]北苑　平城城北的皇家園囿。[370]鹿野浮圖　佛塔名。葛曉音曰：「佛教神話，說佛的前身是波羅痆斯國王。有林地養鹿，每日用一鹿供國王充膳。有一孕鹿將產子，鹿王菩薩告訴國王，願意以自身替代。國王被菩薩的仁慈所感動，把全部鹿群都放了，於是有了『鹿野』之稱。這裡是借用這個故事為佛塔起名。浮圖，佛塔的音譯。」[371]禪僧　佛徒；和尚。[372]沃野統萬　魏國的兩個軍鎮名。胡三省曰：「沃野，即漢朔方郡之沃野縣也；統萬，即赫連故都，魏以為鎮，置鎮將。」沃野縣的故址在今內蒙古五原東北的烏加河北，統萬城在今陝西橫山縣的西北方。[373]枹罕金城　兩座古城名，枹罕是當時河州的州治所在地，在今甘肅臨夏東北，金城是當時金城郡的郡治所在地，在今甘肅蘭州西北。[374]三道諸軍　指皇興四年（西元四七〇年）拓跋弘親自率領東、西、中三道出兵北伐柔然時的三路軍隊。[375]處　駐兵防守。[376]不從　魏主拓跋宏沒有採納。[377]庚寅　十月初五。[378]南安王楨　拓跋楨，拓跋晃之子，拓跋濬之弟，被封為南安王。傳見《魏書》卷十九中。[379]領護西域校尉　兼任護西域校尉。領，兼任。護西域校尉，監督西域校尉。西域校尉是管理今新疆地區各歸化諸國事務的軍政長官。其駐地即今新疆之若羌。[380]鎮涼州　其軍政首府即今甘肅武威，是當時涼州的州治所在地。[381]垣崇祖　劉宋名將垣護之之姪，先隨薛安都降魏，後又返回劉宋，被任為北琅邪、蘭陵二郡太守。傳見《南齊書》卷二十五。[382]經略淮北　經營收復淮河以北。當時淮河以北都已淪入魏人之手。經略，經營、開拓。[383]郁洲　今江蘇海州東的海島名，島上也有小城曰郁洲。[384]蒙山　今山東中部的山名，主峰為龜蒙頂。[385]于洛侯　魏國著名的酷吏，此時任東兗州刺史。傳見《魏書》卷八十九。[386]湘宮寺　宋明帝劉彧為湘東王時曾住的第宅，後來捐為佛寺，在當時的建康城內。[387]十級浮圖　十層的佛塔。[388]乃分為二　於是改修成兩個塔。[389]新安　郡名，郡治始新，在今浙江淳安西北。[390]罷郡入見　在新安郡任滿進京拜見皇帝。[391]通直散騎侍郎　皇帝身邊的侍從官名，主管傳達詔命。[392]虞愿　劉宋的儒學之臣，清貧廉潔有善政。傳見《南齊書》卷五十三。[393]貼婦錢　窮困人家無以為生，主婦外出賣淫以補家用之不足，此所獲之錢謂之「貼婦錢」。貼，典賣。[394]嗟愍　哀憐。[395]罪高浮圖　您的罪孽之大，比您修的塔寺還要高。[396]徐去　慢慢離去。[397]無異容　沒有任何惶恐畏懼的樣子。[398]第一品　最高級別的圍棋高手。[399]假借之　讓著他。[400]飛棊　婉言其隨意下子，不顧棋理。[401]不能斷　不能把您聯絡斷開。斷，圍棋術語，切斷其聯絡。[402]好之愈篤　癮頭越來越大。[403]堯以此教丹朱　就此語的意思而言，應該是堯的兒子丹朱迷戀於下棋，堯警告他這是玩物喪志，不是一個政治人物所應該沉迷的。而張華《博物志》則云：「堯造圍棋，以教子丹朱。或云舜以子商均愚，故作圍棋以教之。其法非智者不能也。」這樣就與下文虞愿之所謂「非人主所宜好」不合榫卯。(404)王國舊臣 劉彧為湘東王時，虞愿曾任湘東王常侍，是劉彧的侍從官員。(405)優容 寬容、包涵。(406)王景文 即王彧，因與皇帝同名，故改以字行。(407)以盛滿為憂 因官高權大感到害怕。(408)中心 內心。(409)外戚貴盛 王景文的妹妹是劉彧的皇后。(410)張永 劉彧時代的名將，在平定各州郡擁戴劉子勛、反對劉彧政權的風浪裡，立有大功。傳見《宋書》卷五十三。(411)一士不可親 意即王景文不能親近。一士是「王」字的拆寫。(412)弓長射殺人 意即張永將會射死人。弓長是「張」字的拆寫。(413)彌懼 更加恐懼。(414)自表解揚州 自己上書請求辭去揚州刺史的職務。揚州因是國家都城所在的區域，故其刺史權大位高。(415)切至 懇切；迫切。(416)詔報 劉彧下詔答覆他。(417)心若為耳 心裡是怎麼想的；心裡是想著幹什麼。若，如何。(418)大明之世 孝武帝在位期間。大明是孝武帝劉駿的年號。(419)巢徐二戴 巢尚之、徐爰、戴法興、戴明寶，四人都是劉駿的寵幸之臣。(420)位不過執戟 極言他們原來的地位都很低。執戟，宮廷侍衛一樣的低級侍從。(421)權亢人主 後來發展到比皇帝的權力還要大。亢，高出；高過。(422)作僕射領選 泰始三年袁粲由中書令轉為尚書僕射，兼任吏部尚書。吏部也叫選部，掌管官吏的選拔任命。(423)往往不知有粲 極言其謹慎小心、不張揚、不招權納賄。(424)遷為令 泰始七年袁粲升為尚書令，位同丞相。(425)居之不疑 讓幹就幹，沒有任何故做謙退、推說不行的樣子。(426)人情向粲 當文武百官都擁護袁粲，眾望所歸時。(427)淡然 澹泊平和的樣子。(428)亦復不改常日 仍然像過去的時候一樣。(429)當有致憂競不 還會產生你這種憂心忡忡、戰戰兢兢的心理嗎。致，導致；產生。競，胡三省以為當作「兢」。不，相當於「否」。(430)貴高有危殆之懼 官做大了擔心遭禍。(431)卑賤有溝壑之憂 太卑賤了又擔心死後沒人埋。溝壑，古代指貧賤人的死。(432)有心於避禍 與其每天總擔心害怕禍事臨頭。(433)無心於任運 拋開一切胡思亂想，來一個聽天由命。就像陶淵明所說的「縱浪大化中，不喜亦不懼」，或俗話所說的「君子坦蕩蕩，小人長戚戚」。(434)存亡之要 人生在世的處事要訣。(435)巨細一揆 大事小事的道理都是一樣的。

【校 記】[1]上 原無此字。據章鈺校，甲十一行本、乙十一行本、孔天胤本皆有此字，張敦仁《通鑑刊本識誤》同，今據補。[2]得 原作「能」。據章鈺校，甲十一行本、乙十一行本、孔天胤本皆作「得」，今據改。[3]邏將 原作「邏尉」。據章鈺校，甲十一行本、乙十一行本、孔天胤本皆作「邏將」，張敦仁《通鑑刊本識誤》同，今據改。[4]來 據章鈺校，甲十一行本、乙十一行本皆脫此字。[5]皇 原無此字。據章鈺校，甲十一行本、乙十一行本、孔天胤本皆有此字，今據補。[6]溝壑 原作「填壑」。據章鈺校，甲十一行本、乙十一行本、孔天胤本皆作「溝壑」，今據改。

【語　譯】太宗明皇帝下

泰始七年（辛亥　西元四七一年）

春季，二月初十日戊戌，宋國分別從交州、廣州劃分出一部分地盤設置為越州，治所設在臨漳縣。

當初，宋明帝劉彧還是一個諸侯王的時候，待人寬厚、和氣，有很美好的聲譽，宋世祖劉駿唯獨對他特別親近。宋明帝剛剛登上皇帝寶座的時候，那些擁戴晉安王劉子勛在尋陽稱帝的人們有很多都受到了劉彧政權的寬赦而獲得安全，宋明帝還根據他們的才能加以錄用，對待他們就像對待自己的舊臣一樣。然而到了晚年的時候，遂變得好猜疑、好嫉妒、殘忍暴虐起來，他既迷信鬼神，又有好多不願意聽到的言語或不願意看到的行為表現，無論是言談話語還是書面文字當中，有關「禍敗」、「凶喪」或是與這類差不多的言辭應當迴避的就有好幾百種乃至上千種，有誰觸犯了這些忌諱就一定會遭到懲罰甚至被處死。因為「騧」字的形狀與「禍」字相似，所以就把「騧」字的寫法改成「馬瓜」。身邊的臣屬一旦不合明帝的心意，往往有人會遭到開膛破腹、剁成碎塊的刑罰。

當時宋國的軍隊在淮河與泗水流域與魏國的軍隊和投降魏國的州郡作戰，由於連年征戰，致使國家府庫財物枯竭，朝廷內外的文武官員，連俸祿也停止了發放。然而宋明帝在宮廷之中仍然過著奢侈靡費的生活，毫無節制，每次為他製作宮中用品，一定要製作出三套：一套是給皇帝用的，一套是給皇帝備用的，另一套還是準備給皇帝備用的，而且每種都要做三十件。被宋明帝所極度寵愛的那些親近小人掌握著宋國的權柄，因而賄賂之風盛行。

宋明帝一直沒有兒子，於是就祕密地把諸兄弟家中已經懷孕的姬妾收入自己的皇宮之中，生下男孩就把孩子的母親殺掉，而把孩子交給自己最寵愛的姬妾當做自己的兒子進行撫養。宋明帝現在已經臥病不起，因為皇太子年幼體弱，因而對自己所有的弟弟都非常猜忌。擔任南徐州刺史的晉平剌王劉休祐，以前曾經擔任過荊州刺史，鎮守江陵，因為劉休祐極度的貪婪暴虐，所以宋明帝沒有讓劉休祐到南徐州的治所上任，而是把他留在了京師建康，只派了劉休祐的高級僚屬代理他去管理南徐州都督府、刺史府的事務。劉休祐的性情剛烈兇狠，他前後不止一次地冒犯了宋明帝，因此宋明帝心裡對劉休祐越來越不能容忍，而且宋明帝也擔心將來對劉休祐難以控制，所以就想找個合適的機會把劉休祐除掉。二月二十六日甲寅，劉休祐陪同宋明帝在巖山射野雞，宋明帝身邊的侍從人員都在皇帝儀仗隊的後邊。天光漸漸地黑了下來，宋明帝派遣自己的心腹壽寂之等幾個人，將劉休祐逼落馬下，於是一起對劉休祐進行毆打，拉扯其肢體，使劉休祐喪了命，然後大聲傳呼「驃騎大將軍從馬上摔下來了！」宋明帝假裝吃驚的樣子，趕緊派御醫一波接著一波地前來診治，等到劉休祐的部屬趕到劉休祐跟前時，劉休祐早已經斷了氣，於是就用一輛摘去車輪的車廂把劉休祐的屍體抬回了家。宋明帝追贈劉休祐為司空，並依照應有的規格埋葬了劉休祐。

在宋國的京師建康城內，民間流傳著一種說法，說擔任荊州刺史的巴陵王劉休若有真龍天子的長相，宋明帝就把這樣的傳言轉告給了劉休若，劉休若聽到後感到非常的憂慮和恐懼。二月三十日戊午，宋明帝任命劉休若接替劉休祐為南徐州刺史。劉休若的心腹將佐都認為如果劉休若回到朝中，一定不能避免災禍，擔任中兵參軍的京兆人王敬先於是勸阻劉休若說：「如今皇帝正在彌留之際，未來的國家大事都決定於皇帝身邊那幾個身處高位的親近之臣，皇帝身邊的那群小人全都氣勢洶洶、張牙舞爪，正準備剷除皇室的一切親屬，以實現他們的私人目的。殿下的名聲與威望早已經傳播於四海之內，如果現在接受詔命入朝，一定會遭到暗算，有去無回。荊州擁有數萬披甲的將士，數千里的土地，對上可以護衛、輔佐皇帝，剷除奸臣；對下可以保住境內的土地，保全自己的身家性命；這與賜以尚方寶劍，逼令在家自殺，使屬下的男男女女只能暗暗哭泣而連喪事都不敢正大光明地辦理相比，哪個更好些呢？」劉休若一向膽小怕事，便假裝同意了王敬先的建議。等到王敬先出去之後，劉休若立即派人逮捕了王敬先，並把王敬先勸他不要受詔入朝的事情報告給了宋明帝，而後就把王敬先殺掉了。

三月初三日辛酉，魏國派遣臨時代理員外散騎常侍的邢祐到宋國進行友好訪問。

魏獻文帝拓跋弘派擔任殿中尚書的胡莫寒從西部地區的敕勒族中選拔一批勇士擔任殿中武士。胡莫寒趁機大肆收受賄賂，因而引起敕勒人的憤怒，殺死了胡莫寒以及擔任高平軍鎮的臨時統領奚陵。夏季，四月，不僅西部敕勒人，就連其他地區的敕勒人也一同發動叛變，魏獻文帝派遣汝陰王拓跋天賜率軍前去鎮壓敕勒人的叛亂，任命擔任給事中的羅雲為前鋒。敕勒人使用詐降計，襲擊了魏國羅雲所率領的先鋒部隊，殺死了羅雲，拓跋天賜全軍覆沒，只有他一個人逃回了平城。

宋國自從晉平剌王劉休祐死了之後，建安王劉休仁越加感到自己的安全沒有保證。宋明帝與他的親信楊運長等人一起為自己死後的國家大事作安排，楊運長等人也擔心宋明帝去世之後，擔任司徒的建安王劉休仁一旦掌握了朝政大權，他們這一幫人就不能再專擅朝政，所以就越加慫恿宋明帝為自己的身後之事做好打算，及早除掉劉休仁。宋明帝曾經有一次疾病突然加重，朝廷內外沒有一個人不真心擁護劉休仁，希望由他來主管朝廷大政，主書以下的官員全都前往丞相府去拜訪劉休仁所親信的人，提前與劉休仁的部屬們搞好關係，為自己準備後路；那些因為在朝廷值班而沒有時間去拉關係的人，都非常恐懼。宋明帝聽說了這種情況之後，就更加憎惡劉休仁。五月初一日戊午，宋明帝召劉休仁入宮，過了一會兒，他對劉休仁說：「今天夜裡你就暫且住宿在尚書省，明天可以早些來。」當天夜裡，宋明帝派人拿著毒藥到尚書省，逼迫劉休仁喝下毒藥自殺。劉休仁大聲謾罵說：「劉彧得到天下做了皇帝，是靠了誰的力量啊？孝武帝劉駿因為殺戮自己的親生兄弟，所以他的兒孫全部被殺光，落了個斷子絕孫，如今劉彧又做出殺戮兄弟的事情，宋國的統治可以長久得了嗎？」宋明帝擔心發生政變，遂勉強支撐著病體坐著車子來到宮門以外，當他得知劉休仁已死的消息後，才進入皇宮。劉彧下詔說：「劉休仁圖謀勾結禁衛部隊，陰謀發動叛亂，我不忍心公開地將他繩之以法，就下了一道詔書嚴厲地訓斥他、責問他。劉休仁慚愧自己辜負了皇帝的厚恩，又害怕自己罪孽深重，於是就突然自殺了。可以饒恕他的二個兒子，把劉休仁的封爵由建安郡王降為始安縣王，讓他的兒子劉伯融繼承他的始安縣王爵位。」

宋明帝擔心人們對他處死劉休仁一事心懷不滿，於是下詔書給朝中的文武大臣以及各地區的軍政長官，他在詔書中說：「建安王劉休仁與晉平剌王劉休祐相互間緊密勾結，劉休仁對劉休祐說：『你儘管向皇上花言巧語地獻媚討好，這個辦法完全可以使你保全自家的生命安全，我一向使用此種辦法，使自己獲利不少。』

劉休祐的死，本來是想為民除害，而劉休仁內心的恐懼不安卻從此越來越嚴重。我每次召他到朝廷來，他都要進宮去和他的生母楊太妃告別一番，總是懷疑我要害死他。我在春天的時候多次與劉休仁外出射野雞，有時候遇上陰天下雨不能外出，劉休仁就對他的左右親信說：『我又多活了一天。』劉休仁曾經親自率領十萬大軍，冒著矢石，南拒在尋陽稱帝的劉子勛政權的叛軍，他在這次戰爭中與那些守衛宮廷的將帥曾經很親密地一道共事。我此前長時間身體欠安，劉休仁出入宮廷，每次都對我身邊那些負責警衛的將帥們和顏悅色，一一地深加慰問。他究竟安的是什麼心，讓人無法預測。我實在是沒有別的辦法，我經過反覆考慮，不得不做出前幾天那樣的處置。我擔心你們不一定能夠立刻明白我為什麼要這樣做，所以才下詔書使你們明白知曉。」

宋明帝與劉休仁感情一向深厚，雖然他殺死了劉休仁，卻常常對別人說：「我與建安王劉休仁年歲差不多，從小就推心置腹，相互親近，從廢帝劉子業的景和到泰始年間，劉休仁確實為朝廷立下了不朽的功勳。這次他的謀反實在是關係到國家的命運，我才不得不把他除掉，我對他的深刻懷念，使我無法控制自己內心的痛苦。」於是痛哭流涕，一副完全無法控制自己感情的樣子。

當初，宋明帝還是湘東王的時候，因為與褚淵在性情愛好等方面意趣相投而關係很好，等到即位做了皇帝，便對褚淵深加依靠和重用。宋明帝病重時，褚淵正在吳郡太守任上，於是趕緊把褚淵召回京師建康。褚淵回到建康後，入宮朝見宋明帝，宋明帝流著眼淚對褚淵說：「我近來病情沉重，看來快要死了，所以把你從吳郡召回來，是想讓你穿著黃纙輔佐幼主。」黃纙，是乳母穿的衣服。宋明帝與褚淵謀劃誅殺建安王劉休仁，褚淵認為不能那樣做，宋明帝非常生氣地說：「你簡直就是一個不明事理的傻子！不值得與你商議大事！」褚淵很恐懼，便服從了宋明帝的命令。宋明帝又任命褚淵為吏部尚書。五月十三日庚午，宋明帝任命擔任尚書右僕射的袁粲為尚書令，任命褚淵為尚書左僕射。

宋明帝憎惡擔任太子屯騎校尉的壽寂之的勇猛、敢作敢為，碰巧此時有關部門上奏舉報壽寂之擅自做主殺死了負責巡邏的將官，宋明帝藉此機會將壽寂之流放越州，並在流放越州的途中派人殺死了壽寂之。

五月二十九日丙戌，宋明帝廢黜已故晉平王劉休祐的爵位，將劉休祐貶為平民。

宋國的巴陵王劉休若到達京口，聽到建安王劉休仁已死的消息，心中更加恐懼。宋明帝認為劉休若為人平和、寬厚，能夠協調各方面的複雜關係，恐怕將來會奪取小皇帝的權力和帝位，想派人去殺死劉休若，又擔心劉休若不肯束手就擒，會舉兵反抗，想徵調劉休若入朝，又擔心劉休若心存猜疑而驚懼出逃。六月初十日丁酉，宋明帝任命擔任江州刺史的桂陽王劉休範為南徐州刺史，改任巴陵王劉休若為江州刺史。宋明帝給劉休若的親筆信寫得情辭懇切，要劉休若一定要來京師參加七月七日的宮廷宴會。

六月二十日丁未，魏國獻文帝前往黃河以西一帶地區進行巡視。

秋季，七月，巴陵哀王劉休若到達京師建康，初九日乙丑，宋明帝下詔令劉休若在自己的府第自殺，追贈他為侍中、司空，再次任命桂陽王劉休範為江州刺史。當時宋明帝的弟弟已經全部死光了，只剩下為人平庸、沒有出息的劉休範沒有遭到宋明帝的猜忌，所以才保住了性命。

沈約評論說：「聖人建立起法律制度，並使之流傳後世，後代子孫所以經常引用先王的範例，以證明自己所施為的合理性，就是因為先輩遺留的法則和他們辦事的風度，有留給後代做參考的價值。宋太祖劉義隆治理國家的辦法雖然還算有他的長處，但他管理家庭的能力卻明顯不夠。彭城王劉義康有聰明才智，卻不懂得汲取古訓，只看到了兄弟之間的親密關係，卻沒有注意到君臣之間的等級差別，他希望把家人之間的感情運用到治理國事上，做君主的已經對他產生了猜忌，他還要去冒犯君主，君主對他已經沒有好感而他還看不透，致使劉義康僅僅犯了一種只需加以訓斥的微小過失，竟然鬧成了殺害同胞手足的大事件。宋太祖劉義隆這種在兄弟之間鬧矛盾、找碴子的做法，給他的後代子孫開了頭。宋太宗劉彧沿襲了先王這種兄弟之間容易產生矛盾、隔閡的思維方式，按照宋太祖劉義隆已經採取過的殺戮典故，大肆地砍伐樹幹上的枝枝杈杈，而不做任何考慮。後來做皇帝的、做太子的便失去了自己的保護者和支持者，終於陷入孤立無援的境地，國家政權、皇帝寶座由於勢力太弱而被篡奪、被消滅，天命也就發生了改變，隨著眾人的擁戴而實現了改朝換代，當你踩到了地上的霜，你就會知道冰天雪地的日子快要到來了，劉宋王朝滅亡的苗頭，實際上很早以前就已經出現了。」

裴子野評論說：「能夠咬死老虎的猛獸，都知道愛護自己的獸崽；能夠搏殺野貓的猛禽，也只護住自己的鳥巢。宋太宗劉彧能夠撫育自己收養的孩子，卻殺戮自己的同胞兄弟，他既不懂得親兄弟之間所固有的那種患難與共的天性，又不懂得父子之間在遇到危難時自然而然地產生出的一種相互救援的本能。劉宋王朝的滅亡，並不是老天爺讓它滅亡。滅亡國家的君主，都是先從剪除自己的同胞兄弟，去撫養別人家的孩子開始；他們對於自己身邊的近習小人能夠以誠相待，而對自己的父兄卻疾惡如仇。前邊走的車子已經翻了，而後面的車子還在沿著這條舊路快馬加鞭地向前趕。假如你的政權被你的兄弟奪去了，你們共同的父親、祖父，在新皇帝祭天時還會有享受配祭的地位；如果讓外姓人篡奪了你的皇位、住進了你的宮廷，那你們家的祖廟就會被夷為平地。殘暴的君主根本不考慮這一點，而是心甘情願地讓自己的國家徹底滅亡。晉武帝司馬炎違背了自己母親文明太后的臨終囑託，殺死了自己的弟弟司馬攸，而導致中原地區大亂，最後西晉被少數民族滅亡的罪魁禍首就是晉惠帝司馬衷的皇后賈南風；宋太祖劉義隆違背了自己在宋高祖劉裕的初寧陵前對姐姐所發的絕對不會殺死弟弟劉義康的誓言，然而進入合殿殺死宋太祖劉義隆的卻是他立的皇太子元凶劉劭。禍福之來去沒有一定，誰也沒有辦法事先選擇！如果能夠加強兄弟之間的友好感情，那不就平安無事了嗎！」

七月初十日丙寅，魏國獻文帝抵達陰山。

當初，吳喜率領建康的朝廷軍討伐擔任會稽郡太守的尋陽王劉子房的時候，曾經對宋明帝說：「等俘虜了尋陽王劉子房以及那些擁戴劉子勛、反對建康朝廷的各軍事頭領之後，都在東方把他們就地處死。」後來吳喜抓到了劉子房，卻沒有在尋陽就地將劉子房處死，而是將劉子房活著押送到了京師建康，還饒恕了劉子房的部下顧琛等人，心存觀望。宋明帝因為吳喜剛剛立了大功，所以當時沒有深入追究，然而在宋明帝的心中卻一直記恨著吳喜。等到吳喜率軍攻克荊州之後，放縱士兵進行殺戮與搶劫百姓，貪汙受賄的數量數以萬計。太子屯騎校尉壽寂之被宋明帝誅殺的時候，吳喜正在擔任淮陵太守、都督豫州諸軍事，他聽到壽寂之被誅殺的消息後，內心十分恐懼，就向宋明帝奏請改任自己為中散大夫，宋明帝對吳喜的請求感到非常疑慮和驚駭。這時有人在明帝面前進讒言，說蕭道成在淮陰私通魏國，宋明帝於是就用銀質酒壺裝滿毒酒，上加封條，派吳喜親自拿著到淮陰賞賜給蕭道成。蕭道成懷疑酒內有毒而深感恐懼，準備逃跑，吳喜就把自己已經將酒換過了的實情告訴了蕭道成，並且自己先端起酒來喝了一口，蕭道成這才把吳喜遞上的酒喝了下去。吳喜完成使命回到朝中，向宋明帝擔保蕭道成是忠於劉宋王室的。有人將吳喜把皇帝御賜的酒換掉以試蕭道成的情況報告給宋明帝，宋明帝認為吳喜心眼多、有辦法，一向受人擁護，所以擔心吳喜不能夠侍奉未來的小皇帝，於是就召吳喜進入內殿，與吳喜說說笑笑，很是推心置腹，吳喜出宮後，宋明帝又把名貴的飯食賞賜給他。但時隔不久，宋明帝就賜吳喜自殺，卻又下詔書賞賜給吳喜家中許多的錢物。

宋明帝又向劉勔等下詔說：「吳喜輕狂、狡猾到了極點，變著法地收買人心。當初孝武帝大明年間，黟縣、歙縣有幾千名亡命之徒進攻縣城和縣裡的大鄉鎮，殺死官長，西陽王劉子尚派遣三千精兵去討伐這些亡命之徒，先後兩次派兵前往都被打敗了。孝武帝派遣吳喜率領數十人到黟縣、歙縣去勸說、誘導那些賊人向官府投降，那些賊人立即就投降了官府。吳喜詭計多端，善於煽動、蠱惑人心，竟達到了如此的地步。到了泰始初年，吳喜率領朝廷軍到東部去討伐會稽郡一帶起兵反抗朝廷的叛軍，手下也只有三百人，但他卻勇往直前，直搗東方的吳興、吳郡、義興三郡，經過幾次激烈的短兵相接，從破岡瀆以東，一直到海邊的晉陵、義興、吳郡、吳興、南東海、會稽、東陽、臨海、永嘉、新安十個郡，便全部被吳喜掃平。那裡的百姓聽說吳喜到來，便望風而退，一點都不敢抵抗。如果不是他長期收買三吳的人心，三吳的百姓怎麼能夠如此地順服他呢！細想吳喜的心思，怎麼能夠讓他侍奉一位遵守成法的皇帝，遇上國家有可乘之機呢！譬如有病吃藥，當人體瘦弱、渾身發冷的時候，就要靠服用五石散來暖和身子、保住性命。等到渾身感到發熱的時候，就應當去掉丹石一類堅硬而容易積於體內的藥物，以防止這類藥物對身體的危害，這並不是說這類藥物沒有功效，而是形勢所迫，不得不這麼做罷了。」

七月二十二日戊寅，宋國朝廷將淮陰作為北兗州州治所在地，同時徵調南兗州刺史蕭道成入朝。蕭道成身邊的親信因為朝廷剛剛誅殺了劉休祐、劉休若等大臣，所以都勸說蕭道成不要接受皇帝的詔命返回朝廷，蕭道成說：「你們這些人實在是看不清朝廷的形勢！皇上正是因為皇太子幼小體弱，為了給太子掃除障礙，所以才除掉了自己的各位兄弟，這與外姓人有什麼關係？現在唯一要做的是迅速出發，如果稍微有一點怠慢、觀望，必然會遭到皇上的猜疑。況且皇室之間骨肉互相殘殺，必然不是國家昌盛久安的好兆頭，看來大亂、災禍就要開始了，這可正是與你們大家共同奮鬥、建功立業的好機會。」蕭道成到達京城後，被任命為散騎常侍、太子左衛率。

八月初一日丁亥，魏國獻文帝從陰山回到平城。

八月初二日戊子，宋明帝把皇子劉躋過繼給江夏文獻王劉義恭為後嗣。○初四日庚寅，宋明帝的病情有所好轉，大赦天下。○十二日戊戌，宋明帝封皇子劉準為安成王，劉準實際上是桂陽王劉休範的兒子。

魏顯祖拓跋弘的聰明睿智與生俱來，他為人剛毅而且有決斷，然而卻喜好黃帝、老子和佛教的學說，他經常召引朝中的官員和一些和尚一同討論有關老莊、佛學等方面深微玄妙的道理，他一向鄙棄功名富貴，經常有拋棄塵世、出家當和尚或是尋仙訪道的念頭。拓跋弘因為自己的叔父擔任中都大官的京兆王拓跋子推沉穩而有雅量，為人仁愛厚道，很受當時輿論的稱讚，所以就想把皇帝之位讓給他。當時擔任太尉的隴西王源賀正率領各軍駐守在大沙漠的南側，拓跋弘派人通過驛站飛速地召源賀進京。源賀進京後，拓跋弘馬上召集公卿大臣，把自己準備將皇位讓給京兆王拓跋子推之事令諸大臣發表看法，大臣們都不敢首先發言。任城王拓跋雲是京兆王拓跋子推的弟弟，他回答說：「陛下正在創建興旺的太平盛世，統治天下，怎麼能夠辜負祖先傳皇帝位給您的意願，拋棄天下黎民百姓對您的一片擁戴之心呢。況且皇位父子相傳，由來已久。陛下如果非要放棄管理國家的繁雜事務，那麼就應該由皇太子來繼承正統。天下，是祖宗打下來的天下，陛下如果把皇位傳給嫡長子以外的其他支屬，恐怕不符合先王聖君的意願。這麼做容易誘發奸詐叛逆之臣圖謀篡位的野心，這是導致災禍的根源，不能不慎重對待。」隴西王源賀接著說：「陛下現在想把皇位讓給皇叔，我擔心會因此而擾亂了宗廟中靈牌的昭穆次序，使太廟中靈牌的輩分次序顛倒，祭祀關係不順，而遭到後世的譏諷。希望陛下認真地考慮任城王的意見。」東陽公拓跋丕等人都說：「皇太子拓跋宏的聰明才幹和美好品德雖然早已顯示出來，然而現在的年齡確實還太幼小。陛下正是年富力強的時候，而且剛從馮太后手中接過政權不久，為什麼就想放棄政權，尋求獨善其身，而不把天下放在心上，您將如何向祖宗交代？如何向億兆的百姓交代呢？」擔任尚書的陸馛說：「陛下如果想要捨棄皇太子，另行考慮由其他的親王來繼承皇位，即使讓我在殿庭之上刎頸而死，我也不敢接受皇帝的詔命！」魏獻文帝不禁大怒，氣得臉色都改變了，他又去詢問擔任選部尚書的宦官酒泉人趙黑，趙黑回答說：「我會拼死擁戴皇太子，而不知道其他！」魏獻文帝聽後默然無語。當時皇太子拓跋宏剛五歲，獻文帝因為太子年幼，所以才想把皇位讓給京兆王拓跋子推。擔任中書令的高允說：「我不敢多說什麼，只是希望陛下能夠考慮考慮祖宗託付給您的重任，追憶一下西周時期周公輔佐周成王治理國家的故事。」獻文帝於是說：「既然如此，我就傳位給皇太子，由你們這些大臣共同輔佐他，有什麼不可以呢？」又說：「陸馛是一個忠誠正直的大臣，一定能夠保護好我的兒子。」於是任命陸馛為太保，命他與源賀一起帶著皇帝賜予的符節，捧著皇帝的印璽，把皇位傳給了皇太子拓跋宏。八月二十日丙午，魏高祖拓跋宏即皇帝位，大赦天下，改年號為延興。

魏高祖雖然年幼，卻有著善良、孝順、友愛的天性，前年，顯祖拓跋弘身上長了毒瘡，高祖親自用嘴為父親吸膿液。等到接受禪讓當上了魏國的皇帝，因為無法控制自己悲痛的心情而哭泣不已。顯祖拓跋弘問他為什麼如此地悲傷，他回答說：「取代父親職位的那種感受，使我心裡悲痛極了。」

八月二十一日丁未，魏顯祖下詔說：「我內心仰慕淳樸遠古的道德與生活，一心想要過那種平平淡淡、與世無爭的生活，所以我讓皇太子登上了皇帝的寶座。我得以悠閒自得、無事一身輕地拱手而坐，神遊於浩渺無垠的大自然之中。」

魏國的群臣向獻文帝上奏說：「過去漢高祖劉邦稱帝的時候，尊稱他的父親為太上皇，以此表明這個天下還不是他一個人說了算，在他的身後還有更高的權威在。如今皇帝年幼，朝廷的各種大政方針，陛下還應該大體上管著點。謹尊稱陛下為太上皇帝。」顯祖拓跋弘聽從了群臣的這個建議。

八月二十三日己酉，魏國的太上皇帝拓跋弘移居到崇光宮，崇光宮是採用山木做椽子，而且不加任何的雕斫與修飾，門前的臺階也是用土夯成的，凡是有關國家的軍政大事全都會報告給他知道。崇光宮建在平城城北的皇家苑囿之內，又在苑囿中的西山上建造了一座名叫鹿野浮圖的佛塔，太上皇與和尚們一齊住在裡面。

冬季，十月，魏國的沃野、統萬二個軍鎮的敕勒人發動叛亂，朝廷派遣擔任太尉的隴西王源賀率領軍隊去討伐敕勒人的叛亂，降服了二千多個部落，追擊其他不肯歸降的叛軍餘黨到枹罕、金城一帶，把敕勒叛軍餘黨打得大敗，斬殺了八千多名敕勒人，俘虜了一萬多名敕勒族男女，還繳獲了三萬多頭各種牲畜。朝廷下詔命令源賀都督三道諸軍，駐紮在大沙漠以南。

先前，魏國在每年的秋、冬季節都要發動軍隊，從東、西、中三路出兵去防備北方柔然的侵擾，一直到仲春才撤回。源賀認為「軍隊每年這樣長途跋涉，十分疲憊，不可能支持很久。因此請求朝廷從各州、各軍鎮招募三萬多名勇猛、強健的人，沿著邊境修築起三座城壘，令他們在那裡駐兵防守，冬天就讓他們演習武功、抵禦敵人的入侵，春天則在那裡耕田種地。」魏高祖拓跋宏沒有採納源賀的建議。

十月初五日庚寅，魏國朝廷任命南安王拓跋楨為都督涼州及西戎諸軍事，兼任護西域校尉，鎮守涼州。

宋明帝命令擔任北琅邪、蘭陵二郡太守的垣崇祖經營收復淮河以北地區，垣崇祖從郁洲率領數百人深入魏國境內七百多里，佔據了蒙山。十一月，魏國擔任東兗州刺史的于洛侯率領魏軍進攻垣崇祖，垣崇祖率領軍隊退回到宋國境內。

宋明帝把自己為湘東王時所住的宅第改建為湘宮寺，建造得極其壯觀華麗，還想建造一個十層的佛塔，因為無法實現，於是就建造了二座小一些的佛塔。擔任新安太守的巢尚之在新安郡任滿入京朝見宋明帝，宋明帝對巢尚之說：「你去過湘宮寺了沒有？這可是我很大的功德，花費了不少錢財。」當時擔任通直散騎侍郎的會稽郡人虞愿正在宋明帝身邊侍奉，他趁機勸諫說：「這都是用百姓賣兒鬻女、典賣婦女所得的錢財建造起來的，如果佛祖有知的話，一定會以慈悲為懷，哀憐百姓，您的罪孽之大，比所修建的塔寺還要高，有什麼功德可以誇耀呢！」在旁邊侍奉的人聽了虞愿的這番話都不禁大驚失色。宋明帝大怒，立即叫人把虞愿趕下宮殿。虞愿慢慢地離去，沒有一點惶恐畏懼的樣子。

宋明帝喜好下圍棋，但是他的棋技非常低下，與第一等下棋高手擔任彭城丞的王抗一起下圍棋，王抗往往故意讓著他，王抗說：「陛下的下棋布子不拘常勢，我無法切斷陛下的棋勢。」而宋明帝卻始終聽不出對方的話外之音，癮頭反而越來越大。通直散騎侍郎虞愿又來勸諫劉彧說：「堯的兒子丹朱迷戀於下棋，堯警告他這是玩物喪志，所以這不是皇帝所應該喜好的。」宋明帝雖然非常惱怒，但因為虞愿是自己為湘東王時的舊臣，所以往往能夠寬容、包涵他。

王景文經常因為自己的職位太高、權力太大而感到擔憂，所以他多次要求辭去自己的職位，宋明帝都沒有批准。然而宋明帝的內心卻認為王景文身為外戚，官高位顯，左將軍張永又屢次率軍出征作戰，便懷疑他們將來會對劉宋朝廷不忠誠，於是就自己編造謠言說：「一士不可親，弓長射殺人。」王景文更加恐懼，於是自己主動上書請求辭去揚州刺史的職務，言辭非常懇切。宋明帝下詔答覆說：「一個人居於尊貴顯要的地位，只問他自己心裡怎麼想就可以了。孝武帝劉駿在位的大明年間，巢尚之、徐爰、戴法興和戴明寶，官位只不過是個執戟郎，後來他們的權力卻發展到比皇帝的權力還要大。如今袁粲擔任尚書僕射，兼任選拔任用官員的吏部尚書，然而人們往往不知道有袁粲這麼個人，袁粲被擢升為尚書令，讓他幹他就幹，沒有任何故作謙退、推辭不幹的表示。當文武百官都擁護袁粲時，袁粲依然是一副淡泊平和的樣子，表現得和過去沒有什麼兩樣。以這樣的心態佔據高位、掌握大權，還會產生像你這種憂心忡忡、戰戰兢兢的心理嗎？官做大了之後心裡就產生恐懼，擔心自己遭禍，處在太卑賤的地位又擔心自己死後沒有人埋，與其每天總是擔心害怕禍事臨頭，還不如拋開一切胡思亂想，來一個聽天由命。人生在世的處事要訣，大事小事的道理都是一樣的。」

泰豫元年（壬子　西元四七二年）

春，正月甲寅朔❶，上以疾久不平❷，改元❸。○戊午❹，皇太子會四方朝賀者於東宮，并受貢計❺。

大陽蠻酋桓誕❻擁沔水以北❼、滍、葉以南❽八萬餘落降於魏，自云桓玄之子，亡匿蠻中，以智略為羣蠻所宗❾。魏以誕為征南將軍、東荊州❿刺史、襄陽王，聽⓫自選郡縣吏，使起部郎⓬京兆韋珍⓭與誕安集新民⓮，區置⓯諸事，皆得其所。

二月，柔然侵魏，上皇遣將擊之，柔然走。東部敕勒叛奔柔然，上皇自將追之，至石磧⓰，不及而還。

上疾篤，慮晏駕之後，皇后臨朝⓱，江安懿侯王景文⓲以元舅⓳之勢，必為宰相，門族彊盛，或有異圖⓴。己未㉑，遣使齎藥賜景文死，手敕㉒曰：「與卿周旋㉓，欲全卿門戶㉔，故有此處分㉕。」敕至，景文正與客棋，叩函看已㉖，復置局下㉗，神色不變，方與客思行爭劫㉘。局竟㉙，斂子內奩畢㉚，徐曰：「奉敕見賜以死㉛。」方以敕示客㉜。中直兵焦度㉝、趙智略㉞憤怒曰：「大丈夫安能坐受死！州中㉟文武數百，足以一奮㊱。」景文曰：「知卿至心㊲。若見念㊳者，為我百口計㊴。」乃作墨啓㊵答敕致謝㊶，飲藥而卒。贈開府儀同三司㊷。

上夢有人告曰：「豫章太守劉愔反。」既寤㊸，遣人就郡殺之。

魏顯祖還平城㊹。○庚午㊺，魏主耕籍田㊻。

夏，四月，以垣崇祖行徐州事[47]，徙戍龍沮[48]。

己亥[49]，上大漸[50]，以江州刺史桂陽王休範為司空，又以尚書右僕射褚淵為護軍將軍，加中領軍劉勔[51]右僕射，詔淵、勔與尚書令袁粲、荊州刺史蔡興宗、郢州刺史沈攸之並受顧命[52]。褚淵素與蕭道成善，引薦於上，詔又以道成為右衛將軍，領衛尉[53]，與袁粲等共掌機事。是夕，上殂[54]。庚子[55]，太子即皇帝位，大赦。時蒼梧王[56]方十歲，袁粲、褚淵秉政，承太宗奢侈之後，務弘節儉[57]，欲救其弊，而阮佃夫、王道隆等用事，貨賂公行，不能禁也。

乙巳[58]，以安成王準[59]為揚州刺史。

五月戊寅[60]，葬明皇帝于高寧陵[61]，廟號太宗。六月乙巳[62]，尊皇后曰皇太后[63]，立妃江氏[64]為皇后。

秋，七月，柔然部帥無盧真將三萬騎寇魏敦煌[65]，鎮將尉多侯[66]擊走之。多侯，眷[67]之子也。又寇晉昌[68]，守將薛奴擊走之。

戊午[69]，魏主如陰山。◯戊辰[70]，尊帝母陳貴妃[71]為皇太妃，更以諸國太妃[72]為太姬[73]。

右軍將軍王道隆以蔡興宗彊直[74]，不欲使居上流[75]，閏月甲辰[76]，以興宗為中書監[77]，更以沈攸之為都督荊、襄等八州諸軍事、荊州刺史。興宗辭中書監不拜[78]。王道隆每詣興宗[79]，躡履到前[80]，不敢就席[81]，良久去[82]，竟不呼坐[83]。

沈攸之自以材略過人，自至夏口[84]以來，陰蓄異志[85]。及徙荊州[86]，擇郢州士馬、器仗精者多以自隨[87]。到官[88]，以討蠻為名，大發兵力，招聚才勇，部勒嚴整[89]，常如敵至[90]。重賦斂以繕器甲，舊應供臺者[91]皆割留之[92]，養馬至二千餘匹，治戰艦近千艘，倉廩、府庫莫不充積[93]。士子[94]、商旅過荊州者，多為所羈留；四方亡命，歸之者皆蔽匿擁護[95]；所部[96]或有逃亡，無遠近窮追，必得而止。舉錯專恣[97]，不復承用符敕[98]，朝廷疑而憚之[99]。為政刻暴，或鞭撻士大夫，上佐[100]以下，面加詈辱[101]。然吏事精明[102]，人不敢欺[103]，境內盜賊屏息[104]，夜戶不閉。

攸之賧罰羣蠻[105]太甚，又禁五溪魚鹽[106]，蠻怨叛。酉溪蠻王田頭擬[107]死，弟婁侯[108]篡立，其子田都走入獠[109]中。於是羣蠻大亂，掠抄至武陵城[110]下。武陵內史蕭嶷[111]遣隊主[112]張英兒擊破之，誅婁侯，立田都，羣蠻乃定。嶷，賾[113]之弟也。

八月戊午[114]，樂安宣穆公蔡興宗[115]卒。

九月辛巳[116]，魏主還平城[117]。

冬，十月，柔然侵魏，及五原[118]，十一月，上皇自將討之。將度漠，柔然北走數千里，上皇乃還。

丁亥[119]，魏封上皇之弟略[120]為廣川王[121]。

己亥[122]，以郢州刺史劉秉[123]為尚書左僕射。秉，道憐[124]之孫也，和弱無幹能[125]，以宗室清令[126]，故袁、褚[127]引之。

中書通事舍人[128]阮佃夫加給事中[129]、輔國將軍，權任轉重。欲用其所親吳郡張澹為武陵郡[130]，袁粲等皆不同[131]。佃夫稱敕施行[132]，粲等不敢執[133]。

魏有司奏諸祠祀[134]合一千七十五所，歲用牲[135]七萬五千五百。上皇惡其多殺，詔：「自今非天地、宗廟、社稷，皆勿用牲[136]，薦以酒脯而已[137]。」

蒼梧王[138]上

元徽元年[139]（癸丑　西元四七三年）

春，正月戊寅朔[140]，改元[141]，大赦[142]。○庚辰[143]，魏員外散騎常侍崔演來聘[144]。

○戊戌[145]，魏上皇還至雲中[146]。

癸丑[147]，魏詔守令[148]勸課農事[149]，同部之內[150]，貧富相通[151]，家有兼牛[152]，通借無者[153]。若不從詔，一門終身不仕[154]。○戊午[155]，魏上皇至平城[156]。

甲戌[157]，魏詔：「縣令能靜一縣劫盜[158]者，兼治二縣[159]，即食其祿[160]；能靜二縣者，兼治三縣，三年遷為郡守。二千石能靜二郡上至三郡亦如之，三年遷為刺史。」

桂陽王休範，素凡訥[161]，少知解[162]，不為諸兄所齒遇[163]，物情亦不向之[164]，故太宗之末得免於禍。及帝即位，年在沖幼，素族[165]秉政，近習[166]用權。休範自謂尊親莫二[167]，應入為宰輔[168]，既不如志[169]，怨憤頗甚。典籤[170]新蔡許公輿為之謀主[171]，令休範折節下士[172]，厚相資給[173]，於是遠近赴之[174]，歲中萬計[175]，收養勇士，繕治器械。朝廷知其有異志，亦陰為之備[176]。會夏口闕鎮[177]，朝廷以其地居尋陽上流[178]，欲使腹心居之。二月乙亥[179]，以晉熙王燮[180]為郢州刺史。燮始四歲，以黃門郎王奐[181]為長史，行府州事[182]，配以資力[183]，使鎮夏口。復恐其過尋陽為休範所劫留[184]，使自太洑徑去[185]。休範聞之，大怒，密與許公輿謀襲建康，表治城湟[186][1]，多解材板而蓄之[187]。奐，景文之兄子也。

吐谷渾王拾寅[188]寇魏澆河[189]，夏，四月戊申[190]，魏以司空長孫觀[191]為大都督，發兵討之。

魏以孔子二十八世孫乘為崇聖大夫[192]，給十戶以供灑掃[193]。

秋，七月，魏詔「河南六州[194]之民，戶收絹一匹，綿一斤，租三十石。」乙亥[195]，魏主如陰山。

八月庚申[196]，魏上皇如河西[197]。○長孫觀入吐谷渾境，芻其秋稼[198]。吐谷渾王拾寅窘急[199]請降，遣子斤入侍[200]。自是歲脩職貢[201]。

九月辛巳[202]，上皇還平城[203]。○遣使如魏[204]。

冬，十月癸酉[205]，割南兗、豫州之境置徐州[206]，治鍾離[207]。

魏上皇將入寇[208]，詔州郡之民十丁取一以充行[209]，戶收租五十石以備軍糧。○魏武都氐[210]反，攻仇池[211]，詔長孫觀回師討之。○武都王楊僧嗣[212]卒於葭蘆，從弟文度自立為武興王[213]，遣使降魏，魏以文度為武興鎮將[214]。

十一月丁丑[215]，尚書令袁粲以母憂去職[216]。

癸巳[217]，魏上皇南巡至懷州[218]。枋頭[219]鎮將代人薛虎子[220]，先為馮太后[221]所黜，為門士[222]。時山東饑，盜賊競起，相州[223]民孫誨等五百人稱虎子在鎮，境內清晏[224]，乞還虎子[225]。上皇復以虎子為枋頭鎮將，即日之官[226]，數州[227]盜賊皆息。

十二月癸卯朔[228]，日有食之。○乙巳[229]，江州刺史桂陽王休範進位太尉[230]。○詔起袁粲[231]，以衛軍將軍攝職[232]，粲固辭。

壬子[233]，柔然侵魏，柔玄鎮二部敕勒[234]應之。○魏州鎮十一水旱[235]，相州民餓死者二千八百餘人。○是歲，魏妖人[236]劉舉聚眾自稱天子，齊州刺史武昌王平原[237]討斬之。平原，提[238]之子也。

【章旨】以上為第二段，寫宋明帝泰豫元年（西元四七二年）與蒼梧王元徽元年（西元四七三年）共兩年間的大事。主要寫了桓玄之子桓誕率大陽蠻投降魏國，魏人安置之使各得其所；寫了宋明帝劉彧擔心自己死後王皇后輔幼子臨朝時，王景文會以國舅怙權，而提前賜王景文死；寫了劉彧臨終任命劉勔、蔡興宗、沈攸之、袁粲、褚淵等為顧命大臣，劉彧死，其子劉昱繼位，袁粲、褚淵等力改弊政，又引宗室劉秉為尚書左僕射，欲有作為，但數人不能制近習小人王道隆、阮佃夫之專權當道；寫了劉宋的骨幹之臣荊州刺史蔡興宗被免去刺史，調回京城，不久病死；寫了宋將沈攸之自在郢州招降納叛，後改任荊州刺史更集蓄力量，欲為變亂；寫了江州刺史劉休範愚蠢無能而又不自量力，典籤許公輿為之謀主，收養勇士，拉幫結派，貯集木材，心存不軌；朝廷亦潛為之備，以王奐輔晉熙王劉燮上鎮郢州，居江州上流以控扼之；寫了魏國統治集團勵精圖治，下令郡縣長官使同部之內貧富相通，家有兼牛者與無牛者通借互助以發展生產；又鼓勵郡縣長官積極做好工作，有嚴格的獎勵辦法；寫了吐谷渾侵魏，被魏將長孫觀討平，吐谷渾重向魏國進貢；寫了魏將薛虎子為枋頭鎮將，鄰近數州的盜賊為之銷聲絕跡；以及拓跋弘雖退為上皇，但仍為國家東征西戰，並非如前文所說之欲退出政壇，息心林下，魏國政治一片勃勃生機等等。

【注釋】❶正月甲寅朔　正月初一是甲寅日。❷不平　不好；不痊癒。❸改元　將泰始八年改稱泰豫元年。❹戊午　正月初五。❺受貢計　接受各州郡奉獻給皇帝的貢品與各州郡上報中央的圖籍與帳簿。計，帳簿，各地方政府應向中央政權交納的稅賦與錢糧。❻大陽蠻酋桓誕　大陽山一帶的少數民族頭領姓桓名誕。大陽蠻是生活在今湖北北部、河南南部山區的少數民族。舊時今湖北京山北部有大陽山，南朝宋又置大陽戍於今湖北蘄春西北，大陽蠻或即由此得名。酋，酋長；頭領。桓誕，東晉末年的亂臣桓玄之子，桓玄被殺後，桓誕逃入大陽蠻中，因有謀略，遂成為大陽蠻的酋長。事跡見《魏書》卷一百一。❼沔水以北　即漢水以北，指今湖北之北部地區。漢水的上游稱沔水。❽湍葉以南　湍水與葉縣以南，指今河南之西南部。湍水即今魯山縣、葉縣境內的沙河。當時的葉縣在今河南葉縣的西南方。❾所宗　所尊敬、所服從，願歸其統領。❿東荊州　州治即今河南泌陽。⓫聽　聽任；任其自便。⓬起部郎　主管建造的官員。起部，即後來的所謂工部，是朝廷主管建造的部門。⓭韋珍　魏國將領，因功進爵霸城侯，官至鎮遠將軍。傳見《魏書》卷四十五。⓮安集新民　安撫、招集新歸順魏國的南方之民。⓯區置　調配、安置。⓰石磧　水草很少的沙石相間之地。在今內蒙古四子王旗與察哈爾右翼後旗的北部一帶地區。⓱皇后臨朝　皇后掌管國家大事。此皇后指明恭王皇后，王景文之妹。傳見《宋書》卷四十一。⓲江安懿侯王景文　江安侯是王景文的封號，懿字是諡。⓳元舅　未來皇帝的大舅。⓴或有異圖　或許有篡奪皇位之事。㉑己未　三月初七。㉒手敕　也叫手詔，皇帝親自寫的詔書。㉓周旋　意即與你長期打交道，知道你的為人。㉔欲全卿門戶　想保全你的一家老小，不讓他們因你日後叛逆而連累滅門。㉕故有此處分　所以我現在及早將你處死。處分，決定。㉖叩函看已　打開詔書看完後。叩，啟；打開。已，完畢。㉗復置局下　放在了棋盤底下。㉘方與客思行爭劫　正在思考要與對方打劫。打劫是圍棋術語，也叫「劫爭」。㉙局竟　這盤棋下完後。㉚斂子內奩畢　收拾棋子把棋子裝入盒子後。斂，收拾。內奩，裝進盒子裡。㉛奉敕見賜以死　接到皇帝命令他要賜我一死。㉜以敕示客　把皇帝下的命令給客人看。㉝中直兵焦度　親兵小隊的頭領姓焦名度，劉宋將領，曾任游擊將軍。傳見《南齊書》卷三十。㉞趙智略　事跡不詳。㉟州中　此指揚州刺史的部下，王景文時為揚州刺史。㊱足以一奮　完全可以和他較量一下高低。一奮，一拼。㊲至心　誠實之心。㊳若見念　如果真的憐惜我。念，因感恩而同情、憐惜。㊴為我百口計　就為我的全家做打算吧。意即如我反抗則將帶累滿門被抄斬。㊵墨啓　寫給皇帝的親筆手書。㊶答敕致謝　回答皇上，向皇上表示感謝。㊷開府儀同三司　加官名，可以開府自辟僚佐，可以享用國家三公的儀仗隊。三司，司徒、司馬、司空，即通常所謂三公。㊸既寤　睡醒以後。㊹魏顯祖還平城　由石磧返回平城。㊺庚午　三月十八。㊻耕籍田　耕種籍田以表示重農、勸農。籍田，皇帝親自耕種的示範田。㊼行徐州事　代理徐州刺史。㊽徙戍龍沮　移兵到龍沮城駐守，即以龍沮為其徐州刺史的臨時州治，其地在今江蘇海州西南。㊾己亥　四月十七。㊿大漸　病勢沉重。(51)劉勔　劉彧時代的名將，在平定擁戴劉子勛的勢力中立有大功。傳見《宋書》卷八十六。(52)受顧命　接受皇帝臨死前對後事的囑託。(53)領衛尉　兼任衛尉之職。衛尉，官名，統領禁兵以守衛宮門，職務重要。(54)上殂　劉彧死，是年三十四歲。(55)庚子　四月十八。(56)蒼梧王　即此時的小皇帝劉昱，西元四六三—四七七年在位。宋明帝的長子，窮兇好殺，荒淫無度。被廢後降為蒼梧王。傳見《宋書》卷九。(57)務弘節儉　厲行節約儉樸。弘，擴大；提倡。(58)乙巳　四月二十三。(59)安成王準　劉準，名義上是劉彧之子，其實乃劉彧之叔桂陽王劉休範的兒子。(60)五月戊寅　五月二十七。(61)高寧陵　在今江蘇江寧的幕府山麓。(62)六月乙巳　六月二十四。(63)皇太后　即王景文之妹。傳見《宋書》卷四十一。(64)江氏　江智淵的孫女。傳見《宋書》卷四十一。江智淵是孝武帝時的儒雅之臣。傳見《宋書》卷五十九。(65)敦煌　魏國軍鎮名，首府即今甘肅敦煌。(66)尉多侯　魏國名將尉古真的姪孫，尉眷之子，當時任敦煌鎮將。傳見《魏書》卷二十六。(67)眷　尉眷，魏國名將，在征討柔然、赫連昌、吐谷渾諸部的戰鬥中功勳卓著，進爵漁陽公。傳見《魏書》卷二十六。(68)晉昌　郡名，郡治在今甘肅安西縣東南。(69)戊午　七月初七。(70)戊辰　七月十七。(71)帝母陳貴妃　劉昱的生母陳妙登，建康市的屠家女。傳見《宋書》卷四十一。(72)諸國太妃　其他諸王的太妃，亦即其他諸王的生母，在明帝時為一般嬪妃者。(73)太姬　比太妃低一等。(74)彊直　強硬正直。(75)居上流　即任荊州刺史，荊州在建康城的上游。(76)閏月甲辰　閏七月二十四。(77)中書監　中書省的首席長官，中書令是其副職。權位雖然很高，但不像荊州刺史那樣威脅朝廷。(78)不拜　不接受中書監的任命。(79)每詣興宗　每次去見蔡興宗。詣，到。(80)躡履到前　輕手輕腳走到蔡興宗跟前。躡履，小心走路的樣子。(81)不敢就席　不敢就坐。(82)良久去　過了好長時間才離去。(83)竟不呼坐　蔡興宗根本就不說一聲「請坐」，極言蔡興宗對王道隆的鄙視。(84)至夏口　到夏口來任郢州刺史。夏口即今漢口，因處於漢水（當年也稱夏水）與長江的匯口而得名。當時為郢州的州治所在地。沈攸之從泰始五年來任郢州刺史。(85)陰蓄異志　心裡懷著一種不可告人的打算。(86)及徙荊州　等接到改任荊州刺史的任命時。(87)多以自隨　大都把它們帶到了荊州。(88)到官　到達荊州刺史任上之後。(89)部勒嚴整　部署得非常嚴密。(90)常如敵至　經常像是處於戰爭狀態。(91)舊應供臺者　原來應向朝廷交納的各種東西。(92)皆割留之　都或者割取一部分，或者全部扣留。(93)充積　都堆積得滿滿地。(94)士子　一些有文武才幹、或一些有身分地位的人。(95)蔽匿擁護　掩藏、庇護。(96)所部　他所管轄的人。(97)舉錯專恣　想幹什麼就幹什麼。舉錯，同「舉措」。幹什麼與不幹什麼。(98)不復承用符敕　不再聽從朝廷的命令指揮。胡三省曰：「臺省所下者為符；出命經中書、門下者為敕。」(99)疑而憚之　懷疑他而且懼怕他。(100)上佐　高級僚屬。刺史手下的高級僚屬有別駕、長史、司馬等。(101)面加詈辱　當面辱罵。詈，罵。(102)吏事精明　對官場上的一套非常熟悉。(103)人不敢欺　誰也不能欺騙他。(104)屏息　銷聲滅跡。(105)賧罰羣蠻　令少數民族出錢贖罪。胡三省引何承天《纂文》曰：「賧，蠻夷贖罪貨也。」(106)禁五溪魚鹽　禁止在五溪捕魚製鹽。五溪指今湖南西部、貴州東部的五條溪水，即巫溪、武溪、沅溪、酉溪、辰溪。當時這一帶是少數民族居住的地方。(107)西溪蠻王田頭擬　西溪流域的少數民族頭領名叫田頭擬。西溪即今湘西的酉水，源出四川東南部的酉陽土家族苗族自治縣，東入湖南，再東南流入沅江。(108)弟婁侯　田頭擬之弟名叫婁侯。(109)獠　當時的少數民族名，今名仡佬族。(110)武陵城　舊址在今湖南常德西。(111)武陵內史蕭嶷　蕭道成的第二子，此時任劉宋的武陵內史。傳見《南齊書》卷二十二。武陵內史是武陵王國的行政長官，位同郡太守。(112)隊主　一支部隊的主官，不是固定的官名。(113)賾　蕭賾，蕭道成的長子，即後來的齊武帝，西元四八三—四九三年在位。傳見《南齊書》卷三。(114)八月戊午　八月初八。(115)樂安宣穆公蔡興宗　蔡興宗的封號是樂安公，樂安是封地名，即樂安縣。宣穆二字是諡。(116)九月辛巳　九月初二。(117)魏主還平城　自陰山返回平城。(118)五原　古郡名，郡治在今內蒙古包頭西北。(119)丁亥　十一月初九。(120)略　拓跋略，拓跋弘之弟，時為魏之中都大官。傳見《魏書》卷二十。(121)為廣川王　封地廣川郡，郡治在今河北棗強東北。(122)己亥　十一月二十一。(123)劉秉　劉宋的宗室臨川王劉義慶之姪。傳見《宋書》卷五十一。(124)道憐　劉道憐，宋武帝劉裕之弟，被封為長沙王。傳見《宋書》卷五十一。(125)無幹能　沒有辦事能力。(126)清令　清靜、美好。令，善。《宋書》本傳稱：「時宗室雖多，才能甚寡。秉少自砥束，甚得朝野之譽。」(127)袁粲　袁粲與褚淵，都是當時的輔政大臣。(128)中書通事舍人　中書省的普通官員，主管中書省與皇帝之間的傳達稟報，並直接參與政務的處理。(129)加給事中　又增加任命為給事中。給事中，官名，侍從於皇帝左右，主管獻納得失，駁正文書。(130)為武陵郡　即任以為武陵內史。(131)皆不同　都不同意阮佃夫的提議。(132)稱敕施行　以皇帝的名義強制執行。敕，皇帝的旨意。(133)不敢執　不敢堅持自己的意見。(134)諸祠祀　各種祭祀的場所。(135)歲用牲　每年為做供品所要宰殺的牲畜。(136)皆勿用牲　不再用新宰殺的牲畜做供品。(137)薦以酒脯而已　就用一些酒水與乾肉做供品就行了。薦，上供；用……做供品。脯，乾肉。(138)蒼梧王　即宋明帝劉彧的長子，現任的皇帝劉昱。因其日後被廢為蒼梧王，故寫史者自始遂以「蒼梧王」相稱。(139)元徽元年　西元四七三年。元徽，蒼梧王劉昱的年號。古代老皇帝死，小皇帝隨即繼位稱帝，但當年仍用其父的年號，轉年之後，始用新皇帝的年號。(140)正月戊寅朔　正月初一是戊寅日。(141)改元　改用新的年號，即改稱今年為元徽元年。(142)大赦　新皇帝上臺伊始，往往有這種動作，表示一種咸與維新的氣象，目的是為收買人心。(143)庚辰　正月初三。(144)來聘　來劉宋王朝做友好訪問。聘，指同等國家間的友好禮節性往來。(145)戊戌　正月二十一。(146)還至雲中　從北伐柔然的大漠邊緣返回到了雲中郡。雲中郡的郡治盛樂，在今內蒙古和林格爾城北。(147)癸丑　二月初六。(148)魏詔守令　魏主下令給各郡的太守與各縣的縣令。(149)勸課農事　都要鼓勵、督促所管轄區域的百姓積極從事農業生產。勸，鼓勵。課，督促；檢查。(150)同部之內　同一個管轄區內，如一縣之內、一郡之內。(151)貧富相通　窮人與富人相互支援、相互救濟。(152)家有兼牛　一個家庭養有兩頭以上的牛。(153)通借無者　就要把牛借給沒有牛的人家用。(154)終身不仕　一輩子不許進入官場。(155)戊午　二月十一。(156)至平城　指從雲中回到平城。(157)甲戌　二月二十七。

(158)能靜一縣劫盜　能使整個縣裡沒有土匪盜賊。(159)兼治二縣　就讓他同時管理兩個縣。(160)即食其祿　就享有兩個縣令的俸祿。(161)素凡訥　一向平庸，不善言辭。(162)少知解　沒有什麼知識、見解。(163)不為諸兄所齒遇　不被哥哥們看作是兄弟。所齒遇，看作是同一類的人。齒，同類。(164)物情亦不向之　整個社會也沒有人向著他。物情，人心。(165)素族　門庭地位不高的人，這裡指袁粲、褚淵。素族，與豪門士族相比而言。(166)近習　皇帝身邊受寵的奸險小人，這裡指阮佃夫、王道隆、楊運長。(167)尊親莫二　所處的權位之尊和與皇帝的血緣關係之親，天下無與倫比。當時劉休範既是皇帝劉昱的叔父，又身任驃騎大將軍、江州刺史，加司空、侍中之職。莫二，再也找不到第二個。(168)入為宰輔　進朝任宰相。(169)不如志　未能實現願望。(170)典籤　州刺史與督軍屬下握權的大吏。原是文書、書記員一類的小吏，因劉宋出任刺史的親王都年齡甚小，所以此職的權力日益擴大，成為與長史、別駕一樣的高級僚屬。(171)為之謀主　成為劉休範身邊的智囊人物。(172)折節下士　意即禮賢下士。折節，放下架子，虛心向人請教。(173)厚相資給　捨得花錢，給他們以優厚待遇。(174)遠近赴之　各地的人都去投奔他。(175)歲中萬計　一年之中就有上萬的人前去投奔他。(176)陰為之備　暗中注意防備他。(177)夏口闕鎮　夏口地區的軍政長官一時缺崗。因夏口是郢州刺史的駐地，故這裡即指郢州刺史告缺。(178)居尋陽上流　位居江州刺史劉休範的上流。尋陽，即今江西九江市，當時為江州的州治所在地。(179)二月乙亥　二月二十八。(180)晉熙王燮　宋明帝的第六子劉燮，當時的皇帝劉昱之弟。傳見《宋書》卷九十。(181)王奐　劉宋官僚王球的後代，先曾任中書郎、黃門郎。傳見《南齊書》卷四十九。黃門郎，即黃門侍郎，門下省的副長官。(182)行府州事　代理都督府與郢州刺史的一切權力。行，代理。(183)配以資力　為之配備充足的資財與人力。(184)所劫留　所扣留，不讓他去夏口上任。(185)使自太洑徑去　不讓他從水路經由尋陽，而讓他經由太洑繞過尋陽直奔夏口。太洑，即太子洑，地名，舊址在今湖北黃梅南。胡三省曰：「此蓋即劉胡自江外趣沔口之路。」(186)表治城湟　報告朝廷說尋陽需要修城與深挖護城河。湟，湟池；護城河。(187)而蓄之　貯存這些木板以備日後造船，以襲建康之用。(188)拾寅　吐谷渾王樹洛干的兒子，繼其叔慕利延為吐谷渾王，既受北朝封爵，又受南朝封爵。傳見《魏書》卷一百一。(189)澆河　魏郡名，郡治在今青海貴德西南。(190)四月戊申　四月初二。(191)長孫觀　姓長孫名觀，魏國名將長孫道生之孫。傳見《魏書》卷二十五。(192)崇聖大夫　為了尊崇孔子而取的官名。崇聖，尊崇聖人。(193)給十戶以供洒掃　給孔乘派出十戶人家，免去他們應給國家上交的賦稅，把這份錢糧用做給孔子管理墳墓的開銷。洒掃，指管理與祭祀墳墓。(194)河南六州　胡三省曰：「青、徐、兗、豫、齊、東徐也。」(195)乙亥　七月初一。(196)八月庚申　八月十六。(197)如河西　到黃河以西地區視察、遊歷。如，往。(198)芻其秋稼　將其秋天的莊稼收割作為飼料。芻，飼料，這裡用為動詞。(199)窘急　處境艱難急迫。(200)遣子斤入侍　派他的兒子斤到魏國做人質。入侍，到魏國來侍候皇帝，當人質的婉轉說法。201 歲脩職貢　每年向魏國進貢。脩，執行。職，也是貢的意思。202 九月辛巳　九月初八。203 還平城　由河西返回平城。204 遣使如魏　宋帝劉昱派使者到魏國做禮節性訪問。205 十月癸酉　十月三十。206 割南兗豫州之境置徐州　把南兗州和豫州管轄的地盤各割出一塊，合起來建立為徐州。意即在今之安徽境內又設立一個名叫徐州的僑置郡。當時的南兗州州治廣陵，即今江蘇揚州；當時的豫州州治壽春，即今安徽壽縣。207 治鍾離　以鍾離縣為新設徐州的州治所在地。當時的鍾離縣在今安徽鳳陽東北。208 將入寇　準備南攻劉宋。209 充行　入伍，參加南伐的軍隊。210 武都氐　武都郡的少數民族。武都郡的郡治在今甘肅武都東南。氐，當時的少數民族名，居住在今陝西、甘肅、四川三省的交界地區。211 仇池　魏郡名，郡治駱谷鎮，在今甘肅成縣西，西和南。212 武都王楊僧嗣　這一帶氐族世襲頭領楊氏的後代，當時的氐王楊元和投降了魏國，率其部下入魏；楊元和的叔父楊僧嗣遂自稱氐王，割據於葭蘆城。葭蘆城的舊址在今甘肅武都東南。213 武興王　據武興縣自稱為王，武興縣的縣治即今陝西略陽。214 武興鎮將　在武興縣設立軍鎮，以楊文度為統兵將領。215 十一月丁丑　十一月初四。216 以母憂去職　因母親去世在家守孝而辭去輔政大臣之職。217 癸巳　十一月二十。218 懷州　州治即今河南沁陽。219 枋頭　古地名，故址即今河南浚縣城西的東、西二枋城。當時的枋頭地處黃河北側，地勢相當重要。220 薛虎子　魏國的名臣薛達頭之子，曾為枋頭鎮將。傳見《魏書》卷四十四。221 馮太后　拓跋弘之母，一個很有政治才幹的女性。傳見《魏書》卷十三。222 門士　守門的衛士。223 相州　魏國的州名，州治鄴城，在今河北臨漳西南。224 清晏　政治清平，社會安寧。晏，安寧。225 乞還虎子　請求讓虎子回來重當此任。226 之官　前往上任。227 數州　枋頭周圍的冀、相、懷等州。228 十二月癸卯朔　十二月初一是癸卯日。229 乙巳　十二月初三。230 進位太尉　太尉在三公中權位最高。劉休範在此之前為司空。231 起袁粲　讓袁粲中止為母在家守孝，出來官復原職。232 以衛軍將軍攝職　以衛軍將軍的頭銜兼管朝廷政事。衛軍將軍的地位在侍中、尚書令等職之上，故稱「攝職」。攝，即兼任。233 壬子　十二月初十。234 柔玄鎮二部敕勒　柔玄鎮兩個部落的敕勒人。柔玄鎮是魏國在北方設立的六鎮之一，其軍鎮所在地在今內蒙古尚義西。235 十一水旱　十分之一的地區遭受旱澇災害。236 魏妖人　魏郡的興妖作亂分子。魏郡的郡治在鄴城，今河北臨漳西南。237 武昌王平原　拓跋平原，道武帝拓跋珪的曾孫，此時任齊州刺史。傳見《魏書》卷十六。齊州的州治即今山東濟南。238 提　拓跋提，拓跋珪的孫子，初封潁川王，後改封武昌王，先後曾任平原鎮都大將、統萬鎮都大將。傳見《魏書》卷十六。

【校　記】 1 湟　原作「隍」。據章鈺校，甲十一行本、乙十一行本皆作「湟」，今據改。

【語　譯】泰豫元年（壬子　西元四七二年）

春季，正月初一日甲寅，宋明帝劉彧因為疾病久久不能痊癒，所以將泰始八年改為泰豫元年。○初五日戊午，皇太子劉昱在東宮接見四方朝賀的使者，並接受各州郡奉獻給皇帝的貢品與各州郡上報朝廷的圖籍和帳簿。

大陽山一帶的少數民族首領桓誕率領著沔水以北、滍水與葉縣以南的八萬多個部落投降了魏國，桓誕自稱是桓玄的兒子，逃亡進入大陽山的蠻人當中，因為有智謀，所以受到蠻人的尊敬和擁戴而成了大陽蠻的酋長。魏國朝廷任命桓誕為征南將軍、東荊州刺史、襄陽王，聽任桓誕在自己的轄區內自行選拔任用郡、縣一級的官吏，並派遣擔任起部郎的京兆人韋珍與桓誕一起去安撫、招集那些新歸附魏國的南方之民，調配、安置的各種事務，都恰到好處。

二月，柔然人入侵魏國，太上皇拓跋弘派遣將領前去迎擊，柔然退走。魏國東部的敕勒人發動叛亂，投奔了柔然，太上皇帝親自率軍追擊敕勒叛軍，一直追到石磧，沒有追上，這才返回。

宋明帝的病情加重，他擔心自己去世之後，王皇后會臨朝稱制，掌管國家大事，而江安懿侯王景文以未來皇帝舅父的身分與權勢，一定會擔任宰相，王氏家族勢力強盛，或許有篡奪皇位之事發生。三月初七日己未，宋明帝派使者攜帶著毒藥逼迫王景文自殺，在寫給王景文的親筆詔書中說：「與你長期打交道，知道你的為人，我想保全你的全家老小，所以現在我要及早處置你。」詔書送達時，王景文正與客人下棋，他打開詔書看完之後，就把詔書放在了棋盤底下，神色一點都沒有改變，正思考著如何與對方一爭高下。這盤棋下完，把棋子收拾起來裝入棋盒之後，這才慢慢地說：「我接到皇帝的詔書，皇帝要賜我一死。」說完便把詔書拿給客人看。擔任中直兵的焦度、趙智略非常憤怒地說：「大丈夫豈能坐等受死！揚州有好幾百名文官武將，完全可以和他較量一下高低。」王景文說：「我知道你對我是一片誠實之心。如果你真的憐惜我，就要為我全家的一百口人考慮。」於是親筆給宋明帝寫了一篇奏章，回答皇帝，向皇帝表示感謝，然後喝下了皇帝賜予的毒藥而死。宋明帝追贈王景文為開府儀同三司。

宋明帝夢見有人告訴他說：「豫章太守劉愔造反。」夢醒之後，立即派人到豫章郡殺死了劉愔。

魏顯祖拓跋弘從石磧返回平城。○三月十八日庚午，魏國孝文帝拓跋宏到籍田耕種。

夏季，四月，宋明帝任命垣崇祖代理徐州事務，移兵到龍沮城駐守。

四月十七日己亥，宋明帝病勢沉重，他任命擔任江州刺史的桂陽王劉休範為司空，又任命擔任尚書右僕射的褚淵為護軍將軍，加封中領軍劉勔為右僕射，下詔命護軍將軍褚淵、尚書右僕射劉勔與尚書令袁粲、荊州刺史蔡興宗、郢州刺史沈攸之一同接受皇帝臨終前對後事的囑託。褚淵一向與蕭道成關係密切，於是就把蕭道成推薦給了宋明帝，宋明帝又下詔任命蕭道成為右衛將軍，兼任衛尉，與尚書令袁粲等人共同掌管朝廷的機要事務。當天晚上，宋明帝去世。十八日庚子，皇太子劉昱即皇帝位，大赦天下。當時後廢帝即日後的蒼梧王劉昱才十歲，袁粲、褚淵掌管朝政，他們在太宗劉彧大行奢侈之風之後，把提倡、弘揚節約儉樸作為當務之急，想以此來改變太宗時期的弊端，然而阮佃夫、王道隆等人手中依然掌握著一定的權力，所以賄賂公行，卻無法禁止。

四月二十三日乙巳，宋國朝廷任命安成王劉準為揚州刺史。

五月二十七日戊寅，宋國把明皇帝劉彧安葬在高寧陵，廟號太宗。六月二十四日乙巳，後廢帝劉昱尊王皇后為皇太后，立太子妃江氏為皇后。

秋季，七月，柔然的部帥無盧真率領三萬騎兵侵入魏國的敦煌，被魏國鎮守敦煌的將領尉多侯擊敗、逃走。尉多侯，是尉眷的兒子。柔然的部帥無盧真又率領騎兵侵入晉昌郡，晉昌郡守將薛奴擊退了柔然的入侵。

七月初七日戊午，魏國孝文帝前往陰山一帶巡視。○十七日戊辰，宋國後廢帝尊奉自己的生母陳貴妃為皇太妃，同時改稱其他諸王的太妃為太姬。

宋國擔任右軍將軍的王道隆因為荊州刺史蔡興宗性格強硬正直，所以不願意讓蔡興宗擔任荊州刺史而佔據建康城的上游，閏七月二十四日甲辰，任命蔡興宗為中書監，改任郢州刺史沈攸之為都督荊、襄等八州諸軍事、荊州刺史。蔡興宗拒絕接受中書監的任命。王道隆每次去見蔡興宗，都是輕手輕腳地走到蔡興宗跟前，不敢就坐，站了很久一直到離去，蔡興宗始終不說一聲請坐。

荊州刺史沈攸之自以為才能謀略超越常人，自從來到夏口任郢州刺史，心裡就懷著一種不可告人的打算。等接到被改任荊州刺史的任命時，他就從郢州中挑選出那些精良的士兵、戰馬、兵器，大多都被他帶到了荊州。到達荊州任所後，又以討伐蠻人為名，大量調集兵力，招募那些有才能的勇敢之士，部署得非常嚴密，經常像是大敵當前一樣。他又加重徵收賦稅，用來打造武器、鎧甲，過去那些應該向朝廷繳納的各項財物都被他割取一部分或是全部扣留下來，所飼養的戰馬達到二千多匹，製造的戰艦也接近一千艘，倉廩、府庫中的積蓄都很充足。一些有文武才幹、或是有身分地位的士大夫以及商旅，凡是從荊州經過，大多數都被沈攸之羈押扣留在荊州；四方的那些亡命之徒，凡是來投奔他的都被他藏匿保護起來；他的部下如果有人逃亡，無論逃的遠近一定窮追不捨，必須得追回來才算罷休。沈攸之想幹什麼就幹什麼，不再聽從朝廷的命令指揮，朝廷雖然對沈攸之很懷疑，然而又很懼怕他。沈攸之為政苛刻、殘暴，有時竟然用鞭子抽打士大夫，對高級僚屬以下的官員，也當面加以責罵和侮辱。然而對官場上的一套非常熟悉，誰都不敢欺騙他，就連荊州境內的盜賊也都銷聲滅跡，百姓家家夜不閉戶。

沈攸之令少數民族出錢贖罪，贖罪的價格要得非常高，又禁止少數民族在五溪捕魚、製鹽，那裡的少數民族因此怨聲載道，紛紛起兵叛變。西溪流域的少數民族首領田頭擬去世，田頭擬的弟弟田婁侯篡奪了王位，田頭擬的兒子田都逃入獠族人當中躲藏。於是那些少數民族紛紛叛亂，到處搶掠，一直搶掠到武陵城下。搶任武陵內史的蕭嶷派隊主張英兒率軍擊敗了少數民族的叛亂，殺死了田婁侯，立田都為蠻王，那些少數民族才安定下來。蕭嶷，是蕭賾的弟弟。

八月初八日戊午，宋國的樂安宣穆公蔡興宗去世。

九月初二日辛巳，魏國孝文帝從陰山返回到平城。

冬季，十月，柔然人侵擾魏國，已經到達五原郡，十一月，魏國的太上皇帝拓跋弘親自率軍討伐柔然。魏軍準備橫渡大漠去消滅柔然，柔然人得知消息後向北遷徙了幾千里，太上皇於是撤軍而回。

十一月初九日丁亥，魏國孝文帝封太上皇拓跋弘的弟弟拓跋略為廣川王。

十一月二十一日己亥，宋國朝廷任命擔任郢州刺史的劉秉為尚書左僕射。劉秉，是劉道憐的孫子，為人平和懦弱，沒有什麼才幹，因為他是宗室成員，而且有很好的聲譽，所以尚書令袁粲、護軍將軍褚淵推薦他擔任尚書左僕射。

宋國朝廷加授擔任中書通事舍人的阮佃夫為給事中、輔國將軍，他的權勢越來越大。阮佃夫想任用他所親近的吳郡人張澹為武陵郡太守，袁粲等人都不贊成。阮佃夫就以皇帝的名義強制執行，袁粲等人因而不敢再堅持自己的意見。

魏國的有關部門向朝廷奏報：全國各地總計有一千零七十五處各種祭祀的場所，每年為了祭祀需要宰殺七萬五千五百頭牲畜。太上皇帝拓跋弘認為宰殺的牲畜太多，於是下詔說：「從今以後除非是祭祀天地、宗廟、社稷，其他祭祀都不許再宰殺牲畜作為祭品，只要用一些酒水和乾肉作供品就可以了。」

蒼梧王上

元徽元年（癸丑　西元四七三年）

春季，正月初一日戊寅，宋國改年號為元徽元年，大赦天下。〇初三日庚辰，魏國派遣擔任員外散騎常侍的崔演為使者到宋國進行友好訪問。〇二十一日戊戌，魏國的太上皇帝拓跋弘從北伐柔然的大漠邊緣返回到了雲中郡。

二月初六日癸丑，魏國朝廷下令給各郡的太守與各縣的縣令，要他們鼓勵、督促所管轄區域內的百姓積極從事農業生產，同一個管轄區域內，貧人與富人之間要互通有無，相互支援，凡是家中有兩頭及兩頭以上耕牛的，就要借一頭耕牛給沒有牛的家庭使用。如果不按照皇帝的詔令去做，有牛的人家一輩子不許進入官場。〇十一日戊午，魏國的太上皇帝從雲中回到平城。

二月二十七日甲戌，魏國朝廷下詔說：「凡是能夠把一個縣治理得沒有土匪盜賊的縣令，就讓他同時治理兩個縣，享受兩個縣令的俸祿；能夠同時把兩個縣治理得很好，境內沒有劫匪盜賊的縣令，就讓他同時治理三個縣，三年任滿後就擢升他為郡太守。凡是享受二千石俸祿的官員，如果能夠把兩個郡甚至三個郡同時治理得沒有土匪盜賊，也比照對待縣令的辦法實行，滿三年後將擢升其為州刺史。」

宋國的桂陽王劉休範一向平庸、不善言辭，也沒有什麼知識、見解，所以一直不被他的哥哥們當做兄弟看待，社會輿論也不向著他，所以劉休範在宋太宗劉彧晚年大肆殺害自己的兄弟時得以免於災禍。等到後廢帝劉昱即位當了皇帝，由於年齡很小，而且是由出身門庭地位不高的袁粲、褚淵等掌管朝政，皇帝身邊受寵幸的奸佞小人阮佃夫、王道隆、楊運長等人也掌握大權。劉休範遂以為自己所處的權位之尊和與皇帝血緣關係之親是沒有人能比的，自己應該進入朝廷擔任宰相，然而劉休範卻沒能如願以償，於是非常憤怒、怨恨。擔任典籤的新蔡人許公輿是劉休範的智囊人物，他勸說劉休範要禮賢下士，對待士人要捨得花錢，給他們優厚的待遇。於是遠近的士人都爭相前來投奔劉休範，一年之中就有上萬的人前來投奔他，劉休範於是招納、蓄養勇士，打造兵器。朝廷知道劉休範已經有了政治野心，準備篡奪皇位，於是也暗中做好對付劉休範的準備。碰巧趕上夏口地區的軍政長官出現空缺，朝廷因為夏口位居江州刺史劉休範所在的尋陽的上游，是戰略要地，就準備派遣心腹大臣去擔任郢州刺史。二月二十八日乙亥，朝廷任命晉熙王劉燮為郢州刺史。當時劉燮只有四歲，遂任命擔任黃門郎的王奐擔任郢州長史，代替劉燮行使都督府與郢州刺史的一切權力，朝廷還給他配備了充足的資財與人力，派他鎮守夏口。朝廷又擔心劉燮前往郢州赴任途中經過尋陽時被劉休範所扣留，於是就讓劉燮他們經由太洑繞過尋陽直奔夏口而去。劉休範聽到這個消息，不禁大怒，於是祕密地與許公輿商議出兵襲擊建康；他給朝廷上表說尋陽需要加固城牆、深挖護城河，於是便以此名義，大量往尋陽城內運送木板儲存起來，以備日後造船、襲擊建康之用。王奐，是王景文的姪子。

吐谷渾王拾寅出兵入侵魏國的澆河郡，夏季，四月初二日戊申，魏國任命擔任司空的長孫觀為大都督，發兵討伐吐谷渾。

魏國封孔子的第二十八代孫孔乘為崇聖大夫，還給孔乘撥了十戶人家，免去他們應該給國家上交的賦稅，把這份錢糧用作給孔子管理墳墓的開銷。

秋季，七月，魏國皇帝下詔「黃河以南六個州的居民，每戶要向國家繳納一匹絹，一斤綿，三十石糧食。」初一日乙亥，魏國孝文帝前往陰山一帶巡視。

八月十六日庚申，魏國的太上皇帝前往黃河以西地區進行視察。〇魏國大都督長孫觀率領魏軍進入吐谷渾的境內，收割了吐谷渾農田裡的秋天莊稼作為飼料。吐谷渾王拾寅在形勢緊迫的情況下，向魏軍請求投降，他派自己的兒子斤到魏國做人質。從此以後，吐谷渾按照藩屬國的慣例每年向魏國進貢。

九月初八日辛巳，魏國太上皇帝從河西地區返回平城。〇宋國派遣使者到魏國進行回訪。

冬季，十月三十日癸酉，宋國將南兗州、豫州境內的部分土地劃分出來設置為徐州，徐州州治設在鍾離縣。

魏國太上皇帝即將發兵入侵宋國，他下詔給各州郡的百姓：每十名青壯年男子，要抽取一人入伍，參加南征宋國的軍隊，還要向每戶收繳五十石糧食準備作為軍糧之用。〇魏國武都郡境內的氐族人發動叛亂，進攻仇池，魏國朝廷下詔，命令大都督長孫觀從吐谷渾境內撤回，前往武都郡討伐氐族人的叛亂。〇武都王楊僧嗣在葭蘆城去世，他的堂弟楊文度自立為武興王，並派使者投降了魏國，魏國任命楊文度為武興鎮將。

十一月初四日丁丑，宋國擔任尚書令的袁粲因為母親去世在家守孝而辭去了輔政大臣的職務。

十一月二十日癸巳，魏國的太上皇南巡到達懷州。鎮守枋頭的統兵將領是代郡的薛虎子，早先因為得罪了馮太后而被馮太后貶去官職，成為一個守門的衛士。當時山東境內發生饑荒，盜賊趁機蜂擁而起，相州的百姓孫誨等五百人聯名上書，稱讚薛虎子擔任枋頭鎮將的時候境內政治清平、社會安寧，請求太上皇恢復薛虎子枋頭鎮將的職務。太上皇帝於是重新任命薛虎子為枋頭鎮將，當天就要走馬上任，枋頭周圍幾個州內的盜賊全都銷聲匿跡。

十二月初一日癸卯，發生日蝕。〇初三日乙巳，宋國擔任江州刺史的桂陽王劉休範被提升為太尉。〇宋國後廢帝劉昱下詔，讓在家為母親守孝的尚書令袁粲終止守孝，以衛軍將軍的頭銜兼管國家大事，袁粲堅決推辭了。

十二月初十日壬子，柔然發兵進犯魏國，柔玄鎮境內有兩個部落的敕勒人起兵響應柔然。〇魏國各州、鎮有十分之一的地區遭受旱澇災害，僅相州一個州就餓死了二千八百多人。〇這一年，魏國境內以妖言惑眾的劉舉聚集起徒眾自稱天子，擔任齊州刺史的武昌王拓跋平原率軍前去討伐，斬殺了劉舉。拓跋平原，是拓跋提的兒子。

二年（甲寅　西元四七四年）

春，正月丁丑❶，魏太尉源賀以疾罷❷。

二月甲辰❸，魏上皇還平城❹。

三月丁亥❺，魏員外散騎常侍許赤虎❻來聘。

夏，五月壬午❼，桂陽王休範反。掠民船，使軍隊稱力請受❽，付以材板，合手裝治❾，數日即辦❿。丙戌⓫，休範率眾二萬、騎五百發尋陽，晝夜取道⓬，以書與諸執政⓭，稱：「楊運長、王道隆蠱惑先帝，使建安、巴陵二王⓮無罪被戮，望執錄二豎⓯，以謝冤魂⓰。」

庚寅⓱，大雷戍主⓲杜道欣馳下告變⓳，朝廷惶駭。護軍⓴褚淵、征北將軍張永、領軍㉑劉勔、僕射劉秉、右衛將軍㉒蕭道成、游擊將軍戴明寶、驍騎將軍阮佃夫、右軍將軍王道隆、中書舍人孫千齡、員外郎楊運長集中書省計事，莫有言者。道成曰：「昔上流謀逆㉓，皆因淹緩㉔致敗，休範必遠懲前失㉕，輕兵急下，乘我無備。今應變之術，不宜遠出，若偏師失律㉖，則大沮眾心㉗。宜頓新亭㉘、白下㉙，堅守宮城、東府㉚、石頭㉛，以待賊至。千里孤軍，後無委積㉜，求戰不得，自然瓦解。我請頓新亭以當其鋒，征北㉝守白下，領軍㉞屯宣陽門為諸軍節度㉟。諸貴㊱安坐殿中，不須競出，我自破賊必矣。」因索筆下議㊲，眾並注「同」㊳。孫千齡陰㊴與休範通謀，獨曰：「宜依舊遣軍據梁山㊵。」道成正色㊶曰：「賊今已近，梁山豈可得至㊷？新亭既是兵衝㊸，所欲以死報國耳。常時㊹乃可屈曲相從㊺，今不得也！」坐起㊻，道成顧謂劉勔曰：「領軍已同鄙議，不可改易！」袁粲聞難，扶曳㊼入殿，即日，內外戒嚴㊽。

道成將前鋒兵出屯新亭，張永屯白下，前南兗州刺史沈懷明㊾戍石頭，袁粲、褚淵入衛殿省。時倉猝不暇授甲㊿，開南、北二武庫，隨將士意所取。

蕭道成至新亭，治城壘未畢，辛卯(51)，休範前軍已至新林(52)。道成方解衣高臥以安眾心，徐索白虎幡(53)，登西垣(54)，使寧朔將軍高道慶(55)、羽林監陳顯達(56)、員外郎王敬則(57)帥舟師與休範戰，頗有殺獲。壬辰(58)，休範自新林捨舟步上，其將丁文豪請休範直攻臺城(59)。休範遣文豪別將兵(60)趣臺城(61)，自以大眾攻新亭壘。

道成率將士悉力拒戰，自巳至午[62]，外勢愈盛[63]，眾皆失色。道成曰：「賊雖多而亂，尋當破[64]矣。」

休範白服[65]，乘肩輿[66]，自登城南臨滄觀[67]，以數十人自衛。屯騎校尉黃回[68]與越騎校尉張敬兒[69]謀詐降以取之，回謂敬兒曰：「卿可取之，我誓不殺諸王。」敬兒以白道成，道成曰：「卿能辦事[70]，當以本州相賞[71]。」乃與回出城南[72]，放仗走[73]，大呼稱降。休範喜，召至輿側。回陽致道成密意[74]，休範信之，以二子德宣、德嗣付道成為質[75]。二子至，道成即斬之。休範置回、敬兒於左右，所親李恆、鍾爽諫，不聽。時休範日飲醇酒，回見休範無備，目敬兒[76]。敬兒奪休範防身刀，斬休範首，左右皆散走，敬兒馳馬持首歸新亭。

道成遣隊主陳靈寶送休範首還臺[77]。靈寶道逢休範兵，弃首於水，挺身得達[78]，唱云「已平」[79]，而無以為驗[80]，眾莫之信。休範將士亦不之知[81]，其將杜黑騾攻新亭甚急。蕭道成在射堂[82]，司空主簿蕭惠朗[83]帥敢死士數十人突入東門，至射堂下。道成上馬，帥麾下搏戰，惠朗乃退，道成復得保城[84]。惠朗，惠開[85]之弟也，其姊為休範妃。惠朗兄黃門郎惠明，時為道成軍副[86]，在城內，了不自疑[87]。

道成與黑騾拒戰，自晡達旦[88]，矢石不息。其夜大雨，鼓叫[89]不復相聞。將士積日[90]不得寢食，軍中馬夜驚，城內亂走。道成秉燭正坐，厲聲呵之，如是者數四[91]。

丁文豪破臺軍於皂莢橋[92]，直至朱雀桁[93]南，杜黑騾亦捨新亭北趣朱雀桁。右軍將軍王道隆將羽林精兵在朱雀門內，急召鄱陽忠昭公劉勔[94]於石頭。勔至，命撤桁[95]以折[96]南軍之勢。道隆怒曰：「賊至，但當急擊，寧可開桁自弱邪！」勔不敢復言。道隆趣[97]勔進戰，勔度桁南，戰敗而死。黑騾等乘勝度淮[98]，道隆弃眾走還臺，黑騾兵追殺之。黃門侍郎王蘊[99]重傷，踣於御溝之側[100]，或[101]扶之以免。蘊，景文之兄子也。於是中外[102]大震，道路皆云「臺城已陷」。白下、石頭之眾皆潰，張永、沈懷明逃還。宮中傳[103]新亭亦陷，太后執帝手泣曰：「天下敗矣！」

先是[104]，月犯右執法[105]，太白犯上將[106]，或勸劉勔解職[107]。勔曰：「吾執心行己[108]，無愧幽明[109]，若災眚必至[110]，避豈得免！」勔晚年頗慕高尚[111]，立園宅，名為東山，遺落世務[112]，罷遣部曲[113]。蕭道成謂勔曰：「將軍受顧命，輔幼主，當此艱難之日，而深尚從容[114]，廢省羽翼[115]，一朝事至，悔可追乎！」勔不從而敗[116]。

甲午[117]，撫軍長史褚澄[118]開東府門納南軍[119]，擁安成王準[120]據東府，稱桂陽王教[121]曰：「安成王，吾子也，勿得侵犯[122]。」澄，淵之弟也。杜黑騾徑進至杜姥宅[123]，中書舍人孫千齡開承明門[124]出降，宮省恇擾[125]。時府藏已竭，皇太后、太妃剔取[126]宮中金銀器物以充賞，眾莫有鬬志。

俄而丁文豪之眾知休範已死，稍欲退散。文豪厲聲曰：「我獨不能定天下邪！」許公輿詐稱桂陽王在新亭，士民惶惑，詣蕭道成壘[127]投刺[128]者以千數。道成得，皆焚之，登北城[129]謂曰：「劉休範父子昨已就戮，尸在南岡[130]下。身是蕭平南[131]，諸君諦視之[132]。名刺皆已焚，勿憂懼也。」

道成遣陳顯達、張敬兒及輔師將軍任農夫[133]、馬軍主[134]東平周盤龍[135]等將兵自石頭濟淮，從承明門入衛宮省。袁粲慷慨謂諸將曰：「今寇賊已逼而眾情離沮[136]，孤子[137]受先帝付託[138]，不能綏靖[1]國家[139]，請與諸君同死社稷[140]！」被甲上馬，將驅之。於是陳顯達等引兵出戰，大破杜黑騾於杜姥宅，飛矢貫[141]顯達目。丙申[142]，張敬兒等又破黑騾等於宣陽門，斬黑騾及丁文豪，進克東府，餘黨悉平。蕭道成振旅[143]還建康，百姓緣道聚觀，曰：「全[144]國家者此公也！」道成與袁粲、褚淵、劉秉皆上表引咎解職，不許。丁酉[145]，解嚴[146]，大赦。

柔然遣使來聘。

六月庚子[147]，以平南將軍蕭道成為中領軍、南兗州刺史，留衛建康，與袁粲、褚淵、劉秉更日入直決事[148]，號為四貴。

桂陽王休範之反也，使道士陳公昭作天公書[149]，題云「沈丞相」[150]，付荊州刺史沈攸之門者[151]。攸之不開視，推得公昭[152]，送之朝廷。及休範反，攸之謂僚佐曰：「桂陽必聲言我與之同[153]。若不顛沛勤王[154]，必增朝野之惑[155]。」乃與南徐州刺史建平王景素[156]、郢州刺史晉熙王燮、湘州刺史王僧虔[157]、雍州刺史張興世[158]同舉兵討休範。休範留中兵參軍毛惠連等守尋陽，燮遣中兵參軍馮景祖襲之。癸卯[159]，惠連等開門請降，殺休範二子，諸鎮皆罷兵。景素，宏[160]之子也。

乙卯[161]，魏詔曰：「下民兇戾[162]，不顧親戚，一人為惡，殃及闔門[163]。朕為民父母，深所愍悼[164]。自今非謀反大逆外叛，罪止其身[165]。」於是始罷[166]門、房之誅[167]。

魏顯祖勤於為治，賞罰嚴明，慎擇牧守[168]，進廉退貪。諸曹疑事[169]，舊多奏決[170]，又口傳詔敕，或致矯擅[171]。上皇命事無大小，皆據律正名[172]，不得為疑奏[173]。合則制可[174]，違則彈詰[175]，盡用墨詔[176]，由是事皆精審。尤重[177]刑罰，大刑[178]多令覆鞫[179]，或囚繫積年[180]。羣臣頗以為言[181]，上皇曰：「滯獄[182]誠非善治，不猶愈於倉猝而濫[183]乎？夫人幽苦[184]則思善，故智者以囹圄為福堂[185]，朕特苦之[186]，欲其改悔而加矜恕[187]爾。」由是囚繫雖滯，而所刑多得其宜。又以赦令長姦[188]，故自延興[189]以後，不復有赦[190]。

秋，七月庚辰[191]，立皇弟友[192]為邵陵王[193]。

乙酉[194]，加荊州刺史沈攸之開府儀同三司，攸之固辭。執政欲徵攸之[195]而憚於發命[196]，乃以太后令遣中使[197]謂曰：「公久勞于外，宜還京師。任寄實重[198]，未欲輕之[199]，進退可否，在公所擇。」攸之曰：「臣無廊廟之資[200]，居中[201]實非其才。至於撲討蠻、蜑[202]，克清江、漢[203]，不敢有辭。雖自上如此[204]，去留伏聽朝旨。」乃止。

癸巳[205]，柔然寇魏敦煌，尉多侯擊破之。尚書奏：「敦煌僻遠，介居[206]西、北二[②]強寇[207]之間，恐不能自固，請內徙就涼州[208]。」羣臣集議，皆以為然。給事中昌黎韓秀[209]獨以為：「敦煌之置，為日已久。雖逼強寇，人習戰鬭，縱有草竊[210]，不為大害。循常置戍[211]，足以自全，而能隔閡西、北二虜[212]，使不得相通。今徙就涼州，不唯[213]有蹙國[214]之名，且姑臧去敦煌[215]千有餘里，防邏甚難[216]，二虜必有交通闚閫[217]之志。若騷動涼州，則關中不得安枕。又，士民或安土重遷[218]，招引外寇，為國深患，不可不慮也。」乃止。

九月丁酉[219]，以尚書令袁粲為中書監、領司徒，加褚淵尚書令，劉秉丹楊尹。粲固辭，求反居墓所[220]，不許。

淵以褚澄為吳郡[221]太守，司徒左長史[222]蕭惠明言於朝[223]曰：「褚澄開門納賊，更[224]為股肱大郡[225]；王蘊力戰幾死[226]，棄而不收[227]；賞罰如此，何憂不亂[228]！」淵甚慚。冬，十月庚申[229]，以侍中王蘊為湘州刺史[230]。

十一月丙戌[231]，帝加元服[232]，大赦。

十二月癸亥[233]，立皇弟躋[234]為江夏王[235]，贊[236]為武陵王[237]。

是歲，魏建安貞王陸馛[238]卒。

三年（乙卯　西元四七五年）

春，正月辛巳[239]，帝祀南郊、明堂。

蕭道成以襄陽重鎮[240]，張敬兒人位俱輕[241]，不欲使居之[242]，而敬兒求之不已，謂道成曰：「沈攸之在荊州，公知其欲何所作[243]；不出敬兒[244]，以表裏制之[245]，恐非公之利。」道成笑而無言。三月己巳[246]，以驍騎將軍張敬兒為都督雍・梁[247]二州諸軍事、雍州刺史。

沈攸之聞敬兒上[248]，恐其見襲，陰為之備。敬兒既至[249]，奉事攸之[250]，親敬甚至[251]，動輒咨稟[252]，信饋[253]不絕。攸之謂[3]為誠然[254]，酬報款厚[255]。累書[256]欲因游獵會境上[257]，敬兒報以為[258]「心期有在[259]，影迹不宜過敦[260]。」攸之益信之。敬兒得其事迹，皆密白道成。道成與攸之書，問：「張雍州[261]遷代之日[262]，將欲誰擬[263]？」攸之即以示敬兒[264]，欲以間之[265]。

夏，五月丙午[266]，魏主使員外散騎常侍許赤虎來聘。○丁未[267]，魏主如武州山[268]。辛酉[269]，如車輪山[270]。

六月庚午[271]，魏初禁殺牛馬[272]。

袁粲、褚淵皆固讓新官。秋，七月庚戌[273]，復以粲為尚書令，八月庚子[274]，加護軍將軍褚淵中書監。

冬，十二月丙寅[275]，魏徙建昌王長樂[276]為安樂王[277]。○己丑[278]，魏城陽王長壽[279]卒。

南徐州刺史建平王景素，孝友清令[280]，服用儉素[281]，又好文學，禮接士大夫[282]，由是有美譽，太宗特愛之，異其禮秩[283]。時太祖諸子俱盡[284]，諸孫唯景素為長。帝凶狂失德[285]，朝野皆屬意於景素[286]。帝外家陳氏[287]深惡之，楊運長、阮佃夫等欲專權勢，不利立長君[288]，亦欲除之。其腹心將佐[289]多勸景素舉兵，鎮軍參軍濟陽江淹[290]獨諫之，景素不悅。是歲，防閤將軍王季符[291]得罪於景素，單騎亡奔[292]建康，告景素謀反。運長等即欲發兵討之，袁粲、蕭道成以為不可，景素亦遣世子延齡[293]詣闕自陳[294]。乃徙[295]季符於梁州，奪[296]景素征北將軍[297]、開府儀同三司。

【章　旨】以上為第三段，寫劉宋蒼梧王劉昱元徽二年（西元四七四年）、三年共兩年間的大事。主要寫了宋桂陽王劉休範發動叛亂，進攻建康，建康的形勢危急，朝廷執政數人商討保衛京師，蕭道成為中心人物；寫了朝廷將領黃回與張敬兒詐降劉休範，騙得信任，乘機將劉休範殺死，但因送首級的人中途遇敵將首級丟失，朝廷方無法確認，劉休範的部將不知，故仍苦戰進攻不已；寫了近習佞幸王道隆迫使老將劉勔過秦淮河作戰，劉勔戰死；褚淵之弟褚澄開東府門迎降，中書舍人孫千齡又開臺城以降，朝廷亂成一片；寫了袁粲帶頭與敵兵決戰，陳顯達、張敬兒、任農夫、周盤龍等猛烈出擊，大破劉休範的部將杜黑騾、丁文豪等，又值劉休範已死的消息流露，進攻建康之兵遂告全部失敗；寫了荊州刺史沈攸之假惺惺地不受劉休範的拉攏，聯合南徐州刺史劉景素、湘州刺史王僧虔、雍州刺史張興世等起兵援助朝廷，攻擊江州，殺死劉休範之二子，江州遂告平定；寫了朝廷知沈攸之據荊州欲謀不軌，欲調沈攸之進京，沈攸之婉言拒絕，朝廷遂不敢再動；寫了蕭道成任張敬兒為雍州刺史，張敬兒假意向沈攸之討好，準備內外夾擊沈攸之；寫了魏之上皇拓跋弘改革法制，規定「罪止一人」，「廢除門、房之誅」，廢除大赦之令；強調依法辦事，加強各級政府、各曹官長的責任心，不得為疑奏，大刑多令覆鞫，皇帝亦不再「口傳詔敕」，以及為發展農業而禁殺牛馬等等；此外還寫了柔然侵魏敦煌，有人建議將敦煌之民東遷涼州，給事中韓秀極言其不可，可謂一字千金；寫了褚淵欲升任開城門迎降的褚澄為吳郡太守，被給事中蕭惠明所痛斥等等。

【注釋】❶丁丑 正月初五。❷以疾罷 因病而免去其太尉之職。❸二月甲辰 二月初三。❹還平城 自懷州返回平城。❺三月丁亥 三月十六。❻許赤虎 多涉經史，有辯才，多次出使劉宋。傳見《魏書》卷四十六。❼五月壬午 五月十二。❽稱力請受 根據本部門的人力多少、技術強弱提出可接受的造船任務。❾合手裝治 齊心合力地裝配、打造船隻。❿數日即辦 幾天之內就完成了。辦，完成。⓫丙戌 五月十六。⓬晝夜取道 意即日夜兼程。⓭以書與諸執政 給朝廷的各位執政大臣寫信。⓮建安巴陵二王 指劉休仁和劉休若。⓯執錄二豎 逮捕這兩個小人。執，拘捕。錄，收押。豎，豎子；小子。古代的罵人語。⓰以謝冤魂 以安慰那些屈死者。⓱庚寅 五月二十。⓲大雷戍主 大雷要塞的駐軍頭領。大雷，當時的重要據點，在今安徽望江市的長江邊。戍主，據點、要塞的駐軍頭領。⓳馳下告變 飛馬向下游的建康城報告緊急情況。⓴護軍 護軍將軍，與侍中、尚書令同一等級。㉑領軍 領軍將軍，與護軍將軍級別相同。㉒右衛將軍 宮廷禁衛軍的統領之一。㉓昔上流謀逆 指元嘉三十年（西元四五三年）劉義宣在荊州起兵反對宋孝武帝劉駿，和劉子勛泰始元年（西元四六五年）在江州的起兵反對宋明帝劉彧。因荊州和江州均在建康之西，地處長江的上游，所以這裡說「上流」。㉔淹緩 行動遲緩。淹，滯留。按，當時西軍的將領臧質、劉胡等都曾提出長驅以取建康的動議，可惜均未被迂腐的主帥所採納。㉕遠懲前失 吸取前人失敗的教訓。懲，接受教訓。㉖若偏師失律 如果我們有一支小部隊遭受失敗。失律，不守約束，這裡即指失利。㉗大沮眾心 對整個朝野人心士氣的影響將都是慘重的。沮，動搖；瓦解。㉘宜頓新亭 應把重兵駐紮在新亭。頓，駐紮。新亭，當時建康城周邊的軍事及交通重地，故址在今南京城南。㉙白下 亦名白石陂，時為建康城外的濱江要地，舊址在今南京的金川門外。㉚東府 也叫東城，是當時建康城東側的小城，東晉時會稽王司馬道子為朝廷首相時居住於此。稱為東府，即相府之意。㉛石頭 即石頭城，當時建康城重要的屯兵與防守之地，故址在今南京的西北部，即今之石頭城公園。㉜委積 指糧食草料等軍需儲備。㉝征北 指征北將軍張永。㉞領軍 指領軍將軍劉勔。㉟為諸軍節度 對各路兵馬進行統一地協調、調配。㊱諸貴 其他各位貴人。指蕭道成、張永、劉勔以外的其他朝廷權貴，如劉秉、褚淵等。㊲索筆下議 提筆寫下防守建康城的提議。㊳眾並注同 大家都在蕭道成的建議書上畫押贊同。㊴陰 暗中；私下。㊵梁山 即天門山，在今安徽當塗與和縣之間。分東西兩山，隔江相對，當時為防守建康城（今南京）的西部要塞。㊶正色 面色嚴厲的樣子。㊷梁山豈可得至 我們還來得及去防守梁山嗎。㊸兵衝 敵軍的必經之地。㊹常時 平常的時候。㊺可屈曲相從 我可以委屈自己聽你們的。㊻坐起 從座位上站起來。㊼扶曳 被人攙扶著。因袁粲正為母親居喪毀瘠，所以被人攙扶。「扶曳入殿」表現了袁粲的識大局，不以己私而害公。㊽內外戒嚴 全國上下進入緊急軍事狀態。㊾沈懷明 劉宋王朝的名將沈慶之之姪，在為宋明帝劉彧平定反對勢力中卓有戰功，曾任南兗州刺史。傳見《宋書》卷七十七。(50)不暇授甲　來不及按次序、按手續地分發盔甲。(51)辛卯　五月二十一。(52)新林　也叫新林浦，舊址在今南京西南，亦即新亭的南方。(53)徐索白虎幡　慢慢地取來白虎幡。白虎幡是一種畫有白虎的旗幟，用以督戰和傳布朝廷政令。這兩句是描寫蕭道成鎮定自若的神態。(54)登西垣　登上西側的城牆，以眺望敵兵。(55)高道慶　在幫助劉彧穩定政權的戰鬥中成長起來的將領。傳見《宋書》卷八十三。(56)陳顯達　原為宋將張永的部下，後隨蕭道成守建康城有功，遂成為蕭氏的開國元勳。傳見《南齊書》卷二十六。(57)王敬則　原為宋將劉懷珍的部下，後隨蕭道成守建康城有功，遂成為蕭氏的開國元勳。傳見《南齊書》卷二十六。(58)壬辰　五月二十二。(59)臺城　建康城的主體部分，是當時皇宮與中央政權辦公機構的所在地，舊址在今南京雞鳴山南的乾河以北。(60)別將兵　單獨帶領一支部隊。(61)趣臺城　奔向臺城。趣，奔向；撲向。(62)自巳至午　從上午十點左右一直打到中午十二點左右。古代記時稱上午九點到十一點為巳時，上午十一點至下午一點為午時。(63)外勢愈盛　劉休範的軍隊越來越多。(64)尋當破　很快就要失敗。尋，不久。(65)白服　貴族文人的休閒打扮，與周圍身披鎧甲的將士標新立異。(66)肩輿　猶今四川之所謂滑竿，或者皇帝在宮廷中所乘坐的輦。(67)臨滄觀　胡三省曰：「臨滄觀在勞山上，江寧縣南十五里，亦曰勞勞亭。」(68)黃回　幫助劉彧穩定政權的名將，因戰功累遷至龍驤將軍。傳見《宋書》卷八十三。(69)張敬兒　幫助劉彧穩定政權的名將，曾任寧朔將軍、越騎校尉。傳見《南齊書》卷二十五。(70)卿能辦事　如果你能辦成此事，即以詐降的手段把劉休範殺死。(71)當以本州相賞　意即讓你到你們老家所在的雍州去當刺史。張敬兒是南陽人，南陽當時屬雍州。雍州的州治即今湖北襄樊的襄陽區。(72)出城南　出建康城南行。(73)放仗走　放下兵器向南逃走。仗，兵器的統稱。(74)陽致道成密意　假裝把蕭道成想要投降的意思說了一遍。陽，同「佯」。假裝。(75)付道成為質　交給蕭道成做人質。(76)目敬兒　給敬兒使眼色。(77)送休範首還臺　把劉休範的首級送到朝廷，向朝廷報喜。(78)挺身得達　單身逃脫，到達朝廷。(79)唱云已平　大聲報告說「敵首已死，叛亂已平」。(80)無以為驗　沒有辦法證明。(81)不之知　不知道劉休範已被殺死這件事。(82)射堂　練習射箭的地方。(83)司空主簿蕭惠朗　司空劉休範屬下的主簿官蕭惠朗。主簿是刺史或諸王屬下的高級僚屬，有如今之祕書長。蕭惠朗是劉宋名將蕭思話的第三子。傳見《南齊書》卷四十六。(84)復得保城　重新據城而守。(85)惠開　蕭思話之子，曾任益州、廣州刺史。傳見《宋書》卷八十七。(86)軍副　軍中的副統帥。(87)了不自疑　一點也不因為自己有個弟弟是劉休範的親戚而懷疑蕭道成是否信任自己。(88)自晡達旦　從前一天下午四點左右一直打到第二天早晨。古代記時以下午三點到五點為晡。旦，天明。(89)鼓叫　鼓聲與士兵們的吶喊聲。(90)積日　一連幾天。(91)如是者數四　這樣地一連呵止過好多次。(92)皂莢橋　橋名，在新亭之北。(93)朱雀桁　當時的浮橋名，也稱「朱雀橋」，在當時建康城的南門朱雀門外的秦淮河上，今南京的鎮淮橋稍東。六朝時為建康城南的門戶。桁，通「航」。浮橋。(94)鄱陽忠昭公劉勔　劉勔是協助劉彧討平反對勢力的重要將領之一，被封為鄱陽公，忠昭是其死後的諡。傳見《宋書》卷八十六。(95)撤桁　將浮橋拆除。(96)折　減輕；減少。(97)趣　催促。(98)度淮　渡過了秦淮河。(99)王蘊　王景文之姪，此時任黃門郎。傳見《宋書》卷八十五。(100)踣於御溝之側　摔倒在宮門前的護城河邊。踣，摔倒。御溝，環繞皇宮的小河。(101)或　有人。(102)中外　這裡指宮廷內外。(103)宮中傳　從宮裡向外傳出。(104)先是　在此之前。寫史用語，倒插追敘此前的事情。(105)月犯右執法　月亮運行到右執法的區域。右執法是星名，胡三省曰：「太微南蕃中二星曰端門，東曰左執法，西曰右執法。」(106)太白犯上將　太白星運行到上將星的區域。太白，即金星，也稱啟明星。上將，胡三省曰：「太微東蕃四星，其北曰上將；西蕃四星，南第一星亦曰上將。」按，以上二句是古人附會劉勔之死上應天象。(107)解職　辭去領軍將軍的職務。(108)執心行己　葛曉音曰：「等於說憑良心作人。」行己，為人；立身。(109)無愧幽明　意即上對得起天地鬼神，下對得起天下蒼生。幽指鬼神，明指人世。(110)若災眚必至　如果災難必然臨頭。災眚，天降的災難。(111)慕高尚　追求出世，不以人間富貴繫心。(112)遺落世務　拋開世俗的官場門爭。(113)罷遣部曲　把自己門下軍隊、奴僕等都打發走。部曲，這裡指豪門大族的私人軍隊以及佃戶奴僕等等。(114)深尚從容　追求自由自在。(115)廢省羽翼　去掉身邊的護衛人員，如上面提到的部曲一類。(116)勔不從而敗　劉勔不聽蕭道成的勸告，故受制於小人王道隆等，被其所迫而死。(117)甲午　五月二十四。(118)褚澄　褚淵同父異母弟，宋文帝劉義隆的女婿，此時為右軍將軍。傳見《南齊書》卷二十三。(119)納南軍　放劉休範的軍隊進了東府。(120)安成王準　劉準，名義上是劉彧之子，實乃劉休範之子被抱持入宮者。(121)稱桂陽王教　以桂陽王劉休範的口吻發布文告說。教，古代的一種文體名，指諸侯或王公大臣下達的命令或發布的文告。(122)勿得侵犯　不要把他當成是劉彧的兒子與其他人同樣處置。(123)杜姥宅　晉成帝杜皇后之母裴氏所立，在東府的南掖門外。(124)承明門　臺城的城門。(125)宮省恇擾　皇帝的宮廷與中央的官署全都一片恐慌驚擾。(126)剔取　挑選。(127)詣蕭道成壘　到蕭道成的防禦工事。(128)投刺　遞交名片以求接見容納。(129)北城　新亭北面的防禦工事。(130)南岡　即勞山的山崗，因在新亭城南，故名。(131)身是蕭平南　本人就是平南將軍蕭道成。身，當時說話人的自稱。(132)諸君諦視之　請你們認清楚。意即我說話是算數的。諦視，仔細看。(133)任農夫　與吳喜、黃回等同為幫助劉彧穩定政權的功臣，此時任輔師將軍。傳見《宋書》卷八十三。(134)馬軍主　騎兵統領。(135)周盤龍　因參加維護劉彧政權的戰鬥而被任為龍驤將軍，後隨蕭道成駐守新亭，因成為蕭氏嫡系。傳見《南齊書》卷二十九。(136)眾情離沮　人心離散。沮，瓦解；渙散。(137)孤子　袁粲自稱。當時袁粲正居母喪，故稱自己為「孤子」。(138)付託　委託；託付。(139)綏靖國家　平定國家的危難。(140)同死社稷　一同為保衛國家而戰死。社稷，國家祭祀土神的壇臺，通常即用以代稱國家。141 貫　穿，這裡指射中。142 丙申　五月二十六。143 振旅　整軍列隊，高唱凱歌。144 全　保衛；保全。145 丁酉　五月二十七。146 解嚴　解除軍事緊急狀態。147 庚子　六月初一。148 更日入直決事　每日輪流進宮值班處理國家大事。直，同「值」。149 天公書　上帝下達的命令。大意應是說劉休範乃應上帝之命為皇帝，命沈攸之為丞相等等。150 題云沈丞相　意即上帝下此書與沈攸之丞相。151 付荊州刺史沈攸之門者　交給了沈攸之的看門人。亦如《史記》所記有神人交書與秦始皇的使者云云。152 推得公昭　查清並抓到了陳公昭。153 聲言我與之同　公開宣揚我和他是一路的。154 若不顛沛勤王　如不趕緊積極地援助朝廷。顛沛，不顧艱難險阻地為王事奔走。勤王，出兵援救王朝。155 必增朝野之惑　必然要增加朝野對我們荊州的懷疑。156 建平王景素　劉景素，宋文帝劉義隆之孫，建平王劉宏之子。傳見《宋書》卷七十二。157 王僧虔　晉朝的大貴族王珣之孫，宋文帝的大權臣王弘之姪，王僧綽之弟，後又成為齊代的顯貴。傳見《南齊書》卷三十三。158 張興世　隨沈攸之共同抗擊尋陽軍，大破劉胡的傑出將領，此時任雍州刺史。傳見《宋書》卷五十。159 癸卯　六月初四。160 宏　劉宏，字休度，宋文帝的第七子，曾任中書監、尚書令。傳見《宋書》卷七十二。161 乙卯　六月十六。162 兇戾　兇殘、暴戾。163 闔門　滿門；全家。164 愍悼　同情、哀傷。165 罪止其身　只給罪犯本人治罪，不株連其他親屬。166 始罷　從此廢止。167 門房之誅　胡三省曰：「門誅者，誅其一門；房誅者，誅其一房。時河北大族如崔如李，子孫分派，各自為房。」門，全家。房，大家庭中的一個分支。168 慎擇牧守　謹慎地挑選、任命各州刺史與各郡太守。州刺史也稱「牧」。169 諸曹疑事　中央各辦事機構遇有不好解決的問題。諸曹，各部門，如尚書省的各部。170 奏決　奏請皇帝做最後裁決。171 或致矯擅　在傳達皇帝的命令時篡改或加入了個人的成分，形成了假託皇命與個人專斷。172 據律正名　依據法律、法規定出所犯的罪名。正名，意即讓罪名與所犯的科條完全對應。173 不得為疑奏　不能再把許多懸而未決的問題推給皇帝。意即都要提出解決問題的辦法與處理意見。174 合則制可　皇帝看著合適就批示一個「可」字。175 違則彈詰　皇帝看著不合適就提出質問。彈詰，提出批評或質問。176 盡用墨詔　皇帝都親筆做出批示。改變以前的派人口傳詔敕。177 重　重視；嚴加把關。178 大刑　重刑，即死刑。179 覆鞫　複審；複查。180 或囚繫積年　有的犯人被關押多年。181 頗以為言　對此很有些意見。182 滯獄　獄中積壓著一些沒有處理的犯人。183 愈於倉猝而濫　不是比倉猝定罪造成很多冤假錯案要好嗎。184 幽苦　下獄受苦。185 以囹圄為福堂　把牢獄看成是轉禍為福的善地。186 朕特苦之　我之所以多關押他們一段時間。187 欲其改悔而加矜恕　是想等他們有了悔悟之心而後寬恕他們。矜恕，寬饒。188 赦令長姦　大赦的命令容易助長壞人。189 延興　北魏孝文帝拓跋宏的年號（西元四七一—四七六年），共六年。190 不復有赦　不再頒行大赦令。191 七月庚辰　七月十一。192 皇弟友　劉友，宋明帝的第七子。傳見《宋書》卷九十。[193]為邵陵王　封地邵陵郡，郡治即今湖南邵陽。劉友此時年方五歲。[194]乙酉　七月十六。[195]欲徵攸之　想把沈攸之調回朝廷。[196]憚於發命　不敢簽發命令，擔心他一見調令便立即造反。[197]中使　從宮廷中派出的使者，多由宦官充任。如此則中書、尚書等部門可以不擔責任。[198]任寄實重　來朝後對你的委任是很崇高的。[199]未欲輕之　不會對你有任何降低。[200]無廊廟之資　沒有擔任輔政大臣的才幹。廊廟，朝廊與宗廟，都是帝王與大臣議論政事的地方，這裡即代指朝廷。

[201]居中　在朝廷任職。[202]撲討蠻蜑　捕討少數蠻夷的叛亂。蠻、蜑，蠻是對江南少數民族的泛稱。蜑是南方沿海的一種少數民族，以舟為家，以取海物為業，有所謂「魚蜑」、「蠔蜑」、「木蜑」等。今香港等地民間仍有「蛋民」、「蛋戶」，蓋即古之「蜑」字。[203]克清江漢　維持長江、漢水一帶的安寧。[204]自上如此　意即我自己的願望是這樣。[205]癸巳　七月二十四。[206]介居　被夾在……之間居住。介，夾；夾在。[207]西北二強寇　胡三省曰：「西，謂吐谷渾；北，柔然也。」[208]內徙就涼州　意即把敦煌一帶的居民都東遷到涼州地區來。涼州的州治姑臧，即今甘肅武威。[209]韓秀　祖輩曾在前燕為官，後歸拓跋氏。拓跋弘在位時韓秀曾佐慕容白曜軍事，此時任給事中。傳見《魏書》卷四十二。[210]草竊　對小股敵兵的蔑稱，猶言「小毛賊」。[211]循常置戍　按常規在那裡設立一些駐兵據點。[212]而能隔閡西北二虜　而且能把吐谷渾與柔然兩股敵人分隔開。[213]不唯　不僅。[214]蹙國　使國家的疆土減少。蹙，縮小。[215]姑臧去敦煌　姑臧距離敦煌。去，距離；中間相隔。[216]防邏甚難　指敦煌居民向姑臧東遷中的防禦、保衛工作很難做好。防邏，防守、巡邏。[217]交通闚闟　相互勾結，伺機而動。[218]安土重遷　留戀本土，不願搬家。重遷，不願搬遷。重，難。[219]九月丁酉　九月二十九。[220]反居墓所　回家為其母守墓。[221]吳郡　郡治即今蘇州。[222]司徒左長史　司徒袁粲的高級僚屬。長史，諸史之長。[223]言於朝　在朝堂上公開發言。[224]更　反而；卻。[225]股肱大郡　對國家興亡有重大關係的要害地區。股肱，有如國家的大腿、胳膊。[226]幾死　差點死掉。[227]棄而不收　扔在一邊沒有過問。[228]何憂不亂　國家怎麼會不亂套。[229]十月庚申　十月二十三。[230]湘州刺史　湘州的州治臨湘，即今湖南長沙。[231]十一月丙戌　十一月十九。[232]帝加元服　皇帝行加冠禮，表示已經是成人。元服，帽子。按，此時的小皇帝實際只有十二歲。[233]十二月癸亥　十二月二十七。[234]皇弟躋　劉躋，宋明帝劉彧的第八子。傳見《宋書》卷九十。[235]江夏王　封地江夏郡，郡治即今武漢之漢口區。[236]贊　劉贊，宋明帝的第九子，過繼給孝武帝劉駿為後。傳見《宋書》卷八十。[237]武陵王　封地武陵郡，郡治即今湖南常德。[238]建安貞王陸馛　陸馛是魏國名臣陸俟之子，陸麗之兄，被封為建安王，貞字是其死後的謚。傳見《魏書》卷四十。

[239]正月辛巳　正月十五。[240]襄陽重鎮　襄陽是雍州刺史的駐地，既鄰近魏國，又處於荊州的漢水上游，形勢至關重要。當時的襄陽即今湖北襄樊的襄陽區。[241]人位俱輕　個人的名望與現處的地位都太低。張敬兒當時任寧朔將軍、越騎校尉，居第四

品。242不欲使居之　張敬兒設謀詐降劉休範時，蕭道成曾許諾倘謀殺劉休範成功，即任以為雍州刺史。今乃事後又欲反悔。243公知其欲何所作　您是知道他想要幹什麼的。意即想要造反。244不出敬兒　你不讓我張敬兒出任雍州刺史。245以表裏制之　指蕭道成在朝內，張敬兒在荊州上游的雍州，內外前後以控制之。246三月己巳　三月初四。247雍梁　二州名，雍州的州治襄陽，梁州的州治即今陝西漢中。248上　沿水路逆流而上。249既至　指到達襄陽後。250奉事攸之　像個下屬一樣地對待沈攸之。251親敬甚至　禮貌很到家。252動輒咨稟　遇到什麼事情都向沈攸之徵詢、稟報。253信饋　問候與送禮。饋，贈送。254誠然　內心就是如此。255酬報款厚　回報張敬兒也很誠懇豐厚。酬，回報。256累書　多次寫信說。257欲因遊獵會境上　想找個打獵的機會在雙方的邊界上會個面。因，趁著。258報以為　回信認為。259心期有在　大家都這麼想就很好了。260影迹不宜過敦　行動上的來往不宜過於親密。胡三省曰：「謂動則有影，行則有迹，人將窺見之也。敦，厚也。」261張雍州　敬稱張敬兒。262遷代之日　調任的時候。263將欲誰擬　你希望考慮誰。誰擬，擬誰；希望誰來接任。264即以示敬兒　把蕭道成的來信給張敬兒看。265欲以間之　想以此離間張敬兒與蕭道成的關係。266五月丙午　五月十二。267丁未　五月十三。268武州山　亦作「武周山」，在今山西大同西北。269辛酉　五月二十七。270車輪山　山名，在今山西原平西北。271六月庚午　六月初七。272初禁殺牛馬　因重視發展農業故也。胡三省曰：「魏興於北荒，畜牧蕃庶，殺之者不禁，今始禁之。」273七月庚戌　七月十七。274八月庚子　葛曉音曰：「本月癸亥朔，無庚子日。初三（按，應為初八）為庚午，『庚子』恐是『庚午』之誤。」當是。275十二月丙寅　十二月初六。276建昌王長樂　拓跋長樂，文成帝拓跋濬之子，拓跋弘之弟。傳見《魏書》卷二十。277為安樂王　封地安樂郡，郡治在今北京市密雲東北。278己丑　十二月二十九。279長壽　拓跋長壽，拓跋晃之子，拓跋弘之叔。傳見《魏書》卷十九下。280孝友清令　對父母孝順，對兄弟友愛，秉性平易自然。281服用儉素　意即生活儉樸。服用，衣著與生活用度。282禮接士大夫　對士大夫以禮相待。283異其禮秩　在給予他的禮敬與官階俸祿上，都與別的子弟不同。284太祖諸子俱盡　劉義隆兒子們或死或被殺，都已經沒有了。285帝凶狂失德　明帝劉彧又兇殘沒有道德。286皆屬意於景素　都把希望寄託在景素的身上。屬意，歸心；寄望。287外家陳氏　指宋明帝陳貴妃（劉昱的生母）的伯父陳照宗、叔父陳佛念和哥哥陳敬元等。陳照宗時為中書通事舍人，陳佛念時為步兵校尉，陳敬元為通直郎。288不利立長君　感到立長君對他們的專權不利。289其腹心將佐　劉景素身邊的心腹僚屬。290鎮軍參軍濟陽江淹　江淹是當時著名的文學家，濟陽郡人，寫有〈別賦〉、〈恨賦〉等。此時任鎮軍將軍劉景素的參軍，後又成為齊、梁兩代的詞臣。傳見《梁書》卷十四。鎮軍參軍，胡三省曰：「景素時以鎮北將軍鎮京口，『鎮軍』當作『鎮北』。」291防閤將軍王季符　當時劉景素身邊的侍衛官員。防閤將軍，主管護衛宮殿的衛隊長官。292亡奔　逃向。293世子延齡　劉景素的太子劉延齡。世子，意同「太子」，帝王的繼承人。294詣闕自陳　到朝廷說明情況。闕，宮門兩側的高臺，通常即用以指朝廷。295徙　遷；流放。296奪　削去；罷免。297征北將軍　胡三省曰：「『征北』亦當作『鎮北』。」按，《宋書》卷七十二作「鎮北」。

【校記】1綏靖　原作「綏靜」。據章鈺校，甲十一行本、乙十一行本、孔天胤本皆作「綏靖」，今據改。2二　原無此字。據章鈺校，孔天胤本有此字，今據補。3調　原作「以」。據章鈺校，甲十一行本、乙十一行本、孔天胤本皆作「調」，今據改。

【語譯】二年（甲寅　西元四七四年）

春季，正月初五日丁丑，魏國擔任太尉的源賀因為有病而被免去了太尉的職務。

二月初三日甲辰，魏國的太上皇拓跋弘從懷州回到平城。

三月十六日丁亥，魏國派擔任員外散騎常侍的許赤虎為使者到宋國進行友好訪問。

夏季，五月十二日壬午，宋國的桂陽王劉休範起兵造反。他們一方面掠奪民船，一方面讓軍隊根據各部門人力的多少、技術力量的強弱提出可以接受的造船任務，然後發給他們材板，讓眾人齊心合力地裝配、打造船隻，沒有幾天的工夫就完成了造船任務。十六日丙戌，劉休範率領二萬部眾、五百名騎兵從尋陽出發，晝夜兼程向建康進發，劉休範給朝廷的各位執政大臣寫信說：「楊運長、王道隆蠱惑先帝劉彧，致使建安王劉休仁、巴陵王劉休若二位親王無罪被殺，希望朝廷逮捕這兩個小人，以安慰那些屈死者的冤魂。」

五月二十日庚寅，大雷要塞的駐軍頭領杜道欣飛馬向下游的建康朝廷報告劉休範起兵叛亂的緊急情況，朝中的大臣都感到十分的震驚和恐懼。護軍將軍褚淵、征北將軍張永、領軍將軍劉勔、尚書左僕射劉秉、右衛將軍蕭道成、游擊將軍戴明寶、驍騎將軍阮佃夫、右軍將軍王道隆、中書舍人孫千齡、員外郎楊運長都集中在中書省商議對策，卻一直沒有人說話。蕭道成說：「過去建康上游的劉義宣在荊州起兵反抗朝廷，後來的劉子勛在江州起兵反抗朝廷，他們都因為行動遲緩而最終導致失敗，劉休範必定是汲取了他們失敗的教訓，所以才率領輕裝部隊，順流急速而下，想要趁朝廷沒有防備的機會打我們一個措手不及。如今應對桂陽王變亂的最好辦法，就是不要派軍隊遠出迎戰，如果我們有一支部隊遭受失敗，就會動搖整個朝野的人心、瓦解了我們的士氣。現在朝廷應該把軍隊屯紮在新亭、白下，同時派兵堅守宮城、東府、石頭城，等待賊軍的到來。他們遠行千里孤軍作戰，後方沒有充足的軍需儲備，求戰不能，自然會瓦解。我請求率軍駐紮在新亭抵擋他的前鋒部隊，征北將軍張永負責率軍守衛白下，領軍將軍劉勔率軍駐紮在宣陽門，負責對各路兵馬進行統一協調、調配。其他各位尊貴的大臣就請安坐在宮殿之中，沒有必要競相出征，我們一定能夠打敗賊軍，請各位靜候佳音。」於是索取筆墨，提筆寫下防守建康城的提議，眾大臣都在蕭道成的提議書上簽上了「贊同」的字樣。中書舍人孫千齡其實暗地裡已經與劉休範通謀，所以只有他提出反對意見說：「應當按照以往的作戰方式派遣軍隊去據守梁山。」蕭道成嚴肅地說：「如今賊軍已經逼近建康城，我軍現在哪裡還來得及去防守梁山？新亭就是賊軍的必經之地，我所以請求去防守新亭，就是想要以死報效國家。如果是在平時我可以委屈自己聽從你們的意見，現在卻不能！」說完便從座位上站起來，蕭道成看著劉勔說：「領軍將軍已經同意我的意見，請你不要再改變主意！」袁粲聽到桂陽王劉休範率軍殺向建康的消息，就讓人攙扶著入宮，當天，全國上下進入緊急軍事狀態。

右衛將軍蕭道成率領前鋒部隊離開京城到新亭屯紮，征北將軍張永率領軍隊屯紮在白下，曾經擔任過南兗州刺史的沈懷明率軍守衛石頭城，尚書令袁粲、護軍將軍褚淵進入宮城守衛。由於當時事出倉猝，都沒有來得及按照次序、辦理手續，就打開了南、北二個武器庫，任憑將士隨意領取兵器、鎧甲。

蕭道成率軍趕到新亭，所修築的城壘還沒有完工，五月二十一日辛卯，劉休範的先頭部隊已經到達新林浦。當時蕭道成剛脫下衣服臥床休息以穩定軍心，聽到賊軍到達新林浦的消息後，便不慌不忙地取來畫有白虎的旗幟，然後登上西側的城牆眺望敵情，他派遣擔任寧朔將軍的高道慶、擔任羽林監的陳顯達、擔任員外郎的王敬則率領水軍船隊迎戰劉休範的叛軍，消滅了不少叛軍。二十二日壬辰，劉休範從新林浦棄船上岸，從陸路步行殺向建康，他的部將丁文豪請求劉休範直接進攻臺城。劉休範遂派遣丁文豪單獨率領一支部隊殺向臺城，而劉休範自己則親自率領大軍進攻進駐新亭的蕭道成的營壘。蕭道成率領全部將士拼死抵抗，從上午十時左右一直拼殺到中午十二時，劉休範的軍隊越來越多，攻勢越來越猛，眾將士全都大驚失色。蕭道成說：「賊軍數量雖多然而秩序混亂，用不了多久我們就能將他們打敗。」

劉休範身穿白色衣服，乘坐著肩輿，親自登上城南的臨滄觀，身邊只帶著幾十人的一個衛隊。擔任屯騎校尉的黃回與擔任越騎校尉的張敬兒商議用詐降計去殺死劉休範，黃回對張敬兒說：「你可以動手殺死劉休範，我曾經發下誓言，絕不誅殺諸王。」張敬兒把自己的詐降計畫報告了蕭道成，蕭道成說：「你如果能夠把事情辦成功，我就派你到你的老家去當雍州刺史。」於是張敬兒就與黃回一起出城來到城南，然後命令士兵放下兵器向南逃走，口裡大聲呼喊著投降。劉休範一看非常高興，就把他們召到自己的肩輿前。黃回假裝把蕭道成準備投降的情況對劉休範述說了一遍，劉休範果然相信了他們，於是就把自己的二個兒子劉德宣、劉德嗣交給蕭道成做人質。劉德宣、劉德嗣到達蕭道成的軍營，蕭道成立即就把他們殺死了。劉休範把黃回、張敬兒安置在自己的身邊，劉休範的親信李恆、鍾爽極力進行勸諫，劉休範都沒有聽從。當時劉休範每天都要飲用美酒，黃回看見劉休範毫無防備，就用眼睛示意張敬兒趕緊動手。張敬兒立即撲上去奪下了劉休範防身用的佩刀，砍下了劉休範的人頭，劉休範的左右侍從全都四散逃走，張敬兒手持劉休範的人頭飛馬跑向新亭蕭道成的營壘。

蕭道成派遣擔任一支小部隊頭領的陳靈寶把劉休範的人頭送往朝廷，向朝廷報喜。不料陳靈寶在路上遇到了劉休範的軍隊，他就把劉休範的人頭拋入了水中，擺脫了劉休範軍隊的追殺，隻身回到朝廷，他向朝中的大臣們大聲報告說「劉休範已經被殺死了」，然而卻沒有什麼憑據，所以眾人都不相信。而此時劉休範屬下的將士也不知道劉休範已經被殺，劉休範的部將杜黑騾對新亭發起猛烈的進攻。蕭道成在射堂指揮，在劉休範手下擔任司空主簿的蕭惠朗率領幾十名敢死隊衝入了新亭城的東門，已經攻到射堂之下。蕭道成立即飛身上馬，率領自己的屬下與蕭惠朗奮力搏鬥，蕭惠朗這才率軍退走，蕭道成重新守住了新亭。蕭惠朗，是蕭惠開的弟弟，蕭惠朗的姐姐是桂陽王劉休範的王妃。蕭惠朗的哥哥擔任黃門郎的蕭惠明，當時正在蕭道成手下擔任軍副，就駐紮在新亭城內，他一點也沒有因為自己的弟弟是劉休範的屬下而懷疑蕭道成會因此而不信任自己。

蕭道成親自率軍抵抗杜黑騾的進攻，從前一天下午四時左右一直激戰到第二天早晨，流箭飛石始終就沒有停止過。當天夜裡，天降大雨，互相之間已經聽不到對方的戰鼓聲和吶喊聲。將士們已經一連幾天沒有得到休息和飲食，軍中的戰馬突然夜驚，在城內狂奔亂跑。蕭道成手持火燭正襟端坐，厲聲呵斥以維持秩序，已經這樣一連呵止了好幾次。

劉休範的部將丁文豪在皂莢橋打敗了朝廷的軍隊，一直推進到建康城南門外面的朱雀橋南邊，杜黑騾也捨棄了進攻新亭，向北趕往朱雀橋。右軍將軍王道隆一面率領著羽林軍的精兵在朱雀門內加強防守，一面緊急派人到石頭城徵調擔任領軍將軍的鄱陽忠昭公劉勔率軍撤回建康增援。劉勔急忙率軍趕回建康，他下令將士拆除朱雀門外的浮橋，以減輕賊軍的攻勢。王道隆看見劉勔如此處置，不禁怒氣沖沖地說：「賊軍已經攻到跟前，我們應當加緊迎頭痛擊，豈能拆毀浮橋，向賊軍示弱呢！」劉勔不敢再說什麼。王道隆催促劉勔率軍上前迎戰賊軍，劉勔率軍渡過朱雀桁浮橋來到城南，戰敗而死。杜黑騾等人則乘勝渡過秦淮河，王道隆拋下眾人獨自逃回臺城，被杜黑騾的士兵追上殺死。黃門侍郎王蘊身負重傷，摔倒在護城河旁邊，因為有人攙扶著他才倖免於難。王蘊，是王景文哥哥的兒子。此時宮廷內外人心惶惶，路上的人都傳說「臺城已經被賊軍攻陷」。白下、石頭城的守軍立時全部潰散，征北將軍張永、前兗州刺史沈懷明逃回朝廷。從宮中又傳出新亭已經陷落的消息，王太后拉著後廢帝劉昱的手哭著說：「我們的天下已經敗亡了！」

在此之前，月亮運行到右執法星的區域，太白星運行到上將星的區域，曾經有人勸說領軍將軍劉勔辭去現任的職務。劉勔說：「我憑良心做人，無愧於天地鬼神、天下蒼生，如果災難一定要降臨的話，即使躲避難道就能夠免禍嗎！」劉勔到了晚年非常羨慕脫離塵世的平淡生活，於是修建了田園住宅，取名為東山，他避開世俗的官場鬥爭，遣散了門下的私人軍隊以及奴僕。蕭道成對劉勔說：「將軍接受了先帝的遺命，肩負著輔佐幼主的重任，在國家正在遭遇艱難的時刻，而你卻追求那種自由自在的生活，去掉了自己身邊的護衛人員，一旦有緊急事情發生，後悔還來得及嗎！」劉勔沒有聽從蕭道成的忠告，終於受制於小人王道隆，遭其逼迫而死。

五月二十四日甲午，擔任撫軍長史的褚澄打開了東府的大門，將劉休範的叛軍放進東府，擁戴安成王劉準佔據了東府，並以桂陽王劉休範的口吻發布文告說：「安成王劉準，是我桂陽王劉休範的兒子，不要把他當成是劉彧的兒子與其他人一樣處置。」褚澄，是褚淵的弟弟。杜黑騾逕直攻入了東府南掖門外的杜姥宅，中書舍人孫千齡也打開了承明門出來向叛軍投降，皇宮之內以及朝廷之上的所有人全都驚慌失措。當時朝廷的府庫裡已經一無所有，皇太后、太妃就從宮中挑選出一些金銀器物作為獎賞，然而眾人已經全都沒有了鬥志。

不久，劉休範的部將丁文豪等知道了劉休範已經被殺死的消息，於是逐漸有人想要退卻逃走。丁文豪厲聲地說：「難道我就不能獨自安定天下嗎！」許公輿謊稱桂陽王劉休範就在新亭，士民惶惑不安，遂錯把新亭蕭道成的營壘當成了劉休範的營壘，於是前來投遞名帖以求接納的有上千人。蕭道成收到名帖之後，立即全部焚毀，他登上北城宣布說：「劉休範父子昨日就已經被殺死了，他們的屍體就在南岡之下。我是平南將軍蕭道成，請各位仔細看清楚了。你們投遞的名帖都已經被我焚毀，你們不要因此而感到驚慌恐懼。」

蕭道成派遣羽林監陳顯達、越騎校尉張敬兒以及輔師將軍任農夫、騎兵統領東平人周盤龍等人率軍從石頭城渡過秦淮河，從承明門進入皇宮守衛宮廷。尚書令袁粲慷慨地對諸將說：「如今寇賊已經逼近皇城而諸位卻人心離散、情緒沮喪，我接受先帝臨終的託付，如果不能平定國家的危難，就讓我與各位一同為保衛國家去戰死吧！」說完披上鎧甲翻身上馬，準備率領諸將去抵抗叛軍。於是羽林監陳顯達等人率軍出城作戰，在杜姥宅把杜黑騾的叛軍打得大敗，流矢射中了陳顯達的眼睛。五月二十六日丙申，越騎校尉張敬兒等人在宣陽門再次打敗了杜黑騾，斬殺了杜黑騾和丁文豪，進軍收復了東府，其餘的叛軍餘黨全部被平定。蕭道成整頓部隊返回建康城，百姓們聚集在道路兩旁觀看蕭道成，都說：「保全國家的人就是這位將軍啊！」蕭道成與袁粲、褚淵、劉秉全都上表給後廢帝劉昱，請求引咎辭職，劉昱沒有批准。二十七日丁酉，解除緊急軍事狀態，大赦天下。

柔然派使者到宋國進行友好訪問。

六月初一日庚子，宋國後廢帝任命平南將軍蕭道成為中領軍、南兗州刺史，留在京城負責守衛，與尚書令袁粲、護軍將軍褚淵、尚書左僕射劉秉每日輪流入宮值班處理國家大事，時人稱他們為四貴。

桂陽王劉休範準備謀反的時候，曾經讓道士陳公昭寫了一封〈天公書〉，上面題寫著「沈丞相」，派人交給了荊州刺史沈攸之的守門人。沈攸之並沒有打開觀看，他查清楚此書是陳公昭所寫，便派人抓獲了陳公昭，並將陳公昭押送給朝廷處理。等到劉休範起兵造反，沈攸之對屬下的僚屬們說：「桂陽王劉休範必然公開宣揚我和他是同路人。如果我們現在不趕緊出兵積極援助朝廷，必然會增加朝野對我們荊州的懷疑。」於是與擔任南徐州刺史的建平王劉景素、擔任郢州刺史的晉熙王劉爕、擔任湘州刺史的王僧虔、擔任雍州刺史的張興世一同起兵討伐桂陽王劉休範。劉休範留下擔任中兵參軍的毛惠連等人守衛自己的老巢尋陽，晉熙王劉爕派遣擔任中兵參軍的馮景祖襲擊尋陽。六月初四日癸卯，毛惠連等人打開尋陽城門請求投降，馮景祖誅殺了劉休範的二個兒子，各軍鎮於是全部罷兵撤回原地。劉景素，是劉宏的兒子。

六月十六日乙卯，魏國朝廷下詔說：「小民兇殘暴戾，並不顧念家人親戚，然而一個人作奸犯科，就要殃及全家。我作為百姓的父母，對受到株連的家屬深表同情和哀悼。自今以後，除非是犯了謀反、大逆不道或是叛國投敵之罪，其餘的只對犯罪本人治罪，不再株連他們的親屬。」魏國從此廢止了滅全家、滅一支的刑罰。

魏顯祖拓跋弘勤於治理國家，賞罰嚴明，謹慎地挑選、任命各州刺史和各郡太守，為官清廉的就提升其官職，為人貪婪的就罷黜他的官職。朝廷各部門遇到不好解決的疑難問題，以前大多數都奏請皇帝做最後的裁決，再有就是口頭傳達皇帝詔令，有時會被篡改或被加入個人的成分，因而出現了假託皇帝詔命與個人專斷等情況。太上皇帝拓跋弘命令：今後事情無論大小，都要依據法律、法規定出所犯的罪名，不能將許多懸疑未決的問題都推給皇帝裁決。皇帝看著合乎法律法規的就批示一個「可」字，皇帝看著不合法律法規的就提出批評、質問，全都親筆做出批示而不再派人口傳詔敕，因此訴訟案件都能夠得到精確的審理。魏顯祖尤其重視刑罰，凡是重刑犯，多數情況下都下令進行複審，有的犯人因此被關押多年。群臣對這種做法很有意見，太上皇說：「使監獄中積壓著一些沒有處理的犯人確實不是一件好事情，但這與倉促結案、亂判濫殺而造成很多冤假錯案相比不是好多了嗎？人受了囚禁之苦就會想著向善，所以有智慧的人都把牢獄看作是轉禍為福的善地，我所以特意多關押他們一段時間，讓他們多吃一些苦，是想等他們有了悔改之心後寬恕他們。」從此以後，對囚犯關押的時間雖然較長，但對他們的處罰大多都很恰當。太上皇又認為國家經常發布大赦令容易助長壞人，使罪犯存在僥倖心理，所以自從延興以後，不再頒布大赦令。

秋季，七月十一日庚辰，宋國後廢帝封自己的弟弟劉友為邵陵王。

七月十六日乙酉，宋國朝廷加授擔任荊州刺史的沈攸之開府儀同三司，沈攸之堅決推辭了。朝中執政的大臣想把沈攸之調回朝廷卻又不敢簽發命令，於是就以王太后的命令從宮廷中派出使者到荊州對沈攸之說：「你長期在外任職很辛勞，現在應該回到京師任職。朝廷對你的委任是很崇高的，不會對你有任何降低，是願意留在荊州還是願意返回朝廷，聽憑你自己選擇。」沈攸之回答說：「我沒有在朝廷擔任輔政大臣的才幹，在朝廷任職我實在不能勝任。至於朝廷命我去捕討蠻人、蜑人等少數民族的叛亂，維持長江、漢水一帶的安寧，我不敢有一點的推辭。雖然我自己的願望如此，但我的去留仍然聽從朝廷的旨意。」於是徵調沈攸之回朝任職的建議就此作罷。

七月二十四日癸巳，柔然人入侵魏國的敦煌，敦煌守將尉多侯率軍擊退了柔然人的入侵。魏國的尚書向朝廷奏報說：「敦煌位處偏僻，距離遙遠，被夾在西邊的吐谷渾、北邊的柔然二個強寇之間，恐怕僅憑那裡的力量不能夠進行自保，請把敦煌一帶的百姓全部向東遷移到涼州地區。」群臣聚集在一起對此事進行商討，都認為尚書的建議很有道理。唯獨擔任給事中的昌黎人韓秀不以為然，他認為：「敦煌的設置，由來已久。雖然逼近強寇，然而那裡的人們已經習慣了戰鬥，縱然有些小股草寇的入侵，並不能構成大的危害。按照常規在那裡設置一些駐兵據點，完全可以守住敦煌，而且敦煌又能割斷西邊吐谷渾和北邊柔然二個強敵之間的聯繫，使他們不能互相勾結在一起。如果把敦煌的人全都遷移到涼州，不僅要背負使國家疆土減少的惡名，而且姑臧距離敦煌一千多里，敦煌的居民向東遷移途中的防禦、保衛工作都很困難，柔然和吐谷渾二個強敵必然會互相勾結，伺機而動，覬覦我國的領土。如果因此而引起涼州騷動，那麼關中地區就不能安枕無憂。再有，百姓或許留戀本土，不願意搬遷，如果強行令他們搬遷，他們就有可能招致外寇，成為國家長期的大患，對這些情況不能不加以考慮。」群臣於是否決了尚書提出的放棄敦煌、將敦煌的百姓遷移到涼州的建議。

九月二十九日丁酉，宋國後廢帝任命擔任尚書令的袁粲為中書監、兼任司徒，加授擔任護軍將軍的褚淵為尚書令，尚書左僕射劉秉為丹楊尹。袁粲堅決推辭，請求允許自己回到母親的墓旁為母親守孝，宋後廢帝沒有批准。

尚書令褚淵任命褚澄為吳郡太守，擔任司徒左長史的蕭惠明在朝中公開指責褚淵說：「褚澄打開城門接納賊寇，向賊寇投降，現在卻任命他擔任對國家興亡有重大關係的吳郡太守；侍中王蘊拼死作戰幾乎戰死，卻被扔在一邊無人理睬；如此賞罰不明，何愁天下不亂！」褚淵對自己的決定感到非常慚愧。冬季，十月二十三日庚申，任命侍中王蘊為湘州刺史。

十一月十九日丙戌，宋國為後廢帝劉昱舉行加冠典禮，大赦天下。

十二月二十七日癸亥，宋後廢帝封自己的弟弟劉躋為江夏王，封劉贊為武陵王。

這一年，魏國的建安貞王陸馛去世。

三年（乙卯　西元四七五年）

春季，正月十五日辛巳，宋後廢帝到南郊、明堂舉行祭天活動。

蕭道成認為雍州刺史的駐地襄陽既鄰近魏國，又處於荊州的上游，形勢至關重要，而驍騎將軍張敬兒個人的聲望與現在的地位都太低，雖然在張敬兒設謀詐降殺死劉休範時，蕭道成曾經許諾任命他為雍州刺史，而現在卻不想兌現承諾，張敬兒卻不斷要求蕭道成履行承諾，他對蕭道成說：「荊州刺史沈攸之在荊州，他準備幹什麼您是知道的；您不讓我張敬兒出任雍州刺史，與您在朝中互相呼應以控制沈攸之，恐怕這樣做的後果會對您不利。」蕭道成笑而不答。三月初四日己巳，任命驍騎將軍張敬兒為都督雍、梁二州諸軍事、雍州刺史。

荊州刺史沈攸之聽說張敬兒將沿著水路逆流而上，恐怕遭到他的襲擊，於是便暗中做好防備。張敬兒到達襄陽任所後，對待沈攸之，就像下屬對待自己的上司一樣，禮貌很到家，遇到什麼事情都向沈攸之請示、稟報，問候和饋贈接連不斷。沈攸之認為張敬兒的確是真心實意地親敬自己，因而回報張敬兒的也很誠懇豐厚。沈攸之多次寫信給張敬兒，想找個打獵的機會在雙方的邊界上會個面，張敬兒回覆說：「大家都這麼想就很好了，在行動上卻不應該過於親密。」沈攸之越加信任張敬兒。張敬兒探知沈攸之的行動跡象，都祕密地報告給蕭道成。蕭道成寫信給沈攸之，詢問沈攸之說：「雍州刺史張敬兒調任的時候，你希望誰來接替他？」沈攸之立即把蕭道成寫給自己的書信拿給張敬兒看，想以此離間張敬兒和蕭道成的關係。

夏季，五月十二日丙午，魏國孝文帝拓跋宏派遣擔任員外散騎常侍的許赤虎為使者到宋國進行友好訪問。○十三日丁未，魏國孝文帝前往武州山。二十七日辛酉，又從武州山前往車輪山。

六月初七日庚午，魏國首次禁止宰殺牛馬。

宋國的袁粲、褚淵都堅決推辭新近授予的官職。秋季，七月十七日庚戌，重新任命袁粲為尚書令，八月庚子日，加授擔任護軍將軍的褚淵為中書監。

冬季，十二月初六日丙寅，魏國孝文帝改封建昌王拓跋長樂為安樂王。○二十九日己丑，魏國的城陽王拓跋長壽去世。

宋國擔任南徐州刺史的建平王劉景素，孝敬父母，友愛兄弟，秉性平易自然，衣著與日常生活都很節儉樸素，又喜好文學，對士大夫以禮相待，因而享有很好的聲譽，宋太宗劉彧特別喜愛他，給予他的禮遇與官階俸祿都與別的子弟不同。當時宋太祖劉義隆的兒子已經沒有活在世上的了，在他的孫子輩中只有劉景素年紀最大。宋明帝劉彧兇殘狂妄，沒有道德，朝廷內外都把希望寄託在劉景素的身上。宋後廢帝劉昱的外祖母家陳氏因此而非常憎恨劉景素，員外郎楊運長、驍騎將軍阮佃夫等人都想專擅朝政，認為擁立年長的人為皇帝對自己不利，因而也想除掉劉景素。劉景素的心腹將佐中有許多人都勸說劉景素起兵奪取皇帝寶座，只有擔任鎮軍參軍的濟陽郡人江淹勸阻劉景素不要舉兵造反，劉景素因此很不高興。當年，擔任防閤將軍的王季符得罪了劉景素，便單人匹馬逃到了京師建康，向朝廷告發劉景素想要謀反。楊運長等人立即就要發兵討伐劉景素，尚書令袁粲、蕭道成認為不可以，劉景素也派自己的嫡長子劉延齡到朝廷說明情況。朝廷於是把王季符流放到梁州，同時也削去了劉景素征北將軍、開府儀同三司的職位。

【研　析】本卷寫宋明帝劉彧泰始七年（西元四七一年）至蒼梧王劉昱元徽三年（西元四七五年）共五年間的劉宋與北魏的大事。在這五年裡，歷史家所集中敘述的是劉宋王朝中的內亂，其主要問題是宋明帝末年的兇狠殺戮，先是殺了其叔晉平王劉休祐、建安王劉休仁、巴陵王劉休若，而這其中的劉休仁是給劉彧奪得皇帝位幫過大忙、立過重大功勞的。接著劉彧又殺了當年發動政變親手殺死廢帝劉子業、並轉身擁立劉彧為帝的壽寂之，又殺了在天下各州郡紛紛起兵擁戴劉子勛，劉彧政權處於非常危殆，而獨挺身而出，率軍平定了東方諸郡的大功臣吳喜。壽寂之與吳喜原來的地位都不高，但對劉彧能否奪得皇帝位與能否鞏固皇帝位都是起了關鍵作用的。最後他又擔心自己死後王皇后輔幼子臨朝時，王皇后的兄長王景文可能會專權篡位，於是又防患於未然地提前將王景文殺死了。作品寫王景文被殺的情景非常細緻生動，明代袁黃說：「景文處死不亂如此，若畀以託孤之任，豈不愈於道成？乃反疑而殺之，何耶？書官書爵，可哀也矣。蘇東坡曰：『死生亦大矣，而景文安之，豈貪權竊國者乎？』明帝可謂不知人者矣。」豈止是「不知人」，簡直是自剪羽翼、自毀城垣，而又開門揖盜、引狼入室。

劉彧臨死之前任命劉勔、蔡興宗、沈攸之、袁粲、褚淵等為顧命大臣，蔡興宗與沈攸之當時都在外任州刺史；劉勔當時雖在京城，但解散部曲，一味謙退，而實際在朝掌權的是袁粲和褚淵。褚淵還不滿足，又推薦引進了蕭道成。後來蔡興宗死，袁粲、褚淵又引進了劉秉。在這套班子裡，有文武才、有幹略的自然是蕭道成。褚淵是站在蕭道成一方的自不必說，至於別人，漫說是袁粲、劉秉，即使蔡興宗活著，他能鬥得過蕭道成麼？清代王夫之曾評論蔡興宗、袁粲等人說：「以剛決為嫌，以深謀為諱，自孝建以來士大夫釀成雍容觀變之習，蔡興宗已啟其源，而流不可止也。故興宗之死，無可為宋惜者。興宗存，則為袁為劉，否則為謝朏而已。史稱粲『簡淡平素，無經世材』，非無材也，狎於全身避咎之術，以逃猜主之鼎鑊，氣已苶而不可復張，宋末之人材，大抵然也。」於是朝權一下子全部落入蕭道成之手，事情就這麼簡單。當劉休範的叛亂被平定後，「蕭道成振旅還建康，百姓緣道聚觀，曰：『全國家者此公也！』」這當然就是蕭氏史官的手筆了，還有什麼疑問嗎？

劉休範是因為他太無能、太卑劣所以才沒被劉彧所殺，但就是這樣一個人居然還想造反，又居然把朝軍打得如此狼狽；張敬兒、蕭道成是勝利了，但勝利得如此突然、如此僥倖，簡直像一場鬧劇，而光天化日下又的確如此。王夫之說：「劉休範以庸劣而免於忮主之殺，乃乘君死國亂之際而求干天位；張敬兒以一健卒入二萬人之中斬其首無衛之者，此其為獨夫也奚疑？然且幾陷建業，為天子，甚哉，晉宋之末天子之易為，而人思為之，何足謂為大寶哉，草芥而已矣。天子如草芥而人思為之；為之不克，而為獨夫以死者，休範也；為之克，而終為天子者，蕭道成也。以小慧小才言之，則道成愈於休範也遠矣；以君天下言之，則休範、道成一也，皆獨夫也。道成弒君，張敬兒取白帽加其首，曰：『事宜及熱。』為道成之腹心者，敬兒之流，一休範之許公輿、丁文豪也。褚淵雖貴而無稱於宋，止此三數人，而掇宋之宗社如一羽，授之道成，而道成居之以安。無他，唯天子之如草芥而人可為之者也。」但不論如何說，蕭道成在當時無疑還是這群人中的佼佼者，論其才力、論其謀略、論其勇敢，都比那些光說不練的傢伙們出色得多。試想，在劉休範進攻建康的這個戰役中，如果沒有蕭道成與張敬兒，不是讓劉休範那樣的人也就做上了皇帝嗎？由於張敬兒等人的出身地位太低，於是王夫之言裡言外對之深責不已，其實這大可不必。當年陳涉說得好：「帝王將相寧有種乎？」關鍵還得看他們勝利之後都幹了些什麼。有些話，我們只能留到下一卷裡再說了。

本卷寫了魏主拓跋弘因企慕浮屠、黃老，不願繫心於塵凡庶務，於是先想讓位於其弟，後在群臣的請求下，遂傳帝位於其年方五歲的兒子拓跋宏，自己退居為太上皇。但拓跋弘退位後，卻又名退而實不退，他率領軍隊東征西戰，又大張旗鼓地改良法制、吏制，發展農業生產，乃至想縮小貧富差別等等。這到底是怎麼一回事？有人說，拓跋弘的退位是被馮太后逼迫的結果，從前後的事實看來也不像。清代王夫之《讀通鑑論》說：「趙武靈王授位於子而自稱主父，廢長立少，恐其不安於位也。拓跋弘授位於子，而自稱太上皇帝，子幼而恐為人所篡奪也。宗愛弒兩君，而濬幾不立；乙渾專殺無君，弘幾死其手。故年甫二十急欲樹宏於大位，以素統臣民，而己鎮撫之。猶恐人心之貳也，故先遜位於子推，使群臣爭之，而又陽怒以試之，故子推之弟力爭以為子推辭，而陸馛、源賀、高允皆犯顏以諫而不避其怒。其怒也，乃其所深喜者也。其退居而事佛老，猶武靈之自將以征伐，皆託也，不欲明示其授子之意旨，而以此為辭也。此二主者，皆強智有餘，事功自喜，豈憚勞而授國政者乎？弘好黃老，而得老氏之術，其欲遜位子推也，老氏『欲取固與』之術也。其託於清謐，而匿其建立嗣子之旨也，老氏守兌之術也。所欲立者非不正，而詭道行之，巧籠宗室大臣之心，亦狡矣哉！」其說甚辯，其理也甚合，但仍不可解的是何必如此匆忙？再過十年十五年，拓跋弘也不過三十、三十五；拓跋宏也不過十五、二十，到那時再行禪讓，有何不可？為什麼要急匆匆地「有名無實」地走這一步？其中又似乎的確還有沒弄清楚的隱情。下卷一開頭即述及，拓跋弘不久被馮太后所鴆殺。明代尹遂昌說：「古人兢兢業業，一日萬機，豈因厭逸樂而好勤勞哉？所居天位，所治天職，祖宗基業之託付，海宇民物之歸仰，宵衣旰食，猶懼弗勝，烏有辱居人上而厭棄塵勞者哉？必若清虛恬淡，盍亦擇賢而用，委任責成，總其大綱，猶或庶幾。況嗣子方稚，乃欲委而去之何耶？異時鴆毒潛行，其身不保，亦以大權去手，莫能致詰故耳，尚誰咎哉？雖然，魏主屏去聲色，超然物外，其與奢侈縱欲，相去何止千百？然而不享喬松之壽，反貽覆身之禍，然則浮屠、黃老之學果何益哉？」袁俊德說：「溺黃老、浮屠之說，而以大位委之沖幼，卒致鴆弒垂簾，禍不旋踵，豈非自貽其戚？」這些都沒有觸及事物的癥結。

卷第一百三十四

宋紀十六

起柔兆執徐（丙辰　西元四七六年），盡著雍敦牂（戊午　西元四七八年），凡三年。

【題　解】本卷寫了蒼梧王劉昱元徽四年（西元四七六年）至宋順帝昇明二年（西元四七八年）共三年間的劉宋與北魏等國的大事。主要寫了宋建平王南徐州刺史劉景素起兵謀廢皇帝劉昱，最後被蕭道成所派出的任農夫、段佛榮等大破於京口，劉景素等被殺；寫了沈攸之聞劉景素之變，抽回討三峽叛蠻之兵以赴建康，建平太守劉道欣疑沈攸之胸懷叵測，截江阻其東下，被沈攸之、劉攘兵所攻殺；寫了劉宋皇帝劉昱性情乖張，肆意兇殺，結果被蕭道成所收買的劉昱身邊的用人楊玉夫、楊萬年等所刺殺，蕭道成奪得大權後，改立安成王劉準為傀儡，是謂宋順帝，從此蕭道成「兼總軍國，布置心膂，與奪自專」；寫沈攸之假託奉皇太后詔，發兵東下以討蕭道成，蕭道成命令柳世隆行郢州刺史，駐守郢城；寫袁粲、劉秉、黃回等謀劃布置，準備在石頭城起兵攻殺蕭道成，被褚淵向蕭道成告密；寫袁粲起事之日劉秉內心恇擾，不能自持，過早地採取行動，結果使袁粲與蕭氏勢力作戰失敗，父子被殺；寫了沈攸之率軍東下，盡銳攻郢城，柳世隆乘間屢破之，三月不能克；沈攸之又派兵一度攻得武昌、西陽二郡，後被朝廷方面的將領擊敗之；寫沈攸之攻郢城之軍日益渙散，部下劉攘兵又率部投降柳世隆，沈攸之見前途無望，只好收合散卒返回江陵；寫雍州刺史張敬兒聞沈攸之東下，發兵南襲江陵，殺死了沈攸之的諸子孫，江陵遂告平定；沈攸之在返回江陵的途中聞知江陵失陷，逃至華容縣自殺，荊州的叛亂遂告平定；寫蕭道成於亂定後，任用王僧虔、王延之、褚淵、柳世隆、王儉等人組建起新班底，自己又都督十六州，其子蕭賾、蕭嶷、蕭映、蕭晃等分別掌控一切重要部門；同時又殺了異己的任候伯、黃回；寫蕭道成見時機已到，急於篡取帝位，王儉乃自告奮勇為之籌謀劃策，蕭道成遂被授予殊禮，使之「劍履上殿，入朝不趨，贊拜不名」，大大跨進了一步；此外還寫了魏國的馮太后鴆殺魏顯祖拓跋弘，重新臨朝稱制，以及馮太后為報舊怨而殺了李訢，又夷滅李惠十餘家等等。

蒼梧王下

元徽四年（丙辰　西元四七六年）

春，正月己亥❶，帝耕籍田❷，大赦。

二月，魏司空東郡王陸定國❸坐恃恩不法❹，免官爵為兵。

魏馮太后❺內行不正❻，以李奕之死❼怨顯祖，密行鴆毒❽，夏，六月辛未❾，顯祖殂❿。壬申⓫，大赦，改元承明⓬。葬顯祖于金陵⓭，諡曰獻文皇帝。

魏大司馬、大將軍代人萬安國⓮坐矯詔殺神部長奚買奴⓯，賜死。

戊寅⓰，魏以征西大將軍、安樂王長樂⓱為太尉，尚書左僕射、宜都王目辰⓲為司徒，南部尚書李訢⓳為司空。尊皇太后曰太皇太后，復臨朝稱制⓴。以馮熙㉑

為侍中、太師、中書監。熙自以外戚，固辭內任㉒，乃除都督、洛州㉓刺史，侍中、太師如故。

顯祖神主㉔祔太廟㉕，有司奏廟中執事之官，請依故事皆賜爵㉖。祕書令廣平程駿㉗上言：「建侯裂地㉘，帝王所重，或以親賢㉙，或因功伐㉚，未聞神主祔廟而百司㉛受封者也。皇家故事㉜，蓋一時之恩㉝，豈可為長世之法乎？」太后善而從之，謂羣臣曰：「凡議事，當依古典正言㉞，豈得但脩故事㉟而已[1]？」賜駿衣一襲㊱，帛二百匹。

太后性聰察㊲，知書計㊳，曉政事，被服儉素㊴，膳羞㊵減於故事什七八㊶，而猜忍㊷多權數㊸。高祖㊹性至孝，能承顏順志㊺，事無大小，皆仰成於太后㊻。太后往往專決，不復關白於帝㊼。所幸宦者高平王琚㊽，安定張祐、杞嶷㊾，馮翊王遇㊿，略陽(51)苻承祖，高陽王質(52)，皆依勢用事。祐官至尚書左僕射，爵新平王；琚官至征南將軍，爵高平王；嶷等官亦至侍中、吏部尚書、刺史，爵為公、侯。賞賜巨萬，賜鐵券(53)，許以不死。又，太卜令姑臧王叡(54)得幸於太后，超遷至侍中、吏部尚書，爵太原公。祕書令李沖(55)，雖以才進，亦由私寵，賞賜皆不可勝紀(56)。又外禮人望(57)東陽王丕(58)、游明根(59)等，皆極其優厚，每褒賞叡等，輒以丕等參之[60]，以示不私。丕，烈帝[61]之玄孫。沖，寶[62]之子也。

太后自以失行[63]，畏人議己，羣下語言小涉疑忌[64]，輒殺之。然所寵幸左右，苟有小過，必加笞箠[65]，或至百餘。而無宿憾[66]，尋[67]復待之如初，或因此更富貴。故左右雖被罰，終無離心。

乙亥[68]，加蕭道成尚書左僕射，劉秉中書令。

楊運長、阮佃夫等忌建平王景素[69]益甚，景素乃與錄事參軍陳郡殷瀰、中兵參軍略陽垣慶延、參軍沈顒、左暄等謀為自全之計。遣人往來建康，要結[70]才力之士，冠軍將軍黃回[71]、游擊將軍高道慶[72]、輔國將軍曹欣之[73]、前軍將軍韓道清、長水校尉郭蘭之、羽林監垣祗祖[74]，皆陰與通謀，武人不得志者，無不歸之。時帝好獨出遊走郊野，欣之謀據石頭城[75]，伺帝出作亂。道清、蘭之欲說蕭道成因帝夜出，執帝迎景素，道成不從者[76]，即圖之[77]。景素每禁使緩之。楊、阮微聞其事，遣傖人[78]周天賜偽投景素，勸令舉兵。景素知之，斬天賜首送臺[79]。

秋，七月，祗祖率數百人自建康奔京口[80]，云京師已潰亂，勸令速入。景素信之，戊子[81]，據京口起兵，士民赴之者以千數。楊、阮聞祗祖叛走，即命纂嚴[82]。己丑[83]，遣驍騎將軍任農夫[84]、領軍將軍黃回、左軍將軍蘭陵李安民[85]將步軍，右軍將軍張保將水軍，以討之。辛卯[86]，又命南豫州刺史段佛榮為都統[87]。蕭道成知黃回有異志，故使安民、佛榮與之偕行。回私戒[88]其士卒：「道逢京口兵，勿得戰。」道成屯玄武湖[89]，冠軍將軍蕭賾[90]鎮東府[91]。

始安王伯融[92]，都鄉侯伯猷[93]，皆建安王休仁[94]之子也，楊、阮忌其年長[95]，悉稱詔賜死[96]。

景素欲斷竹里[97]以拒臺軍。垣慶延、垣祗祖、沈顒皆曰：「今天時旱熱，臺軍遠來疲困，引之使至[98]，以逸待勞，可一戰而克。」殷瀰等固爭[99]，不能得。農夫等既至，縱火燒市邑[100]。慶延等各相顧望[101]，莫有鬬志。景素本乏威略，恇擾[102]不知所為。黃回迫於段佛榮[103]，且見京口軍弱，遂不發[104]。

張保泊西渚[105]，景素左右勇士數十人，自相要結[106]，進擊水軍。甲午[107]，張保敗死，而諸將不相應赴[108]，復為臺軍所破。臺軍既薄城下[109]，顒先帥眾走，祗祖次之，其餘諸軍相繼奔退，獨左暄與臺軍力戰於萬歲樓[110]下，而所配[111]兵力甚弱，不能敵而散。乙未[112]，拔京口。黃回軍先入，自以有誓不殺諸王，乃以景素讓殿中將軍張倪奴。倪奴擒景素，斬之，并其三子，同黨垣祗祖等數十人皆伏誅。蕭道成釋黃回、高道慶不問，撫之如舊[113]。是日，解嚴[114]。丙申[115]，大赦。

初[116]，巴東、建平蠻反[117]，沈攸之[118]遣軍討之。及景素反，攸之急追峽中軍[119]以赴建康[120]。巴東太守劉攘兵、建平太守劉道欣疑攸之有異謀，勒兵斷峽[121]，不聽軍下[122]。攘兵子天賜為荊州西曹[123]，攸之遣天賜往諭[124]之。攘兵知景素實反，乃釋甲謝愆[125]，攸之待之如故。劉道欣堅守建平，攘兵譬說不回[126]，乃與伐蠻軍攻斬之。

甲辰[127]，魏王追尊其母李貴人曰思皇后[128]。

八月丁卯[129]，立皇弟翽[130]為南陽王[131]，嵩為新興王[132]，禧為始建王[133]。○庚午[134]，以給事黃門侍郎阮佃夫為南豫州[135]刺史，留鎮京師。

九月戊子[136]，賜驍騎將軍高道慶死[137]。

冬，十月辛酉[138]，以吏部尚書王僧虔[139]為尚書右[2]僕射。

十一月戊子[140]，魏以太尉、安樂王長樂為定州[141]刺史，司空李訢為徐州刺史。

【章旨】以上為第一段，寫蒼梧王劉昱元徽四年（西元四七六年）一年間的大事。寫魏國馮太后鴆殺魏顯祖拓跋弘，重新臨朝稱制，並敘述馮太后的為人與為政特點；寫了宋建平王南徐州刺史劉景素起兵謀廢皇帝劉昱，朝廷文武一度紛紛歸之，最後被蕭道成所派出的任農夫、段佛榮、張倪奴等打敗於京口，劉景素等被殺；寫了沈攸之聞劉景素之變，抽回討三峽叛蠻之兵以赴建康，建平太守劉道欣疑其胸懷叵測，截江以阻其下，被沈攸之、劉攘兵所攻殺等等。

【注釋】❶正月己亥　正月初九。❷帝耕籍田　蒼梧王親自到籍田做耕種示範。籍田，皇帝親自耕種的示範田，以此表示國家的重農與勸農。❸陸定國　魏國的功勳老臣陸俟之孫，陸麗之子。繼其父爵為東郡王。傳見《魏書》卷四十。❹恃恩不法　依仗著受皇帝的恩寵而違法橫行。❺魏馮太后　文成帝拓跋濬之妃，獻文帝拓跋弘之養母，孝文帝拓跋宏之養祖母。傳見《魏書》卷十三。❻內行不正　指男女關係混亂。內行，在家裡的品行。❼李奕之死　李奕是拓跋燾時代的大臣李順之子，馮太后的男寵，於西元四七〇年被拓跋弘所殺。傳見《魏書》卷三十六。❽鴆毒　以毒酒害人。❾六月辛未　六月十三。❿顯祖殂　拓跋弘被毒死，時年二十三歲。司馬光《通鑑考異》曰：「元行沖《後魏國典》云：『太后伏壯士於禁中，太上入謁，遂崩。』按：事若如此，安得不彰？而中外恬然不以為怪，又孝文終不之知？按《後魏書》及《北史》皆無殺事。而〈天象志〉云『顯文暴崩』，蓋實有鴆毒之禍。今從之。」⓫壬申　六月十四。⓬改元承明　北魏孝文帝拓跋宏的第一個年號為延興（西元四七一—四七五年），承明是其第二個年號，只一年，即西元四七六年。⓭金陵　魏國皇帝稱其事先為自己營造待用的墳墓曰「金陵」，在古盛樂城西北，即今內蒙古自治區和林格爾的西北方。北魏的道武、明元、太武、文成、獻文等皇帝均埋葬於此。⓮萬安國　萬振之子，萬振娶魏國公主，生安國；安國又娶魏國公主，深受獻文帝拓跋弘恩寵，超拜大司馬、大將軍，封安城王。傳見《魏書》卷三十四。⓯神部長奚買奴　神部長是當時的「八部大人」之一，名叫奚買奴。當時魏國沿用鮮卑族原有的部族制度，先設北部大人、南部大人統率各部族。後續設四部，又擴充為八部。⓰戊寅　六月二十。⓱安樂王長樂　拓跋長樂，文成帝拓跋濬之子，被封為安樂王，此時任征西將軍。傳見《魏書》卷二十。⓲宜都王目辰　拓跋翳槐的後代，有功於拓跋燾時期，又堅請立拓跋宏為帝。傳見《魏書》卷十四。⓳南部尚書李訢　南部尚書即南部大人，李訢自拓跋燾時代即受重視，拓跋弘時因牽害李敷，受拓跋弘寵用，曾以司倉尚書攝南部事，後又為南部尚書。傳見《魏書》卷四十六。⓴復臨朝稱制　稱制，以皇帝的口氣頒布命令。胡三省曰：「魏高宗之殂，顯祖方年十二，馮太后臨朝稱制，時宋太宗泰始二年（西元四六六年）也。至次年，太后歸政。今既鴆顯祖，而高祖尚幼，故復臨朝。」㉑馮熙　馮太后之兄，先世在燕國為官，燕滅入魏。傳見《魏書》卷八十三上。㉒內任　在朝內為官。㉓洛州　魏州名，州治上洛，即今陝西商州。㉔顯祖神主　拓跋弘的靈牌。㉕祔太廟　供入太廟，與先輩的列祖列宗排列在一起。祔，供入以享受祭祀。㉖依故事皆賜爵　按照以往的先例都給提高一下級別。故事，先例；往常的做法。㉗廣平程駿　廣平郡人姓程名駿，此時任祕書令。傳見《魏書》

卷六十。廣平郡的郡治曲梁，在今河北曲周東北。㉘建侯裂地　封某人為侯爵，給他們劃定領地。侯爵的領地通常為一個縣。㉙或以親賢　這些被封侯的人有的因為是皇帝的親戚，而其本人又是賢士。㉚或因功伐　或者因為這些人是為國家立過功勳。胡三省曰：「以勞定國曰功，積功曰伐。」㉛百司　群吏，指有關的辦事人員。㉜皇家故事　如果說過去帝王做事有過什麼先例。㉝蓋一時之恩　那也不過是一種臨時的賞賜。㉞古典正言　古代那些正確的言論。㉟豈得但脩故事　怎麼能亦步亦趨地光是模仿先例呢。胡三省曰：「脩，當作『循』。」㊱賜駿衣一襲　賜給了程駿一套衣服。一襲，一套；一身。㊲聰察　聰敏、有智慧，不受人蒙蔽。㊳知書計　懂得文字與財務運算。㊴被服儉素　衣著穿戴節儉樸素。被，同「披」。穿戴。㊵膳羞　飯食；伙食。㊶減於故事什七八　比過去帝王的用度減少了十分之七八。㊷猜忍　殘忍；狠毒。㊸多權數　有招數；有手段。㊹高祖　現任的小皇帝拓跋宏，死後的廟號才稱高祖。㊺承顏順志　一舉一動全都看著馮太后的臉色，順著馮太后的心思。㊻皆仰成於太后　一切都按照馮太后拿出的主意辦。㊼不復關白於帝　不再通知魏主拓跋宏。關白，稟告；告知。這裡即通知、打招呼。㊽高平王琚　高平人王琚。高平是郡名，郡治即今寧夏固原。㊾安定張祐杞嶷　安定郡人張祐與杞嶷。安定是郡名，郡治即今甘肅涇川縣。㊿馮翊王遇　馮翊郡人王遇。馮翊郡的郡治高陸，即今陝西高陵。(51)略陽　魏郡名，郡治隴城，在今甘肅秦安東北，莊浪南。(52)高陽王質　高陽郡人王質。高陽郡的郡治在今河北高陽東。按，以上王琚、張祐、杞嶷、王遇、苻承祖、王質諸人皆見《魏書》卷九十四。(53)鐵券　又叫「丹書鐵券」，或「鐵券丹書」，古代帝王頒賜給受寵之臣，作為他享有某種特權的一種憑信。上面有用朱筆寫的誓詞，所以有時也簡稱「丹書」。(54)姑臧王叡　姑臧人王叡，曾任尚書令，進爵中山王。傳見《魏書》卷九十三。姑臧，即今甘肅武威。(55)李沖　甘肅隴西人，官至尚書僕射，封清淵縣開國侯。傳見《魏書》卷五十三。(56)不可勝紀　沒法計算。紀，這裡通「計」。(57)人望　社會上有聲望的人。(58)東陽王丕　拓跋丕，拓跋翳槐的後代。(59)游明根　拓跋弘、馮太后、拓跋宏時代的儒雅之臣。傳見《魏書》卷五十五。(60)以丕等參之　讓拓跋丕、游明根也跟著得些賞賜。參之，夾在裡頭。(61)烈帝　即拓跋翳槐，平文帝鬱律的長子。傳見《魏書》卷一。(62)竇　李竇，字懷素，曾任內都大官、鎮北將軍，封敦煌公。傳見《魏書》卷三十九。(63)失行　品行有過失。(64)小涉疑忌　稍微有一點讓馮太后懷疑或是覺得其言語有諷刺之意。(65)笞箠　用鞭子、棍子抽打。(66)無宿憾　不記仇，不把別人的過惡記恨在心。宿憾，讓怨恨過夜。憾，恨。(67)尋　很快。(68)乙亥　六月十七。(69)景素　劉景素，宋文帝劉義隆之孫，建平王劉宏之子，當時任南徐州刺史，受朝野所愛戴。傳見《宋書》卷七十二。(70)要結　邀請、結交。(71)黃回　明帝時期的名將，參加平定劉子勛的勢力，穩定明帝政權有功。傳見《宋書》卷八十三。(72)高道慶　劉宋末期的將領，參加平定劉休範的叛亂有功。傳見《宋書》卷八十三。[73]曹欣之　劉宋末期的將領，參加平定劉休範的叛亂有功，官任驍騎將軍。傳見《宋書》卷八十三。[74]垣袛祖　劉宋名將垣護之的後代，時為羽林監，宮廷守衛部隊的長官。[75]石頭城　故址在今南京清涼山一帶，當時建康城西側的長江邊，是當時建康城的防守要地。今南京修有石頭城公園。[76]道成不從者　如果蕭道成不同意這麼做。[77]即圖之　那就設法除掉蕭道成。[78]傖人　來自北方的人。胡三省曰：「江東人謂楚人別種為傖；亦謂西北人為傖。」傖，猶今所謂「土豹子」、「鄉巴佬」。[79]送臺　送到朝廷。當時劉景素為南徐州刺史，州治京口，即今江蘇鎮江市。臺，臺省，朝廷辦事機構，這裡即指朝廷。[80]奔京口　到京口投奔劉景素。京口在東晉、南朝時為長江下游的軍事重鎮和首都建康的北側門戶。[81]戊子　七月初一。[82]纂嚴　集合軍隊，宣布戒嚴。纂，集合。[83]己丑　七月初二。[84]任農夫　劉宋後期的著名將領，平定劉子勛的勢力，穩定明帝政權有功。傳見《宋書》卷八十三。[85]李安民　劉宋時期的著名將領，先是在打敗劉子勛、沈攸之的反朝廷軍中有功，後又在打敗劉休範的反朝廷軍中有功。傳見《南齊書》卷二十七。[86]辛卯　七月初四。[87]都統　官名，猶如後代所說的總指揮、總司令，以協調各路兵馬。[88]戒　這裡通「誡」。囑咐；告誡。[89]玄武湖　當時亦稱「練湖」，在當時建康城北、今南京城東北的玄武門外。[90]蕭賾　蕭道成的長子，歷史上所說的齊武帝，在劉宋末年為冠軍將軍。傳見《南齊書》卷三。[91]鎮東府　駐兵於東府。東府是當時建康城東側的小城名，東晉末年司馬道子為丞相時曾住在這裡作威作福，時稱「東府」。東府是與西側的皇城、皇宮相對而言。[92]伯融　劉伯融，始安王劉休仁之長子。其父死後，繼其父為始安王。傳見《宋書》卷七十二。[93]伯猷　劉伯猷，劉伯融之弟，先過繼於江夏王劉伯禽為後，繼位江夏王，後被降為都鄉侯。傳見《宋書》卷七十二。[94]建安王休仁　宋文帝劉義隆的第十二子，被封為建安郡王。劉休仁在幫助宋明帝劉彧奪得帝位，並打敗劉子勛勢力維持宋明帝政權的穩定立有大功。宋明帝臨死前擔心劉休仁的存在對其年幼的兒子不利，故強加罪名將其殺死，並將其降為始安縣王。傳見《宋書》卷七十二。[95]忌其年長　據《宋書》卷七十二，伯融、伯猷兄弟被害時，一為十九歲，一為十一歲。所謂「年長」，是見其年齡漸大，已有自己的認識力、判斷力而言。[96]稱詔賜死　假託皇帝劉昱的命令逼其自殺。[97]斷竹里　佔據竹里，以阻擋朝廷軍對京口的進攻。竹里是當時的軍事要地，在今江蘇句容城北，當時江乘縣東的長江南岸，地處於從建康到京口的中間地區。[98]引之使至　放他們到京口的跟前。[99]固爭　堅持主張「斷竹里」。[100]燒市邑　焚燒京口的城外的街道、城堡。邑，城鎮。[101]各相顧望　彼此觀望，誰也不肯出擊。[102]恇擾　驚慌失措。恇，恐慌。擾，內心無主，不知所措。[103]迫於段佛榮　被段佛榮所牽制、監督。[104]遂不發　於是沒有發動支援京口的起義。[105]西渚　渡口名，在當時京口的城西。[106]自相要結　自己挺身而出，團聚一起。[107]甲午　七月初七。[108]不相應赴　沒有人趕去支援。[109]薄城下　逼近京口城下。薄，意思同「迫」。逼近。(110)萬歲樓　應在今之鎮江市內，具體地址不詳。(111)所配　所率領。配，撥給；分配給。(112)乙未　七月初八。(113)撫之如舊　胡三省曰：「撫之以安反側，事定之後絕不能容之。」(114)解嚴　解除軍事緊急狀態。(115)丙申　七月初九。(116)初　在此之前，歷史家追述史事的前置語。(117)巴東建平蠻反　巴東、建平二郡的少數民族發動叛亂。巴東郡的郡治在今重慶市奉節，建平郡的郡治在今重慶市巫山縣，二郡同屬荊州刺史管轄。(118)沈攸之　劉宋後期的重要軍閥之一，先在平定劉子勛勢力的戰爭中有大功，後又從上游配合朝廷夾擊劉休範軍。此時任荊州刺史。傳見《宋書》卷七十四。(119)急追峽中軍　迅速撤回了進入三峽討伐巴東、建平叛變蠻夷的軍隊。追，追回；撤回。(120)以赴建康　帶領此兵趕往建康。究竟是勤王呢，還是趁機顛覆朝廷？其心莫測。(121)勒兵斷峽　率領軍隊，截斷了三峽的江面。(122)不聽軍下　不允許沈攸之的討蠻軍隊撤回東下。聽，聽任；允許。(123)荊州西曹　荊州刺史府的高級僚屬。西曹，也稱西曹掾，當時朝廷三公以及地方軍閥的高級僚佐，分東西二曹，分掌府中諸事。(124)往諭　前去說明情況。應是說此行為討伐劉景素之叛亂云云。(125)釋甲謝愆　撤開了斷峽的軍隊，向沈攸之表示歉意。(126)譬說不回　勸說無效。不因劉攘兵的勸說而改變主意，即堅決不讓沈攸之的軍隊通過三峽。(127)甲辰　七月十七。(128)思皇后　思字是謚。《謚法解》：「道德純一曰思；大省兆民曰思；外內思索曰思；追悔前過曰思。」這裡是取其第一義。(129)八月丁卯　八月初十。(130)皇弟翽　劉翽，連同下文的劉嵩、劉禧，均為宋明帝之子。傳見《宋書》卷九十。(131)南陽王　封地南陽郡，郡治即今河南南陽。(132)新興王　封地新興郡，郡治在今湖北沙市的東北側。(133)始建王　封地始建郡，郡治的所在地不詳。(134)庚午　八月十三。(135)南豫州　州治在今安徽當塗。(136)九月戊子　九月初二。(137)賜驍騎將軍高道慶死　以其曾響應劉景素之起事故也。(138)十月辛酉　十月初五。(139)王僧虔　宋文帝時代的名臣王曇首之子，王僧綽之弟，王弘之姪，東晉的權貴王珣之孫。是當時著名的權貴，也是著名的文學家。傳見《南齊書》卷三十三、《魏書》卷二十。(140)十一月戊子　十一月初三。(141)定州　魏州名，州治即今河北定州。

【校　記】①已　原無此字。據章鈺校，甲十一行本、乙十一行本、孔天胤本皆有此字，張敦仁《通鑑刊本識誤》、熊羅宿《胡刻資治通鑑校字記》同，今據補。②右　原作「左」。據章鈺校，甲十一行本、乙十一行本、孔天胤本皆作「右」，今據改。按，《南史．後廢帝紀》作「右」。

【語　譯】蒼梧王下

元徽四年（丙辰　西元四七六年）

春季，正月初九日己亥，宋國皇帝劉昱親自到籍田做耕作示範，大赦天下。

二月，魏國擔任司空的東郡王陸定國依仗著受到皇帝的恩寵而違法亂紀，被免去官爵，發配到軍隊中充當士兵。

魏國的馮太后在後宮亂搞男女關係，品行不端，因為自己的男寵李奕被魏顯祖拓跋弘所殺，因而對魏顯祖拓跋弘充滿了怨恨，於是便暗中在拓跋弘的酒中下了毒，夏季，六月十三日辛未，魏顯祖拓跋弘被毒死。十四日壬申，魏國實行大赦，改年號為承明。把顯祖拓跋弘安葬在金陵，諡號為獻文皇帝。

魏國擔任大司馬、大將軍的代郡人萬安國因為假託皇帝詔命殺死了擔任神部長的奚買奴而獲罪，被賜自殺而死。

六月二十日戊寅，魏國任命擔任征西大將軍的安樂王拓跋長樂為太尉，任命擔任尚書左僕射的宜都王拓跋目辰為司徒，任命擔任南部尚書的李訢為司空。尊稱馮太后為太皇太后，太皇太后馮氏再次代替皇帝行使權力，以皇帝的口氣頒布命令。她任命自己的哥哥馮熙為侍中、太師、中書監。馮熙因為自己是皇親國戚，所以堅決推辭到朝廷中擔任職務，太皇太后馮氏於是又任命馮熙為都督、洛州刺史，仍舊保留侍中、太師的職位。

魏顯祖拓跋弘的牌位被供入太廟，與列祖列宗排列在一起享受後人的祭祀，有關部門奏請朝廷，請求依照以往的先例，對在太廟中擔任執事的官員每人都提高等級。擔任祕書令的廣平郡人程駿上書反對說：「封某人為侯爵，並給他們劃定封地，是帝王最重視的大事，那些被封侯的人有的因為是皇帝的親戚，而且本人又是具有才能的賢人，有的人是因為他為國家立過功勳，卻從來沒有聽說過皇帝的牌位被供入太廟享受祭祀而在太廟中擔任執事的官員因此而受到封賞爵位的。如果說過去皇帝做事有過什麼先例，那也不過是一種臨時的恩典，豈能作為永久的辦法去執行呢？」太皇太后很贊成程駿的意見，便依從了他，太皇太后對群臣說：「凡是議論事情，都要依照古代典章法式中的正確言論，怎麼能亦步亦趨地光是模仿古代的先例呢？」賞賜給程駿一套衣服，二百匹帛。

魏國的太皇太后馮氏生性聰敏、有智慧，不受人蒙蔽，懂得文字與財務運算，又懂得如何處理政務，衣著穿戴都很節儉樸素，在膳食方面，比過去帝王的用度減少了十分之七八，然而她為人殘忍、狠毒，有招數、有手段。魏高祖拓跋宏生性最為孝順，一舉一動全都看著祖母太皇太后的臉色，順著祖母太皇太后的意思，事情無論大小，一切都按照太皇太后的意見辦。太皇太后往往獨斷專行，遇事便不再與魏高祖拓跋宏打招呼。太皇太后馮氏所寵信的宦官高平郡人王琚、安定郡人張祐與杞嶷、馮翊郡人王遇、略陽郡人苻承祖、高陽郡人王質，全都依仗著太皇太后的權勢而參與朝政。張祐的職位竟然做到了尚書左僕射，被封為新平王；王琚的職位升至征南將軍，被封為高平王；杞嶷等人的職位也都做到了侍中、吏部尚書、刺史，有的被封為公爵，有的被封為侯爵。賞賜給他們的錢物多達數萬，還賞賜給他們丹書鐵券，許諾不論他們犯了什麼罪，都會赦免他們不死。還有，擔任太卜令的姑臧人王叡因為受到馮太后的寵幸，竟然被越級提拔為侍中、吏部尚書，封為太原公。擔任祕書令的李沖，雖然是依靠自己的才能得到晉升，但也是由於他私下裡深得馮太后寵愛的緣故，馮太后給這些人的賞賜多得無法計算。馮太后還表面上對那些在社會上有聲望的人顯得很尊重，例如對東陽王拓跋丕、游明根等人，都以優禮相待，賞賜給他們的錢物也很豐厚，在每次褒獎賞賜王叡等人的時候，其中也一定包括拓跋丕、游明根等人在內，以此來表示自己不是出於私心。拓跋丕，是烈帝拓跋翳槐的玄孫。李沖，是李寶的兒子。

魏國的太皇太后馮氏知道自己在品行上有過失，所以特別懼怕別人議論自己，群臣在言語中稍微有一點讓馮太后感到懷疑或是令她覺得其中有諷刺之意，就立即被她處死。然而對身邊那些受她寵信的人，如果小有過失，也一定要用鞭子、棍子狠狠地抽打他們，有時候甚至會抽打一百多下。然而馮太后對人沒有隔夜的仇恨，不久就依然像以前那樣對待他們，有時那些人反而因為受到責打而更加富貴。所以左右的侍從人員雖然被她責打，他們卻始終對馮太后沒有二心。

六月十七日乙亥，宋後廢帝劉昱加授蕭道成為尚書左僕射，加授劉秉為中書令。

擔任員外郎的楊運長、驍騎將軍的阮佃夫等人對擔任南徐州刺史的建平王劉景素更加忌恨，於是劉景素遂與擔任錄事參軍的陳郡人殷瀰、擔任中兵參軍的略陽人垣慶延、擔任參軍的沈顒、左暄等人謀劃自我保全的辦法。劉景素派人往來於建康，邀請、結交那些有才能、有實力的人士，於是擔任冠軍將軍的黃回、擔任游擊將軍的高道慶、擔任輔國將軍的曹欣之、擔任前軍將軍的韓道清、擔任長水校尉的郭蘭之、擔任羽林監的垣祗祖，都暗中與劉景素串通一氣、互通消息，那些不得志的武人，全都歸附了劉景素。當時後廢帝喜好獨自外出到郊野遊逛，曹欣之遂打算佔據石頭城，準備等待後廢帝外出的機會起兵作亂。韓道清、郭蘭之想勸說蕭道成趁皇帝劉昱夜間出宮閒遊的時候，把劉昱抓捕起來，迎接劉景素回來做皇帝，如果蕭道成不同意這樣做，那就設法把蕭道成除掉。而劉景素往往對他們加以禁止，讓他們暫緩行動。員外郎楊運長、驍騎將軍阮佃夫對他們的行為有所耳聞，就派來自於北方的周天賜假裝投奔劉景素，勸說劉景素起兵。劉景素得知實情後，就砍下周天賜的人頭送往朝廷。

秋季，七月，擔任羽林監的垣祗祖率領著數百人從建康前往京口投奔建平王劉景素，聲稱京師已經崩潰陷入混亂，勸說劉景素迅速入京。劉景素相信了垣祗祖的話，初一日戊子，劉景素以京口為根據地起兵謀反，前往京口投奔他的士民有上千人。楊運長、阮佃夫聽說垣祗祖已經叛變逃走，立即命令集合部隊，宣布戒嚴。初二日己丑，建康朝廷派遣擔任驍騎將軍的任農夫、擔任領軍將軍的黃回、擔任左軍將軍的蘭陵人李安民率領步兵，擔任右軍將軍的張保率領水軍，水陸並進去討伐劉景素。初四日辛卯，建康朝廷又任命擔任南豫州刺史的段佛榮為都統。蕭道成知道領軍將軍黃回對朝廷懷有二心，所以才派李安民、段佛榮與黃回同行。黃回私下裡告誡自己的部下說：「路上如果遇到京口的軍隊，不准與他們交戰。」蕭道成率領軍隊屯紮在玄武湖，蕭道成的長子、擔任冠軍將軍的蕭賾率軍鎮守東府。

始安王劉伯融，都鄉侯劉伯猷，都是建安王劉休仁的兒子，楊運長、阮佃夫忌恨他們逐漸長大，就假託皇帝劉昱的命令逼他們自殺了。

劉景素準備佔據竹里，以阻擋朝廷軍對京口的進攻。中兵參軍垣慶延、羽林監垣祗祖、參軍沈顒都說：「如今天氣乾旱炎熱，朝廷的軍隊遠道而來已經十分疲勞困乏，放他們到京口城下，我們以逸待勞，可以一戰而獲全勝。」錄事參軍殷瀰等人堅決反對，卻無法使他們改變主意。驍騎將軍任農夫等人率領朝廷軍抵達京口，縱火焚燒了京口城外的城鎮、街道。而此時的垣慶延等人卻彼此觀望，誰也不肯出擊，沒有一點鬥志。劉景素本來就缺乏威嚴和軍事戰略才能，此時更是惶恐失措，不知如何是好。領軍將軍黃回受到段佛榮的牽制、監督，而且看到京口軍隊勢力弱小，於是便沒有發動支援京口的起義。

右軍將軍張保率領水軍停泊在西渚，劉景素身邊的幾十名勇士挺身而出，自動組織起來，向張保所率領的水軍發起攻擊。七月初七日甲午，張保戰敗被殺死，而京口劉景素屬下的諸將卻沒有人率軍趕去接應、增援，所以又被朝廷的軍隊打敗。朝廷的軍隊已經逼近京口城下，參軍沈顒首先率軍逃走，羽林監垣祗祖緊隨其後，其餘各軍便也相繼奔逃潰退，只有參軍左暄率領軍隊與朝廷軍在萬歲樓下拼命廝殺，然而分配給他的兵力非常弱小，根本抵抗不住朝廷軍的進攻，遂很快便潰散了。初八日乙未，朝廷的軍隊攻下了京口。領軍將軍黃回率軍首先進入京口，自以為曾經發誓絕不親手殺害宋室親王，於是就把擒獲劉景素的機會留給了擔任殿中將軍的張倪奴。張倪奴擒獲了劉景素，就把劉景素以及劉景素的三個兒子全部殺死了，劉景素的同黨垣祗祖等數十人全部被誅殺。尚書左僕射蕭道成沒有對黃回、高道慶進行追究，仍然像以前一樣對待他們。當天，朝廷便解除了軍事緊急狀態。初九日丙申，實行大赦。

當初，宋國管轄之下的巴東郡、建平郡境內的少數民族發動叛亂，擔任荊州刺史的沈攸之派軍隊前往巴東、建平去平定叛亂。等到建平王劉景素起兵造反，沈攸之急忙撤回了已經進入三峽討伐巴東、建平蠻人叛亂的軍隊，然後率領著這支軍隊奔赴建康。巴東太守劉攘兵、建平太守劉道欣懷疑沈攸之這一行動含有陰謀，就率領軍隊截斷了三峽的江面，不允許沈攸之的討伐叛亂的軍隊撤回東下。劉攘兵的兒子劉天賜正在荊州刺史府擔任西曹掾，沈攸之便派遣劉天賜前往巴東向他的父親劉攘兵說明情況。劉攘兵得知劉景素此時確實已經起兵造反，這才撤開了斷峽的軍隊，並向沈攸之表示歉意，沈攸之對待劉攘兵依然如故。建平太守劉道欣仍然堅守建平郡，拒不撤兵放沈攸之的軍隊通過三峽，劉攘兵勸說無效，於是就與沈攸之討伐蠻族人叛亂的軍隊聯合起來攻打劉道欣，把劉道欣殺死。

七月十七日甲辰，魏孝文帝拓跋宏追尊自己的生母李貴人為思皇后。

八月初十日丁卯，宋後廢帝封自己的弟弟劉翽為南陽王，劉嵩為新興王，劉禧為始建王。〇十三日庚午，宋後廢帝任命擔任給事黃門侍郎的阮佃夫為南豫州刺史，仍然留在京師鎮守。

九月初二日戊子，宋朝廷因為驍騎將軍高道慶曾經響應建平王劉景素起兵，於是賜高道慶自殺而死。

冬季，十月初五日辛酉，宋朝廷任命擔任吏部尚書的王僧虔為尚書右僕射。

十一月初三日戊子，魏國孝文帝任命擔任太尉的安樂王拓跋長樂為定州刺史，任命擔任司空的李訢為徐州刺史。

順皇帝

昇明元年（丁巳　西元四七七年）

春，正月乙酉朔❶，魏改元太和❷。己酉❸，略陽氐❹王元壽聚眾五千餘家，自稱衝天王。二月辛未❺，魏秦、益❻二州刺史尉洛侯擊破之。

三月庚子❼，魏以東陽王丕❽為司徒。

夏，四月丁卯❾，魏主如白登❿。壬申⓫，如崞山⓬。

初，蒼梧王在東宮⓭，好緣漆帳竿⓮，去地丈餘⓯。喜怒乖節⓰，主帥⓱不能禁。太宗屢敕陳太妃⓲痛捶⓳之。及即帝位，內畏太后、太妃，外憚諸大臣，未敢縱逸[20]。自加元服[21]，內外稍無以制[22]，數出遊行。始出宮，猶整儀衛[23]。俄而[24]弃車騎[25]，帥左右數人，或出郊野，或入市廛[26]。太妃每乘青犢車[27]，隨相檢攝[28]。既而輕騎遠走一二十里，太妃不復能追，儀衛亦懼禍不敢追尋，唯整部伍別在一處，瞻望而已。

初，太宗[29]嘗以陳太妃賜嬖人李道兒[30]，已復迎還[31]，生帝[32]。故帝每微行[33]，自稱「劉統[34]」，或稱「李將軍[35]」。常著小袴衫[36]，營署巷陌[37]，無不貫穿。或夜宿客舍，或晝臥道傍，排突廝養[38]，與之交易[39]，或遭慢辱[40]，悅而受之。凡諸鄙事[41]，裁衣、作帽，過目則能。未嘗吹篪[42]，執管便韻[43]。及京口既平[44]，驕恣尤甚，無日不出，夕去晨返，晨出暮歸。從者並執鋋矛[45]，行人男女及犬馬牛驢，逢無免者。民間擾懼，商販皆息[46]，門戶晝閉，行人殆絕[47]。鍼、椎[48]、鑿、鋸，不離左右，小有忤意[49]，即加屠剖，一日不殺，則慘然[50]不樂。殿省[51]憂惶，食息不保[52]。阮佃夫與直閤將軍申伯宗等，謀因帝出江乘[53]射雉，稱太后令，喚隊仗還，閉城門，遣人執帝廢之，立安成王準[54]。事覺，甲戌[55]，帝收佃夫等殺之。

太后數訓戒帝，帝不悅。會端午，太后賜帝毛扇[56]。帝嫌其不華，令太醫煮藥，欲鴆[57]太后。左右止之曰：「若行此事，官便應作孝子[58]，豈復得出入狡獪[59]？」

帝曰：「汝語大有理！」乃止。

六月甲戌[60]，有告散騎常侍杜幼文、司徒左長史沈勃[61]、游擊將軍孫超之與阮佃夫同謀者，帝登[62]帥衛士，自掩[63]三家，悉誅之。刳解臠割[64]，嬰孩不免。沈勃時居喪在廬[65]，左右未至，帝揮刀獨前。勃知不免，手搏帝耳，唾罵之曰：「汝罪踰桀、紂[66]，屠戮無日[67]！」遂死。是日，大赦。

帝嘗直入領軍府[68]。時盛熱，蕭道成晝臥裸袒[69]。帝立道成於室內[70]，畫腹為的[71]，自引滿[72]，將射之。道成斂版[73]曰：「老臣無罪。」左右王天恩曰：「領軍[74]腹大，是佳射堋[75]，一箭便死，後無復射，不如以骲箭[76]射之。」帝乃更以[77]骲箭射，正中其齊[78]。投弓大笑曰：「此手何如？」帝忌道成威名，嘗自磨鋋[79]，曰：「明日殺蕭道成。」陳太妃罵之曰：「蕭道成有功於國，若害之，誰復為汝盡力邪？」帝乃止[80]。

道成憂懼，密與袁粲、褚淵謀廢立。粲曰：「主上幼年，微過易改。伊、霍之事[81]，非季世所行[82]，縱使功成，亦終無全地[83]。」淵默然。領軍功曹[84]丹陽紀僧真[85]言於道成曰：「今朝廷[86]猖狂，人不自保，天下之望[87]，不在袁、褚，明公[88]豈得坐受夷滅？存亡之機，仰希熟慮[89]。」道成然之。

或勸道成奔廣陵[90]起兵。道成世子賾，時為晉熙王長史[91]，行郢州事[92]，欲使賾將郢州兵東下會京口。道成密遣所親劉僧副告其從兄行青、冀二州刺史劉善明[93]曰：「人多見勸北固廣陵[94]，恐未為長筭。今秋風行起[95]，卿若能與垣東海[96]微共動虜[97]，則我諸計可立[98]。」亦告東海太守垣榮祖[99]。善明曰：「宋氏將亡，愚智共知。北虜若動，反為公患[100]。公神武高世[101]，唯當靜以待之，因機奮發，功業自定，不可遠去根本[102]，自貽猖蹶[103]。」榮祖亦曰：「領府[104]去臺百步，公走，人豈不知？若單騎輕行，廣陵人閉門不受，公欲何之？公今動足下牀[105]，恐即有叩臺門[106]者，公事去矣[107]。」紀僧真曰：「主上雖無道，國家累世之基猶為安固。公百口，北度[108]必不得俱[109]。縱得廣陵城，天子居深宮，施號令，目公為逆[110]，何以避之？此非萬全策也。」道成族弟鎮軍長史順之[111]及次子驃騎從事中郎嶷[112]，皆以為：「帝好單行道路，於此立計[113]，易以成功。外州起兵，鮮有克捷[114]，徒先人受禍[115]耳。」道成乃止。

東中郎司馬[116]、行會稽郡事李安民欲奉江夏王躋[117]起兵於東方[118]，道成止之。越騎校尉王敬則[119]潛自結[120]於道成，夜著青衣，扶匐道路[121]，為道成聽察帝之往來[122]。道成命敬則陰結帝左右楊玉夫、楊萬年、陳奉伯等二[1]十五人於殿中，詗伺機便[123]。

秋，七月丁亥[124]夜，帝微行至領軍府門。左右曰：「一府皆眠，何不緣牆入[125]？」帝曰：「我今夕欲於一處作適[126]，宜待明夕。」員外郎桓康[127]等於道成門間[128]聽聞之。

戊子[129]，帝乘露車[130]，與左右於臺岡[131]賭跳[132]，仍往青園尼寺[133]。晚，至新安寺[134]偷狗，就曇度道人[135]煮之。飲酒醉，還仁壽殿寢。楊玉夫常得帝意，至是忽憎之，見輒切齒[136]曰：「明日當殺小子取肝肺！」是夜，令玉夫伺織女度河[137]，曰：「見當報我[138]，不見，將殺汝！」時帝出入無常，省內諸閤[139]，夜皆不閉，廂下[140]畏相逢值[141]，無敢出者，宿衛[142]並逃避，內外莫相禁攝[143]。是夕，王敬則出外。玉夫伺帝熟寢，與楊萬年取帝防身刀[144]刎之[145]。敕廂下奏伎陳奉伯[146]袖其首[147]，依常行法[148]，稱敕開承明門[149]出，以首與敬則。敬則馳詣[150]領軍府，叩門大呼，蕭道成慮蒼梧王誑之[151]，不敢開門。敬則於牆上投其首，道成洗視，乃戎服乘馬而出，敬則、桓康等皆從入宮。至承明門，詐為行還[152]。敬則恐內人覘見[153]，以刀環塞窐孔[154]，呼門甚急，門開而入。佗夕，蒼梧王每開門，門者震懾[155]，不敢仰視，至是弗之疑。道成入殿，殿中驚怖，既而聞蒼梧王死，咸稱萬歲。

己丑旦[156]，道成戎服出殿庭槐樹下，以太后令召袁粲、褚淵、劉秉入會議[157]。道成謂秉曰：「此使君家事[158]，何以斷之[159]？」秉未答。道成須髯盡張[160]，目光如電。秉曰：「尚書眾事，可以見付[161]，軍旅處分[162]，一委領軍[163]。」道成次讓袁粲[164]，粲亦不敢當。王敬則拔白刃，在牀側跳躍曰[165]：「天下事皆應關蕭公[166]！敢有開一言[167]者，血染敬則刀！」仍手取白紗帽[168]加道成首，令即位[169]，曰：「今日誰敢復動？事須及熱[170]！」道成正色呵之曰：「卿都自不解[171]！」粲欲有言，敬則叱之，乃止。褚淵曰：「非蕭公無以了此[172]。」手取事授道成[173]。道成曰：「相與不肯[174]，我安得辭？」乃下議[175]，備法駕[176]詣東城[177]迎立安成王。於是長刀遮粲、秉等[178]，各失色而去[179]。秉出，於路逢從弟韞[180]，韞開車[181]迎問曰：「今日之事，當歸兄邪[182]？」秉曰：「吾等已讓領軍矣。」韞拊膺[183]曰：「兄肉中詎有血邪[184]？今年族[185]矣！」

是日，以太后令，數[186]蒼梧王罪惡，曰：「吾密令蕭領軍潛運明略[187]。安成王準，宜臨萬國[188]。」追封昱為蒼梧王[189]。儀衛[190]至東府門，安成王令門者勿開[191]，以待袁司徒。粲至，王乃入居朝堂[192]。壬辰[193]，王即皇帝位，時年十一，改元[194]，大赦[195]。葬蒼梧王於郊壇[196]西。

魏京兆康王子推[197]卒。

甲午[198]，蕭道成出鎮東府[199]。丙申[200]，以道成為司空、錄尚書事[201]、驃騎大將軍；袁粲遷中書監[202]；褚淵加開府儀同三司[203]；劉秉遷尚書令[204]，加中領軍；以晉熙王燮為揚州刺史[205]。劉秉始謂尚書萬機，本以宗室居之，則天下無變。既而蕭道成兼總軍國[206]，布置心膂[207]，與奪自專[208]，褚淵素相憑附[209]，秉與袁粲閤手仰成[210]矣。辛丑[211]，以尚書右僕射王僧虔為僕射[212]。丙午[213]，以武陵王贊為郢州刺史[214]，蕭道成改領南徐州刺史[215]。

八月壬子[216]，魏大赦。

癸亥[217]，詔袁粲鎮石頭[218]。粲性沖靜[219]，每有朝命[220]，常固辭，逼切不得已，乃就職。至是知蕭道成有不臣之志[221]，陰欲圖之，即時順命[222]。

初，太宗使陳昭華[223]母養順帝，戊辰[224]，尊昭華為皇太妃。

丙子[225]，魏詔曰：「工商皁隸[226]，各有厥分[227]，而有司縱濫[228]，或染流俗[229]。自今戶內有役[230] [2]者，唯止本部丞[231]；若有勳勞者，不從此制。」

蕭道成固讓司空，庚辰[232]，以為驃騎大將軍、開府儀同三司。

九月乙酉[233]，魏更定[234]律令。○戊申[235]，封楊玉夫等二十五人為侯、伯、子、男。

冬，十月，氐帥楊文度[236]遣其弟文弘襲魏仇池[237]，陷之。

初，魏徐州刺史李訢，事顯祖為倉部尚書[238]，信用盧奴令[239]范檦。訢弟左將軍瑛諫曰：「檦能降人以色[240]，假人以財[241]，輕德義而重勢利，聽其言也甘[242]，察其行也賊[243]，不早絕之，後悔無及。」訢不從，腹心之事，皆以語檦。

尚書趙黑，與訢皆有寵於顯祖，對掌選部[244]。訢以其私[245]用人為方州[246]，黑對顯祖發[247]之，由是有隙[248]。頃之，訢發黑前為監藏[249]，盜用官物，黑坐黜為門士[250]。黑恨之，寢食為之衰少。踰年[251]，復入為侍中、尚書左僕射，領選[252]。

及顯祖殂，黑白馮太后[253]，稱訢專恣，出為徐州[254]。范檦知太后怨訢[255]，乃告訢謀外叛[256]。太后徵訢至平城問狀，訢對無之。太后引檦使證之，訢謂檦曰：「汝今誣我，我復何言？然汝受我恩如此之厚，乃忍為爾乎[257]？」檦曰：「檦受公恩，何如公受李敷恩[258]？公忍[3]之於敷，檦何為不忍於公？」訢慨然歎曰：「吾不用瑛言，悔之何及！」趙黑復於中[259]構成其罪[260]，丙子[261]，誅訢及其子令和、令度，黑然後寢食如故[262]。

【章　旨】以上為第二段，寫宋順帝劉準昇明元年（西元四七七年）正月至十月共十個月間的大事。主要寫了宋國皇帝劉昱的性情乖張，縱情遊蕩，肆意兇殺，甚至欲鴆殺其母，阮佃夫欲行廢立，事洩被劉昱所殺；寫了劉昱想殺蕭道成，蕭道成圖謀廢立，袁粲反對；蕭道成又想派人挑起北部邊境磨擦，自己乘機在廣陵武裝起事，後從其心腹的出謀劃策，改為在京城等候時機；寫王敬則化裝乞丐窺探劉昱的出行規律，蕭道成收買了劉昱身邊的用人，伺機動手；寫楊玉夫、楊萬年等刺殺皇帝劉昱，王敬則送其首與蕭道成，蕭道成進入宮殿奪得大權，改立安成王劉準為傀儡，從此蕭道成「兼總軍國，布置心膂，與奪自專」；寫袁粲等人失去一切權力，不滿蕭道成如此專斷，陰欲尋機圖之；此外還寫了魏臣李訢信任盧奴令范檦，其弟勸李訢勿與范檦來往，李訢不聽，結果在趙黑、范檦等人的誣陷下被馮太后所殺等等。

【注　釋】❶正月乙酉朔　正月初一是乙酉日。❷改元太和　在此之前魏國孝文帝拓跋宏的第二個年號承明，今又改為太和。太和是拓跋宏的第三個年號（西元四七七—四九九年），共二十三年。❸己酉　正月二十五。❹略陽民　略陽郡的百姓。魏國略陽郡的郡治隴城，在今甘肅莊浪南。❺二月辛未　二月十七。❻秦益　魏國的二州名，秦州的州治上邽，即今甘肅天水市，益州的州治在今陝西略陽。❼三月庚子　三月十七。❽東陽王丕　拓跋丕，時任征西大將軍、雍州刺史。❾四月丁卯　四月十四。❿白登　山名，在今山西大同東北，此處有魏國的離宮。⓫壬申　四月十九。⓬崞山　在今山西渾源西北，此處有魏國帝王的陵墓。⓭在東宮　言其為太子時。⓮緣漆帳竿　類似現在的雜技表演，平地立起一根竿子，藝人空手向上爬，並做種種動作。緣，爬；攀援。漆帳竿，用漆漆過的一種光滑竹竿。⓯去地丈餘　可以爬到離開地面一丈多高。⓰乖節　反常、失控，沒個分寸。⓱主帥　侍衛、侍從人員的頭領。胡三省曰：「謂東宮齋內主帥也。」⓲陳太妃　宋明帝劉彧的嬪妃，蒼梧王劉昱的生母。蒼梧王即位後，尊封為皇太妃。傳見《宋書》卷四十一。⓳痛捶　狠打。捶，用鞭、杖抽打。⓴縱逸　放縱自己。逸，放縱。㉑加元服　行加冠禮，表示已到成年人。元服，帽子。元，頭；腦袋。㉒稍無以制　漸漸地就沒法管了。稍，逐漸；越來越。㉓猶整儀衛　還帶著整齊的儀仗和衛隊。㉔俄而　過一會兒。㉕弃車騎　把儀仗隊和衛隊都扔下不管。㉖市廛　市場。㉗青犢車　青色篷蓋的牛車，裝成平民人家的模樣。㉘檢攝　監管、約束。㉙太宗　指宋明帝劉彧。太宗是他的廟號。㉚嬖人李道兒　劉彧的男寵名李道兒。嬖人，男寵，以色侍人的男人。李道兒曾任中書通事舍人、給事中。傳見

《宋書》卷九十四。㉛已復迎還　過了一段時間，意思是見其懷孕後，又把她接了回來。已，既；不久。㉜生帝　生下了現任的小皇帝劉昱。按，類似這種言語，顯然是蕭道成為翦滅劉氏而進行的編造。㉝微行　不使人知道其原有身分的化裝出行。㉞劉統　隱微的含意是姓劉的統治天下的人。㉟李將軍　含意是自己承認是李道兒的兒子。㊱著小袴衫　身穿套褲和短袖單衣。著，身穿。小袴衫，套褲和短袖單衣。㊲營署巷陌　軍營、官署以及尋常的大街小巷。㊳排突廝養　和那些下等市民混在一起推擠拉扯。排突，推擠拉扯。廝養，養馬的奴隸，這裡泛指下層人。㊴與之交易　和他們討價還價地做買賣。㊵慢辱　漫罵、侮辱。㊶鄙事　貴族所不屑一顧的下等手藝。㊷篪　古代用竹製作的一種管樂器。㊸執管便韻　拿過來就能吹出好聽的聲音。韻，指樂音，與「噪音」相對文。㊹京口既平　指劉景素的叛亂被平定。㊺並執鋋矛　都手提著短矛。㊻皆息　全部停業。㊼殆絕　幾乎斷絕。殆，幾乎；差不多。㊽鍼椎　鉗子與鐵錘。鍼，通「鉗」。㊾小有忤意　稍微有點不合心思。忤，抵觸。㊿慘然　失落、喪氣的樣子。(51)殿省　殿上、省中，泛指整個朝廷上下。(52)食息不保　吃了這頓不知是否還能吃下頓，睡了今晚不知是否還能睡明晚。息，睡，睡眠。(53)江乘　古縣名，縣治在今南京東北的長江南岸。(54)安成王準　劉準，明帝劉彧的第三子，劉昱之弟，亦即歷史上的宋順帝。傳見《宋書》卷十。(55)甲戌　四月二十一。(56)太后賜帝毛扇　司馬光《通鑑考異》曰：「《宋略》作『太妃賜』，今從《宋書》。」毛扇，羽毛編織的扇子。(57)鴆　毒鳥名，相傳用鴆鳥羽毛醮過的酒可以毒死人。這裡即指用毒酒殺人。(58)官便應作孝子　意謂如果你毒死了母親，那你就得去做孝子服喪守靈了。官，也稱「官家」，當時對皇帝的敬稱。(59)豈復得出入狡獪　還能夠出來進去地自由玩耍嗎。胡三省曰：「江南謂小兒戲為狡獪。」(60)六月甲戌　六月二十二。(61)沈勃　文帝時代的名臣沈演之之子，好為文章，善彈琴、圍棋，輕薄逐利。泰始中官給事中，後為司徒左長史。傳見《宋書》卷六十三。(62)登　登時；立即。(63)自掩　親自襲捕。(64)刳解臠割　剖腹、肢解、剮成碎塊。臠，肉塊。(65)居喪在廬　正在小棚子裡為長輩守孝。廬，也稱「倚廬」，古人服喪時所住的小棚子。胡三省曰：「禮，居喪者，居倚廬，寢苫枕塊。孟康注曰：『倚廬，倚牆至地而為之，無楣柱。』」(66)罪踰桀紂　你的罪惡比桀、紂還要嚴重。踰，超過。(67)屠戮無日　你被人所殺的日子已經不遠了。無日，沒有幾天。(68)領軍府　領軍將軍辦公的官署。領軍將軍也稱中領軍，是朝廷羽林軍的統帥，當時蕭道成任此職。(69)裸袒　赤身露體。(70)立道成於室內　讓蕭道成在屋子裡站著。(71)畫腹為的　在蕭道成的肚皮上畫成一個射靶。的，箭靶。(72)自引滿　親自拉開弓。(73)斂版　拱手持手版，一副恭敬的樣子。版，也稱笏板，大臣上朝時所持的手版，上記發言的要點。(74)領軍　以稱蕭道成。以官銜稱人表示尊敬。(75)是佳射堋　的確是塊很好的箭靶。射堋，也作「射棚」，即射靶。(76)骲箭　以獸骨做箭頭的箭，這裡實際指沒有箭頭的箭。胡三省曰：「余謂骨鏃亦能害人，況以之射人腹乎？蓋當時所謂『鲍箭』者，必非骨鏃。」(77)更以　改用。(78)齊　通「臍」。肚臍。(79)磨鋋　磨短矛。鋋，短矛。(80)帝乃止　似此等事應皆蕭道成所捏造。(81)伊霍之事　即廢掉現任的帝王，另選立一個帝王的故事。伊，指伊尹，商朝初期的大臣。商湯死後，其孫太甲無道，伊尹放太甲於桐。三年後，太甲改過，伊尹將其接回重新為帝。事見《史記・殷本紀》。霍，指霍光，西漢後期的權臣。昭帝死後無子，霍光迎立武帝之孫昌邑王劉賀為帝。劉賀荒淫無道，霍光等將其廢掉，改立了武帝的曾孫劉詢為帝。事見《漢書・霍光傳》。(82)非季世所行　不是我們後人所能幹得了的。季世，末世；道德衰敗之世。(83)終無全地　我們這些當事人也不會有好下場。如宋初徐羨之、傅亮、謝晦等之殺劉義符，改立劉義隆，事情成功，但徐、傅諸人皆被殺光，即最近的事例。(84)領軍功曹　中領軍蕭道成的僚屬，掌管記錄、考察軍中將士的功勞。(85)紀僧真　蕭道成的心腹，歷任建康令、游擊將軍、司農卿、廬陵內史等。傳見《南齊書》卷五十六。(86)朝廷　隱指皇帝劉昱。(87)天下之望　朝野所仰望、所期待的人物。(88)明公　敬稱蕭道成。(89)仰希熟慮　希望您能認真考慮。仰，表示恭敬的副詞。(90)廣陵　郡名，郡治即今江蘇揚州。(91)晉熙王長史　晉熙王屬下的當權人物。晉熙王是宋明帝的第六子劉燮。長史是三公、諸王屬下的諸史之長，握有實權。(92)行郢州事　代理郢州刺史的職務。行，代理。以低級別代理高職務叫「行」。(93)劉善明　劉宋後期的將領，蕭道成的忠實部下，時任青、冀二州刺史。傳見《南齊書》卷二十八。(94)見勸北固廣陵　勸我加強廣陵地區的防守，意即據廣陵發動政變。當時蕭道成兼任南兗州刺史，南兗州的州治就在廣陵。(95)秋風行起　秋天即將到來。行起，將起。「秋風行起」是北方民族向南方政權發動進攻的良好時機。(96)垣東海　即下文所說的垣榮祖，時為東海太守。傳見《南齊書》卷二十八。當時東海郡的郡治漣口，即今江蘇漣水縣。(97)微共動虜　設法挑起一點與魏國的邊境磨擦。(98)我諸計可立　我的一切計畫就都可以實現了。因為北方的邊境矛盾一起，蕭道成就有了調集軍隊的藉口。(99)亦告東海太守垣榮祖　也把同樣的意思告知了垣榮祖。(100)反為公患　反而給您造成很多麻煩。(101)神武高世　神奇英武蓋世無雙。高世，高出一切世人。(102)遠去根本　遠離京城地北討強虜。(103)自貽狙蹶　弄不好還可能遭受軍事上的失敗。狙蹶，這裡指跌倒、失敗。(104)領府　即上文所說的「領軍府」。(105)動足下牀　言其剛想向外走。(106)叩臺門　去向朝廷報告您的動向。(107)公事去矣　您的大計畫就泡湯了。(108)北度　指離開建康，渡江北去廣陵。度，通「渡」。(109)必不得俱　肯定是沒法全部帶走。(110)目公為逆　把您看作是叛逆、造反。(111)鎮軍長史順之　蕭順之，時為鎮軍將軍蕭道成的長史。當時蕭道成既為中領軍，又為鎮軍將軍。蕭順之是齊武帝蕭衍之父。(112)驃騎從事中郎嶷　蕭嶷，時為驃騎將軍的從事中郎。從事中郎是將軍的高級僚屬。(113)於此立計　在京城採取手段。(114)鮮有克捷　難以獲得成功。鮮，少。(115)徒先人受禍　白白地犧牲，還沒有殺別人，就先被別人殺掉了。(116)東中郎司馬　東中郎將劉躋的司馬。(117)江夏王躋　劉躋，宋明帝劉彧的第八子，過繼給劉義恭為後嗣，繼劉義恭之位號為江夏王。時年八歲，為東中郎將，駐兵會稽（今浙江紹興），大權在李安民之手。(118)起兵於東方　起兵會稽以討伐皇帝劉昱，助蕭道成行廢立之事。(119)王敬則　劉宋末期的將領，蕭道成的心腹，時任越騎校尉，是護衛宮廷的將官。傳見《南齊書》卷二十六。(120)潛自結　暗中投靠、交好。(121)扶匐道路　趴伏在街道之上。扶匐，同「匍匐」。爬行。(122)聽察帝之往來　觀察皇帝劉昱行動規律。(123)詗伺機便　刺探下手的機會。詗，刺探；偵察。(124)七月丁亥　七月初六。(125)緣牆入　翻牆進去殺蕭道成。(126)作適　開心地玩玩。胡三省曰：「適意作戲，謂之作適。」(127)員外郎桓康　桓康是劉宋末年的猛將，曾大破魏軍，對蕭道成之子蕭賾有救命之恩，為蕭道成的心腹之一，此時為員外郎。傳見《南齊書》卷三十。員外郎，也稱員外散騎侍郎，是皇帝身邊的侍從官員。(128)門間　門縫裡頭。(129)戊子　七月初七。(130)露車　沒有篷蓋帷帳的車。(131)臺岡　地名。胡三省曰：「即臺城之來岡。」(132)賭跳　比賽看誰跳得高。(133)仍往青園尼寺　而後就去了一座名叫青園的姑子廟。仍，同「乃」。下文王敬則「仍手取白紗帽加道成首」云云，「仍」字亦同「乃」。(134)新安寺　胡三省曰：「孝武寵姬殷貴妃死，為之立寺，貴妃子子鸞封新安王，故以『新安』為寺名。」(135)曇度道人　一個名叫曇度的和尚。道人，得道之人，這裡是對和尚的敬稱。(136)見輒切齒　一見楊玉夫就恨得咬牙切齒。輒，就。(137)伺織女度河　盯著看織女過天河與牛郎見面。胡三省引《續齊諧記》曰：「桂陽成武丁有仙道，謂其弟曰：『七月七日，織女當度河。』弟問曰：『織女何事渡河？』答曰：『織女暫詣牽牛。』人至今云織女嫁牽牛也。」又引崔寔〈四民月令〉曰：「或云見天漢中奕奕有正白氣，光耀五色，以此為徵應。」(138)見當報我　你看到織女過河的時候趕緊報告我知道。(139)省內諸閤　宮廷內的各處小門。(140)廂下　葛曉音曰：「正房兩邊的側室，這裡指在兩廂的當值人員。」(141)畏相逢值　害怕碰見皇帝劉昱。(142)宿衛　值勤守夜的警衛人員。(143)內外莫相禁攝　宮裡、宮外的警衛侍從人員誰也不管誰。禁攝，禁止、制約。(144)防身刀　也叫「千牛刀」，取其鋒利，解千牛而其刃若新出於硎之意。語出《莊子・養生主》。(145)刎之　割下他的頭顱。(146)敕廂下奏伎陳奉伯　命令一個名叫陳奉伯的在正殿兩側樂隊裡服務的樂工。奏伎，這裡指樂工。(147)袖其首　袖子裡藏著皇帝劉昱的人頭。(148)常行法　平時劉昱微服出行的做法。(149)承明門　當時皇宮的正門。(150)馳詣　飛快地送到。(151)慮蒼梧王誑之　擔心是皇帝劉昱來騙他開門。(152)詐為行還　假稱是皇帝外出歸來。(153)覘見　窺見。(154)窒孔　隔門窺望的小洞，猶今時之「門鏡」。(155)震懾　驚恐；恐懼。(156)己丑旦　七月初八的早晨。(157)入會議　進宮一起商量。(158)此使君家事　這是你們老劉家的事情。劉秉是宋武帝劉裕的姪孫，所以蕭道成對之說「你們老劉家」。使君，漢以來對州郡長官的敬稱，劉秉時為丹楊尹，故以官號稱之為「使君」。(159)何以斷之　你打算怎樣安排，指權力的分配而言。(160)須髯盡張　鬍子都乍起來，極言其激昂動怒的神態。人對嘴下所生曰須，對兩頰所生曰髯。[161]尚書眾事二句　有關朝廷的行政事務，可以交付於我。尚書，尚書省，相當於現在的行政院。[162]軍旅處分　軍事方面的安排調動。處分，安排、調動。[163]一委領軍　全部交給中領軍您。[164]次讓袁粲　假意地推讓說應讓袁粲為第一執政官。[165]在牀側跳躍曰　在蕭道成所坐的椅子旁邊跳著腳說。牀，也稱胡床，當時人所坐的椅子。[166]皆應關蕭公　都必須稟告蕭大人。關，稟告；請示。[167]開一言　指發表任何不同意見。[168]白紗帽　一種表示尊貴的帽子。胡三省曰：「以白紗者，曰高頂帽。皇太子在上省則烏紗；在永福則白紗。」意思是皇太子在皇帝跟前戴烏紗帽，在自己的宮裡就戴白紗帽。[169]令即位　慫恿他自己做皇帝。[170]事須及熱　意指要趁熱打鐵，一步到位。[171]都自不解　完全不明白這裡頭的事情。意即要講策略，講手段。當初曹丕、司馬炎、劉裕都是怎麼表演的，難道你們不知道麼？[172]非蕭公無以了此　除了蕭大人，誰也辦不成這件事。了，勝任；辦好。[173]手取事授道成　此處「事」字明顯語病。如曰「取白紗帽」、「取皇帝符璽」皆可；而此曰「取事」，「事」究為何物？胡三省注有所謂「褚淵手取其事以授道成」，「其事」又為何物？皆不可曉。[174]相與不肯　你們既然都不肯擔負重任。相與，彼此。[175]乃下議　於是做出決定。[176]法駕　皇帝乘坐的次等車駕。《史記·孝文本紀》之《索隱》引《漢官儀》云：「天子鹵簿有大駕、法駕。大駕，公卿奉引，大將軍參乘，屬車八十一乘；法駕，公卿不在鹵簿中，唯京兆尹、執金吾、長安令奉引，侍中參乘，屬車三十六乘。」[177]詣東城　意即到東府。當時安成王劉準任揚州刺史，其州治即在東城。[178]長刀遮粲秉等　手執長刀的武士簇擁、環圍著袁粲、劉秉等人。遮，環繞。[179]各失色而去　胡三省曰：「觀史所書，會議之際，道成目光如電，須髯盡張；王敬則拔白刃跳躍；繼又以長刀遮粲、秉等，事勢可知矣。粲、秉於此時聲其弒君之罪，以身死之，猶不愧於仇牧；何待至石頭耶？」[180]轀　劉轀，平劉子勛之亂有功，官至中領軍。傳見《宋書》卷五十一。[181]開車　開啟車門。[182]當歸兄邪　朝廷大政歸到您名下了麼。[183]拊膺　以手捶胸，表示痛心、遺憾的樣子。[184]肉中詎有血邪　你還算是個有血性的人嗎。詎，豈；豈能。[185]族　滅族，整個家族被殺光。[186]數　列舉其罪以譴責之。[187]潛運明略　暗中運用智謀。[188]宜臨萬國　應該君臨天下，也就是應該做皇帝。[189]追封昱為蒼梧王　廢去其皇帝的稱號，降以為蒼梧王。[190]儀衛　迎接新皇帝的儀仗隊和衛隊。[191]令門者勿開　以不辨其真假，不識其用心故也。[192]入居朝堂　進入百官的參拜皇帝之處。胡三省曰：「史言袁粲為一時所倚重。」[193]壬辰　七月十一。[194]改元　即改元徽五年為昇明元年。[195]大赦　大赦天下，以示與天下「咸與維新」，一切從新開始。新皇帝上臺大體都有這一套。[196]郊壇　當時皇帝在南郊祭天的壇臺，類似今北京之天壇。胡三省曰：「南郊壇在臺城南巳地，世祖大明三年移南郊壇於牛頭山以正陽位。」[197]京兆康王子推　拓跋子推，景穆王拓跋晃之子，顯文帝拓跋弘之叔，被封為京兆王，康字是其死後的諡。傳見《魏書》卷十九上。[198]甲

午　七月十三。199出鎮東府　把他的辦事機構遷到了東府。東府從東晉開始就是操縱國家大政的權臣居住的地方。200丙申　七月十五。201錄尚書事　兼管尚書省的一切事務。錄，總管；兼管。202中書監　中書省的最高長官。中書省是給皇帝起草政令的機關。203加開府儀同三司　除其原有的官職照常外，再增授開府儀同三司。但這只是一個加官名，沒有實權，但有很高的榮譽、地位，享用三司一級的儀仗隊。204遷尚書令　劉秉原為中書令，今乃改為尚書令，尚書省的最高長官。205晉熙王燮為揚州刺史　實則是蕭道成的兒子蕭賾當權，因晉熙王燮年幼，蕭賾為其長史故也。206兼總軍國　既任驃騎大將軍總管軍務，又以錄尚書事總管全國政務。207心膂　心臟與脊骨，這裡以喻親信、骨幹。208與奪自專　想給誰權力就給誰權力，想奪回誰的權力就奪回誰的權力。209素相憑附　歷來依附蕭道成。憑，依賴；依靠。210闇手仰成　指成了擺設，一切都聽蕭道成的。闇手，拱手而無可作為。仰成，按人家制定的方針政策照辦。211辛丑　七月二十。212王僧虔為僕射　王僧虔原為尚書右僕射，當時是尚書僕射設左右二人；今任王僧虔為尚書僕射，是現在已改尚書僕射只設一人。213丙午　七月二十五。214郢州刺史　郢州的州治夏口，即今武漢之漢陽區。215改領南徐州刺史　蕭道成此前除有朝官外，尚兼任南兗州刺史。今則除有新任的朝官外，尚改兼南徐州刺史。領，兼任。以高級別兼低職務叫「領」。南徐州的州治即今江蘇鎮江市。216八月壬子　八月初一。217癸亥　八月十二。218鎮石頭　統兵駐守石頭城。石頭城在當時的建康城西側，是防守建康城的軍事要地。這一定是劉秉等人的主意。219沖靜　恬淡和平，不貪權位。220朝命　朝廷有新的任命。221不臣之志　陰謀稱帝的想法。222即時順命　立刻就接受了「鎮石頭」的任命。223陳昭華　名法容，宋明帝的寵妃，宋順帝劉準的養母。傳見《宋書》卷四十一。昭華是嬪妃的封號名，各個時代的名號不一，劉宋時期還有所謂昭儀、昭容等等。224戊辰　八月十七。225丙子　八月二十五。226工商皁隸　工匠、商人，或是衙門裡的差役。皁隸，舊時官府裡的低級僕役人員。227各有厥分　都有他們固定的身分，意思是說他們都是很卑賤的。228有司縱濫　有關該項工作的官員對他們不加限制，任憑他們跳槽、改行。229或染流俗　有的竟然進入了上流社會。流俗，《魏書》、《北史》作「清流」，指士族社會，然通觀上下文，知這裡主要是指較高級別的官位。230戶內有役　凡是家族中有從事低級差役的人。231唯止本部丞　只能在本行業內擔任副職。丞，長官的副手，如市令下有市丞，倉令下有倉丞。232庚辰　八月二十九。233九月乙酉　九月初五。234更定　改定；修改。235戊申　九月二十八。236楊文度　當時仇池（今甘肅成縣西）一帶的氐族首領，自晉朝以來世代統領該地區的氐人，依違於北方政權與南朝政權之間。泰豫元年被劉宋封為武都王。傳見《宋書》卷九十八。237仇池　魏郡名，郡治在今甘肅成縣西北的洛谷鎮。238倉部尚書　也叫太倉尚書，掌管糧食的保存與發放之事。239盧奴令　盧奴縣的縣令。當時的盧奴縣即今河北定州。240降人以色　能對人低聲下氣。241假人以財指給人錢財，收買人心。[242]其言也甘　話說得好聽，討人喜歡。甘，甜蜜；悅耳。[243]其行也賊　做出事來殘忍兇狠。賊，殘忍。[244]對掌選部　共同掌管選任官員的事務。選部，即日後的吏部。[245]以其私　出於私心地……，從個人私利出發地……。[246]用人為方州　任命人為大州刺史。方州，方伯、大州之長，即當時的州刺史。胡三省曰：「古者八州八伯，謂之方伯。後世遂以州刺史為方州。」[247]發　舉報；揭發。[248]有隙　有矛盾；有過節。[249]監藏　看管倉庫的官。藏，倉庫。[250]黜為門士　貶做了守門人。[251]踰年　過了一年。[252]領選　兼管選部的事務。[253]白馮太后　對馮太后進言。[254]出為徐州　趕出朝廷，派到徐州任刺史。[255]太后怨訢　因為李訢檢舉馮太后的男寵李奕，致使李奕被顯祖拓跋弘所殺。事見本書卷一百三十二明帝泰始六年。[256]謀外叛　陰謀策劃向國外叛逃。[257]乃忍為爾乎　竟然忍心做這種事呢。忍，忍心，下得了狠心。爾，這種；這樣的。[258]公受李敷恩　李訢為相州刺史時曾因受賄犯罪，李敷為之做過掩護。[259]於中　在宮中，在馮太后身邊。[260]構成其罪　將其罪名做紮實。構，羅織；鍛鍊。[261]丙子　十月二十六。[262]寢食如故　這才吃得下、睡得香了。

【校　記】[1]二　原作「一」。張敦仁《通鑑刊本識誤》認為當作「二」，今據改。按，《通鑑紀事本末》卷二十、《南齊書・高祖紀》皆作「二」。[2]役　原作「工役」。據章鈺校，甲十一行本、乙十一行本、孔天胤本皆無「工」字，今據刪。[3]忍　原作「忍為」。據章鈺校，甲十一行本、乙十一行本皆無「為」字，今據刪。

【語　譯】順皇帝

昇明元年（丁巳　西元四七七年）

春季，正月初一日乙酉，魏國改年號為太和元年。

正月二十五日己酉，魏國境內的略陽郡百姓王元壽聚集起五千多戶居民起兵造反，自稱衝天王。二月十七日辛未，魏國擔任秦州、益州二州刺史的尉洛侯率領軍隊將王元壽擊敗。

三月十七日庚子，魏國孝文帝拓跋宏任命東陽王拓跋丕為司徒。

夏季，四月十四日丁卯，魏國孝文帝前往白登山。十九日壬申，又從白登山前往崞山。

當初，宋國的蒼梧王劉昱在東宮當太子的時候，就喜好攀爬用油漆漆過的竹竿進行遊戲，他可以爬到離開地面一丈多高。而且劉昱喜怒無常，沒個分寸，即使是在東宮內擔任侍衛、侍從頭領的人也禁止不了他。

宋太宗劉彧曾經多次命令蒼梧王的母親陳太妃用鞭子、木杖狠狠地抽打他。在劉昱即皇帝位的初期，由於他對內懼怕太后、太妃，對外懼怕朝廷中的諸位大臣，還不敢過分放縱自己任意胡為。自從舉行過加冠禮以後，宮內宮外就漸漸地無法管制他了，他多次出宮四處遊蕩。剛開始出宮的時候，還帶著整齊的儀仗隊和衛隊。但過不了一會兒，他就拋開儀仗隊和衛隊，只帶領著身邊的幾個人，或者離開京城到荒郊野外瘋耍，或者進入市場閒逛。陳太妃往往乘坐著一輛青色篷蓋的牛車，裝成平民人家的樣子，跟隨在劉昱的後邊進行監管和約束。然而不一會兒的工夫劉昱的輕騎兵就跑出了一二十里，陳太妃無法再追趕他，劉昱的儀仗隊和衛隊也因為害怕大禍臨頭而不敢再繼續追尋他，只好把隊伍排列整齊站在一處遠遠地瞻望罷了。

當初，宋太宗劉彧曾經把陳太妃賞賜給自己的男寵李道兒，過了一段時間又把陳太妃接回宮中，遂生下了現在的小皇帝劉昱。所以小皇帝劉昱每次化裝成平民的模樣出宮的時候，就自稱「劉統」，或自稱「李將軍」。他經常身穿套褲和短袖單衣，到軍營、官署以及尋常的大街小巷亂竄，無處不去。有時候整夜不歸，就在客店裡住宿，有時候大白天的躺在道邊，與那些社會底層的市民混在一起推擠拉扯，和他們討價還價地做買賣，有時候遭到那些人的漫罵和侮辱，他也很高興地接受了，毫不在意。凡是貴族所不屑一顧的那些下等手藝，比如裁製衣服、縫製帽子，劉昱過目就會。劉昱從來沒有吹過篪，但他拿起篪管就能吹出好聽的聲音。等到京口建平王劉景素發動的叛亂被平定之後，劉昱更加驕橫恣肆，沒有一天不出宮遊逛，有時候是晚上出宮，早晨回宮，有時候是早晨出宮，傍晚才回宮。跟隨劉昱的侍從每人手中都提著短矛，路上的行人無論是男是女還是犬馬牛驢，只要是遇到劉昱這幫人，就沒有一個能夠幸免。民間受到如此的騷擾，百姓都恐懼不安，店鋪也因此而全部停業，即使是在大白天，各家各戶也都是關門閉戶，路上幾乎見不到行人的影子。鉗子、鐵錘、鑿子、鋸子，不離劉昱左右，稍微有點不合心意，劉昱就立即加以屠殺剖宰，一天不殺戮，就會垂頭喪氣，心中悶悶不樂。整個朝廷上下都為此感到惶恐不安，人人都覺得吃了這頓不知道是否還能吃到下頓，睡了今晚不知道是否還能睡明晚。擔任南豫州刺史的阮佃夫和擔任直閤將軍的申伯宗等人密謀趁著小皇帝劉昱外出到江乘縣射獵野雞的時候，假稱皇太后的命令，召回跟隨劉昱的儀仗隊和衛隊，然後關閉城門，派人將劉昱逮捕起來把他廢掉，然後擁戴安成王劉準做皇帝。不料事情走漏了風聲，四月二十一日甲戌，劉昱下令逮捕了阮佃夫等人，把他們全部殺死。

皇太后多次教訓、勸誡小皇帝劉昱，劉昱很不高興。正趕上過端午節，皇太后賞賜給劉昱一柄用羽毛編織的扇子。劉昱嫌棄這把羽毛扇不華麗，就命令太醫給皇太后熬藥，想在藥裡下毒毒死皇太后。劉昱身邊的侍從勸阻他說：「如果陛下果真毒死了皇太后，陛下就要去做孝子為皇太后服喪守靈了，到那時還能再隨便出入皇宮去自由地玩耍嗎？」劉昱說：「你說的話很有道理！」這才打消了毒死皇太后的念頭。

六月二十二日甲戌，有人向劉昱告發擔任散騎常侍的杜幼文、擔任司徒左長史的沈勃、擔任游擊將軍的孫超之曾經與阮佃夫一同謀劃廢立皇帝之事，劉昱立即率領宮中的衛士，親自去襲捕杜幼文、沈勃、孫超之三家，把這三家不分男女老幼全部誅殺個乾乾淨淨。還殘忍地把屍體剖腹、肢解，剁成小碎塊，就連剛出生的嬰孩也未能幸免。當時司徒左長史沈勃正在小棚子裡為長輩守孝，劉昱所率領的侍衛還沒有到達小棚子，身為皇帝的劉昱竟然親自揮舞著刀獨自逼近沈勃面前。沈勃知道自己已經無法躲避災禍，於是就動手搧了小皇帝劉昱一個耳光，一邊唾罵他說：「你的罪惡比桀、紂還嚴重，你被人殺戮的日子已經不遠了！」沈勃遂被殺死。當天，宋國實行大赦。

劉昱曾經直接闖入中領軍蕭道成的領軍官署。由於當時天氣十分炎熱，蕭道成大白天的正在赤身裸體地躺臥在床上。劉昱讓蕭道成在屋子裡站好，然後在蕭道成的肚皮上畫了一個圓圈作為射箭的箭靶，然後親自拉開弓，就要向蕭道成的肚皮射去。蕭道成手持手板，拱著手恭恭敬敬地說：「老臣我無罪。」蕭道成的隨從王天恩說：「領軍將軍的肚子肥大，的確是塊很好的箭靶，但是如果一箭把領軍將軍射死了，以後就再也找不到這樣好的箭靶了，不如用獸骨做箭頭的箭射他。」劉昱於是便改用獸骨箭頭的箭向蕭道成的肚皮射去，正好射中了蕭道成的肚臍。劉昱扔下手裡的弓大笑著說：「我的射箭技術怎麼樣？」劉昱忌恨蕭道成的威名，他曾經親手磨礪短矛，說：「明天我就去殺死蕭道成。」陳太妃責罵劉昱說：「蕭道成對國家有功勞，如果你害死了他，還有誰肯為你效力呢？」劉昱這才作罷。

蕭道成感到非常的憂慮和恐懼，便與尚書令袁粲、中書監褚淵密謀廢掉劉昱，另立新君。袁粲說：「皇上目前還很年幼，即使有些小過錯也容易改正。商朝初期的伊尹、西漢後期的霍光所做的廢掉現任的帝王，另外選立一個帝王的事情，不是我們這些身處末世的人所能幹得了的，縱然能夠廢立成功，我們這些當事人最終也不會有好下場。」褚淵默然無語。在中領軍蕭道成屬下擔任功曹的丹陽人紀僧真對蕭道成說：「如今的劉昱行為猖狂，人人自危，都感到朝不保夕，朝野所仰望、所期待的人物，並不在袁粲、褚淵的身上，明公您怎能坐等著被殺戮、被滅族？現在正是生死存亡的緊要關頭，希望您能夠認真考慮。」蕭道成認為紀僧真的意見是對的。

有人勸說蕭道成投奔廣陵，在那裡起兵。蕭道成的嫡長子蕭賾，當時在晉熙王劉燮手下擔任長史，代理郢州刺史的職務，蕭道成想讓蕭賾率領郢州的軍隊順江東下到京口會合。蕭道成祕密派遣自己的親信劉僧副，讓他告訴他的堂兄代理青、冀二州刺史的劉善明，蕭道成說：「很多人都勸我北上加強廣陵地區的防守，我認為這恐怕不是為長遠打算的好辦法。如今秋風即將颳起，你如果能夠與擔任東海太守的垣榮祖一起在邊境上設法挑起一點與魏國邊境的磨擦，那麼我的所有計畫就可以實現了。」蕭道成把自己的打算也同時告訴了東海太守垣榮祖。劉善明接到蕭道成捎來的口信之後立即回覆說：「劉氏所建立的宋國即將滅亡，這一點，無論是愚蠢的人還是聰明的人都看得很清楚。如果我們與北方的魏國人挑起事端，反而會為您造成很多的麻煩。您的神奇英武蓋世無雙，目前只需安靜地等待時機，抓住機會後再奮發而起，功業自然能夠成功，您不可以遠離京城之地而去北方討伐強大的魏國，弄不好還可能遭受軍事上的失敗。」垣榮祖也勸阻蕭道成說：「您所在的領軍府距離朝廷只有百步之遙，您如果一走，別人豈能不知道？如果您單人獨騎輕裝前往廣陵，廣陵人關閉城門不接納您入城，您準備再到什麼地方去？恐怕您剛一下床想往外走，立即就會有人去敲開朝廷的大門向朝廷報告您的動向，那時您的計畫就泡湯了。」擔任領軍功曹的紀僧真說：「如今的小皇帝雖然渾暴無德，然而劉氏幾代人建立起來的國家政權基礎還很穩固。您的家人有一百多口，您如果離開建康，渡江北上廣陵，肯定沒法全部帶走。縱然能夠到達廣陵城，小皇帝居住在深宮之中，他向全國發布號令，把您看作是逆賊、是謀反，您如何能夠躲避得了被討伐的命運呢？北上廣陵不是萬全之策。」蕭道成的族弟擔任鎮軍長史的蕭順之，以及蕭道成的二兒子擔任驃騎從事中郎的蕭嶷全都認為：「小皇帝劉昱喜好獨自在路上閒逛，在這方面打劉昱的主意，恐怕很容易獲得成功。在外州起兵造反，很難獲得成功，只會白白地付出犧牲，還沒有來得及殺別人，自己就先被別人殺掉了。」蕭道成於是放棄了前往廣陵聚眾起兵反抗朝廷的打算。

在東中郎將劉躋屬下擔任司馬並代理會稽郡太守職務的李安民準備擁戴江夏王劉躋在會稽郡起兵討伐小皇帝劉昱，幫助蕭道成行廢立之事，蕭道成阻止了他。

擔任越騎校尉的王敬則暗中投靠、交好蕭道成，他在夜間身穿黑色的衣服，趴伏在街道上，為蕭道成觀察劉昱的行動規律。蕭道成命令王敬則暗中結交劉昱身邊的侍從楊玉夫、楊萬年、陳奉伯等二十五人，刺探便於下手的機會。

秋季，七月初六日丁亥的夜間，劉昱身穿平民的衣服來到領軍府的門前。左右的侍從說：「整個領軍府的人全都睡著了，我們何不翻牆進去殺死蕭道成呢？」劉昱說：「我今天晚上準備到另外一處地方開心地玩一玩，等明天晚上再來這裡殺死蕭道成吧。」擔任員外郎的桓康等人在蕭道成的領軍府門縫裡把他們的談話內容聽得一清二楚。

七月初七日戊子，劉昱乘坐著一輛敞篷車子，與左右侍從在臺城的來岡比賽看誰跳得高，然後就去了青園尼寺繼續玩耍。到了晚上，又到新安寺去偷了狗，然後拿到曇度道人那裡煮狗肉吃。劉昱喝醉了酒之後回到仁壽殿睡覺。他以前對身邊的侍從楊玉夫一直很滿意，現在卻一下子憎恨起楊玉夫來，他一看見楊玉夫就恨得咬牙切齒地說：「明天我就殺了你這小子，挖出你的肝肺！」當天夜裡，劉昱命令楊玉夫在外面盯著看天上的織女星渡過天河與牛郎會面，他對楊玉夫說：「你看見織女渡過天河就趕緊來報告我知道，要是你看不見，我就把你殺了！」當時劉昱出入宮廷根本就沒有規律，宮廷內的各處小門在夜間都不關閉，在正房兩邊的側室中值班的人員都害怕碰到皇帝劉昱，所以沒有人敢出來走動，就連值勤守夜的警衛人員也都躲得遠遠的，宮內宮外的侍從與警衛人員對有人出入皇宮誰也不去管。當天晚上，王敬則外出離開了宮廷。楊玉夫等到劉昱熟睡之後，就與楊萬年一起取出了劉昱防身用的刀割下了劉昱的人頭。命令正在正殿兩側樂隊裡服務的樂工陳奉伯把劉昱的人頭藏在衣袖裡，依照平常劉昱微服出行的做法，口稱奉皇帝的命令叫開了承明門走出皇宮，把劉昱的人頭交給了王敬則。王敬則飛馬趕到領軍府，一邊叩門一邊大聲呼叫，蕭道成懷疑是蒼梧王劉昱來騙他開門，因而不敢開門。王敬則就從牆上把劉昱的人頭扔進府中，蕭道成洗去人頭上的血跡看清楚確實是劉昱的人頭，於是穿上軍服騎上馬離開了領軍府，越騎校尉王敬則、員外郎桓康等人都跟隨著蕭道成入宮。他們來到承明門，假稱是皇帝外出歸來。王敬則擔心皇宮裡的人窺見真相，就用刀環堵住了大門上往外窺望的小孔，呼叫趕緊開門，大門打開後他們便一擁而入。往常晚間，蒼梧王劉昱每次從外面回來叫門的時候，守門的人都很驚慌、恐懼，從來不敢仰頭觀看，所以現在也沒有懷疑進來的人不是皇帝劉昱。蕭道成進入殿中，殿中的官員非常驚恐，接著又聽說蒼梧王劉昱已死，於是全都高呼萬歲。

七月初八日己丑的早晨，蕭道成身穿戎服走出宮殿來到庭中的槐樹下邊，用皇太后的名義召請袁粲、褚淵、劉秉入宮一起商議國家大事。蕭道成對劉秉說：「這是你們劉姓的家事，你打算怎樣安排呢？」劉秉沒有立即回答。蕭道成由於情緒激憤，就連鬍鬚全都乍了起來，目光就像閃電一樣。劉秉說：「有關朝廷的行政事務，都可以交付給我處理，有關軍事方面的安排調動，就全部委託給中領軍您負責。」蕭道成假意推讓袁粲擔任第一執政官，袁粲也不敢擔當如此的重任。越騎校尉王敬則拔出閃著白光的利劍，在蕭道成所坐的椅子旁邊跳著腳說：「天下所有的事情都應該稟告蕭大人！如果有人膽敢說一個不字，就讓他的血染紅我王敬則的鋼刀！」於是拿出一頂尊貴的白紗帽戴在蕭道成的頭上，慫恿蕭道成自己做皇帝，王敬則說：「今日誰敢再輕舉妄動？現在要趁熱打鐵，一步到位！」蕭道成態度嚴肅地呵斥王敬則說：「你完全不明白這裡頭的事情！」袁粲此時剛想要說點什麼，王敬則大聲地呵止他，袁粲因此也就不再說話。褚淵說：「除非是蕭大人，誰也無法了結此事。」褚淵於是取出所需用的一切東西全都交給了蕭道成。蕭道成說：「既然你們大家都不肯擔負如此重任，我豈能推辭？」於是立即作出決定，備好皇帝乘坐的次等車駕前往東府去迎接安成王劉準，擁戴劉準做皇帝。那些手執長刀的武士圍住袁粲、劉秉等人，不准他們一同前去，袁粲、劉秉等嚇得面無人色，倉惶離開皇宮。劉秉出宮之後，在路上遇到自己的堂弟劉韞，劉韞打開車門迎著劉秉問：「今天發生的事情，朝廷大政是不是歸到哥哥的名下了？」劉秉說：「我等已經把朝廷大政讓給了中領軍蕭道成了。」劉韞用手狠狠地捶擊著自己的胸部，非常痛心地說：「哥哥的身體中難道就沒有一點血性嗎？今年我們就要被滅族了！」

同一天，蕭道成以皇太后的名義發布命令，一條條地列舉了蒼梧王劉昱的種種罪惡，說：「我祕密命令中領軍蕭道成暗中運用智謀除掉劉昱。安成王劉準，應當繼承皇位君臨天下。」追封劉昱為蒼梧王。儀仗隊和衛士來到東府門，安成王劉準命令守門的人不要打開府門，要等到司徒袁粲到來之後再開門。袁粲來到之後，安成王劉準才進入皇帝接受百官參拜的朝堂。七月十一日壬辰，安成王劉準即皇帝位，當時年僅十一歲，於是改年號為昇明元年，實行大赦。把蒼梧王劉昱埋葬在當時皇帝在南郊祭天的壇臺西邊。

魏國的京兆康王拓跋子推去世。

七月十三日甲午，蕭道成離開皇宮之後便把自己的辦事機構遷到了東府。十五日丙申，朝廷任命蕭道成為司空、錄尚書事、驃騎大將軍；袁粲升任為中書監；加授護軍將軍褚淵為開府儀同三司；劉秉升為尚書令，加授中領軍；任命晉熙王劉燮為揚州刺史。劉秉開始的時候還認為尚書令總理萬機，本來應該由宗室成員擔任，如此的話政權就會穩固。然而後來竟然由蕭道成擔任了驃騎大將軍總管軍務，又以錄尚書事總管全國政務，安插自己的親信、骨幹，想給誰權力就給誰權力，想奪回誰的權力就奪回誰的權力，都由他一人說了算，褚淵向來依附於蕭道成，劉秉與袁粲則成了政治擺設，一切全都要按照蕭道成預定的方針政策辦事了。二十日辛丑，朝廷任命擔任尚書右僕射的王僧虔為尚書僕射。二十五日丙午，任命武陵王劉贊為郢州刺史，改任蕭道成兼任南徐州刺史。

八月初一日壬子，魏國實行大赦。

八月十二日癸亥，宋順帝劉準下詔，命令中書監袁粲統兵去駐守石頭城。袁粲性情恬淡平和，不貪戀權位，每當朝廷對自己有新的任命，他經常是堅決辭讓，在確實辭讓不掉的情況下，出於迫不得已才肯就職。

到現在，袁粲知道蕭道成有陰謀篡權奪位的野心，於是暗中就準備除掉蕭道成，所以袁粲這次一反常態，立即接受了朝廷派他統兵駐守石頭城的任命。

當初，宋太宗劉彧讓自己的寵妃陳昭華撫養順帝劉準，八月十七日戊辰，順帝尊奉陳昭華為皇太妃。

八月二十五日丙子，魏國皇帝拓跋宏下詔說：「工匠、商人，或是衙門裡的差役，都有他們固定的身分和職業，而有關部門的官員對他們不加限制，任憑他們改變行業，有的人竟然混入了上流社會。從今以後，凡是家族中有從事低級差役的人，最高只能在本行業中擔任副職；如果是為國家建立了特殊勳勞的人，則不在這個限制之內。」

蕭道成堅決辭讓司空一職，八月二十九日庚辰，任命蕭道成為驃騎大將軍、開府儀同三司。

九月初五日乙酉，魏國對原有的律令開始進行修訂。○二十八日戊申，宋國朝廷分別封楊玉夫等二十五人為侯爵、伯爵、子爵和男爵。

冬季，十月，氐族人首領楊文度派遣自己的弟弟楊文弘率軍襲擊魏國統轄下的仇池郡，順利佔領了仇池。

當初，魏國擔任徐州刺史的李訢，在魏顯祖拓跋弘時期曾經擔任倉部尚書，他非常信任擔任盧奴縣縣令的范檦。李訢的弟弟擔任左將軍的李瑛勸諫李訢說：「范檦能夠對人低聲下氣，給人錢財以收買人心，輕視道德信義而看重勢利，說話好聽得像蜜一樣甘甜、悅耳，而做出事來卻非常殘忍兇狠，你不盡早與他斷絕交往，恐怕將來後悔莫及。」李訢沒有聽從李瑛的忠告，他把所有的心裡話全都說給范檦聽。

魏國擔任尚書的趙黑與李訢都很受魏顯祖拓跋弘的寵信，兩人共同掌管選任官員的事務。李訢總是出於私心地任用人擔任大州的刺史，趙黑遂向魏顯祖揭發了李訢的行為，因此李訢與趙黑之間產生了矛盾。不久，李訢出於報復的心理，在魏顯祖面前揭發了趙黑以前在擔任監藏官的時候，曾經偷盜公家財物的事實，趙黑因此獲罪被貶為守門人。趙黑因為痛恨李訢，以致睡不穩覺、吃不下飯。過了一年，趙黑再次被起用，入朝當了侍中、尚書左僕射，兼任選部的事務。

等到魏顯祖去世之後，趙黑便向馮太后稟報，說李訢專攬朝政，為所欲為，於是馮太后把李訢調出京城派去擔任徐州刺史。范檦知道馮太后怨恨李訢，於是就在馮太后面前誣告李訢正在陰謀策劃叛國投敵。馮太后把李訢召回平城進行詢問，李訢回答並無此事。馮太后叫出范檦，讓他當面與李訢對證，李訢對范檦說：「你現在誣陷我，我還有什麼話好說？然而你受我如此厚恩，怎麼竟然忍心對我做這樣的事情呢？」范檦說：「我接受您的恩惠，怎麼比得上您接受李敷的恩惠深厚呢？您忍心對李敷這樣做，我為什麼就不能忍心對您這樣做呢？」李訢慨然長歎了一聲說：「我當初沒有聽從李璞的勸告，現在後悔也來不及了！」趙黑又在宮中將李訢陰謀叛國投敵的罪名坐實，十月二十六日丙子，馮太后下令誅殺了李訢和他的兒子李令和、李令度，趙黑這才像過去一樣吃得下、睡得著。

十一月癸未❶，魏征西將軍皮歡喜❷等三將軍率眾四萬擊楊文弘。丁亥❸，魏懷州民伊祁苟❹自稱堯後❺，聚眾於重山❻作亂，洛州❼刺史馮熙討滅之。馮太后欲盡誅闔城之民❽，雍州❾刺史張白澤諫曰：「凶渠❿逆黨，盡已梟夷⓫。城中豈無忠良仁信之士，柰何不問白黑，一切誅之？」乃止。

十二月，魏皮歡喜軍至建安⓬，楊文弘棄城走⓭。

初，沈攸之與蕭道成於大明、景和⓮之間同直殿省⓯，深相親善，道成女為攸之子中書侍郎文和婦。攸之在荊州，直閤將軍高道慶，家在華容⓰，假還⓱，過江陵⓲，與攸之爭戲槊⓳。馳還建康，言攸之反狀已成，請以三千人襲之。執政皆以為不可，道成仍保證其不然⓴。楊運長等惡攸之，密與道慶謀遣刺客殺攸之，不克㉑。會蒼梧王遇弒，主簿宗儼之、功曹臧寅勸攸之因此起兵。攸之以其長子元琰在建康為司徒左長史㉒，故未發。寅，凝之㉓之子也。

時楊運長等已不在內㉔，蕭道成遣元琰以蒼梧王刳斮之具㉕示攸之。攸之以道成名位素出己下㉖，一旦專制朝權，心不平，謂元琰曰：「吾寧為王陵㉗[1]死，不為賈充㉘生。」然亦未暇舉兵。乃上表稱慶㉙，因留元琰。

雍州刺史張敬兒㉚，素與攸之司馬劉攘兵善，疑攸之將起事，密以問攘兵。攘兵無所言，寄敬兒馬鐙[2]一隻㉛，敬兒乃為之備。

攸之有素書㉜十數行，常韜在裲襠角㉝，云是明帝與己約誓㉞。攸之將舉兵，其妾崔氏諫曰：「官㉟年已老，那不為百口計㊱？」攸之指裲襠角示之，且稱太后使㊲至，賜攸之燭，割之㊳，得太后手令云：「社稷之事，一以委公㊴。」於是勒兵移檄㊵，遣使邀張敬兒及豫州㊶刺史劉懷珍、梁州㊷刺史梓潼㊸范柏年、司州㊹刺史姚道和、湘州行事㊺庾佩玉、巴陵內史㊻王文和同舉兵。敬兒、懷珍、文和並斬其使，馳表以聞㊼，文和尋棄郡㊽[3]奔夏口，柏年、道和、佩玉皆懷兩端㊾。道和，後秦高祖㊿之孫也。

辛酉(51)，攸之遣輔國將軍孫同等相繼東下(52)。攸之遺道成書，以為：「少帝(53)

昏狂，宜與諸公密議，共白太后，下令廢之。柰何交結左右，親行弒逆，乃至不殯[54]，流蟲在戶[55]？凡在臣下，誰不惋駭[56]？又，移易朝舊[57]，布置親黨，宮闈管籥[58]，悉關家人[59]。吾不知子孟[60]、孔明[61]遺訓[62]固如此乎？足下既有賊宋[63]之心，吾寧敢捐[64]包胥之節[65]邪？」朝廷聞之，恟懼。

丁卯[66]，道成入守朝堂，命侍中蕭嶷代鎮東府，撫軍行參軍蕭映[67]鎮京口。映，嶷之弟也。戊辰[68]，內外纂嚴。己巳[69]，以郢州刺史武陵王贊為荊州刺史[70]。庚午[71]，以右衛將軍黃回為郢州刺史[72]，督前鋒諸軍以討攸之。

初，道成以世子賾為晉熙王燮長史，行郢州事，修治器械以備攸之。及徵燮為揚州[73]，以賾為左衛將軍[74]，與燮俱下[75]。劉懷珍言於道成曰：「夏口衝要[76]，宜得其人[77]。」道成與賾書曰：「汝既入朝，當須文武兼資[78]與汝意合者，委以後事。」賾乃薦燮司馬柳世隆[79]自代。道成以世隆為武陵王贊長史，行郢州事。賾將行，謂世隆曰：「攸之一旦為變，焚夏口舟艦，沿流而東，不可制也。若得攸之留攻郢城[80]，必未能猝拔[81]。君為其內，我為其外，破之必矣。」及攸之起兵，賾行至尋陽，未得朝廷處分[82]，眾欲倍道[83]趨建康，賾曰：「尋陽[84]地居中流[85]，密邇畿甸[86]。若留屯湓口[87]，內藩朝廷[88]，外援夏首[89]，保據形勝[90]，控制西南，今日會此[91]，天所置也。」或以為湓口城小難固，左中郎將周山圖[92]曰：「今據中流，為四方勢援，不可以小事[93]難之。苟眾心齊一，江山皆城隍[94]也。」庚午[95]，賾奉燮[96]鎮湓口，賾悉以事委山圖。山圖斷取行旅船板[97]以造樓櫓[98]，立水柵[99]，旬日皆辦[100]。道成聞之，喜曰：「賾真我子也！」以賾為西討都督，賾啟[101]山圖為軍副。時江州刺史邵陵王友鎮尋陽，賾以為尋陽城不足固[102]，表移友同鎮湓口，留江州別駕[103]豫章胡諧之[104]守尋陽。

湘州刺史王蘊[105]遭母喪罷歸[106]，至巴陵[107]，與沈攸之深相結[108]。時攸之未舉兵，蘊過郢州，欲因蕭賾出弔[109]作難[110]，據郢城。賾知之，不出。還，至東府，又欲因蕭道成出弔作難，道成又不出。蘊乃與袁粲、劉秉密謀誅道成，將帥黃回、任候伯、孫曇瓘、王宜興、卜伯興等皆與通謀。伯興，天與[111]之子也。

道成初聞攸之事起，自往詣粲，粲辭不見。通直郎[112]袁達謂粲：「不宜示異同[113]。」粲曰：「彼若以主幼時艱，與桂陽時不異[114]，劫我入臺[115]，我何辭以拒之？一朝同止[116]，欲異得乎[117]？」道成乃召褚淵，與之連席[118]，每事必引淵共之[119]。時劉韞[120]為領軍將軍，入直門下省[121]，卜伯興為直閤[122]，黃回等諸將皆出屯新亭[123]。

初，褚淵為衛將軍[124]，遭母憂去職[125]，朝廷敦迫[126]，不起。粲素有重名，自往譬說[127]，淵乃從之。及粲為尚書令，遭母憂，淵譬說懇至[128]，粲遂不起[129]，淵由是恨之[130]。及沈攸之事起，道成與淵議之，淵曰：「西夏釁難[131]，事必無成，公當先備其內[132]耳。」粲謀既定，將以告淵，眾謂淵與道成素善，不可告。粲曰：「淵與彼雖善，豈容大作同異[133]？今若不告，事定便應除之。」乃以謀告淵，淵即以告道成。

道成亦先聞其謀，遣軍主蘇烈[134]、薛淵[135]、太原王天生[136]將兵助粲守石頭。薛淵固辭，道成彊之。淵不得已，涕泣拜辭。道成曰：「卿近在石頭，日夕去來[137]，何悲如是，且又何辭？」淵曰：「不審[138]公能保袁公共為一家[139]否？今淵往，與之同[140]則負公[141]，不同則立受禍，何得不悲？」道成曰：「所以遣卿，正為能盡臨事之宜[142]，使我無西顧之憂[143]耳。但當努力，無所多言。」淵，安都之從子也。道成又以驍騎將軍王敬則為直閤，與伯興共總[144]禁兵。

粲謀矯太后令[145]，使韞、伯興帥宿衛兵攻道成於朝堂，回等帥所領為應。劉秉、任候伯等並赴石頭[146]，本期[147]壬申夜發[148]，秉恇擾[149]不知所為，晡後[150]即束裝。臨去，啜羹[151]，寫胸上[152]，手振[153]不自禁。未暗[154]，載婦女，盡室[155]奔石頭，部曲[156]數百，赫奕[157]滿道。既至，見粲，粲驚曰：「何事遽來[158]？今敗矣[159]！」秉曰：「得見公，萬死何恨(160)？」孫曇瓘(161)聞之，亦奔石頭。丹陽丞王遜(162)等走告道成，事乃大露。遜，僧綽(163)之子也。

道成密使人告王敬則，時閤(164)已閉，敬則欲開閤出，卜伯興嚴兵為備(165)，敬則乃鋸所止屋壁(166)得出，至中書省收韞。韞已成嚴(167)，列燭自照。見敬則猝至(168)，驚起迎之，曰：「兄何能夜顧(169)？」敬則呵之曰：「小子那敢作賊(170)！」韞抱敬則，敬則拳毆其頰，仆地(171)而殺之，又殺伯興。蘇烈等據倉城(172)拒粲。王蘊聞粲已走，歎曰：「事不成矣！」狼狽(173)帥部曲數百向石頭。本期開南門(174)，時暗夜，薛淵據門射之。蘊謂粲已敗(175)，即散走。

道成遣軍主會稽戴僧靜(176)帥數百人向石頭助烈等，自倉門得入，與之并力攻粲。孫曇瓘驍勇善戰，臺軍(177)死者百餘人。王天生殊死戰，故得相持，自亥至丑(178)。戴僧靜分兵攻府西門(179)，焚之。粲與秉在城東門，見火起，欲還赴府。秉與二子俁、陔踰城走(180)。粲下城，列燭自照，謂其子最曰：「本知一木不能止大廈之崩，但以名義至此(181)耳。」僧靜乘暗踰城獨進(182)，最覺有異人(183)，以身衛粲，僧靜直前斫之。粲謂最曰：「我不失忠臣，汝不失孝子！」遂父子俱死。百姓哀，為[4]之謠曰：「可憐石頭城，寧為袁粲死，不作褚淵生！」劉秉父子走至額檐湖(184)，追執，斬之。任候伯等並乘船赴石頭，既至，臺軍已集，不得入，乃馳還[185]。

黃回嚴兵[186]，期詰旦[187]帥所領從御道[188]直向臺門[189]攻道成。聞事泄，不敢發。道成撫之如舊。王蘊、孫曇瓘皆逃竄，先捕得蘊，斬之，其餘粲黨皆無所問。

粲典籤莫嗣祖為粲、秉宣通[190]密謀，道成召詰之，曰：「袁粲謀反，何不啓聞？」嗣祖曰：「小人無識，但知報恩，何敢泄其大事？今袁公已死，義不求生。」蘊嬖人[191]張承伯藏匿蘊，道成並赦而用之[192]。

粲簡淡平素[193]，而無經世[194]之才，好飲酒，善[5]吟諷[195]。身居劇任[196]，不肯當事[197]，主事[198]每往諮決[199]，或高詠對之[200]。閒居高臥，門無雜賓[201]，物情不接[202]，故及於敗。

裴子野論曰：「袁景倩[203]，民望國華[204]，受付託[205]之重。智[206]不足以除姦，權[207]不足以處變[208]，蕭條散落[209]，危而不扶[210]。及九鼎既輕[211]，三才將換[212]，區區斗城[213]之裏，出萬死而不辭，蓋蹈匹夫之節[214]而無棟梁之具[215]矣。」

甲戌[216]，大赦[217]。

乙亥[218]，以尚書僕射王僧虔為左僕射[219]，新除[220]中書令王延之[221]為右僕射，度支尚書張岱[222]為吏部尚書，吏部尚書王奐[223]為丹楊尹。延之，裕[224]之孫也。

劉秉弟遐為吳郡太守。司徒右長史張瓌[225]，永之子也，遭父喪在吳，家素豪盛[226]，蕭道成使瓌伺間取遐[227]。會遐召瓌詣府[228]，瓌帥部曲十餘人直入齋[229]中，執遐，斬之，郡中莫敢動。道成聞之，以告瓌從父領軍沖[230]，沖曰：「瓌以百口一擲[231]，出手得盧[232]矣。」道成即以瓌為吳郡太守。

道成移屯閱武堂[233]，猶以重兵付黃回使西上[234]，而配以腹心[235]。回素與王宜興不協，恐宜興反告其謀[236]，閏月辛巳[237]，因事收宜興，斬之。諸將皆言回握彊兵必反，寧朔將軍桓康請獨往刺之，道成曰：「卿等何疑？彼無能為也。」

沈攸之遣中兵參軍孫同等五將以三萬人為前驅，司馬劉攘兵等五將以二萬人次之。又遣中兵參軍王靈秀等四將分兵出夏口，據魯山[238]。癸巳[239]，攸之至夏口，自恃兵彊，有驕色。以郢城[240]弱小，不足攻，云「欲問訊安西」[241]，暫泊黃金浦[242]，遣人告柳世隆曰：「被太后令[243]，當暫還都。卿既相與奉國[244]，想得此意[245]。」世隆曰：「東下之師，久承聲問[246]。郢城小鎮，自守而已。」宗儼之勸攸之攻郢城，臧寅以為：「郢城兵雖少而地險，攻守勢異[247]，非旬日可拔[248]。若不時舉[249]，挫銳損威。今順流長驅，計日可捷。既傾根本[250]，則[6]郢城豈能自固？」攸之從其計，欲留偏師[251]守郢城[252]，自將大眾東下。乙未[253]，將發，柳世隆遣人於西渚(254)挑戰，前軍中兵參軍焦度(255)於城樓上肆言罵攸之，且穢辱(256)之。攸之怒，改計攻城，令諸軍登岸燒郭邑，築長圍，晝夜攻戰。世隆隨宜拒應(257)，攸之不能克。道成命吳興(258)太守沈文季(259)[7]督吳、錢唐(260)軍事。文季收攸之弟新安太守登之(261)，誅其宗族(262)。

乙未(263)，以後軍將軍楊運長為宣城太守。於是太宗嬖臣無在禁省(264)者矣。

沈約論曰：「夫人君南面(265)，九重奧絕(266)，陪奉朝夕(267)，義隔卿士(268)，階闥之任(269)，宜有司存(270)。既而恩以狎生(271)，信由恩固(272)，無可憚之姿(273)，有易親之色(274)。孝建、泰始(275)，主威獨運(276)，而刑政糾雜(277)，理難遍通(278)，耳目所寄(279)，事歸近習(280)。及(281)覘歡慍(282)，候慘舒(283)，動中主情(284)，舉無謬旨(285)。人主謂其(286)身卑位薄，以為權不得重(287)，曾不知(288)鼠憑社貴(289)，狐藉虎威，外無逼主之嫌(290)，內有專用之效(291)，勢傾天下(292)，未之或悟(293)。及太宗晚運(294)，慮經盛衰(295)，權倖之徒(296)，慴憚宗戚(297)，欲使幼主孤立，永竊國權，構造同異(298)，興樹禍隙(299)，帝弟宗王(300)，相繼屠勦(301)。寶祚夙傾(302)，實由於此矣。」

辛丑(303)，尚書左丞濟陽江謐(304)建議假蕭道成黃鉞(305)，從之。

加北秦州刺史武都王楊文度都督北秦、雍二州諸軍事，以龍驤將軍楊文弘為略陽太守[306]，魏皮歡喜拔葭蘆[307]，斬文度。魏以楊難當族弟廣香[308]為陰平公、葭蘆戍主，仍[309]詔歡喜築駱谷城[310]。文弘奉表謝罪於魏，遣子苟奴入侍[311]。魏以文弘為南秦州[312]刺史、武都王。

乙巳[313]，蕭道成出頓新亭[314]，謂驃騎參軍江淹[315]曰：「天下紛紛[316]，君謂何如[317]？」淹曰：「成敗在德，不在眾寡[318]。公雄武有奇略，一勝也；寬容而仁恕，二勝也；賢能畢力[319]，三勝也；民望所歸，四勝也；奉天子[320]以伐叛逆，五勝也。彼[321]志銳而器小[322]，一敗也；有威而無恩[323]，二敗也；士卒解體[324]，三敗也；搢紳不懷[325]，四敗也；懸兵數千里[326]而無同惡相濟[327]，五敗也。雖豺狼十萬，終為我獲。」道成笑曰：「君談過矣[328]。」南徐州行事劉善明言於道成曰：「攸之收眾聚騎，造舟治械，苞藏禍心[329]，於今十年[330]。性既險躁[331]，才非持重，而起逆累旬[332]，遲迴不進[333]。一則暗於兵機[334]，二則人情離怨[335]，三則有掣肘之患[336]，四則天奪其魄[337]。本慮[338]其剽勇輕速[339]，掩襲未備[340]，決於一戰[341]。今六師齊奮[342]，諸侯同舉[343]，此籠中之鳥耳。」蕭賾問攸之[344]於周山圖，山圖曰：「攸之相與鄰鄉[345]，數共征伐[346]，頗悉[347]其為[8]人，性度險刻[348]，士心不附。今頓兵堅城[349]之下，適所以為[350]離散之漸[351]耳。」

【章　旨】以上為第三段，寫宋順帝昇明元年（西元四七七年）十一月、十二月共兩個月間的大事。主要寫了蕭道成派沈攸之的兒子沈元琰送蒼梧王做惡之具到荊州，沈攸之假意向蕭道成敷衍，而留其子不使返；雍州刺史張敬兒知沈攸之將反，暗中備之；寫沈攸之假託奉皇太后詔，勒兵移檄天下，各州郡有依有違；寫沈攸之發兵東下，蕭道成布置心腹，控制各要害，命名將柳世隆行郢州刺史，駐守郢城；寫湘州刺史王蘊奉母喪回建康，途中與沈攸之相結，欲乘尋陽之蕭賾、建康之蕭道成出弔以殺之，皆未果；寫袁粲、劉秉、黃回等謀劃布置，準備在石頭城起兵以攻殺蕭道成，謀畢通知褚淵，而褚淵立即向蕭道成做了報告；寫袁粲起事之日劉秉內心恇擾，不能自持，過早地採取行動，於是鬧得路人皆知，結果袁粲在石頭城與蕭氏勢力作戰失敗，父子被殺；劉秉張皇逃竄被追殺；建康城方面的討蕭勢力遂被蕭道成所平息。而蕭道成又能在事後不殺莫嗣祖、張承伯、王蘊，又能對「粲黨皆無所問」，表現得頗有政治胸襟，為眾人所不及；蕭道成知道黃回與袁粲是一黨，但因黃回尚未公開助袁，故含容之，令其率軍西上以阻沈攸之，表現了蕭道成的權術高明；寫了沈攸之率軍東下至郢城，被郢州刺史柳世隆等牢牢牽制，幾十天內未能東進；寫了蕭道成的親信江淹、蕭賾的部下周山圖皆預言沈攸之必敗等等。

【注　釋】❶十一月癸未　十一月初三。❷皮歡喜　也作「皮喜」，北魏名將皮豹子之孫，官至散騎常侍、安南將軍、豫州刺史。傳見《魏書》卷五十一。❸丁亥　十一月初七。❹懷州民伊祁苟　懷州的百姓姓伊祁名苟。懷州的州治即今河南沁陽。❺自稱堯後　自稱是唐堯的後代。胡三省曰：「堯伊祁氏，故云然。」❻重山　山名，在今河南輝縣西北。❼洛州　州治即今河南洛陽。❽闔城之民　全城的百姓。闔，門，城門以內，即全城。❾雍州　州治長安，在今西安的西北部。❿凶渠　罪惡的大頭目。渠，帥；頭目。⓫梟夷　誅滅。梟，懸首示眾。夷，殺光。⓬建安　古城名，舊址在今甘肅成縣北，在當時仇池郡的城北一百二十里。⓭棄城走　兩個月前楊文弘佔據了仇池郡城，今棄城逃走。⓮大明景和　大明是宋孝武帝劉駿的年號（西元四五七—四六四年），共八年；景和是宋前廢帝劉子業的年號（西元四六五年），僅一年。⓯同直殿省　一起在朝廷任禁軍頭領，負責保衛工作。直，同「值」。值班；值勤。殿省，宮殿與尚書省、門下省等，即泛指朝廷。沈攸之當時曾任左衛將軍、太子中庶子；蕭道成為直閤中書舍人、後軍將軍。⓰華容　縣名，在今湖北監利北，當時上屬於荊州管轄。與現今湖南的華容相距很遠。⑰假還　休假還華容老家。⑱過江陵　繞道江陵拜訪沈攸之。江陵是當時荊州的州治所在地，即今湖北荊州的荊州區。⑲爭戲槊　因賭博遊戲發生爭執。槊，古代的一種博戲，也叫「握槊」、「雙陸」。按，此處即理解為比試武藝亦可，《南齊書・高帝紀上》有「於聽事前合馬槊，道慶槊中破攸之馬鞍」云云。⑳不然　不會造反。㉑不克　行刺未成。㉒司徒左長史　司徒袁粲的高級僚屬，為諸史之長，握有實權。㉓凝之　臧凝之，文帝時為尚書右丞，很受文帝賞識。傳見《宋書》卷五十五。㉔不在內　指不在朝廷內任職，當時楊運長被任為寧朔將軍、宣城太守。㉕剞斮之具　剖人之腹與把人剁成碎塊所用的刀斧之類。剞，剖；刳。斮，同「斫」。砍；剁。㉖素出己下　一向處於自己之下。出，處於。㉗王陵　即王淩，曹魏末期的名臣，官至太尉，統兵鎮淮南。對司馬懿父子不滿，謀欲討殺之。司馬懿領兵至淮南，王淩知大事不成，飲藥自殺。傳見《三國志》卷二十八，與本書卷七十五。㉘賈充　魏晉之交的權臣，司馬氏的親信，幫著司馬昭殺了魏國的皇帝曹髦。傳見《晉書》卷四十，與本書卷七十七。㉙稱慶　祝賀蕭道成的擁立新皇帝劉準成功，朝廷又獲安定。㉚張敬兒　劉宋末期的猛將，劉休範之反朝廷，張敬兒以詐降襲殺之，被蕭道成任為雍州刺史，駐兵襄陽。傳見《南齊書》卷二十五。㉛寄敬兒馬橙一隻　贈予敬兒戰場上有用之物，以暗示沈攸之即將起兵。馬橙，即馬鐙。㉜素書　寫在白絹上的文字。㉝韜在裲襠角　保存在防身馬甲的衣角上。韜，藏；保存。裲襠，馬甲，金屬製作的防身背心。㉞與己約誓　與自己單獨約定的誓言。古今陰謀家都會玩弄這一套把戲。㉟官　官人；主子。胡三省曰：「宋齊之間，義從私屬以至婢僕，率呼其主為官。」㊱那不為百口計　怎能不為全家百口的安危做長遠考慮。因為造反不成就是滅門之罪。㊲太后使　宋明帝劉彧的遺孀王太后派人前來。㊳割之　將蠟燭剖開。㊴一以委公　就全委託給您了。㊵勒兵移檄　調集兵馬，向全國各地發布公告。勒，調集；掌控。檄，檄文，說明某種緣由，或是聲討某人某事的公告。㊶豫州　劉宋的豫州州治在今安徽壽縣。㊷梁州　劉宋梁州的州治即今陝西漢中。㊸梓潼　郡名，郡治即今四川綿陽。㊹司州　劉宋的司州州治懸瓠，即今河南汝南縣。㊺湘州行事　湘州的代理刺史。因當時的湘州刺史是年幼的南陽王劉翽，由庾佩玉代理其行使職權。湘州的州治即今湖南長沙。㊻巴陵內史　巴陵王國的行政長官，職位如同郡太守。巴陵郡的郡治即今湖南岳陽。㊼馳表以聞　飛快地寫奏章報告朝廷。㊽棄郡　扔下巴陵郡。㊾懷兩端　兩頭觀望，腳踩兩條船。㊿後秦高祖　姚興，姚萇之子，十六國時後秦的國君，廟號高祖。傳見《晉書》卷一百十七、一百十八。51辛酉　十二月十二。52東下　自長江沿江東下，直趨建康。53少帝　指被廢的蒼梧王劉昱。54不殯　不收殮停靈。55流蟲在戶　極言其暴屍之慘相。《史記・齊世家》寫齊桓公死後無人收殮有所謂「尸蟲出於戶」，此用其語。56惋駭　惋惜、驚訝。57移易朝舊　更換朝廷舊臣的官職。58宮閤管籥　各個宮殿門戶的鑰匙，代指朝廷各部門的重要職務。(59)悉關家人　全都交給你們一家人的手裡。關，交付。(60)子孟　指西漢昭帝時的大臣霍光，字子孟，受漢武帝的託付，輔佐昭帝臨朝。(61)孔明　諸葛亮，字孔明，受昭烈帝劉備的託付，輔佐後主劉禪為帝。(62)遺訓　留給後人的遺言，這裡即指他們輔佐皇帝的做法。(63)賊宋　殘害劉宋王朝，這裡指篡奪皇帝位。賊，殘害。(64)寧敢捐　怎麼敢不效法，這裡是用調侃語。(65)包胥之節　申包胥哭秦庭，向秦國求救兵以救其國家社稷的氣節。據《史記・伍子胥列傳》，春秋末期楚昭王十年（西元前五〇六年），伍子胥為報父兄之仇，引吳兵攻破楚國都城，申包胥跑到秦國求救，在秦國宮廷痛哭七天七夜，終於感動秦哀公發兵救楚，趕走了吳國軍隊，重建了楚國。(66)丁卯　十二月十八。(67)蕭映　蕭道成的第三子，此時任南陽王劉翽的僚屬，撫軍將軍的試用參軍。傳見《南齊書》卷三十五。(68)戊辰　十二月十九。(69)己巳　十二月二十。(70)武陵王贊為荊州刺史　意即罷去沈攸之的荊州刺史，改以武陵王劉贊充任之。(71)庚午　十二月二十一。(72)黃回為郢州刺史　以接替武陵王劉贊。(73)徵燮為揚州　調晉熙王劉燮進京任揚州刺史，揚州的州治在建康城內，故用「徵」字。(74)左衛將軍　禁衛軍的大頭目之一。(75)與燮俱下　與劉燮一起沿江東下入建康。(76)衝要　咽喉要道。(77)宜得其人　應該選擇合適的，也就是忠於我們的人接替。(78)文武兼資　文武兼備。資，具有。(79)柳世隆　劉宋名將柳元景之姪，後成為蕭氏的親信。傳見《南齊書》卷二十四。(80)留攻郢城　意即你等堅守郢城，死死地拖住他，讓他不能東下。郢城，郢州的州城，即夏口，今之武漢的漢陽區。(81)未能猝拔　不能短時內攻下。猝，突然。(82)未得朝廷處分　沒有繼續接到其父蕭道成的指示。處分，布置；安排。(83)倍道　加快前進的速度，即所謂「日夜兼程」。(84)尋陽　即今江西九江市，當時江州的州治所在地。(85)地居中流　正處在郢州到建康的半路上。(86)密邇畿甸　緊緊挨著建康城。畿甸，京城的郊區，這裡即指京城。(87)留屯湓口　在尋陽一帶駐紮下來。湓口，古城名，在當時尋陽城的東北部，地處鄱陽湖與長江的匯口。(88)內藩朝廷　向東可以屏蔽朝廷。藩，籬笆，這裡用為動詞。(89)外援夏首　向西可以支援夏口。夏首，即夏口。(90)保據形勝　佔據有利的地理形勢。(91)會此　正好來到這個地方。(92)周山圖　劉宋末期的將領，後成為蕭道成的親信。傳見《南齊書》卷二十九。(93)小事　小小的不利條件。(94)江山皆城隍　這裡的群山與大江都將成為我們的堅城與護城河。隍，護城河。(95)庚午　十二月二十一。(96)奉燮　擁戴著劉燮。劉燮當時名義上是揚州刺史，小皇帝的弟弟，是一面對蕭氏很有用的旗幟。(97)斷取行旅船板　截奪江上往來的船隻，拆其木板以充軍用。(98)樓櫓　古代軍中用於眺望敵軍行動或用以攻城的吊車。(99)水柵　編插在水中，用以阻止敵兵前進的木欄、竹欄。(100)旬日皆辦　不到十天就全都做好了，極言其聰明能幹。(101)啓　請求朝廷任命。(102)不足固　不值得加固，不值得讓邵陵王劉友在那裡堅守。(103)江州別駕　江州刺史的高級僚屬。別駕是官名，因其陪刺史出行時能別乘一輛車，故稱別駕。(104)胡諧之　宋末時為邵陵王劉友的僚屬，後成為蕭氏的親信。傳見《南齊書》卷三十七。105王蘊　王彧之姪。王彧字景文，以字行，宋明帝劉彧的王皇后之兄。王蘊是宋末名將，在討滅劉休範的叛亂中有大功，被任為湘州刺史。傳見《南齊書》卷二十三。106罷歸　罷職奉母喪回建康。107巴陵　郡名，郡治即今湖南岳陽，上屬於郢州。108深相結　建立了緊密的聯盟。胡三省曰：「巴陵距江陵四百餘里，蓋使命往來，深相結也。」109因蕭賾出弔　藉著蕭賾出弔王蘊母喪的機會。因，趁；藉著。110作難　發難舉事，指藉機殺死蕭賾。111天與　卜天與，元嘉中為廣威將軍，元凶劉劭作亂，卜天與戰死，宋孝武帝即位後，諡曰壯侯。傳見《宋書》卷九十一。112通直郎　胡三省曰：「通直散騎侍郎也。」皇帝的侍從官員。113不宜示異同　不應該表現出與他對立。114與桂陽時不異　像當初桂陽王劉休範一樣地謀反篡權。115劫我入臺　脅迫我進入朝堂，意即把我拉在他身邊，逼著我和他一起幹。116一朝同止　一旦與他同起同坐。117欲異得乎　再想堅持不同意見還有用嗎。118連席　並坐；座位挨在一起。119每事必引淵共之　不論決定什麼事，都一定拉上褚淵共同處理，共同發表一致的意見。120劉韞　宋高祖劉裕的姪孫，劉秉的堂兄弟，時為領軍將軍，統領宮廷衛隊。傳見《宋書》卷五十一。胡三省曰：「果如袁粲所料。」121入直門下省　到門下省值班。122直閤　官名，率領衛隊侍從在皇帝身邊值勤。123出屯新亭　以預防京城以外的軍隊來攻。124衛將軍　宮廷衛戍軍隊的統帥，官秩二品。125遭母憂去職　因為母守喪而辭去官職。母憂，為母守喪。當時為父母之喪而辭去官職是官場的通例，以表示守孝道。126敦迫　催促、逼迫其復職上班，以顯示國家對他的需要。127譬說　寬解、勸說。128懇至　懇切極了。至，到頂；到家。129遂不起　始終沒有出來。遂，一直；到底。130由是恨之　因為袁粲太不給褚淵面子，太讓褚淵下不了臺，而且也讓社會覺得還是袁粲講孝道，不重官位。131西夏釁難　西方沈攸之的叛亂。西夏，葛曉音曰：「指荊州，因湖北中部有夏水，流經荊州，附近地邑在戰國時多以『夏』命名；又在建康之西，故稱西夏。」釁難，見隙挑起的禍端。132先備其內　防備京城內部，指袁粲、劉秉等人。133豈容大作同異　豈能和我們公然對抗。大作，強烈地表現、公開地反對。134軍主蘇烈　軍主，一支軍隊的頭領，猶如今之所謂部隊長。蘇烈，原是劉宋名將張永的部下，後成為蕭氏的親信。傳見《南齊書》卷二十八。135薛淵　劉宋名將薛安都之姪，薛安都北投魏國後，薛淵遂投入蕭道成部下。傳見《南齊書》卷三十。136太原王天生　太原人，姓王名天生。137日夕去來　早晨去了天黑就能回來。138不審　不知道；不清楚。139共為一家　共同為一個主子效力。140與之同　與他同心協力。141負公　對不起您。142能盡臨事之宜　能保證該怎麼做就怎麼做。143西顧之憂　對石頭城一帶，也就是對袁粲等人的擔心。石頭城在臺城之西，所以說「西顧之憂」。144共總　共同統領。總，管理；統率。145矯太后令　假傳王太后的命令。矯，假；盜用。146並赴石頭　都臨時到石頭城避難。147本期　本來約定好。148壬申夜發　十二月二十三的夜間動手。發，舉事，指進攻蕭道成。[149]恇擾　內心動盪不安。[150]晡後　下午四五點鐘。晡，申時，下午的三點到五點。[151]啜羹　喝湯。[152]寫胸上　把湯灑到了自己的胸膛上。寫，洩；灑。[153]手振　雙手顫抖，哆嗦。[154]未暗　天還不黑。[155]盡室　全家。[156]部曲　私家的兵丁、僕役、蔭戶等等。[157]赫奕　浩浩蕩蕩的樣子。[158]何事遽來　為什麼這麼早就來了。何事，為什麼。遽來，匆忙前來。[159]今敗矣　我們的事情算是完蛋了。胡三省曰：「秉奔石頭，則事大露，故云必敗。」[160]何恨　無遺憾。[161]孫曇瓘　劉宋末年的勇將，此時任寧朔將軍、越州刺史。傳見《宋書》卷八十三。[162]丹陽丞王遜　王遜是南朝文學家、目錄學家王儉之弟，此時任丹陽丞，蕭氏的親信。傳見《南齊書》卷二十三。丹陽是建康所在的縣名，縣治在建康城內。[163]僧綽　王僧綽，劉宋名臣王曇首的兒子，宋文帝劉義隆的女婿，被元凶劉劭所殺。傳見《宋書》卷七十一。[164]閤　皇帝住宿的內宮之門。當時王敬則任直閤，統親兵在皇帝住宿之處值勤。[165]嚴兵為備　嚴密地把守內宮之門，實即看管住王敬則，不使其外出。[166]鋸所止屋壁　鋸開他辦公屋子的牆壁。所止，所處。[167]已成嚴　已經披掛整齊，做好動手的準備。嚴，整；整裝。[168]猝至　突然來到。[169]何能夜顧　因何半夜三更地到我這裡來。[170]小子那敢作賊　你小子竟敢造反。[171]仆地　劉韞摔倒在地。[172]據倉城　憑藉著石頭城的倉門。[173]狼狽　匆匆忙忙的樣子。王蘊原來也在建康城內。[174]本期開南門　原定計畫是有人開南門放他們進城。[175]謂粲已敗　誤以為袁粲已經失敗。[176]戴僧靜　原是宋將沈文季的部下，淪於魏國佔領區，後逃回淮陰，遂成為蕭道成的嫡系部屬。傳見《南齊書》卷三十。[177]臺軍　即蕭道成一方的軍隊。[178]自亥至丑　即從晚上十點前後一直打到凌晨兩點前後。亥，晚上九點到十一點。丑，凌晨一點到三點。[179]府西門　石頭城內駐軍的軍府西門。府，軍府，袁粲石頭城駐軍的指揮部。[180]踰城走　翻城而下，向城外逃走。[181]但以名義至此　只不過是既然做了這個官，就要盡自己的責任罷了。[182]踰城獨進　翻牆進入石頭城，暗中摸索前進。[183]最覺有異人　袁最察覺有敵人。異人，不是自己一方的人。[184]額檐湖　湖水名，具體方位不詳。[185]乃馳還　又回到了建康城。[186]嚴兵　全副武裝，緊急待命。[187]期詰旦　等候第二天一早。期，等待。詰旦，明天一早。[188]御道　皇帝車駕所通行的大道。[189]臺門　朝廷的正門。[190]宣通　傳遞、溝通。[191]嬖人　受恩寵的用人，通常指男寵。[192]並赦而用之　胡三省曰：「史言蕭道成能棄怨錄才。」[193]簡淡平素　不拘小節，平易近人。[194]經世　治理國家。[195]善吟諷　擅長吟詠詩賦。吟諷，吟詠；誦讀。[196]劇任　任務艱鉅的崇高職位。[197]當事　作決定；拿主意。[198]主事　尚書省各部門的主管官員，猶如後世的各部尚書。[199]每往諮決　每次向袁粲請示處理意見。袁粲當時任尚書令，故各部的主事都要向他請示報告。[200]或高詠對之　有時竟對之吟詠詩書，對請示不置可否。[201]門無雜賓　門前沒有更多的來客。[202]物情不接　不接觸、不瞭解世道人情。[203]袁景倩　即袁粲，字景倩。[204]民望國華　萬民所仰望，國家之精英。望，仰望、傾心，表示信賴、仰仗的心情。[205]受

付託　接受老皇帝的臨終囑託。[206]智　智慧；謀略。[207]權　與「經」相對而言，臨時應變的能力。[208]處變　應對突發事變的能力。[209]蕭條散落　吊兒郎當，鬆鬆垮垮。[210]危而不扶　國家社稷已經很危險了，還不認真地加以扶持。按，《論語·季氏》有所謂「陳力就列，不能者止。危而不持，顛而不扶，則將焉用彼相矣？」[211]九鼎既輕　指臨朝的皇帝沒有威望權柄。九鼎，相傳是大禹時所鑄，後代王朝視之為傳國之寶。這裡代指掌管國家大權的皇帝。[212]三才將換　天、地、人三者的地位、關係將要重新排列，以喻新舊王朝到了更換、接替的時刻。[213]區區斗城　在一個斗大的小城裡。斗城，極言其城池之小。此指袁粲最後依據石頭城想幹一番事業。[214]蹈匹夫之節　表現出了一個普通人的剛烈氣節。蹈，實踐；體現。匹夫，普通人，與王侯將相對比而言。[215]無棟梁之具　沒有那種大人物、幹大事的本領與才幹。棟梁，以喻三公九卿、王侯將相。以上評論見裴子野所著《宋略》。胡三省曰：「裴子野之論，有《春秋》責備賢者之意，故《通鑑》取之。」[216]甲戌　十二月二十五。[217]大赦　大赦天下，以表示「咸與維新」，一切從頭開始之意。這是歷代新皇帝上臺，或是剛消滅一股巨大反對勢力之後的收拾人心之舉。[218]乙亥　十二月二十六。[219]王僧虔為左僕射　在此之前王僧虔為尚書僕射，時尚書僕射僅設一人；今欲削減其權，故又增設為左右二人。[220]新除　新任命的。除，選任。舊注多從「除舊布新」立意，不合情理。[221]王延之　宋明帝時先後為諸王僚屬，又為右僕射，在蕭、劉兩派勢力中持中間立場。傳見《南齊書》卷三十二。[222]度支尚書張岱　度支尚書是主管國家錢糧的官員。張岱是劉宋後期的賢能之吏，曾任益州刺史、吏部尚書等職，頗受蕭氏寵信。傳見《南齊書》卷三十二。[223]王奐　劉宋的著名官僚王球之姪，在劉宋末年曾任祠部尚書、吏部郎，深受蕭氏的信任。傳見《南齊書》卷四十九。[224]裕　王裕，劉宋文帝時曾任尚書令。傳見《宋書》卷六十六。[225]張瓌　劉宋時期的名將張永之子，張永曾歷事文帝、孝武帝、明帝三朝。張瓌在劉宋末年任吏部尚書、司徒左長史，為蕭氏親信。入齊後官至給事中、光祿大夫。傳見《南齊書》卷二十四。[226]家素豪盛　據《南齊書》本傳，張瓌家有張永舊時部曲數百人。[227]伺間取遐　找機會刺殺劉遐。[228]召瓌詣府　請張瓌到太守府有事相商。當時劉遐聚眾三千人，與沈攸之相呼應。[229]齋　可供休息、讀書、怡養的小室。[230]領軍沖　張沖，劉宋末曾任郢州刺史、征虜將軍。傳見《南齊書》卷四十九。葛曉音曰：「《南齊書》本傳和《南史》只說張沖為『左軍將軍』，沒說曾為『領軍將軍』。『領軍』疑當作『左軍』。」按，葛說是。[231]以百口一擲　拿著全家的性命做賭注。百口，代稱全家。一擲，一次賭博。[232]出手得盧　意謂一把獲勝。古時樗蒲戲一擲五子皆黑稱為「盧」，為最勝彩。[233]移屯閱武堂　將自己的指揮部遷移到閱武堂。閱武堂是朝廷檢閱軍隊的地方。[234]使西上　讓他沿江西上以抵抗沈攸之的叛軍。[235]配以腹心　安排蕭氏的心腹以監視與防備黃回。[236]反告其謀　轉而告發黃回的欲襲殺蕭道成之謀。[237]閏月辛巳　閏十二月初二。[238]出夏口二句　經由漢水與長江的匯口，佔據魯山。魯山是今武漢西的小山名。(239)癸巳　閏十二月十四。(240)郢城　即今武漢三鎮的漢口。當時郢州的州治所在地。(241)云欲問訊安西　揚言為向武陵王安西將軍的司馬柳世隆表示問候之意。此時柳世隆正以蕭氏的心腹行郢州刺史事，鎮守郢城。(242)暫泊黃金浦　臨時在黃金浦停留下來。胡三省曰：「黃金浦在鸚鵡洲上，相傳以為吳將黃蓋曾屯兵於此，得名。」鸚鵡洲在今湖北武漢西南的長江中。(243)被太后令　接到王太后的命令。被，接受；得到。(244)相與奉國　彼此共同忠於國家，擁戴皇帝。(245)想得此意　應該明白我這次前去是做什麼。(246)久承聲問　好久以前就聽到你們將要東下的消息了。聲問，音訊。問，這裡同「聞」。(247)攻守勢異　意即易守難攻。勢異，形勢不同。(248)非旬日可拔　不是十天半個月就能攻下的。(249)不時舉　不能及時攻下。舉，拔；攻下。(250)既傾根本　一旦攻下建康城，滅掉了朝廷政權。傾，顛覆。根本，朝廷政權。(251)留偏師　留下一支小軍隊。(252)守郢城　圍困郢城。守，圍困。(253)乙未　閏十二月十六。(254)西渚　當時鸚鵡洲的西渚。渚，水中的小島。(255)前軍中兵參軍焦度　焦度是劉宋後期的名將，氐族人，先曾在顏師伯、劉子勛、王景文帳下服務，後為武陵王、前軍將軍劉贊的中兵參軍。傳見《南齊書》卷三十。(256)穢辱　用汙穢的話語辱罵。《南齊書》本傳稱焦度「肆言罵辱攸之，至自發露形體穢辱之」。目的就是激怒沈攸之使之攻城，將其拖在郢州。(257)隨宜拒應　隨其所宜地進行抵抗、回應。(258)吳興　郡名，郡治即今浙江湖州。(259)沈文季　劉宋名將沈慶之之子，劉宋末年為吳興太守。傳見《南齊書》卷四十四。(260)吳錢唐　二郡名，吳郡的郡治即今蘇州，錢唐郡的郡治即今杭州。(261)新安太守登之　沈登之，時任新安太守。新安郡的郡治始新，在今浙江淳安西北。(262)誅其宗族　葛曉音曰：「前廢帝景和中沈攸之曾受命送藥賜沈慶之死，故沈文季此時因以報父仇。」(263)乙未　閏十二月十六。(264)禁省　指宮廷與朝廷各部門。(265)人君南面　作為一個統治者統治天下。南面，指居皇帝之位。(266)九重奧絕　住在門戶重重的深宮裡。九重，極言宮禁門戶之深。奧絕，遠離人世，與社會隔絕。(267)陪奉朝夕　整天侍候陪伴在皇帝身邊的那些人。(268)義隔卿士　他們的工作性質與朝廷百官是不同的。義隔，性質不同。卿士，指文武百官，因他們的級別有公、卿、大夫、士之分。(269)階闥之任　這些宮廷服務人員的任命。階闥，臺階與門戶，服務人員經常活動的地方。(270)宜有司存　應當由一定的部門管理。(271)恩以狎生　接觸多了就產生喜愛。恩，喜愛。狎，親近。(272)信由恩固　喜愛多了就容易信任。(273)無可憚之姿　他們在皇帝面前絕不會表現出令人畏忌的面容。憚，畏忌。(274)有易親之色　他們表現出的永遠是一副招人喜愛親近的笑臉。(275)孝建泰始　孝建是宋孝武帝劉駿的第一個年號（西元四五四—四五六年），這裡即指宋孝武帝劉駿。泰始是宋明帝劉彧的第一個年號（西元四六五—四七一年），這裡即指宋明帝劉彧。(276)主威獨運　專制獨裁，一切由他一個人說了算。(277)刑政糾雜　刑罰與政令雜亂繁多。(278)理難遍通　事實上他一個人也不可能什麼都懂。(279)耳目所寄　於是皇帝所見所聞的知識來源。寄，託；依靠。(280)事歸近習　一切都靠著左右的這些寵信人員了。近習，皇帝身邊各種受寵的小人。(281)及一旦；等到。(282)覘歡慍　看清了皇帝的喜悅或惱怒。覘，窺測。歡慍，喜悅或惱怒。(283)候慘舒　探準了皇帝的難過與舒心。候，探查。慘舒，難過與舒心。(284)動中主情　一舉一動都能符合主子的心意。中，合乎。情，心理。(285)舉無謬旨　一舉一動都不違背主子的歡心。謬，違背。旨，心意。(286)謂其　以為他們。(287)以為權不得重　以為他們的權力不大。(288)曾不知　殊不知。曾，竟；居然。(289)鼠憑社貴　老鼠一旦鑽進神龕，牠的身分可就不同了。社，社樹；土地廟。祭祀土神的地方。老鼠鑽進神龕，你既不能打砸，也不能焚燒，很難下手。(290)外無逼主之嫌　表面看他們沒有陵駕於皇帝之上的嫌疑。嫌，形跡。(291)內有專用之效　實際上他們有獨攬大權的效果。(292)勢傾天下　他們已經把統治天下之權移入自己之手。(293)未之或悟　帝王自己還沒有覺察。悟，明白；覺察。(294)太宗晚運　明帝劉彧的晚年。晚運，晚年的情況。(295)慮經盛衰　字略不順，疑「慮」字應作「屢」。大意謂劉彧經過了許多的事變起伏。(296)權倖之徒　皇帝身邊的寵幸小人，指楊運長、阮佃夫等。(297)慴憚宗戚　害怕劉氏皇室與外戚位高權重。(298)構造同異　編造出種種事端。同異，種種說法。(299)興樹禍隙　屢次地造成災難。(300)帝弟宗王　皇帝之弟，宗室之王，指劉休祐、劉休若、劉休仁等，都是明帝劉彧之弟，劉休祐為晉平王、劉休若為巴陵王、劉休仁為始安王。(301)相繼屠勦　逐個被殺。(302)寶祚夙傾　王朝短命。祚，福；國運。夙傾，早早地垮臺。(303)辛丑　閏十二月二十二。(304)濟陽江謐　濟陽郡人姓江名謐。濟陽郡的郡治在今山東定陶西北。江謐在劉宋末年曾任長沙內史、行湘州事，為蕭道成的親信。傳見《南齊書》卷三十一。(305)假蕭道成黃鉞　授予蕭道成黃鉞。假，加；授予。黃鉞，皇帝授予大臣的一種信物，讓他享有討伐叛亂、誅除不服的生殺之權。(306)壬寅　閏十二月二十三。(307)葭蘆　古城名，舊址在今甘肅武都東南的白龍江東側。(308)楊難當族弟廣香　楊難當的族弟楊廣香。楊難當是劉宋文帝時期的氐族首領，曾向劉宋稱藩。事見《魏書》卷一百一。(309)仍　同「乃」。於是。(310)駱谷城　古城名，在今甘肅成縣西方西漢水的東北側。當時為仇池郡的郡治所在地。(311)入侍　到魏國做人質。(312)南秦州　魏國南秦州的州治即當時的駱谷城。(313)乙巳　閏十二月二十六。(314)出頓新亭　將其指揮部移駐於新亭。新亭在當時建康城西南的長江邊，當時沈攸之在上游造反，蕭道成移指揮部於新亭，有加強京城防衛，聲援沿江朝廷諸鎮的意義。出頓，離開宮廷，駐紮到城外。頓，駐；駐紮。(315)驃騎參軍江淹　江淹是當時著名的詩人、辭賦家，名作有〈恨賦〉、〈別賦〉等等，當時任驃騎將軍蕭道成的參軍。傳見《南史》卷五十九。(316)天下紛紛　天下局勢紛紛擾擾。紛紛，雜亂的樣子。(317)君謂何如　您估計前途如何。謂，以為。(318)不在眾寡　不決定在眼下的人數多少。(319)賢能畢力　賢能之人都願為您盡力。(320)奉天子　打著為皇帝討伐叛亂的旗號。奉，捧；憑藉著。(321)彼　指沈攸之等掀起叛亂的人。(322)志銳而器小內心急躁而目的卑微。器，度量；目的。[323]有威而無恩 只靠威脅而無人對之感恩。[324]士卒解體 軍心渙散。[325]搢紳不懷 有社會影響力的人物們沒有人傾向於他。懷，思念；歸心。[326]懸兵數千里 遠離根據地數千里地孤軍深入。[327]無同惡相濟 沒人與他相互支援。同惡相濟，為打擊共同的憎恨而相互配合。惡，憎恨。濟，救援。[328]君談過矣 您把我說得過於好啦。[329]苞藏禍心 懷著一顆企圖造反的狼子野心。苞，通「包」。深藏。[330]於今十年 到現在已經十年啦。按，此十年是從宋明帝泰始三年（西元四六七年）沈攸之北收失地被魏人打得大敗後，先被任為郢州刺史，後又轉為荊州刺史的十來年。[331]險躁 陰險、暴躁。[332]起逆累旬 發動叛逆已經幾十天。[333]遲迴不進 被牽制在郢城而停止不前。遲，停留。[334]暗於兵機 軍事謀略不高明。暗，不明；不懂。兵機，用兵的謀略。機，關鍵；訣竅。[335]人情離怨 人心散亂而不滿。[336]掣肘之患 其陣營內部有不同意見，使其力量分散。掣肘，猶言「扯後腿」，受牽制不能向前。[337]天奪其魄 一種神祕的力量消融了他的氣魄、膽略，該發揮的沒有得到發揮。[338]本慮 我們本來擔心的……。[339]剽勇輕速 不顧一切地飛速前進，直取京城。[340]掩襲未備 趁朝廷尚未做好準備而突然發動襲擊。掩襲，乘其不備而突然襲擊。[341]決於一戰 逼著我們在很不利的形勢下與之決戰。[342]今六師齊奮 如今朝廷的大軍共同出兵。六軍，指朝廷方面的軍隊。周朝時只有天子才能有六軍的建制，諸侯國只能有一軍、二軍、三軍。[343]諸侯同舉 各州郡的勤王之師也全部來到。諸侯，當時指各州的刺史。[344]問攸之 問沈攸之的前景如何。[345]相與鄰鄉 家鄉的住地相鄰近。沈攸之吳興人，周山圖義興人，吳興、義興兩郡相鄰。[346]數共征伐 又多次一起出兵打仗。數，多次。[347]頗悉 很瞭解；很熟悉。[348]性度險刻 性情陰險，度量狹隘。刻，薄，這裡指狹隘。[349]頓兵堅城 被拖住在不可攻克的郢城之下。[350]適所以為 正好成為。[351]離散之漸 是他軍隊分崩離析的開始。漸，開始；開端。

【校　記】①王陵 原作「王淩」。據章鈺校，甲十一行本、乙十一行本皆作「王陵」，今據改。按，《通鑑紀事本末》卷二十、《通鑑綱目》卷二十七皆作「王陵」。②橙 原作「鐙」。據章鈺校，甲十一行本、乙十一行本、孔天胤本皆作「橙」，今據改。按，《通鑑紀事本末》卷二十作「橙」。③郡 原誤作「州」。胡三省注云：「巴陵，非州也。『州』當作『郡』。」嚴衍《通鑑補》改作「郡」，今據以校正。④為 原無此字。據章鈺校，甲十一行本、乙十一行本、孔天胤本皆有此字，今據補。⑤善 原作「喜」。據章鈺校，甲十一行本、乙十一行本皆作「善」，今據改。按，《通鑑紀事本末》卷二十作「善」。⑥則 原無此字。據章鈺校，甲十一行本、乙十一行本、孔天胤本皆有此字，今據補。⑦文季 原作「文秀」。張敦仁《通鑑刊本識誤》認為當作「文季」，《南齊書》卷四十四亦作「文季」，當是，今從改。下同。⑧為 原無此字。據章鈺校，甲十一行本、乙十一行本、孔天胤本皆有此字，今據補。

【語　譯】十一月初三日癸未，魏國的征西將軍皮歡喜等三位將軍率領四萬魏軍進擊楊文弘。

十一月初七日丁亥，魏國懷州的百姓伊祁苟自稱古代帝王唐堯伊祁放勳的後裔，在重山聚眾起兵造反，魏國擔任洛州刺史的馮熙率軍前往重山進行討伐，把伊祁苟的叛軍徹底消滅了。馮太后想把叛軍佔據過的重山城裡所有的百姓全部殺光，擔任雍州刺史的張白澤勸阻馮太后說：「叛軍的大頭目以及他的黨羽，現在已經全部被誅滅。難道重山城中就沒有忠良仁義的人士嗎，為什麼不問青紅皂白，就要全部殺光呢？」馮太后這才沒有下達誅滅全城的命令。

十二月，魏國的征西將軍皮歡喜等率領魏軍到達建安城，楊文弘棄城逃走。

當初，宋國擔任荊州刺史的沈攸之與蕭道成在宋孝武帝大明和前廢帝劉子業景和年間曾經一起在朝廷擔任禁軍頭領，負責殿省的安全保衛工作，兩個人的關係非常親近友善，蕭道成還把自己的女兒嫁給了沈攸之擔任中書侍郎的兒子沈文和做媳婦。沈攸之在荊州擔任刺史，擔任直閤將軍的高道慶，家在華容縣，高道慶休假回華容老家時，繞道江陵拜訪荊州刺史沈攸之，在與沈攸之一起玩握槊的賭博遊戲時發生了爭執。高道慶遂飛速地返回建康城，向朝廷報告說沈攸之已經準備好起兵謀反，請求允許自己率領三千名士兵去襲擊沈攸之。朝廷中的執政大臣都認為不可以這樣做，而蕭道成仍然擔保沈攸之一定不會起兵謀反。員外郎楊運長等人因為一向憎惡沈攸之，就與高道慶一道密謀，派遣了刺客前往江陵去刺殺沈攸之，結果沒有成功。恰逢蒼梧王劉昱被殺身亡，擔任主簿的宗儼之、擔任功曹的臧寅遂勸說沈攸之趁機起兵。沈攸之因為自己的長子沈元琰還在建康城內擔任司徒左長史，所以沒有起兵。臧寅，是臧凝之的兒子。

當時楊運長等人已經不在朝中任職，蕭道成便派沈元琰攜帶著蒼梧王劉昱用來殺人剖腹的刑具前往江陵讓沈攸之觀看。沈攸之因為蕭道成的名望、地位一向處在自己之下，卻一日之內專擅了朝廷大權，心裡便感到很不平衡，他對沈元琰說：「我寧願像曹魏末期擔任太尉的王陵那樣準備為討伐逆賊司馬氏而死，也不會像賈充那樣為了自己能活著而幫助司馬昭殺死魏國的皇帝曹髦。」然而也顧不上起兵討伐蕭道成。於是只好上表祝賀蕭道成擁立新皇帝劉準登基成功，卻趁機把自己的兒子沈元琰留在了江陵。

宋國擔任雍州刺史的張敬兒，一向與在沈攸之屬下擔任司馬的劉攘兵關係密切，他懷疑沈攸之將要發兵起事，就祕密地詢問劉攘兵。劉攘兵不置可否，只是給張敬兒寄去了一隻馬鐙，張敬兒領悟了劉攘兵的意思，於是便暗中做好了防範沈攸之起兵的準備。

荊州刺史沈攸之有一塊寫在白絹上的大約有十多行文字的文件，經常保存在防身馬甲的衣角上，說是宋明帝劉彧與自己單獨約定的誓言。沈攸之準備起兵反對蕭道成，他的小妾崔氏勸阻他說：「官人現在已經老了，怎能不為全家這一百口人的安危做長遠考慮呢？」沈攸之用手指了指護身馬甲的衣角讓崔氏看，並且聲稱皇太后已經派來了使者，讓使者賞賜給沈攸之一支蠟燭，沈攸之剖開蠟燭，得到了皇太后的手令，手令寫道：「有關國家社稷安危的大事，就全部委託給您了。」於是沈攸之立即調集兵馬，並向全國各地發布了聲討蕭道成的檄文，一面派遣使者邀請擔任雍州刺史的張敬兒以及擔任豫州刺史的劉懷珍、擔任梁州刺史的梓潼郡人范柏年、擔任司州刺史的姚道和、擔任湘州行事的庾佩玉、擔任巴陵內史的王文和一同起兵。張敬兒、劉懷珍、王文和都把沈攸之派來的使者殺掉，然後飛速地寫好奏章將沈攸之起兵謀反的情況報告給朝廷，不久，巴陵內史王文和扔下巴陵郡跑到了夏口，梁州刺史范柏年、司州刺史姚道和、湘州行事庾佩玉都採取了兩頭觀望，腳踩兩條船的態度。姚道和，是後秦高祖姚興的孫子。

十二月十二日辛酉，荊州刺史沈攸之派遣擔任輔國將軍的孫同等人相繼率領軍隊沿著長江東下，直趨建康。沈攸之在送給蕭道成的書信中說：「少帝劉昱昏庸狂妄，您就應當與各位大臣祕密進行協商，然後把協商的結果共同稟報給皇太后，由皇太后下令廢掉少帝劉昱，另立一個新皇帝。為什麼您卻結交少帝身邊的左右侍從，親自做出弒殺皇帝的叛逆之事，而且又不及時將少帝收殮停靈，致使少帝的屍體上生滿了蛆蟲，蛆蟲都爬出了門戶？凡是做臣子的，誰不為此而感到惋惜、驚駭？再有，你擅自更換朝廷舊臣的官職，安插自己的親信、黨羽，各處宮殿門戶的鑰匙全都交給你們一家人的手裡。我不知道霍光、諸葛亮留給後人的做法難道就是這個樣子嗎？你既然有殘害劉宋王朝、篡奪皇帝之位的野心，我又怎麼敢拋棄戰國時期楚國的申包胥哭秦庭，向秦國求救兵以救其國家社稷的節操呢？」朝廷聽到沈攸之起兵的消息，全都驚惶恐懼起來。

十二月十八日丁卯，蕭道成親自進入朝堂防守，他命令擔任侍中的蕭嶷代替自己防守東府，派擔任撫軍行參軍的蕭映率軍去鎮守京口。蕭映，是蕭嶷的弟弟。十九日戊辰，宮廷內外宣布戒嚴。二十日己巳，任命擔任郢州刺史的武陵王劉贊為荊州刺史，罷免了沈攸之荊州刺史的職務。二十一日庚午，任命擔任右衛將軍的黃回為郢州刺史，統領前鋒各軍討伐沈攸之。

當初，蕭道成派自己的嫡長子蕭賾為晉熙王劉燮擔任長史，代替劉燮管理郢州的事務，他在郢州打造兵器、修繕器械以防備沈攸之起兵謀亂。等到朝廷徵調晉熙王劉燮進京擔任揚州刺史的時候，便任命蕭賾為左衛將軍，與晉熙王劉燮一起沿長江東下進入建康。豫州刺史劉懷珍對蕭道成說：「夏口地處咽喉要道，應當選派合適的人去鎮守夏口。」蕭道成遂寫信給蕭賾說：「你既然已經進入京師建康，就應當選擇一位文武兼備而且與你情投意合的人，把你離開夏口之後的事務委託給他。」蕭賾遂推薦在劉燮屬下擔任司馬的柳世隆接替自己的職務。蕭道成任命柳世隆為武陵王劉贊的長史，代理郢州事務。蕭賾在臨走之前對柳世隆說：「沈攸之一旦起兵叛亂，燒毀了夏口所有的舟艦，然後沿長江順流東下的話，就不可能再控制他。如果能夠把沈攸之牽制過來，使他停留下來進攻郢州城，郢州城未必能馬上被攻克。你在郢州城內，我在郢州城外，對沈攸之展開內外夾擊，一定能夠打敗沈攸之。」等到沈攸之起兵之時，蕭賾才剛到達尋陽，沒有繼續接到其父蕭道成的指示，隨行的眾人都想要日夜兼程奔往建康，蕭賾說：「尋陽正處在從郢州到建康的半路上，緊挨著京師建康。如果我們留下來屯紮在湓口城，對內可以作為一道屏障保衛朝廷，向西可以支援夏口，佔據有利的地理形勢，控制西南一帶，今天我們正好來到這裡，這是上天有意把我們安置在這裡啊。」有人認為湓口城太小，難以堅守，擔任左中郎將的周山圖說：「如今我們佔據長江中游，形成聲援四方之勢，不能因為城小這一小小的不利條件而產生畏難情緒。如果我們眾人齊心協力，這裡的長江與群山就會成為我們堅固的城牆和護城河。」十二月二十一日庚午，蕭賾擁護著晉熙王劉燮鎮守湓口城，蕭賾把所有的事務全部委託給周山圖負責。周山圖於是下令封鎖長江，截奪江上往來的船隻，拆下船上的木板打造瞭望敵軍行動、或用來攻城的吊車，又在江水中遍插用來阻擋敵兵前進的木柵欄，不到十天各項備戰工作就全部做好了。蕭道成聽說之後，非常高興地說：「蕭賾不愧是我的兒子！」於是任命蕭賾為西討都督，蕭賾請求朝廷任命周山圖為西討軍隊的副職。當時擔任江州刺史的邵陵王劉友正在鎮守尋陽城，蕭賾認為尋陽不值得讓邵陵王劉友堅守，就上表請求朝廷讓劉友到湓口城與自己一同防守，留下擔任江州別駕的豫章郡人胡諧之鎮守尋陽城。

擔任湘州刺史的王蘊因為母親去世而罷職奉母喪回歸建康，途中經過巴陵郡時，與沈攸之建立了緊密的聯盟。當時沈攸之還沒有起兵，王蘊經過郢州時，想趁蕭賾出城弔唁的機會發難舉事，殺死蕭賾，佔領郢州城。蕭賾得知了這一消息後，便沒有出城進行弔唁。王蘊回到京師，到達東府時，又想趁蕭道成出來弔唁的機會發難，殺死蕭道成，而蕭道成也沒有出來弔唁。於是王蘊便與中書監袁粲、尚書令兼任中領軍劉秉密謀誅殺蕭道成，將帥黃回、任候伯、孫曇瓘、王宜興、卜伯興等人都參與了此謀。卜伯興，是卜天與的兒子。

蕭道成最初聽到沈攸之起兵的消息，就親自去拜訪袁粲，袁粲拒絕不見。擔任通直散騎侍郎的袁達對袁粲說：「你現在還不能表現出與他的對立。」袁粲說：「如果他以主上年幼，時局艱難為理由，像當年桂陽王劉休範一樣謀反篡權，脅迫我進入朝堂，逼著我和他一起幹，我用什麼話來拒絕他？一旦與他同起同坐，再想和他堅持不同意見還有用嗎？」蕭道成於是將褚淵召來，與褚淵座位挨在一起，不論遇到什麼事情一定要拉上褚淵共同處理。當時劉韞擔任領軍將軍，到門下省值班，卜伯興擔任直閤，率領著衛隊侍從在皇帝身邊值勤，黃回等諸將都率領軍隊出了京城駐守在新亭。

當初，褚淵擔任衛將軍的時候，因為母親去世需要為母親守喪而辭去官職，朝廷催促、逼迫他復職上班，褚淵堅決地拒絕了。袁粲一向享有很高的聲望，他便親自到褚淵的家裡進行寬解、勸說，褚淵聽從了袁粲的勸告，這才復職上班。等到袁粲做了尚書令，也遭遇母親去世而辭職回家為母親守孝，褚淵對袁粲百般進行勸說，言辭懇切到了極點，而袁粲始終沒有出來復職，褚淵因為這個原因而對袁粲充滿怨恨。等到沈攸之起兵反抗蕭道成的時候，蕭道成遂與褚淵商議，褚淵說：「西方沈攸之發動叛亂挑起事端，其目的一定不會達到，您應當首先防備京城內部的人密謀作亂。」袁粲謀劃誅殺蕭道成的計畫已經確定下來，就準備通知褚淵，眾人都說褚淵與蕭道成關係密切，不可以將誅殺蕭道成的事情讓他知道。袁粲說：「褚淵雖然與蕭道成關係密切，難道目前的形勢會使他公然地和我們對抗嗎？如果現在不告訴他，一旦我們除掉了蕭道成就應當也把他殺掉。」於是就把準備除掉蕭道成的密謀告訴了褚淵，褚淵立即報告給了蕭道成。

蕭道成此前也聽說了袁粲他們的陰謀，於是派遣了擔任一支軍隊頭領的蘇烈、薛淵和太原人王天生率領軍隊協助袁粲防守石頭城。薛淵堅決推辭，蕭道成卻強迫薛淵必須得去。薛淵在迫不得已的情況下，痛哭流涕地向蕭道成跪拜辭行。蕭道成不解地說：「你在石頭城，與京城近在咫尺，早上去，晚上就可以回來，為什麼這樣悲傷，又為什麼向我跪拜辭別呢？」薛淵說：「我不知道您能不能保證與袁粲共同為一個主子效力？現在我前往石頭城，如果我與袁粲同心協力防守石頭城就辜負了您，如果我不與袁粲同心協力進行防守，立即就會遭受殺頭之禍，我怎麼能不悲傷呢？」蕭道成說：「我所以派你前去，正是因為你遇到事情能保證該怎麼做就怎麼做，使我對石頭城一帶沒有後顧之憂。你只要努力去做就行了，不要再多說什麼了。」薛淵，是薛安都的姪子。蕭道成又任命擔任驍騎將軍的王敬則為直閤，與擔任直閤的卜伯興共同統領禁衛軍。

袁粲陰謀盜用皇太后的名義，命令領軍將軍劉韞、直閤卜伯興率領宿衛宮廷的士兵前往朝堂進攻蕭道成，令駐守新亭的黃回等人率領手下的軍隊作為接應。尚書令兼任中領軍劉秉、將帥任候伯等人全都臨時到石頭城避難，本來約定好在十二月二十三日壬申的夜間動手，劉秉內心動盪不安，不知該做什麼好，於是在下午四五點鐘的時候就開始整理行裝。臨離開的時候，喝了點湯，竟然把湯灑在了自己的胸脯上，兩手顫抖得無法控制。天還沒有黑下來，劉秉就用車拉著家中的婦女，全家人一起奔向石頭城，幾百名私家的兵丁、僕役、蔭戶等跟在後面，浩浩蕩蕩布滿了道路。他們來到石頭城，見到袁粲，袁粲吃驚地問：「為什麼這麼早就來了？如此一來我們的事情算是徹底完蛋了！」劉秉說：「我能夠見到你，就是死一萬次又有什麼遺憾呢？」將帥孫曇瓘聽到消息之後，也奔向石頭城。擔任丹陽丞的王遜等人趕緊跑去報告了蕭道成，於是事情完全暴露出來。王遜，是王僧綽的兒子。

蕭道成祕密派人去通知王敬則，當時皇宮的內宮門已經關閉，王敬則想打開內宮門出來，而擔任直閤的卜伯興已經嚴密地把守住內宮之門，不讓人出入，王敬則就用鋸子鋸開了自己所處屋子的牆壁才得以出宮，他來到中書省收捕領軍將軍劉韞。劉韞此時已經披掛整齊，只等約定的時間一到便立即動手，他點起了一排蠟燭為自己照明。他看見王敬則突然到來，感到非常吃驚，急忙起身迎接，他對王敬則說：「兄長為何半夜三更的到我這裡來？」王敬則大聲呵斥他說：「你小子竟敢造反！」劉韞撲向王敬則將王敬則死死地抱住，王敬則便用拳頭狠狠地毆打劉韞的臉部，把劉韞打倒在地上，然後殺死了劉韞，王敬則又殺死了卜伯興。蘇烈等人憑藉著石頭城的倉門抵抗袁粲。王蘊聽說劉秉已經離開建康城逃走，遂歎息了一聲說：「事情成功不了了！」便匆匆忙忙地率領著幾百名私家兵丁、僕役等奔向石頭城。本來約定有人打開南門放他們進城，由於當時是月黑天，薛淵憑藉著倉門向他放箭。王蘊便誤以為袁粲已經失敗，遂立即四散逃走。

蕭道成派遣一支軍隊的頭領會稽人戴僧靜率領數百人前往石頭城援助蘇烈等人，他們從倉門進入城中與蘇烈會合，兩人齊心協力全力攻擊袁粲。由於孫曇瓘驍勇善戰，蕭道成的朝廷軍死了一百多人。王天生拚力死戰，所以才能夠與袁粲軍相持，從晚上十點一直堅持到深夜兩點，戴僧靜分出一部分兵力進攻石頭城內駐軍軍府的西門，並放火焚毀了西門。當時袁粲與劉秉都在石頭城的東門，袁粲望見府西門火起，就想趕回軍府救援。而劉秉與他的兩個兒子劉俁、劉陔卻翻城而下，向城外逃走了。袁粲走下城東門，點燃蠟燭照著自己，對自己的兒子袁最說：「本來就知道一根木頭不能阻止大廈的崩塌，只不過是既然做了這個官，就要盡自己的一份責任罷了。」戴僧靜乘著黑夜的掩護獨自翻越城牆進入石頭城內，暗中摸索前進，袁最發覺有敵人上來，就用自己的身體護衛著袁粲，戴僧靜逕直對著他們向前砍去。袁粲對袁最說：「我不失為忠臣，你不失為孝子！」於是父子一同被殺死。百姓都很同情袁粲父子，為他們編造了一首民謠說：「可憐石頭城，寧為袁粲死，不作褚淵生！」劉秉父子逃到額檐湖，被蕭道成的軍隊追上，抓獲，殺死。任候伯等人全都乘船奔赴石頭城，等他們趕到石頭城的時候，蕭道成的朝廷軍已經集結，因而無法入城，於是又奔回了建康城。

黃回全副武裝，緊急待命，等候第二天一早便率領手下的軍隊沿著御道直接向朝廷的正門前進攻擊蕭道成。因為聽說事情已經洩露出去，便沒敢採取行動。蕭道成仍然像以前一樣安撫了黃回。王蘊、孫曇瓘都已經逃竄，蕭道成首先捕獲了王蘊，把王蘊殺死，對袁粲的其他黨羽則全部不再予以追究。

在袁粲手下擔任典籤的莫嗣祖在袁粲、劉秉之間負責往來傳遞消息，溝通密謀，蕭道成把莫嗣祖召來責問他說：「袁粲謀反，你為什麼不向我報告？」莫嗣祖回答說：「我不知道別的，只知道有恩報恩，我怎麼敢洩露他的大事呢？如今袁公已經死了，從道義上來說我不求活命。」深受湘州刺史王蘊恩寵的張承伯將王蘊藏匿起來，蕭道成不僅將莫嗣祖和張承伯全都赦免，而且還任用了他們。

袁粲生活簡樸，淡泊名利，為人平和，然而卻缺乏治理國家的才能，他喜好飲酒，擅長吟詠詩賦。位居任務艱鉅的崇高職位，卻又不肯做決定、拿主意，尚書省各部門的主管官員每次向他請示處理意見，他有時竟然對他們高聲吟誦詩書，而對他們的請示不置可否。袁粲在家閒居的時候，高臥不起，門前沒有閒雜的來客，不接觸、不瞭解世道人情，所以最終導致失敗。

裴子野評論說：「袁粲，是百姓所仰望，是國家的精英，接受了宋明帝劉彧的臨終囑託，擔負著輔佐幼主的重任。然而他的智慧、謀略不足以剷除奸佞，臨時應變的能力不足以應對突發的事變，吊兒郎當，鬆鬆垮垮，國家社稷已經很危險了，還不認真地加以扶持。等到臨朝的皇帝已經沒有了威望和權柄，新舊王朝已經到了更換、接替的時候，他卻在一個斗大的石頭城內，出生入死而不推辭，表現出的是一個普通人的剛烈氣節，而沒有那種大人物、幹大事的本領和才幹。」

十二月二十五日甲戌，宋國實行大赦。

十二月二十六日乙亥，宋國蕭道成任命尚書僕射王僧虔為左僕射，新任命的中書令王延之為右僕射，任命擔任度支尚書的張岱為吏部尚書，將擔任吏部尚書的王奐改任為丹楊尹。王延之，是王裕的孫子。

劉秉的弟弟劉遐擔任吳郡太守。擔任司徒右長史的張瓌，是張永的兒子，因為父親張永去世而在吳郡家中為父親守喪，張瓌的家族一向勢力強大，蕭道成指使張瓌尋找機會除掉吳郡太守劉遐。碰巧劉遐請張瓌到自己的太守府有事相商，張瓌於是率領著十幾名家丁逕直進入劉遐的書齋，逮捕了劉遐，把劉遐殺死，吳郡之中沒有一個人敢進行反抗。蕭道成聽到張瓌已經成功地除掉了吳郡太守劉遐的消息之後，就將此事告訴了張瓌的叔父擔任領軍將軍的張沖，張沖說：「張瓌以全家上百口人的性命作賭注，一出手就贏了個大滿貫。」蕭道成立即任命張瓌為吳郡太守。

蕭道成把自己的指揮部遷到了閱武堂，仍然把一支大軍交給黃回率領，讓他沿江西上以抵抗沈攸之的叛軍，同時把自己的心腹將領王宜興派去監視與防備黃回。黃回一向與王宜興不和睦，擔心王宜興會告發他想要襲殺蕭道成之謀，遂在閏十二月初二日辛巳，找個事由把王宜興抓起來，殺死了。諸將領都說黃回手握強兵必定會造反，擔任寧朔將軍的桓康向蕭道成請求獨自前去刺殺黃回，蕭道成說：「你們這些人何必如此多疑？他不會有什麼作為。」

荊州刺史沈攸之派遣擔任中兵參軍的孫同等五位將領率領三萬軍隊為前鋒，擔任司馬的劉攘兵等五位將領率領二萬軍隊緊隨其後。又派遣擔任中兵參軍的王靈秀等四位將領分別出兵經由夏口，佔據魯山。閏十二月十四日癸巳，沈攸之到達夏口，依仗著自己兵強馬壯，臉上便帶有一種驕傲之色。沈攸之認為郢城弱小，不值得進攻，他揚言說「想向安西將軍武陵王的司馬柳世隆表示問候。」遂暫時停泊在黃金浦，沈攸之派人告訴柳世隆說：「我接到皇太后的命令，應當暫時回到都城。您與我共同忠於國家、擁戴皇帝，想必應該明白我此次前去要做什麼。」柳世隆回覆說：「你率領軍隊沿江東下建康，對於此事我早就得知消息了。郢城只是一個小城鎮，我在此只是自守而已。」擔任主簿的宗儼之勸說沈攸之進攻郢城，擔任功曹的臧寅認為：「郢城的兵力雖少，然而地勢險要，易守難攻，不是十天半月就能夠攻下的。如果不能及時攻下郢城，就會挫傷我軍的銳氣，損害我軍的軍威。如果順流而下長驅直入，取得勝利便指日可待。一旦我們攻下了建康城，那麼小小的一個郢城柳世隆又豈能守得住？」沈攸之聽從了臧寅的意見，就想留下一支小部軍圍困郢城，自己則親率大軍東下攻打建康。十六日乙未，沈攸之正準備率軍出發，柳世隆卻派人在西渚向他挑戰，擔任前軍中兵參軍的焦度站在城樓上肆意地用汙穢的話語辱罵沈攸之。沈攸之聽到後不禁大怒，立即改變了計畫，開始攻擊郢城，他命令各軍棄船登岸焚燒郢城周圍的城邑村鎮，修築起長長的圍障把郢城圍住，不分白天黑夜地進行攻打。柳世隆隨其所宜地進行抵抗、回應，沈攸之無法攻下郢城。

蕭道成命令吳興太守沈文季為吳郡、錢唐郡的軍事長官。沈文季逮捕了沈攸之的弟弟擔任新安太守的沈登之，誅滅了沈登之的所有族人。

閏十二月十六日乙未，宋朝廷任命擔任後軍將軍的楊運長為宣城太守。至此，宋太宗劉彧的寵臣已經沒有在宮廷與朝廷各部門中任職的了。

沈約評論說：「作為一個皇帝，在朝堂之上面南而坐統治著天下，卻又居住在門戶重重的深宮裡，過著遠離人世、與社會隔絕的生活，整天侍奉、陪伴在皇帝身邊的那些人，他們的工作性質與朝廷百官是不同的，對於這些宮廷服務人員的任命，本來應當由相關的部門進行管理。可是，皇帝因為與他們接觸多了，就會對他們格外喜愛，格外喜愛，就容易產生信任，又因為他們在皇帝面前絕對不會表現出令人畏忌的面容，所表現出的永遠是一副招人喜愛、親近的笑臉。宋孝武帝劉駿、宋明帝劉彧，雖然專制獨裁，一切都由他們一個人說了算，然而刑罰與政令雜亂繁多，事實上他們一個人也很難做到什麼都懂，於是皇帝所見所聞的情報來源，就全都靠著左右的這些寵信人員了。一旦這些身邊的寵臣看清了皇帝的喜悅與惱怒，探準了皇帝的難過與舒心，於是便一舉一動都能符合皇帝的心意，舉止行動都不違背皇帝的心意。皇帝因此認為他們地位卑微，身分低賤，就會認為他們手中的權力不大，殊不知老鼠一旦鑽進神龕，牠的身分就不同了，狐狸可以借助於老虎的威風，表面看他們沒有陵駕於皇帝之上的嫌疑，實際上卻有獨攬大權的效果，他們已經把統治天下的權力轉移到自己的手中，而皇帝自己還沒有覺察。等到宋太宗劉彧到了晚年，經歷了許多的事變起伏，他身邊的那些受寵幸的小人，害怕劉氏皇室與外戚位高權重，就想方設法使年幼的小皇帝處於孤立無援的境地，自己好永遠竊取國家大權，於是他們就編造出種種事端，屢次地造成災難，於是劉彧的弟弟以及宗室諸王，便逐個遭到殺戮。王朝短命，實際上就是因為這個緣故了。」

閏十二月二十二日辛丑，宋國擔任尚書左丞的濟陽郡人江謐建議朝廷授予蕭道成黃鉞，使他享有討伐叛亂、誅除不服的生殺之權，皇帝劉準批准了江謐的建議。

宋國朝廷加授擔任北秦州刺史的武都王楊文度為都督北秦、雍二州諸軍事，任命龍驤將軍楊文弘為略陽太守。閏十二月二十三日壬寅，魏國征西將軍皮歡喜率領魏軍攻克了葭蘆城，殺死了楊文度。魏國任命楊難當的族弟楊廣香為陰平公、葭蘆戍主，於是魏國孝文帝拓跋宏下詔，令皮歡喜修建駱谷城。楊文弘向魏國上表請罪，並派自己的兒子楊苟奴到魏國去做人質。魏國朝廷遂任命楊文弘為南秦州刺史、武都王。

閏十二月二十六日乙巳，蕭道成將自己的指揮部移駐於新亭，他對擔任驃騎參軍的江淹說：「天下紛紛擾擾，動盪不安，您以為前途如何？」江淹回答說：「事情的成敗取決於是否實行了德政，而不在於眼下人數的多少。您英雄勇武有奇謀偉略，這是第一條可以取勝的條件；您為人寬容而又仁愛，這是第二條可以取勝的條件；那些賢者、能者都願意為您效力，這是第三條可以取勝的條件；民心早已歸向於您，這是第四條可以取勝的條件；您打著為皇帝討伐叛逆的旗號，名正言順，這是第五條可以取勝的條件。掀起叛亂的沈攸之內心急躁而目的卑微，這是他第一個可以導致失敗的因素；只靠威脅而沒有人對他感恩，這是他第二個可以導致失敗的因素；軍心渙散，這是第三個可以導致失敗的因素；有社會影響力的人物沒有人傾向於他，這是第四個可以導致失敗的因素；遠離根據地數千里孤軍深入而沒有人與他相互支援，這是第五個可以導致失敗的因素。雖然他擁有十萬豺狼一樣的軍隊，終究會被我們擒獲。」蕭道成笑著說：「您把我說得過於好了。」擔任南徐州行事的劉善明對蕭道成說：「沈攸之招募軍隊，徵集戰馬，製造舟艦，打造器械，懷著一顆企圖謀反的狼子野心，到現在已經十年了。他的性情既陰險又暴躁，而所擔負的又不是主持宗廟祭祀的重任，發動叛逆已經幾十天了，卻被牽制在郢城遲遲不能前進。這一方面是因為他軍事謀略不高，二是因為他的軍心散亂對他心懷不滿，三是在他的陣營內部有不同意見，使其力量分散，四是有一種神祕的力量消融了他的氣魄。我本來還擔心他會不顧一切地飛速前進，直取京師建康，趁朝廷還沒有做好準備之時而突然向我們發動襲擊，逼著我們在很不利的形勢下與他進行決戰。如今朝廷的大軍一同出兵，各州郡的勤王之師也全部來到，沈攸之已經成了籠中之鳥了。」蕭賾向周山圖詢問沈攸之的前景如何，周山圖說：「沈攸之的家鄉與我家鄉的住地相鄰近，我們又曾經多次一同出兵打仗，所以我很熟悉他的為人，他性情陰險，度量狹隘，不得軍心。

如今他的軍隊被牽制在不可攻克的郢城之下，正是他的軍隊分崩離析的開始。」

二年（戊午　西元四七八年）

春，正月己酉朔❶，百官戎服❷入朝。

沈攸之盡銳❸攻郢城，柳世隆乘間❹屢破之。蕭賾遣軍主桓敬等八軍❺據西塞❻，為世隆聲援。

攸之獲郢府法曹❼南鄉范雲❽，使送書入城，餉❾武陵王贊犢一羫❿，柳世隆魚三十尾⓫，皆去其首。城中欲殺之，雲曰：「老母弱弟，懸命沈氏⓬，若違其命，禍必及親，今日就戮⓭，甘心如薺⓮。」乃赦之。

攸之遣其將皇甫仲賢⓯向武昌⓰，中兵參軍公孫方平⓱向西陽⓲。武昌太守臧渙降於攸之，西陽太守王毓奔湓城。方平據西陽，豫州刺史劉懷珍⓳遣建寧⓴太守張謨等將萬人擊之，辛酉㉑，方平敗走。平西將軍黃回等軍至西陽，泝流㉒而進。

攸之素失人情㉓，但劫以威力㉔。初發江陵，已有逃者，及攻郢城，三十餘日不拔，逃者稍多㉕。攸之日夕㉖乘馬歷營撫慰㉗，而去者不息㉘。攸之大怒，召諸軍主[29]曰：「我被太后令，建義下都[30]。大事若克[31]，白紗帽共著[32]耳。如其不振[33]，朝廷自誅我百口[34]，不關餘人[35]。比軍人叛散[36]，皆卿等不以為意[37]。我亦不能問叛身[38]，自今軍中有叛者，軍主任其罪。」於是一人叛，遣人追之，亦去不返，莫敢發覺[39]，咸有異計[40]。

劉攘兵射書入城請降，柳世隆開門納之。丁卯[41]夜，攘兵燒營而去。軍中見火起，爭棄甲走，將帥不能禁。攸之聞之，怒，銜須咀之[42]，收[43]攘兵兄子天賜、女壻張平虜，斬之。向旦[44]，攸之帥眾過江[45]，至魯山，軍遂大散，諸將皆走。臧寅曰：「幸其成而弃其敗[46]，吾不忍為也！」乃投水死。攸之猶有數十騎自隨，宣令軍中曰：「荊州城中大有錢[47]，可相與[48]還取以為資糧[49]。」郢城未有追軍，而散軍畏蠻抄[50]，更相聚結[51]，可[52]二萬人，隨攸之還江陵。

張敬兒既斬攸之使者，即勒兵，偵攸之下[53]，遂襲江陵[54]。攸之使子元琰與兼長史江乂、別駕傅宣共守江陵城。敬兒至沙橋[55]，觀望未進。城中夜聞鶴唳[56]，謂為軍來，乂、宣開門出走，吏民崩潰。元琰奔寵洲[57]，為人所殺。敬兒至江陵，誅攸之二子、四孫[58]。

攸之將至江陵百餘里，聞城已為敬兒所據，士卒隨之者皆散。攸之無所歸，與其子文和走至華容界，皆縊于櫟林。己巳[59]，村民斬首送江陵。敬兒擎之以楯[60]，覆以青繖，徇諸市郭[61]，乃送建康。敬兒誅攸之親黨，收其財物數十萬，皆以入私[62]。

初，倉曹參軍[63]金城邊榮[64]，為府錄事[65]所辱，攸之為榮鞭殺錄事。及敬兒將至，榮為留府司馬[66]，或說之使詣敬兒降[67]，榮曰：「受沈公厚恩，共如此大事，一朝緩急[68]，便易本心[69]，吾不能也。」城潰，軍士執以見敬兒，敬兒曰：「邊公何不早來？」榮曰：「沈公見留守城[70]，不忍委去[71]，本不祈生[72]，何須見問？」敬兒曰：「死何難得！」命斬之，榮歡笑而去。榮客太山程邕之[73]抱榮曰：「與邊公周遊[74]，不忍見邊公死，乞先見殺[75]。」兵人[76]不得行戮，以白敬兒。敬兒曰：「求死甚易，何為不許[77]？」先殺邕之，然後及榮，軍人莫不垂泣[78]。孫同、宗儼之等皆伏誅。

丙子[79]，解嚴[80]，以侍中柳世隆為尚書右僕射，蕭道成還鎮東府。丁丑[81]，以左[1]衛將軍蕭賾為江州刺史，侍中蕭嶷為中領軍。二月庚辰[82]，以尚書左僕射王僧虔為尚書令，右僕射王延之為左僕射。癸未[83]，加蕭道成太尉、都督南徐等十六州[84]諸軍事，以衛將軍褚淵為中書監、司空。道成表送黃鉞[85]。

吏部郎王儉[86]，僧綽之子也，神彩淵曠[87]，好學博聞，少有宰相之志，時論[88]亦推許[89]之。道成以儉為太尉右長史，待遇隆密[90]，事無大小專委之。

丁亥[91]，魏主如代湯泉[92]。癸卯[93]，還。

宕昌王彌機[94]初立。三月丙子[95]，魏遣使拜彌機征南大將軍、梁・益二州牧、河南公、宕昌王。

黃回不樂在郢州[96]，固求南兗，遂帥部曲輒還[97]。辛卯[98]，改都督南兗等五州[99]諸軍事、南兗州刺史[100]。

初，王蘊去湘州[101]，湘州刺史南陽王翽[102]未之鎮[103]，長沙內史[104]庾佩玉行府事[105]。翽先遣中兵參軍韓幼宗將兵戍湘州，與佩玉不相能[106]。及沈攸之反，兩人互相疑，佩玉襲殺幼宗。黃回至郢州，遣輔國將軍任候伯行湘州事，候伯輒殺佩玉[107]，冀以自免[108]。湘州刺史呂安國[109]之鎮，蕭道成使安國誅候伯[110]。

夏，四月甲申[111]，魏主如崞山。丁亥[112]，還。

蕭道成以黃回終為禍亂，回有部曲數千人，欲遣收[113]，恐為亂。辛卯[114]，召回入東府。至，停外齋[115]，使桓康將數十人，數回罪[116]而殺之，并其子竟陵相僧念[117]。

甲午(118)，以淮南、宣城(119)二郡太守蕭映(120)行南兗州事，仍以其弟晃代之(121)。

五月，魏禁皇族、貴戚及士民之家不顧氏族(122)，下與非類昏偶(123)，犯者以違制論(124)。

魏主與太后臨虎圈(125)，有虎逸(126)，登閣道(127)，幾至御座(128)，侍衛比皁驚靡(129)。吏部尚書王叡執戟禦(130)之，太后稱以為忠，親任愈重。

六月丁酉(131)，以輔國將軍楊文弘為北秦州刺史、武都王(132)。○庚子(133)，魏皇叔若(134)卒。

蕭道成以大明(135)以來，公私奢侈，秋，八月，奏罷御府(136)，省二尚方彫飾器玩(137)。辛卯(138)，又奏禁民間華偽雜物(139)，凡十七條。

乙未(140)，以蕭賾為領軍將軍，蕭嶷為江州刺史。

九月乙巳朔(141)，日有食之。

蕭道成欲引時賢(142)參贊大業(143)，夜，召驃騎長史謝朏(144)，屏人與語(145)，久之，朏無言。唯二小兒捉燭(146)，道成慮朏難之(147)，仍取燭遣兒(148)，朏又無言，道成乃呼左右(149)。朏，莊(150)之子也。

太尉右長史王儉知其指(151)，它日，請間言(152)於道成曰：「功高不賞(153)，古今非一[154]。以公今日位地[155]，欲終北面[156]，可乎？」道成正色裁之[157]，而神采內和[158]。儉因曰[159]：「儉蒙公殊眄[160]②，所以吐所難吐[161]，何賜拒之深[162]？宋氏失德，非公豈復寧濟[163]？但人情澆薄[164]，不能持久，公若小復推遷[165]，則人望去矣[166]。豈唯大業永淪[167]？七尺亦不可得保[168]。」道成曰：「卿言不無理。」儉曰：「公今名位，故是經常宰相[169]，宜禮絕羣后[170]，微示變革[171]。當先令褚公知之，儉請銜命[172]。」道成曰：「我當自往。」經少日[173]，道成自造褚淵[174]，款言移晷[175]。乃謂曰：「我夢應得官[176]。」淵曰：「今授始爾[177]，恐一二年間未容便移[178]，且吉夢未必應在旦夕[179]。」道成還，以告儉。儉曰：「褚是未達理[180]耳。」儉乃唱議[181]加道成太傅[182]，假黃鉞，使中書舍人虞整作詔[183]。

道成所親任遐[184]曰：「此大事，應報褚公。」道成曰：「褚公不從，柰何？」遐曰：「彥回[185]惜身保妻子[186]，非有奇才異節，遐能制之。」淵果無違異[187]。丙午[188]，詔進[189]道成假黃鉞、大都督中外諸軍事[190]、太傅、領揚州牧，劍履上殿[191]，入朝不趨[192]，贊拜不名[193]，使持節[194]、太尉、驃騎大將軍、錄尚書、南徐州刺史如故。道成固辭殊禮[195]。

以揚州刺史晉熙王燮為司徒[196]。○戊申[197]，太傅道成以蕭映為南兗州刺史。

冬，十月丁丑[198]，以蕭晃為豫州刺史。○己卯[199]，獲孫曇瓘[200]，殺之。○魏員外散騎常侍鄭羲[201]來聘[202]。○壬寅[203]，立皇后謝氏[204]。后，莊之孫[205]也。

十一月癸亥[206]，臨澧侯劉晃坐謀反，與其黨皆伏誅。晃，秉之從子[207]也。○甲子[208]，徙南陽王翽為隨郡[209]王。

魏馮太后忌青州刺史南郡王李惠[210]，誣云惠將南叛，十二月癸巳[211]，誅惠及妻并其子弟。太后以猜嫌所夷滅者十餘家，而惠所歷皆有善政，魏人尤冤惜之[212]。

尚書令王僧虔奏以「朝廷禮樂，多違正典[213]。大明中即以宮縣合和鞞拂[214]，節數雖會[215]，慮乖雅體[216]。又，今之清商[217]，實由銅爵[218]，三祖風流[219]，遺音盈耳。京、洛相高[220]，江左彌貴[221]。中庸和雅[222]，莫近於斯[223]。而情變聽移[224]，稍復銷落[225]，十數年間，亡者將半[226]。民間競造新聲雜曲，煩淫無極[227]，宜命有司悉加補綴[228]。」朝廷從之。

是歲，魏懷州[229]刺史高允[230]以老疾告歸鄉里，尋復[231]以安車[232]徵至平城，拜鎮軍大將軍、中書監。固辭，不許。詔[3]乘車入殿，朝賀不拜。

【章旨】以上為第四段，寫宋順帝昇明二年（西元四七八年）一年間的大事。主要寫了宋國沈攸之盡銳攻郢城，柳世隆乘間屢破之，三月不能下；沈攸之又派兵一度攻得武昌、西陽二郡，後被劉方平的部將張謨擊敗之；寫沈攸之攻郢城之軍日益渙散，劉攘兵率部投降柳世隆，沈攸之見前途無望只好收聚散卒回江陵；寫雍州刺史張敬兒聞沈攸之東下，發兵南襲江陵，鎮守江陵的沈攸之的兒子沈元琰等聞風潰走，被人所殺；張敬兒進江陵又殺了沈攸之的二子四孫，江陵遂告平定；寫沈攸之在返回江陵的途中聞江陵失陷，逃至華容縣自殺，張敬兒取其首徇於江陵後送至建康，又在江陵大誅沈氏親黨，沒其財物入私；寫了沈攸之的部將臧寅在攻郢城不下，眾人潰敗逃散時投水而死；江陵守將邊榮兵敗被俘，慷慨而死，與張敬兒的卑劣形成對照；寫蕭道成於大亂平定後，任用王僧虔、王延之、褚淵、柳世隆、王儉等人組建起新班底，自己又都督十六州，其長子蕭賾為領軍將軍，蕭嶷為江州刺史，掌控起一切重要部門；蕭道成見時機已到，又先後殺了任候伯、黃回；寫蕭道成急於篡取帝位，嫌褚淵的安排步子太慢，王儉乃自告奮勇為之籌謀劃策，蕭道成遂被授予殊禮，使之「劍履上殿，入朝不趨，贊拜不名」；此外還寫了王僧虔的論樂，以及魏國馮太后的夷滅李惠等十餘家，魏人皆冤惜之等等。

【注釋】❶正月己酉朔　正月初一是己酉日。❷戎服　軍服。「戎服入朝」者，時局動亂，情況緊急故也。❸盡銳　使用一切精銳部隊。❹乘間　利用一切機會尋找其薄弱環節。間，空隙；漏洞。❺八軍　八支小分隊。❻西塞　長江邊上的山名，在今湖北黃石東。胡三省引《土俗編》曰：「吳楚舊境，分界於此。」❼郢府法曹　郢州刺史府的掌刑法獄訟之官。❽南鄉范雲　南鄉郡人姓范名雲。南鄉郡的郡治在今河南淅川縣南。范雲是當時著名的詩人，為「竟陵八友」之一。此時為柳世隆的屬下。傳見《梁書》卷十三。❾餉　贈送。❿犢一羫　殺死的小牛一頭。羫，同「腔」。骨體。⓫魚三十尾　三十條死魚。⓬懸命沈氏　生命掌握在沈攸之手中。⓭就戮　回來被你們所殺。⓮甘心如薺　心裡像是吃甜菜一樣地高興。薺，甜菜。《詩經．谷風》有所謂「誰謂荼苦，其甘如薺」，此用其語。⓯皇甫仲賢　姓皇甫，名仲賢。⓰武昌　郡名，郡治即今湖北鄂州，在當時郢城東南的長江南岸。⓱公孫方平　姓公孫，名方平。⓲西陽　古城名，舊址在今湖北黃岡東南，地處長江北岸，當時為西陽郡的郡治所在地。⓳豫州刺史劉懷珍　劉宋的豫州州治在今安徽壽縣。劉懷珍是劉宋的名將，屢立大功於文帝、孝武帝、明帝三朝。傳見《南齊書》卷二十七。⓴建寧　郡名，郡治在今湖北麻城西南，當時上屬於豫州。㉑辛酉　正月十三。㉒泝流　逆水。㉓素失人情　向來不得人心。㉔但劫以威力　人們只不過是因為怕他才不得不跟著他而已。劫以威力，被他的武力所脅迫。㉕稍多　漸漸地越來越多。㉖日夕　每天的白天晚上。㉗歷營撫慰　挨著營盤一個一個地勉勵安慰。㉘去者不息　開小差的還是照樣不停。㉙諸軍主　各支軍隊的部隊長。軍主，一支部隊的統領。㉚建義下都　要到建康城去幹大事。建義，發動起義。下都，下游的都城，即指建康。㉛若克　一旦成功。㉜白紗帽共著　大家一起都戴白紗帽，意即都可以做大官。㉝如其不振　如果不成功。不振，不成。㉞自誅我百口　只不過是我的全家被殺。㉟不關餘人　與你們大家也沒有關係。㊱比軍人叛散　在此以前的這種士兵開小差。比，此前；近來。㊲不以為意　不上心；不管理。㊳不能問叛身　不可能去挨個查問那些逃跑的人。㊴莫敢發覺　誰也不敢報告、聲張。㊵咸有異計　每個人的心裡都另有打算。㊶丁卯　正月十九。㊷銜須咀之　氣得他咬自己的鬍鬚。㊸收　拘捕；抓起。㊹向旦　天將亮時。㊺過江　由東岸渡江到西岸。㊻幸其成而弃其敗　原先是希望成功而跟著人家，一旦看到失敗就轉頭拋棄人家。㊼大有錢　有大量的錢財。㊽相與　彼此一道。㊾還取以為資糧　回去取出來作為繼續活動的資本。㊿散軍畏蠻抄　那些已經散夥的士兵害怕被山區的蠻族所劫掠。(51)更相聚結　重新又集合在一起。(52)可　大約有。(53)偵攸之下　探聽到沈攸之已率兵沿江東下。偵，探聽。(54)遂襲江陵　遂從襄陽發兵南下，偷襲江陵。當時張敬兒任雍州刺史，雍州的州治在襄陽。(55)沙橋　葛曉音曰：「在今湖北江陵城的東草市。」(56)鶴唳　鶴的鳴叫聲。唳，禽鳥的鳴叫聲。(57)寵洲　胡三省曰：「寵洲近樂鄉。」葛曉音曰：「舊址在今湖北荊門市北。」按，當時樂鄉在今荊門東北，為武寧郡的郡治所在地。(58)誅攸之二子四孫　據《宋書‧沈攸之傳》，當時被張敬兒所殺的是沈攸之的第五子幼和、第六子靈和，與元琰之子法先、文和之子法徵、幼和之子法茂，前已去世的攸之次子沈懿之子某某。(59)己巳　正月二十一。(60)擎之以楯　用盾牌托著。擎，舉。楯，同「盾」。盾牌。(61)徇諸市郭　在江陵城內的街道與城外的四周巡行示眾。徇，巡行示眾。郭，外城。(62)入私　歸入他的私囊。(63)倉曹參軍　沈攸之屬下的掌管糧秣的官員。(64)金城邊榮　金城郡人姓邊名榮。金城郡的郡治在今甘肅蘭州的西北側。(65)府錄事　沈攸之荊州刺史府的文職官員。錄事，職掌文書簿籍，考察官員善惡。(66)留府司馬　留守江陵城的司馬官。司馬是將軍、刺史的僚屬，在軍中掌管司法。(67)或說之使詣敬兒降　有人勸他向張敬兒投降。詣，到；向。(68)一朝緩急　一旦出了問題。緩急，偏義複詞，這裡即指急，緊急；危急。(69)便易本心　就改變原來的打算，指改變立場，另謀出路。(70)見留守城　留我守江陵城。見留，被留下，「見」字表示一種對主子的敬重語氣。(71)不忍委去　不忍心丟下城池，自己離開。(72)祈生　求生。祈，希求。(73)太山程邕之　泰山郡人姓程名邕之。太山，同「泰山」。泰山郡的郡治在今山東泰安東南。(74)與邊公周遊　長期跟隨在邊公左右。周遊，交往；一起活動。(75)乞先見殺　請你們先把我殺了。(76)兵人　主管殺人的人，即劊子手。兵，用如動詞，即殺。(77)何為不許　有什麼不能答應他。(78)軍人莫不垂泣　史家書此，一為表彰邊榮的氣節，二為鄙視張敬兒的全無心肝。胡三省曰：「士為知己死，邊榮、程邕之俱有焉。」[79]丙子　正月二十八。[80]解嚴　解除緊急軍事狀態。[81]丁丑　正月二十九。[82]二月庚辰　二月初二。[83]癸未　二月初五。[84]十六州　指南徐州、南兗州、徐州、兗州、青州、冀州、司州、豫州、荊州、雍州、襄州、郢州、梁州、益州、廣州、越州。[85]表送黃鉞　上表將黃鉞送還朝廷。胡三省曰：「上流已定，故表還黃鉞。」[86]王儉　當時著名的文學家、目錄學家，東晉的名臣王導的五世孫。劉宋時官至太尉右長史。後輔佐蕭道成即位，禮儀詔策均出其手。歷任侍中、尚書令、中書監等。傳見《南齊書》卷二十三。[87]神彩淵曠　神采奕奕而又深沉曠達。[88]時論　當時的社會輿論。[89]推許　推崇、認可。[90]隆密　隆重、親密。隆重指官大，親密指相互感情。[91]丁亥　二月初九。[92]代湯泉　代郡的湯泉。胡三省引《魏土地記》曰：「代城北九十里有桑乾城，城西渡桑乾水，去城十里有溫湯，療疾有驗。」當時代郡的郡治平城，即魏國的都城，在今山西大同的東北側。[93]癸卯　二月二十五。[94]宕昌王彌機　宕昌地區的羌族首領名叫彌機。宕昌羌是眾多羌族中的一支，當時活動在今甘肅東南部的宕昌一帶地區。事詳《魏書》卷一百一。彌機在其父彌治死後繼其位，歸附於魏國，魏孝文帝拓跋宏封之為宕昌王。[95]三月丙子　三月二十九。[96]不樂在郢州　黃回原被蕭道成任命為郢州刺史，征討沈攸之的前鋒。軍未至郢，沈攸之之亂已平。蕭道成又欲使其加督郢州軍事，留在郢州，黃回不願意。[97]遂帥部曲輒還　意即他請求任南兗州刺史，但還沒等朝廷任命，就自己帶著部下由郢州返回。[98]辛卯　此語疑誤。葛曉音曰：「嚴校改『辛』為『己』。按，三月以『戊申』為朔，既無『辛卯』，也無『己卯』。又，《南齊書．高帝紀上》亦作『辛卯』，故不詳，待考。」[99]南兗等五州　指南兗州、徐州、兗州、青州、冀州。[100]南兗州刺史　南兗州州治廣陵，即今江蘇揚州。胡三省曰：「黃回，刃在其頸，乃輒東還，此送死也。」[101]王蘊去湘州　王蘊原為湘州刺史，因母喪而離開了湘州刺史任。事見前文。[102]南陽王翽　劉翽，宋明帝劉彧之子，被任為湘州刺史。時年七歲。[103]未之鎮　沒有到達刺史與督軍任所。[104]長沙內史　長沙王的內史，職同郡太守。[105]行府事　代理湘州刺史的職權。長沙內史與湘州刺史的駐地都在長沙，故令庾佩玉代理湘州刺史。[106]不相能　合不來；關係不好。[107]輒殺佩玉　以擅殺大臣的罪名，遂將庾佩玉殺死。輒，即；遂。[108]冀以自免　希望通過這些活動掩蓋他當初欲反蕭道成的行為。胡三省曰：「任候伯、黃回皆與袁、劉同謀。」[109]呂安國　宋明帝時期的將領，在平定擁戴劉子勛的叛亂中有功，後成為蕭道成的親信。傳見《南齊書》卷二十九。[110]使安國誅候伯　此前袁粲、劉秉謀誅蕭道成時，黃回、任候伯皆與其謀。袁粲在石頭城發動起事，黃回派任候伯率軍入建康相助。結果未等到達，袁粲等已敗，任候伯遂未發。蕭道成知其意而未說破，直到此時方誅任候伯。[111]四月甲申　四月初七。[112]丁亥　四月初十。[113]遣收　派人逮捕。[114]辛卯　四月十四。[115]停

外齋　讓黃回在外面的小閣等候。齋，小閣；清靜的小屋。[116]數回罪　逐條列舉黃回之罪加以譴責。[117]竟陵相僧念　黃僧念，時為竟陵國相。竟陵國的都城即今湖北鍾祥。國相是諸侯王國的行政長官，地位相當於郡太守。胡三省曰：「道成知黃回不附己，既使之討景素，又使之討沈攸之。二難既平，然後殺之。則足以知回於當時有幹略，而道成智數又一時所不及也。」又曰：「道成翦除異己，至此盡矣。」[118]甲午　四月十七。[119]淮南宣城　二郡名，淮南郡的郡治即今安徽當塗，宣城郡的郡治即今安徽宣城。[120]蕭映　蕭道成的第三子。傳見《南齊書》卷三十五。[121]以其弟晃代之　讓蕭映之弟，也就是蕭道成的第四子蕭晃接替蕭映任淮南、宣城二郡太守。蕭晃的事跡見《南齊書》卷三十五。胡三省曰：「淮南、宣城逼近京邑，故道成不以授他人。」[122]不顧氏族　意即不顧自己家族的高貴。[123]下與非類昏偶　而與下等的不屬同一個社會階層的人家結為婚姻。非類，不屬同一個社會階層。[124]以違制論　按違反皇帝命令懲處。制，皇帝的命令。[125]臨虎圈　從高處向下看虎圈裡的老虎。臨，以稱尊貴者的角度來看。[126]逸　逃，從虎圈裡跑了出來。[127]登閣道　躥上了空中的通道。當時魏主與馮太后就從這上頭觀看。[128]幾至御座　差點到了魏主的座位旁。[129]驚靡　驚慌、跌倒。[130]禦　迎擊；驅趕。[131]六月丁酉　六月二十一。[132]以輔國將軍楊文弘句　此句的主語為劉宋朝廷。此前楊文弘歸附於魏國，被魏國封為南秦州刺史、武都王；現在楊文弘又歸附於劉宋，故劉宋又封之為北秦州刺史、武都王。楊文度是兩面討好，都不得罪；魏、宋兩國也都沒有能力去實施管轄，能有個歸附的名義也就行了。[133]庚子　六月二十四。[134]皇叔若　拓跋若，北魏文成皇帝拓跋濬的第五子，魏主拓跋宏的小叔，十六歲而亡。傳見《魏書》卷二十。[135]大明　宋孝武帝劉駿年號（西元四五七—四六四年），共八年。[136]奏罷御府　請求撤銷皇宮裡的倉庫。[137]省二尚方彫飾器玩　關閉兩個專門為宮廷製造工藝玩物的官署。從漢朝以來，朝廷設有左、中、右三個尚方署，主管給宮廷製造刀劍以及各種工藝賞玩之物。今乃關閉其二。省，裁減。[138]辛卯　八月十六。[139]華偽雜物　指與生產生活無關的一切華而不實的東西，如供觀賞、裝飾用的工藝品之類。[140]乙未　八月二十。[141]九月乙巳朔　九月初一是乙巳日。[142]引時賢　吸引當代的賢達之士。[143]參贊大業　參與協助建立新王朝的宏大事業。[144]驃騎長史謝朏　驃騎長史是驃騎將軍蕭道成的高級僚屬。謝朏是劉宋名臣謝弘微之孫，著名文學家謝莊之子。曾為袁粲的長史，又為蕭道成的長史。傳見《南史》卷二十、《梁書》卷十五。[145]屏人與語　支開無關的人，自己和他談話。屏，同「摒」。支開。[146]唯二小兒捉燭　這時屋裡只有兩個童子手執蠟燭。捉，手持；拿著。[147]慮朏難之　心想大概是謝朏當著兩個孩子不好開口。[148]仍取燭遣兒　於是他自己將蠟燭接過來，將兩個童子也支開。仍，同「乃」。於是。[149]乃呼左右　讓大家都進來。意即不再向謝朏問話，不再難為他。[150]莊　謝莊，字希逸，南朝著名文學家，代表作有〈月賦〉，官至光祿大夫。傳見《宋書》卷八十五。[151]知其指　明白蕭道成的心思，即想要做皇帝。152請間言　請求個別接見。間，縫隙，沒有別人在場的時刻。153功高不賞　功勞大到沒法再進行賞賜的情況，意即只有實行篡位一條路可走。154古今非一　自古以來也不是一次了。155位地　地位、權位。156欲終北面　想一輩子向人稱臣。北面，指面向北而立，與皇帝的面向南而坐對文。157正色裁之　假意嚴肅地制止他說這種話。158神采內和　面色上又顯露出一種舒服滿意的神情。159因曰　接著繼續說。160殊眄　另眼相看，特殊優待。161吐所難吐　說出別人所不敢說的話。162何賜拒之深　為什麼要這麼嚴厲地予以拒絕呢。賜拒，予以拒絕。用「賜」字表示尊敬對方。163豈復寧濟　難道還能安穩地維持下去。164人情澆薄　人心好利善變。澆薄，與純厚相對而言，指好利多變。165小復推遷　再不立即行動。小，稍稍。推遷，拖延；遲疑。166人望去矣　人們擁護您稱帝的熱情就要過去啦。167大業永淪　建立新王朝的大業化為烏有。永淪，永遠消失。168七尺亦不可得保　連自己的身家性命也難以保全。七尺，七尺之軀，這裡指自身。169故是經常宰相　還與平常的其他宰相沒有差別。經常，平常的；一般的。170宜禮絕羣后　應該讓您所受的禮遇，與滿朝的文武百官有根本不同。羣后，古代稱諸侯為后，這裡即指百官、群臣。171微示變革　稍稍顯示出一點改朝換代的意思。172儉請銜命　請您派我去辦這件事。即去找褚淵，讓褚淵採取相應的行動。銜命，受命；奉命。173經少日　沒過幾天。174自造褚淵　親自到褚淵家。造，到。175款言移晷　推心置腹地談了好長時間。款言，誠懇地談話。移晷，日影移動，以言談話的時間之長。晷，古代用觀測日影以記時的一種裝置。176應得官　應該得到皇位。古人稱皇帝曰「官」，也稱「官家」。177今授始爾　現在剛開始運作，指剛剛加了太尉和都督南徐等十六州諸軍事。178未容便移　還不能一下子就篡位稱帝。移，改朝換代。179未必應在旦夕　不一定馬上就要應驗。180未達理　沒有明白您的意思。181唱議　公開帶頭提議。182太傅　古代的三公之一，名位在丞相之上。183作詔　替皇帝起草加封蕭道成的詔書。184任遐　蕭道成的親信，後位至御史中丞、金紫光祿大夫。傳見《南史》卷五十九。185彥回　褚淵，字彥回。186惜身保妻子　是個既貪生怕死，又顧戀家庭的人。187果無違異　果然是不敢違背，不敢再有不同意見。188丙午　九月初二。189詔進　皇帝下詔給蕭道成加封。進，提升；加封。190大都督中外諸軍事　總統京城內外全國軍事的最高長官。大都督，猶言總司令、總指揮。191劍履上殿　可以佩帶寶劍、穿著鞋子走上金殿。這是封建帝王賜給親信大臣的一種特殊禮遇，一般大臣不許帶劍，不許穿靴。不許穿靴也與古代是席地而坐有關。192不趨　不必小步疾行。趨，小步疾行，是封建時代臣子在君父面前走路的一種姿態。193贊拜不名　在叩見皇帝時，司儀的人只唱官銜，不唱他的名字，以表示對他的尊敬。贊，司儀唱名。194使持節　皇帝派將出征，特別表示尊寵的有三種稱號，最高的是「使持節」，其次是「持節」，再次是「假節」。節指旌節，是皇帝授予大臣的一種表示身分的信物，此物以竹為之，以旄牛尾為之旄，三重。195固辭殊禮　堅決拒受這些特殊的禮敬，如「劍履上殿，入朝不趨，贊拜不名」等等。[196]晉熙王燮為司徒　晉熙王劉燮當時不足十歲。[197]戊申　九月初四。[198]十月丁丑　十月初三。[199]己卯　十月初五。[200]獲孫曇瓘　孫曇瓘隨同袁粲等在石頭城起兵討蕭道成，兵敗逃匿，至此在秣陵縣被捕獲。當時的秣陵縣在今之南京的西南方。[201]鄭羲　魏國的權謀之臣，佐元石兩次皆有功，累官至中書令，加給事中，出為西兗州刺史。性吝嗇，為政貪賄，「西門受羊酒，東門酤賣之」。傳見《魏書》卷五十六。[202]來聘　來劉宋做友好訪問。聘，國與國間的友好訪問。[203]壬寅　十月二十八。[204]立皇后謝氏　宋順帝立當時著名文學家謝莊的孫女謝梵境為皇后，時年不足十二歲。傳見《宋書》卷四十一。[205]莊之孫　謝莊的孫女。[206]十一月癸亥　十一月二十。[207]秉之從子　劉晃是劉秉的姪子。從子，即姪子。[208]甲子　十一月二十一。[209]隨郡　郡治即今湖北隨縣。[210]李惠　孝文帝拓跋宏的外祖父，魏之能臣，善決獄訟，曾任青州刺史，有惠政。傳見《魏書》卷八十三上。[211]十二月癸巳　十二月二十。[212]冤惜之　對李惠被殺感到冤枉，為之惋惜。[213]多違正典　不合古樂，不合儒家所講的禮法規則。[214]以宮縣合和鞞拂　用莊嚴的皇家樂器為民間的情歌小調伴奏。宮縣（同「懸」），指天子宮廷使用的樂器。據古制，天子宮懸，四面懸掛鐘磬；諸侯曲懸，三面懸掛鐘磬。合和，即今所謂伴奏。鞞拂，古代兩種起自民間的舞蹈名。鞞舞，執鞞鼓而舞，舞時有歌。不知起於何時，漢代已有，用於燕享。漢代的鞞舞曲辭五篇，分別為〈關東有賢女〉、〈章和二年中〉、〈樂長久〉、〈四方皇〉、〈殿前生桂樹〉，分明是民間樂府的題目。拂舞，相傳出自江左，舊稱吳舞，舞時以拂子為道具，更顯然是民間音樂。[215]節數雖會　節拍雖然也能與古樂合得上。[216]處乖雅體　細想起來還是與古雅的音樂不是一回事。[217]今之清商　現今演奏的清商曲辭。清商是由絲竹伴奏的一種傾向於抒情的音樂，宋郭茂倩《樂府詩集》中收有這類作品的歌詞。它們是在繼承漢代相和歌的基礎上發展起來的一種新聲。[218]實由銅爵　實際是從三國曹魏的銅爵臺音樂演變而來。銅爵（雀）臺是漢末建安十五年曹操在鄴城（今河北臨漳西南）建造的歌舞臺榭，並自製樂府，被於管弦。[219]三祖風流　曹氏父子的音樂特徵與欣賞習慣一直流傳下來。三祖，指魏太祖曹操、魏高祖曹丕、魏烈祖曹叡。風流，流風餘韻，指音樂特徵與欣賞習慣。[220]京洛相高　接著以西京長安與東都洛陽為中心的西晉時代更加推崇、喜愛這種雜有民間特點的音樂。京，長安。洛，洛陽。指曹魏與西晉王朝。高，崇尚；欣賞。[221]江左彌貴　東晉以來，人們就把這種音樂看得更為貴重。江左，即江東，指東晉與劉宋兩個建都於建康的王朝。[222]中庸和雅　中正平和，濃淡相宜，不剛不柔，不亢不卑。[223]莫近於斯　沒有比這種音樂更接近於完美了。斯，此，指晉宋時期的清商樂。[224]情變聽移　隨著人們的感情變化，欣賞音樂的興趣也隨之改變。[225]稍復銷落　有些樂曲慢慢地被淘汰、被遺棄。[226]亡者將半　丟失的將近一半。[227]煩淫無極　煩雜放縱而沒有節制。[228]悉加補綴　全部地加以搜集補充。[229]懷州　魏州名，州治野王，即今河南沁陽。230高允　拓跋燾時代以來的文化根基很深的魏國老臣。傳見《魏書》卷四十八。231尋復　不久朝廷又。232安車　葛曉音曰：「用一馬牽拉可以坐乘的車。古車一般是立乘，安車則是坐乘，所以高官告老或徵召有重望的人，往往賜乘安車。」

【校　記】1左　原作「右」。據章鈺校，甲十一行本、乙十一行本皆作「左」，張敦仁《通鑑刊本識誤》同，今據改。2眄　原作「盼」。據章鈺校，乙十一行本作「眄」，今據改。按，《通鑑綱目》卷二十七、《南史・王儉傳》皆作「眄」。3詔　原無此字。據章鈺校，孔天胤本有此字，張敦仁《通鑑刊本識誤》同，今據補。

【語　譯】二年（戊午　西元四七八年）

春季，正月初一日己酉，宋國的文武百官全都身穿軍服入朝朝賀。

沈攸之投入全部精銳部隊攻打郢城，柳世隆利用一切機會尋找沈攸之的薄弱環節，多次擊敗了沈攸之的進攻。蕭賾派遣軍主桓敬等八支小分隊佔據西塞山，為柳世隆做聲援。

沈攸之捉獲了在郢州刺史府擔任法曹的南鄉郡人范雲，讓范雲攜帶著一封書信進入郢城中，同時還攜帶著送給武陵王劉贊的一頭殺死的小牛，送給柳世隆的三十條死魚，這頭死牛犢和三十條死魚全部被砍去了腦袋。郢城中的人想殺死范雲，范雲說：「我那年老的母親和幼小弟弟的生命都掌握在沈攸之手中，我如果違背了沈攸之的命令，災禍必定會降落到我的親人身上，現在我已經回到郢城，你們就是殺死我，我心裡都像吃了甜菜一樣高興。」柳世隆遂赦免了他。

沈攸之派遣他的部將皇甫仲賢率領軍隊進攻武昌，派遣中兵參軍公孫方平率領軍隊進攻西陽城。擔任武昌太守的臧渙投降了沈攸之，擔任西陽太守的王毓則丟下西陽城逃往湓城。公孫方平於是佔據了西陽城，豫州刺史劉懷珍派遣建寧太守張謨等人率領一萬人攻擊公孫方平，正月十三日辛酉，公孫方平戰敗逃走。平西將軍黃回等人率軍抵達西陽城，然後逆流而上。

沈攸之向來不得民心，人們只不過因為懼怕他的威勢才不得不跟著他走。所以剛從江陵出發的時候就開始有人逃走，等到進攻郢城的時候，攻打了三十多天都沒有將郢城攻克，逃走的人漸漸地越來越多。沈攸之每天早晚都騎著馬挨著營盤一個一個地進行勉勵和安慰，即便這樣開小差的人仍然不斷。沈攸之於是大怒，他把各支軍隊的統領召集起來說：「我接受皇太后的命令，所以才樹起義旗，到下游的都城去幹一件大事。如果大事一旦成功，我們大家就可以一起戴上白紗帽去做大官。如果不能成功，朝廷只不過誅殺我這全家一百口，與你們大家也沒有關係。在此之前的這種士兵開小差現象，都是因為你們這些將領在管理上不上心造成的。我也不可能挨個去查問那些逃跑的人，從今以後軍隊中如果再有開小差的人，你們這些軍隊的統領要代替他們承擔罪責。」於是發現有一個人開小差，就馬上派人去追，而去追的人也就趁機一去不復返了，對此誰也不敢聲張，誰也不敢去報告，每個人的心中都另有打算。

擔任司馬的劉攘兵把書信射入郢州城內請求投降，柳世隆打開城門接納了劉攘兵。正月十九日丁卯夜間，劉攘兵燒毀了營盤然後離去。沈攸之的軍中看見火起，全都爭先恐後地丟棄了盔甲逃走，將帥根本無法禁止。沈攸之得知這個消息，不禁勃然大怒，氣得他直咬自己的鬍鬚，他逮捕了劉攘兵哥哥的兒子劉天賜、女婿張平虜，把他們全部斬首。天將曚曚亮的時候，沈攸之率領眾軍由長江東岸渡過長江，到達西岸魯山的時候，軍隊遂四散而去，諸將領也全都逃走。功曹臧寅說：「原先是希望成功而跟隨人家，一旦看到要失敗了就轉頭拋棄人家，這樣的事情我不忍心去做！」於是投江而死。還有幾十名騎兵跟隨著沈攸之，沈攸之在軍中宣布說：「荊州城中有大量的錢財，我們可以彼此一道回去取出來作為繼續活動的資本。」郢州城沒有人出來追趕，而沈攸之手下那些潰散的士兵害怕遭到山區蠻族人的劫掠，於是就又重新集結在一起，大約有二萬人，跟隨著沈攸之返回江陵。

雍州刺史張敬兒斬殺了沈攸之派來的使者之後，立即調集軍隊，當他探聽到沈攸之已經率領大軍沿長江東下的消息，就從襄陽發兵南下，去偷襲沈攸之的老巢江陵。沈攸之派自己的兒子沈元琰與兼任長史的江乂、擔任別駕的傅宣共同防守江陵城。張敬兒率軍到達沙橋，便採取了觀望的態度，沒有繼續向江陵進發。江陵城中的軍民在夜間聽到鶴的鳴叫聲，就以為是朝廷的軍隊殺進來了，江乂、傅宣打開江陵城門逃走，其他的官吏和百姓立即像山崩一樣四散潰逃。沈元琰投奔寵洲，被人殺死。張敬兒此時率軍進抵江陵，他誅殺了沈攸之的二個兒子、四個孫子。

沈攸之率領敗軍返回到距離江陵還有一百多里的時候，聽到江陵城已經被雍州刺史張敬兒佔據的消息，那些跟隨沈攸之準備返回江陵的士兵馬上全都四散而去。沈攸之此時已經是走投無路，就與他的兒子沈文和一起逃到華容縣界，在櫟樹林中父子兩人自縊而死。正月二十一日己巳，附近的村民砍下沈攸之父子的人頭送往江陵。雍州刺史張敬兒把沈攸之父子的人頭用盾牌托著，上邊用青傘罩著，在江陵城內的街道與城外的四周巡行示眾，之後才把沈攸之的人頭送往京師建康。張敬兒誅殺了沈攸之的親信黨羽，收繳了沈攸之幾十萬的財物，全部歸入私囊。

當初，在沈攸之屬下擔任倉曹參軍的金城人邊榮，曾經遭到沈攸之荊州刺史府裡一個擔任錄事的官員的侮辱，沈攸之為了邊榮就用鞭子抽死了那個錄事。等到雍州刺史張敬兒率領軍隊即將到達江陵的時候，邊榮正擔任沈攸之留守江陵城的司馬，有人勸說邊榮向張敬兒投降，邊榮說：「我受了沈公厚恩，與他共同參與如此重大的事情，一旦出現危急，便改變原來的立場而另謀出路，我不能那樣做。」江陵城潰敗之後，張敬兒的士兵把邊榮捉住押送到張敬兒的面前，張敬兒說：「邊先生為什麼不早點前來投降？」邊榮回答說：「沈公留下我守衛江陵城，我不忍心拋下江陵城自己離去，本來我就沒準備祈求活命，你何必還要多問？」張敬兒說：「你想死還不容易嗎！」於是下令將邊榮斬首，邊榮含笑而去。邊榮的門客太山郡人程邕之抱住邊榮說：「我長期跟隨在邊先生左右，我不忍心看見邊先生去死，請先把我殺了吧。」劊子手無法行刑，就把這個情況報告了張敬兒。張敬兒說：「求死很容易，怎麼會不允許？」劊子手於是先殺死了程邕之，然後又殺死了邊榮，旁邊的軍士全被感動得流下了眼淚。孫同、宗儼之等人也都被張敬兒所誅殺。

正月二十八日丙子，朝廷解除了緊急軍事狀態，任命擔任侍中的柳世隆為尚書右僕射，蕭道成仍舊回到東府鎮守。二十九日丁丑，朝廷任命擔任左衛將軍的蕭賾為江州刺史，任命擔任侍中的蕭嶷為中領軍。二月初二日庚辰，朝廷任命擔任尚書左僕射的王僧虔為尚書令，任命擔任尚書右僕射的王延之擔任尚書左僕射。初五日癸未，加授蕭道成為太尉、都督南徐州等十六州諸軍事，任命擔任衛將軍的褚淵為中書監、司空。蕭道成上表將黃鉞奉還朝廷。

宋國擔任吏部郎的王儉是王僧綽的兒子，神采奕奕而又深沉曠達，好學不倦，知識淵博，青少年時期就有擔任宰相的遠大志向，當時的社會輿論也很推崇他、認可他。蕭道成任命王儉為太尉右長史，職位很高，兩個人之間的關係非常親密，事情無論大小，蕭道成全都專門委託給王儉負責辦理。

二月初九日丁亥，魏國的孝文帝拓跋宏前往代郡的湯泉。二十五日癸卯，從湯泉返回平城。

宕昌地區的羌族首領彌機剛剛繼承宕昌王王位。三月二十九日丙子，魏國朝廷派遣使者前往宕昌任命彌機為征南大將軍、梁、益二州牧、河南公、宕昌王。

黃回不樂意留在郢州為官，堅決請求擔任南兗州刺史，他不等朝廷任命，就自己帶著部下從郢州返回京師。辛卯日，朝廷改任黃回為都督南兗州等五州諸軍事、南兗州刺史。

當初，湘州刺史王蘊因為母喪而離開湘州之後，被任命為湘州刺史的南陽王劉翽沒有前往湘州赴任，於是便由擔任長沙內史的庾佩玉權且代理湘州刺史的職權。南陽王劉翽先派遣擔任中兵參軍的韓幼宗率領軍隊去戍守湘州，韓幼宗與庾佩玉合不來。等到沈攸之起兵造反的時候，韓幼宗與庾佩玉又互相懷疑，庾佩玉便對韓幼宗發動了突然襲擊，把韓幼宗殺死。黃回率軍到達郢州時，派遣了擔任輔國將軍的任候伯代理湘州刺史的職權，任候伯以擅自誅殺大臣的罪名，把庾佩玉殺死，希望通過這些活動來掩蓋自己當初參與袁粲、劉秉密謀誅殺蕭道成的行為。蕭道成重又任命呂安國為湘州刺史，呂安國到任之後，蕭道成便命令呂安國誅殺了任候伯。

夏季，四月初七日甲申，魏國的孝文帝前往崞山。初十日丁亥，從崞山返回京城平城。

蕭道成認為黃回終究是個禍患，黃回手下有好幾千人私人武裝，蕭道成想派人逮捕黃回，又恐怕因此而引發他們作亂。四月十四日辛卯，蕭道成召請黃回前來東府。黃回來到東府之後，蕭道成讓黃回在外面的小閣等候，然後派寧朔將軍桓康帶著幾十個人逮捕了黃回，逐條列舉了黃回的罪行之後把黃回殺死，同時殺死的還有黃回的兒子擔任竟陵國相的黃僧念。

四月十七日甲午，宋國朝廷任命擔任淮南、宣城二郡太守的蕭映為代理南兗州刺史，而任命蕭映的弟弟蕭晃接替蕭映擔任淮南、宣城二郡太守。

五月，魏國朝廷下令禁止皇族、貴戚以及官僚士大夫之家不顧及自己家族的高貴，而與下等的、與自己不屬同一個社會階層的人家結為婚姻，凡是違反這一規定的一律按照違反皇帝命令進行懲處。

魏國孝文帝與馮太后一起從高處向下觀看虎圈裡的老虎，有一隻老虎突然從虎圈裡跑了出來，竄上了空中的通道，差一點就到了孝文帝的御座旁，皇帝身邊的侍衛都被嚇得跌倒在地上。只有擔任吏部尚書的王叡拿起戟驅趕老虎護衛皇帝和太后，太后稱讚王叡是個忠臣，因此對王叡更加信任和重用。

六月二十一日丁酉，宋國朝廷任命擔任輔國將軍的楊文弘為北秦州刺史、武都王。〇二十四日庚子，魏國皇帝的叔叔拓跋若去世。

蕭道成因為自從宋孝武帝大明年間以來，無論是官府還是民間奢侈浪費已經形成風氣，秋季，八月，上奏請求撤銷皇宮裡的府庫，關閉兩個專門為宮廷製造各種工藝玩物的官署。十六日辛卯，蕭道成又上奏請求禁止民間製造與生產生活無關的一切華而不實的東西，總計有十七條。

八月二十日乙未，宋國朝廷任命蕭賾為領軍將軍，任命蕭嶷為江州刺史。

九月初一日乙巳，發生日蝕。

蕭道成想要引進當代的那些賢達之士來參與協助建立新王朝的宏大事業，夜裡，蕭道成將擔任驃騎長史的謝朏召請到自己的家中，支開了身邊所有的閒雜人員，然後獨自與謝朏密談，過了很久，而謝朏卻一句話都沒說。當時屋子裡只有兩個童子在手持蠟燭為他們照明，蕭道成以為謝朏當著兩個孩子的面不好開口，於是就自己將蠟燭接過來，將兩個小童支開，謝朏還是沒有說話，蕭道成於是招呼大家都進來。謝朏，是謝莊的兒子。

擔任太尉右長史的王儉瞭解蕭道成的心思，有一天，王儉找了一個沒有別人在場的時候對蕭道成說：「功勞大到沒有辦法再進行賞賜的情況，從古到今已經不只一次了。以您今天的地位和權位，想要一輩子向人稱臣，這可能嗎？」蕭道成假意嚴肅地制止他說這樣的話，而臉上卻情不自禁地流露出一種舒服滿意的神情。

王儉接著又說：「我承蒙您的另眼相看、特殊優待，所以才敢說出別人所不敢說的話，您為什麼要這麼嚴厲地予以拒絕呢？宋朝皇帝失德，要不是您難道還能如此安穩地維持下去嗎？但是人心好利多變，不能堅持長久，如果您再這樣稍微拖延下去而不立即採取行動，人們擁護您稱帝的熱情就要過去了。這豈只是建立新王朝的大業將化為烏有？恐怕您連這七尺之軀也難以保全。」蕭道成說：「你說的話不無道理。」王儉說：「如今您的名號地位，還是和平常的其他宰相沒有差別，應該讓您所受到的禮遇，與滿朝文武百官有根本的不同，微微顯露出一些改朝換代的跡象。這件事應當先讓褚淵知道，請您派我去辦這件事。」蕭道成說：「我應當親自去找他。」過了沒幾天，蕭道成親自到褚淵的府上進行拜訪，兩個人推心置腹地談了好長時間。蕭道成於是對褚淵說：「我做夢夢見自己應該得到皇位。」褚淵說：「現在您剛剛加授了太尉和都督南徐等十六州諸軍事，恐怕一、二年之內您還不能一下子就改朝換代做皇帝，況且好夢未必一定馬上應驗。」蕭道成回府後，把和褚淵的談話內容告訴了王儉。王儉說：「看來褚淵還是沒有明白您的意思。」於是王儉公開帶頭提議加授蕭道成為太傅，再次把黃鉞賞賜給蕭道成，令擔任中書舍人的虞整馬上替皇帝起草加封蕭道成的詔書。

蕭道成的親信任遐說：「此等大事，應當報告給褚淵知道。」蕭道成說：「萬一褚淵不同意我們的做法，怎麼辦？」任遐說：「褚淵貪生怕死，只想保全自己的妻兒老小，並不是那種有奇才堅持操守的人，我能說服他。」褚淵果然不敢違背，不敢再有不同意見。

九月初二日丙午，宋順帝劉準下詔，給蕭道成加授黃鉞、大都督中外諸軍事、太傅、兼任揚州牧，可以佩帶寶劍、穿著鞋子走上金殿，進入朝堂的時候不必小步疾走，在叩見皇帝的時候，司儀只唱官銜，不唱他的名字，而且依然擁有使持節、太尉、驃騎大將軍、錄尚書、南徐州刺史等官銜和職權。蕭道成堅決拒受加封給他的這些特殊禮敬。

宋國朝廷任命擔任揚州刺史的晉熙王劉燮為司徒。〇九月初四日戊申，太傅蕭道成任命蕭映為南兗州刺史。

冬季，十月初三日丁丑，蕭道成任命蕭晃為豫州刺史。〇初五日己卯，抓獲了孫曇瓘，把孫曇瓘殺死。

○魏國派遣擔任員外散騎常侍的鄭羲來到宋國進行友好訪問。○二十八日壬寅，宋順帝劉準立謝梵境為皇后。謝皇后，是謝莊的孫女。

十一月二十日癸亥，宋國的臨澧侯劉晃被指控犯有謀反罪，劉晃與他的同黨全部被殺。劉晃，是劉秉的姪子。○二十一日甲子，宋國朝廷改封南陽王劉翽為隨郡王。

魏國的馮太后怨恨擔任青州刺史的南郡王李惠，便誣陷李惠準備叛國，向南逃奔宋國，十二月二十日癸巳，誅殺了李惠、李惠的妻子及其子弟。馮太后因為猜忌而族滅了十多家，而李惠在其任職的各地都有很好的政績和聲譽，魏國人對李惠的被殺感到冤枉，為其惋惜。

宋國擔任尚書令的王僧虔上奏章給朝廷，他認為「朝廷使用的禮儀和音樂，大多不合古樂，不合儒家所講的禮法規則。孝武帝大明年間就用莊嚴的皇家樂器為民間的情歌小調伴奏，節拍雖然也能與古樂合得上，細想起來還是與古雅的音樂不是一回事。再有，現在演奏的清商曲辭，實際上是從三國時期曹魏的銅雀臺音樂演變而來的，魏太祖曹操、魏高祖曹丕、魏烈祖曹叡三人的音樂特徵與欣賞習慣一直流傳下來。接著以西京長安、東都洛陽為中心的西晉時代更加推崇、喜愛這種雜有民間特點的音樂，東晉以來人們就把這種音樂看得更為貴重。中正平和，濃淡相宜，不剛不柔，不卑不亢，沒有比這種音樂更接近於完美了。然而隨著人們的感情變化，欣賞音樂的興趣也隨之改變，有些樂曲慢慢地被淘汰、被遺棄，十幾年的時間，丟失的就已經將近一半。於是民間便競相製作出一些新的音樂雜曲，煩雜放縱而沒有節制，現在應該命令有關部門全面地加以搜集補充。」朝廷批准了王僧虔的建議。

這一年，魏國擔任懷州刺史的高允因為年老多病而辭職回到家鄉養老，不久，朝廷又派人用安車把高允接回平城，任命他為鎮軍大將軍、中書監。高允堅決推辭，朝廷不答應。皇帝下詔允許高允乘車進入宮殿，朝見皇帝的時候不用行跪拜禮。

【研　析】本卷寫了蒼梧王劉昱元徽四年（西元四七六年）至宋順帝昇明二年（西元四七八年）共三年間的劉

宋與北魏的大事，其中最主要是寫了劉宋的皇帝劉昱被蕭道成的幫派勢力所殺，維護劉氏正統的勢力袁粲、劉秉、黃回等聯合一批勢力圖謀起兵除掉蕭道成，結果被褚淵告密，袁粲、劉秉、黃回等人的舉事失敗，先後被殺；荊州刺史沈攸之起兵討伐蕭道成，先被郢州刺史柳世隆牽制在郢城，郢城久攻不下，三個月後，沈攸之在其軍隊瓦解崩潰，逃回江陵的途中，又聞江陵守軍已被雍州刺史張敬兒的軍隊所消滅，於是沈攸之自縊而死，荊州之亂平；接著蕭道成又進一步誅殺異己，分派諸子與親信掌控一切要害部門，蕭道成集一切大權於己手，向著最後的篡位稱帝跨進了一大步，剩下的只是一個時間問題了。這裡邊應該提出討論的有以下幾點：

其一，史書把小皇帝劉昱寫得很壞，其最大的罪惡是嗜殺成性，他「一日不殺，則慘然不樂」；建康城裡的「行人男女及犬馬牛驢，逢無免者」；他「鋮、椎、鑿、鋸，不離左右，小有忤意，即加屠剖」；更其甚者是居然想殺身經百戰，已經掌握全國軍權的蕭道成，想把蕭道成的肚臍當靶心，想一箭射死他。請注意，劉昱被蕭道成所殺的時候是虛歲十五，做皇帝的第一年是虛歲十歲。我想即使是牛魔王的兒子出世，也幹不出書上所寫的這一套。更為奇怪的是想殺蕭道成，別人一勸，就又不殺了，又似乎劉昱對蕭道成沒有什麼仇恨，純粹是惡作劇而已，這不是分明找死麼？這些故事的可信程度究竟有多少？至於還說劉昱「好緣漆帳竿，去地丈餘」；說他「裁衣、作帽，過目則能；未嘗吹篪，執管便韻」。一個十來歲的孩子能如此多才多藝，即使不說他是「小神童」，但也總不至於就該十惡不赦，就該把他殺死吧？尤其可惡的是，蕭氏勢力又採用歷代早已用濫的辦法，就如同漢朝人說秦始皇是呂不韋的兒子，漢文帝說漢少帝不是劉盈的兒子，劉宋人說司馬睿是牛某某的兒子一樣，而誣說劉昱是李道兒的兒子，真是欲加之罪，何患無辭？也許是寫書的人本來就對蕭道成有看法，就對小皇帝有同情，所以才把小皇帝的罪名寫成了這種樣子，以表示一種弦外之音吧！

其二，袁粲、劉秉、黃回等人痛恨蕭道成這個狼子野心的竊國大盜，想要發難除掉他，用心也許可嘉，實則為時已經過晚，蕭道成的勢力已經太大，忠心於劉宋王朝的人已經所剩無幾了。更何況袁粲也不過是一個虛浮的文人，既不掌兵權，又缺乏謀略，儘管他聯絡了黃回等幾個將領，但他們地位太低，又不在朝廷掌權，別說他們還沒有動手，就已經有人向蕭道成告密；即使沒人告密，他們這幾個人也不是蕭道成的對手。明代方孝孺說：「袁粲拒蕭道成而不納，結諸將欲謀誅之，勁氣峻節可比漢王陵、王允，凜然有古豪傑風，視褚淵輩如狐鼠耳。其計之失在乎知人不審，而以謀語淵，乃淵負粲而敗，非粲負社稷也。使天未遽絕宋，斬道成而夷其族，於粲何有哉？其不能成功者，以威權去己，而道成之勢已盛而然，非粲過也。」這話未必然。袁粲定計後把事情告知了褚淵，褚淵向蕭道成告密，是他們失敗的原因之一，但如果認為倘若無人告密，袁粲就能「斬道成而夷其族，於粲何有哉」？就似乎把袁粲估計過高了。裴子野《宋略》曾說袁粲：「智不足以除姦，權不足以處變」，說他的這次起事被殺是「蹈匹夫之節而無棟梁之具」。措辭是嚴厲了些，但事實的確如此。所以後來司馬光也說：「粲簡淡平素，而無經世之才；好飲酒，喜吟諷，身居劇任，不肯當事；主事每往諮決，或高詠對之。閒居高臥，門無雜賓，物情不接，故及於敗。」東晉以來的士族習氣，居其位而不謀其政，悠哉遊哉，「蕭條散落，危而不扶」。等到眼看國家就要完蛋了，才想來個孤注一擲，好處是落了個「死得其所」，令人敬佩；但於國於民，起不了任何作用，是早已註定了的。袁粲臨死對其兒子說：「本知一木不能止大廈之崩，但以名義至此耳。」可見袁粲對於謀殺蕭道成的成功本來就沒抱太大的希望，只不過是身在其位，不得不如此作為而已。其心是可憫的！

其三，在京城起事的袁粲等人失敗了，西方的沈攸之正緣江東下，繼續討伐蕭道成。對於沈攸之的舉事，有人也看成是和袁粲的行為相同，是忠於劉氏王朝，其實未必然。沈攸之曾為穩定劉彧政權大效犬馬之勞，有目共睹；但若說他對劉彧其人，尤其是對劉彧的兒子劉昱還有什麼耿耿忠心，就似乎太不瞭解沈攸之了。清代的王夫之對此分析說：「粲與秉孤立，而思抗悍鷙多徒之蕭道成，不愛死以報劉氏，則固無容深求者。粲聞道成廢立之謀，而不能抗辭以拒之；秉以軍旅一委道成，授之以篡逆之柄，且置勿論。徒其決計以誅道成，幸而克矣，不知二子者何以處沈攸之，而終保宋祚也？攸之之欲為道成也非一日也。兵已順流直下，如道成授首於內，則攸之歌舞而入，挾重兵，居大功，握安成於掌股，二子欲與異而固不能。委社稷於攸之，擲宗祊於道成，有以異乎？吾知二子者，歧路倉皇，欲如今日之捐生以報國，不可得已。」對沈攸之的分析很精彩。但我們這些事隔一千多年的讀者，是不是也要跟著譴責蕭道成與沈攸之，那就大可不必了。前此在分析晉末的形勢時曾指出，東晉是個極其腐朽的王朝，到其後期尤其可惡，一群腐朽的王姓、謝姓、庾姓的士族分子簇擁著一個白痴的皇帝，如果能有一個思路清晰、奮發有為的掌權人物能奪取這個政權、改造這個政權，不是一件很好的事情麼？陶侃、桓溫本來有這種可能，可惜他們的思想束縛太多，沒能做到，只有到劉裕出世才完成了這一場改朝換代。到劉宋末期，又是這種情景了。別說是劉彧已死，讓十歲的兒子臨朝；就連劉彧自己，也是一個昏庸殘暴，令人憎惡的傢伙，從來沒有為國家民族、社會民生做過什麼好事。對於這樣的政權如果能有一個較為英明一點的人來奪取它、改變它，又有什麼不可以？但可惜蕭道成與沈攸之都不是陶侃、桓溫，更不是曹操、劉裕，他們既沒有給國家、給黎民百姓做過一丁點好事，也從沒有日後能為國家民族、黎民百姓做一點什麼好事的想法。赤裸裸地就是為了篡取皇帝之位，以滿足其個人富貴尊榮的欲望，如此而已。這種人就如同後代的袁世凱、張作霖、段祺瑞、吳佩孚一群軍閥而已，誰上臺都一樣。於是我們也就無話可說了。正如春秋時代的晏嬰所說：「君為社稷死則死之，為社稷亡則亡之。若為己死己亡，非其私暱，誰敢任之？」於是我們也就像看走馬燈一樣：「淚也未能為之墜，心也不能為之悲，清風明月不用一錢買，玉山自倒非人推。」不必說他了。

卷第一百三十五

齊紀一

起屠維協洽（己未　西元四七九年），盡昭陽大淵獻（癸亥　西元四八三年），凡五年。

【題解】本卷寫齊高帝蕭道成建元元年（西元四七九年）至齊武帝蕭賾永明元年（西元四八三年）共五年間的劉宋、南齊與北魏等國的大事。主要寫了宋國蕭道成拉攏謝朏，企圖讓謝朏帶頭勸進，謝朏不幹，蕭道成只好改用王儉以行其事；寫了蕭道成進行篡位的典禮，十三歲的宋順帝被嚇得戰戰兢兢，東藏西躲；以及宋臣謝朏、王琨在大庭廣眾中表現出的正直與哀戚；寫了宋臣裴顗因斥責蕭道成而被殺，謝朏因不附蕭道成而被廢棄；寫了蕭道成殺死宋順帝劉準，並對劉氏皇族無少長皆誅之；寫了魏主派拓跋嘉、薛虎子等四路攻齊，以納宋之逃魏宗室劉昶；寫了南齊將領崔文仲破魏軍於鍾離，垣崇祖巧用肥水破魏軍於壽春；魏將劉昶見情勢不好只得請求回軍；寫了魏主又派郎大檀、白吐頭、元泰等五路南下攻齊；而南齊朐山守將玄元度、青、冀二州刺史盧紹之等破魏軍於朐山；當時淮北四郡之民不樂屬魏，故所在民變蜂起，桓標之等聚眾佔據五固以抗魏；寫了南齊將領李安民、周盤龍大破魏軍於淮北，桓康又破魏軍於淮陽，垣崇祖又破魏軍於淮西，南齊的軍事形勢一片大好；寫了南齊太子蕭賾以年長功大，多不守制度，齊臣荀伯玉向蕭道成告發蕭賾，致使蕭氏父子矛盾尖銳，多虧蕭賾諸弟與大臣王敬則的大力圓和，方得化險為夷；寫了荀伯玉因受蕭道成的寵信而炙手可熱，遭到其他大臣的忌恨；寫了蕭賾與南齊名將垣崇祖一向不和，又見荀伯玉奉命與垣崇祖來往而疑忌加深；寫了齊高帝蕭道成死，齊武帝蕭賾即位後，迅即強加罪名殺了垣崇祖、荀伯玉；又殺了創建南齊的元勳車騎將軍張敬兒；又殺了為人倨傲、憤世嫉俗的謝超宗，禁錮了袁彖；寫了魏將薛虎子建議在徐州開展屯田，所論極為中肯，魏主從之；寫了魏將李崇鎮守荊州、兗州，皆有治績，邊民安之；寫了魏國的齊州刺史韓麒麟為政寬和，深得民意；寫了魏國的秦州刺史于洛侯刑法酷苛，官逼民反，魏主殺之以安百姓；此外還寫了出賣劉宋政權以媚南齊新主的褚淵、王儉為助成蕭道成篡位而大受賞賜，宋臣何點、劉祥藉端以嘲諷褚淵；以及褚淵死後，其子褚賁也心感羞恥而不繼承其父之爵位，不仕於南齊，退而屏居於墓下等等。

太祖高皇帝❶

建元元年（己未　西元四七九年）

春，正月甲辰❷，以江州刺史蕭嶷❸為都督荊、湘等八州諸軍事、荊州刺史，尚書左僕射王延之為江州刺史，安南長史蕭子良❹為督會稽等五郡諸軍事、會稽太守❺。

初，沈攸之欲聚眾❻，開民相告❼，士民坐執役❽者甚眾。嶷至鎮❾，一日罷遣❿三千餘人。府州儀物⓫，務存儉約⓬，輕刑薄斂，所部⓭大悅。

辛亥⓮，以竟陵世子賾⓯為尚書僕射，進號中軍大將軍⓰、開府儀同三司。

太傅道成以謝朏有重名⓱，必欲引參佐命⓲，以為左長史⓳。嘗置酒與論魏、晉故事[20]，因曰：「石苞[21]不早勸晉文[22]，死方慟哭[23]，方之馮異[24]，非知機[25]也。」朏曰：「晉文世事魏室[26]，必將身終北面[27]。借使魏依唐、虞故事[28]，亦當三讓彌高[29]。」道成不悅。甲寅[30]，以朏為侍中，更以王儉為左長史[31]。

丙辰[32]，以給事黃門侍郎蕭長懋[33]為雍州刺史[34]。

二月丙子[35]，邵陵殤王友[36]卒。○辛巳[37]，魏太皇太后及魏主[38]如代郡溫泉。○甲午[39]，詔申前命[40]，命太傅贊拜不名。○己亥[41]，魏太皇太后及魏主如西宮[42]。

三月癸卯朔[43]，日有食之。

甲辰[44]，以太傅為相國[45]，總百揆[46]，封十郡[47]，為齊公[48]，加九錫[49]；其驃騎大將軍、揚州牧、南徐州刺史如故。乙巳[50][1]，詔齊國官爵禮儀，並倣天朝[51]。丙午[52]，以世子賾領南豫州刺史[53]。

楊運長去宣城郡[54]還家，齊公遣人殺之。凌源令[55]潘智與運長厚善，臨川王綽[56]，義慶[57]之孫也，綽遣腹心陳讚說智曰：「君先帝舊人，身[58]是宗室近屬，如此形勢，豈得久全？若招合內外，計[59]多有從者。臺城內人常有此心，正[2]苦無人建意[60]耳。」智即以告齊公。庚戌[61]，誅綽兄弟及其黨與[62]。

甲寅[63]，齊公受策命[64]，赦其境內，以石頭[65]為世子宮，一如東宮[66]。褚淵引何曾自魏司徒為晉丞相[67]故事，求為齊官[68]，齊公不許。以王儉為齊尚書右僕射，領吏部[69]。儉時年二十八。

夏，四月壬申朔[70]，進齊公爵為王，增封十郡[71]。○甲戌[72]，武陵王贊[73]卒，非疾也[74]。○丙戌[75]，加齊王殊禮，進世子為太子[76]。

辛卯[77]，宋順帝下詔禪位于齊。壬辰[78]，帝當臨軒[79]，不肯出，逃于佛蓋[80]之下。王敬則勒兵[81]殿庭，以板輿[82]入迎帝。太后懼，自帥閹人索得之[83]，敬則啟譬令出[84]，引令升車[85]。帝收淚謂敬則曰：「欲見殺乎[86]？」敬則曰：「出居別宮耳。官先[87]取司馬家[88]亦如此。」帝泣而彈指[89]曰：「願後身[90]世世勿復生天王家[91]！」宮中皆哭。帝拍敬則手曰：「必無過慮[92]，當餉輔國[93]十萬錢。」是日，百僚陪位[94]。侍中謝朏在直[95]，當解璽綬[96]，陽[97]為不知，曰：「有何公事？」傳詔[98]云：「解璽綬授齊王。」朏曰：「齊自應有侍中[99]。」乃引枕臥[100]。傳詔懼，使朏稱疾[101]，欲取兼人[102]。朏曰：「我無疾，何所道？」遂朝服步出東掖門[103]，仍登車還宅[104]。乃以王儉為侍中，解璽綬[105]。禮畢，帝乘畫輪車[106]，出東掖門就東邸[107]。問：「今日何不奏鼓吹[108]？」左右莫有應者。右光祿大夫王琨[109]，華之從父弟[110]也，在晉世已為郎中[111]，至是，攀車獺尾[112]慟哭曰：「人以壽為歡，老臣以壽為戚[113]。既不能先驅螻蟻[114]，乃復頻見此事[115]！」嗚咽不自勝[116]，百官雨泣[117]。

司空兼太保褚淵等奉璽綬[118]，帥百官詣齊宮勸進[119]，王辭讓未受。淵從弟前成安[3]太守炤[120]謂淵子賁[121]曰：「司空今日何在？」賁曰：「奉璽綬在齊大司馬門[122]。」炤曰：「不知汝家司空將一家物與一家[123]，亦復何謂[124]？」甲午[125]，王即皇帝位于南郊[126]。還宮，大赦，改元[127]。奉[128]宋順帝為汝陰王[129]，優崇之禮[130]，皆倣宋初[131]。築宮丹楊[132]，置兵守衛之。宋神主[133]遷汝陰廟[134]，諸王[135]皆降為公。自非宣力齊室[136]，餘皆除國[137]，獨置[138]南康、華容、萍鄉[139]三國，以奉劉穆之、王弘、何無忌之後[140]，除國[141]者凡百二十人。二臺官僚[142]，依任攝職[143]，名號不同、員限盈長[144]者，別更詳議。

以褚淵為司徒，賓客賀者滿座。褚炤[145]歎曰：「彥回少立名行[146]，何意披猖至此[147]？門戶不幸，乃復有[148]今日之拜[149]。使彥回作中書郎而死[150]，不當為一名士邪[151]？名德不昌[152]，乃復有期頤之壽[153]！」淵固辭不拜。

奉朝請河東裴顗[154]上表，數帝過惡[155]，掛冠徑去[156]，帝怒，殺之。太子賾請殺謝朏，帝曰：「殺之遂成其名[157]，正應容之度外[158]耳。」久之，因事廢于家。

帝問為政於前撫軍行參軍沛國劉瓛[159]，對曰：「政在孝經[160]。凡宋氏所以亡，陛下所以得者，皆是也[161]。陛下若戒前車之失[162]，加之以寬厚，雖危可安；若循其覆轍[163]，雖安必危矣。」帝歎曰：「儒者之言，可寶萬世[164]！」

丙申[165]，魏主如崞山[166]。○丁酉[167]，以太子詹事張緒[168]為中書令，齊國左衛將軍陳顯達[169]為中護軍[170]，右衛將軍李安民[171]為中領軍[172]。緒，岱[173]之兄子也。○戊戌[174]，以荊州刺史嶷為尚書令、驃騎大將軍、開府儀同三司、揚州刺史，南兗州刺史映為荊州刺史。

帝命羣臣各言得失。淮南、宣城[175]二郡太守劉善明[176]請除宋氏大明、泰始[177]以來諸苛政細制，以崇簡易。又以為：「交州[178]險遠，宋末政苛，遂至怨叛[179]，今大化創始[180]，宜懷以恩德[181]。且彼土所出，唯有珠寶，實非聖朝所須之急，討伐之事，謂宜且停[182]。」給事黃門郎[183]清河崔祖思[184]亦上言，以為：「人不學則不知道[185]，此悖逆禍亂所由生也。今無員之官[186]，空受祿力[187]，彫耗民財。宜開文武二學，課[188]臺、府、州、國限外之人[189]各從所樂[190]，依方習業[191]。若有廢惰[192]者，遣還故郡[193]；經藝優殊[194]者，待以不次[195]。又，今陛下雖躬履節儉[196]，而羣下猶安習侈靡[197]。宜褒進[198]朝士之約素清脩[199]者，貶退其驕奢荒淫者，則風俗可移[200]矣。」宋元嘉之世[201]，凡事皆責成郡縣[202]。世祖[203]徵求急速，以郡縣遲緩[204]，始遣臺使督之[205]。自是使者所在旁午[206]，競作威福[207]，營私納賂，公私勞擾。會稽太守聞喜公子良[208]上表極陳其弊，以為：「臺有求須[209]，但明下詔敕[210]，為之期會[211]，則人思自竭[212]。若有稽遲[213]，自依糾坐之科[214]。今雖臺使盈湊[215]，會取正屬所辦[216]，徒相疑憤，反更淹懈[217]，宜悉停臺使[218]。」員外散騎郎劉思效上言：「宋自大明以來，漸見凋弊，徵賦有加而天府尤貧[219]。小民嗷嗷[220]，殆無生意[221]，而貴族富室，以侈麗相高[222]，乃至山澤之民，不敢采食其水草。陛下宜一新王度[223]，革正其失[224]。」上皆加褒賞，或以表付外，使有司詳擇所宜，奏行之[225]。己亥[226]，詔：「二宮諸王[227]，悉不得營立屯邸[228]，封略山湖[229]。」

魏主還平城[230]。○魏秦州刺史洛侯、雍州刺史宜都王目辰[231]、長安鎮將陳提等皆坐貪殘不法，洛侯、目辰伏誅，提徙邊[232]。

又詔以「候官[233]千數，重罪受賕不列[234]，輕罪吹毛發舉[235]，宜悉罷之[236]。」更置謹直[237]者數百人，使防邏街術[238]，執喧鬭者[239]而已。自是吏民始得安業。

自泰始以來，內外多虞[240]，將帥各募部曲[241]，屯聚建康。李安民上表，以為「自非淮北[242]常備外，餘軍悉皆輸遣[243]。若親近宜立隨身[244]者，聽限人數[245]。」上從之。五月辛亥[246]，詔斷眾募[247]。

王子[248]，上賞佐命之功[249]，褚淵、王儉等進爵、增戶各有差[250]。處士何點[251]謂人曰：「我作齊書已竟[252]，贊云[253]：『淵既世族[254]，儉亦國華[255]，不賴舅氏[256]，遑恤國家[257]？』」點，尚之之[4]孫也。淵母宋始安公主[258]，繼母吳郡公主[259]，又尚巴西公主[260]。儉母武康公主[261]，又尚陽羨公主[262]。故點云然[263]。

己未[264]，或走馬[265]過汝陰王之門[266]，衛士恐。有為亂者奔入殺王，而以疾聞[267]，上不罪而賞之。辛酉[268]，殺宋宗室陰安公燮等，無少長皆死。前豫州刺史劉澄之，遵考[269]之子也，與褚淵善，淵為之固請曰：「澄之兄弟不武[270]，且於劉宗又疏[271]。」故遵考之族獨得免。

丙寅[272]，追尊皇考[273]曰宣皇帝[274]，皇妣[275]陳氏曰孝皇后。◯丁卯[276]，封皇子鈞[277]為衡陽王[278]。

上謂兗州刺史垣崇祖[279]曰：「吾新得天下，索虜[280]必以納劉昶為辭[281]，侵犯邊鄙[282]。壽陽[283]當虜之衝[284]，非卿無以制此虜也。」乃徙崇祖為豫州刺史[285]。

六月丙子[286]，誅游擊將軍姚道和[287]，以其貳於沈攸之[288]也。◯甲申[289][5]，立王太子賾為皇太子，皇子嶷為豫章王，映為臨川王，晃為長沙王，曄[290]為武陵王[291]，暠[292]為安成王[293]，鏘[294]為鄱陽王[295]，鑠[296]為桂陽王[297]，鑑[298]為廣陵王[299]，皇孫長懋[300]為南郡王[301]。○乙酉[302]，葬宋順帝于遂寧陵[303]。

帝以建康居民舛雜[304]，多姦盜，欲立符伍[305]以相檢括[306]，右僕射王儉諫曰：「京師之地，四方輻湊[307]，必也持符，於事既煩，理成不曠[308]，謝安[309]所謂『不爾何以為京師[310]』也。」乃止。

初，交州刺史李長仁卒[311]，從弟叔獻代領州事[312]，以號令未行[313]，遣使求刺史於宋[314]。宋以南海[315]太守沈煥為交州刺史，以叔獻為煥寧遠司馬[316]、武平、新昌[317]二郡太守。叔獻既得朝命，人情服從[318]，遂發兵守險，不納煥[319]。煥停鬱林[320]，病卒。

秋，七月丁未[321]，詔曰：「交趾、比景[322]獨隔書朔[323]，斯乃前運方季[324]，因迷遂往[325]。宜曲赦交州[326]，即以叔獻為刺史，撫安南土[327]。」

魏葭蘆[328]鎮主楊廣香請降[329]，丙辰[330]，以廣香為沙州[331]刺史。

八月乙亥[332]，魏主如方山[333]。丁丑[334]，還宮。○上聞魏將入寇，九月乙巳[335]，以豫章王嶷為荊、湘二州刺史，都督如故。以臨川王映為揚州刺史。○丙午[336]，以司空褚淵領[337]尚書令。○壬子[338]，魏以侍中、司徒、東陽王丕[339]為太尉，侍中、尚書右僕射陳建[340]為司徒，侍中、尚書代人苟頹[341]為司空。○己未[342]，魏安樂厲王長樂[343]謀反，賜死。◯庚申[344]，魏隴西宣王源賀[345]卒。

冬，十月己巳朔[346]，魏大赦。◯辛巳[347][6]，汝陰太妃王氏[348]卒，謚曰宋恭皇后[349]。

初，晉壽[350]民李烏奴與白水氐[351]楊成等寇梁州[352]，梁州刺史范柏年[353]說降烏奴，擊成等[7]，破之。及沈攸之事起[354]，柏年遣兵出魏興[355]，聲云入援[356]，實候望形勢[357]。事平，朝廷遣王玄邈[358]代之。詔柏年與烏奴俱下[359]，烏奴勸柏年不受代[360]。柏年計未決，玄邈已至，柏年乃留烏奴於漢中，還至魏興，盤桓不進[361]。左衛率[362]豫章胡諧之嘗就柏年求馬[363]，柏年曰：「馬非狗也，安能應無已之求[364]？」待使者甚薄。使者還，語諧之曰：「柏年云：『胡諧之何物狗[365]？所求無厭！』」諧之恨之，譖於上[366]曰：「柏年恃險聚眾，欲專據一州。」上使雍州刺史南郡王長懋誘柏年[367]，啓為府長史[368]。柏年至襄陽，上欲不問，諧之曰：「見虎格得[369]，而縱上山乎？」甲午[370]，賜柏年死。李烏奴叛入氐，依楊文弘[371]，引氐兵千餘人寇梁州，陷白馬戍[372]。王玄邈使人詐降誘烏奴，烏奴輕兵襲州城，玄邈伏兵邀擊[373]，大破之，烏奴挺身[374]復走入氐。

初，玄邈為青州[375]刺史，上[376]在淮陰，為宋太宗[377]所疑，欲北附魏，遣書[378]結玄邈。玄邈長史清河房叔安曰：「將軍居方州[379]之重，無故舉忠孝而棄之，三齊之士[380]，寧蹈東海而死[381]耳，不敢隨將軍也。」玄邈乃不答上書[382]。及罷州還[383]，至淮陰，嚴軍直過[384]。至建康，啓太宗，稱上有異志。及上為驃騎[385]，引為司馬[386]，玄邈甚懼，而上待之如初。及破烏奴，上曰：「玄邈果不負吾意遇[387]也。」叔安為寧蜀[388]太守，上賞其忠正，欲用為梁州[389]，會病卒。

十一月辛亥[390]，立皇太子妃裴氏[391]。

癸丑[392]，魏遣假梁郡王嘉[393]督二將出淮陰[394]，隴西公琛[395]督三將出廣陵，河東公薛虎子[396]督三將出壽陽，奉丹楊王劉昶[397]入寇。許昶以克復舊業[398]，世胙江南[399]，稱藩于魏[400]。蠻酋桓誕[401]請為前驅，以誕為南征西道大都督[402]。義陽[403]民謝天蓋自稱司州[404]刺史，欲以州附魏，魏樂陵[405]鎮將韋珍引兵渡淮應接。豫章王嶷遣中兵參軍蕭惠朗[406]將二千人助司州刺史蕭景先[407]討天蓋，韋珍略七千餘戶而去。景先，上之從子也。南兗州刺史王敬則[408]聞魏將濟淮，委鎮[409]還建康，士民驚散，既而魏竟不至[410]。上以其功臣，不問。

上之輔宋[411]也，遣驍騎將軍王洪範使柔然[412]，約與共攻魏。洪範自蜀出吐谷渾[413]歷西域[414]乃得達。至是[415]，柔然十餘萬騎寇魏，至塞上[416]而還。

是歲，魏詔中書監高允[417]議定律令。允雖篤老[418]，而志識不衰[419]。詔以允家貧養薄，今樂部絲竹十人[420]五日一詣允[421]以娛其志，朝晡給膳[422]，朔望致牛酒[423]，月[424]給衣服綿絹。入見[425]則備几杖[426]，問以政治[427]。

契丹莫賀弗勿干[428]帥部落萬餘口入附于魏[429]，居白狼水[430]東。

【章　旨】以上為第一段，寫齊高帝蕭道成建元元年（西元四七九年）一年間的大事。主要寫蕭道成拉攏謝朏，企圖讓謝朏帶頭勸進，謝朏故意不合作，蕭道成只好改用王儉以行其事；寫了宋順帝二次賜蕭道成加九錫，使蕭道成齊王府的官制、禮儀皆與劉宋王朝同；寫蕭道成進行篡位的典禮，十三歲的宋順帝被嚇得戰戰兢兢，東藏西躲；寫宋臣謝朏、王琨在大庭廣眾中表現出的直正與哀戚；寫宋臣裴顗因斥責蕭道成而被殺，謝朏因不附蕭道成而被廢棄；寫王儉、褚淵為助成蕭道成之篡位所表現的無恥之尤；寫蕭道成為獎勵佐命功，大賞褚淵、王儉，何點假稱著《齊書》以諷刺之；而褚淵的堂弟褚炤以褚淵未能早死為遺憾；寫蕭道成殺宋順帝劉準，並對劉氏皇族無少長皆誅之；寫蕭道成向群臣徵求意見，劉善明、崔祖思、蕭子良、劉思效上言請廢止劉宋之苛政，蕭道成亦下令不得為皇子皇孫預建宮室，不得封略山湖；寫蕭道成任垣崇祖為兗州刺史，鎮壽陽，以防北寇入侵；寫魏主派拓跋嘉、拓跋琛、薛虎子等四路攻齊，以納宋之逃魏宗室劉昶；此外還寫了蕭道成與柔然相互結盟，柔然見魏攻齊，乃出兵於魏之北境，以示牽制等等。

【注　釋】❶太祖高皇帝　太祖是蕭道成的廟號，高字是其死後的諡。蕭道成字紹伯，小字鬬將。原籍東海郡之蘭陵縣，其父蕭承之，為劉裕與劉義隆時代的名將。❷正月甲辰　正月初二。❸蕭嶷　蕭道成的第二子，被封為豫章王。傳見《南齊書》卷二十二。❹蕭子良　蕭道成之孫，齊武帝蕭賾的第二子，此時任安南將軍王延之的長史。傳見《南齊書》卷四十。❺會稽太守　會稽郡的郡治即今浙江紹興。胡三省曰：「去年已命蕭映、蕭晃分鎮兗、豫矣。嶷，道成次子也；子良，道成之孫也。

江左之勢，莫重於上流；莫富於東土，故又頒子孫以居之。」❻聚眾　擴充軍隊。❼開民相告　發動百姓相互檢舉告發。開，啟；發動。❽坐執役　因此被誣為犯罪，被罰去服兵役、服勞役。坐，因；因此。執，充當；執行。❾至鎮　到達荊、湘等八州都督的指揮部。❿罷遣　免去其罪而遣返之。罷，免除。⓫府州儀物　都督府與州刺史的各種排場用物。儀物，表示長官身分的儀仗隊與其他各種器物。⓬務存儉約　一切都力求簡單節省。務存，力求，⓭所部　所管轄的地區。⓮辛亥　正月初九。⓯竟陵世子賾　竟陵公蕭道成的世子蕭賾。按，蕭道成已於宋順帝昇明元年（西元四七七年）七月被封為竟陵郡公，所以其長子蕭賾隨即成為竟陵公的世子。世子，義同太子，皇帝與王公的嫡長子，未來的接班人。⓰中軍大將軍　統領宮廷衛戍部隊的最高軍事長官，位居一品。⓱重名　大名；高名。⓲必欲引參佐命　一定要把他弄到擁戴蕭道成稱帝的班子裡來。引參，吸引他成為。佐命，輔佐自己成為應天受命的皇帝。⓳以為左長史　當時蕭道成的官稱是太尉、驃騎大將軍、錄尚書、都督中外諸軍事，屬下設有左右長史、左右司馬、左右從事中郎等職。長史是其主官手下的諸史之長，位高權重。⓴魏晉故事　當初曹氏篡漢建魏與司馬氏篡魏建晉的過程與手續。故事，舊例。㉑石苞　原是曹魏政權下的大臣，後來成為司馬昭的親信，司馬炎篡位後，累官大司馬，加侍中，封樂陵郡公。傳見《晉書》卷三十三。㉒不早勸晉文　沒有及早地勸司馬昭在世時篡位稱帝，致使司馬昭沒能過上皇帝癮，直到死後，才被他篡了位的兒子司馬炎追封為晉文王。㉓死方慟哭　司馬昭雖然生前已完全控制曹魏的一切權力，也像本書所寫的蕭道成一樣到了人臣無二的境地，但他畢竟沒能實現篡位登基。故而司馬昭死後，他的親信石苞趕到喪前，慟哭地說：「您的功業都到了這一步，怎麼還鬧了個以臣子的身分而死呢？」意思是這未免太遺憾了。㉔方之馮異　和東漢初期的馮異比起來。馮異是東漢光武帝劉秀的部將，為人謙遜，從不居功，但他卻能不失時機地勸劉秀及早稱帝。事見《後漢書》卷十七。方，與……相比。㉕非知機　不能抓住苗頭；不能見機而作。機，苗頭；徵兆。胡三省曰：「道成言石苞不能早勸晉文為禪代之事，比之馮異勸漢光，苞非知機者也。欲以此言感動謝朏耳。」㉖世事魏室　一連幾代地在曹魏皇帝手下稱臣。司馬昭的父親司馬懿、司馬昭的哥哥司馬師，以及司馬昭本人都是先後在曹操、曹丕、曹叡的屬下為將為臣。㉗身終北面　意即到死不改臣子之節，不忍心做對不起主子的事情。㉘借使魏依唐虞故事　此句的實際意思是即使您想效仿曹魏篡漢的做法。魏依唐、虞，曹魏仿照堯、舜禪讓從漢王朝接過政權。㉙亦當三讓彌高　意思是，您也應該像曹丕那樣做出一種漢帝三與、曹丕三讓的姿態，這樣才顯出您的德行之高。㉚甲寅　正月十二。㉛以王儉為左長史　王儉是最早公開投靠蕭道成、幫著蕭道成篡宋稱帝的名門望族人物，但蕭道成以為王儉的身價還是差點，故而極力想招致謝朏，讓謝朏來帶頭勸進。但謝朏不幹，故蕭道成無奈只好降而求其次了。㉜丙辰　正月十四。㉝蕭長懋　蕭賾之子，蕭道成的嫡長孫。傳見《南齊書》卷二十一。㉞為雍州刺史　時張敬兒被徵入朝為護軍將軍，侍中如故，故又以蕭氏子孫為雍州刺史。㉟二月丙子　二月初四。㊱邵陵殤王友　劉友，劉彧的第七子，被封為邵陵王，殤字是其死後的諡。㊲辛巳　二月初九。㊳魏主　即孝文帝拓跋宏。㊴甲午　二月二十二。㊵申前命　重申宋順帝昇明二年（西元四七八年）九月丙午的詔令，特賜蕭道成「劍履上殿，入朝不趨，贊拜不名」等等。㊶己亥　二月二十七。㊷西宮　宮殿名。胡三省曰：「魏太祖天賜元年（西元四〇四年）所築。」㊸三月癸卯朔　三月初一是癸卯日。㊹甲辰　三月初二。㊺相國　相國與丞相職務相同，但相國位尊而權專，丞相常有左右二人，相國則只一人。晉宋以來設有尚書令，即丞相之職，今任蕭道成為相國，則尚書令即使不廢，亦無權矣。㊻總百揆　統領滿朝百官。總，統領。百揆，百官。㊼十郡　胡三省曰：「青州之齊郡，徐州之梁郡，南徐州之蘭陵、魯郡、琅邪、東海、晉陵、義興，揚州之吳郡、會稽。」㊽為齊公　胡三省曰：「按：《齊書・崔祖思傳》：宋朝初議封太祖為梁公，祖思啟太祖曰：『讖書云：金刀利刃齊刈之。今宜稱齊，實應天命。』太祖從之，遂以齊建國。」㊾加九錫　古代帝王賜給有大功或有權勢的諸侯大臣的九種物品，指車馬、衣服、斧鉞等。魏晉南北朝的權臣篡位之前，都經過賜九錫這一步。㊿乙巳　三月初三。(51)並倣天朝　和劉宋王朝的建制相同。天朝，與其所分封的諸王國、諸侯國相對而言。(52)丙午　三月初四。(53)領南豫州刺史　兼任南豫州刺史。領，兼管。南豫州的州治即今安徽當塗。(54)去宣城郡　離開宣城郡任所。楊運長離開朝廷為宣城郡守，見上卷昇明元年。(55)淩源令　淩源縣令。淩源即當時的淩縣，上屬臨淮郡。(56)臨川王綽　劉綽，臨川王劉義慶之孫，曾任步兵校尉，襲其父祖為臨川王。傳見《宋書》卷五十一。(57)義慶　劉裕之弟劉道規之子，曾任荊州刺史、南兗州刺史，襲其父爵為臨川王。愛好文義，編有《世說新語》。傳見《宋書》卷五十一。(58)身　猶今所謂「我」，以稱自己。(59)計　估計；一定。(60)建意　猶言「倡議」，帶頭提出。(61)庚戌　三月初八。(62)誅綽兄弟及其黨與　妄加罪名，誅除劉氏宗室唯恐不盡，漢末、晉末早已如此。(63)甲寅　三月十二。(64)受策命　按照宋順帝所授予的命令。(65)石頭即石頭城，在建康城的西側，靠近秦淮河，離長江不遠，是當時拱衛建康城的軍事要地。蕭道成今乃劃歸其子為宮，真是會挑地方。(66)一如東宮　一切排場與加兵護衛的程度都與蕭道成自己佔據的東府完全相同。東宮，即東府，也有城牆環繞，在建康城的東側。(67)何曾自魏司徒為晉丞相　何曾是三國時曹魏的司徒，職同丞相。咸熙二年司馬炎襲其父爵為晉王，何曾遂辭去曹魏的司徒，去到晉王的屬下當丞相，以便更好地為司馬氏謀劃篡奪曹魏政權的問題。事見《晉書》卷三十三。(68)求為齊官　到齊國的朝廷上為官。(69)領吏部　兼任吏部尚書，主管任命官吏的大權。(70)四月壬申朔　四月初一是壬申日。(71)增封十郡　胡三省曰：「時又增徐州之南梁、陳、潁川、陳留，南兗州之盱眙、山陽、秦、廣陵、海陵、南沛等十郡。」(72)甲戌四月初三。[73]武陵王贊　劉贊，劉彧之子，被封為武陵王。[74]非疾也　不是病死的。明確指出是被蕭道成所殺，年不足十歲。[75]丙戌　四月十五。[76]進世子為太子　改原來的稱為世子而直稱太子，以示其父與皇帝已無區別。[77]辛卯　四月二十。[78]壬辰　四月二十一。[79]臨軒　葛曉音曰：「古時皇帝不坐正殿而在殿前的平臺上接見群臣叫『臨軒』。」[80]佛蓋　胡三省曰：「自晉以來，宮中有佛屋，以嚴事佛像。上為寶蓋以覆之，宋帝逃於其下。」[81]勒兵　布置兵丁。[82]板輿　木板車。[83]索得之　從佛蓋下找出了宋順帝。[84]啓譬令出　勸說他，讓他出去見蕭道成。[85]引令升車　拉著他，讓他上木板車。[86]欲見殺乎　你們是想殺我嗎。[87]官先　你們家先人，指劉宋的開國皇帝劉裕。官，當時對皇帝的敬稱。[88]取司馬家　奪取司馬氏的政權。元熙二年（西元四二〇年）宋王劉裕密令傅亮逼晉恭帝司馬德文禪位。司馬德文被迫下詔後，退居於琅邪王第。[89]彈指　葛曉音曰：「一種表示憤怒、悲痛、歎惜等意思的動作。」[90]後身　猶今所謂下輩子。[91]天王家　皇帝的家庭。天王是與其他的諸侯王相對而言。[92]必無過慮　假如肯定不出意外的問題，指被殺害。[93]當餉輔國　我一定要賞賜給你……。餉，賞賜；給予。輔國，指王敬則，時任輔國將軍。[94]百僚陪位　滿朝文武百官都在一旁陪侍。[95]在直　在宋順帝身旁值勤。直，通「值」。值日；值勤。謝朏官任侍中，其任務就是在皇帝身邊值勤。[96]當解璽綬　應該過去把宋順帝身上所佩的皇帝印璽摘下來。璽綬，玉璽和綬帶，這裡即指印璽。[97]陽　通「佯」。假裝。[98]傳詔　官名，出入傳達旨意的人，屬中書省。[99]齊自應有侍中　意即齊王想做的事情應該讓齊國的侍中做，我管不著。[100]引枕臥　拉過一個枕頭來躺下了。按，就此情節看，當時的「陪位」、「在直」，都是在席上坐著。[101]使朏稱疾　讓謝朏假裝有病。[102]欲取兼人　想讓謝朏找個別的適合於做這件事的人。[103]東掖門　皇宮的東側門。[104]仍登車還宅　於是登上車子回家了。仍，意思同「乃」。[105]解璽綬　意即把皇帝的印璽從宋順帝身上解下來，給蕭道成佩戴上。[106]畫輪車　胡三省曰：「畫輪車者，車輪施文畫也。〈晉志〉云：『畫輪車，上開四望，綠油幢，朱絲絡，兩箱裏飾以金錦，黃金塗，五采。』蕭子顯曰：『漆畫輪車，金塗校飾，如輦，微有減降。』」意即比皇帝通常乘坐的車子低一等。[107]就東邸　回到他未為皇帝以前的府第裡住。胡三省曰：「宋永初元年受晉禪，歲在庚申，八主，六十年而亡。」[108]奏鼓吹　通常在皇帝出行時都要演奏音樂。鼓吹，樂曲的分類名，據郭茂倩《樂府詩集》，當時的樂曲分類有「鼓吹」、「橫吹」、「相和」、「清商」等等。鼓吹是用於出行、行軍的樂曲。[109]王琨　仕宋曾任右光祿大夫，入齊後，加侍中。傳見《南齊書》卷三十二。[110]華之從父弟　王華的堂弟。王華是宋文帝劉義隆時代的名臣，與王曇首、殷景仁等齊名，歷官侍中、右衛將軍、護軍將軍。傳見《宋書》卷六十三。[111]在晉世已為郎中　葛曉音曰：「據《南齊書·王琨傳》載：『宋永初中，武帝以其娶桓修女，除郎中。』據此，此『晉世』當為『永初中』。」[112]獺尾　胡三省曰：「獺毛可以辟塵，故懸之於車。」[113]以

壽為戚　以活得年歲大而感到可悲，因為看到了這種令人慘不忍睹的景象。(114)先驅螻蟻　像螻蟻一樣地及早死去。(115)頻見此
事　接二連三地見到這種弒君作亂的事情，指營陽王劉義符被徐羨之等所殺，前廢帝劉子業被阮佃夫等所殺，蒼梧王劉昱被
楊玉夫等所殺，今宋順帝劉準又被蕭道成所廢。(116)不自勝　控制不住。(117)雨泣　淚下如雨。(118)奉璽綬　捧著皇帝的玉璽。奉，
捧。(119)勸進　勸蕭道成即皇帝位。(120)成安太守炤　褚炤，此時任成安太守。褚炤對褚淵的賣宋媚蕭很不滿，事見《南史》卷
二十八。成安，郡名，郡治即今江西安福。(121)淵子賁　褚賁，對其父褚淵賣宋以媚蕭道成的表現終身感到愧恨，從此託病不
仕。事見《南齊書》卷二十三。(122)齊大司馬門　齊王蕭道成的王府南門。大司馬門，帝王宮殿門前的門名，文武官員到此下
車下馬。(123)與一家　意即送給另一家。(124)亦復何謂　其內心是什麼感受。(125)甲午　四月二十三。(126)南郊　建康南郊的祭天之
壇臺。(127)改元　廢止宋順帝的元徽三年，改曰建元元年。(128)奉　加封。(129)汝陰王　封地汝陰郡，郡治即今安徽阜陽。但實際
並未讓劉準前去封地，而是將其囚禁在丹陽縣內。(130)優崇之禮　為感謝他讓位給自己的恩情，而給予他的種種優待條件。(131)皆
倣宋初　都像當年劉裕給予晉恭帝的做法一樣。(132)丹楊　建康城所在的郡名，郡治在建康城南。(133)宋神主　劉宋歷代皇帝的
靈牌。(134)汝陰廟　汝陰王的家廟。(135)諸王　劉姓子弟在宋王朝存在時被封為王的。(136)自非宣力齊室　除了為齊王朝的建立盡
過力量的劉姓諸公爵。自非，如果不是；除了……而外。宣力，出力；效力。(137)皆除國　一律廢除其所封的公爵、所據有的
領地。當時公爵的領地通常為一個縣。(138)獨置　只留下。(139)南康華容荓鄉　三個公爵的封號與封地名。南康公是劉裕功臣劉
穆之的封號，封地即今江西南康。華容公是劉義隆的大臣王弘的封號，封地華容縣，在今湖北監利北。萍鄉公是劉裕功臣何
無忌的封號，封地萍鄉縣，在今江西萍鄉東。荓，通「萍」。(140)以奉劉穆之王弘何無忌之後　讓劉穆之等三人繼續享受公爵的
祭祀，讓他們三人的後代繼續享有公爵的待遇與特權。劉穆之是劉裕的開國元勳，是輔佐劉裕建立宋朝最大功臣。傳見《宋
書》卷四十二。王弘是宋文帝劉義隆的寵臣之一。傳見《宋書》卷四十二。王弘的年輩略晚，其所以能與劉穆之、何無忌並
享如此待遇，關鍵在於其姪孫王儉是幫蕭道成篡位稱帝的急先鋒。何無忌是劉裕的開國元勳，為輔佐劉裕建立宋王朝而戰死。
傳見《晉書》卷八十五。(141)除國　指被罷去王國、公國、侯國。(142)二臺官僚　指原來的宋王朝與蕭氏齊王朝的兩套辦事機構。
臺，也稱「省」，指朝廷的辦事機構，如尚書省、中書省、御史臺等等。(143)依任攝職　各就各位，照常管理各自的事情。(144)員
限盈長　多餘的官員，編制以外的人員。(145)褚炤　褚淵的堂弟。傳見《南史》卷二十八。(146)少立名行　年少時還注意修養自
己的名節和操守。《南齊書》本傳稱：「褚淵少有世譽，父湛之卒，唯取書數千卷，其他家產物品均推與弟。」(147)何意披猖至
此　誰想到後來竟任意胡來到這種程度。何意，誰想到。披猖，不講道德、不講原則，意即肆意妄為。(148)乃復有　竟然有。

(149)今日之拜　這種樣子的加官進爵，指升任司徒。拜，任命；授職。(150)使彥回作中書郎而死　如果褚淵在劉宋王朝任中書郎的時候就一病死去。褚淵在宋孝武帝時代曾任中書郎，當時的聲譽極高。事見《南齊書》卷二十三。(151)不當為一名士邪　豈不落一個名士的美譽嗎。(152)名德不昌　名聲越來越壞。昌，興盛。(153)乃復有期頤之壽　偏偏能活得這麼長。期頤之壽，胡三省引〈曲禮〉曰：「人生百年曰期頤。」此處是遺憾其沒有早死。其實褚淵後來死時也只四十八歲。(154)奉朝請河東裴顗　奉朝請是官名，多是用以安置德高望重的老臣，意思是不讓他處理繁忙的公務，只在舉行典禮時，進宮拜見皇帝。春曰朝，秋曰請。河東是郡名，郡治原在安邑，魏時改在蒲阪。裴顗的祖籍聞喜縣當時上屬於河東郡。裴顗在宋明帝時曾為劉秉的僚屬，明帝末年為奉朝請。傳見《南齊書》卷五十三。(155)數帝過惡　指說蕭道成的罪狀。(156)掛冠徑去　扔下官帽官服，不打招呼就走了。徑，直，不打招呼。(157)遂成其名　更加為他提高聲望。遂成，造成；成就。(158)容之度外　意即特殊處理，姑且寬容他。度外，法度之外，不按常規。(159)劉瓛　劉宋末期的儒生，曾任安成王、撫軍大將軍劉準的行參軍。傳見《南齊書》卷三十九。(160)政在孝經　為政治國的辦法寫在《孝經》其書上。《孝經》是儒家的經典之一。(161)皆是也　都在於是否奉行孝道。(162)前車之失　指劉宋時代的父子之間、兄弟之間的殘酷殺戮。(163)循其覆轍　沿著劉宋的敗政繼續走下去。覆轍，已經翻過車的老路。(164)可寶萬世　可為萬世之寶，意即這話是至理名言。(165)丙申　四月二十五。(166)崞山　在今山西渾源西北，此處有魏國帝王的陵墓。(167)丁酉　四月二十六。(168)張緒　劉宋末期的儒臣，通《周易》，清簡寡欲，不善言辭，曾任太子詹事。傳見《南齊書》卷三十三。太子詹事是管理太子宮中事務的官員。(169)陳顯達　原為宋將張永的部下，後隨蕭道成守建康城有功，遂成為蕭氏的開國元勳。傳見《南齊書》卷二十六。(170)中護軍　職同護軍將軍，以資歷較輕者為之。統管京城以外的所有軍隊，與尚書令、中書監同居第三品。(171)李安民　劉宋時期的著名將領，先是在打敗劉子勛、沈攸之的反朝廷軍中有功，後又在打敗劉休範的反朝廷軍中有功，後成為蕭道成的嫡系。傳見《南齊書》卷二十七。(172)中領軍　與中護軍的級別相同，區別在於中領軍是統領護衛京城與宮廷的最高軍事長官。(173)岱　張岱，劉宋名臣張茂度之子，名將張永之弟。在宋曾為益州刺史、吏部尚書。傳見《南史》卷三十一。(174)戊戌　四月二十七。(175)淮南宣城　二郡名，淮南郡的郡治即今安徽當塗，宣城郡的郡治即今安徽宣城，當時二郡共設一個太守。(176)劉善明　劉宋後期的將領，蕭道成的忠實部下，時任淮南、宣城二郡太守。傳見《南齊書》卷二十八。胡三省曰：「江左僑立淮南郡於宣城郡界，故善明兼守二郡。」(177)大明泰始　大明是宋孝武帝劉駿的年號（西元四五七—四六四年）。泰始是宋明帝劉彧的年號（西元四六五—四七一年）。(178)交州　漢代以來的南部州名，州治在今越南河內東北的龍編，轄境為今越南國的中北部地區。(179)遂至怨叛　宋明帝泰始四年，交州刺史劉牧卒，李長仁據交州發動叛亂，自稱刺史。(180)大化創始　指蕭齊王朝的政權初建。大化，指王朝的統治力與感召力。(181)懷以恩德　以恩德感化、吸引之。(182)謂宜且停　我認為應該暫且停止。(183)給事黃門郎　皇帝的侍從官員，以其在內廷服務而得名。(184)清河崔祖思　清河郡的郡治在今河北清河縣東南。崔祖思是宋、齊之交的文史之臣，初為蕭道成的僚屬。蕭道成的國號所以稱「齊」就是聽從崔祖思的建議。蕭道成稱帝後，以之為黃門侍郎。傳見《南齊書》卷二十八。(185)不知道　不懂得道義，不懂得什麼該幹什麼不該幹。(186)無員之官　不在正式編制之內的官員。(187)空受祿力　白拿俸祿，白受人供養。胡三省曰：「祿者，所令之祿；力者，所役之人。」(188)課　要求；規定。(189)臺府州國限外之人　臺指朝廷政權的各部門。府指各將軍的辦公機構。州指地方上的各州各郡政府。國指各王國、公國、侯國的辦事機構。限外之人即上文所說的「無員之官」，即編外人員。(190)各從所樂　各自按照自己的興趣。(191)依方習業　依照自己選定的方向而學習一門技術或伎藝。(192)廢惰　懶惰不好好學。(193)遣還故郡　打發他們回老家。(194)經藝優殊　念儒書念得好與學伎藝學得精的人。經藝，儒書與伎藝。(195)待以不次　意即破格錄用。不次，不按順序地破格提拔。(196)躬履節儉　親自帶頭履行節儉。躬，親自。(197)安習侈靡　還依然故我地奢侈浪費。(198)褒進　獎勵、提拔。(199)約素清儉　簡單樸素，恬靜嚴謹。(200)可移　可以改變。(201)元嘉之世　宋文帝劉義隆在位的時候。元嘉是宋文帝的年號（西元四二四—四二九年）。(202)責成郡縣　發揮各郡各縣行政長官的能動性，讓他們獨立自主地處理問題。責成，要求他們完成。(203)世祖　指孝武帝劉駿。(204)遲緩　指不能按期限完成。(205)遣臺使督之　朝廷派使者到各郡縣督促催討。(206)所在旁午　等於說到處都是。旁午，縱橫交錯的樣子。(207)競作威福　相互競賽一樣地作威作福。作威指刑殺，作福指慶賞。(208)聞喜公子良　聞喜公蕭子良，齊武帝蕭賾的第二子。傳見《南齊書》卷四十。聞喜縣在今山西境內。(209)臺有求須　朝廷部門有什麼需要。須，意思同「需」。(210)但明下詔敕　只要皇帝公開下令。(211)為之期會　給他們規定完成的期限。期會，日期；期限。(212)人思自竭　下面的人們是會想辦法盡力完成的。(213)稽遲　停留、耽誤。(214)自依糾坐之科　可以按照處罰的規定辦理。糾坐，查辦；處理。科，條文。(215)盈湊　到處擠滿，極言其多。(216)會取正屬所辦　最後還是要該誰辦的讓誰辦。正屬，應該歸他管的。(217)反更淹懈　派出的人多了反而更造成扯皮延誤。(218)悉停臺使　全部停止朝廷派員外出督促的辦法。(219)天府尤貧　國庫裡越來越沒有東西。天府，國庫。(220)嗷嗷　眾聲啼飢號寒的樣子。(221)殆無生意　幾乎看不到可以活下去的門路。(222)相高　相互競賽。(223)一新王度　讓國家政策來個煥然一新。(224)革正其失　把過去王朝的一切失誤都改正過來。(225)奏行之　稟告皇帝，而後付諸實行。(226)己亥　四月二十八。(227)二宮諸王　指各個年幼的皇子、皇孫。二宮，指皇宮和東宮。皇宮裡有年幼尚未封立的皇子，東宮裡有年幼尚未封立的皇孫，這些都是日後的王爺。諸王，皇太子以外的親王。(228)不得營立屯邸　意即在他們被封立為王前，不得提前建立宮室。屯邸，官邸與其所佔有的宅地。(229)封略山湖　意即佔領山湖以為己有。地界曰封。略，也是地界。這裡都用如動詞，意即佔為私有。(230)還平城　由嶂山返回平城。(231)宜都王目辰　拓跋翳槐的後代，有功於拓跋燾時期，又堅請立拓跋宏為帝。傳見《魏書》卷十四。(232)徙邊　發配到邊疆帶罪效力。(233)候官　也叫「白鷺」，魏國官名。魏道武帝拓跋珪所設，負責伺察內外，檢舉不法。候，偵察；伺察。(234)重罪受賕不列　對犯有重罪的人因接受其賄賂而不上報。受賕，受賄。不列，不舉報。(235)輕罪吹毛發舉　對犯有輕罪的人因不得賄賂，反而吹毛求疵地予以揭發。(236)宜悉罷之　應該全部罷免這些候官。(237)謹直　謹慎正直。(238)防邏街術　在京城的街道上巡邏防備。術，也是街道的意思。(239)執喧鬭者　抓捕那些喧譁鬥毆的人。(240)內外多虞　國內國際可憂慮的事情眾多。虞，憂慮。(241)各募部曲　各自都招募一些私家的保衛勢力。部曲，部下私家武裝。(242)淮北指駐軍於邊防前線的將軍。(243)餘軍悉皆輸遣　其他非邊防守將的私人武裝全部遣散。(244)宜立隨身　適合於充當貼身護衛的人。(245)聽限人數　可以允許他們留下一些，但要限定人數。聽，聽從；接受。(246)五月辛亥　五月初十。(247)詔斷眾募　皇帝下令讓這些京城諸將裁減下來的私人武裝，一律就地落戶為民。斷，即土斷，在當地落入戶籍。(248)壬子　五月十一。(249)佐命之功　協助蕭道成篡位稱帝的功勞。佐命，幫著蕭道成上應天命，意即稱帝。(250)進爵增戶各有差　有的提高爵位，有的增加領地的戶數，隨著功勞大小各有不同。差，等級。(251)何點　宋代大官僚何尚之之孫。傳見《梁書》卷五十一。何尚之是宋文帝、宋孝武帝兩朝的權要大臣。傳見《宋書》卷六十六。(252)我作齊書已竟　我的《齊書》已經寫完啦。按，何點所說的「我作《齊書》已竟」云云，是他當時所編的一種諷刺話。其實他就是想出了用這十六個字的贊語來諷刺褚淵與王儉。(253)贊云　篇後的贊語說。贊，紀傳體史書人物傳後的一種評斷語，多用韻文，四字一句。(254)世族　世代顯貴的家族。(255)國華　國家的英華。(256)不賴舅氏　如果不靠著他們的舅舅（指劉宋的歷代皇帝），他們的功名富貴從哪裡來。(257)遑恤國家　可是你看他們今天那種賣主求榮的樣子，哪裡還想到生他、養他的宋氏王朝呢。遑恤，哪裡還有工夫考慮。(258)始安公主　宋武帝劉裕的第七女。(259)吳郡公主　宋武帝劉裕的第五女。(260)又尚巴西公主　又娶巴西公主為妻。尚，上配，娶的敬稱。巴西公主是宋文帝劉義隆之女。(261)武康公主　宋武帝劉裕的長女。(262)陽羨公主　宋明帝劉彧之女。(263)故點云然　所以何點這樣說。(264)己未　五月十八。(265)或走馬　有人馳馬。(266)過汝陰王之門　來到已經退位的宋順帝劉準的門前。過，這裡的意思是來到。(267)以疾聞　向上報告說劉準得病死了。按，劉準被殺時，年十三歲。(268)辛酉　五月二十。(269)遵考　劉遵考，宋武帝劉裕的族弟，佐劉裕開國有功。傳見《宋書》卷五十一。(270)不武　不會帶兵打仗，沒有造反的能力。(271)且於劉宗又疏　而且與劉氏皇室的血緣又遠。(272)丙寅　五月二十五。(273)皇考　對亡父的敬稱。皇，美好的意思。考，以稱父。蕭道成的父親名叫蕭承之，劉宋時期的名將。事見《南齊書》卷一。(274)宣皇帝　宣字是諡。《諡法解》：「聖善周聞曰宣。」(275)皇妣　對亡母的敬稱。妣，以稱母。(276)丁卯　五月二十六。(277)皇子鈞　蕭鈞，蕭道成的第十一子。海陵王蕭昭文即位，為撫軍將軍、侍中。傳見《南齊書》卷四十五。(278)衡陽王　衡陽郡王。衡陽郡的郡治湘西，在今湖南衡山縣東北。(279)垣崇祖　劉宋名將垣護之之姪，先隨薛安都降魏，後又返回劉宋，被任為北琅邪、蘭陵二郡太守，幫助蕭道成打敗沈攸之有大功，此時為兗州刺史。傳見《南齊書》卷二十五。南齊兗州的州治即今江蘇淮安之淮陰區。(280)索虜　當時南朝人對北魏拓跋氏的蔑稱。以其民族習慣好梳辮子，故稱其為索虜。(281)以納劉昶為辭　以送劉昶回南方為進攻齊國的藉口。劉昶是宋文帝劉義隆的第九子，景和元年（西元四六五年）被前廢帝劉子業逼反，兵敗後北投魏國，被魏國視為奇貨以寶養之，封之為丹楊王。事見《宋書》卷七十二。納，武裝送進。辭，藉口。(282)邊鄙　邊境。鄙，邊方小城。(283)壽陽　古都名，即今安徽壽縣，晉宋以來為北方軍事重鎮。(284)當虜之衝　是敵兵進攻南朝的必經之地。衝，要道；要地。(285)豫州刺史　宋齊時代的豫州州治就在當時的壽陽。(286)丙子　六月初六。(287)姚道和　後秦主姚興之孫，降宋後任司州刺史，當沈攸之傳檄討伐蕭道成時，姚道和曾與梁州刺史范柏年、湘州行事庾佩玉等持觀望態度。見本書上卷昇明元年。(288)貳於沈攸之　在蕭道成與沈攸之之間左右觀望，腳踩兩條船。貳，兩屬；兩吃。(289)甲申　六月十四。(290)曄　蕭曄，蕭道成的第五子。傳見《南齊書》卷三十五。(291)武陵王　武陵郡王。武陵郡的郡治即今湖南常德。(292)暠　蕭暠，蕭道成的第六子。傳見《南齊書》卷三十五。(293)安成王　安成郡王。安成郡的郡治即今江西安福。(294)鏘　蕭鏘，蕭道成的第七子。傳見《南齊書》卷三十五。(295)鄱陽王　封地鄱陽郡，郡治即今江西鄱陽。(296)鑠　蕭鑠，蕭道成的第八子。傳見《南齊書》卷三十五。(297)桂陽王　封地桂陽郡，郡治即今湖南郴州。(298)鑑　蕭鑑，蕭道成的第十子。傳見《南齊書》卷三十五。(299)廣陵王　封地廣陵郡，郡治即今江蘇揚州。(300)長懋　蕭長懋，蕭道成之孫，太子蕭賾之子。事見《南齊書》卷三。(301)南郡王　封地南郡，郡治即今之湖北江陵。(302)乙酉　六月十五。(303)遂寧陵　宋順帝劉準的陵墓名。宋王朝的歷代陵墓皆以「寧」字名，劉裕稱初寧陵，劉義隆稱長寧陵，劉駿稱景寧陵，劉彧稱高寧陵。(304)舛雜　錯雜，即好壞不分，無所不有。(305)立符伍　使用通行證，建立五家一組相互監督的制度。符，證件，如今身分證、居住證之類。伍，以五家為一組相互監督的戶籍管理制度。(306)以相檢括　相互監督檢查。(307)四方輻湊　四方來歸，如輻條之歸向車轂，極言其多。(308)理成不曠　這裡指政治氣氛和社會風氣方面的開明及寬鬆。(309)謝安　東晉時期的名臣，字安石，官至宰相、太保。事跡見《晉書》卷七十九。(310)不爾何以為京師　語見《續晉陽秋》及《世說新語．政事》，意思是這裡的人口如果不多而雜，還怎麼能稱是京師呢。「京師」兩個字都是巨大與眾多的意思。(311)李長仁卒　李長仁據交州自稱刺史，在宋明帝泰始四年；其死在何年，不詳。(312)代領州事　代管交州刺史的職務。領，代理。(313)號令未行　下命令沒人聽。(314)求刺史於宋　乞請劉宋王朝向交州派出新刺史。(315)南海　郡名，郡治即今廣州。(316)寧遠司馬　寧遠將軍沈煥的司馬。司馬是將軍的僚屬，在軍中掌管司法。(317)武平新昌　二郡名，武平郡的郡治在今越南河內西北的福安縣西，新昌郡的郡治在今越南河內西北。(318)人情服從　交州地區的百姓開始擁護他，接受他的管轄。(319)不納煥　不讓沈煥進交州上任。(320)鬱林　古郡名，郡治在今廣西貴縣南。(321)七月丁未　七月初七。(322)交趾比景　都是當時交州境內的縣名，交趾縣在今越南河內西北，比景縣在當時的日南郡內，鄰近北部灣。這裡用以代指交州地區。(323)獨隔書朔　獨獨地不用朝廷的曆法。書朔，指朝廷頒布的曆法。胡三省曰：「古者，天子常以季冬頒來歲十二月之朔於諸侯，諸侯受而藏之祖廟。至月朔則以特羊告廟，請而行之。」(324)前運方季　前一個朝代的末年。前運，前朝的命運。方季，正面臨結束。(325)因迷遂往　因而使你們一時迷惑做了錯事。(326)曲赦交州　格外地寬恕交州的過失。曲赦，不應赦而赦。(327)撫安南土　安撫南方的州郡。南土，即指交州。(328)葭蘆　魏國的軍事據點名，在甘肅武都的東南方，地處白龍江的東側。(329)楊廣香請降　楊廣香是當時武都、仇池一帶的氐族首領楊難當的族弟，先投奔北魏，元徽中，替北魏攻殺了另一受命於劉宋的氐族首領楊文慶而成為葭蘆鎮主。事見《南齊書》卷五十九。如今又來向齊國討好。(330)丙辰　七月十六。(331)沙州　州治在今甘肅文縣西。(332)八月乙亥　八月初六。(333)方山　地名，在魏國都城平城北。魏主與馮太后將在這裡為自己預建陵墓。(334)丁丑　八月初八。(335)九月乙巳　九月初六。(336)丙午　九月初七。(337)領　兼任，以高級別兼任低職務曰「領」。(338)壬子　九月十三。(339)東陽王丕　拓跋丕，拓跋興都之子，拓跋提之弟。傳見《魏書》卷十四。(340)陳建　北魏大臣，對魏太武帝拓跋燾有救命之恩，官至司徒。傳見《魏書》卷三十四。(341)苟頹　北魏大臣，官至征北大將軍，進爵河東王。傳見《魏書》卷四十四。(342)己未　九月二十。(343)安樂厲王長樂　拓跋長樂，拓跋濬之子，被封為安樂王，厲字是諡。傳見《魏書》卷二十。(344)庚申　九月二十一。(345)隴西宣王源賀　魏國的元勳老臣，被封為隴西王，宣字是諡。傳見《魏書》卷四十一。(346)十月己巳朔　十月初一是己巳日。(347)辛巳　十月十三。(348)汝陰太妃王氏　即宋明帝的王皇后，宋順帝的生母，順帝禪位後被封為汝陰王，太后降為太妃。傳見《宋書》卷四十一。(349)恭皇后　恭字是諡，《諡法解》：「敬事供上曰恭。」「尊賢讓善曰恭。」(350)晉壽　郡名，郡治在今四川劍閣的東南方。(351)白水氐　生活在白龍江流域或白水郡的氐族人。白水郡在今甘肅文縣東南，其地有白龍江，也稱白水，自西北向東南流過。(352)梁州　齊國的州名，州治即今陝西漢中。(353)范柏年　梓潼人，曾為梁州刺史的僚屬，受欣賞於宋明帝，後任梁州刺史。傳見《南史》卷四十七。(354)沈攸之事起　沈攸之討伐蕭道成的戰事掀起。事見本書上卷昇明元年．(355)魏興　當時的宋郡名，郡治在今陝西安康西。(356)聲云入援　聲言說是要入援朝廷，即幫助蕭道成。(357)候望形勢　觀察形勢的變化，即前文說姚道和的「貳於沈攸之」。(358)王玄邈　王玄載之弟，王玄謨的堂兄弟，開始忠於劉宋，後成為蕭道成的得力將領。傳見《南齊書》卷二十七。(359)俱下　一起順流到建康朝廷。(360)不受代　不要接受王玄邈的接替，意即據州獨立。(361)盤桓不進　徘徊不前，不肯進京。(362)左衛率　朝廷禁軍的頭領。(363)就柏年求馬　向范柏年要馬。就，向。求，討要。(364)無已之求　沒有限度的討要。無已，沒夠；沒完。(365)何物狗　是條什麼樣的狗。(366)譖於上　在蕭道成面前說范柏年的壞話。(367)誘柏年　引誘、欺騙范柏年。當時范柏年在魏興，蕭長懋在襄陽，兩地相距不遠。(368)啓為府長史　請求朝廷任范柏年為南郡王府的長史。(369)格得　已經捕獲。(370)甲午　十月二十六。(371)依楊文弘　投靠楊文弘。楊文弘是武都、仇池一帶氐族首領楊文慶之堂弟。楊文慶被楊廣香襲殺後，楊文弘此時任白水太守。傳見《南齊書》卷五十九。(372)白馬戍　即陽平關。葛曉音曰：「故址在今陝西勉縣西白馬河的入漢水處。當川、陝交通要衝，是漢中盆地西邊的門戶。」(373)邀擊　半路伏擊。(374)挺身　單身；獨自。(375)青州　劉宋當時的青州州治東陽，即今山東青州。(376)上　這裡指蕭道成。(377)宋太宗　即宋明帝劉彧。(378)遣書　送書信。(379)方州　一方諸侯的州刺史。(380)三齊之士　齊國地面上的頭面人物。三齊，即指古代的齊國大地，今山東的中東部地區。因項羽分封諸侯曾一度把齊國故地分成了齊國、膠東、濟北三個國家，故後人遂習慣地稱齊地為「三齊」。(381)寧蹈東海而死　極表齊地人物絕不低頭於邪惡的堅貞。語出《戰國策》之〈魯仲連義不帝秦〉。(382)不答上書　不回覆蕭道成的邀請。(383)罷州還　青州刺史任滿返回朝廷。(384)嚴軍直過　隊列整齊的軍隊逕直開過，對蕭道成不表任何通融之情。(385)及上為驃騎　等蕭道成升任驃騎大將軍，獨攬劉宋朝廷大權的時候，即宋順帝在位時。(386)引為司馬　拉他給自己當司馬，以表現其不記舊時的嫌隙。(387)不負吾意遇　不辜負我對他的希望與厚待之情。(388)寧蜀　郡名，郡治即今四川雙流。(389)欲用為梁州　想任用他為梁州刺史。(390)十一月辛亥　十一月十三。(391)立皇太子妃裴氏　即立裴氏為皇太子妃，亦即未來的皇后。(392)癸丑　十一月十五。(393)假梁郡王嘉　臨時代理梁郡王的拓跋嘉。(394)出淮陰　向淮陰。出，經由，這裡即指「向」。(395)隴西公琛　名琛，姓氏不詳，被封為隴西公。(396)薛虎子　薛野豬之子，魏國名將。傳見《魏書》卷四十四。(397)奉丹楊王劉昶　打著送劉昶回南朝為王的旗號，即前文蕭道成所說的「以納劉昶為辭」。(398)克復舊業　恢復了劉宋王朝的政權後。(399)世胙江南　世代在江南稱王。胙，祭祀宗廟社稷的供肉，只有帝王才能祭祀宗廟社稷，故這裡即指為王。(400)稱藩于魏　承認自己是魏國屬下的諸侯國。諸侯是天子的屏藩。(401)桓誕　東晉末年的亂臣桓玄之子，桓玄被殺後，桓誕逃入襄陽以北的大陽蠻中，因有謀略，遂成為大陽蠻的酋長。宋明帝泰豫元年被魏國打敗，投降於魏。事見《魏書》卷一百一。(402)南征西道大都督　向南齊王朝發動進攻的西路軍總指揮。(403)義陽　郡名，郡治即今河南信陽。(404)司州　宋、齊時期的司州州治即今信陽。(405)樂陵　軍鎮名，舊址在今河南唐河縣境內。(406)蕭惠朗　劉宋名將蕭思話的第三子，蕭惠基之弟。傳見《南齊書》卷四十六。(407)蕭景先　蕭道成之姪，官至領軍將軍、丹楊尹。傳見《南齊書》卷三十八。(408)王敬則　蕭道成篡取劉宋政權的骨幹分子之一。傳見《南齊書》卷二十六。(409)委鎮　拋棄軍鎮，離開刺史駐地。(410)魏竟不至　魏國軍隊根本沒來。竟，最終；根本。(411)輔宋　在宋為臣。(412)使柔然　出使柔然。柔然是魏國西北側的少數民族國家，轄地約當今之蒙古國，都城即今烏蘭巴托西南的和林格爾。(413)出吐谷渾　經由吐谷渾。吐谷渾是當時活動在今青海地區的少數民族名，自漢代以來世居於此。劉宋時代的頭領名叫拾寅，京城即今都蘭。(414)歷西域　又經過今之新疆地區。西域，西漢以來用以泛指今之玉門關以西地區。(415)至是　到這魏國以送劉昶為由而發動南侵的時候。(416)塞上　指當時魏國北部邊境的今內蒙古之呼和浩特、包頭、五原等地長城一線。(417)高允　魏國拓跋燾以來的具有深厚漢文化修養的老臣。傳見《魏書》卷四十八。(418)篤老　很老；著實的老。(419)志識不衰　頭腦清醒，記憶力強。(420)樂部絲竹十人　音樂機關所管轄的一支十個人的小樂隊。樂部，管理音樂的官署。絲竹，絃樂器與管樂器，這裡指樂隊、樂工。(421)詣允　去給高允演奏。(422)朝晡給膳　每天上午、下午給他送兩次飯。朝，早晨；上午。晡，下午的三時到五時。(423)朔望致牛酒　每月初一、十五都給他送肉送酒。朔，初一。望，十五。(424)月　這裡指每個月。(425)入見　指高允入朝拜見魏主。(426)備几杖　給他準備小几和手杖。几是放在座位旁邊，可使人依靠休息的小机子。(427)政治　治國平天下的大事。(428)契丹莫賀弗勿干　契丹族的頭領，名勿干。契丹是東北地區的少數民族名，北魏時活動在今遼寧與內蒙古鄰近的遼河上游一帶地區。莫賀弗，也作「莫弗」，契丹首領、部落酋長的稱呼，亦猶匈奴之所謂「單于」云云。(429)入附于魏　胡三省引《隋書》曰：「契丹與庫莫奚皆東胡種，為慕容氏所破，竄於松漠之間，是時為高麗所侵，求內附於魏。」(430)白狼水　即今遼寧境內的大淩河，因發源於白狼山得名。

【校　記】[1]乙巳　原作「己巳」。據章鈺校，甲十一行本、乙十一行本皆作「乙巳」，張敦仁《通鑑刊本識誤》同，今據改。[2]正　原無此字。據章鈺校，甲十一行本、乙十一行本、孔天胤本皆有此字，今據補。[3]成安　原作「安成」。據章鈺校，甲十一行本、乙十一行本、孔天胤本二字皆互乙，張敦仁《通鑑刊本識誤》同，今據改。[4]之之　「之」字原不重。據章鈺校，甲十一行本、乙十一行本、孔天胤本「之」字皆重，今據補。[5]甲申　原作「甲子」，今據嚴衍《通鑑補》改作「甲申」。[6]辛巳　原作「癸未」。嚴衍《通鑑補》改作「辛巳」，今據以校正。按，《南史．高帝紀》作「辛巳」。[7]等　原無此字。據章鈺校，甲十一行本、乙十一行本、孔天胤本皆有此字，張敦仁《通鑑刊本識誤》同，今據補。

【語　譯】太祖高皇帝

建元元年（己未　西元四七九年）

春季，正月初二日甲辰，宋國朝廷任命擔任江州刺史的蕭嶷為都督荊、湘等八州諸軍事、荊州刺史，任命擔任尚書左僕射的王延之為江州刺史，任命擔任安南將軍王延之長史的蕭子良為都督會稽等五郡諸軍事、會稽太守。

當初，擔任荊州刺史的沈攸之為了擴充自己的軍隊，便發動百姓互相檢舉告發，士民因被誣而獲罪被罰去服兵役、服勞役的很多。蕭嶷到達任所之後，一天之內就免去了三千多人的罪名並且將其遣返。蕭嶷要求都督府與州刺史府的各種排場用物，務必堅持簡單節約的原則，同時又減輕刑罰，減少各種賦稅和勞役，所轄區域內的百姓都非常高興。

正月初九日辛亥，宋國朝廷任命竟陵郡公蕭道成的嫡長子蕭賾為尚書僕射，加封中軍大將軍、開府儀同三司。

宋國擔任太傅的蕭道成因為擔任驃騎長史的謝朏聲望很高，所以一心要拉他參與到輔佐自己創立稱帝的班子裡來，於是任命謝朏做自己手下的左長史。蕭道成曾經擺設酒宴宴請謝朏，在酒席宴上與謝朏一起談論起當初曹氏篡漢建立魏國、司馬氏篡魏建立晉朝的過程與手續，蕭道成趁機說：「石苞沒有趁晉文帝司馬昭在世時及早地勸說他篡位稱帝，所以司馬昭死後石苞慟哭不已，石苞和東漢時期的馮異比較起來，石苞就顯得有些抓不住苗頭，不能見機而作。」謝朏說：「晉文帝司馬昭一連幾代都在曹魏皇帝手下稱臣，所以他必然到死不會改變自己做臣子的節操，不忍心做出對不起主子的事情來。假使您想要仿效曹魏以唐堯、虞舜的禪讓方式取得了漢王朝政權，您也應該像曹丕那樣做出一種漢獻帝三與、曹丕三讓的姿態，這樣才能顯出您的德行之高。」蕭道成聽了謝朏的這番話，心裡感到很不高興。正月十二日甲寅，改任謝朏為侍中，任命王儉為左長史。

正月十四日丙辰，蕭道成任命擔任給事黃門侍郎的蕭長懋為雍州刺史。

二月初四日丙子，宋國的邵陵殤王劉友去世。○初九日辛巳，魏國的太皇太后馮氏和魏孝文帝拓跋宏前往代郡的溫泉。〇二十二日甲午，宋順帝劉準重申昇明二年九月丙午的詔令，特別賜予太傅蕭道成享受上朝參拜皇帝的時候，司儀不唱名字的優待。〇二十七日己亥，魏國的太皇太后和魏孝文帝前往西宮。

三月初一日癸卯，發生日蝕。

三月初二日甲辰，宋國朝廷任命擔任太傅的蕭道成為相國，總領滿朝的文武百官，將十個郡封贈給蕭道成，封蕭道成為齊公，此外又賞賜給他車馬、衣服、斧鉞等九種物品；蕭道成原來所擔任的驃騎大將軍、揚州牧、南徐州刺史的職務仍然予以保留。初三日乙巳，宋順帝劉準下詔，特許齊王蕭道成在自己封國之內的官爵禮儀，可以和宋朝的建制相同。初四日丙午，蕭道成任命世子蕭賾兼任南豫州刺史。

擔任宣城郡太守的楊運長離開宣城任所返回自己老家，齊公蕭道成派人將他殺死。擔任淩源縣縣令的潘智與楊運長感情深厚關係密切，臨川王劉綽是劉義慶的孫子，劉綽派遣自己的心腹陳讚勸說潘智說：「您是先帝的舊臣，我劉綽是皇室的近支子孫，在當前的這種形勢下，我們豈能保得住自己長久平安？如果我們召集朝廷內外起來反抗，一定會有很多人響應。朝廷內部的官員經常有這樣的想法，正苦於沒有人敢帶頭提出罷了。」不料潘智卻立即把陳讚的話報告了齊公蕭道成。三月初八日庚戌，蕭道成誅殺了劉綽兄弟以及他們的黨羽。

三月十二日甲寅，齊公蕭道成按照宋順帝特許他在自己的封國之內自行除官授爵的詔命，赦免了齊國境內的罪犯，把石頭城劃歸自己的世子蕭賾作為建造世子宮之所，一切排場與加兵護衛的程度都與蕭道成自己所佔據的東府完全相同。褚淵援引何曾在司馬炎襲其父爵為晉王之後，辭去了曹魏的司徒，去到晉王司馬炎的屬下當丞相的故事，請求蕭道成允許自己到齊國的朝廷做官，齊公蕭道成沒有同意。蕭道成任命王儉為齊國的尚書右僕射，兼任吏部尚書。王儉當時只有二十八歲。

夏季，四月初一日壬申，宋順帝晉封齊公蕭道成為齊王，又給他增加了十個郡的封地。〇初三日甲戌，宋國的武陵王劉贊去世，不是病死的。〇十五日丙戌，宋順帝加封齊王蕭道成享受特殊的禮遇，晉封齊世子蕭賾為王太子。

四月二十日辛卯，宋順帝下詔把皇位禪讓給齊王蕭道成。二十一日壬辰，宋順帝應當到殿前的平臺上接見群臣，但他不肯出來，竟然逃到宮中佛像的寶蓋下躲藏起來。擔任輔國將軍的王敬則把兵丁布置在殿庭之內，讓人帶著木板車進宮迎接宋順帝劉準。皇太后非常恐懼，就親自率領宦官們四處搜索，終於從佛蓋下面找到了順帝劉準，王敬則百般啟發開導，讓劉準出去面見蕭道成，王敬則拉著劉準，強行讓他上了木板車。你劉準收住眼淚對王敬則說：「你們想殺死我嗎？」王敬則說：「只是讓你離開皇宮居住到別的宮殿裡去。你家的先人奪取司馬氏政權的時候也是這樣。」劉準一面哭泣一面彈擊著手指說：「但願我下輩子轉世，世世代代都不要託生在帝王之家！」宮中的人都哭了。劉準拍著王敬則的手說：「如果我肯定不出意外的話，我一定會獎賞給你這個輔國將軍十萬錢。」這一天，滿朝的文武百官全都在一旁陪侍。擔任侍中的謝朏正在宋順帝的身旁值勤，應該由他上去把順帝身上所佩戴的皇帝印璽摘下來呈交給齊王蕭道成，而謝朏卻假裝不知道地問：「有什麼公事嗎？」負責傳達詔命的官員說：「命你解下劉準身上的皇帝印璽授予齊王蕭道成。」謝朏說：「齊王想做的事情自然應該由齊國的侍中來做。」說完隨手拉過一個枕頭來躺下了。負責傳達詔命的官員非常恐懼，就讓謝朏假裝有病，想讓謝朏另找個適合於做這種事的人。謝朏說：「我沒有病，你為什麼要說我有病呢？」於是就穿著官服走出皇宮的東側門，登上車子回家了。蕭道成遂臨時任命王儉為侍中，王儉上去從劉準的身上把皇帝印璽摘了下來。禪讓典禮完了以後，劉準乘坐著一輛車輪上畫有彩色紋飾的車子，出了皇宮的東側門回到東邊他未做皇帝以前的府邸。他突然發問：「今天出行為什麼不演奏音樂？」左右的人誰也沒有回答他的問題。擔任右光祿大夫的王琨，是王華的堂弟，在宋武帝永初年間就已經擔任郎中，到現在，他拉著劉準車子上用來避塵的獺尾，慟哭著說：「人們都為自己長壽而感到高興，而老臣我卻因為自己活得年歲大而感到可悲。既不能像螻蟻一樣及早地死去，又接二連三地看到這種弒君作亂的事情！」嗚咽慟哭，傷感之情無法控制，文武百官也都淚如雨下。

擔任司空兼太保的褚淵等人捧著皇帝璽綬，率領著文武百官來到齊王宮勸說齊王蕭道成即皇帝位，齊王蕭道成假意進行了辭讓，沒有立即接受。褚淵的堂弟前任成安太守褚炤對褚淵的兒子褚賁說：「司空今天在什麼地方？」褚賁說：「正捧著皇帝璽綬站在齊王的大司馬門前。」褚炤說：「不知道你家司空將一家的東西送給另一家，其內心是什麼感受？」四月二十三日甲午，齊王蕭道成在建康城南郊的祭天壇臺上即皇帝位。蕭道成回到皇宮，大赦天下，改年號為建元元年。加封宋順帝劉準為汝陰王，為感謝他把皇位讓給自己的恩德而給與劉準的種種優待條件，都像當年宋武帝劉裕對待晉恭帝司馬德文一樣。蕭道成在丹楊修建宮殿，布署士兵守衛。劉宋歷代皇帝的靈牌全都被遷到汝陰王劉準的家廟中，劉姓子弟在宋王朝存在時被封為王爵的全都被降為公爵。除了為齊王朝的建立盡過力的劉姓諸公爵以外，其他的一律廢除所封的公爵、所佔有的封地，只留下了南康、華容、萍鄉三個公爵的封號與封地名，讓宋武帝劉裕的功臣南康公劉穆之、宋文帝劉義隆的大臣王弘以及萍鄉公何無忌這三個人繼續享受公爵的祭祀，讓他們三人的後代繼續享有公爵的待遇與特權，被罷去王國、公國、侯國的總計有一百二十人。原來的宋王朝與蕭氏所建的齊王朝的兩套辦事機構，各就各位，照常管理各自的事情，關於名號不同以及編制以外的人員等，另行詳細商議解決。

齊高帝蕭道成任命擔任司空的褚淵為司徒，前來道賀褚淵的賓朋都坐滿了。褚炤歎息著說：「褚淵年少的時候還注意修養自己的名節和操守，誰會想到他後來竟然任意胡來到這種程度？這是家門不幸，竟然有今天這樣的加官進爵。如果褚淵在劉宋王朝擔任中書郎的時候就一病死去，豈不是落得一個名士的美譽嗎？現在他的名聲越來越壞，卻偏偏能夠活的這麼長久！」褚淵堅決推辭，沒有接受蕭道成的任命。

擔任奉朝請的河東郡人裴顗上表，一條一條地列數了齊高帝的罪狀，然後扔下官帽和官服，連招呼也不打就走了，齊高帝大怒，立即將裴顗殺死。齊太子蕭賾請求殺掉謝朏，高帝說：「殺了他就更提高了他的聲望，現在我們正應該格外地寬容他。」過了很久，蕭道成還是找了個事由把謝朏免官，讓他回家。

齊高帝向擔任前撫軍行參軍的沛國人劉瓛詢問治理國家的辦法，劉瓛回答說：「治國的辦法全都寫在《孝經》這部書中。劉宋王朝為什麼會滅亡，陛下為什麼能得天下，其原因都在於是否奉行孝道。陛下如果能夠接受劉宋時期的父子之間、兄弟之間殘酷殺戮而導致國家敗亡的歷史教訓，再加上能夠執行寬鬆仁厚的治國方針，國家即使遇到危險也能夠轉危為安；如果還是沿著劉宋覆亡的老路繼續走下去，國家即使現在很安定也一定會走向滅亡。」蕭道成感歎地說：「儒者說的話，確實是至理名言，可為萬世之寶！」

四月二十五日丙申，魏國孝文帝前往崞山。〇二十六日丁酉，齊高帝任命擔任太子詹事的張緒為中書令，任命齊國擔任左衛將軍的陳顯達為中護軍，任命擔任右衛將軍的李安民為中領軍。張緒，是張岱的姪子。〇二十七日戊戌，齊高帝任命擔任荊州刺史的蕭嶷為尚書令、驃騎大將軍、開府儀同三司、揚州刺史，改任擔任南兗州刺史的蕭映為荊州刺史。

齊高帝令屬下群臣對朝廷的得失提出批評建議。擔任淮南、宣城二郡太守的劉善明請求廢除劉宋王朝從孝武帝劉駿大明年間、宋明帝劉彧泰始年間以來所制定的各種苛刻的法令和繁瑣的規章，使國家的政令法規簡明易行。劉善明還認為：「交州距離京師建康路途險峻、遙遠，宋國末年由於政令苛酷，遂使交州百姓對朝廷心懷不滿與怨恨而引發了叛亂，如今齊國的政權還剛剛建立，應該用恩德來感化他們、吸引他們。況且那裡的物產只有珠寶，實在不是聖朝所急需的東西，關於出兵討伐交州叛亂之事，我認為應當暫且停止。」擔任給事黃門郎的清河郡人崔祖思也上書給蕭道成，他在奏章中說：「人如果不學習就不懂得道義，就不知道什麼該做什麼不該做，這就是悖逆禍亂產生的根源。如今不在正式編制之內的官員，白拿著國家的俸祿，白受人供養，空耗民力和國家的錢財。應當開設文武二種學科，規定朝廷各部門、各將軍的辦事機構、地方上的各州各郡政府中的編外人員各自根據自己的興趣，按照自己選擇的方向去學習一門技術或伎藝。如果有人因為懶惰而不好好學習，就打發他們回老家去；對於那些學習儒學學得好、學習伎藝學得精的人，就可以破格提拔任用。再有，如今陛下雖然親自帶頭履行節儉，而下面的人依然故我地奢侈浪費。對那些簡約樸素、恬靜嚴謹的官員應該給與獎勵和提拔，對那些驕慢奢侈、荒淫卑劣的官員就應該將其貶官或辭退，只有這樣風俗習慣才可以得到改變。」宋文帝劉義隆在位的時候，各種事情都要求各郡各縣的政府官員發揮自己的能動性獨立自主地處理問題。宋世祖劉駿在位期間，要求各郡縣的政府官員要雷厲風行，什麼事情都求急求快，因為各郡縣不能按期限完成任務，朝廷這才開始派使者到各郡縣進行督促催討。從那以後，到處都是朝廷派的使者，這些使者相互競賽一樣地作威作福起來，他們營私舞弊，收受賄賂，公私混亂。擔任會稽太守的聞喜公蕭子良上表給朝廷，極力指陳亂派使者的弊端，他認為：「朝廷部門有什麼需要，只要皇帝公開地下達詔命，給下面規定完成的期限，那麼下面的人就會想辦法竭盡全力地去完成。如果有所耽擱，朝廷自然可以依照處罰的規定進行處理。如今雖然朝廷派的使者到處都是，最後還不是該誰辦的就讓誰去辦，這樣的結果不僅白白地造成猜疑與怨憤，還會因為派的使者多了造成互相扯皮而使事情辦得更加遲緩甚至延誤，應當全面停止朝廷派員外出督辦的做法。」擔任員外散騎郎的劉思效上書說：「劉宋王朝自從宋孝武帝大明年間以來，國家經濟狀況日漸衰落，弊端叢生，徵收的賦稅有增無減而朝廷的國庫中反而越來越沒有東西。小民百姓嗷嗷待哺，幾乎看不到可以活下去的希望，而那些貴族富戶，卻以奢侈華麗互相攀比，加上兼併土地，致使生活在川澤湖泊旁邊的百姓，連當地的水草也不敢採食。陛下應該讓國家的制度來個煥然一新，把前朝的一切失誤全都改正過來。」齊高帝對他們積極進言獻策都給予了褒獎和賞賜，有些奏章就直接交付給了有關部門，讓他們詳細地進行選擇，將合宜的上奏給皇帝，而後付諸實行。四月二十八日己亥，齊高帝下詔：「住在皇宮和東宮裡的皇子、皇孫，在他們被封王之前，都不得提前建立宮室，更不允許強取豪奪，把山川江湖據為己有。」

魏國的孝文帝從崞山回到平城。○魏國擔任秦州刺史的尉洛侯、擔任雍州刺史的宜都王拓跋目辰、擔任長安鎮將的陳提等人都因為貪婪殘暴，違法亂紀而被判罪，尉洛侯、拓跋目辰被殺，陳提被流放到邊疆帶罪效力。

魏孝文帝又下詔說「專門負責伺察朝廷內外官員、檢舉不法的候官有上千人，他們對犯有重罪的人因為接受了賄賂而不檢舉上報，對犯有輕微過失的人因為得不到賄賂，就吹毛求疵地予以揭發檢舉，所以將所有的候官一律罷免。」又重新挑選了幾百名謹慎正直的人，讓他們在京城的大街小巷巡邏防備，只是逮捕那些喧譁鬥毆的人而已。從此以後官吏和百姓才得以安居樂業。

自從宋明帝劉彧泰始年間以來，國際國內可憂慮的事情太多，將帥各自都招募了一些私家的武裝勢力，屯駐在京師建康。中領軍李安民上表給齊高帝，李安民認為「除非是駐軍於淮北邊防前線的將軍，其他非邊防守將的私人武裝一律全部遣散。將領們如果需要一些適合於當貼身護衛的人，可以允許他們留下一些，但要限定人數。」蕭道成採納了李安民的建議；五月初十日辛亥，高皇帝蕭道成下令讓那些駐軍在京城的諸將將裁減下來的私人武裝，一律就地落戶為民。

五月十一日壬子，齊高帝獎賞那些輔佐他奪取皇位的功臣，擔任司徒的褚淵、擔任侍中的王儉等人有的提高了爵位，有的增加了領地的戶數，按照功勞的大小，賞賜的等級各有不同。隱士何點對別人說：「我的《齊書》已經撰寫完了，我在篇後的贊語中說：『褚淵出身於世代顯貴的家族，王儉也是國家的精英，然而他們如果不是靠著他們的舅父，他們的功名富貴從哪裡來？可是你看他們今天那副賣主求榮的樣子，哪裡還有功夫去想到生他、養他的劉宋王朝呢？』」何點，是何尚之的孫子。褚淵的母親是始安公主，他的繼母是吳郡公主，褚淵自己又娶了巴西公主為妻。王儉的母親是武康公主，王儉自己又娶了陽羨公主為妻。所以何點這樣說。

五月十八日己未，有人騎馬飛快地來到已經退位並被封為汝陰王的宋順帝劉準的門前，衛士們都很恐懼。有人作亂趁機衝進汝陰王的府中殺死了宋順帝劉準，卻以劉準生病而死上報朝廷，齊高帝對殺死劉準的人不僅沒有降罪反而獎賞了他。二十日辛酉，殺死了劉宋宗室陰安公劉燮等人，無論老少全部被殺死。曾經擔任豫州刺史的劉澄之，是劉遵考的兒子，他與褚淵關係友善，褚淵一再為劉澄之向蕭道成求情說：「劉澄之兄弟不會帶兵打仗，沒有造反的能力，況且他們與劉氏皇室的血緣關係又很疏遠。」所以只有劉遵考一支免於被殺。

五月二十五日丙寅，齊高帝追尊自己的亡父蕭承之為宣皇帝，追尊自己的亡母陳氏為孝皇后。〇二十六日丁卯，齊高帝封自己的第十一個兒子蕭鈞為衡陽王。

齊高帝對擔任兗州刺史的垣崇祖說：「我剛剛得到天下，北方的拓跋氏一定會以送劉昶回南方作為進攻齊國的藉口，進犯我國的邊境。壽陽是胡虜進犯南朝的必經之地，除去你以外沒有人能制服這個胡虜。」於是改任垣崇祖為豫州刺史。

六月初六日丙子，齊高帝誅殺了擔任游擊將軍的姚道和，因為姚道和當初曾經在蕭道成與沈攸之之間左右觀望，腳踩兩條船。〇十四日甲申，齊高帝冊立王太子蕭賾為皇太子，封皇子蕭嶷為豫章王，蕭映為臨川王，蕭晃為長沙王，蕭曄為武陵王，蕭暠為安成王，蕭鏘為鄱陽王，蕭鑠為桂陽王，蕭鑑為廣陵王，封皇孫蕭長懋為南郡王。〇十五日乙酉，齊國將宋順帝劉準安葬在遂寧陵。

齊高帝因為建康城內的居民成分錯雜，邪惡的人與盜賊很多，所以就準備使用通行證，建立以五家為一個組相互監督的戶籍管理制度，以便互相監督檢查，擔任右僕射的王儉勸阻說：「京師這個地方，從四面八方向它聚集的人多得就像輻條歸向車轂一樣，如果一定要攜帶通行證才能往來於京師，不但實行起來十分繁瑣，而且會使京城的政治氣氛和社會環境顯得不那麼開明和寬鬆，就像東晉時期的謝安所說的那樣『不如此的話怎麼能稱其為京師』呢。」蕭道成這才打消了念頭。

當初，自稱交州刺史的李長仁去世，他的堂弟李叔獻便接替他代管交州刺史的職務，因為他的號令沒有人聽，於是就派使者到宋王朝請求任命他為交州刺史。宋朝廷任命當時擔任南海太守的沈煥為交州刺史，任命李叔獻在寧遠將軍沈煥手下擔任寧遠司馬、武平、新昌二郡太守。李叔獻得到朝廷的任命之後，交州地區的百姓開始擁護他，接受他的管轄，於是李叔獻派兵堅守險要，不讓交州刺史沈煥進入交州上任。沈煥只得停留在鬱林郡，不久就生病死去了。

秋季，七月初七日丁未，齊高帝下詔說：「只有交趾縣、比景縣不用朝廷頒布的曆法，這是因為遇到前一個朝代的末年，朝廷無暇顧及，遂使你們一時迷惑而做了錯事。應當格外地寬恕交州的過失，立即任命李叔獻為交州刺史，安撫南方的州郡。」

魏國境內葭蘆軍事據點的首領楊廣香向齊國請求投降，七月十六日丙辰，齊國任命楊廣香為沙州刺史。

八月初六日乙亥，魏國的孝文帝前往方山一帶巡視。初八日丁丑，從方山回到平城的皇宮。〇齊高帝聽說魏國將要進犯邊境，九月初六日乙巳，任命豫章王蕭嶷為荊、湘二州刺史，都督荊、湘等八州諸軍事的職位保留不變。任命臨川王蕭映為揚州刺史。〇初七日丙午，齊高帝任命擔任司空的褚淵兼任尚書令。〇十三日壬子，魏國朝廷任命擔任侍中、司徒的東陽王拓跋丕為太尉，任命擔任侍中、尚書右僕射的陳建為司徒，任命擔任侍中、尚書的代郡人苟頹為司空。○二十日己未，魏國的安樂厲王拓跋長樂起兵謀反，魏國孝文帝令他自盡而死。○二十一日庚申，魏國的隴西宣王源賀去世。

冬季，十月初一日己巳，魏國實行大赦。○十三日辛巳，宋順帝劉準的生母汝陰太妃王氏去世，給她的謚號為宋恭皇后。

當初，晉壽郡的百姓李烏奴與生活在白水流域的氐族人楊成等劫掠宋國的梁州，宋國擔任梁州刺史的范柏年勸降了李烏奴，然後進攻楊成等，把楊成打敗。等到沈攸之起兵討伐蕭道成的戰事掀起，范柏年派兵從魏興郡出發，聲言說要入援朝廷幫助蕭道成，而實際上是在觀察形勢的變化。沈攸之兵變被平息後，朝廷派遣王玄邈代替范柏年擔任梁州刺史。朝廷下詔令范柏年與李烏奴一起順流而下到建康來，李烏奴勸說范柏年不要接受王玄邈的接替。范柏年還在猶豫不決的時候，王玄邈已經到達梁州，范柏年便把李烏奴留在漢中，自己回到魏興郡，在魏興徘徊不前，不肯進京。擔任左衛率的豫章郡人胡諧之曾經派使者到范柏年那裡索要馬匹，范柏年回覆說：「馬不是狗，豈能應付沒有限度的討要？」對待胡諧之的使者也非常冷淡。使者回去之後就向胡諧之彙報說：「范柏年對我說：『胡諧之是一條什麼樣的狗東西？竟然沒完沒了地向我討要！』」胡諧之因此對范柏年恨之入骨，於是就在齊高帝面前說范柏年的壞話，他說：「范柏年依仗魏興地形險要，聚集民眾，想要獨自霸佔一州。」齊高帝讓擔任雍州刺史的南郡王蕭長懋引誘、欺騙范柏年，請求朝廷任命范柏年擔任南郡王府的長史。范柏年到達襄陽，蕭道成本來不打算再對范柏年進行追究，胡諧之說：「看見老虎已經被捕獲，豈能再縱虎歸山呢？」十月二十六日甲午，蕭道成令范柏年自盡。李烏奴得到范柏年被殺的消息，立即背叛了齊國，逃往氐族人聚居區，投靠了楊文弘，然後率領一千多名氐族人騷擾齊國的梁州，攻陷了陽平關。梁州刺史王玄邈派人行使詐降計，誘騙李烏奴上當，李烏奴遂率領著輕裝前進的士兵前往襲擊梁州城，王玄邈的伏兵在半路伏擊了李烏奴，把李烏奴打得大敗，李烏奴獨自脫身逃走，再次逃往氐族人聚居區。

當初，王玄邈擔任青州刺史的時候，蕭道成率軍駐守淮陰，因為遭到宋太宗劉彧的猜忌，遂準備叛逃，去依附於北方的魏國，他寫信給王玄邈，約請王玄邈一同投降魏國。在王玄邈手下擔任長史的清河郡人房叔安說：「將軍身為一方諸侯的州刺史，肩負重任，無緣無故的就準備把忠孝拋在腦後，齊國地面上的頭面人物，寧可跳到東海裡淹死，也不願意跟隨將軍去投降魏國。」王玄邈因而沒有答覆蕭道成的邀請。等到王玄邈青州刺史任滿返回朝廷，在經過淮陰的時候，列隊整齊的軍隊逕直開過，對蕭道成沒有表達任何通融之情。到達建康後，王玄邈便向宋太宗劉彧報告，說蕭道成有野心。等到蕭道成升任驃騎大將軍，獨攬劉宋朝廷大權的時候，蕭道成又拉王玄邈給自己當司馬，王玄邈非常恐懼，而蕭道成對待王玄邈依然和過去一樣。等到王玄邈在梁州刺史任上打敗了李烏奴之後，齊高帝蕭道成說：「王玄邈果然沒有辜負我對他的希望與厚待之情。」房叔安擔任寧蜀郡太守，蕭道成很賞識房叔安的忠誠正直，遂準備任命房叔安擔任梁州刺史，卻趕上房叔安生病死了。

十一月十三日辛亥，齊高帝立裴氏為皇太子妃。

十一月十五日癸丑，魏國朝廷派遣暫時被封為梁郡王的拓跋嘉率領二位將領進兵淮陰，派隴西公拓跋琛率領三位將領進兵廣陵，派河東公薛虎子率領三位將領進兵壽陽，打著護送劉宋丹楊王劉昶回南朝為王的旗號入侵齊國。魏國朝廷許諾幫助劉昶恢復劉宋王朝政權，世代在江南稱王，劉昶承認自己是魏國屬下的諸侯國。擔任大陽蠻酋長的桓誕請求擔任入侵齊國的前鋒，魏國遂任命桓誕為南征西道大都督。義陽郡的百姓謝天蓋自稱司州刺史，想把司州獻給魏國，魏國樂陵軍鎮的將領韋珍率軍渡過淮河來接應謝天蓋。齊國的豫章王蕭嶷派遣擔任中兵參軍的蕭惠朗率領二千人協助司州刺史蕭景先討伐謝天蓋，魏將韋珍劫掠了七千多戶居民而後離去。蕭景先，是齊高帝的姪子。擔任南兗州刺史的王敬則聽說魏將渡過淮河，便丟下軍鎮，離開了刺史府駐地跑回了建康，南兗州的士民百姓驚慌逃散，而魏軍根本就沒有進入南兗州境內。齊高帝因為王敬則對自己是個有功之臣，所以就沒有追究他擅離職守的責任。

齊高帝蕭道成在輔佐劉宋王朝的時候，曾經派遣擔任驍騎將軍的王洪範出使柔然國，與柔然國約定共同出兵攻打魏國。王洪範從蜀郡出發經過吐谷渾，又穿過西域才到達了柔然國。等到此時魏國以送丹楊王劉昶回國為由而發動南侵的時候，柔然出動了十多萬騎兵入侵魏國，一直到達塞上才撤軍而回。

這一年，魏國孝文帝下詔給擔任中書監的高允，令他負責商議修訂法律條令。高允此時雖然確實很老，然而他的頭腦清晰，記憶力依然很強。因為高允家境貧窮，用來奉養的東西很少，所以孝文帝下詔，命令音樂機關所管轄的一支十個人的小樂隊每隔五天就要到高允的家裡為高允演奏，讓高允享受耳目之娛，每天上午、下午給高允送兩次飯，每逢初一、十五都給高允送去牛肉、美酒，每個月都賞賜給高允衣服、絲棉、綢緞。高允入朝拜見孝文帝的時候，孝文帝都為他準備小几和手杖，然後向他諮詢治國平天下的大事。

契丹人的首領勿干率領著自己部落的一萬多口進入魏國境內歸附了魏國，定居在白狼水以東。

二年（庚申　西元四八〇年）

春，正月戊戌朔❶，大赦。○以司空褚淵為司徒，尚書右僕射王儉為左僕射，淵不受❷。○辛丑❸，上祀南郊❹。

魏隴西公琛等攻拔馬頭戍❺，殺太守劉從❻。乙卯❼，詔內外纂嚴❽，發兵拒魏，徵南郡王長懋為中軍將軍❾，鎮石頭❿。

魏廣川莊王略⓫卒。

魏師攻鍾離⓬，徐州刺史崔文仲⓭擊破之。文仲遣軍主崔孝伯渡淮，攻魏茌眉戍主⓮龍得侯等，殺之。文仲，祖思之族人也。

羣蠻依阻山谷⑮，連帶荊、湘、雍、郢、司⑯五州之境，聞魏師入寇，官⑰[1]盡發民丁，南襄城蠻⑱秦遠乘虛寇潼陽⑲，殺縣令。司州蠻引魏兵寇平昌⑳，平昌戍主苟元賓擊破之。北上黃蠻㉑文勉德寇汶陽㉒，汶陽太守戴元孫[2]棄城奔江陵。豫章王嶷遣中兵參軍劉伾緒將千人討之，至當陽㉓，勉德請降，秦遠遁去。

魏將薛道標㉔引兵趣壽陽㉕，上使齊郡㉖太守劉懷慰㉗作冠軍將軍薛淵書㉘以招道標㉙。魏人聞之，召道標還，使梁郡王嘉代之。懷慰，乘民㉚之子也。二月丁卯朔㉛，嘉與劉昶寇壽陽。將戰，昶四向㉜拜將士，流涕縱橫，曰：「願同戮力㉝，以雪讎恥㉞！」

魏步騎號二十萬，豫州刺史垣崇祖集文武議之，欲治外城，堰肥水㉟以自固。皆曰：「昔佛狸入寇㊱，南平王㊲士卒完盛，數倍於今，猶以郭大難守，退保內城。且自有肥水，未嘗堰也，恐勞而無益。」崇祖曰：「若棄外城，虜必據之，外修樓櫓㊳，內築長圍，則坐成擒㊴矣。守郭築堰，是吾不諫之策㊵也。」乃於城西北堰肥水，堰北築小城，周為深塹㊶，使數千人守之，曰：「虜見城小，以為一舉可取，必悉力攻之，以謀破堰，吾縱水衝之，皆為流尸㊷矣。」魏人果蟻附㊸攻小城，崇祖著白紗帽，肩輿上城㊹。晡時㊺，決堰下水㊻，魏攻城之眾漂墜塹中，人馬溺死以千數。魏師退走。

謝天蓋部曲殺天蓋以降[47]。

宋自孝建[48]以來，政綱弛紊[49]，簿籍訛謬。上詔黃門郎會稽虞玩之[50]等更加檢定[51]，曰：「黃籍[52]，民之大紀[53]，國之治端[54]。自頃[55]巧偽日甚，何以釐革[56]？」玩之上表，以為：「元嘉[57]中，故光祿大夫傅隆[58]年出七十，猶手自書籍[59]，躬加隱校[60]。今欲求治取正，必在勤明令長[61]。愚謂宜以元嘉二十七年籍[62]為正，更立明科[63]，一聽首悔[64]。迷而不返，依制必戮[65]，若有虛昧[66]，州縣同科[67]。」上從之。

上以羣蠻數為叛亂，分荊、益置巴州[68]以鎮之。壬申[69]，以三巴校尉[70]明慧昭為巴州刺史，領巴東太守[71]。是時，齊之境內，有州二十三[72]，郡三百九十[73]，縣千四百八十五。

乙酉[74]，崔文仲遣軍主[75]陳靖拔魏竹邑[76]，殺戍主白仲都。崔叔延破魏睢陵[77]，殺淮陽太守梁惡。

三月丁酉朔[78]，以侍中西昌侯鸞[79]為郢州刺史。鸞，帝兄始安貞王道生[80]之子也，早孤，為帝所養，恩過諸子[81]。

魏劉昶以雨水方降，表請還師，魏人許之。丙午[82]，遣車騎大將軍馮熙[83]將兵迎之。

夏，四月辛巳[84]，魏主如白登山[85]。五月丙申朔[86]，如火山[87]。壬寅[88]，還平城。

自晉以來，建康宮之外城唯設竹籬，而有六門。會有發白虎樽者[89]，言「白門三重關[90]，竹籬穿不完[91]。」上感其言，命改立都牆[92]。

李烏奴數乘間[93]出寇梁州，豫章王嶷遣中兵參軍王圖南將益州兵從劍閣[94]掩擊[95]之。梁、南秦二州刺史崔慧景[96]發梁州兵屯白馬[97]，與圖南腹[3]背擊[98]烏奴，大破之，烏奴走保武興[99]。慧景，祖思之族人也。

秋，七月辛亥[100]，魏主如火山。○戊午[101]，皇太子穆妃裴氏[102]卒。○詔南郡王長懋移鎮西州[103]。

角城[104]戍主舉城[105]降魏。秋，八月丁酉[106]，魏遣徐州刺史梁郡王嘉迎之[107]。又遣平南將軍郎大檀等三將出朐城[108]，將軍白吐頭等二將出海西[109]，將軍元泰等二將出連口[110]，將軍封延等三將出角城，鎮南將軍賀羅出下蔡[111]，同入寇。

甲辰[112]，魏主如方山。戊申[113]，遊武州山[114]石窟寺。庚戌[115]，還平城。○崔慧景遣長史裴叔保攻李烏奴於武興，為氐王楊文弘所敗。

九月甲午朔[116]，日有食之。○丙午[117]，柔然遣使來聘。○汝南太守常元真、龍驤將軍胡青苟降於魏。

閏月辛巳[118]，遣領軍李安民循行清泗諸戍[119]以備魏。

魏梁郡王嘉帥眾十萬圍朐山[120]，朐山戍主玄元度嬰城固守[121]，青、冀二州[122]刺史范陽盧紹之遣子奐將兵助之。庚寅[123]，元度大破魏師。臺[124]遣軍主崔靈建等將萬餘人自淮入海[125]，夜至，各舉兩炬，魏師望見，遁去。

冬，十月，王儉固請解選職[126]，許之，加儉侍中，以太子詹事何戢[127]領選。上以戢資重[128]，欲加常侍，褚淵曰：「聖旨每以蟬冕[129]不宜過多。臣與王儉既已左珥[130]，若復加戢，則八座[131]遂有三貂[132]，若帖以驍、游[133]，亦為不少[134]。」乃以戢為吏部尚書，加驍騎將軍。

甲辰[135]，以沙州刺史楊廣香為西秦州[136]刺史，又以其子炅為武都[137]太守。

丁未[138]，魏以昌黎王馮熙為西道都督，與征南將軍桓誕出義陽[139]，鎮南將軍賀羅出鍾離，入[4]寇。

淮北四州[140]民不樂屬魏，常思歸江南[141]，上多遣間諜誘之。於是徐州民桓標之、兗州民徐猛子等所在蠭起[142]為寇盜，聚眾保五固[143]，推司馬朗之為主。魏遣淮陽王尉元[144]、平南將軍薛虎子等討之。

十一月戊寅[145]，丹楊尹王僧虔[146]上言：「郡縣獄相承[147]有上湯殺囚[148]，名為救疾[149]，實行冤暴[150]。豈有死生大命[151]，而潛制下邑[152]？愚謂囚病必先刺郡[153]，求職司[154]與醫對共診驗[155]，遠縣家人省視[156]，然後處治[157]。」上從之。

戊子[158]，以楊難當之孫後起[159]為北秦州刺史、武都王，鎮武興。

十二月戊戌[160]，以司空褚淵為司徒[161]。淵入朝，以腰扇障日[162]，征虜功曹劉祥[163]從側過，曰：「作如此舉止[164]，羞面見人，扇障何益？」淵曰：「寒士不遜[165]！」祥曰：「不能殺袁、劉[166]，安得免寒士[167]？」祥，穆之之孫也。祥好文學，而性韻剛疏[168]，撰宋書[169]，譏斥禪代。王儉密以聞，坐徙廣州而卒[170]。

太子宴朝臣於玄圃[171]，右衛率沈文季[172]與褚淵語相失[173]，文季怒曰：「淵自謂忠臣，不知死之日何面目見宋明帝[174]！」太子笑曰：「沈率[175]醉矣。」

壬子[176]，以豫章王嶷為中書監、司空、揚州刺史，以臨川王映為都督荊・雍等九州諸軍事、荊州刺史。

是歲，魏尚書令王叡進爵中山王，加鎮東大將軍。置王官[177]二十二人，以中書侍郎鄭羲[178]為傅[179]，郎中令[180]以下皆當時名士。又拜叡妻丁氏為妃。

三年（辛酉 西元四八一年）

春，正月，封皇子鋒[181]為江夏王[182]。

魏人寇淮陽[183]，圍軍主成買[184]於角城[185][5]，上遣領軍將軍李安民為都督，與軍主周盤龍[186]等救之。魏人緣淮大掠，江北民皆驚走渡江，成買力戰而死。盤龍之子奉叔[187]以二百人陷陳[188]深入，魏以萬餘騎張左右翼圍之。或告盤龍云奉叔已沒[189]，盤龍馳馬奮矟[190]，直突魏陳，所向披靡。奉叔已出，復入求盤龍。父子兩騎縈擾[191]，魏數萬之眾莫敢當者。魏師遂敗，殺傷[192]萬計。魏師退，李安民等引兵追之，戰於孫溪渚[193]，又破之。

己卯[194]，魏主南巡，司空苟頹留守。丁亥[195]，魏主至中山[196]。

二月辛卯[6]朔[197]，魏大赦。〇丁酉[198]，游擊將軍桓康復敗魏師於淮陽，進攻樊諧城[199]，拔之。〇魏主自中山如信都[200]。癸卯[201]，復如中山。庚戌[202]，還，至肆州[203]。

沙門法秀[204]以妖術惑眾，謀作亂於平城，苟頹帥禁兵收掩[205]，悉擒之。魏主還平城，有司囚法秀，加以籠頭[206]，鐵鎖無故自解。魏人穿其頸骨，祝之曰[207]：「若果有神，當今穿肉不入。」遂穿以徇[208]，三日乃死。議者或欲盡殺道人[209]，馮太后不可，乃止。

垣崇祖之敗魏師也，恐魏復寇淮北，乃徙下蔡戍[210]於淮東。既而魏師果至，欲攻下蔡，聞其內徙，欲夷[211]其故城。己酉[212]，崇祖引兵渡淮擊魏，大破之，殺獲千計。

晉、宋之際，荊州刺史多不領南蠻校尉[213]，別以重人居之[214]。豫章王嶷為荊、湘二州刺史，領南蠻[215]。嶷罷[216]，更以侍中王奐為之，奐固辭，曰：「西土戎燼[217]之後，痍毀難復[218]。今復割撤太府[219]，制置偏校[220]，崇望不足助彊[221]，語實交能相弊[222]。且資力既分[223]，職司增廣[224]，眾勞務倍[225]，文案滋煩[226]，竊以為國計非允[227]。」癸丑[228]，罷南蠻校尉官[229]。

三月辛酉朔[230]，魏主如肆州。己巳[231]，還平城。

魏法秀之亂，事連蘭臺御史[232]張求等百餘人，皆以反法[233]當族。尚書令王叡請誅首惡，宥[234]其餘黨。乃詔：「應誅五族者，降為三族[235]；三族者，門誅[236]；門誅，止其身。」所免千餘人。

夏，四月己亥[237]，魏主如方山。馮太后樂其山川，曰：「它日必葬我於是，不必祔山陵[238]也。」乃為太后作壽陵[239]，又建永固石室於山上，欲以為廟。

桓標之等有眾數萬，寨險[240]求援，庚子[241]，詔李安民督諸將往迎之。又使兗州刺史周山圖[242]自淮入清[243]，倍道應接[244]。淮北民桓磊磈破魏師於抱犢固[245]。李安民赴救遲留[246]，標之等皆為魏所滅，餘眾得南歸者尚數千家，魏人亦掠三萬餘口歸平城。

魏任城康王雲[247]卒。

五月壬戌[248]，鄧至王像舒[249]遣使入貢于魏。鄧至者，羌之別種，國於宕昌[250]之南。

六月壬子[251]，大赦[252]。

甲辰[253]，魏中山宣王王叡[254]卒。叡疾病，太皇太后、魏主屢至其家視疾。及卒，贈太宰，立廟於平城南。文士為叡作哀詩及誄[255]者百餘人，及葬，自稱親姻、義舊，縗絰[256]哭送者千餘人。魏主以叡子中散大夫襲[257]代叡為尚書令，領吏部曹[258]。

戊午[259]，魏封皇叔簡[260]為齊郡王[261]，猛[262]為安豐王[263]。

秋，七月己未朔[264]，日有食之。

上使後軍參軍車僧朗使於魏。甲子[265]，僧朗至平城。魏主問曰：「齊輔宋日淺，何故遽登大位[266]？」對曰：「虞、夏登庸[267]，身陟元后[268]，魏、晉匡輔[269]，貽厥子孫(270)，時宜各異(271)耳。」

辛酉(272)，柔然別帥他稽(273)帥眾降魏。

楊文弘遣使請降(274)，詔復以為北秦州刺史。先是，楊廣香卒，其眾半奔文弘，半奔梁州(275)。文弘遣楊後起進據白水。上雖授以官爵，而陰敕(276)晉壽(277)太守楊公則使伺便圖之(278)。

宋昇明(279)中，遣使者殷靈誕、苟昭先如魏，聞上受禪，靈誕謂魏典客(280)曰：「宋、魏通好，憂患是同(281)。宋今滅亡，魏不相救，何用和親？」及劉昶入寇，靈誕請為昶司馬(282)，不許(283)。九月庚午(284)，魏閱武於南郊，因宴羣臣，置車僧朗於靈誕下，僧朗不肯就席，曰：「靈誕昔為宋使，今為齊民。乞魏主以禮見處(285)。」靈誕遂與相忿詈(286)。劉昶賂宋降人解奉君於會刺殺僧朗，魏人收(287)奉君，誅之，厚送僧朗之喪，放靈誕等南歸。及世祖即位(288)，昭先具以靈誕之語啟聞(289)，靈誕坐下獄死。

辛未(290)，柔然主遣使來聘，與上書(291)，謂上為「足下」(292)，自稱曰「吾」，遣上(293)師子皮袴褶(294)，約共伐魏。

魏尉元、薛虎子克五固，斬司馬朗之，東南諸州(295)皆平。尉元入為侍中、都曹尚書[296]。薛虎子為彭城鎮將[297]，遷徐州刺史。時州鎮戍兵[298]，資絹自隨[299]，不入公庫[300]。虎子上表，以為：「國家欲取江東[301]，先須積穀彭城。切惟在鎮之兵[302]，不減數萬[303]，資糧之絹[304]，人十二匹，用度無準，未及代下[305]，不免飢寒，公私損費[306]。今徐州良田十萬餘頃，水陸肥沃[307]，清、汴通流[308]，足以溉灌。若以兵絹市牛[309]，可得萬頭，興置屯田[310]，一歲之中，且給官食[311]。半兵芸殖[312]，餘兵屯戍[313]，且耕且守，不妨捍邊[314]。一年之收，過於十倍之絹，暫時之耕[315]，足充數載之食。於後兵資[316]皆貯公庫，五稔[317]之後，穀帛俱溢[318]，非直[319]戍卒豐飽，亦有吞敵之勢[320]。」魏人從之。虎子為政有惠愛[321]，兵民懷之[322]。會沛郡[323]太守邵安、下邳[324]太守張攀以贓汙為虎子所按[325]，各遣子上書，告虎子與江南通[326]，魏主曰：「虎子必不然。」推按[327]，果虛，詔安、攀皆賜死，二子各鞭一百。

吐谷渾王拾寅卒，世子度易侯[328]立。冬，十月戊子朔[329]，以度易侯為西秦·河二州刺史、河南王[330]。

魏中書令高閭[331]等更定[332]新律成，凡八百三十二章，門房之誅十有六[333]，大辟[334]二百三十五，雜刑三百七十七。

初，高昌王闞伯周[335]卒，子義成立。是歲，其從兄首歸殺義成自立。高車王可至羅殺首歸兄弟[336]，以敦煌張明為高昌王[337]，國人殺明，立馬儒為王。

【章旨】以上為第二段，寫齊高帝蕭道成建元二年（西元四八〇年）、三年共兩年間的大事。主要寫了南齊將領崔文仲破魏軍於鍾離，又進取魏之竹邑、睢陵；垣崇祖巧用肥水破魏軍於壽春；魏將劉昶見勢不好請求回軍，魏主遣馮熙、拓跋嘉將兵迎之而歸；寫魏主又派郎大檀、白吐頭、元泰、封延、賀羅五路南下攻齊；而南齊朐山守將玄元度、青、冀二州刺史盧紹之等破魏軍於朐山；寫淮北四郡民不樂屬魏，南齊又屢派人引誘之，故所在民變蜂起，桓標之聚眾佔據五固以抗魏，魏派名將尉元等討之，南齊救援不及，致使桓標之等被消滅；寫南齊將領李安民、周盤龍大破魏軍於淮北，桓康又破魏軍於淮陽，進而攻拔樊諧城；接著垣崇祖又破魏軍於淮西，南齊的形勢一片大好；寫魏將薛虎子建議在徐州開展屯田，所論極為中肯，魏主從之；寫南齊梁州刺史崔慧景與益州將領王圖南之兵，夾擊氐將李烏奴軍，大破之；寫劉宋元勳劉穆之之孫劉祥嘲諷褚淵，又著《宋書》以譏諷禪代，被王儉告密而流放；寫宋末的兩批使者使魏，在魏聞齊篡宋，車僧朗立即改變立場以頌揚蕭氏；殷靈誕則請求魏國出兵以伐蕭救宋。寫史者對比著之於史，以見其讚揚臣節；此外還寫了魏國的名臣中山王王叡卒、任城王拓跋雲卒等等。

【注釋】❶正月戊戌朔　正月初一是戊戌日。❷淵不受　這是褚淵第二次讓司徒不受。第一次在上年。❸辛丑　正月初四。❹祀南郊　在南郊舉行祭天典禮。❺馬頭戍　當時馬頭郡的郡治所在地，在今安徽蚌埠西南。當時為淮河上的重要軍事據點。❻太守劉從　馬頭郡的太守劉從，也稱劉順。❼乙卯　正月十八。❽內外纂嚴　京城內外一律緊急戒嚴。纂，收束；加緊。❾中軍將軍　護衛宮廷部隊的最高長官。任務與中領軍相同，資歷比中領軍高。❿石頭　在當時建業城的西側，離長江不遠，是守衛建業的軍事要地，遺址即今南京的石頭城公園一帶。⓫廣川莊王略　拓跋略，文成帝拓跋濬之子，被封為廣川王，莊字是諡。傳見《魏書》卷二十。⓬鍾離　齊郡名，郡治在今安徽鳳陽東北。當時南齊的徐州州治就在鍾離。⓭崔文仲　崔祖思的族人，原為薛安都的部下，後投靠蕭道成，此時任徐州刺史，駐守鍾離城。傳見《南齊書》卷二十八。⑭茌眉戍主　茌眉軍事據點的頭領。茌眉戍在今安徽懷遠西。戍，軍事據點。⑮依阻山谷　以山巒河谷為依托。阻，憑藉。⑯荊湘雍郢司　齊王朝的五個州名，荊州的州治即今湖北江陵，湘州的州治即今湖南長沙，雍州的州治即今湖北襄陽，郢州的州治即今武漢之漢口，司州的州治即今河南信陽。⑰官　官府。⑱南襄城蠻　南襄城郡的蠻族。南襄城郡的郡治即今湖北南漳。⑲潼陽　葛曉音曰：「古縣名。縣治在今湖北省西北聚龍山西南麓的歇馬河一帶。」⑳平昌　古關塞名，即今河南信陽西北的平昌關。㉑北上黃蠻　北上黃縣的蠻族。北上黃縣的縣治在今湖北南漳東南的劉集一帶。㉒汶陽　郡名，郡治在今湖北遠安西北的舊城一帶。㉓當陽　即當陽縣，在今湖北荊門城南，與現在的當陽相距較遠。㉔薛道標　薛安都之子。薛安都原是劉宋名將，後因反抗宋明帝劉彧而投奔北魏，被封為河東王。道標襲其父爵，此時為鎮南將軍。事見《魏書》卷六十一。㉕趣壽陽　殺向壽陽。趣，同「趨」。奔向。㉖齊郡　南齊的僑置郡名，郡治在今南京六合區東南的瓜步，當時為軍事重鎮。㉗劉懷慰　南齊的優秀地方官，著有〈廉吏論〉。傳見《南齊書》卷五十三。㉘作冠軍將軍薛淵書　以薛淵的名義寫信。薛淵是當年劉宋徐州刺史薛安都之姪。薛安都投奔北魏時，親屬皆跟從入北，唯薛淵南歸投靠了時為淮陰太守的蕭道成。此時為南齊的冠軍將軍。傳見《南齊書》卷三十。㉙以招道標　招薛道標返回南朝。薛淵與薛道標是堂兄弟。㉚乘民　劉乘民，原為劉宋王朝的高陽、勃海二郡太守，駐兵於臨濟城（今山東高青東南），當劉彧政權十分孤立時，是宣告忠於朝廷的武裝勢力之一。事見本書卷一百三十一。㉛二月丁卯朔　二月初一是丁卯日。㉜四向　向著周圍所有的人。㉝願同戮力　願和你們大家共同努力。戮力，合力。㉞以雪讎恥　以報蕭道成篡奪劉宋政權的仇恨。㉟堰肥水　攔肥水築壩以提高肥水的水位。肥水即今時之所謂東肥河，源出安徽合肥西北的將軍嶺，西北流經壽縣城東，再經八公山南流入淮水。堰，障塞。㊱佛貍入寇　當年魏主拓跋燾大軍南下，兵臨長江。事見宋文帝元嘉二十七年。佛貍是拓跋燾的小名。㊲南平王　即劉鑠，宋文帝劉義隆的第四子，當時駐守壽春。事見《宋書》卷七十二。㊳外修樓櫓　在城外打造攻城的器械。樓櫓，類似吊車一樣的攻城器械，可以送士兵上城，可以破壞城上的防禦工事等等。㊴坐成擒　自己把自己做成一種束手被擒的局面。坐，自己形成。成擒，現成的俘虜。㊵不諫之策　任何人都不能諫止、改變的既定計畫。㊶周為深塹　在小城的周圍挖出深溝。㊷皆為流尸　意即都將被淹死。㊸蟻附　像螞蟻一樣密集地向城上爬。㊹肩輿上城　坐著滑竿來到城上。所謂「著白紗帽」，所謂「肩輿上城」，都是故做閒暇，以麻痺敵軍的姿態。㊺晡時　下午三點到五點。㊻下水　放水向下流。㊼謝天蓋部曲殺天蓋以降　謝天蓋的部下在南齊將領蕭惠朗、蕭景先的攻擊下，殺謝天蓋投降南齊。㊽孝建　宋孝武帝劉駿的第一個年號（西元四五四—四五六年）。㊾弛紊鬆弛紊亂。(50)虞玩之　劉宋孝武、明帝時的地方官吏，泛涉書史，受蕭道成喜愛，此時為黃門郎。傳見《南齊書》卷三十四。(51)更加檢定　重新加以檢查、審定。(52)黃籍　胡三省引杜佑曰：「戶口版籍也。」以其用黃紙寫成，故稱黃籍。(53)民之大紀　是管理黎民百姓的大韁繩。(54)國之治端　治理國家的首要條件。(55)自頃　近年以來。(56)釐革　清理、改訂。(57)元嘉　宋文帝劉義隆的年號（西元四二四－四五二年）。(58)傳隆　劉宋文帝時期的文史之臣，先後任御史中丞、義興太守、太常等職。傳見《宋書》卷五十五。(59)手自書籍　親手登錄戶口簿籍。(60)躬加隱校　親自核實、校對。躬，親自。胡三省曰：「隱者，痛覈其實也。」(61)勤明令長　讓縣令、縣長勤政而明察。(62)籍　指戶籍。(63)更立明科　重新制定一套公正明白的法令條文。(64)一聽首悔　允許人們的自首悔過。(65)依制必戮　一定要依法嚴辦。(66)若有虛昧　一旦發現弄虛作假。虛昧，虛報和隱瞞。(67)州縣同科　州裡縣裡的長官也要連同治罪。(68)分荊益置巴州　把荊州、益州相連接的地區獨立出來，另立一個巴州。其州治在今重慶市奉節東北。(69)壬申　二月初六。(70)三巴校尉　官名。胡三省曰：「宋明帝泰始三年，以三峽險隘，山蠻寇賊，議立三巴校尉以鎮之，尋省。順帝昇明二年復置。」三巴，指巴郡（郡治即今重慶市）、巴東（郡治魚復，今奉節東）、巴西（郡治即今四川綿陽）三個郡。(71)領巴東太守　同時兼任巴東郡的太守。領，兼任，以高級別兼任低職務。(72)有州二十三　即揚州、南徐州、豫州、南豫州、南兗州、北兗州、北徐州、青州、冀州、江州、廣州、交州、越州、荊州、巴州、郢州、司州、雍州、湘州、梁州、秦州、益州、寧州。(73)郡三百九十　胡三省曰：「郡縣之建置雖多，而名存實亡，境土蹙於宋大明之時矣。」(74)乙酉　二月十九。(75)軍主　不是固定的軍官名，指一支部隊的頭領。(76)竹邑　古城名，舊址在今安徽宿州北的符離集一帶，時為軍事要塞。(77)睢陵　即今安徽睢寧，當時為淮陽郡的郡治所在地。(78)三月丁酉朔　三月初一是丁酉日。(79)西昌侯鸞　蕭鸞，即後來的齊明帝。蕭道生之子，早孤，由蕭道成撫育，初封西昌侯，此時為侍中。傳見《南齊書》卷六。(80)始安貞王道生　蕭道成的次兄，被封為始安王，貞字是謚。傳見《南齊書》卷四十五。(81)恩過諸子　蕭道成對這個姪子的寵愛程度超過他所親生的各個兒子。(82)丙午　三月初十。(83)馮熙　馮太后之兄，此時任車騎大將軍之職。傳見《魏書》卷八十三上。(84)四月辛巳　四月十六。(85)白登山　山名，在今山西大同東北。(86)五月丙申朔　五月初一是丙申日。(87)火山　在今山西大同西北。胡三省引《水經注》曰：「山上有火井，南北六十七步，廣減尺許，源深不見底，炎勢上升，常若微雷發響，以草爨之，則煙騰火發。」(88)壬寅　五月初七。(89)發白虎樽者　意即有個敢於向皇帝獻直言的人。發，揭開。白虎樽，古代一種壺蓋飾有虎形的酒壺。胡三省引〈晉志〉曰：「正月元會，設白虎樽於殿庭。樽蓋上飾白虎，若有能獻直言者，則發此樽飲酒。」正月元會，即正月初一所舉行朝會，有群臣向皇帝賀年，慶祝一年開始的意義。(90)白門三重關　白門是當時建康城的城門之一，這裡用以指建康城。建康三重關，意即建康城有許多門，像是重重疊疊，防護甚嚴。「三」字表示數量之多。91竹籬穿不完　但卻都是一些過不完的籬笆門。92改立都牆　在建康城外拆去籬笆，加修外城。93李烏奴數乘間　李烏奴屢屢地尋找機會。數，屢屢。李烏奴當時是氐族頭領楊文弘的部將。94從劍閣　從劍門關出兵。劍閣即今四川北部的劍門關。當時蕭嶷任荊州刺史，都督梁、益八州軍事，故可遙相指揮。95掩擊　突然襲擊。96崔慧景　崔祖思的族人，宋末時受蕭道成的賞識，此時任梁、南秦二州刺史，駐守在今漢中。傳見《南齊書》卷五十一。97白馬　也稱白馬戍，當時的軍事據點名，在今陝西勉縣西北。98腹背擊　意即前後夾擊。白馬戍在劍閣的東北方，兩地相隔不遠。99武興　軍事據點名，即今陝西略陽，當時屬魏。100七月辛亥　七月十七。101戊午　七月二十四。102穆妃裴氏　太子蕭賾之妃裴氏，死後謚曰穆。《謚法解》：「布德執義曰穆。」「中情見貌曰穆。」103西州　即西州城，舊址在今南京城的西部。104角城　古城名，在今江蘇淮陽之淮陰區西。105舉城　以整個城池並全城的軍民。106八月丁酉　此處所用曆法混亂，寫史者未經換算，且又排列失序。葛曉音曰：「南朝蕭齊八月乙丑朔，無「丁酉」日。據汪曰楨《歷代長術輯要》、羅振玉《紀元以來朔閏考》等記載，北魏閏七月乙丑朔；又，司馬光《通鑑》所收劉羲叟《長曆》是北魏閏八月甲午朔。所以此「丁酉」當是南朝的九月「丁酉」。又《魏書・高祖本紀上》載，(太和四年)「秋七月辛亥，行幸火山……閏月丁亥，幸虎圈……八月丁酉，詔徐州刺史，假梁郡王嘉赴接之。」「丁酉」，九月初四。又，下文中的「甲辰」、「戊申」、「庚戌」也當是北魏《長曆》中的八月甲子記日。」此日所記之事應列入下文的「九月甲午朔」之後。107迎之　往迎降魏的角城戍主。108出朐城　意即向著朐城。朐城的舊址在今江蘇海州西南的錦屏山側，當時屬於南齊。下四句的「出」字與此句意同。109海西　古縣名，縣治在今江蘇東海縣南，當時屬南齊。110連口　古縣名，即今江蘇漣水縣，當時為北東海郡的郡治所在地，當時屬南齊。111下蔡　古縣名，縣治在今安徽鳳陽東南。112甲辰　南朝曆九月十一。113戊申　南朝曆九月十五。按，以上兩條所記之事也應移入下文的「九月甲午朔」之後。114武州山　山名，在當時的魏都平城西北，即今之所謂「雲岡石窟」，其地有許多佛教的石窟雕塑。115庚戌　南朝曆九月十七。按，本條所記之事也應移入下文的「九月甲午朔」之後。116九月甲午朔　九月初一是甲午日。117丙午　九月十三。118閏月辛巳　閏九月十八。119循行清泗諸戍　巡視泗水流域的南齊的各軍事據點。清泗，即指泗水，自山東境內流來，經徐州東南流，至淮陰附近入淮河。120朐山　南齊的軍事據點名，在今海州的城西南。121嬰城固守　據城堅守。嬰城，環城；四面守城。122青冀二州　南齊的僑置郡，州治即今江蘇海州，二州同設一個刺史。123庚寅　閏九月二十七。124臺　指南齊朝廷。125自淮入海　經淮河出海，再沿海北上以援朐山戍。126選職　指吏部尚書的職務。127何戢　宋代司空何尚之之孫，孝武帝的女婿，與蕭道成關係良好，入齊後為太子詹事。傳見《南齊書》卷三十二。(128)資重　資歷高。(129)蟬冕　飾有金蟬的帽子，這裡代指宮廷的內侍人員，因漢代的侍從官員多以貂尾金蟬為飾物，故云。(130)左珥　帽子左側插著金蟬貂尾。當時褚淵任左散騎，王儉任侍中，故有此飾。珥，插。(131)八座　朝廷的八個執政官員。指一個尚書令，兩個尚書僕射，再有其下的五個尚書（祠部、吏部、左民、度支、五兵）。(132)三貂　三個人飾有貂蟬。(133)帖以驍游　給他來一個驍騎將軍或游擊將軍的加官。驍騎將軍、游擊將軍都是當時禁軍的六個將領之一。胡三省引沈約曰：「驍騎將軍、游擊將軍，並漢雜號將軍也，魏置為中軍。及晉，以領、護、左右衛、驍、游為六軍。」帖，附；加。(134)亦為不少　他的官也就不小啦。少，意思同「小」。(135)甲辰　十月十二。(136)西秦州　即指當時的武都、仇池一帶地區，在今甘肅的東南部，當時根本不屬南齊，即以楊廣香活動的地區封之而已，意取羈縻。(137)武都　郡名，郡治雍縣，在今陝西的寶雞東北，當時屬魏。(138)丁未　十月十五。(139)出義陽　向著義陽郡。義陽郡治即今河南信陽，當時屬於南齊。下句「出鍾離」，「出」字的意思相同。(140)淮北四州　宋明帝泰始三年隨薛安都等落入魏人之手的淮北四州，即青州、冀州、徐州、兗州。(141)思歸江南　希望回到長江以南的宋、齊王朝。(142)所在蠭起　到處紛紛起義。(143)保五固　以五固城為依據，堅持反魏。五固城的舊址在今山東滕縣東北。保，依托；據守。(144)尉元　魏國名將，宋明帝泰始三年，奪取劉宋淮北四郡的主要將領之一。傳見《魏書》卷五十。(145)十一月戊寅　十一月十六。(146)王僧虔　劉宋文帝時期的名臣王曇首之子，王僧綽之弟，明帝時曾為中書令、尚書令，入齊後為丹楊尹。傳見《南齊書》卷三十三。(147)相承　從以往延續下來。(148)上湯殺囚　一種用蒸籠蒸死犯人的做法。上湯，這裡即指蒸。胡三省曰：「因囚有時行瘟疫宜汗，遂上湯以蒸殺之。」(149)救疾　給病囚治病。(150)實行冤暴　實際上所幹的是一種殘暴的冤枉殺人。(151)死生大命　生死攸關的重大問題。(152)潛制下邑　被不聲不響地掌握在下層小吏。下邑，小城鎮，指基層。(153)囚病必先刺郡　縣裡的囚犯有病，必須向郡裡報告。刺，報告；說明。胡三省曰：「書囚之姓名而白之。」(154)職司　上級政府主管該項事務的官吏。(155)對共診驗　共同檢查診斷。(156)遠縣家人省視　遠離郡城的縣囚，不能等上級職司前來檢驗的，可讓囚犯的家人到縣裡看視。(157)處治　開方治病。(158)戊子　十一月二十六。(159)楊難當之孫後起　楊難當的孫子名叫後起。楊難當是劉宋文帝時期的氐族頭領，曾舉兵侵蜀，被宋將裴方明等打敗，逃死於魏。事見《宋書》卷九十八。按，南齊王朝之所以立楊後起為武都王，無非是想讓他與另一支氐族勢力楊文弘相對立，以圖收漁人之利。(160)十二月戊戌　十二月初七。(161)褚淵為司徒　此蕭道成第三次任褚淵為司徒。(162)以腰扇障日　用折疊扇遮蔽日光。腰扇，胡三省曰：「佩之於腰，今謂之折疊扇。」(163)征虜功曹劉祥　劉祥是劉裕元勳劉穆之的曾孫，因對蕭道成禪代不滿，故憤世嫉俗，喜笑怒罵。此時任征虜將軍蕭嶷的功曹。傳見《南齊書》卷三十六。功曹，是將軍的高級僚屬，主管人事。(164)作如此舉止　做出這種豬狗不如的舉動，指出賣宋室以求蕭氏的恩寵。(165)寒士不遜　下等人說話沒禮貌。不遜，不客氣；不禮貌。(166)不能殺袁劉　我既然不能殺害袁粲、劉秉。(167)安得免寒士　怎麼能摘去這個寒士的帽子呢。(168)性韻剛疏　性情剛直，不拘禮節。韻，氣質；風度。(169)撰宋書　劉祥的《宋書》今已不存。(170)坐徙廣州而卒　徙廣州，流放到廣州。胡三省曰：「劉穆之，宋朝佐命元臣，祥以是得罪於齊，可謂無忝其祖矣。」(171)玄圃　園林名，六朝宮中均設有玄圃，此指東宮的玄圃。(172)沈文季　劉宋名將沈慶之之子，以文雅正直著稱，此時任右衛率。傳見《南齊書》卷四十四。右衛率是禁軍的六個將領之一。(173)語相失　說話發生口角。(174)何面目見宋明帝　褚淵本是宋明帝劉彧的託孤大臣，而褚淵後來竟殺掉劉彧之子以送政權與蕭道成，故沈文季以此語塞褚淵。胡三省曰：「史言褚淵失節，人得以面斥之。」(175)沈率　即沈右衛率。(176)壬子　十二月二十一。(177)王官　中山王王叡的僚屬。(178)鄭羲　魏國名臣，著聲績於拓跋弘、拓跋宏時代。傳見《魏書》卷五十六。(179)為傅　為中山王的太傅。其職略同於諸侯的丞相。(180)郎中令　中山王王叡屬下的郎中令，主管王府的治安保衛諸事宜。(181)皇子鋒　蕭鋒，蕭道成的第十二子。傳見《南齊書》卷三十五。(182)江夏王　江夏郡王。江夏郡的郡治即今武漢之漢口區。(183)淮陽　南齊的縣名，在當時淮陰城的西北方，地處淮水的北岸。當時的淮陰是南齊北兗州的州治所在地，也是南齊北部邊防的軍事要地。(184)軍主成買　淮陽縣守軍的頭領姓成名買。(185)角城　角城挨近南齊的淮陽縣，是重要的防守據點。(186)周盤龍　宋齊之交的著名將領，此前剛與垣崇祖合破魏軍於壽春。傳見《南齊書》卷二十九。(187)奉叔　盤龍之子。事跡與其父同見於《南齊書》卷二十九。(188)陷陳　攻入敵陣。陳，同「陣」。(189)已沒　已經戰死於敵陣之中。(190)奮矟　挺起長矛。(191)縈擾　這裡指殺出殺入，往返盤桓。(192)殺傷　死者與傷者。(193)孫溪渚　古地名。胡三省曰：「在淮陽之北，清水之濱。」葛曉音曰：「在今江蘇睢寧縣北。」(194)己卯　正月十八。(195)丁亥　正月二十六。(196)中山　魏郡名，郡治即今河北定州。(197)二月辛卯朔　二月初一是辛卯日。(198)丁酉　二月初七。(199)樊諧城　古城名，在當時的角城西北方，今江蘇宿遷西北。(200)信都　魏郡名，郡治即今河北冀州。(201)癸卯　二月十三。(202)庚戌　二月二十。(203)肆州　魏州名，州治在今山西忻州西北。(204)沙門法秀　一個和尚，僧號法秀。(205)收掩　乘其不備而拘捕之。掩，襲捕。(206)加以籠頭　用一個竹籠套在他的頭上，並用鐵鎖鎖住竹籠。(207)祝之曰　替他向神禱告說。(208)遂穿以徇　用鐵絲穿住他的脖子，押著他遊行示眾。徇，遊行示眾。(209)盡殺道人　殺光所有的和尚。(210)下蔡戍　下蔡城的軍事據點。當時的下蔡城在今安徽壽縣西北，鳳臺的南側，在淮水的西岸。(211)夷　鏟平。(212)己酉　二月十九。(213)不領南蠻校尉　不兼任南蠻校尉的職務。南蠻校尉是負責南方各少數民族事務的官員。領，兼任。(214)別以重人居之　另派有名望的人物充任。但通常由荊州刺史統轄。(215)領南蠻　開始兼任南蠻校尉。(216)嶷罷　蕭嶷離開荊州刺史之任。(217)戎燼　戰火之後。指沈攸之據荊州作亂以來。(218)痍毀難復　創傷還難以恢復。(219)割撤太府　指將南蠻校尉的責任從荊州刺史的管轄中分離出來。太府，也作「大府」，這裡指荊州刺史府。(220)制置偏校　安排一個校尉官來管理南蠻事務。(221)崇望不足助疆　荊州刺史的崇高威望再也不能使南蠻校尉的權威增強。(222)語實交能相弊　在實際上又可能造成兩個權力機構的相互削弱。(223)資力既分　南蠻校尉府既然從刺史府分出。資力，資產勞力，指辦事人員。(224)職司增廣　辦事的部門增多。(225)眾勞務倍　需要花費的勞動就會成倍地增長。(226)文案滋煩　文書檔案就會日益繁多。(227)國計非允　對於治理國家而言不是一件好的事情。允，合適；恰當。(228)癸丑　二月二十三。(229)罷南蠻校尉官　胡三省曰：「晉武帝置南蠻校尉，至是罷。」(230)三月辛酉朔　三月初一是辛酉日。(231)己巳　三月初九。(232)蘭臺御史　御史府的長官。蘭臺，即御史府，其主官為御史中丞，主管彈劾百官。(233)反法　造反的罪名。(234)宥　寬赦。(235)三族　父族、母族、妻族。(236)門誅　只殺其一家老小。(237)四月己亥　四月初十。(238)不必祔山陵　不用合葬到先輩的陵園中去。祔，合葬。(239)壽陵　生前預築的陵墓。(240)寨險　結寨駐紮於險固之地。(241)庚子　四月十一。(242)周山圖　劉宋的名將，曾為沈慶之的部下，又在破沈攸之的戰役中立有大功，入齊後為兗州刺史，駐守淮陰。傳見《南齊書》卷二十九。(243)自淮入清　從淮河進入清水河。(244)倍道應接　日夜兼程地與之呼應，前往迎接。(245)抱犢固　即抱犢崮，在今山東棗莊東北。(246)遲留　遲緩、逗留。(247)任城康王雲　拓跋雲，被封為任城王，諡曰康。(248)五月壬戌　五月初三。(249)鄧至王像舒　鄧至王名像舒。鄧至是地名，也是當地所生活的羌族的部落名。其頭領名叫像舒。鄧至，古地名，在今四川九寨溝一帶，取名於曹魏的鄧艾曾經至此。(250)宕昌　郡名，郡治即今甘肅宕昌。(251)六月壬子　六月二十四。(252)大赦　本句的主語是南齊朝廷。(253)甲辰　六月十六。(254)中山宣王王叡　中山王是王叡的封號，宣字是諡。(255)誄　文體名，主要內容是為死者歌功頌德。(256)縗絰　古代服喪者的兩種裝束。用麻繩或白布帶子繫於腰間叫縗；用白布條繫在頭上叫絰。(257)中散大夫襲　王襲，當時任中散大夫之職。中散大夫是皇帝的侍從官員。(258)領吏部曹　兼任吏部尚書。(259)戊午　六月三十。(260)皇叔簡　拓跋簡，文成帝拓跋濬之子，時為內都大官。傳見《魏書》卷二十。(261)齊郡王　封地齊郡，郡治即今山東淄博之臨淄區。(262)猛　拓跋猛，文成帝拓跋濬之子，曾為營州刺史。傳見《魏書》卷二十。(263)安豐王　封地安豐郡，郡治在今安徽壽縣西南。當時尚屬南齊。(264)七月己未朔　七月初一是己未日。(265)甲子　七月初六。(266)遽登大位　這麼快就做了皇帝。遽，疾速；快捷。(267)虞夏登庸　虞舜與夏禹的接受禪讓。登庸，因有功而被提拔，這裡即登上帝位。(268)身陟元后　都是本人當了帝王。陟，登；升。元后，即帝王。(269)魏晉匡輔　曹操、司馬師、司馬昭長期當宰相，到死也沒撈得做皇帝。(270)貽厥子孫　把篡位的事情留給他們的後代子孫來做。遺，留給。厥，其；他的。(271)時宜各異　各有各的時勢所宜。(272)辛酉　七月初三。(273)柔然別帥他稽　柔然另一個部落的頭領，名叫他稽。別帥，另一個部落的頭領。(274)遣使請降　請求歸降於南齊。(275)半奔梁州　一半人投奔了南齊的梁州刺史。梁州的州治即今陝西漢中。(276)陰敕　暗中指使。(277)晉壽　南齊郡名，郡治在今四川劍閣東北。(278)伺便圖之　尋找時機將其滅掉。(279)昇明　宋順帝的年號（西元四七七—四八九年）。(280)典客　掌管接待賓客的朝官名。(281)憂患是同　意即共患難，有難同當。(282)請為昶司馬　向魏主請求充當劉昶的僚屬。司馬是將軍的僚屬，在軍中主管司法。(283)不許　魏主沒答應。(284)九月庚午　九月十三。(285)以禮見處　應該按應有的禮節接待我。(286)相忿詈　相互怒罵。(287)收　拘捕。(288)世祖即位　齊武帝蕭賾繼其父位為帝。事在西元四八三年。(289)啓聞　報告了齊武帝蕭賾。(290)辛未　九月十四。(291)與上書　給蕭道成寫信。(292)謂上為足下　稱蕭道成為「足下」，這是一種相互平等的稱呼。(293)遺上　送給蕭道成。(294)師子皮袴褶　用獅子皮製作的一種騎馬的服裝。褶，夾襖。(295)東南諸州　即前文所說的淮北四州，青州、冀州、徐州、兗州，都在魏國的東南邊方。(296)都曹尚書　約同於南朝的尚書令，位同丞相。(297)彭城鎮將　彭城軍鎮的最高軍事長官。彭城即今江蘇徐州。(298)州鎮戍兵　各州府、各軍鎮的駐兵。(299)資絹自隨　當錢用的絹帛都自己隨身保管。魏晉以至隋唐，絹帛當做貨幣使用。(300)不入公庫　不放到公共的倉庫。(301)欲取江東　想消滅建都江東的南朝。(302)切惟在鎮之兵　而且光是在徐州一個軍鎮的駐軍。(303)不減數萬　就不能少於好幾萬。(304)資糧之絹　購買糧食用的絹帛。(305)未及代下　等不到換防的時間，錢帛就已經花光了。(306)公私損費　公家與私人的花費都不夠用。(307)水陸肥沃　水田旱田都很肥沃。(308)清汴通流　清、汴二水的流量很大。當時的清水、汴水都在徐州地區流過。汴水，即秦漢時代的鴻溝，自河南古滎鎮北的黃河引水東流，至今開封東南折，又經徐州一帶南流入淮水。古稱今徐州到淮陰的一段曰汴水。(309)以兵絹市牛　用駐軍手中的絹帛購買耕牛。(310)興置屯田　在徐州一帶開展屯田。興置，興辦；開展。(311)且給官食　大體就可以解決官兵的糧食供應。給，滿足供應。(312)半兵芸殖　派出一半的士兵進行農業勞動。芸，通「耘」。殖，種植。(313)餘兵屯戍　其餘一半負責邊防守衛。(314)不妨捍邊　不會妨礙守邊的任務。(315)暫時之耕　短時間的農業勞動。(316)於後兵資　往後士兵手中的絹帛。兵資，士兵私人用以購物的絹帛。(317)五稔　五年。稔，收成。(318)穀帛俱溢　糧食與絹帛就都堆滿倉庫了。(319)非直　不僅；不只是。(320)吞敵之勢　為消滅南朝之敵創造了條件。(321)有惠愛　對當地兵民有惠政，受到他們的愛戴。(322)懷之　都記著他的好處。(323)沛郡　郡名，郡治在今安徽蕭縣西北。(324)下邳　郡名，郡治在今江蘇邳州城南。(325)所按　所查處。(326)與江南通　與南朝政權相勾結。通，通情報。(327)推按　審問、調查。(328)度易侯　人名，喜好天文，曾向南齊求星書。傳見《南齊書》卷五十九。(329)十月戊子朔　十月初一是戊子日。(330)以度易侯為西秦河二州刺史河南王　此句的主語為南齊王朝。西秦、河，二州名，西秦州的州治即今甘肅天水市，河州州治即今甘肅臨夏東北。二郡當時皆屬魏國。(331)高閭　魏國的儒學之臣，早年受知於崔浩，後又與高允共參大政。傳見《魏書》卷五十四。(332)更定　修訂；重定。(333)門房之誅十有六　滅門之罪共有十六條。(334)大辟　死刑罪。(335)高昌王闞伯周　高昌是西域國名，都城在今新疆吐魯番東南。高昌建國後的第一任國王名闞伯周，北魏孝文帝太和初年卒。事見《魏書》卷一百一。(336)高車王可至羅　高車是西北方的游牧民族名，也叫敕勒，其活動地區約在今之蒙古國北部與俄羅斯相鄰的一帶地區。其國王可至羅也稱「阿伏至羅」。事跡見《魏書》卷一百三的〈蠕蠕傳〉和〈高車傳〉。(337)敦煌張明　敦煌郡人張明，也作「張孟明」。事見《魏書》卷一百一。

【校　記】[1]官　此字原作空格。據章鈺校，甲十一行本、乙十一行本、孔天胤本皆作「官」，今據補。[2]戴元孫　原作「戴原賓」。嚴衍《通鑑補》改作「戴元孫」，今據以校正。按，《南齊書·蠻傳》作「戴元孫」。[3]腹　原作「覆」。胡三省注云：「『覆』當作『腹』。」今據嚴衍《通鑑補》改作「腹」。[4]入　此上原有「同」字。據章鈺校，甲十一行本、乙十一行本、孔天胤本皆無「同」字，熊羅宿《胡刻資治通鑑校字記》同，今據刪。[5]角城　原作「甬城」。嚴衍《通鑑補》改作「角城」，今據以校正。[6]辛卯　原作「丁卯」。據章鈺校，甲十一行本、乙十一行本、孔天胤本皆作「辛卯」，今據改。

【語　譯】二年（庚申　西元四八〇年）

春季，正月初一日戊戌，齊國實行大赦。〇齊高帝蕭道成再次任命擔任司空的褚淵為司徒，任命擔任尚書右僕射的王儉為左僕射，褚淵依然沒有接受任命。〇初四日辛丑，齊高帝在南郊舉行祭天典禮。

魏國的隴西公拓跋琛等率軍攻克了齊國設在馬頭的軍事據點，殺死了馬頭郡太守劉從。正月十八日乙卯，齊高帝下詔，京城內外一律緊急戒嚴，發兵抵抗魏國的侵略，徵調南郡王蕭長懋回京師擔任中軍將軍，率軍駐守石頭城。

魏國的廣川莊王拓跋略去世。

魏國的軍隊進攻齊國的鍾離郡，擔任徐州刺史的崔文仲率軍擊敗了魏軍的進攻。崔文仲派遣擔任軍主的崔孝伯率領一支軍隊渡過淮河，攻打魏國茌眉軍事據點的頭領龍得侯等，崔孝伯殺死了龍得侯。崔文仲，是崔祖思的族人。

那些蠻族人以山巒河谷為依托，又與荊州、湘州、雍州、郢州、司州五州之境相接，他們聽到魏國軍隊入侵齊國，官府已經徵調民間所有的青壯年去抵抗魏軍侵略的消息後，南襄城郡內的蠻族人首領秦遠便乘虛率眾搶掠潼陽縣，殺死了潼陽縣縣令。司州境內的蠻族人引領著魏軍攻打平昌軍事據點，被平昌軍事據點的頭領苟元賓率軍打敗。北上黃縣境內的蠻族人文勉德率眾搶掠汶陽郡，汶陽郡太守戴元孫棄城逃走投奔了江陵。豫章王蕭嶷派遣擔任中兵參軍的劉伾緒率領一千人前往討伐，當他們到達當陽縣時，文勉德請求投降，秦遠逃走。

魏國鎮南將軍薛道標率領魏軍殺向壽陽，齊高帝派擔任齊郡太守的劉懷慰以冠軍將軍薛淵的名義寫信給薛道標，招薛道標返回南朝。魏國人聽到這個消息，立即將薛道標召回，派梁郡王拓跋嘉接替薛道標統領魏軍殺向壽陽。劉懷慰，是劉乘民的兒子。二月初一日丁卯，魏國的梁郡王拓跋嘉與丹楊王劉昶一同攻打壽陽。就在雙方即將開戰的時候，劉昶跪下來向著四周的將士磕頭，他涕泗橫流地說：「我願意和你們大家共同努力，以報蕭道成篡奪劉宋江山的仇恨和恥辱！」

魏國入侵齊國的步兵、騎兵號稱二十萬，齊國擔任豫州刺史的垣崇祖召集起文武官員商議對策，他想修築外城，攔肥水築壩來提高肥水的水位，用來加強防守。文武官員都說：「當年北魏太武帝拓跋燾率領大軍南下，兵臨長江，宋朝南平王劉鑠的軍隊裝備完善，士氣旺盛，軍隊數量是我們現在的好幾倍，但他仍然認為城郭太大難以防守，因而把軍隊全部撤到內城防守。而且自有肥水以來，從來沒有人在肥水之上設壩攔水，我擔心這樣做勞而無益。」垣崇祖說：「如果拋棄外城，外城必然會被魏軍佔據，如果魏軍在城外打造攻城的器械，在裡面修建起長長的圍障，到那時我們就只有束手被擒了。守住外城，修築圍堰，是不允許再商量的既定方針。」於是在城西北築起堤堰攔住肥水，在堤堰的北面修築起一座小城，在小城的周圍挖出了一條深溝，安排幾千人守衛這個小城，垣崇祖對他們說：「魏軍看見小城很小，一定會以為他們可以一舉將其攻克，所以必定竭盡全力來攻打小城，以達到破壞堤堰的目的，當我們看到他們全力前來攻城，就打開堤堰放水沖灌，魏軍就都成了流屍了。」魏軍果然像螞蟻一樣密集地向城上爬，企圖攻克小城，垣崇祖頭上戴著白紗帽，坐著滑竿來到城上。下午三四點鐘的時候，垣崇祖命令掘開圍堰放水下流，魏軍攻城的士兵被大水一沖，紛紛墜入溝塹之中，人馬被淹死了數千。魏軍只好撤退。

自稱司州刺史的謝天蓋被自己的部下殺死，謝天蓋的部眾向齊軍投降。

宋國自從宋武帝劉駿孝建年間以來，政治綱領鬆弛紊亂，簿籍錯誤百出。齊高帝命擔任黃門郎的會稽郡人虞玩之等重新加以檢查、審定，高帝說：「戶籍冊，是管理黎民百姓的綱領，是治理國家的首要條件。近年以來，弄虛作假日甚一日，怎樣才能改變這一現狀呢？」虞玩之上表說：「宋文帝元嘉年間，已故光祿大夫傅隆當時已經年過七十，仍然親手登錄戶口簿籍，親自進行核實、校對。如今要想使國家得到治理，取得正確的資料，一定要讓縣令、縣長勤政而明察。我認為應當以元嘉二十七年的戶口簿籍為正本，另外再重新制定出一套公正明白的法令條文，允許人們自首悔過。對仍然執迷不悟的人，一定要依法嚴辦，該殺的就殺，一旦發現弄虛作假，州裡的、縣裡的長官也要連同治罪。」齊高帝聽從了虞玩之的建議。

齊高帝因為那些蠻族人多次發動叛亂，於是把荊州、益州相連接的地區獨立出一部分，另立一個巴州，以便鎮撫他們。二月初六日壬申，齊高帝任命擔任三巴校尉的明慧昭為巴州刺史，兼任巴東太守。當時，齊國境內，一共有二十三個州，三百九十個郡，一千四百八十五個縣。

二月十九日乙酉，齊國徐州刺史崔文仲派遣擔任軍主的陳靖率領一支部隊攻克了魏國的竹邑城，殺死了魏國軍事據點的頭領白仲都。另一支部隊的頭領崔叔延率軍攻佔了魏國的睢陵，殺死了魏國的淮陽太守梁惡。

三月初一日丁酉，齊高帝任命擔任侍中的西昌侯蕭鸞為郢州刺史。蕭鸞，是齊高帝的哥哥始安貞王蕭道生的兒子，早年失去父母，被高帝收養，對他的寵愛程度超過了自己親生的幾位皇子。

流亡魏國的丹楊王劉昶認為南方的雨季就要到來，因此上表給魏國朝廷請求班師，魏國朝廷同意了劉昶的請求。三月初十日丙午，魏國朝廷派遣擔任車騎大將軍的馮熙率軍迎接劉昶回京。

夏季，四月十六日辛巳，魏國孝文帝拓跋宏前往白登山。五月初一日丙申，拓跋宏從白登山前往火山。初七日壬寅，拓跋宏回到都城平城。

從東晉朝以來，建康皇宮的外城只設有竹籬笆，有六個門。這時有一個敢於向皇帝獻直言的人，說：「建康城有許多門，像是重重疊疊防護很嚴的樣子，其實卻都是一些過不完的籬笆門。」齊高帝被他的言辭打動，於是命令在建康城外加修外城。

李烏奴屢次尋找機會攻打梁州，豫章王蕭嶷派遣擔任中兵參軍的王圖南率領益州的軍隊從劍門關出兵前往襲擊李烏奴。擔任梁、南秦二州刺史的崔慧景調集了梁州的軍隊屯駐在白馬軍事據點，與王圖南一起前後夾擊，把李烏奴打得大敗，李烏奴逃到武興軍事據點堅守。崔慧景，是崔祖思的族人。

秋季，七月十七日辛亥，魏孝文帝前往火山。〇二十四日戊午，齊國皇太子蕭賾的妃子穆妃裴氏去世。〇齊高帝下詔令擔任中軍將軍的南郡王蕭長懋從駐防的石頭城換防到西州城。

齊國駐守角城的軍事頭領將整個城池並全城的軍民獻給了魏國，向魏國投降。秋季，八月丁酉日，魏孝文帝派遣擔任徐州刺史的梁郡王拓跋嘉前往迎接角城戍主。又派遣擔任平南將軍的郎大檀等三位將領率軍前往攻打齊國的朐城，派將軍白吐頭等二位將領率軍前往攻打齊國的海西縣，派將軍元泰等二位將領率軍前往攻打齊國的連口縣，派將軍封延等三位將領前往進攻角城，派鎮南將軍賀羅率軍進攻齊國的下蔡縣，五路大軍同時進犯齊國。

九月十一日甲辰，魏國的孝文帝從火山前往方山。十五日戊申，魏孝文帝遊覽了武州山的石窟寺。十七日庚戌，返回平城。〇崔慧景派自己屬下擔任長史的裴叔保率軍前往武興軍事據點攻打李烏奴，結果被氐王楊文弘打敗。

九月初一日甲午，發生日蝕。〇十三日丙午，柔然派遣使者到齊國進行友好訪問。〇齊國擔任汝南太守的常元真、擔任龍驤將軍的胡青苟投降了魏國。

閏九月十八日辛巳，齊高帝派遣擔任領軍的李安民巡視泗水流域的齊國各軍事據點，加強戒備，以防備魏軍的入侵。

魏國的梁郡王拓跋嘉率領十萬魏軍包圍了齊國的朐山軍事據點，朐山軍事據點的頭領玄元度環繞城池布置軍隊防守，擔任青、冀二州刺史的范陽人盧紹之派自己的兒子盧奐率軍前來協助玄元度堅守朐山。閏九月二十七日庚寅，玄元度率軍大敗魏軍。齊國朝廷派遣軍主崔靈建等率領一萬多人由淮河入海，沿海北上援助朐山，半夜時分到達朐山，軍士每人手舉兩支火把，魏軍望見齊軍援軍到來，遂全軍撤退。

冬季，十月，擔任左僕射的王儉堅決請求辭去吏部尚書的職務，齊高帝批准了他的請求，又加授王儉為侍中，任命擔任太子詹事的何戢兼任吏部尚書職務。齊高帝因為何戢資望很高，遂準備提拔何戢為常侍，擔任司空的褚淵說：「陛下經常認為不應當讓用金蟬裝飾帽子的宮廷內侍人員太多。我與王儉既然已經分別擔任了左散騎和侍中，如果再讓何戢當上常侍，那麼朝廷的八個執政官員中就有三位的帽子上插有貂尾金蟬了，如果給他來一個驍騎將軍或游擊將軍的加官，何戢的官職也就不小了。」蕭道成於是任命何戢為吏部尚書，加授驍騎將軍。

十月十二日甲辰，齊高帝任命擔任沙州刺史的楊廣香為西秦州刺史，又任命楊廣香的兒子楊炅為武都郡太守。

十月十五日丁未，魏國朝廷任命昌黎王馮熙為西道都督，會同征南將軍桓誕一同前往進攻齊國的義陽郡，令鎮南將軍賀羅率軍前往進攻齊國的鍾離，入侵齊國。

淮河以北的青州、冀州、徐州、兗州這四個州的百姓不樂意歸屬魏國，常常希望能夠回到長江以南的宋、齊王朝，齊高帝趁機派遣了大量的間諜前往四州誘導那裡的百姓。於是徐州的百姓桓標之、兗州的百姓徐猛子等所在的地區，人們到處紛紛起來反抗魏國的統治，他們聚集起來佔據了五固城，推舉司馬朗之做他們的首領。魏國朝廷派遣淮陽王尉元、平南將軍薛虎子等人率軍前往五固城鎮壓他們。

十一月十六日戊寅，齊國擔任丹楊尹的王僧虔上書給齊高帝說：「有些郡縣的監獄沿用古老的習俗將患有瘟疫的囚犯用蒸籠蒸死，說是為了避免瘟疫傳播而達到預防疾病的目的，實際上所幹的是一種殘暴的冤枉殺人。豈能使生死攸關的重大問題被不聲不響地掌控在下層小吏的手中呢？我認為縣裡的囚犯生了病，必須先向郡裡報告，請求上級政府主管該項事務的官吏與醫生共同檢查診斷，如果是遠離郡城的縣囚，不能等上級職司前來檢驗的，可以讓囚犯的家屬到縣裡的監獄進行探視，然後再進行開方治病。」高帝批准了王僧虔的意見。

十一月二十六日戊子，齊高帝任命楊難當的孫子楊後起為北秦州刺史、武都王，鎮守武興。

十二月初七日戊戌，齊高帝第三次任命擔任司空的褚淵為司徒。褚淵入朝，用折疊扇遮擋著日光，擔任征虜功曹的劉祥從褚淵的身邊經過，他衝著褚淵說：「做出那種豬狗不如的舉動，內心感到羞恥不敢露面見人，用扇子遮住管什麼用？」褚淵說：「下等人說話就是沒禮貌！」劉祥反脣相譏說：「我既然不能殺死袁粲、劉秉，我怎麼能摘去這個寒士的帽子呢？」劉祥，是劉穆之的孫子。劉祥喜好文學，而性情剛直，不拘禮節，他在撰寫的《宋書》中，譏諷、訓斥了宋王朝將皇位禪讓給齊高帝蕭道成的做法。王儉祕密地將此事報告給蕭道成，劉祥因此獲罪被流放到廣州，最後死在廣州。

齊國的皇太子蕭賾在東宮的玄圃設宴招待朝中的大臣，擔任右衛率的沈文季與擔任司徒的褚淵說話中發生口角，沈文季憤怒地說：「褚淵自以為是個忠臣，只是不知道死了以後有何臉面去見宋明帝劉彧！」皇太子蕭賾笑著說：「沈右衛率喝醉了。」

十二月二十一日壬子，齊高帝任命豫章王蕭嶷為中書監、司空、揚州刺史，任命臨川王蕭映為都督荊、雍等九州諸軍事、荊州刺史。

這一年，魏國擔任尚書令的王叡被晉封為中山王，加授鎮東大將軍。又為中山王王叡配備了二十二名僚屬，任命擔任中書侍郎的鄭羲為中山王的太傅，中山王王叡屬下郎中令以下的官員都是當時的名士。又封中山王王叡的妻子丁氏為王妃。

三年（辛酉　西元四八一年）

春季，正月，齊高帝封自己的兒子蕭鋒為江夏王。

魏國軍隊入侵齊國的淮陽縣，把齊國淮陽縣守軍的頭領成買圍困在角城，齊高帝派遣領軍將軍李安民為都督，與一支軍隊的首領周盤龍等一同率軍前往角城援救。魏國的軍隊沿著淮河大肆劫掠，長江以北的齊國百姓全都驚惶失措地向南渡過長江逃命，成買奮力拼殺，戰死沙場。周盤龍的兒子周奉叔率領著二百名勇士攻入敵陣，魏軍調集了上萬名騎兵從左右兩翼把周奉叔和他的二百名勇士圍困在當中。有人向周盤龍報告說周奉叔已經陣亡，周盤龍一聽，立即飛馬向前，手中挺起長矛，逕直殺向魏軍的陣地，所向披靡，勇不可擋。周奉叔此時已經殺出敵陣，得知自己的父親為救自己已經衝入敵陣，於是調轉馬頭又殺入敵陣尋找自己的父親周盤龍。周盤龍父子的兩匹戰馬在魏軍陣中殺入殺出，往來盤桓，魏軍雖然有數萬人，竟然沒有人敢於上前抵擋。魏軍於是大敗，被殺死殺傷的數以萬計。魏軍撤退，領軍將軍李安民等率領齊軍隨後追趕，在孫溪渚與魏軍展開激戰，齊軍再次大敗魏軍。

正月十八日己卯，魏國孝文帝到魏國的南方巡視，擔任司空的苟頹負責留守京師。二十六日丁亥，魏孝文帝到達中山郡。

二月初一日辛卯，魏國實行大赦。○初七日丁酉，齊國的游擊將軍桓康又在淮陽縣打敗魏軍，並乘勝率軍進攻樊諧城，將樊諧城攻克。○魏國孝文帝從中山郡前往信都郡。十三日癸卯，又回到中山郡。二十日庚戌，從中山返回，途中到達肆州。

魏國境內一個名叫法秀的和尚以妖術蠱惑民眾，陰謀在魏國的京師平城作亂。負責留守平城的司空苟頹率領禁軍乘其不備將法秀等謀亂分子全部逮捕。魏孝文帝回到平城，有關部門的官員將法秀囚禁起來，在他的頭上套上了一個竹籠頭，並用鐵鎖鎖住，然而鐵鎖卻無緣無故地自己打開了。看守人員一面用一根鐵絲穿入法秀的脖頸骨，一面替他向神靈禱告說：「如果真的有神靈，就不要讓鐵絲穿進法秀的肉中。」鐵絲還是穿透了法秀的脖頸骨，於是押著法秀到處遊街示眾，只三天的時間法秀就死去了。議政的官員中就有人想把所有的和尚全部殺光，因為馮太后的反對，才沒有這樣做。

齊國擔任豫州刺史的垣崇祖打敗魏軍之後，擔心魏軍會再次來入侵淮北，於是就把下蔡城的軍事據點遷到了淮水以東。不久，魏軍果然又來入侵，原本想要攻打下蔡，聽說下蔡的守軍已經向內遷徙到淮東，於是就要鏟平下蔡故城。二月十九日己酉，豫州刺史垣崇祖率領齊軍渡過淮河攻打魏軍，把魏軍打得大敗，殺死、俘虜的魏軍數以千計。

東晉、劉宋時期，荊州刺史大多都不兼任南蠻校尉，朝廷都是另派有名望的人物來充任此職，而由荊州刺史管轄。齊國的豫章王蕭嶷擔任荊、湘二州刺史的時候，開始兼任南蠻校尉。蕭嶷離開荊州刺史之任以後，又任用擔任侍中的王奐為南蠻校尉，王奐堅決推辭，他說：「西部的荊州地區經過沈攸之之亂以後，所造成的創傷還難以恢復。如今又削奪荊州刺史府的權力，把南蠻校尉的職責從荊州刺史的管轄中分離出來，安排一個校尉官來管理南蠻事務，而荊州刺史的崇高威望再也不能使南蠻校尉的權威增強，而實際上有可能使荊州刺史府、南蠻校尉府這兩個權力機構之間互相削弱而導致無法成事。而且南蠻校尉府既然把資產、辦事人員從荊州刺史府分離出來，辦事的部門必然增多，需要花費的勞動就會成倍地增長，文書檔案必然會日益繁多，我私下裡認為對於治理國家而言這樣做不合適。」二月二十三日癸丑，取消南蠻校尉這一官職。

三月初一日辛酉，魏國孝文帝拓跋宏前往肆州。初九日己巳，拓跋宏從肆州返回平城。

魏國的法秀和尚陰謀作亂的事情，牽連到以蘭臺御史張求為首的一百多名官員，他們都以造反的罪名被判處滅族。擔任尚書令的王叡請求朝廷只誅滅首惡分子，而對於他的黨羽則應該採取寬大政策。孝文帝於是下詔說：「應當誅滅五族的，降為誅滅三族；應當誅滅三族的，降為只誅殺其一家老小；應當誅滅一家老小的，只誅殺犯罪者本人。」這樣一來，免於被誅殺的就有一千多人。

夏季，四月初十日己亥，魏國孝文帝前往方山。馮太后非常喜歡方山優美的地理環境，她說：「將來我死了一定要把我埋葬在這裡，不用合葬到先輩的皇帝陵園去。」孝文帝於是在方山為馮太后修建陵墓，又在方山之上修建永固石屋，準備作為祭祀馮太后的廟宇。

桓標之等人的手下有好幾萬部眾，他們不願意接受魏國的統治，於是在險固之地結寨駐紮，向齊國請求出兵援救，四月十一日庚子，齊高帝下詔令領軍將軍李安民率領諸將前往迎接桓標之等人。又令擔任兗州刺史的周山圖率軍從淮河進入清水河，日夜兼程前去接應桓標之等人回歸。淮北一個名叫桓磊磈的率眾在抱犢固打敗了魏軍。領軍將軍李安民率領的救兵因為行動遲緩而延誤了時間，遂導致桓標之等被魏軍消滅，得以倖存下來並能回歸南方的還有幾千家，魏國人也掠奪了齊國的三萬多人返回平城。

魏國的任城康王拓跋雲去世。

五月初三日壬戌，鄧至國的國王像舒派使者到魏國進貢。鄧至，是羌族人的一個分支，其國在宕昌郡以南。

六月二十四日壬子，齊國實行大赦。

六月十六日甲辰，魏國的中山宣王王叡去世。王叡在患病期間，太皇太后馮氏、魏孝文帝拓跋宏多次到王叡的家中探視他的病情。王叡去世之後，魏國朝廷追贈他為太宰，並在平城南郊為王叡建造了一座祭廟。魏國的文人當中有一百多人為王叡敬獻了哀悼的詩文和歌頌其生平功績的誄文，等到安葬的時候，自稱是王叡的親戚、與王叡有結義之情、故舊之交，並且披麻戴孝痛哭流涕地為王叡送別的就有一千多人。魏孝文帝令王叡的兒子擔任中散大夫的王襲接替王叡的職務擔任了尚書令，兼任吏部尚書。

六月三十日戊午，魏國的孝文帝封自己的叔叔拓跋簡為齊郡王，封拓跋猛為安豐王。

秋季，七月初一日己未，發生日蝕。

齊高帝派遣擔任後軍參軍的車僧朗出使魏國。七月初六日甲子，車僧朗到達平城。魏國的孝文帝向車僧朗詢問說：「齊國皇帝蕭道成輔佐宋朝皇室的時間很短，怎麼這麼快就登上皇帝寶座做了皇帝呢？」車僧朗回答說：「虞舜與夏禹的接受禪讓，都是他們本人當了帝王，而魏王曹操、晉王司馬昭長期當宰相輔佐前朝，他們到死也沒有撈到皇帝做，而是把篡奪皇位的事情留給了他們的後代子孫，各有各的時勢所宜而已。」

七月初三日辛酉，柔然另一個部落的首領他稽率領他的部眾投降了魏國。

楊文弘派遣使者到齊國請求投降，齊高帝下詔，又任命楊文弘為北秦州刺史。先前，楊廣香去世之後，楊廣香的部屬有一半人投奔了楊文弘，另外一半則投奔了齊國的梁州刺史。楊文弘派遣楊後起進兵佔據了白水。齊高帝雖然把官爵授予了楊文弘，而暗中卻命令擔任晉壽郡太守的楊公則尋找機會除掉楊文弘。

宋順帝劉準在位的昇明年間，曾經派遣殷靈誕、苟昭先為使者到魏國進行友好訪問，他們在魏國聽說蕭道成已經接受順帝劉準的禪讓成了齊國皇帝，殷靈誕對魏國負責接待賓客的官員說：「宋國與魏國互通友好，患難與共。如今宋國已經滅亡，魏國如果不出兵前去相救，和親還有什麼用呢？」等到劉昶率領魏軍南下進攻齊國的時候，殷靈誕請求擔任劉昶的司馬，魏國孝文帝沒有同意。九月十三日庚午，魏孝文帝在平城南郊檢閱部隊，順便宴請群臣，把齊高帝蕭道成派遣的使者車僧朗安排在殷靈誕的下首，車僧朗因此不肯就座，他說：「殷靈誕過去雖然是宋國派出的使者，但如今卻只是齊國的一個平民百姓。請魏國的皇帝按照應有的禮節接待我。」殷靈誕於是與車僧朗互相怒罵起來。劉昶賄賂了從宋國投降魏國的解奉君，讓他在宴會上刺殺了車僧朗，魏國人拘捕了解奉君，把解奉君殺死，魏國用很高的規格把車僧朗的靈柩送回齊國，遣送殷靈誕等人返回南方的齊國。等到齊世祖蕭賾繼承他父親的皇位做了皇帝之後，苟昭先就把殷靈誕在魏國所說的話詳細地報告了齊武帝蕭賾，殷靈誕因此被逮捕入獄，死在獄中。

九月十四日辛未，柔然國君派使者到齊國進行友好訪問，在寫給齊高帝的信中，稱呼齊高帝為「足下」，稱自己為「吾」，贈送給齊高帝一套用獅子皮製作的專門用來騎馬的衣服，約請齊國與柔然一同出兵討伐魏國。

魏國淮陽王尉元、平南將軍薛虎子率軍攻克了五固，殺死了司馬朗之，魏國東南部的淮北四州全部平定。尉元回朝後被任命為侍中、都曹尚書。薛虎子被任命為彭城軍鎮的最高軍事長官，又升任徐州刺史。當時各州府、各軍鎮的駐兵，當做錢幣使用的絹帛都由自己隨身攜帶，自行保管，而不是存放到公共的倉庫。徐州刺史薛虎子上表給魏國皇帝拓跋宏，薛虎子認為：「國家正準備消滅建都江東的齊國，首先就要在彭城儲存大量的糧食。而且光是在徐州一個軍鎮的駐軍，就不能少於數萬，用來購買糧食的絹帛，每人只有十二匹絹，日常消費又沒有一個標準，等不到換防的時間，士兵的錢帛就已經花光了，免不了就要忍受飢寒，公家和私人的花費都不夠用。如今徐州地區擁有十萬多頃良田，水田、旱田都很肥沃，清水、汴水都在徐州境內流過，而且流量很大，完全可以用來灌溉農田。如果用駐軍手裡的絹帛購買耕牛，可以得到一萬頭牛，然後安置士兵在徐州一帶開展武裝屯田，一年的時間之內，大體上就可以解決官兵的糧食供應。抽出一半士兵進行農業勞動，其餘的一半士兵負責邊防守衛，一邊耕種，一邊戍守，不會妨礙守邊任務的完成。一年的農業收成，超過官府發給他們絹帛價值的十倍，短時間的農業勞動，就可以滿足軍隊好幾年的糧食消費。往後士兵手中用以購物的絹帛全都儲存在公共的倉庫中，五年之後，公共倉庫裡的糧食、絹帛就會滿得裝不下了，不只是守邊的士兵可以豐衣足食，也為消滅南朝之敵創造了條件。」魏國朝廷採納了薛虎子的建議。薛虎子執政期間給當地的兵民帶來好處，深受他們的愛戴，士兵和百姓都記著他的好處。碰巧擔任沛郡太守的邵安、擔任下邳太守的張攀因為貪汙受賄被薛虎子所查處，他們便分別派自己的兒子到朝廷上書，誣告薛虎子與江南的齊國相勾結，魏孝文帝說：「薛虎子一定不會那樣做。」經過審問、調查，果然屬於誣告，孝文帝於是下詔令邵安、張攀自殺，對他們派往朝廷告誣狀的兒子每人責打一百皮鞭。

吐谷渾王慕容拾寅去世，世子慕容度易侯繼承了王位。冬季，十月初一日戊子，齊高帝任命慕容度易侯為西秦州、河州二州刺史、河南王。

魏國擔任中書令的高閭等人修訂新律法的工作已經完成，新律法總共有八百三十二章，有關滅門之罪的共有十六條，有關判處死刑罪的共有二百三十五條，其他方面的各種律法有三百七十七條。

當初，高昌國王闞伯周去世之後，他的兒子闞義成繼位為王。這一年，闞義成的堂兄闞首歸殺死了闞義成自己稱王。高車國王可至羅殺死了闞首歸兄弟，任命敦煌郡人張明為高昌王，高昌國的貴族殺死了張明，擁戴馬儒為高昌國王。

四年（壬戌　西元四八二年）

春，正月壬戌❶，詔置學生❷二百人，以中書令張緒為國子祭酒❸。○甲戌❹，魏大赦。

三月庚申❺，上召司徒褚淵、尚書左僕射王儉受遺詔輔太子。壬戌❻，殂于臨光殿。太子即位，大赦。

高帝⑦沉深有大量，博學能文。性清儉，主衣⑧中有玉導⑨，上敕中書⑩曰：「留此正是興長病源⑪！」即命擊碎，仍按檢⑫[1]有何異物，皆隨此例。每曰：「使我治天下十年，當使黃金與土同價。」

乙丑⑬，以褚淵錄尚書事⑭，王儉為侍中、尚書令，車騎將軍張敬兒開府儀同三司⑮。丁卯⑯，以前將軍王奐為尚書左僕射。庚午⑰，以豫章王嶷為太尉。

庚辰⑱，魏主臨虎圈，詔曰：「虎狼猛暴，取捕之日，每多傷害，既無所益，損費良多，從今勿復捕貢⑲。」

夏，四月庚寅⑳，上大行謚㉑曰高皇帝，廟號太祖。丙午㉒，葬泰安陵㉓。

辛卯㉔，追尊穆妃為皇后。六月甲申朔㉕，立南郡王長懋為皇太子。丙申㉖，立太子妃王氏㉗。妃，琅邪人也。封皇子聞喜公子良㉘為竟陵王㉙，臨汝公子卿㉚為廬陵王㉛，應城公子敬㉜為安陸王㉝，江陵公子懋㉞為晉安王，枝江公子隆㉟為隨郡王，子真㊱為建安王，皇孫昭業㊲為南郡王。

司徒褚淵寢疾㊳，自表遜位，世祖㊴不許。淵固請懇切，癸卯㊵，以淵為司空㊶，領驃騎將軍，侍中、錄尚書如故。

秋，七月，魏發州郡五萬人治靈丘道[42]。

吏部尚書濟陽江謐[43]，性諂躁[44]，太祖殂，謐恨不豫顧命[45]。上即位[46]，謐又不遷官[47]，以此怨望、誹謗。會上不豫[48]，謐詣豫章王嶷請間[49]，曰：「至尊非起疾[50]，東宮又非才[51]，公今欲作何計[52]？」上知之，使御史中丞沈沖[53]奏謐前後罪惡，庚寅[54]，賜謐死。

癸卯[55]，南康文簡公褚淵[56]卒，世子侍中賁[57]恥其父失節[58]，服除[59]，遂不仕[60]，以爵[61]讓其弟蓁[62]，屏居墓下[63]終身。

九月丁巳[64]，以國哀[65]罷國子學[66]。

氐王楊文弘卒，諸子皆幼，乃以兄子後起為嗣。九月辛酉[67]，魏以後起為武都王，文弘子集始為白水太守。既而集始自立為王，後起擊破之。

魏以荊州巴、氐[68]擾亂，以鎮西大將軍李崇[69]為荊州刺史。崇，顯祖[70]之舅子也。將之鎮，敕發陝、秦[71]二州兵送之，崇辭曰：「邊人失和，本怨刺史。今奉詔代之，自然安靖[72]，但須一詔而已，不煩發兵自防，使之懷懼[73]也。」魏朝從之。崇遂輕將數十騎[74]馳至上洛[75]，宣詔慰諭，民夷帖然[76]。崇命邊戍[77]掠得齊人者悉還之，由是齊人亦還其生口[78]二百許人[79]，二境交和，無復烽燧之警[80]。久之，徙兗州刺史[81]。兗土舊多劫盜，崇命村置一樓，樓皆懸鼓，盜發之處，亂擊之。旁村始聞者，以一擊為節，次二，次三，俄頃之間，聲布百里，皆發人[82]守險要。由是盜發，無不擒獲。其後諸州皆效之，自崇始也。

辛未[83]，以征南將軍王僧虔為左光祿大夫、開府儀同三司，以尚書右僕射王奐為湘州刺史[84]。

宋故建平王景素[85]主簿何昌寓[86]、記室王摛[87]及所舉秀才劉璡[88]，前後上書陳景素德美，為之訟冤[89]。冬，十月辛丑[90]，詔聽以士禮[91]還葬舊塋[92]。璡，瓛[93]之弟也。

十一月，魏高祖將親祠七廟[94]，命有司具儀法[95]，依古制備牲牢[96]、器服及樂章[97]，自是四時常祀皆舉之[98]。

世祖武皇帝[99]上之上

永明元年（癸亥　西元四八三年）

春，正月辛亥[100]，上祀南郊，大赦，改元。○詔以邊境寧晏[101]，治民之官，普復田秩[102]。○以太尉豫章王嶷領太子太傅。嶷不參朝務，而常密獻謀畫，上多從之。○壬戌[103]，立皇弟銳[104]為南平王，鏗[105]為宜都王，皇子子明[106]為武昌王，子罕[107]為南海王。

二月辛巳[108]，以征虜將軍楊炅[109]為沙州刺史、陰平[110]王。○辛丑[111]，以宕昌王梁彌機[112]為河、涼二州刺史[113]，鄧至王像舒[114]為西涼州刺史[115]。

宋末，以治民之官六年過久，乃以三年為斷[116]，謂之小滿。而遷換去來，又不能依三年之制。三月癸丑[117]，詔，自今一以[118]小滿為限。

有司以天文失度[119]，請禳[120]之。上曰：「應天[121]以實不以文[122]。我克己求治[123]，思隆惠政[124]，若災眚[125]在我，禳之何益？」

夏，四月壬午[126]，詔：「袁粲、劉秉、沈攸之，雖末節不終[127]，而始誠可錄[128]。」皆命以禮改葬。

上之為太子也，自以年長，與太祖同創大業[129]，朝事大小，率皆專斷，多違制度[130]。信任左右張景真，景真驕侈，被服什物，僭擬乘輿[131]。內外畏之，莫敢言者。

司空諮議[132]荀伯玉，素為太祖所親厚，歎曰：「太子所為，官[133]終不知，豈得畏死，蔽官耳目？我不啓聞，誰當啓者？」因太子拜陵[134]，密以啓太祖。太祖怒，命檢校[135]東宮。

太子拜陵還，至方山[136]，晚，將泊舟[137]，豫章王嶷自東府乘飛鷰[138]東迎太子，告以上怒之意。太子夜歸，入宮，太祖亦停門籥[139]待之。明日，太祖使南郡王長懋、聞喜公子良宣敕詰責[140]，并示以景真罪狀，使以太子令收景真，殺之。太子憂懼，稱疾[141]。

月餘，太祖怒不解，晝臥太陽殿，王敬則直入，叩頭啓太祖曰：「官有天下日淺[142]，太子無事被責，人情恐懼，願官往東宮解釋之。」太祖無言。敬則因大聲宣旨，裝束往東宮[143]。又敕太官設饌[144]，呼左右索輿[145]。太祖了無動意[146]，敬則索衣被太祖[147]，仍牽強[148]登輿。太祖不得已至東宮，召諸王[149]宴於玄圃。長沙王晃捉華蓋[150]，臨川王映執雉尾扇[151]，聞喜公子良持酒鎗[152]，南郡王長懋行酒[153]，太子及豫章王嶷、王敬則自捧酒饌，至暮，盡醉乃還。

太祖嘉伯玉忠藎[154]，愈見親信，軍國密事，多委使之，權動朝右[155]。遭母憂[156]，去宅二里許[157]，冠蓋[158]已塞路。左率蕭景先[159]、侍中王晏[160]共弔之，自旦至暮，始得前[161]。比出[162]，飢乏，氣息惙然[163]，憤悒[164]形於聲貌[165]。明日，言於太祖曰：「臣等所見二宮門庭[166]，比荀伯玉宅可張雀羅[167]矣。」晏，敬弘[168]之從子也。

驍騎將軍陳胤叔，先亦白景真及太子得失[169]，而語太子皆云「伯玉以聞」[170]，太子由是深怨伯玉。

太祖陰有以豫章王嶷代太子之意，而嶷事太子愈謹，故太子友愛不衰[171]

豫州刺史垣崇祖不親附太子，會崇祖破魏兵，太祖召還朝，與之密謀。太子疑之，曲加禮待[172]，謂曰：「世間流言[173]，我已豁懷[174]，自今以富貴相付。」崇祖拜謝。會太祖復遣荀伯玉，敕以邊事[175]，受旨夜發，不得辭東宮[176]。太子以為不盡誠[177]，益銜之[178]。

太祖臨終，指伯玉以屬[179]太子。上即位，崇祖累遷五兵尚書[180]，伯玉累遷散騎常侍[181]。伯玉內懷憂懼，上以伯玉與崇祖善，恐其為變，加意撫之。丁亥[182]，下詔誣崇祖招結江北荒人[183]，欲與伯玉作亂，皆收殺之。

庚子[184]，魏主如崞山。壬寅[185]，還宮。

閏月癸丑[186]，魏主後宮平涼林氏[187]生子恂，大赦。文明太后以恂當為太子，賜林氏死[188]，自撫養恂。

五月戊寅朔[189]，魏主如武州山石窟佛寺。

車騎將軍張敬兒好信夢，初為南陽太守[190]，其妻尚氏夢一手熱如火；及為雍州[191]，夢一胛[192]熱；為開府[193]，夢半身熱。敬兒意欲無限，常謂所親曰：「吾妻復夢舉體熱(194)矣。」又自言夢舊村社樹(195)高至天(196)，上聞而惡之。垣崇祖死，敬兒內自疑，會有人告敬兒遣人至蠻中貨易(197)，上疑其有異志(198)。會上於華林園設八關齋(199)，朝臣皆預(200)，於坐收敬兒(201)。敬兒脫冠貂(202)投地曰：「此物誤我(203)！」丁酉(204)，殺敬兒，并其四子。

敬兒弟恭兒，常慮(205)為兄禍所及，居於冠軍(206)，未常出襄陽(207)，村落深阻，牆垣重複。敬兒每遣信(208)，輒上馬屬鞬(209)，然後見之。敬兒敗問(210)至，席卷(211)入蠻，後自出，上恕之。

敬兒女為征北諮議參軍謝超宗(212)子婦，超宗謂丹楊尹李安民曰：「『往年殺韓信，今年殺彭越(213)』，尹欲何計(214)？」安民具啓之(215)。上素惡超宗輕慢(216)，使兼御史中丞袁彖(217)奏彈(218)超宗，丁巳(219)，收付廷尉，徙越嶲(220)，於道賜死。以彖語不刻切(221)，又使左丞王逡之奏彈彖輕文略奏(222)，撓法容非(223)，彖坐免官，禁錮十年(224)。超宗，靈運之孫。彖，顗(225)之弟子也。

秋，七月丁丑(226)，魏主及太后如神淵池(227)。甲申(228)，如方山。○魏使假員外散騎常侍(229)頓丘李彪(230)來聘(231)。

侍中、左光祿大夫、開府儀同三司王僧虔固辭開府(232)，謂兄子儉曰：「汝任重於朝，行登三事[233]，我若復有此授，乃是一門有二台司[234]，吾實懼焉。」累年不拜[235]，上乃許之。戊戌[236]，加僧虔特進[237]。儉作長梁齋[238]，制度小過[239]，僧虔視之，不悅，竟不入戶[240]，儉即日毀之。

初，王弘[241]與兄弟集會[242]，任子孫戲適[243]。僧達[244]跳下地作虎子；僧綽[245]正坐，采蠟燭珠為鳳皇，僧達奪取打壞，亦復不惜；僧虔累十二博棊[246]，既不墜落，亦不重作。弘歎曰：「僧達俊爽[247]，當不減人[248]，然恐終危吾家[249]；僧綽當以名義見美[250]；僧虔必為長者[251]，位至公台[252]。」已而皆如其言[253]。

八月庚申[254]，驍騎將軍王洪範自柔然還[255]，經塗三萬餘里。

冬，十月丙寅[256]，遣驍騎將軍劉纘聘於魏，魏主客令李安世[257]主之[258]。魏人出內藏[259]之寶，使賈人鬻之於市[260]。纘曰：「魏金玉大賤[261]，當由山川所出。」安世曰：「聖朝[262]不貴金玉，故賤同瓦礫。」纘初欲多市[263]，聞其言，內慚而止。纘屢奉使至魏，馮太后遂私幸之[264]。

十二月乙巳朔[265]，日有食之。○癸丑[266]，魏始禁同姓為婚。○王儉進號衛將軍，參掌選事。

是歲，省巴州[267]。

魏秦州刺史[268]于洛侯，性殘酷，刑人[269]或〔2〕斷腕拔舌，分懸四體[270]。合州驚駭，州民王元壽等一時俱反。有司劾奏之[271]，魏主遣使至州，於洛侯常刑人處[272]宣告吏民，然後斬之。

齊州刺史[273]韓麒麟[274]，為政尚寬，從事[275]劉普慶說麒麟曰：「公杖節方夏[276]，而無所誅斬，何以示威？」麒麟曰：「刑罰所以止惡[277]，仁者不得已而用之。今民不犯法，又何誅乎？若必斷斬然後可以立威，當以卿應之[278]！」普慶慚懼而退〔3〕。

【章　旨】以上為第三段，寫齊高帝蕭道成建元四年（西元四八二年）至齊武帝蕭賾永明元年（西元四八三年）共兩年間的大事。主要寫了南齊太子蕭賾以年長功大，多不守制度，荀伯玉向蕭道成告發之，致使父子矛盾尖銳，多虧蕭嶷諸弟與大臣王敬則的大力圜和，方得化險為夷；寫了荀伯玉因受蕭道成的寵信而炙手可熱，遭到其他大臣的忌恨；寫了蕭賾與南齊名將垣崇祖一向不和，又見荀伯玉奉命與垣崇祖來往而疑忌加深；寫了齊高帝蕭道成死，介紹了蕭道成為人節儉的一些事實；寫了齊武帝蕭賾即位後強加罪名殺了垣崇祖、荀伯玉；又殺了創建南齊的元動車騎將軍張敬兒；又殺了為人倨傲、憤世嫉俗的謝超宗，禁錮了袁彖；寫了魏將李崇鎮守荊州、兗州，皆有膽略、有治績，邊民安之；寫了魏國的齊州刺史韓麒麟為政寬和，深得民意；寫了魏國的秦州刺史于洛侯刑法酷苛，官逼民反，魏主殺之以安百姓；此外還寫了出賣劉宋以媚南齊新主的褚淵死，其子褚賁心感羞恥而不繼承其父之爵位，不仕於南齊，退而屏居於墓下等等。

【注　釋】❶正月壬戌　正月初七。❷學生　太學的生員。❸國子祭酒　國家太學的主管官員。國子學是太學裡的一個部門，招生的對象只限貴胄子弟，太學則面向全國。❹甲戌　正月十九。❺三月庚申　三月初六。❻壬戌　三月初八。❼高帝　即蕭道成，高帝是其廟號。❽主衣　也叫「尚衣」，是儲存物品的庫室名，為皇帝保管服飾器玩等物品。❾玉導　也叫「玉介導」，古冠簪之屬。❿中書　這裡指中書省的官員。中書省是給皇帝起草詔令的部門，其主官稱中書監。⓫興長病源　意思是讓人一點一點地變壞，越來越追求侈靡玩樂。⓬仍按檢　接著又讓清點、檢查。仍，同「乃」。於是；接著。⓭乙丑　三月十一。⓮錄尚書事　兼管尚書省的事務。錄，總管；兼管。⓯開府儀同三司　加官名，享受司徒、司馬、司空的禮儀制度，無實權，但地位崇高。⓰丁卯　三月十三。⓱庚午　三月十六。⓲庚辰　三月二十六。⓳捕貢　獵捕進貢。⓴庚寅　四月初六。㉑上大行諡　給蕭道成追加諡號。上，敬加。大行，剛死還沒有出殯的皇帝，即蕭道成。㉒丙午　四月二十二。㉓泰安陵　蕭道成的陵墓名，在今江蘇丹陽東北。㉔辛卯　四月初七。㉕六月甲申朔　六月初一是甲申日。㉖丙申　六月十三。㉗立太子妃王氏　立王氏為太子妃，即日後的皇后。㉘聞喜公子良　蕭子良，齊武帝蕭賾的第二子，性愛文義，初封為聞喜公。傳見《南齊書》卷四十。聞喜是今山西省內的縣名。㉙竟陵王　封地竟陵郡，郡治即今湖北鍾祥。㉚臨汝公子卿　蕭子卿，齊武帝蕭賾的第三子，初封為臨汝公。傳見《南齊書》卷四十。㉛廬陵王　封地廬陵郡，郡治即今江西吉水縣北。㉜應城公子敬　蕭子敬，齊武帝蕭賾的第五子，初封為應城公。傳見《南齊書》卷四十。㉝安陸王　封地安陸郡，郡治即今湖北安陸。㉞江陵公子懋　齊武帝蕭賾的第七子。㉟枝江公子隆　齊武帝蕭賾的第八子。㊱子真　蕭子真，齊武帝蕭賾的第九子。與上文子懋、子隆傳均見於《南齊書》卷四十。㊲皇孫昭業　蕭昭業，齊武帝文惠太子蕭長懋的長子，工隸書，善談吐，甚得齊武帝蕭賾的喜愛。傳見《南齊書》卷四。㊳寢疾　臥病在床。㊴世祖　即齊武帝蕭賾。世祖是諡。㊵癸卯　六月二十。㊶以淵為司空　褚淵原為司徒，位居眾臣之首，今乃改為司空，比司徒略低一點點。㊷靈丘道　古山路名。胡三省曰：「自代郡靈丘南，越大山至中山（今河北定州），即古之飛狐道也。」是古代從山西北部翻越太行山進入河北冀中地區的交通要道。其路經過飛狐縣的南側，故亦稱「飛狐道」，但不經過飛狐口。㊸江謐　江秉之之孫，宋末齊初的躁進之士，諂事蕭道成，頗受其寵。傳見《南史》卷三十六。㊹諂躁　喜歡奉承、鑽營。㊺不豫顧命　沒被定為接受遺詔、輔佐新主的顧命大臣。豫，通「與」。參與。㊻上即位　蕭賾繼位之後。上，今上，現時在位的皇帝。㊼不遷官　沒有獲得提升。㊽會上不豫　恰值蕭賾身體不適。不豫，不樂，指染病、臥病。㊾請間　請求蕭嶷單獨接見。間，間隙，周邊無人。蕭嶷是齊武帝蕭賾之弟。㊿至尊非起疾　皇帝得的是一種不能好的病。非起疾，不能好的病。(51)東宮又非才　皇太子又不是一個能繼承帝業的人。東宮，指太子長懋。(52)欲作何計　有何打算；想採取什麼措施。(53)沈沖　宋末曾為縣令，後為蕭賾的部下，深受器重。蕭賾即位後，沈沖兄弟任御史中丞。傳見《南齊書》卷三十四。(54)庚寅　齊高帝建元四年七月初一是「癸丑」，故七月無「庚寅」日。葛曉音以為「庚寅」上應有「八月」二字。葛說可從。(55)癸卯　八月二十一。(56)南康文簡公褚淵　褚淵被封為南康縣公，簡字是其死後的諡。《諡法解》：「平易不訾曰簡。」(57)世子侍中賁　褚淵的嫡長子褚賁，當時任侍中之職。世子，未來的繼承者、接班人。侍中，門下省的官員，為皇帝傳達詔命，地位極其重要。(58)失節　喪失臣子之節，指身為劉宋的託孤之臣，而出賣宋主以求新主子蕭氏的恩寵。(59)服除　三年服喪期滿。(60)不仕　不在齊朝做官。(61)以爵　把他應該繼承的南康公的爵位。(62)其弟蓁　褚淵的次子褚蓁。傳見《南齊書》卷二十三。(63)屏居墓下　在褚淵的墓側搭個房子住了下來。屏居，離開官場而退居。(64)九月丁巳　九月初六。(65)國哀　國喪；國家元首的喪事。(66)罷國子學　原計劃要興辦的國子學，暫時停止。(67)九月辛酉　九月初十。(68)荊州巴氐　荊州境內的巴族與氐族。魏國的荊州州治上洛，即今陝西商縣。(69)李崇　魏國拓跋宏時代的名將，官至尚書令、侍中。傳見《魏書》卷六十六。(70)顯祖　指魏獻文帝拓跋弘。(71)陝秦　魏之二州名，陝州的州治在今河南陝縣，秦州的州治在今甘肅天水市。(72)安靖　安寧、穩定。靖，平定。(73)懷懼　心懷恐懼。(74)輕將數十騎　簡單地帶著幾十名騎士。(75)上洛　魏郡名，郡治即今陝西商縣，當時的上洛既是魏上洛郡的郡治，也是荊州的州治。(76)民夷帖然　魏國居民與當地少數民族都很順從、服貼。民指魏國的鮮卑人與漢人。夷指當地的少數民族，如苗、蠻、氐、羌等。(77)邊戍　邊界上的戍卒。(78)其生口　被南齊擄掠去的魏國居民。生口，活人。(79)二百許人　二百來人。許，表示約略的意思。(80)烽燧之警　指邊境戰鬥，邊方緊急。烽燧，即通常所說的烽火。夜間舉火報警曰烽。白天燃煙報警曰燧。(81)兗州刺史　魏國的兗州州治在今山東兗州的北側。(82)發人　調集人馬。(83)辛未　九月二十。(84)湘州刺史　湘州的州治即今湖南長沙。(85)宋故建平王景素　前已去世的劉宋的建平王劉景素。劉景素是宋文帝劉義隆之孫，建平王劉宏之子，繼其父爵為建平王。廢帝劉昱在位時，殘暴不仁，劉景素起討之，兵敗被殺。傳見《宋書》卷七十二。(86)主簿何昌寓　劉景素的主簿何昌寓。主簿，刺史的高級僚屬，在刺史屬下掌管文書案卷。何昌寓，劉宋末年一個有稜角的官吏，先後為劉休仁、劉景素的僚屬，後又為蕭道成的功曹。傳見《南齊書》卷四十三。(87)記室王摛　劉景素的記室名叫王摛。記室，官名，略同於後代的書記、記錄。(88)所舉秀才劉璡　被劉景素向朝廷推薦的儒學之士名叫劉璡。劉璡是宋齊之交一個很講究儒家禮法的人。傳見《南齊書》卷三十九。(89)訟冤　申訴冤情。劉景素兵敗被殺，其子數人亦隨之被殺，宋順帝時建平國被廢。(90)十月辛丑　十月二十。(91)以士禮　按平民士人的禮儀。意即仍未恢復其應有的禮遇。(92)還葬舊塋　允許他遷葬到其家族的舊有墓地。塋，墓葬區域。(93)瓛　劉瓛，宋齊之交的著名儒學之士，為人有孝行。傳見《南齊書》卷三十九。(94)七廟　皇帝太廟所供奉的七代神主，中間是開國皇帝的神主，永遠接受後代的祭祀，永不變更。兩側三昭、三穆，是現行皇帝的父親、祖父、曾祖父、高祖父等等六代的神主，故稱七廟。諸侯則只供奉五廟；大夫三廟；士人一廟。(95)具儀法　制定出皇帝親自祭祀七廟的具體儀式。(96)牲牢　供祭祀用的牲畜。古代祭祀用的犧牲分太牢、少牢兩種。太牢的規格最高，為牛羊豬各一頭；少牢則只有羊豬，沒有牛。(97)樂章　指舉行祭祀時演奏什麼音樂，表演什麼歌舞等等。(98)四時常祀皆舉之　一年四季的常規祭祀都親自舉行。四時，指春、夏、秋、冬四季。(99)世祖武皇帝　即蕭道成的兒子蕭賾。武皇帝是其廟號；世祖是謚。(100)正月辛亥　正月初二。(101)寧晏　寧靜、太平。晏，平靜；平安。(102)普復田秩　普遍地恢復百官的俸祿。田秩，俸祿。胡三省曰：「宋文帝元嘉二十七年，有魏師，以軍興減百官俸祿。淮南太守諸葛闡求減俸祿，比內百官。於是諸州郡縣丞尉並悉同減。至明帝時，軍旅不息，府藏空虛，內外百官並斷俸祿。」如今形勢好轉，所以下詔普遍恢復俸秩。(103)壬戌　正月十三。(104)皇弟銳　蕭銳，蕭道成的第十五子。(105)鏗　蕭鏗，蕭道成的第十六子。以上二人皆傳見《南齊書》卷三十五。(106)皇子子明　齊武帝蕭賾的第十子。(107)子罕　齊武帝蕭賾的第十一子。以上二人皆傳見《南齊書》卷四十。(108)二月辛巳　二月初二。(109)楊炅　氐族頭領楊廣香之子，當時歸附於南齊。傳見《南齊書》卷五十九。(110)陰平　南齊郡名，郡治在今四川廣元西南，劍閣之西北方。(111)辛丑　二月二十二。(112)宕昌王梁彌機　梁彌機是宕昌一帶的羌族頭領，宕昌是縣名，在今甘肅東南部的隴南地區。(113)河涼二州刺史　河州的州治枹罕，在今甘肅臨夏東北，涼州的州治即今甘肅武威，河、涼二州在宕昌的西北方，當時屬於魏國，故梁彌機的刺史不過是徒有其名。(114)鄧至王像舒　鄧至一帶的羌族頭領名叫像舒，鄧至城在今四川九寨溝一帶。(115)西涼州刺史　西涼州約當今之甘肅西北部地區，當時屬魏，像舒的西涼州刺史亦徒有其名。(116)三年為斷　三年為一任；三年任滿。(117)三月癸丑　三月初四。(118)一以　一律按照。(119)天文失度　星辰的運行發生錯亂。(120)禳　通過祭祀請求上天將其改正過來。(121)應天　對待天變的做法。(122)以實不以文　應做些實際的工作，而不是靠花里胡哨的表演。實，指改良政治，修正錯誤等等。文，指祭祀。(123)克己求治　嚴格要求自己搞好政治。(124)思隆惠政　把對百姓有好處的政策搞得更好一些。(125)災眚　災難的根源；罪魁禍首。(126)四月壬午　四月初四。(127)末節不終　沒有保持晚節；沒有好的結尾。指皆以反對蕭道成而被殺。(128)始誠可錄　其前半生對於國家還是忠心耿耿的。可錄，可取；可嘉。(129)同創大業　胡三省曰：「晉安王子勛之亂，帝亦起兵；沈攸之反，帝據湓城為眾軍節度。」(130)多違制度　不按章程，不請示、不報告，擅自做主。(131)僭擬乘輿　超越本分地和皇帝的生活排場一樣。僭，越分。擬，與……相同。乘輿，原指皇帝的車駕，這裡即指皇帝。(132)司空諮議　司空褚淵的諮議參軍，主管參謀議論。(133)官　也稱「官家」，對皇帝的稱呼，這裡指蕭道成。(134)拜陵　離朝往拜蕭氏先人之陵。胡三省曰：「拜永安、泰安陵也，皆在武進。」永安陵是蕭道成之父蕭承之之墓，泰安陵是蕭道成的預修之墓。135檢校　查抄。136方山　在當時建康城的東南方，在今江寧東南的秦淮河邊，是由武進返回建康的經由之地。137泊舟　停船夜宿。138飛鷰　良馬名，以喻其馳騁如飛。139停門籥　推遲了宮門上鎖的時間。停，滯留；等候。門籥，即鎖鑰。140詰責　責問；批評。141稱疾　假託生病。142官有天下日淺　您即位為帝的時間還不長。日淺，時間不長。143裝束往東宮　準備車駕行裝，皇帝要到東宮去。144敕太官設饌　告訴御廚房在那裡準備筵席。太官，為皇帝管理伙食的部門。145索輿　讓車駕開過來。146了無動意　一點動身的意思也沒有。147被太祖　給蕭道成穿上。被，披；穿。148仍牽強就強拉著蕭道成上了車子。仍，同「乃」。就。牽強，強拉著。149諸王　蕭道成的那些兒子們。150捉華蓋　親手為其父擎著大傘。華蓋，大傘。151執雉尾扇　親手為其父打著雉尾扇。雉尾扇是用雉雞之尾毛編織成的大扇，是皇帝儀仗中的一種。152持酒鎗　親手為其父提著酒壺。153行酒　為其父與諸叔斟酒。154忠蓋　誠實盡忠之臣。古稱忠臣曰「蓋臣」。蓋者，進也，忠心日進而無已。155朝右　朝臣中的上層，指高官。156遭母憂　指為其母辦喪事。157去宅二里許　離著他家還有二里地。158冠蓋指華貴車子上頭的大傘。這裡即指前來弔唁的車子。159左率蕭景先　蕭景先是蕭道成的姪子，當時任左衛率將軍。傳見《南齊書》卷三十八。左率，即左衛率將軍，當時禁軍的六位統帥之一。160侍中王晏　蕭賾的忠實親信，先為太子中庶子，後為侍中。傳見《南齊書》卷四十二。161自旦至暮二句　從早上排隊，到天黑才得以進去弔唁。數句極言荀伯玉的炙手可熱。162比出　等到弔唁完畢出來。163氣息惙然　猶言「一息奄奄」，喘不上氣來。惙然，痛苦的樣子。164憤悒　憤怒不滿之情。165形於聲貌　在其聲音與面色上表現出來。166二宮門庭　皇宮與太子宮的大門口。167可張雀羅　可以張網子逮鳥，相比之下極言其清靜冷落。168敬弘　即王裕之，字敬弘，劉宋前期的名臣，曾官至尚書令。傳見《宋書》卷六十六。169得失　複詞偏義，即前文所敘太子之諸過失。170皆云伯玉以聞　都說是荀伯玉向皇帝報告的。171友愛不衰　兄弟間的感情一直不變。古稱兄弟之間的感情為「友愛」，《三字經》有「兄則友，弟則恭」之語。172曲加禮待　勉強地做出一種禮敬的樣子。曲，不情願而強為之。173世間流言　隱指過去垣崇祖的不親附太子。174豁懷　釋懷；忘記了過去的不愉快。175敕以邊事　將有關邊防事務的命令向他傳達。176不得辭東宮　沒能到東宮向太子告別。177不盡誠　還有些背著、掖著的事情。178益銜之　越發地將他們記恨在心。179屬　通「囑」。託付。180五兵尚書　即日後之兵部尚書。181散騎常侍　皇帝的侍從官員，182丁亥　四月初九。183江北荒人　生活在長江以北、淮河以南的流浪者與由北方過來的人。184庚子　四月二十二。185壬寅　四月二十四。186閏月癸丑　閏四月初五。此處是用魏國的曆法，寫史者未換算。187平涼林氏　在平涼郡長大的林妃。平涼郡的郡治在今甘肅華亭西。188賜林氏死　魏國凡立某男為太子，則同時將其生母賜死。189五月戊寅朔　五月己酉朔，非戊寅。而據曆法書，戊寅日是這年的閏五月初一。(190)南陽太守　南陽郡的郡治即今河南南陽。(191)為雍州　即任雍州刺史。南齊的雍州州治即今湖北襄樊的襄陽區。(192)胛　肩胛。(193)為開府　指被加官開府儀同三司。(194)舉體熱　渾身發燒。(195)舊村社樹　老家村裡的社樹。社樹是村人祭祀土穀之神的神樹。(196)高至天　社樹高與天齊，大概意味他的官要升到至高無限。(197)至蠻中貨易　到蠻族地區做買賣。(198)有異志　想要造反稱帝稱王。(199)八關齋　佛教徒舉行的一種齋會名，說是舉辦了這種齋會就能戒除八惡。胡三省曰：「一，不殺生；二，不偷盜；三，不邪淫；四，不妄語；五，不飲酒食肉；六，不著花環瓔珞；七，不坐高廣大床；八，不過齋後吃食。」(200)朝臣皆預　滿朝文武都在座。(201)於坐收敬兒　當著滿朝文武的面把張敬兒逮捕了。(202)冠貂　飾有金蟬貂尾的帽子。當時張敬兒為車騎將軍、散騎常侍，故其冠上飾有貂蟬。(203)此物誤我　為了追求這種東西使我倒了楣。(204)丁酉　閏五月二十。(205)常慮　經常擔心。(206)居於冠軍　住在冠軍縣。縣治在今河南鄧州西北的文渠鎮一帶。(207)未常出襄陽　沒有出過襄陽郡。冠軍縣當時上屬於襄陽郡。未常，同「未嘗」。(208)遣信　派人來其弟家。信，使者；來人。(209)屬韃　抄起弓箭。屬，佩帶。韃，盛弓箭的皮口袋。(210)敗問　被害的消息。(211)席卷　帶著全部家當。(212)謝超宗　晉末宋初的文學家謝靈運之孫。以文才受賞於蕭道成，曾任黃門郎。傳見《南齊書》卷三十六。(213)往年殺韓信二句　《史記・黥布列傳》寫黥布造反時，劉邦問群臣「黥布何故而反？」故楚令尹曰：「是故當反。往年殺彭越，前年殺韓信，此三人者，同功一體之人也。自疑禍及身，故反耳。」此謝超宗暗示李安民，其禍亦將不免。(214)尹欲何計　丹楊尹您將作何打算。(215)具啓之　將謝超宗語一一地報告了齊武帝蕭賾。(216)輕慢　輕浮、傲慢。(217)袁彖　當時比較傲慢的文人，曾任侍中。傳見《南齊書》卷四十八。(218)奏彈　上書彈劾。(219)丁巳　五月初九。(220)越嶲　郡名，郡治在今四川西昌東南。(221)不刻切　不夠嚴厲。(222)輕文略奏　輕描淡寫，指斥得不深刻。(223)撓法容非　歪曲法律條文，寬容犯罪之人。(224)禁錮十年　十年內不得進入官場。(225)顗　袁顗，劉宋時任荊州刺史，起兵擁戴劉子勛，反對宋明帝的政權，兵敗被殺。傳見《宋書》卷八十四。(226)七月丁丑　七月初一。(227)神淵池　在魏都平城，今山西大同的北苑內。(228)甲申　七月初八。(229)假員外散騎常侍　臨時授予的員外散騎常侍。假，非正式任命。(230)頓丘李彪　頓丘是魏郡名，郡治在今河南清豐西南。李彪是魏國的歷史學家，前後六次出使齊國，曾任通直散騎常侍。傳見《魏書》卷六十二。(231)來聘　來南齊作友好訪問。聘，國家之間的友好訪問。(232)固辭開府　堅決辭掉開府儀同三司這一加官。(233)行登三事　很快就要升到三司一職。三事，即三司，也稱三公，即司徒、司馬、司空三職中的一職。(234)二台司　兩個居於三公的人。(235)累年不拜　朝廷在上年九月升任王僧虔為左光祿大夫、開府儀同三司，到現在已經十個月，王僧虔尚未接受。(236)戊戌　七月二十二。(237)特進　加官名，凡諸侯或大臣功德、政績優盛，為朝廷所敬異者，賜位特進，位在三公之下。(238)長梁齋　小閣名。齋，清靜的小屋。239制度小過　華麗、富貴的標準稍微超過了限度。240竟不入戶　從不踏進門口一步。241王弘　王導的曾孫，王珣之子，劉宋前期的高級官僚，曾任侍中、司徒、錄尚書等職，傳見《宋書》卷四十二。242與兄弟集會　與其弟王曇首聚會。243戲適　隨意玩耍、遊戲。244僧達　王弘之子。孝武帝時多行不法，被下獄死。傳見《宋書》卷七十五。245僧綽　王曇首之子，王僧虔之兄。246累十二博棋　將十二枚棋子疊成高高的一摞。247俊爽　瀟灑、豪邁。248不減人　不比別人差。減，低。249危吾家　給我們家族造成災難。250以名義見美　以名聲美好被人稱道。王僧綽在元嘉末年任高官，曾勸文帝殺元凶劉劭，未果；文帝被弒後，王僧綽被劉劭所殺。傳見《宋書》卷七十一。251長者　厚道人。252位至公台　官位做到三公，也稱「三臺」。253已而皆如其言　後來的事實都和他當時所說一樣。254八月庚申　八月十四。255自柔然還　王洪範之出使柔然，在齊高帝建元二年。256十月丙寅　十月二十一。257主客令李安世　主客令即秦漢時代的典客，負責接待外國的使者、賓客。李安世是魏臣李順的姪孫，李孝伯之子，善應對，曾任相州刺史。傳見《魏書》卷五十三。258主之　負責接待劉纘。259內藏　皇宮裡的倉庫。260鬻之於市　拿寶物到市場上去賣。261大賤　太不值錢。大，同「太」。262聖朝　敬稱當代皇帝，此指大魏的皇帝。263多市　多買一些。264私幸之　暗中與之私通。265十二月乙巳朔　十二月初一是乙巳日。266癸丑　十二月初九。267省巴州　撤銷巴州的建制。南齊置巴州是為了管理這一帶地區的少數民族，今則恢復原來的樣子。268秦州刺史　魏國的秦州州治即今甘肅天水市。269刑人　處決犯人。270分懸四體　把四肢分解，懸掛起來。271劾奏之　彈劾于洛侯。272於洛侯常刑人處　在于洛侯經常處決犯人的地方。273齊州刺史　魏國齊州的州治即在今山東濟南。274韓麒麟　原為魏國名將慕容白曜的部下，白曜被殺，韓麒麟也隨著被廢棄。孝文帝即位，始任齊州刺史。傳見《魏書》卷六十。275從事　官名，也稱「從事史」，州刺史的高級僚屬。276杖節方夏　掌管一大片區域，即為州刺史。杖節，手持符節。方夏，中原的一大片地區。277所以止惡　目的是為了制止壞人犯罪。278當以卿應之　那就應該拿您來充數。

【校　記】 1按檢　原作「檢按」。據章鈺校，甲十一行本、乙十一行本、孔天胤本二字皆互乙，今據改。2或　原作「必」。據章鈺校，甲十一行本、乙十一行本皆作「或」，張敦仁《通鑑刊本識誤》同，今據改。3退　原作「起」。張敦仁《通鑑刊本識誤》認為當作「退」。《通鑑綱目》卷二十七、《魏書・韓麒麟傳》皆作「退」，今據改。

【語　譯】 四年（壬戌　西元四八二年）

春季，正月初七日壬戌，齊高帝蕭道成下詔太學中招收二百名學生，任命擔任中書令的張緒為國子祭酒。

〇十九日甲戌，魏國實行大赦。

三月初六日庚申，齊高帝將擔任司徒的褚淵、擔任尚書左僕射的王儉召到自己的病榻前接受自己的臨終囑託，令他們輔佐皇太子。初八日壬戌，齊高帝在臨光殿病逝。皇太子蕭賾繼承了皇位，大赦天下。

齊高帝為人深沉有度量，學問淵博很有文才。性情淡泊生活儉樸，在為皇帝儲存服飾器玩等物品的庫房裡儲存有一個冠簪之類的玉導，齊高帝便下令給中書省的官員說：「留下這種東西只會讓人一點一點地變壞，越來越追求奢靡玩樂！」立即令人將其擊碎，接著又讓人清點、檢查庫房之中還有什麼奇異的東西，都按照這種做法辦理。他經常說：「假設能夠給我十年的時間讓我治理天下，我一定會讓黃金與黃土的價格一樣。」

三月十一日乙丑，齊世祖武皇帝蕭賾任命擔任司徒的褚淵為錄尚書事，任命王儉為侍中、尚書令，令擔任車騎將軍的張敬兒享有司徒、司空、司馬一樣的權力與待遇。十三日丁卯，任命前將軍王奐為尚書左僕射。十六日庚午，任命豫章王蕭嶷為太尉。

三月二十六日庚辰，魏國的孝文帝拓跋宏親自來到虎圈，他下詔說：「虎狼是非常兇猛殘暴的動物，在捕捉牠們的時候，往往要傷害很多人，豢養虎狼既沒有多大好處，而損耗花費又很多，從今以後不要再捕捉老虎向朝廷進貢。」

夏季，四月初六日庚寅，齊國給大行皇帝蕭道成追加諡號為高皇帝，廟號太祖。二十二日丙午，把高皇帝安葬在泰安陵。

四月初七日辛卯，齊世祖武皇帝追尊穆妃為皇后。六月初一日甲申，封南郡王蕭長懋為皇太子。十三日丙申，立王氏為太子妃。太子妃王氏，是琅邪人。世祖武皇帝封自己的兒子聞喜公蕭子良為竟陵王，封臨汝公蕭子卿為廬陵王，封應城公蕭子敬為安陸王，封江陵公蕭子懋為晉安王，封枝江公蕭子隆為隨郡王，封蕭子真為建安王，封皇孫蕭昭業為南郡王。

擔任司徒的褚淵臥病在床，他親自上表給世祖武皇帝，請求辭去自己擔任的官職，世祖武皇帝沒有批准他的請求。褚淵堅決請求辭職，態度極為懇切，六月二十日癸卯，世祖武皇帝重新任命褚淵為司空，兼任驃騎將軍，侍中、錄尚書事的職務依舊保留不變。

秋季，七月，魏國從各州各郡抽調了五萬人修建靈丘道路。

齊國擔任吏部尚書的濟陽人江謐，生性喜歡阿諛奉承，百般鑽營，齊太祖高皇帝蕭道成去世之後，江謐對自己沒有被太祖定為接受皇帝遺詔、輔佐新皇帝的顧命大臣一事心懷怨恨。齊世祖武皇帝即位之後，江謐的官位又沒有得到提升，因此對世祖武皇帝產生怨恨，於是口出怨言，進行誹謗。碰巧遇上世祖武皇帝身體不舒服，江謐便到豫章王蕭嶷那裡請求蕭嶷單獨接見，江謐對蕭嶷說：「皇帝得的是一種治不好的病，東宮裡的皇太子又不是一個能繼承帝業的人，您現在準備作何打算？」齊世祖武皇帝知道了此事之後，就指使擔任御史中丞的沈沖向朝廷揭發檢舉江謐前後所犯的罪惡，庚寅日，世祖武皇帝令江謐自殺。

八月二十一日癸卯，齊國的南康文簡公褚淵去世，他的嫡長子擔任侍中的褚賁為自己的父親喪失了臣子之節而感到恥辱，三年服喪期滿之後，就不再出來做官，他把應該由自己繼承的南康公的爵位讓給了自己的弟弟褚蓁，自己在褚淵的墓旁搭了一個房子住了下來，一直到死。

九月初六日丁巳，齊國因為高皇帝的喪事，暫時把興辦國子學的計畫停了下來。

氐族人首領楊文弘去世，他的兒子們都還年幼，於是就讓他哥哥的兒子楊後起做了他的繼承人。九月初十日辛酉，魏國任命楊後起為武都王，任命楊文弘的兒子楊集始為白水郡太守。不久楊集始便自立為王，被楊後起打敗。

魏國因為荊州境內的巴族人、氐族人不斷起兵叛亂，魏孝文帝拓跋宏遂任命擔任鎮西大將軍的李崇為荊州刺史。李崇，是魏顯祖拓跋弘舅舅的兒子。李崇將要前往荊州刺史府赴任，魏孝文帝下令讓陝州、秦州二州派軍隊護送李崇前往，李崇謝絕說：「邊境的少數民族與官府鬧矛盾，本來就怨恨刺史。如今我接受皇上的命令前往接任刺史職務，那裡的百姓自然會安定無事，我只要有一道皇上的詔書就夠了，沒有必要麻煩軍隊護送，使那裡的百姓因此而心懷恐懼。」魏國朝廷依從了李崇。李崇於是輕裝簡從，只帶著幾十名騎兵迅速地到達上洛郡，然後宣布皇帝的詔書，撫慰那裡的百姓，於是不論魏國的居民還是當地的少數民族都很順從。李崇命令邊防軍把掠奪過來的齊國人全部還給齊國，於是齊國人也把擄掠過去的二百來名魏國人釋放回魏國，兩國邊境的人開始友好相處，不再發生戰爭，也就沒有了報警的烽火。很久以後，改任李崇為兗州刺史。兗州境內過去有很多強盜，李崇下令每村建一高樓，樓上全都懸掛著一面大鼓，一旦哪裡發現盜賊出現，哪裡就亂擊大鼓。周邊的村子聽到鼓聲以後，就一下一下的擊鼓，遠一點的村子聽見一聲一聲的鼓聲之後，就以兩聲為一個節奏繼續敲鼓，再遠處的村子聽見鼓聲，就以三聲為一個節奏敲鼓，以此類推，頃刻之間，鼓聲就可以傳布一百里，各村於是全都調集人馬守住險要準備捉拿盜賊。因此，只要盜賊一出現，就沒有不被擒獲的。此後各州都效仿兗州的這個做法，這個辦法是從李崇擔任兗州刺史時開始的。

九月二十日辛未，齊世祖武皇帝任命擔任征南將軍的王僧虔為左光祿大夫、開府儀同三司，任命擔任尚書右僕射的王奐為湘州刺史。

在劉宋王朝已故建平王劉景素手下擔任主簿的何昌寓、擔任記室的王摛以及劉景素向朝廷所舉薦的秀才劉璡，先後給齊武帝蕭賾上書陳述建平王劉景素品行美好，替劉景素申訴冤情。冬季，十月二十日辛丑，齊武帝下詔，允許何昌寓等人按照平民士人的禮儀把劉景素遷葬到劉氏家族的舊有墓地。劉璡，是劉瓛的弟弟。

十一月，魏高祖拓跋宏準備親自到皇家太廟祭祀那裡所供奉的七代神主，他下令有關部門制定出皇帝親自祭祀七廟的具體儀式，依照古代的制度準備好祭祀用的牲畜、器物、服飾以及舉行祭祀時演奏的樂章、表演的歌舞，從此以後，一年四季的常規祭祀活動拓跋宏都親自舉行。

世祖武皇帝上之上

永明元年（癸亥　西元四八三年）

春季，正月初二日辛亥，齊國的世祖武皇帝蕭賾到南郊舉行祭天典禮，大赦天下，改年號為永明元年。〇齊國世祖武皇帝因為邊境太平無戰事，於是下詔，普遍恢復百官的俸祿。〇齊世祖武皇帝任命擔任太尉的豫章王蕭嶷兼任太子太傅。豫章王蕭嶷並不參與朝廷的政務，卻經常祕密地給皇帝出謀劃策，世祖武皇帝多數的情況下都會採納蕭嶷的意見。〇十三日壬戌，齊世祖武皇帝封自己的弟弟蕭銳為南平王，封蕭鏗為宜都王，封自己的兒子蕭子明為武昌王，封蕭子罕為南海王。

二月初二日辛巳，齊世祖武皇帝任命征虜將軍楊炅為沙州刺史、封其為陰平郡王。○二十二日辛丑，齊世祖武皇帝任命宕昌縣一帶的羌族人首領梁彌機為河、涼二州刺史，任命鄧至城一帶的羌族人首領像舒為西涼州刺史。

劉宋王朝末年，朝廷認為地方官吏每六年為一任期時間太長，於是便以三年為一任期，三年任滿，叫做小滿。然而由於官員的調任更換、來往路途需要耗費很多時日，所以又不能完全按照三年一任的規定辦理。三月初四日癸丑，齊世祖武皇帝下詔，從今以後任期一律以三年任滿為限。

齊國的有關部門因為星辰的運行發生錯亂，因而上書給世祖武皇帝，請求通過舉行祭祀活動求得上天將其改正過來。世祖武皇帝說：「對待天象變化的做法，最好是做一些實際性的工作，而不是靠花里胡哨的表演。我嚴格要求自己治理好國家，時常想著把對百姓有好處的政策搞得更好一些，如果引起災難的根源在我，祭祀祈禱又有什麼用處呢？」

夏季，四月初四日壬午，齊世祖武皇帝下詔說：「袁粲、劉秉、沈攸之，雖然他們都沒有保持自己的晚節，沒有一個好的結局，但他們前半生對國家忠心耿耿，還是有可取之處的。」命令都要以禮把他們重新安葬。

齊世祖武皇帝在做太子的時候，認為在兄弟中自己的年齡最大，與太祖蕭道成共同創立了大業，因此朝廷中的各種事務無論大小，一般都是獨斷專行，有許多事情都違背了制度，不按章程辦。他特別信任自己身邊的張景真，張景真因此驕奢淫逸，身上的配飾、使用的器物，都超越本分地和皇帝的生活排場一樣。朝廷內外的官員都因為懼怕他的權勢，沒有人敢對他提出批評。

在司空褚淵的手下擔任諮議參軍的荀伯玉，一向受到齊太祖蕭道成的信任與厚待，他歎息著說：「太子的所作所為，皇帝始終不知情，我豈能因為懼怕被殺頭，而使皇帝的耳目受到蒙蔽？我不將事情的真相奏報給皇帝知道，還有誰去奏報？」於是趁著皇太子蕭賾離開朝廷前往祭拜祖先陵墓的機會，祕密地把皇太子的所作所為報告了蕭道成。蕭道成一怒之下，立即命人查抄了皇太子所居住的東宮。

皇太子蕭賾祭陵返回途中，到達建康城東南方的方山時，天色已晚，便準備停船夜宿，豫章王蕭嶷從東府騎著一匹名叫飛鷰的好馬向東來迎接太子，他把父皇蕭道成正在發怒的原因詳細地告訴了蕭賾。蕭賾遂連夜趕回京城，入宮拜見皇帝，齊太祖也推遲了宮門上鎖的時間等待著蕭賾回宮。第二天，齊太祖派南郡王蕭長懋、聞喜公蕭子良宣讀皇帝的敕命，對皇太子蕭賾進行責問，並出示張景真的罪狀給皇太子看，讓皇太子下令逮捕張景真，把張景真殺死。皇太子非常憂心恐懼，於是假託有病而不入朝。

過了一個多月，齊太祖仍然怒氣不消，白天躺在太陽殿休息，王敬則逕直進入太陽殿，他向太祖磕頭說：「陛下即位為帝擁有天下的時間還不長，皇太子蕭賾原本沒犯什麼錯事卻受到您的責備，致使人心恐懼，希望陛下親自前往東宮向皇太子解釋清楚。」齊太祖沒有說話。王敬則便大聲宣布皇帝的旨意：準備好皇帝的車駕行裝，皇帝要到東宮去。又以皇帝的口氣命令御廚房前往東宮準備宴席，又招呼皇帝的左右侍從把皇帝的車駕開過來。而齊太祖卻連一點動身前往東宮的意思都沒有，王敬則讓人把齊太祖的衣服拿過來，親自給太祖穿上，就強拉著齊太祖登上了車子。齊太祖迫不得已勉強來到東宮，他將自己那些被封為王的兒孫們召來一同在東宮的玄圃飲宴。長沙王蕭晃親手為齊太祖擎著大傘，臨川王蕭映親手執著雉尾扇站在齊太祖的身後，聞喜公蕭子良親手為齊太祖提著酒壺，南郡王蕭長懋親手為自己的父親和叔叔們斟酒勸飲，皇太子蕭賾和豫章王蕭嶷、王敬則親手為齊太祖捧著酒菜飲食，宴席一直延續到傍晚時分，大家都喝得十分盡興，太祖才返回皇宮。

齊太祖稱讚荀伯玉是一個誠實盡忠之臣，於是更加親近他、信任他，有關國家的軍政機密之事，大多都委託給荀伯玉辦理，其權勢之大，震撼了朝中所有的高員。荀伯玉為自己的母親辦喪事，在距離荀伯玉的住宅還有二里遠的地方，前來弔唁的車子就已經塞滿了道路。擔任左衛率將軍的蕭景先、擔任侍中的王晏一同前去弔唁，他們從早上開始排隊等候，一直等到天黑才得以進去弔唁。等到弔唁完畢出來，二人又飢餓又困乏，頭暈眼花，連呼吸都感到困難了，憤怒與不滿的情緒從他們說話的聲音和臉色上毫不掩飾地表現出來。

第二天，他們二人向齊太祖奏報說：「我們所看到的皇宮和太子宮的大門口，如果和荀伯玉家比起來，真可以說得上是門可羅雀了。」王晏，是王敬弘的姪子。

擔任驍騎將軍的陳胤叔，早先也曾經向齊太祖奏報過張景真以及太子蕭賾的種種過失，然而在告訴太子蕭賾的時候都說是「荀伯玉向皇帝報告的」，因此太子蕭賾非常怨恨荀伯玉。

齊太祖暗中有讓豫章王蕭嶷取代蕭賾為太子的意思，而豫章王蕭嶷對太子蕭賾卻更加謹慎、恭敬，所以太子蕭賾與豫章王蕭嶷之間的兄弟感情一直很深，經久不衰。

擔任豫州刺史的垣崇祖不投靠、不巴結太子蕭賾，恰逢垣崇祖打敗了魏國軍隊的入侵，齊太祖召垣崇祖回朝，與他密謀軍國大計。太子對垣崇祖產生了懷疑，表面上卻勉強地裝出一副禮敬的樣子，對垣崇祖說：「民間都傳說你『不親附太子』，對此我並不放在心上，從今以後我把自己的榮華富貴都寄託在你的身上了。」垣崇祖向他叩拜，感謝太子對自己的信任。碰巧太祖蕭道成又派遣荀伯玉，向垣崇祖傳達了有關邊防事務的命令，垣崇祖接到皇帝的命令之後便連夜出發了，沒有來得及到東宮向皇太子辭行。太子認為垣崇祖對自己還有些背著、掖著的事情，因而越加地將他們記恨在心。

齊太祖臨終之前，用手指著荀伯玉囑咐太子蕭賾一定要善待他。蕭賾即位之後，垣崇祖的官職升到了五兵尚書，荀伯玉的官職升到了散騎常侍。荀伯玉心懷憂愁恐懼，世祖武皇帝因為荀伯玉與垣崇祖關係密切，恐怕他們聯合起來發動變亂，於是加意地安撫他們。四月初九日丁亥，世祖武皇帝下詔誣陷垣崇祖招引、勾結生活在長江以北、淮河以南的流浪者以及由北方過來的人，準備與荀伯玉一起造反，所以把垣崇祖、荀伯玉全都逮捕起來殺了。

四月二十二日庚子，魏國的孝文帝前往崞山巡視。二十四日壬寅，拓跋宏從崞山返回平城的皇宮。

按照魏國的曆法，閏四月初五日癸丑，魏國孝文帝後宮的嬪妃在平涼郡長大的林氏生下皇子拓跋恂，魏國因此實行大赦。文明皇太后認為應當立拓跋恂為皇太子，於是令林氏自殺而死，文明皇太后親自撫養拓跋恂。

五月戊寅朔，魏孝文帝前往武州山的石窟佛寺。

齊國擔任車騎將軍的張敬兒特別相信夢，當初他擔任南陽郡太守的時候，他的妻子尚氏夢見自己的一隻手熱得像火一樣；等到張敬兒擔任雍州刺史的時候，他的妻子尚氏又夢見自己的一個肩膀發熱；等到張敬兒被加授開府儀同三司的時候，他的妻子夢見自己半個身子發熱。張敬兒升官的欲望沒有止境，他曾經對自己的親信說：「我的妻子又夢見自己渾身發熱了。」自己又說夢見老家村裡的社樹高得快要頂到天了，世祖武皇帝聽說此事之後心裡非常厭惡張敬兒。垣崇祖被殺之後，張敬兒心裡也驚疑不定，碰巧有人向朝廷告發張敬兒派人到蠻族地區做買賣，世祖武皇帝懷疑張敬兒想要造反稱帝。恰逢世祖武皇帝在華林園舉辦八關齋會，滿朝文武大臣全都在座，世祖武皇帝便當著滿朝文武的面逮捕了張敬兒。張敬兒把飾有金蟬貂尾的帽子摘下來扔到地下，說：「都是為了追求這個東西使我倒了楣！」閏五月二十日丁酉，殺死了張敬兒，同時被殺的還有他的四個兒子。

張敬兒的弟弟張恭兒，經常擔心哥哥的災禍會殃及到自己，他居住在冠軍縣，從來沒有出過襄陽郡，居住的村莊又很偏僻，道路難走，家裡的院牆一重又一重。張敬兒每次派人到弟弟家送信，張恭兒都要先騎上馬抄起弓箭，然後再開門會見來使。張敬兒被殺的消息傳來之後，張恭兒立即攜帶著家眷和全部家當逃入蠻人居住的地區，後來他自己離開蠻人居住區，世祖武皇帝饒恕了他。

張敬兒的女兒是擔任征北諮議參軍的謝超宗的兒媳婦，謝超宗對擔任丹楊尹的李安民說：「『往年殺掉了韓信，今年殺死了彭越』，丹楊尹您將作何打算？」李安民把謝超宗的話一一地報告給了齊武帝蕭賾。齊武帝一向討厭謝超宗的輕浮、傲慢，於是趁機指使兼任御史中丞的袁彖上書彈劾謝超宗，五月初九日丁巳，蕭賾下令逮捕謝超宗，將謝超宗交付給廷尉審理，廷尉判處謝超宗流放越巂郡，在流放途中，齊武帝下詔賜謝超宗自殺。齊武帝認為袁彖彈劾謝超宗的言辭不夠嚴厲，就又指使擔任左丞的王逡之上書彈劾袁彖的奏章對謝超宗的罪行輕描淡寫，指斥得不深刻，歪曲法律條文，縱容犯罪之人，袁彖因此獲罪被免去官職，十年內不許進入官場。謝超宗，是謝靈運的孫子。袁彖，是袁顗的姪子。

秋季，七月初一日丁丑，魏國的孝文帝和皇太后馮氏前往神淵池。初八日甲申，從神淵池前往方山。○魏國朝廷臨時授予頓丘郡人李彪為員外散騎常侍，派遣他為使者到齊國進行友好訪問。

齊國擔任侍中、左光祿大夫、開府儀同三司的王僧虔堅決要求辭掉開府儀同三司這一加官，他對自己的姪子王儉說：「你在朝中擔任重要職務，很快就會升任司徒、司空、司馬這三個職務中的一職，我如果再接受開府儀同三司，我們一門之中就有兩個居於三公之位的人，我對此實在是感到恐懼。」王僧虔要求辭掉開府儀同三司堅持了將近一年的時間，齊武帝這才答應了他的請求。七月二十二日戊戌，加授王僧虔為特進。王儉建造長梁齋，其華麗、富貴的標準稍微超過了朝廷的規定，王僧虔看到之後，非常不高興，連門都沒進，王儉當天就把長梁齋拆毀了。

當初，王弘與自己的兄弟們聚會的時候，任憑自己的子孫隨意玩耍、遊戲。王僧達跳在地上裝扮老虎；王僧綽端坐在那裡，採集蠟燭上流下的蠟油捏成鳳凰的形狀，王僧達奪過來就給弄壞了，王僧綽一點也不覺得可惜；王僧虔把十二枚棋子疊成高高的一摞，既不倒塌，也不用重新疊過。王弘看著他們歎息著說：「僧達瀟灑豪邁，應當不會比別人差，然而恐怕終將給我們家族造成災難；僧綽會以美好的聲譽被人稱道；僧虔一定是一位厚道人，官位做到三公。」後來他的預言都得到了驗證。

八月十四日庚申，齊國的驍騎將軍王洪範出使柔然順利返回，沿途經過了三萬多里。

冬季，十月二十一日丙寅，齊武帝派遣擔任驍騎將軍的劉纘為使者前往魏國進行回訪，魏國主管接待賓客的李安世負責接待劉纘。魏國人拿出收藏在皇宮中的財寶，讓商人拿到集市上去賣。劉纘說：「魏國的金玉太不值錢了，一定是魏國的山川出產這些東西。」李安世說：「我們魏國的皇帝不把金玉看得很貴重，所以金玉的價值就如同瓦礫一樣不值錢。」劉纘最初本想多買一些帶回齊國，聽李安世這麼一說，心裡感到很慚愧所以就停止了購買。劉纘多次接受使命到魏國訪問，馮太后遂暗中與劉纘私通。

十二月初一日乙巳，發生日蝕。○初九日癸丑，魏國開始禁止同一姓氏之間互通婚姻。○齊武帝提升王儉為衛將軍，讓王儉參與掌管吏部選拔官員之事。

這一年，齊國撤銷了巴州的建制。

魏國擔任秦州刺史的于洛侯，性情殘暴酷烈，處決犯人的時候甚至會砍斷犯人的手腕、拔去犯人的舌頭，再把囚犯的四肢砍下來分別懸掛起來示眾。整個秦州的百姓無不感到驚慌恐懼，秦州人王元壽等人幾乎是在同一時間一同起來造反。朝廷的有關部門上書彈劾于洛侯，魏孝文帝派使者來到秦州，在于洛侯經常殺人的地方向官吏和百姓宣告朝廷的決定，然後把于洛侯斬首。

魏國擔任齊州刺史的韓麒麟，治理政務主張寬鬆，擔任從事的劉普慶規勸韓麒麟說：「您身為州刺史，掌管著一片這麼大的區域，卻連一個人也沒有誅殺，您靠什麼來樹立自己的威望呢？」韓麒麟回答說：「刑罰是為了制止壞人做壞事，仁愛的人在迫不得已的情況下才使用刑罰。如今百姓不犯法，讓我去誅殺誰呢？如果一定要靠殺人然後才可以樹立威風，那就讓我拿你開刀吧！」劉普慶感到非常慚愧和恐懼，立即起身告辭而去。

【研　析】本卷寫齊高帝蕭道成建元元年（西元四七九年）至齊武帝蕭賾永明元年（西元四八三年）共五年間的劉宋、南齊與北魏等國大事，主要寫了蕭道成在褚淵、王儉、張敬兒、王敬則等一批心腹的擁戴下，篡奪了劉宋的政權，殺死宋順帝，自己做了皇帝，建立了齊王朝；與魏國聞蕭氏篡宋，以納劉宋的子弟劉昶回國復仇為名，連續地派將率兵南侵，南齊守將奮勇抵抗，連挫魏軍，劉昶等無功而退；以及蕭道成的太子蕭賾不遵制度，父子矛盾尖銳，以致差點兒蕭賾被廢的一些事實。其中值得議論的主要有以下幾點：

其一，蕭道成之篡宋，與當年劉裕之篡晉過程相同，手續做法也相同，弱肉強食，沒必要再論誰是誰非，但僅從誰更討厭的角度上略說一點還是可以的。劉裕在篡位前的確建立過百多年來別人未嘗建立的奇功，因此劉裕即位為帝是順天理、合人心的大好事，沒有任何人說他不應該，這是第一點；而蕭道成則幾乎是對國家、對黎民百姓沒有做過一點讓人稱道的好事，所以其行徑只是令人厭煩而已。再有就是在移交政權的情節上也還略有不同，清代丁晏說：「宋、齊雖稱以篡弒得國，而宋猶為『彼善於此』者。蓋宋之受禪也，晉帝欣然寫禪詔，謂左右曰：『桓玄之世，晉世本無天下，重為劉公所延將二十載。今日之事，本所甘心。』是雖不得已之言，然宋亦可以釋愧矣。齊之受禪也，『宋主不肯臨軒，王敬則勒兵入迎，太后懼，自帥閹人索得之。』敬則啟譬令出，宋主收淚謂曰：『欲見殺乎？』敬則曰：『出居別宮耳。』宋主泣曰：『願後身世世勿復生天王家！』此其情詞之慘，齊亦何忍乎？」就是這樣一個十三歲的小可憐，還是被蕭道成殺死了，而且把劉氏家族殺了個一乾二淨。

其二，也正是人們首先討厭蕭道成，所以對為虎作倀的褚淵與王儉也頗多嘲諷之意。當蕭道成篡位事畢，對褚淵、王儉大加封賞的時候，處士何點故意聳人聽聞地對人說：「我作《齊書》已竟，贊云：『淵既世族，儉亦國華，不賴舅氏，遑恤國家？』」當褚淵上朝，走在街上以扇障日時，劉宋元勳劉穆之的孫子劉祥過來說：「作如此舉止，羞面見人，扇障何益？」淵曰：「寒士不遜！」祥曰：「不能殺袁、劉，安得免寒士？」別人嘲諷如此，其弟褚炤歎息地說：「門戶不幸，乃復有今日之拜。使彥回作中書郎而死，不當為一名士邪？名德不昌，乃復有期頤之壽！」意思是說如果褚淵早死一些年，該是多麼好的一個人？老天爺偏偏讓他長壽，活到現在做出這樣丟人現眼的事！連他的兒子褚賁也感到羞恥，在褚淵死後也不願意繼承他的爵位，而辭官不做，回家住到墓地，一直到死。歷史家不厭其煩地羅列這些，也不過就是表達了一種態度。清代王夫之說：「黨篡逆而叨佐命之賞者多矣，有志同謀合而悅以服焉者，有私恩固結而不解者，有不用於時而奮起以取高位者，其下則全軀以保祿位被脅而詭隨者，凡此，以君子之道責之則無可容；以小人之情度之則猶相諒，而淵皆不然。淵者，聯姻宋室，明帝任之為冢宰者也。其時齊高，一巴陵王之偏裨耳。淵不藉之以貴，抑未嘗與協謀而相得，恩所不加，志所不合，勢不相須，權不相下。乃其決於黨逆，而終始成乎篡逆者，無他，己則不孝，脫衰干進，而忌袁粲之終喪，欲奪粲以陷之死。宋不亡，齊不篡，則粲不死，遂以君授人而使加以刃，遂傾其祚，皆快意為之而不恤，於是永為禽獸，不足比數於人倫。故閨門之內，弟願其死，子畏其汙，子弟不願以為父兄，而後雖穨風流靡之世亦不足以容。不然，何獨於淵而苛責之哉？」對褚淵甘心為此的原因做如此解釋，雖然未能令人充分滿意，但畢竟是一種說法。

其三，是劉昶引魏兵南侵，是否可比伍子胥，可不可以看成是一種復仇？劉昶是宋文帝劉義隆的兒子，因與其兄孝武帝劉駿有矛盾，在其兄死後，其姪廢帝在位時，劉昶起兵奪權不勝，逃向魏國，被魏主視為奇貨可居，招為駙馬。蕭道成篡位後，劉昶說動魏主，魏主令其統兵南侵。清代王夫之對此嚴厲地說：「齊無寸功於天下，乘昏虐而竊其國，弒其君，盡滅其族，神人之所不容，義之必討者也。劉昶以宋室懿親，擁拓跋氏之眾三十萬以向壽陽，流涕縱橫遍拜將士，求泄其大仇，於義無不克者也；而困於垣崇祖之孤軍，狼狽而退；再舉以嚮甬城，周盤龍父子兩騎馳騁萬眾之中，退縮還師。然則智力伸而義詘，將天之重護蕭齊以佑亂賊、挫忠孝哉？蓋昶者，非可以義服人者也。其奔也不仁，其仕於拓跋氏也不正；而其假於報仇以南侵也又豫為稱藩於魏之約，以蔑中夏之餘緒；則其挾強夷以逞也，乘國之亡而遂其私也。」說得很有道理。民族大義是一個方面，單從個人的能力才智而言，劉昶其人也遠遠不是蕭道成的對手。倘若掌了權，只能比蕭道成更差。而且事實上他也完全沒有號召劉氏遺民的能力，而且也根本沒有什麼更多的劉氏遺民可供他號召！

其四，本卷寫了蕭賾為太子時的兩個毛病，一個是寵用小人張景真；一個是他自己的「朝事大小，率皆專斷，多違制度」。應該說是有些問題，但也不是太了不起，因為他很快就要成為皇帝了。但這時偏又出了個荀伯玉，他為了顯示自己的「正直敢言」，趁蕭賾出城為其母掃墓的時機在蕭道成面前告了蕭賾一狀，於是蕭道成大怒，就準備要廢掉蕭賾，改立別的兒子做接班人。事情太大了，弄不好就會有一場大事變。這時多虧了太子蕭賾的弟弟豫章王蕭嶷與蕭道成的開國元勳王敬則。先是蕭嶷出於真摯的兄弟情誼，給其兄連夜出城送訊，讓蕭賾當晚返回宮廷，先消解了當時的燃眉之急。接著就是老臣王敬則挺身而出對皇帝與太子的大力撮合。歷史家於此寫道：「月餘，太祖怒不解，晝臥太陽殿，王敬則直入，叩頭啓太祖曰：『官有天下日淺，太子無事被責，人情恐懼；願官往東宮解釋之。』太祖無言。敬則因大聲宣旨，裝束往東宮；又敕太官設饌；呼左右索輿；太祖了無動意。敬則索衣被太祖，仍牽強登輿。太祖不得已至東宮，召諸王宴於玄圃。長沙王晃捉華蓋，臨川王映執雉尾扇，聞喜公子良持酒鎗，南郡王長懋行酒，太子及豫章王嶷、王敬則自捧酒饌，至暮，盡醉乃還。」這段描寫不長，但言外可以想像到王敬則與蕭嶷等人在下面做了多麼充分的準備，他們是如何地把眾家兄弟團和在一起，又是仗著王敬則這種老關係，連拉帶扯把本來不很同意的蕭道成硬是拉到了這種天倫之樂的環境氛圍之中，從而化解了一場巨大的災變。這段故事寫得好極了，充滿著人情味，也有許多深刻的可讓人們思考的東西。

卷第一百三十六

齊紀二

起閼逢困敦（甲子 西元四八四年），盡屠維大荒落（己巳 西元四八九年），凡六年。

【題解】本卷寫齊武帝永明二年（西元四八四年）至永明七年共六年間的南齊與北魏等國的大事。主要寫了齊國司徒竟陵王蕭子良的愛好文學、親近士人、信奉佛教的生活習性；寫了范縝著〈神滅論〉，堅持唯物，藐視官場而不為之低頭的氣概；寫了長沙王蕭晃、武陵王蕭曅與武帝蕭賾之間的一些矛盾；寫了始興王蕭鑑的為人平易而度量宏闊，任荊州刺史能和輯一方；寫了豫章王蕭嶷的謙卑自律，與諸兄弟的友愛情深，上卷寫了蕭嶷的救助兄長蕭賾，本卷又寫了他救助長沙王蕭晃的感人情節；寫荒人桓天生勾結魏人入寇，舞陰守將殷公愍等擊破之；寫魏軍進攻角城，被齊淮陰軍主擊退；寫桓天生又引魏軍入寇，被齊將曹虎擊退；而齊將陳顯達攻魏之醴陽，拔之，又攻魏之沘陽，守將韋珍擊破之，陳顯達引還等一些兩國的邊境磨擦；寫了魏國開始給各級官員頒發俸祿，同時亦力禁貪汙，馮太后不避貴戚，魏主令群臣凡「自審不勝貪心者，聽辭位歸第」云云；寫魏主下令嚴禁圖讖，並禁巫覡、卜筮，寫馮太后頒〈皇誥〉於天下，以見魏主與馮太后之英明與多才；寫魏國實行均田制、建立民間基層的管理機構，並清查戶口，實行新的賦稅制度；寫魏國分置州郡，官員實行五等公服，親民官依戶給俸；寫魏國代地大旱，飢民死者甚多，齊州刺史韓麒麟上表建議國家重農，鼓勵從事農業、積蓄糧食，頗似漢代鼂錯之〈論貴粟疏〉；寫儒臣高祐勸魏主以善政止盜，強調唯才是舉，又在縣、黨基層建立學校；寫魏主詔罷「無益之作」，詔罷「尚方錦繡、綾羅之工」，出內外府庫之積物以分賜百官及天下之鰥寡孤獨等人，以見魏主與馮太后之力行節儉，廣行善政；寫魏臣李彪建議在京城與各州郡設立常平倉；又建議一視同仁地任用新區的人才，以懷徠江南；又言雖不株連九族，但家有罪犯，任職之親屬當公開引咎，以服人心；寫南齊的茹法亮、呂文顯、紀僧珍等因受武帝蕭賾的寵信而壟斷朝權，大肆納賄，群臣不滿；又因虞玩之、呂文度等審查戶籍，大肆黜落人丁，從而激起民變，變民頭領竟攻下錢唐，自立為帝；至朝廷派兵進剿，平息變民之亂後，又縱兵搶掠百姓，以見南朝之腐朽；寫南齊之西陵戍主杜元懿自請利用西陵地區的水利設施重斂百姓，為朝廷興利，行會稽郡事顧憲之上書暢駁之，並連帶痛斥那些殘民以逞之徒，文章絕妙；寫南齊官員張緒、江斅、謝瀹為官直正，不為權臣佞幸蕭晃、紀僧真等所屈；此外還寫了敕勒進攻柔然，被柔然大破於西漢，以及魏國的儒學老臣高允死，南齊的權臣王儉死等等。

世祖武皇帝上之下

永明二年（甲子　西元四八四年）

春，正月乙亥❶，以後將軍柳世隆❷為尚書右僕射；竟陵王子良❸為護軍將軍兼司徒，領兵置佐❹，鎮西州❺。子良少有清尚❻，傾意賓客❼，才儁❽之士，皆遊集其門。開西邸❾，多聚古人器服❿以充之。記室參軍⓫范雲、蕭琛⓬、樂安任昉⓭、法曹參軍王融⓮、衛軍東閤祭酒⓯蕭衍⓰、鎮西功曹謝朓⓱、步兵校尉沈約⓲、揚州秀才⓳吳郡陸倕⓴，並以文學尤見親待㉑，號曰「八友」。法曹參軍柳惲㉒、太學博士王僧孺㉓、南徐州㉔秀才濟陽江革㉕、尚書殿中郎范縝㉖、會稽孔休源㉗亦預焉。琛，惠開㉘之從子。惲，元景㉙之從孫。融，僧達㉚之孫。衍，順之㉛之子。朓，述㉜之孫。約，璞㉝之子。僧孺，雅㉞之曾孫。縝，雲㉟之從兄也。

子良篤好釋氏㊱，招致名僧，講論佛法，道俗之盛㊲，江左未有㊳。或㊴親為眾僧賦食、行水㊵，世頗以為失宰相體㊶。

范縝盛稱無佛。子良曰：「君不信因果㊷，何得有富貴、貧賤？」縝曰：「人生如樹花同發，隨風而散：或拂簾幌㊸墜茵席㊹之上，或關籬牆㊺落糞溷㊻之中。墜茵席者，殿下是也；落糞溷者，下官㊼是也。貴賤雖復殊途㊽，因果竟在何處㊾？」子良無以難㊿。縝又著神滅論(51)，以為：「形者神之質(52)，神者形之用(53)也。神之於形(54)，猶利之於刀(55)，未聞刀沒而利存(56)，豈容形亡而神在哉？」此論出，朝野諠譁(57)，難之終不能屈(58)。太原王琰(59)著論譏縝(60)曰：「嗚呼范子！曾不知(61)其先祖神靈所在！」欲以杜縝後對(62)。縝對曰：「嗚呼王子！知其先祖神靈所在而不能殺身以從之(63)！」子良使王融謂之曰：「以卿才美(64)，何患(65)不至中書郎(66)？而故乖剌為此論(67)，甚可惜也！宜急毀棄之。」縝大笑曰：「使(68)范縝賣論取官，已至令、僕(69)矣，何但中書郎邪(70)？」

蕭衍好籌略[71]，有文武才幹，王儉深器異[72]之，曰：「蕭郎出三十[73]，貴不可言。」

壬寅[74]，以柳世隆為尚書左僕射，丹楊尹李安民為右僕射，王儉領丹楊尹。

夏，四月甲寅[75]，魏主如方山。戊午[76]，還宮。庚申[77]，如鴻池[78]。丁卯[79]，還宮。

五月甲申[80]，魏遣員外散騎常侍李彪等來聘[81]。

六月壬寅朔[82]，中書舍人[83]吳興茹法亮[84]封望蔡男[85]。時中書舍人四人，各住一省[86]，謂之「四戶」，以法亮及臨海呂文顯[87]等為之。既總重權[88]，勢傾朝廷，守宰[89]數遷換去來[90]，四方餉遺[91]，歲數百萬。法亮嘗於眾中語人曰：「何須求外祿[92]？此一戶中，年辦百萬[93]。」蓋約言之[94]也。後因天文有變[95]，王儉極言文顯等專權徇私，上天見異[96]，禍由四戶[97]。上手詔酬答[98]，而不能改也。

魏舊制：戶調[99]帛二匹，絮二斤，絲一斤，穀二十斛[100]；又入帛一匹二丈[101]，委之州庫，以供調外之費[102]；所調[103]各隨土之所出[104]。丁卯[105]，詔曰：「置官班祿[106]，行之尚矣[107]。自中原喪亂[108]，茲制中絕[109]。朕憲章舊典[110]，始班俸祿。戶增調帛三匹，穀二斛九斗，以為官司之祿[111]，增調外帛二匹。祿行[112]之後，贓[113]滿一匹者死。

變法改度，宜為更始[114]，其大赦天下。」

秋，七月甲申[115]，立皇子子倫[116]為巴陵王。○乙未[117]，魏主如武州山[118]石窟寺。

九月，魏詔，班祿以十月為始，季別受之[119]。舊律，枉法十匹，義贓[120]二十匹，罪死。至是[121]，義贓一匹，枉法無多少，皆死。仍分命使者，糾按[122]守宰之貪者。

秦、益二州刺史恆農李洪之[123]以外戚貴顯，為治貪暴，班祿之後，洪之首以贓敗[124]。魏主命鎖赴平城，集百官親臨數[125]之，猶以其大臣，聽[126]在家自裁。自餘守宰坐贓死者四十餘人。受祿者無不跼蹐[127]，賕賂殆絕[128]。然吏民犯它罪者，魏主率寬之[129]。疑罪奏讞[130]多減死徙邊[131]，歲以千計。都下決大辟[132]，歲不過五六人，州鎮亦簡[133]。

久之，淮南王佗[134]奏請依舊斷祿[135]，文明太后召羣臣議之。中書監高閭[136]以為：「飢寒切身，慈母不能保[137]其子。今給祿，則廉者足以無濫[138]，貪者足以勸慕[139]；不給，則貪者得肆其姦，廉者不能自保[140]。淮南之議，不亦謬乎？」詔從閭議。

閭又上表，以為「北狄悍愚[141]，同於禽獸。所長者野戰，所短者攻城。若以狄之所短奪其所長，則雖眾不能成患，雖來不能深入。又，狄散居野澤，隨逐水草，戰則與家業並至，奔則與畜牧俱逃，不齎[142]資糧而飲食自足，是以歷代能為邊患。六鎮[143]勢分[144]，倍眾不鬬[145]，互相圍逼，難以制之。請依秦、漢故事[146]，於六鎮之北築長城，擇要害之地，往往開門[147]，造小城於其側，置兵扞守[148]。狄既不攻城，野掠無獲，草盡則走，終必懲艾[149]。計[150]六鎮東西不過千里[151]，一夫一月之功可城三步之地[152]，彊弱相兼[153]，不過用十萬人，一月可就。雖有暫勞[154]，可以永逸。凡[155]長城有五利：罷遊防[156]之苦，一也；北部放牧無抄掠之患，二也；登城觀敵，以逸待勞，三也；息無時之備[157]，四也；歲常遊運[158]，永得不匱[159]，五也。」魏主優詔[160]答之。

冬，十月丁巳[161]，以南徐州刺史長沙王晃[162]為中書監。初，太祖臨終，以晃屬帝[163]，使處於輦下[164]或近藩[165]，勿令遠出。且曰：「宋氏若非骨肉相殘，它族豈得乘其弊[166]？汝深誡之！」舊制：諸王在都[167]，唯得置捉刀左右[168]四十人。晃好武飾[169]，及罷南徐州，私載數百人仗[170]還建康，為禁司[171]所覺，投之江水。帝聞之，大怒，將糾以法[172]，豫章王嶷[173]叩頭流涕曰：「晃罪誠不足宥[174]，陛下當憶先朝[175]念晃。」帝亦垂泣，由是終無異意[176]，然亦不被親寵。論者謂帝優於魏文[177]，減於漢明[178]。

武陵王曅[179]多材藝而疏婞[180][1]，亦無寵於帝。嘗侍宴，醉伏地，貂抄肉柈[181]。帝笑曰：「肉汙貂[182]。」對曰：「陛下愛羽毛而疏骨肉。」帝不悅。曅輕財好施，故無蓄積。名後堂山曰首陽[183]，蓋怨貧薄也。

高麗王璉[184]遣使入貢於魏，亦入貢於齊。時高麗方彊，魏置諸國使邸[185]，齊使第一，高麗次之。

益州大度獠[186]恃險驕恣，前後刺史不能制。及陳顯達[187]為刺史，遣使責其租賧[188]。獠帥曰：「兩眼刺史尚不敢調我[189]，況一眼乎[190]？」遂殺其使。顯達分部將吏，聲言出獵，夜往襲之，男女無少長皆斬之。

晉氏以來，益州刺史皆以名將為之。十一月丁亥[191]，帝始以始興王鑑[192]為督益、寧[193]諸軍事、益州刺史，徵顯達為中護軍[194]。先是，劫帥[195]韓武方聚黨千餘人斷流為暴[196]，郡縣不能禁。鑑行至上明[197]，武方出降，長史虞悰[198]等咸請殺之。鑑曰：「殺之失信，且無以勸善[199]。」乃啟臺[200]而宥之，於是巴西[201]蠻夷為寇暴者皆望風降附。鑑時年十四，行至新城[202]，道路籍籍[203]，云「陳顯達大選士馬，不肯就徵[204]。」乃停新城，遣典籤張曇晳往觀形勢。俄而顯達遣使詣鑑，咸勸鑑執之[205]。

鑑曰：「顯達立節本朝[206]，必自無此。」居二日，曇晳還，具言[207]「顯達已遷家出城，日夕[208]望殿下至。」於是乃前。鑑喜文學，器服如素士[209]，蜀人悅之。

乙未[210]，魏員外散騎常侍李彪等來聘。

是歲，詔增豫章王嶷封邑[211]為四千戶。宋元嘉之世，諸王入齋閤[212]，得白服、帬帽見人主[213]，唯出太極四廂[214][2]，乃備朝服[215]。自後此制遂絕[216]。上於嶷友愛，宮中曲宴[217]，聽依元嘉故事[218]。嶷固辭不敢，唯車駕至其第[219]，乃白服、烏紗帽以侍宴[220]。至於衣服、器用制度[221]，動皆陳啓[222]，事無專制[223]，務從減省。上并不許[224]。嶷常慮盛滿[225]，求解揚州[226]，以授竟陵王子良。上終不許，曰：「畢汝一世，無所多言。」嶷長七尺八寸[227]，善修容範[228]，文物衛從[229]，禮冠百僚，每出入殿省，瞻望者無不肅然。

交州刺史李叔獻[230]既受命，而斷割外國貢獻[231]。上欲討之。

【章　旨】以上為第一段，寫齊武帝永明二年（西元四八四年）一年間的大事。主要寫了齊國司徒竟陵王蕭子良的愛好文學、親近士人、信奉佛教的生活習性；寫了范縝著〈神滅論〉，驚世駭俗，藐視官場而不為之低頭的氣概；寫了長沙王蕭晃因違反章程帶兵眾入都，為有司所糾，差點被齊武帝所殺；寫武陵王蕭曄因與齊武帝感情疏遠，而內心不平，發語怨懟；寫了始興王蕭鑑的為人平易而度量宏闊，能妥當處理歸附的江中劫賊，並對前任刺史功臣陳顯達有正確估計，在任荊州刺史能和輯一方的情景；寫了豫章王蕭嶷的謙卑自律，與諸兄弟友愛情深，上卷寫了蕭嶷的救助兄長蕭賾，本卷又寫了他救助長沙王蕭晃的感人情節；寫了魏國開始為各級官員頒發俸祿，同時加強打擊貪汙犯罪，貪贓之事殆為之絕，其他各種犯罪也相應減少；寫了魏國儒臣高閭建議效秦、漢之對付匈奴，在北部邊境修築長城，並論述修築長城的好處有五；此外還寫了齊武帝寵信佞幸茹法亮、呂文顯等人，致使茹法亮等專權納賄，勢傾朝廷等等。

【注釋】❶正月乙亥　正月初二。❷柳世隆　劉宋名將柳元景之姪，沈攸之起兵討蕭道成，柳元景將之阻擋在郢州，於蕭氏有大功。入齊後，為侍中、尚書右僕射；出為南兗州刺史；武帝即位後，先後為護軍將軍、尚書令等職。傳見《南齊書》卷二十四。❸竟陵王子良　武帝蕭賾之第二子，好文史，禮賢下士。傳見《南齊書》卷四十。❹置佐　配置僚屬。❺西州　即西州城，因在建業城之西，故名。舊址在今南京的西側。❻清尚　清雅、高尚，指不好權勢、不慕利祿等等。❼傾意賓客　喜歡結交賓客。傾意，虛心；盡心。❽才儁　才能出眾。儁，通「俊」。❾西邸　西部的府邸，以其在西州，故稱。❿古人器服　古人用過的器具和服飾，即今所謂「文物」。⓫記室參軍　將軍或諸王的僚屬，掌管文書簿籍。此指蕭子良的記室參軍。⓬范雲蕭琛　當時著名的文士。范雲是有名的詩人。傳見《南史》卷五十七。蕭琛少壯好音律、好書及酒，仕齊至尚書左丞。傳見《梁書》卷二十六。⓭樂安任昉　任昉是樂安郡人。博學能文，又是當時的藏書家。官至中書侍郎、司徒右長史。傳見《梁書》卷十四。樂安郡的郡治千乘，在今山東廣饒北。⓮法曹參軍王融　王融是蕭子良的法曹參軍，在其部下掌管刑法。王融是當時有名的文學家，工詩能文，任中書郎。傳見《南齊書》卷四十七。⓯衛軍東閤祭酒　衛將軍王儉屬下的東閤祭酒。衛軍，衛將軍的簡稱。東閤祭酒，位在長史之下，是將軍的高級僚屬。⓰蕭衍　蕭道成的姪孫，即後來篡奪齊朝政權的梁武帝。博學能文，工書法，通音樂，篤信佛教。傳見《梁書》卷一。⓱鎮西功曹謝朓　謝朓是當時最傑出的詩人，其詩號曰「永明體」，後官至尚書吏部郎。此時為征西將軍蕭子隆的功曹參軍。傳見《南齊書》卷四十七。⓲步兵校尉沈約　沈約是當時的著名歷史家、文學家，歷仕宋、齊、梁三朝，著有《宋書》，提出寫詩的「四聲八病」。入梁後曾任尚書僕射、尚書令。傳見《梁書》卷十三。⓳揚州秀才　揚州地區的傑出文學之士。秀才，尚未入仕的文學之士。⓴陸倕　齊、梁時期的文學家，與謝朓等共同創造「永明體」，後累官至太常卿。傳見《梁書》卷二十七。㉑尤見親待　特別受到親密的接待。㉒柳惲　劉宋傑出將領柳元景的姪孫，齊、梁時期的詩人，兩度出任吳興太守，為政清靜。官至廣州刺史、左軍將軍。傳見《梁書》卷二十一。㉓王僧孺　齊、梁時期的詩人、駢文家，此時任太學博士。傳見《梁書》卷三十三。太學博士，即太學裡的教官。㉔南徐州　當時的僑置郡名，郡治即今江蘇鎮江市。㉕濟陽江革　江革在齊朝還是個尚未入仕的文學之士，被蕭子良引為西邸學士。入梁後曾為御史中丞，又為度支尚書，為政清廉。傳見《梁書》卷三十六。濟陽是郡名，郡治在今河南蘭考東北。㉖尚書殿中郎范縝　尚書殿中郎是在殿上值勤的尚書省的官員。范縝是齊、梁時期的傑出哲學家、無神論者，著有〈神滅論〉。入梁後為尚書左丞。傳見《梁書》卷四十八。㉗孔休源　會稽郡人，此時亦未入仕。入梁後為尚書左丞兼御史中丞。傳見《梁書》卷三十六。當時的會稽郡治即今浙江紹興。㉘惠開　蕭惠開，劉宋名將蕭思話之子，曾為益、寧二州刺史。傳見《宋書》卷八十七。㉙元景　柳元景，劉宋名將，曾與魏國作戰有大功，累遷尚書令、驃騎大將軍。傳見《宋書》卷七十七。㉚僧達　王僧達，劉宋前期大官僚王弘之子，王僧綽、王僧虔的堂兄弟。為人多有劣跡，被劉宋王朝所殺。傳見《宋書》卷七十五。㉛順之　蕭順之，蕭道成的堂兄弟。㉜述　謝述，劉宋時曾任中書侍郎、左衛將軍，為官清廉。傳見《宋書》卷五十二。㉝璞　沈璞，劉宋名將沈林子的後代，曾任宣威將軍、盱眙太守。傳見《宋書》卷一百。㉞雅　王雅，東晉後期的大臣，官至左僕射。傳見《晉書》卷八十三。㉟雲　范雲。注已見前。㊱釋氏　佛教、佛教徒。㊲道俗之盛　信奉佛教的風氣之盛。道俗，講佛理、信佛理的風氣。㊳江左未有　自東晉開國以來，前所未有。㊴或　有的時候。㊵賦食行水　送飯送水。賦、行，都是給予、發放的意思。㊶失宰相體　有失宰相的身分。蕭子良當時任司徒，司徒是古代的宰相。㊷因果　佛教的一種學說，認為人間萬事萬物都有前世、今世、來世，都有因果報應。有什麼因，就有什麼果。㊸拂簾幌　擦過簾子和帷幔。㊹墜茵席　落在了褥墊之上。茵席，華麗的坐具。簾幌、茵席都指富貴人家的生活用品。㊺關籬牆　穿過或翻過籬笆、圍牆。㊻落糞溷　落在了糞坑、汙水之中。籬牆、糞溷都指貧窮骯髒之地。㊼下官　謙詞，官吏謙稱自己。㊽雖復殊途　雖然不是同一種生活、同一條道路。復，南朝用語，意思略當於「是」。㊾因果竟在何處　你們所說的因果到底在哪裡。意即不承認富人做壞事下世變窮，窮人做好事而來世可以變富之說。㊿無以難　沒有辦法駁倒他的說法。難，質問；批駁。(51)神滅論　文章篇名，中國歷史上一篇傑出的無神論專著，主旨在於批判靈魂可以脫離人體而單獨存在的說法。神，這裡指精神、靈魂。東漢王充的《論衡》中有〈論死〉、〈死偽〉兩篇，是更早的說明這一問題的傑出論文。但范縝的〈神滅論〉更為前進了一大步。(52)形者神之質　肉體是精神存在的依托。形，肉體。質，依托，藉以存在的實體。(53)神者形之用　精神是肉體產生的一種功能。用，功能的表現。54神之於形　精神對於肉體來說。55猶利之於刀　就好像刀所表現出來的鋒利和刀本身的關係。56未聞刀沒而利存　沒聽說過刀不存在了還有什麼鋒利可言。57詘譁　一片憤怒、反對的聲浪。58難之終不能屈　真正辯論起來誰也辯不倒他。屈，理短，無話再說。59太原王琰　太原郡的文人王琰。這裡的太原郡是南朝的僑置郡，郡治在今江西的彭澤東。60著論譏縝　寫文章批駁范縝。61曾不知　竟然不知道。曾，轉折連詞。居然；根本。62欲以杜縝後對　想用這種罵人的辦法讓范縝沒法再接著辯論。杜，堵；斷絕。後對，接著再辯。63殺身以從之　意即自殺後讓自己的靈魂跟著先人的靈魂走，以表示其孝。64以卿才美　憑著您這麼好的才華。65何患　何憂；何愁。66中書郎　中書省裡的郎官。中書省是為皇帝起草文件的所在，是當時寒門書生所夢寐以求的地方。67故乖剌為此論　故意地寫這種違背人情事理的文章。乖剌，違背常理，驚世駭俗。68使　假如。69已至令僕　早已經做到了尚書令、尚書僕射的職位。70何但中書郎邪　豈只是一個小小的中書郎呢。但，只。71好籌略　善謀略。籌，運籌；設謀。72器異　器重並驚奇他的非同一般。73出三十　過了三十歲以後。74壬寅　正月二十九。75四月甲寅　四月十二。76戊午　四月十六。77庚申　四月十八。78鴻池　也稱旋鴻池，舊址在今山西大同。胡三省引《水經注》曰：「涼城郡旋鴻縣東山下，水積成池，東西二里，南北四里。又，太祖天興二年，穿鴻雁池於平城。」79丁卯　四月二十五。80五月甲申　五月十二。81來聘　來南齊做友好訪問。82六月壬寅朔　六月初一是壬寅日。83中書舍人　中書省的官員，位在侍郎之下，主管傳送文件。84吳興茹法亮　吳興郡人姓茹名法亮。吳興郡的郡治即今浙江湖州。茹法亮在劉宋時為小吏，蕭賾駐兵湓城時，茹法亮投歸其部下；蕭賾即位，任茹法亮為中書舍人，是有名的佞幸之臣。傳見《南齊書》卷五十六。85望蔡男　男爵，封地望蔡縣。望蔡是當時的僑置郡名，取名於思念上蔡，郡治即今江西上高。86各住一省　各自分管一個部門的事務。當時的所謂四省，即中書省、尚書省、門下省、祕書省。胡三省曰：「建武詔命，始不關中書，專出舍人。省內舍人四人，所直四省。據此，四戶，則舍人分往四省，自法亮等始。」87臨海呂文顯　臨海郡人呂文顯。臨海郡的郡治章安，在今浙江臨海東南。呂文顯是當時佞幸之臣，任中書舍人。傳見《南齊書》卷五十六。88總重權　把持大權。因為他們負責各部門長官與皇帝之間的相互溝通，有如現代的所謂聯絡員、特派員。89守宰　郡守與縣令、縣長。宰，指縣官。90數遷換去來　頻頻地往來調動。遷換，官員的更換任地，任地的更換官員。91餉遺　饋贈；進貢。92外祿　其他門路的錢財。93年辦百萬　一年的收入就可以多達百萬。辦，達到；獲得。94約言之　這還是少說著。95天文有變　日月星宿的運行發生變化。96上天見異　上帝故意讓星宿運行發生變化。97禍由四戶　災異發生的原因就是由於四戶的為非作歹。漢代以來講究天人感應，說凡是人間政事存在問題，上天就要顯示變化以警告皇帝。98手詔酬答　親手寫詔書回覆王儉，以表示重視。99戶調　一種徵收紡織品的戶口稅。100斛　容積名，一斛十斗，也稱一石。101一匹二丈　一匹零二丈。古代的一匹，相當於四丈。102調外之費　戶調以外的其他費用。103所調　所徵收的賦稅，即上述的「戶調」與「調外之費」兩項。104各隨土之所出　意謂該地區出產什麼，當地人就以此充稅，由收稅者進行折合。105丁卯　六月二十六。106班祿　給官員發放俸祿。班，同「頒」。發放。107行之尚矣　自古以來就是如此。尚，久遠。108中原喪亂　指西晉末年開始的五胡亂華，魏國的祖先拓跋猗盧、拓跋鬱律等也開始出來經營天下。109茲制中絕　給官員發放俸祿的制度開始中斷。110憲章舊典　遵循過去的章程。憲章，遵循；仿效。舊典，舊時的制度。111官司之祿　朝廷與地方各級官員的俸祿。112祿行　頒發俸祿的制度一旦施行。113贓　指貪汙、受賄。114宜為更始　應該是一個新的開頭。115七月甲申　七月十三。116子倫　蕭子倫，齊武帝蕭賾的第十三子。傳見《南齊書》卷四十。117乙未　七月二十四。118武州山　山名，在當時的平城西北，即今存之雲岡石窟，其地有許多佛教的石窟雕塑。119季別受之　每三個月發放一次，即按季度發放。120義贓　出於私情互相饋贈，雖不是索取，也按貪贓論處。121至是　到這時；從現在開始。122糾按　糾察、查辦。123恆農李洪之　恆農郡的李洪之。恆農郡即原來的弘農郡，因為顯祖拓跋弘避諱而改稱恆農，郡治在今河南三門峽市的西南側。李洪之是北魏酷吏，曾任尚書外都大官、安南將軍、秦、益二州刺史。傳見《魏書》卷八十九。124以贓敗　由於貪贓而被懲治。125數　一一地列舉其罪狀而譴責之。126聽　任；允許。127跼蹐　彎腰捲腿，小心謹慎的樣子。128賕賂殆絕　貪汙受賄的事情幾乎絕跡。129率寬之　大多從寬處理。率，大都；一般。130疑罪奏讞　存有疑問的案件經過覆審後。讞，重審；複查。131多減死徙邊　一般都免去死罪，改為發配戍邊。132大辟　將犯人處死刑。133州鎮亦簡　地方上的各州、各軍鎮也都相應減少了。134淮南王佗　拓跋佗，拓跋熙之子。曾任征西大將軍、司徒。傳見《魏書》卷十六。按，佗，《魏書》作「他」。135斷祿　取消俸祿制。136高閭　魏國的儒學之臣，早年受知於崔浩，後又與高允共參大政。傳見《魏書》卷五十四。137保　保護；擁有。138無濫　不做出格的事。139勸慕　鼓勵其向善，學著做好人。140自保　自持，即上文之「無濫」。141北狄悍愚　柔然人兇悍愚蠢。142不齎　不攜帶。143六鎮　魏國為防禦柔然入侵，在北部邊境自西而東地設置了六個軍鎮，即：沃野鎮，在今內蒙古五原北，懷朔鎮，在今固陽西南，武川鎮，在今武川縣的西土城，撫冥鎮，即今四子王旗東南的土城子，柔玄鎮，在今興和的臺基廟東北，懷荒鎮，在今河北張北縣境內。144勢分　魏軍分駐於六鎮，兵力自然分散。145倍眾不鬭　胡三省曰：「敵人眾力加倍，則鎮人不敢鬭也。」146秦漢故事　秦、漢對付匈奴的老辦法。147往往開門　相情設置一些關口。148置兵扞守　駐兵守衛。扞，同「捍」。149終必懲艾　最後必將大吃苦頭。懲艾，受懲創，指自討苦吃，自找倒楣。150計　估算。151六鎮東西不過千里　六鎮之間的距離不過一千里。胡三省曰：「當自代郡北塞而東至濡源。」杜佑曰：「後魏六鎮，並在馬邑雲中單于府界。」(152)可城三步之地　可以築成一丈五尺長的城牆。一步略當於五尺。城，用作動詞，築城。(153)彊弱相兼　老弱與強壯平均起來。(154)暫勞　短時間的辛苦。(155)凡　總計。(156)罷遊防　可以省去流動性的巡邏。(157)息無時之備　省去了那些經常性的對小股敵兵的防備。(158)歲常遊運　一年到頭可以隨時地運送糧草以充實塞下。(159)永得不匱　邊疆上的防守部隊可以永無匱乏。(160)優詔　表揚、鼓勵性質的詔書。(161)十月丁巳　十月十八。(162)長沙王晃　蕭晃，蕭道成的第四子，武帝蕭賾之弟。傳見《南齊書》卷三十五。(163)以晃屬帝　把蕭晃託付給蕭賾，讓他特別予以關照。(164)輦下　京城，指任丹楊尹與其他朝廷之官。(165)近藩　離京城較近的封國或大州刺史。(166)乘其弊　乘其衰敗而滅之。(167)諸王在都　各諸侯王，也就是皇帝的兄弟們來京城辦事。(168)捉刀左右　執刀在左右擔任警衛的人，即貼身保鏢。(169)武飾　軍事統帥的打扮。(170)私載數百人仗　私自帶著全副武裝的兵士數百人。仗，兵器。(171)禁司　官署名，主管糾察、監督諸王的活動。(172)糾以法　繩之以法。糾，查；查辦。(173)豫章王嶷　蕭嶷，蕭道成的第二子，蕭賾之弟。傳見《南齊書》卷二十二。(174)誠不足宥　當然是不值得寬恕。誠，當然是；實在是。宥，寬赦。(175)先朝　先帝，指蕭道成。(176)終無異意　到死再也沒有別的想法，指沒再想加害蕭晃。(177)優於魏文　比魏文帝曹丕殘酷虐待眾兄弟的情況略好。曹丕曾殺害其弟任城王曹彰，摧殘陳王曹植早死。(178)減於漢明　不如漢明帝劉莊對待其兄弟的情況。漢明帝與其弟東海王劉彊、東平王劉蒼等的兄弟的感情都很好。(179)武陵王曅　蕭曅，蕭道成的第五子，蕭賾之弟。傳見《南齊書》卷三十五。(180)疏婞　與皇帝的感情疏遠，內心不平。(181)貂抄肉柈　帽子上的貂尾掃到了盛肉的盤子。抄，掃；碰到。柈，同「盤」。(182)肉汙貂　貂尾被肉湯弄髒了。(183)名後堂山曰首陽　給他所住屋後的山起名叫首陽山。名，給……起名。首陽山，相傳是商末周初的節士伯夷、叔齊餓死之地。事見《史記·伯夷列傳》。(184)高麗王璉　事跡見《南齊書》卷五十八，但那裡作「高麗王高璉」。高麗，也稱高句麗。當時高句麗的都城即今朝鮮平壤。(185)置諸國使邸　給各個國家的使臣修建官邸，有如今之使館。(186)大度獠　生活在大度水流域的少數民族。大度，河水名，即今流經雅安，到樂山市匯入長江的青衣江。獠，一種侮辱性叫法，即今之仡佬族。(187)陳顯達　劉宋後期的名將，很早就在蕭道成部下，入齊後先後任中領軍、南兗州刺史、益州刺史。傳見《南齊書》卷二十六。(188)責其租賧　向他們討要租稅和罰款。賧，當地稱罰款、贖金曰「賧」。(189)調我　向我徵收租稅。調，租稅，這裡用如動詞。(190)況一眼乎　陳顯達在蒼梧王元徽二年的平定桂陽王劉休範的征戰中，左眼被飛箭射瞎，此時陳顯達只有一隻眼，所以獠帥這樣說。(191)十一月丁亥　十一月十八。(192)始興王鑑　蕭鑑，蕭道成的第十子，蕭賾之弟。(193)益寧　二州名，益州的州治即今四川成都，寧州的州治同樂，在今雲南陸良東北。(194)中護軍　宮廷禁軍的六個將軍之一。(195)劫帥　劫匪的頭領。(196)斷流為暴　在江心攔船行兇搶劫。(197)上明　古地名，舊址在今湖北松滋的西側。(198)虞悰　當時聞名的孝子，蕭賾早期的至交，官至右軍將軍，兼大匠卿。善烹飪。傳見《南齊書》卷三十七。(199)勸善　藉之鼓勵別人改惡向善。勸，鼓勵。(200)啓臺　請求朝廷。(201)巴西　郡名，郡治即今四川綿陽。(202)新城　郡名，郡治即今四川三臺。(203)籍籍　喊喊嚓嚓，傳說紛紜的樣子。(204)不肯就徵　不服調動，不肯離職上路。(205)勸鑑執之　勸蕭鑑把陳顯達的使者逮捕起來。(206)立節本朝　在本朝以操行出眾聞名。(207)具言　詳細訴說。(208)日夕　白天黑夜，猶言時時刻刻。(209)器服如素士　使用的東西與服飾穿戴，都像一個寒門的書生，沒有一點諸侯王的架子與排場。(210)乙未　十一月二十六。(211)封邑　領地。(212)入齋閤　進入皇帝的起居與辦公之地。(213)得白服帬帽見人主　可以身穿白色的衣服，頭戴裙帽拜見皇帝。得，能；可以。帬帽，即「裙帽」。南朝士大夫所戴的一種高頂垂裙的帽子。帬，「裙」的本字。人主，即皇帝。《宋書·武帝紀下》：「諸子旦問起居，入閤脫公服，止著裙帽，如家人之禮。」(214)出太極四廂　到太極殿及其四廂參加活動。出，到；到達。胡三省曰：「太極殿，前殿也，有四廂。」(215)備朝服　將朝服穿戴整齊。(216)自後此制遂絕　元嘉以後這套制度就廢止不用了。(217)曲宴　私宴，以區別於隆重的國筵與典禮。(218)聽依元嘉故事　特別允許蕭嶷可以按元嘉時代的章程。聽，許。(219)車駕至其第　皇帝到他家裡去。車駕，婉指皇帝。(220)侍宴　謙指與皇帝一起吃飯。(221)衣服器用制度　穿什麼衣服、用什麼器物的規格標準。(222)動皆陳啓　一舉一動都經過請示。(223)事無專制　沒有一件事是自己獨出心裁的。(224)上并不許　不讓他如此謙卑、如此自我克制。(225)常慮盛滿　經常擔心自己的權勢過大、地位過高。盛滿，太盛；太滿。(226)求解揚州　請求免除揚州刺史的職務。揚州因都城建康在其境內，故地位崇高，非一般刺史可比。(227)七尺八寸　約當今之一·八九公尺。(228)善修容範　很注意自己儀表的修飾。容範，容顏、儀表。(229)文物衛從　朝廷給他配備的儀仗隊、讓他使用的器物，以及衛隊、侍從的人數等等。(230)李叔獻　原來的交州刺史李長仁之弟，李長仁死後，李叔獻繼之為刺史。蕭道成建元元年七月，乃正式任命之。事見本書上卷。(231)斷割外國貢獻　意即截斷周圍小國對南齊王朝的進貢，據其貢品為己有。《南齊書》卷五十八作「既而斷割外國，貢獻寡少」。

【校　記】[1]婞　原作「悻」。據章鈺校，十二行本、乙十一行本、孔天胤本皆作「婞」，今據改。[2]廂　據章鈺校，十二行本、乙十一行本、孔天胤本皆作「廟」。按，《南齊書·豫章獻王嶷傳》作「廂」。

【語　譯】世祖武皇帝上之下

永明二年（甲子　西元四八四年）

春季，正月初二日乙亥，齊世祖武皇帝蕭賾任命擔任後將軍的柳世隆為尚書右僕射；任命竟陵王蕭子良為護軍將軍兼任司徒，領兵，自行配置僚佐屬官，前往鎮守西州。蕭子良年少時就品格高尚，不好權勢，不羨慕利祿，喜歡結交天下賓客，那些才能出眾的人經常出入他的府中，聚集在他的門下。蕭子良在西州開闢出他的府邸，搜集了大量古人用過的器物、服飾等收藏在府中。擔任記室參軍的范雲、蕭琛、樂安郡人任昉、擔任法曹參軍的王融、擔任衛軍東閣祭酒的蕭衍、擔任鎮西功曹的謝朓、擔任步兵校尉的沈約、揚州地區的傑出文學之士吳郡人陸倕，都是因為在文學上有很高的成就而特別受到蕭子良的親密接待，人們稱他們為「八友」。擔任法曹參軍的柳惲、擔任太學博士的王僧孺、南徐州地區的傑出文學之士濟陽郡人江革、擔任尚書殿中郎的范縝、會稽郡人孔休源也都是蕭子良的座上客。蕭琛，是蕭惠開的姪子。柳惲，是柳元景的族孫。王融，是王僧達的孫子。蕭衍，是蕭順之的兒子。謝朓，是謝述的孫子。沈約，是沈璞的兒子。王僧孺，是王雅的曾孫。范縝，是范雲的堂兄。

蕭子良篤好佛學，他經常約請有名的僧人來講論佛法，信奉佛教的風氣之盛，是自東晉開國以來前所未有的。有時蕭子良會親自為那些僧人送飯、送水，世俗輿論都認為蕭子良這樣做有失宰相的身分。

擔任尚書殿中郎的范縝不相信佛教，他宣稱根本就沒有佛祖。蕭子良說：「你不相信人世間的萬事萬物都有前世、今世和來世，都有因果報應，那麼為什麼有人富貴、有人貧賤呢？」范縝回答說：「人生活在世上就像樹上的花兒一樣一起開放，然後隨風飄散：有的花兒擦過簾子和帷幔墜落在褥墊之上，有的花兒飄過籬笆、圍牆，最後飄落在糞坑、汙水裡。墜落在褥墊之上的，就像殿下這樣享受榮華富貴；飄落在糞坑、汙水裡的，就像我這樣過著貧賤的生活。富貴和貧賤雖然享受的是一種完全不同的生活，但是因果報應究竟表現在什麼地方呢？」蕭子良沒有辦法駁倒他的觀點。范縝又撰寫了一篇〈神滅論〉，他認為：「人的肉體是精神存在的依托，人的精神是肉體所產生的一種功能。人的精神對於人的肉體來說，就好像刀所表現出來的鋒利和刀本身的關係一樣，從來沒有聽說過刀已經不存在了還有什麼鋒利可言，難道人的肉體已經死亡了而人的精神還會存在嗎？」范縝這種無神論的觀點一提出來，朝廷內外一片憤怒、反對的聲浪，然而真正辯論起來誰也不能駁倒范縝。太原郡的文人王琰寫文章批駁范縝說：「哎呀范先生！你竟然不知道自己祖先的神靈在什麼地方！」他想用這種罵人的話來堵住范縝的嘴，使他無法再繼續辯論下去。范縝答覆說：「哎呀王先生！你既然知道自己先祖的神靈在什麼地方，卻不能殺身讓自己的靈魂去追隨自己先祖的靈魂！實在是不孝啊！」蕭子良讓王融去對范縝說：「憑著你這麼好的才華，何愁做官不能做到中書省裡的郎官？而你卻故意寫這種違背人情事理的文章和時論相抵觸，實在是太可惜了！您應該趕快把無神論的觀點徹底毀掉揚棄。」范縝大笑著回答說：「假使我范縝拋棄『神滅論』的觀點來博取官職，恐怕我早已經做了尚書令、尚書僕射了，又何止是一個中書郎呢？」

蕭衍善於籌謀劃策，有文臣武將之才，王儉非常器重他，認為他的才能非同一般，王儉說：「蕭衍過了三十歲以後，他的尊貴簡直沒法說。」

正月二十九日壬寅，齊世祖高皇帝任命擔任尚書右僕射的柳世隆為尚書左僕射，任命丹楊尹李安民為尚書右僕射，任命王儉兼任丹楊尹。

夏季，四月十二日甲寅，魏國孝文帝拓跋宏前往方山進行巡視。十六日戊午，拓跋宏從方山返回平城的皇宮。十八日庚申，拓跋宏前往鴻池。二十五日丁卯，從鴻池返回皇宮。

五月十二日甲申，魏國派遣擔任員外散騎常侍的李彪等人為使者到齊國進行友好訪問。

六月初一日壬寅，齊國擔任中書舍人的吳興郡人茹法亮被封為望蔡男爵。當時擔任中書舍人的一共有四個人，各自分管一個部門的事務，被人們稱為「四戶」，由茹法亮以及臨海郡人呂文顯等人分別擔任。他們把持著各重要部門的大權，權勢超過了朝中其他所有的官員，地方上的郡守、縣令被他們頻繁地往來調動，於是四方官員饋贈、進貢的錢物便源源不斷地流入他們的荷包，一年有數百萬之多。茹法亮曾經在大庭廣眾之中對人說：「哪裡用得著去尋求其他門路的錢財？這一戶之中，一年的收入就可以達到一百萬。」這還是少說著。後來因為日月星宿的運行發生了異常變化，王儉極力主張呂文顯等人獨攬部門大權，徇私舞弊，上天故意讓星宿的運行發生異常變化以示警告，災異發生的原因就是由於「四戶」的為非作歹。齊武帝蕭賾親筆書寫詔書回覆王儉，然而卻不能改變現狀。

按照魏國舊有的制度：每戶每年應該向國家繳納的賦稅為絲織品二匹，棉絮二斤，蠶絲一斤，糧食二十斛；另外再繳納一匹二丈的絲織品，歸入州裡的府庫，作為戶調以外的其他費用；所徵收的賦稅則根據當地的物產，出產什麼就繳納什麼。六月二十六日丁卯，魏孝文帝下詔說：「設置官員，朝廷給官員發放俸祿，自古以來就是如此了。自從西晉末年中原地區遭遇喪亂以來，朝廷給官員發放俸祿的制度就被迫中斷了。我遵循過去的章程，準備開始為官員發放俸祿。因此每戶每年所繳納的賦稅再增加三匹絲織品、二斛九斗糧食，作為朝廷與地方各級官員的俸祿，州政府再額外加收二匹絲織品。為官員頒發俸祿的制度一旦實行，官員如果再貪贓受賄，數額夠一匹絲織品價值以上的，一律處以死刑。改變法律制度，就意味著一切重新開始，因此大赦天下。」

秋季，七月十三日甲申，齊武帝蕭賾封自己的兒子蕭子倫為巴陵王。〇二十四日乙未，魏孝文帝前往武州山的石窟寺。

九月，魏孝文帝下詔，為官員發放俸祿從十月開始，以後則按季度發放。按照舊有的法律，貪贓枉法受賄滿十匹，出於私情而互相饋贈滿二十匹，一律判處死刑。從現在開始，按照新的規定，凡是接受私情饋贈滿一匹絹，貪贓受賄不論多少，一律判處死刑。朝廷仍然分別派遣使者，到各州各郡糾察、查辦那些貪贓受賄的郡太守和縣令。

魏國擔任秦、益二州刺史的恆農郡人李洪之憑藉自己皇親國戚的身分而權勢顯赫，地位尊貴，朝廷為了整治貪贓暴虐，從十月開始為官員發放俸祿之後，李洪之是第一個因為貪贓受賄而被嚴懲的。魏孝文帝命令用鐵鎖把李洪之鎖起來押赴平城，召集文武百官，他親臨現場，然後令人一條一條地列舉了李洪之的罪狀，因為李洪之是朝廷大臣，所以魏孝文帝特別開恩，允許他在自己的家中自殺。其餘那些因為貪贓受賄而被處死的郡太守、縣令總計有四十多人。那些享受國家俸祿的官員無不因此而格外小心謹慎，賄賂受賄的事情在魏國幾乎絕跡。而官吏和百姓犯有其他方面罪行的，孝文帝一般都是從寬處理。對於因為證據不足而存有疑問的案件經過覆審之後，一般情況下都免去死罪，改為發配到邊境戍邊，這樣處理的犯人每年都有上千人。在京師處死的犯人，每年不超過五、六個人，地方上的各州、各軍鎮處理的罪犯也同樣減少了。

過了很長時間，魏國的淮南王拓跋佗上書給孝文帝，請求依照過去的制度取消給官員發放俸祿，文明太后召集群臣討論淮南王拓跋佗的建議。擔任中書監的高閭認為：「如果飢寒交迫，就是慈愛的母親也不能保護自己的兒子。如今發給官員俸祿，那麼廉潔的官員就完全可以因為生活有了保障而保持廉潔自律，不做出格的事情，而貪婪的官員也可以因為法律的約束而努力向善，學著做個好官；如果取消給官員發放俸祿，那麼貪婪的官員則會以此為藉口而肆無忌憚地向百姓勒索敲詐，而廉潔的官員因為生活沒有保障就很難不去做出格的事。淮南王的建議，不是很錯誤嗎？」於是下詔聽從高閭的意見。

高閭又上書給朝廷，他認為「北方的柔然人兇悍愚笨，和禽獸一樣。所擅長的是野外作戰，而最大的弱點是不能攻城。如果利用敵人的短處使他們的長處無法發揮，那麼即使他們人數眾多也不能成為國家的禍患，即使他們前來入侵也不能深入我國境內。再有，柔然人分散地居住在荒郊野澤，哪裡有水草就居住在哪裡，作戰的時候就攜帶著家眷和全部的財產一起前來，逃跑的時候就趕著牲畜一起逃跑，他們不用攜帶糧草而飲食完全能夠自給自足，所以歷代成為國家的邊患。我們雖然在北部邊境設置了六個軍鎮，然而兵力分散，一旦敵人的兵力超過我們的一倍，我們的守軍就不敢與他們交戰，敵人集中力量圍困我們，我們很難將他們制服。請朝廷依照秦朝、漢朝對付匈奴的老辦法，在六個軍鎮的北面修築起一道長城，選擇要害的地方設置一些關口，在關口的旁邊修建一座小城池，駐軍防守。柔然人既然不會攻城，在野外又擄掠不到什麼東西，他們的牲畜把草吃完之後自然就會退走，最後必將大吃苦頭。六鎮之間算起來東西不超過一千里，一個民工一個月可以修築起一丈五尺的城牆，老弱與強壯平均起來，不過動用十萬人，只需一個月就可以完工。雖然短時間之內很辛勞，卻可以一勞永逸。總起來說，修築長城有五大好處：第一，可以免除軍隊流動性防守的辛苦；第二，柔然人在我國邊境北面放牧沒有趁機搶掠的禍患；第三，我軍登上長城瞭望敵人，對敵情瞭如指掌，可以以逸待勞；第四，可以省去那些經常性的對小股敵兵的戒備，使軍隊、百姓都得到休息；第五，一年四季可以隨時運送糧草以充實塞下，使邊防部隊的物資永遠不會匱乏。」魏孝文帝下詔對他進行了表揚和勉勵。

冬季，十月十八日丁巳，齊武帝任命擔任南徐州刺史的長沙王蕭晃為中書監。當初，齊太祖蕭道成臨終之時，把長沙王蕭晃託付給齊武帝，讓齊武帝對蕭晃給以特別的關照，把蕭晃安排在京城任職或是在距離京城較近的封國或任大州刺史，不要讓他到很遠的地方去。太祖還說：「宋朝劉姓如果不是骨肉之間互相殘殺，他姓之人豈能乘其衰敗而將其滅掉？你要深深地牢記這段歷史，把它作為自己的借鑑！」按照舊有的規定：諸侯王來到京城辦事，身邊只能攜帶著四十名貼身保鏢。蕭晃喜歡把自己打扮成軍事統帥的樣子，等他卸任南徐州刺史職務之後，就私自帶著全副武裝的數百名士兵回到建康，被專門主管糾察、監督諸王活動的禁司署的官員發現，蕭晃索性把禁司署的官員扔到江裡淹死了。齊武帝得知消息後，不禁龍顏大怒，就要把蕭晃繩之以法，豫章王蕭嶷一面給齊武帝磕頭，一面痛哭流涕地為蕭晃求情說：「蕭晃的罪過確實不值得寬恕，但是陛下應該記得先帝臨終時還惦念著蕭晃，特別把他託付給陛下的事情啊。」齊武帝也淚流滿面，此後他一直到死也沒有加害蕭晃的想法，然而對蕭晃既不親近，也不寵信。輿論都認為齊武帝比殘酷虐待眾兄弟的魏文帝曹丕略微好些，但是對比漢明帝劉莊對待親兄弟的情誼就又差了一些。

齊國的武陵王蕭曅多才多藝卻與齊武帝感情疏遠，也得不到齊武帝的寵愛。蕭曅曾經陪著齊武帝一起喝酒，他喝醉之後就趴在地上，帽子上裝飾的貂尾掃到了盛肉的盤子。齊武帝笑著說：「肉汁弄髒了你帽子上的貂尾。」蕭曅回答說：「陛下愛惜羽毛卻疏遠自己的骨肉。」齊武帝聽了很不高興。蕭曅輕視財物，喜好施捨，所以自己沒有任何積蓄。他給自己後堂的假山起名叫首陽山，大概是抱怨生活的貧困和齊武帝對自己的刻薄寡恩吧。

高麗王高璉派遣使者到魏國進貢，也派使者向齊國進貢。當時高麗國剛剛強盛起來，魏國在都城為各國的使臣修建官邸，齊國使臣的官邸位列第一，高麗使臣的官邸位列第二。

齊國那些居住在益州大度河流域的獠族人依仗自己居住的地區地勢險要而驕橫不法，朝廷先後派去的益州刺史都不能制服他們。等到陳顯達擔任了益州刺史的時候，便派出使者向那些獠族人討要租稅和罰款。獠族人的大頭領回答說：「兩個眼睛的刺史都不敢向我徵收賦稅，何況是一隻眼睛的刺史呢？」便把陳顯達派去的使者殺死了。陳顯達分別向將士、官吏作了部署，聲稱要出城打獵，於是在夜間襲擊了獠族人，把獠族人不論男女老少殺了個乾乾淨淨。

自從晉朝建國以來，益州刺史都是由有名的將領來擔任。十一月十八日丁亥，齊武帝開始任命始興王蕭鑑為督益、寧諸軍事、益州刺史，將現任益州刺史陳顯達調回京師建康擔任統領宮廷禁軍的中護軍。此前，劫匪的首領韓武方聚集了一千多名黨徒在江心攔截過往船隻行兇搶劫，所在郡縣不能禁止。蕭鑑在赴任途中到達上明的時候，劫匪首領韓武方主動出來投降，擔任長史的虞悰等人都請求蕭鑑把韓武方殺掉。蕭鑑說：「我們殺了韓武方就會失信於人，而且也不利於鼓勵別人改惡向善。」蕭鑑遂請求朝廷赦免了韓武方，於是巴西郡境內的少數民族中那些為賊為寇的全都望風歸附投降。當時蕭鑑年僅十四歲，他到達新城的時候，發現道路上的人們喊喊嚓嚓，議論紛紜，都在傳說「前任益州刺史陳顯達正在大量的挑選兵馬，不肯服從朝廷的調動離開益州，不願意入朝為官。」蕭鑑便在新城停留下來，他派擔任典籤的張曇晳前去觀察形勢。不一會兒，陳顯達派遣的使者就來到了蕭鑑的面前，蕭鑑的屬下全都勸說蕭鑑把陳顯達的使者逮捕起來。蕭鑑說：「陳顯達在我朝一向以操行出眾而聞名，一定不會背叛朝廷起兵造反。」過了二天，張曇晳回來向始興王詳細報告說「陳顯達已經帶著全家遷到城外，正在日夜盼望殿下前來接任。」蕭鑑等人於是繼續前進。蕭鑑喜愛文學，使用的東西與服飾穿戴，卻都像一個寒門的書生，蜀地的人都非常愛戴他。

十一月二十六日乙未，魏國派遣擔任員外散騎常侍的李彪等為使者到齊國進行友好訪問。

這一年，齊武帝下詔，為豫章王蕭嶷增加四千戶的封地。宋文帝劉義隆元嘉年間，諸侯王進入皇帝的起居室與辦公的地方，可以身穿白色的衣服、頭戴高頂垂裙的帽子拜見皇帝，只有到太極殿及其四廂參加活動的時候，才將朝服穿戴整齊。元嘉以後，這個制度就被廢除不用了。齊武帝與豫章王蕭嶷之間的兄弟之情特別深厚，宮中舉行家宴，齊武帝特別允許蕭嶷可以按照宋朝元嘉時代的章程穿戴白色便服進宮。蕭嶷堅決推辭說自己不敢那樣做，只有當齊武帝前往他家裡去的時候，蕭嶷才身穿白色便服、頭戴烏紗帽奉陪齊武帝宴飲。至於穿什麼衣服、用什麼器物的規格標準，蕭嶷一舉一動都先向齊武帝進行請示，沒有一件事情是自己獨出心裁的，一切事情都本著節儉的原則。齊武帝並不允許豫章王蕭嶷如此的謙卑、如此的自我克制。蕭嶷經常擔心自己的權勢過大、地位過高，遂請求齊武帝免去自己揚州刺史的職務，把揚州刺史的職位授給竟陵王蕭子良。齊武帝始終沒有同意，說：「在你的有生之年，你都要擔任這些職務，不要再多說什麼了。」蕭嶷身高七尺八寸，非常注意修飾自己的容顏、儀表，朝廷給他配備的儀仗隊、讓他使用的器物，以及衛隊、侍從的人數等等，待遇都在百官之上，每次出入殿省，瞻望的人無不對他肅然起敬。

自行代理交州刺史職務的李叔獻被齊國朝廷正式任命為交州刺史之後，竟然截斷了周圍小國對齊國朝廷的進貢，將貢品據為己有。齊武帝準備派軍隊前往交州對他進行討伐。

三年（乙丑　西元四八五年）

春，正月丙辰❶，以大司農劉楷為交州刺史，發南康、廬陵、始興❷兵以討叔獻。叔獻聞之，遣使乞更申數年❸，獻十二隊純銀兜鍪❹及孔雀毦❺。上不許。叔獻懼為楷所襲，間道❻自湘州還朝❼。

戊寅❽，魏詔曰：「圖讖❾之興，出於三季❿，既非經國⓫之典，徒為妖邪所憑⓬。自今圖讖祕緯⓭，一皆焚之，留者以大辟論⓮！」又嚴禁諸巫覡⓯及委巷卜筮⓰非經典所載者。

魏馮太后作皇誥[17]十八篇，癸未[18]，大饗羣臣[19]于太華殿，班[20]皇誥。○辛卯[21]，上祀南郊[22]，大赦。○詔復立國學[23]，釋奠先師[24]用上公禮[25]。

二月己亥[26]，魏制皇子皇孫有封爵者，歲祿各有差[27]。○辛丑[28]，上祭北郊[29]。

三月丙申[30]，魏封皇弟禧[31]為咸陽王，幹[32]為河南王，羽[33]為廣陵王，雍[34]為潁川王，勰[35]為始平王，詳[36]為北海王。文明太后令置學館，選師傅以教諸王。勰於兄弟最賢[37]，敏而好學，善屬文[38]，魏主尤奇愛之。

夏，四月癸丑[39]，魏主如方山。甲寅[40]，還宮。

初，宋太宗[41]置總明觀[42]以集學士，亦謂之東觀。上以國學既立，五月乙未[43]，省總明觀[44]。時王儉[45]領國子祭酒[46]，詔於儉宅開學士館，以總明四部書充之[47]。又詔儉以家為府[48]。

自宋世祖好文章，士大夫悉以文章相尚[49]，無以專經為業[50]者。儉少好禮學[51]及春秋[52]，言論造次必於儒者[53]，由是[54]衣冠翕然[55]，更尚儒術[56]。儉撰次朝儀國典[57]，自晉、宋以來故事[58]，無不諳憶[59]，故當朝理事[60]，斷決如流。每博議引證[61]，八坐、丞、郎[62]無能異者[63]。令史諮事[64]常數十人，賓客滿席，儉應接辨析[65]，傍無留滯[66]，發言下筆，皆有音彩[67]。十日一還學監試諸生[68]，巾卷在庭[69]，劍衛、令史，儀容甚盛(70)。作解散髻(71)，斜插簪，朝野慕之，相與倣效(72)。儉常謂人曰：「江左風流宰相，唯有謝安(73)。」意以自比也。上深委仗(74)之，士流選用(75)，奏無不可。

六月庚戌(76)，魏進(77)河南王度易侯(78)為車騎將軍，遣給事中吳興丘冠先(79)使河南，并送柔然使(80)。

辛亥(81)，魏主如方山。丁巳(82)，還宮。

秋，七月癸未(83)，魏遣使拜宕昌王(84)梁彌機兄子彌承為宕昌王。初，彌機死，子彌博立，為吐谷渾所逼，奔仇池(85)。仇池鎮將穆亮(86)以彌機事魏素厚，矜(87)其滅亡。彌博凶悖，所部惡之。彌承為眾所附，表請納(88)之。詔許之。亮帥騎三萬軍于龍鵠(89)，擊走吐谷渾，立彌承而還。亮，崇(90)之曾孫也。

戊子(91)，魏主如魚池(92)，登青原岡。甲午(93)，還宮。八月己亥(94)，如彌澤(95)。甲寅(96)，登牛頭山。甲子(97)，還宮。

魏初，民多蔭附(98)。蔭附者皆無官役(99)，而豪彊徵斂(100)倍於公賦。給事中李安世(101)上言：「歲饑民流，田業多為豪右(102)所占奪。雖桑井難復(103)，宜更均量(104)，使力業相稱(105)。又，所爭之田(106)，宜限年斷(107)，事久難明，悉歸今主(108)，以絕詐妄(109)。」

魏主善之，由是始議均田[110]。冬，十月丁未[111]，詔遣使者循行州郡，與牧守[112]均給天下之田[113]：諸男夫十五以上受露田[114]四十畝，婦人二十畝，奴婢依良丁[115]；牛一頭，受田三十畝，限止四牛。所授之田率倍之[116]，三易之田再倍之[117]，以供耕作[118]及還受之盈縮[119]。人年及課則受田[120]，老免及身沒[121]則還田。奴婢、牛隨有無以還受。初受田者，男夫給二十畝，課種桑五十株[122]；桑田皆為世業[123]，身終不還。恆計見口[124]，有盈者無受無還[125]，不足者受種如法[126]，盈者得賣其盈[127]。諸宰民之官[128]，各隨近給公田有差[129]，更代相付[130]。賣者坐如律[131]。

辛酉[132]，魏魏郡王陳建卒。〇魏員外散騎常侍李彪等來聘。

十二月乙卯[133]，魏以侍中淮南王佗為司徒。

柔然犯魏塞，魏任城王澄[134]帥眾拒之，柔然遁去。澄，雲之子也。氐、羌[135]反，詔以澄為都督梁・益・荊[136]三州諸軍事、梁州刺史。澄至州，討叛柔服[137]，氐、羌皆平。

初，太祖[138]命黃門郎虞玩之[139]等檢定黃籍[140]。上即位，別立校籍官，置令史[141]，限人一日得數巧[142]。既連年不已[143]，民愁怨不安。外監[144]會稽呂文度[145]啓上[146]，籍被卻者悉充遠戍[147]，民多逃亡避罪。富陽民[148]唐寓之因以妖術惑眾作亂，攻陷富陽，三吳[149]卻籍者奔之，眾至三萬。

文度與茹法亮、呂文顯皆以姦諂[150]有寵於上。文度為外監，專制兵權，領軍守虛位[151]而已。法亮為中書通事舍人，權勢尤盛[152]。王儉常曰：「我雖有大位[153]，權寄[154]豈及茹公邪？」

是歲，柔然部真可汗[155]卒，子豆崙立，號伏名敦可汗[156]，改元太平。

四年（丙寅　西元四八六年）

春，正月癸亥朔[157]，魏高祖朝會，始服袞冕[158]。○壬午[159]，柔然寇魏邊。

唐寓之攻陷錢唐[160]，吳郡[161]諸縣令多棄城走。寓之稱帝於錢唐，立太子，置百官。遣其將高道度等攻陷東陽[162]，殺東陽太守蕭崇之。崇之，太祖族弟也。又遣其將孫泓寇山陰[163]，至浦陽江[164]，浹口戍主[165]湯休武擊破之。上發禁兵數千人，馬數百匹，東擊寓之。臺軍[166]至錢唐，寓之眾烏合[167]，畏騎兵，一戰而潰，擒斬寓之，進平諸郡縣。

臺軍乘勝，頗縱抄掠[168]。軍還，上聞之[1]，收軍主前軍將軍陳天福棄市[169]，左軍將軍劉明徹免官、削爵，付東冶[170]。天福，上寵將也，既伏誅，內外莫不震肅。使通事舍人丹陽劉係宗[171]隨軍慰勞[172]，遍至遭賊郡縣，百姓被驅逼者[173]悉無所問[174]。

閏月癸巳(175)，立皇子子貞(176)為邵陵王(177)，皇孫昭文(178)為臨汝公。

氐王楊後起(179)卒，丁未(180)，詔以白水太守楊集始(181)為北秦州刺史、武都王。集始，文弘(182)之子也。後起弟後明為白水太守。魏亦以集始為武都王。集始入朝于魏，魏以為南秦州刺史。

辛亥(183)，上[2]耕籍田(184)。

二月己未(185)，立皇弟銶(186)為晉熙王，鉉(187)為河東王。

魏無鄉黨之法(188)，唯立宗主督護(189)，民多隱冒(190)，三五十家始為一戶(191)。內祕書令(192)李沖上言：「宜準古法(193)：五家立鄰長，五鄰立里長，五里立黨長，取鄉人彊謹(194)者為之。鄰長復一夫(195)，里長二夫(196)，黨長三夫，三載無過(197)，則升一等。其民調(198)，一夫一婦，帛一匹，粟二石。大率十匹為公調，二匹為調外費，三匹為百官俸(199)。此外復有雜調(200)。民年八十已上(201)，聽一子不從役(202)。孤獨、癃老(203)、篤疾(204)、貧窮不能自存者，三長內迭養食之(205)。」書奏，詔百官通議(206)。中書令鄭羲(207)等皆以為不可。太尉丕(208)曰：「臣謂此法若行，於公私有益。但方(209)有事之月，校比(210)戶口，民必勞怨。請過今秋，至冬乃遣使者，於事為宜。」沖曰：「『民可使由之，不可使知之(211)。』若不因調時(212)，民徒知(213)立長校戶之勤(214)，未見均徭省賦[215]之益，心必生怨。宜及課調[216][3]之月，令知賦稅之均，既識其事，又得其利，行之差易[217]。」羣臣多言：「九品差調[218]，為日已久，一旦改法，恐成擾亂。」文明太后[219]曰：「立三長則課調有常準[220]，苞蔭之戶可出[221]，僥倖之人可止[222]，何為不可？」甲戌[223]，初立黨、里、鄰三長，定民戶籍。民始皆愁苦，豪彊者尤不願。既而課調省費十餘倍，上下安之。

三月丙申[224]，柔然遣使者牟提如魏[225]。時敕勒[226]叛柔然，柔然伏名敦可汗自將討之，追奔至西漠[227]。魏左僕射穆亮等請乘虛擊之，中書監高閭曰：「秦、漢之世，海內一統，故可遠征匈奴。今南有吳寇[228]，何可捨之深入虜庭？」魏主曰：「『兵者凶器，聖人不得已而用之[229]。』先帝屢出征伐者，以有未賓之虜[230]故也。今朕承太平之業，柰何無故動兵革乎？」厚禮其使者而歸之。

夏，四月辛酉朔[231]，魏始制五等公服[232]。甲子[233]，初以法服[234]、御輦[235]祀西[4]郊。

癸酉[236]，魏主如靈泉池[237]。戊寅[238]，還宮。

湘州蠻[239]反，刺史呂安國有疾不能討。丁亥[240]，以尚書左僕射柳世隆為湘州刺史，討平之。

六月辛酉[241]，魏主如方山。○己卯[242]，魏文明太后賜皇子恂名[243]，大赦。

秋，七月戊戌[244]，魏主如方山。

八月乙亥[245]，魏給尚書五等爵已上[246]朱衣，玉佩，大小組綬[247]。

九月辛卯[248]，魏作明堂、辟雍[249]。

冬，十一月，魏議定民官[250]依戶給俸[251]。

十二月，柔然寇魏邊。

是歲，魏改中書學曰國子學。分置州郡，凡三十八州[252]，二十五在河南[253]，十三在河北[254]。

五年（丁卯　西元四八七年）

春，正月丁亥朔[255]，魏主詔定樂章，非雅者除之。

戊子[256]，以豫章王嶷為大司馬，竟陵王子良為司徒，臨川王映、衛將軍王儉、中軍將軍王敬則並加開府儀同三司。子良啓[257]記室范雲為郡[258]，上曰：「聞其恆[5]相賣弄，朕不復窮法[259]，當宥之以遠[260]。」子良曰：「不然。雲動相規誨[261]，諫書具存。」遂取以奏，凡百餘紙，辭皆切直[262]。上歎息，謂子良曰：「不謂雲能爾[263]，方使弼汝[264]，何宜出守[265]？」文惠太子[266]嘗出東田觀穫[267]，顧謂眾賓曰：「刈此亦殊可觀[268]。」眾皆[6]唯唯[269]。雲獨曰：「三時之務[270]，實為長勤[271]。伏願[272]殿下知稼穡之艱難，無徇(273)一朝之宴逸(274)！」荒人(275)桓天生自稱桓玄(276)宗族，與雍、司(277)二州蠻相扇動(278)，據南陽故城(279)，請兵於魏，將入寇(280)。丁酉(281)，詔假丹楊尹蕭景先節(282)，總帥步騎，直指義陽(283)，司州諸軍皆受節度(284)。又假護軍將軍陳顯達節，帥征虜將軍戴僧靜等水軍向宛、葉(285)，雍、司眾[7]軍皆受顯達節度，以討之。

魏光祿大夫咸陽文公高允(286)，歷事五帝(287)，出入三省(288)，五十餘年，未嘗有譴(289)。馮太后及魏主甚重之，常命中黃門(290)蘇興壽扶侍。允仁恕簡靜，雖處貴重，情同寒素(291)；執書吟覽，晝夜不去手；誨人以善，恂恂(292)不倦；篤親念故(293)，無所遺棄。顯祖平青、徐(294)，悉徙其望族於代(295)，其人多允之婚媾(296)，流離飢寒。允傾家賑施，咸得其所。又隨其才行(297)，薦之於朝。議者多以初附間之(298)，允曰：「任賢使能，何有新舊？必若有用(299)，豈可以此抑之(300)？」允體素無疾，至是微有不適，猶起居如常，數日而卒，年九十八。贈侍中、司空，賻襚甚厚(301)。魏初以來，存亡蒙賚(302)，皆莫及也。

桓天生引魏兵萬餘人至沘陽(303)，陳顯達遣戴僧靜等與戰於深橋(304)，大破之，殺獲萬計。天生退保沘陽，僧靜圍之，不克而還。荒人胡丘生起兵懸瓠(305)以應齊(306)，魏人擊破之，丘生來奔。天生又引魏兵寇舞陰[307]，舞陰戍主殷公愍拒擊，破之，殺其副張麒麟，天生被創[308]退走。三月丁未[309]，以陳顯達為雍州刺史。顯達進據舞陽城[310]。

夏，五月壬辰[311]，魏主如靈泉池。○癸巳[312]，魏南平王渾[313]卒。

甲午[314]，魏主還平城。詔復七廟子孫[315]及外戚緦麻服已上[316]，賦役無所與[317]。

魏南部尚書公孫邃[318]、上谷公張儵帥眾與桓天生復寇舞陰，殷公愍擊破之，天生還竄荒中[319]。邃，表[320]之孫也。

魏春夏大旱，代地尤甚，加以牛疫，民餒死[321]者多。六月癸未[322]，詔內外之臣極言無隱[323]。齊州刺史韓麒麟上表曰：「古先哲王，儲積九稔[324]。逮於中代[325]，亦崇斯業[326]，入粟者與斬敵同爵[327]，力田者與孝悌均賞。今京師民庶，不田者多，遊食之口，參分居二[328]。自承平日久，豐穰積年[329]，競相矜夸[330]，遂成侈俗。貴富之家，童妾袨服[331]，工商之族，僕隸玉食[332]，而農夫闕糟糠[333]，蠶婦乏短褐[334]。故今耕者日少，田有荒蕪，穀帛罄於府庫[335]，寶貨盈於市里[336]，衣食匱於室[337]，麗服溢於路[338]。飢寒之本，實在於斯。愚謂凡珍異之物，皆宜禁斷，吉凶之禮，備為格式[339]，勸課農桑[340]，嚴加賞罰。數年之中，必有盈贍[341]。往年校比戶貫[342]，租賦輕少。臣所統齊州，租粟纔可給俸[343]，略無入倉[344]，雖於民為利[345]而不可長久，脫有戎役[346]，或遭天災，恐供給之方[347]，無所取濟[348]。可減絹布，增益穀租，年豐多積，歲儉[349]出賑。所謂私民之穀[350]，寄積於官，官有宿積[351]，則民無荒年矣。」秋，七月己丑[352]，詔有司開倉賑貸，聽民出關就食[353]。遣使者造籍[354]，分遣去留[355]，所過給糧廩[356]，所至三長[357]贍養之。

柔然伏名敦可汗殘暴，其臣侯醫垔、石洛侯[358]數諫止[359]之，且勸其與魏和親。伏名敦怒，族誅之，由是部眾離心。八月，柔然寇魏邊，魏以尚書陸叡[360]為都督，擊柔然，大破之。叡，麗[361]之子也。

初，高車阿伏至羅[362]有部落十餘萬，役屬柔然。伏名敦之侵魏也，阿伏至羅諫，不聽。阿伏至羅怒，與從弟窮奇帥部落西走，至前部西北[363]，自立為王。國人號曰「候婁匐勒」，夏言天子[364]也；號窮奇曰「候倍」，夏言太子也。二人甚親睦，分部而立，阿伏至羅居北，窮奇居南。伏名敦追擊之，屢為阿伏至羅所敗，乃引眾東徙[365]。

冬，十月辛未[366][8]，魏詔罷起部無益之作[367]，出[368]宮人不執機杼者[369]。十一月丁未[370][9]，又詔罷尚方錦繡、綾羅之工[371]。四民[372]欲造，任之無禁。是時，魏久無事，府藏盈積。詔盡出御府[373]衣服珍寶、太官雜器[374]、太僕乘具[375]、內庫[376]弓矢刀鉾[377]十分之八，外府[378]衣物、繒布絲纊[379]非供國用者，以其太半[380]班賚百司[381]，下至工、商、皁隸[382]，逮于六鎮邊戍[383]，畿內[384]鰥、寡、孤、獨、貧、癃，皆有差[385]。

魏祕書令高祐[386]、丞李彪[387]奏請改國書編年為紀、傳、表、志[388]，魏主從之。祐，允之從祖弟[389]也。十二月，詔彪與著作郎崔光[390]改脩國書[391]。光，道固[392]之從孫也。

魏主問高祐曰：「何以止盜？」對曰：「昔宋均立德[393]，猛虎渡河[394]，卓茂行化[395]，蝗不入境[396]。況盜賊，人也，苟守宰得人[397]，治化有方，止之易矣。」祐又上疏言：「今之選舉[398]，不採識治之優劣[399]，專簡年勞之多少[400]，斯非盡才之謂[401]。宜停此薄藝[402]，棄彼朽勞[403]，唯才是舉[404]，則官方斯穆[405]。又勳舊之臣，雖年勤可錄[406]而才非撫民[407]者，可加之以爵賞[408]，不宜委之以方任[409]，所謂王者可私人以財[410]，不私人以官[411]者也。」帝善之。

祐出為西兗州刺史，鎮滑臺[412]。以郡國雖有學[413]，縣、黨[414]亦宜有之，乃命縣立講學[415]，黨立小學[416]。

【章　旨】以上為第二段，寫齊武帝蕭賾永明三年（西元四八五年）至永明五年共三年間的大事。主要寫了魏主下令禁圖讖，令一皆焚之，留者以大辟論，並禁巫覡、卜筮之類，見魏主與馮太后之英明果斷；寫魏太后頒〈皇誥〉於天下，以見馮太后之文才；寫魏國實行均田制；寫魏國建立民間基層的管理機構，並清查戶口，實行新的賦稅制度，眾人意見不一，馮太后一錘定音，天下安之；寫魏國分置州郡、官員實行五等公服、親民官依戶給俸；寫魏國朝廷作明堂、辟雍，改中書學曰國子學，不斷漢化；寫魏國代地大旱，飢民死者甚多，齊州刺史韓麒麟上表建議國家重農，鼓勵從事農業、積蓄糧食等等，頗似漢代鼂錯之〈論貴粟疏〉；寫儒臣高祐勸魏主以善政止盜，又強調唯才是舉，講「王者可私人以財，不私人以官」，又在縣、黨建立基層學校；寫魏主詔罷「無益之作」，詔罷「尚方錦繡、綾羅之工」，出內外府庫之積物以分賜百官及天下之鰥寡孤獨等人，以見魏主與馮太后之力行節儉，廣行善政；寫南齊由於茹法亮、呂文顯等受蕭賾寵信而壟斷朝權，大肆納賄，群臣不滿；又因虞玩之、呂文度等審查戶籍，大肆黜落人丁，從而激起民變，乃至變民唐寓之竟攻下錢唐，自立為帝；至朝廷派兵進剿，平息變民之亂後，又縱兵搶掠百姓，以見南朝之腐朽；寫湘州之蠻反，以柳世隆為刺史討平之；寫荒人桓天生自稱桓玄之後，與雍、司二州之吏互相煽動，勾結魏人入寇，舞陰守將殷公愍與朝廷所派的蕭景先、陳顯達等擊破之，桓天生逃回荒中；寫竟陵王蕭子良推薦范雲之正直，以及范雲之勸諫文惠太子長懋關心民生疾苦，無徇一朝之宴逸；此外還寫了敕勒進攻柔然，柔然大破敕勒於西漠，有人建議魏主乘機伐柔然，魏主不從，不欲無故興兵；以及魏國的儒學老臣高允之死，以及高允對公對私的忠實厚道等等。

【注　釋】❶正月丙辰　此處有誤，本月己巳朔，無丙辰日。❷南康廬陵始興　三郡名，南康郡的郡治在今江西于都東北，廬陵郡的郡治在今江西吉水縣北，始興郡的郡治在今廣東韶關市西南。❸乞更申數年　請求往後推遲幾年。申，推遲。❹兜鍪　古代武士戴的頭盔。❺孔雀毦　用孔雀毛做的裝飾物。毦，用鳥獸毛做成的裝飾。❻間道　走小路。間，縫隙。❼自湘州還朝　經由長沙一帶逃來建業投降。湘州，州治即今湖南長沙。❽戊寅　正月初十。❾圖讖　古代一些別有用心者所編造的一種用以煽動百姓的隱語或預言。如所謂「滅秦者胡也」，「千里草，何青青，十日卜，不得生」云云，皆是。❿出於三季　三季指夏、商、周三代的末年。其實是從戰國之末開始有，西漢武帝以後始大肆氾濫。⓫經國　治理國家。⓬所憑　所依賴；所借用。⓭圖讖祕緯　鼓吹這種妖術的各種偽書、載體，如《河圖》、《洛書》，以及各種緯書等等。祕緯，以「緯」命名的各種妖異儒書。⓮以大辟論　以殺頭罪論處。胡三省曰：「律：凡言『以……論』者，罪同真犯。」⓯巫覡　裝神弄鬼以替人祈禱上天、鬼神為職業的人。女者曰巫，男者曰覡。⓰委巷卜筮　那些活動在街頭巷尾以占卦算命為職業的人。委巷，曲折的小巷，這裡即指民間。⓱皇誥　馮太后所作的布告於天下的命令。皇，輝煌、神聖的意思。⓲癸未　正月十五。⓳大饗羣臣　舉行盛大宴會招待文武百官。饗，宴請。⓴班　頒布，下達到全國的各州、郡、縣、鄉、村。㉑辛卯　正月二十三。㉒上祀南郊　皇帝到都城的南郊祭天。這句話的主語是南齊。㉓復立國學　恢復建立國家的太學。胡三省曰：「罷國學，見上卷高帝建元四年。李延壽曰：『江左草創，日不暇給，以迄宋、齊，國學時或開置，而勸課未博，建之不能十年，蓋取文具而已。』」㉔釋奠先師　祭祀孔子。古代學校的一種典禮，每逢開學都要陳設酒食以祭奠孔子。古稱孔子為「至聖先師」。釋奠，即潑酒於地，表示祭祀。㉕用上公禮　用當朝三公，即司徒、司馬、司空的規格祭祀孔子。㉖二月己亥　二月初二。㉗歲祿各有差　每年都按爵位高低發給不同數量的俸祿。㉘辛丑　二月初四。㉙上祭北郊　皇帝到都城的北郊祭祀地神。這句的主語是南齊。㉚三月丙申　三月二十九。㉛皇弟禧　獻文帝拓跋弘的第二子，孝文帝拓跋宏之弟。傳見《魏書》卷二十一。㉜幹　獻文帝拓跋弘的第三子。傳見《魏書》卷二十一。㉝羽　獻文帝拓跋弘的第五子。傳見《魏書》卷二十一。㉞雍　獻文帝拓跋弘的第四子。傳見《魏書》卷二十一。㉟勰　獻文帝拓跋弘的第六子。傳見《魏書》卷二十一。㊱詳　獻文帝拓跋弘的第七子。傳見《魏書》卷二十一。㊲於兄弟最賢　在眾兄弟中表現最好。㊳善屬文　擅長於寫文章。屬文，聯綴文詞成文章。㊴四月癸丑　四月十七。㊵甲寅　四月十八。㊶宋太宗　指宋明帝劉彧。㊷總明觀　國家的學術研究機關。胡三省曰：「明帝泰始六年立總明觀，徵學士以充之。舉士二十人，分為儒、道、文、史、陰陽五部學。」㊸五月乙未　五月二十九。㊹省總明觀　撤銷了總明觀。省，關閉；撤銷。㊺王儉　當時著名的文學家、目錄學家，東晉的名臣王導的五世孫。劉宋時官至太尉右長史。後輔佐蕭道成即位，禮儀詔策，均出其手。歷任侍中、尚書令、中書監等。傳見《南齊書》卷二十三。㊻領國子祭酒　兼任國家太學的首席長官。㊼以總明四部書充之　把總明觀所收藏的四部書搬到在王儉家所開設的學士館裡。所謂「四部」，是將天下所有圖書分為經、史、子、集四部。這是從三國以及晉、宋以來的分法。三國時稱甲、乙、丙、丁四部；晉代稱經、史、子、集四部。㊽以家為府　讓王儉就在他們家的學士館裡上班。㊾悉以文章相尚　都以擅長於寫文章為榮耀。

當時的文章指辭賦、詩歌、駢體文等等。相尚，相高；以此為榮。(50)無以專經為業　沒有人把鑽研儒家經典當成自己的專業。(51)禮學　指研究《周禮》、《儀禮》、《禮記》的學問。(52)春秋　儒家傳習的經典之一，相傳是孔子所編寫。內容是春秋時代的一部歷史大事綱要，上起魯隱公元年，下止於魯哀公十四年。(53)言論造次必於儒者　說話做事、一舉一動，都以儒家的思想言論為準則。造次，倉卒；急遽。必於，必然依照。(54)由是　因此。(55)衣冠翕然　有身分、有地位的人都紛紛向他學習。翕然，像草隨風倒一樣地跟從著他。(56)更尚儒術　都轉過來喜好、崇尚儒術。(57)撰次朝儀國典　編排制定朝廷的禮儀與國家的典章制度。撰次，編排、制定。(58)晉宋以來故事　晉宋以來朝廷處理各種事務的辦法與先例。(59)無不諳憶　全都記得清清楚楚。諳憶，熟記在心。(60)理事　處理事務。(61)每博議引證　經常能旁徵博引、有根有據地解決問題。每，經常。(62)八坐丞郎　胡三省曰：「從八坐至左右丞、諸曹郎。」八坐，指尚書令、尚書左右僕射與所屬的五部尚書，共八人。丞，尚書的左右丞，相當於今之部長助理。郎，各部尚書屬下的郎官，約當今之司、局長。(63)無能異者　沒有人能提出不同的意見。(64)令史諮事　具體工作人員有事前來請示。令史，下級辦事人員。(65)應接辨析　一邊回答，一邊給他們分析講解。(66)傍無留滯　沒有任何解決不了的問題留在旁邊。傍，通「旁」。(67)皆有音彩　聲音又好聽，語言又有文采。(68)監試諸生　監督考試太學的生員。(69)巾卷在庭　文武侍從都在院子裡。巾，指戴頭巾的文人。卷，指戴武冠的武夫。即劍衛與令史等人。胡三省引鄭注《禮記》云：「武冠，卷也。」(70)儀容甚盛　氣派、架子都擺得十足。儀容，由儀仗、警衛所顯示的官場氣派。(71)解散髻　一種從容瀟灑的髮式。(72)相與倣效　爭相效法。(73)謝安　東晉後期的宰相，在其任期內朝廷與藩鎮的關係相對和諧，因此能取得肥水之戰的勝利。在軍情十分緊急的情況下，尚能作山海之遊。傳見《晉書》卷七十九。(74)委仗　一切都委託之，一切都信賴之。(75)士流選用　想委任什麼人為什麼官。當時王儉為尚書左僕射，兼管吏部的選官工作。(76)六月庚戌　六月十五。(77)進　提升。(78)河南王度易侯　河南王是當時活動在今青海境內黃河以南地區的少數民族頭領。其王度易侯是前王拾寅之子。拾寅在位時即歸附劉宋，被任為驃騎大將軍。今其子繼位，南齊又任之為車騎將軍。事見《南齊書》卷五十九。該民族即通常所說的吐谷渾。(79)吳興丘冠先　吳興郡人姓丘名冠先。吳興郡治即今浙江湖州。(80)并送柔然使　送柔然使者回國。柔然使者來南齊在蕭道成建元三年，事見本書上卷。(81)辛亥　六月十六。(82)丁巳　六月二十二。(83)七月癸未　七月十八。(84)宕昌王　宕昌地區的羌族部落頭領。宕昌，郡名，郡治即今甘肅宕昌，在今甘肅東南部的隴南地區。其頭領梁彌機在蕭賾永明元年曾接受南齊的封贈為宕昌王，今其姪又接受魏國的封贈為宕昌王。(85)仇池　郡名，郡治在今甘肅成縣西。此地長期以來為南朝與北魏的拉鋸地區，其管轄權屢屢變化。此時屬魏。(86)穆亮　魏將名，先後仕於獻文、孝文、宣武三朝，官至尚書令、司空。傳見《魏書》

卷二十七。(87)矜　同情。(88)納　送入。外部大國恃其武力，強送某人入其地區為君主叫「納」。(89)軍于龍鵠　駐兵於龍鵠。龍鵠，也稱「龍涸」，即今四川松潘。(90)崇　穆崇，魏國拓跋珪時代的元勳老臣，官至太尉，賜爵宜都公。傳見《魏書》卷二十七。(91)戊子　七月二十三。(92)魚池　在當時魏都平城（今山西大同東北）的北苑。(93)甲午　七月二十九。(94)八月己亥　八月初五。(95)彌澤　古地名，舊址在今山西朔州西南。(96)甲寅　八月二十。(97)甲子　八月三十。(98)蔭附　投靠在某個豪強勢力庇護之下。東晉、宋、齊也有許多這種人，為逃避政府的徵兵徵糧，而歸附於某種豪門貴族的掩護下，稱作「蔭戶」。(99)無官役　不給官府出徭役。(100)豪彊徵斂　所依附的豪門貴族對他們的掠奪性賦斂。(101)李安世　拓跋燾時代的魏臣李順的姪孫，李孝伯之子，曾任相州刺史，此時任給事中。傳見《魏書》卷五十三。給事中是皇帝的侍從官員，起參謀顧問之用，地位顯要。(102)豪右　豪門大族。(103)雖桑井難復　即使古代傳說的井田制難以恢復實行。雖，即使。桑，即《孟子》描述理想生活所說的「五畝之宅，樹之以桑，五十者可以衣帛矣」云云。井，即井田制。(104)宜更均量　至少也應該重新丈量一次。(105)力業相稱　有多少人力和有多少數量的土地。業，產業，這裡即指土地。(106)所爭之田　對主權有爭議的土地。(107)宜限年斷　應規定一個年限，即看他佔有這塊土地多少年了。(108)悉歸今主　全部劃歸現在的主人。(109)以絕詐妄　以消除沒有根據的胡攪蠻纏。(110)始議均田　開始研究實行均田制。這種按人口分配土地的制度從北魏開始實行，一直到唐代中葉。(111)十月丁未　十月十三。(112)牧守　州刺史與郡太守。(113)均給天下之田　按人口平均分配全國的土地。(114)露田　用於種植穀物，不種樹，並在一定時候還要交還給官府的田。杜佑《通典注》：「不栽樹者謂之露田。」(115)奴婢依良丁　男女奴隸依照平民的成年男女一樣分給土地。良丁，平民的成年男女。(116)率倍之　一般都是按照兩倍的數量授予。因為當時人口稀少而土地很多。而且有些地也需要輪作休耕。(117)三易之田再倍之　胡三省曰：「三年耕然後復故，故再倍以授之。」再倍，再增加一倍。(118)以供耕作　以保證其經常能耕作的數量。(119)還受之盈縮　（以補充）日後在不斷領田、分田過程中所出現的差額。(120)人年及課則受田　年輕人一到該交納賦稅的年齡就開始接受應分的土地。及課，到了應納稅服役的年齡，亦即成丁、成年。(121)老免及身沒　人到了年老免賦或未老而死亡。(122)課種桑五十株　規定種桑樹五十株。課，規定；要求。(123)世業　世代相傳的產業。(124)恆計見口　經常統計現有的人口。見，通「現」。(125)有盈者無受無還　哪一家由於人口減少而出現土地超量，就不再授給土地，而其超出的部分也不用歸還官府。(126)不足者受種如法　哪一家由於人口增加而出現土地不足，就可以按照規定到政府去領取。受種，領取應有的土地。如法，按照規定。(127)盈者得賣其盈　土地超量的人家，可以出賣其超量的部分。(128)宰民之官　直接管理百姓的地方官。宰，主管。(129)各隨近給公田有差　可以在其任職單位的附近領取一塊大小相當的公田。葛曉音曰：「據《魏書・食貨志》所載：刺史十五頃，太守十頃，治中、別駕各八頃，縣令、郡丞六頃。」(130)更代相付　任該職務的官員相互接替著使用這塊土地。(131)賣者坐如律　誰要是變賣這塊地，誰就要依法受到懲處。如律，依法。(132)辛酉　十月二十七。(133)十二月乙卯　十二月二十二。(134)任城王澄　景穆帝拓跋晃之孫，拓跋雲之子，襲其父爵為任城王。傳見《魏書》卷十九中。(135)氐羌　氐即前文所講的活動在今甘肅東南部，以楊氏為頭領的氐族人。羌即前文所講的活動在今青海東南部的吐谷渾人。(136)梁益荊　魏國的三州名，梁、益二州的州都在仇池（今甘肅成縣西），二州共設一個刺史，荊州的州治即今陝西商縣。(137)討叛柔服　對發動叛亂者以兵討之，對自動歸服者能加以撫慰，能區別對待，不蠻幹。(138)太祖　指蕭道成。(139)虞玩之　劉宋孝武、明帝時的地方官吏，泛涉書史，受蕭道成喜愛，入齊後為黃門郎。傳見《南齊書》卷三十四。(140)檢定黃籍　檢查、審定全國的戶籍。黃籍，胡三省引杜佑曰：「戶口版籍也。」以其用黃紙寫成，故稱黃籍。按，蕭道成讓虞玩之檢定黃籍，在太祖建元二年，事見本書上卷。(141)置令史　設立專門檢查戶籍的文職小吏。(142)限人一日得數巧　規定指標，要求每人每天必須查出若干條弄虛作假的問題。巧，弄虛作假。(143)連年不已　一連查了幾年還沒有查完。(144)外監　官名，皇帝派在中領軍軍隊中的特派人員，起伺察與告密的作用。胡三省曰：「外監，屬中領軍，而親任過於領軍。」中領軍是皇帝禁軍的六個將領之一。(145)呂文度　齊武帝蕭賾時代的佞幸。與茹法亮、呂文顯同見《南齊書》的〈倖臣傳〉。(146)啓上　建議皇帝。(147)籍被卻者悉充遠戍　凡是在審查戶籍中而被刷掉的人口，通通發配遠方守邊。卻，落；刷下。(148)富陽民　富陽縣的百姓。富陽縣在今浙江境內。(149)三吳　指吳興、吳郡、會稽三郡。(150)姦諂　奸詐、諂媚。(151)領軍守虛位　領軍將軍成了徒有虛名的人。(152)權勢尤盛　茹法亮等雖名為中書舍人，但由於都是特派員，每人分掌一省，故而此數人遂勢傾朝廷。(153)大位　時王儉任侍中、尚書令、衛軍將軍、參掌選事。(154)權寄　實權與皇帝的信託。(155)部真可汗　名予成，西元四六四—四八四年在位。(156)伏名敦可汗　胡三省引魏收曰：「伏名敦，魏言恆也。」名豆侖，西元四八五—四九一年在位。(157)正月癸亥朔　正月初一是癸亥日。(158)始服衮冕　開始穿漢族皇帝所穿的衮服和戴漢族皇帝的冠冕。衮冕，皇帝的禮服與禮帽。(159)壬午　正月二十。(160)錢唐　古縣名，縣治在今浙江杭州西南。(161)吳郡　郡名，郡治即今江蘇蘇州。(162)東陽　郡名，郡治即今浙江金華。(163)山陰　古縣名，縣治即今浙江紹興。(164)浦陽江　水名，即今浙江東部的曹娥江。(165)浹口戍主　浹口軍事據點的頭領。浹口，即今浙江寧波東北的鎮海區。(166)臺軍　朝廷軍；政府軍。(167)烏合　一哄而起，指沒有嚴格組織紀律。(168)頗縱抄掠　有些放縱士兵搶掠百姓。頗，略；有些。(169)棄市　殺頭或腰斬，即將人處死。古代刑人於市場，以示與市人共棄之，故曰棄市。(170)付東冶　放送到東冶城服勞役。胡三省曰：「建康有東、西二冶，今治城即其地，亦曰東冶亭。」舊址在今南京朝天宮附近。(171)劉係宗　劉宋時曾任員外郎，入齊任右軍將軍、淮陵太守。與茹法亮等同為佞幸之臣。傳見《南齊書》卷五十六。(172)隨軍慰勞　隨著軍隊的前進，到處安慰受難的百姓。(173)被驅逼者　被反賊裹脅威逼隨之為亂者。(174)悉無所問　一概既往不究。(175)閏月癸巳　閏正月初一。(176)子貞　武帝蕭賾的第十四子。傳見《南齊書》卷二十一。(177)邵陵王　邵陵郡王。邵陵郡的郡治即今湖南邵陽。(178)皇孫昭文　文惠太子蕭長懋的第二子，即後來的齊海陵恭王蕭昭文。傳見《南齊書》卷五。(179)楊後起　原氐王楊難當之子，在此之前被南齊封為氐王。傳見《南齊書》卷五十九。(180)丁未　閏正月十五。(181)白水太守楊集始　楊集始是楊後起之姪，時任白水太守。白水郡在今甘肅文縣東南，其地有白龍江，也稱白水，自西北向東南流過。(182)文弘　楊文弘，楊文度之弟，楊文度曾自稱武興王，被魏人所殺。楊文弘曾被魏人封為武都王。(183)辛亥　閏正月十九。(184)上耕籍田　上指齊武帝蕭賾。耕籍田，是古代帝王親自進行農業活動，以表示重視農業，鼓勵全國百姓積極從事農業勞動的意思。籍田，皇帝親自勞動過的那塊示範田。(185)二月己未　此處疑有誤。二月壬戌朔，無己未日。(186)皇弟銶　蕭銶，蕭道成的第十八子。傳見《南齊書》卷三十五。(187)鉉　蕭鉉，蕭道成的第十九子。傳見《南齊書》卷三十五。(188)鄉黨之法　基層百姓的管理建制，如歷代中原王朝所實行的五家為一鄰，五鄰為一里，五里為一黨，五黨為一鄉等等。(189)唯立宗主督護　只在一個居民點或一個部落、村落中設立一個頭領，名叫「宗主督護」。這就如同戰亂年代有些地區居民自己聯合組成的塢、壁一樣。其中只有一個頭領。大家都聽他的指揮。督護，猶言總監、總管。(190)民多隱冒　如隱瞞戶口、假報年齡等等。(191)三五十家始為一戶　有的三十家、五十家才報一家的戶口。(192)內祕書令　胡三省曰：「祕書省在禁中，故名『內祕書令』，亦謂之『中祕』。」(193)宜準古法　應該依照古代的辦法。(194)彊謹　堅強而又謹慎。彊，指有智慧、有辦法。(195)鄰長復一夫　當鄰長的人可以免除他家一個人的賦稅與徭役。復，免除賦稅或勞役。(196)里長二夫　當里長的人可以免除他家兩個人的賦稅與徭役。(197)三載無過　當官當得好，三年沒過失。(198)民調　戶調；戶口稅。調，賦稅。(199)大率十匹為公調三句　葛曉音曰：「意思是說，大體說來，朝廷將徵收的布帛分為十五份，其中十匹為公調，二匹為調外費，三匹為內外百官俸祿。」公調，上交國庫的錢糧。(200)雜調　用於各級官府不時之需的各種雜費。(201)已上　同「以上」。(202)不從役　不服兵役、勞役。(203)癃老　衰老病弱。癃，背曲隆高之病，這裡即泛指病。(204)篤疾　重病在身。指雖未年老，但有重病。(205)內迭養食之　將其收容起來輪流供養。迭，輪流。(206)通議　共同討論。(207)鄭羲　魏國名臣，著聲績於拓跋弘、拓跋宏時代。傳見《魏書》卷五十六。(208)太尉丕　拓跋丕，拓跋興都之子，拓跋提之弟。傳見《魏書》卷十四。(209)方　正當；正值。(210)校比　清查；核查。(211)民可使由之二句　見《論語·泰伯》。意思是老百姓只能讓他們按著命令做，很難讓他們知道為什麼。(212)若不因調時　如果不趁徵收賦稅的時候清查戶口。(213)徒知　只看到；只體會到。(214)立長校戶之勤　設立三長、清查戶口的麻煩。勸，麻煩。215均傜省賦　使傜役平均，使賦稅減少。216宜及課調　應該趁著徵收賦稅的時機。及，趁著。217行之差易　做起來比較容易。差，略。218九品差調　按照九級戶口徵收賦稅的辦法。事見本書卷一百三十二宋明帝泰始五年。其辦法是，官府將納稅戶分為三等九級。上等的三級將賦稅送到國家京城，中等的三級將賦稅送到別州的國庫，下等的三級將賦稅送到本州的國庫。219文明太后　即正在執政的馮太后，孝文帝拓跋宏的祖母。220課調有常準　因為對各家各戶的情況比較清楚。221苞蔭之戶可出　那些隱藏在豪門大族下的黑戶口可以清查出來。苞蔭，遮蔽；掩蓋。222僥倖之人可止　投機取巧逃避賦稅的人無法再順利度過。223甲戌　二月十三。224三月丙申　三月初五。225如魏　到魏國進行友好訪問。226敕勒　也稱鐵勒、高車，當時活動在柔然北方的少數民族名。約在今蒙古國與俄羅斯的兩國交界地區。227西漠　蒙古大沙漠以西。228吳寇　吳地的寇盜，這裡指南齊王朝。229兵者凶器二句　見《老子》第三十一章。原文作：「兵者，不祥之器，非君子之器，不得已而用之。」230有未賓之虜　尚有未曾歸服的敵人。未賓，未服；未來朝拜。231四月辛酉朔　四月初一是辛酉日。232五等公服　五等官員的規定服飾。胡三省曰：「公服，朝廷之服。五等，朱、紫、緋、綠、青。」233甲子　四月初四。234法服　皇帝在舉行大典時所穿的禮服。胡三省曰：「袞冕以見郊廟之服。」235御輦　皇帝的車駕。236癸酉　四月十三。237靈泉池　胡三省曰：「魏於方山之南起靈泉宮，引如渾水為靈泉池，東西一百步，南北二百步。」方山，在魏國都城平城北，魏主與馮太后都在這裡為自己預建陵墓。238戊寅　四月十八。239湘州蠻　湘州境內的少數民族。湘州的州治即今湖南長沙。240丁亥　四月二十七。241六月辛酉　六月初二。242己卯　六月二十。243賜皇子恂名　給魏主拓跋宏新生的兒子起名曰「恂」。此子即馮太后的重孫。244七月戊戌　七月初九。245八月乙亥　八月十七。246尚書五等爵已上　尚書省的五等爵以上的官員。247大小組綬　大小不同的繫印的絲條。綬，絲條，用以繫印及繫佩玉。因是用絲線編成，故稱組綬。248九月辛卯　九月初三。249明堂辟雍　都是儒家所宣傳的古代帝王講禮、頒政以及尊賢、講學的地方。明堂，古代天子舉行典禮的廳堂，其體制在西漢時就已經講不清楚。辟雍，古代舉行典禮、宣明教化的地方。《史記集解》引韋昭曰：「水外四周，圓如辟雍，蓋以節觀者也。」後代也用以稱太學。250民官　治民的官員，即各級地方官，如縣令、郡守、刺史等。251依戶給俸　按照其所管地區的戶口多少而所發的俸祿有所不同。因為由於戰亂，當時中原地區的人口普遍稀少，再加上地方官的為政好壞也影響其所管地區的人口多少。252凡三十八州　全國總共三十八全州。凡，總；總共。253二十五在河南　在黃河以南的二十五個州是：青、南青、兗、齊、濟、光、豫、洛、徐、東徐、雍、秦、南秦、梁、益、荊、涼、河、沙，時又置華、陝、夏、岐、班、郢。254十三在河北　在黃河以北的十三個州是：司、并、肆、定、相、冀、幽、燕、營、平、安，時又置瀛、汾。255正月丁亥朔正月初一是丁亥日。[256]戊子　正月初二。[257]啓　請求；建議。[258]記室范雲為郡　讓自己的僚屬范雲擔任郡守職務。記室，官名，略同於主簿、書記。[259]不復窮法　不再深加追究。[260]宥之以遠　寬恕他，把他下放到邊遠的地方去任職。宥，寬饒。[261]動相規誨　經常地規勸我、教導我。動，動不動地，意即時常。[262]辭皆切直　說話全都中肯而直率。[263]不謂雲能爾　想不到范雲能夠這個樣子。爾，如此。[264]方使弼汝　這樣正好讓他給你做幫手。弼，輔佐；幫助。[265]何宜出守　怎麼好讓他出去當太守呢。[266]文惠太子　指現任的太子蕭長懋。文惠是他死後的諡。[267]出東田觀穫　到建築在東宮以東的東田樓閣上觀看農民收割莊稼。胡三省曰：「時太子作東田於東宮之東，綿亙華遠，壯麗極目。」《齊紀》又有所謂「太子立樓館於鍾山下，號曰東田。」[268]刈此亦殊可觀　這種收割勞動也很好看。殊可觀，很值得看。[269]唯唯　是的、是的，隨聲附和的樣子。[270]三時之務　一年三個季節的苦幹。指春耕、夏耘和秋穫。[271]實為長勤　實在是一種漫長的勞動。[272]伏願　誠心誠意地希望您。伏，表示謙敬的用語。[273]無徇　不要追求。徇，追求。[274]宴逸　安樂。宴，安。前加「一朝」也是謙詞。一朝尚不可追求，況朝暮如此哉！古代有所謂「宴安鴆毒」，比之為毒藥。[275]荒人　亡命徒、逃亡者，逃亡到官兵不至的荒野之中。[276]桓玄　東晉末期的軍閥亂臣，曾一度起兵稱帝，後被劉裕擊敗而死。傳見《晉書》卷九十九。[277]雍司　二州名，南齊的雍州州治在今湖北襄樊之襄陽區，司州的州治在今河南信陽。[278]扇動　同「煽動」。鼓動。[279]南陽故城　即今河南南陽。此時屬南齊。[280]將入寇　準備進攻南齊。[281]丁酉　正月十一。[282]假丹楊尹蕭景先節　授予丹楊尹蕭景先旌節，命其奉旨出征。假，授予。節，旌節，皇帝授予將軍的一種信物，表示他擁有某種權力。當時命將授節有三種規格，最高者曰「使持節」，其次曰「持節」，其三曰「假節」。蕭景先，蕭道成之姪，官至領軍將軍、丹楊尹。傳見《南齊書》卷三十八。[283]義陽　古城名，即今河南信陽，當時屬南齊。[284]皆受節度　都受蕭景先調遣、指揮。[285]宛葉　二縣名，宛縣的縣治即今河南南陽，葉縣的縣治在今河南葉縣西南的舊縣城。[286]咸陽文公高允　高允是拓跋燾時代以來的具有深厚漢文化修養的老臣，曾與崔浩一同著魏國國史，其後在魏國一直被敬重推崇。傳見《魏書》卷四十八。[287]歷事五帝　指拓跋燾、拓跋晃、拓跋濬、拓跋弘、拓跋宏。[288]出入三省　指先後在尚書省、中書省、祕書省三個部門為官。高允最高任過中書監、中書令、太常卿等職。[289]未嘗有譴　從未受過皇帝的批評、譴責。[290]中黃門　在宮廷中服務的太監。[291]情同寒素　實際表現像一個窮苦人、平常人。[292]恂恂　和氣而有耐心的樣子。[293]篤親念故　對親戚、朋友感情深厚，念念不忘。[294]平青徐　事在宋明帝泰始五年，由於宋明帝驕傲輕敵，派沈攸之等出兵淮北，致使薛安都等以徐州降魏，沈攸之的朝廷軍大敗，致使淮北大片土地陷入魏人之手。見本書卷一百三十二。[295]徙其望族於代　指魏主拓跋弘將青州和徐州的世家大族通通遷到代郡。代，古國名、地區名，大致指今河北蔚縣、陽原、懷安，山西離石、靈石、昔陽以北地區，是北魏拓跋氏最早的建國之地。(296)婚媾　意即親戚，有婚姻關係的人。(297)隨其才行　根據他們各自的才幹和品行。(298)以初附間之　以他們都是一些剛剛歸降魏國的人嫌棄他們。間，隔閡；嫌棄。(299)必若有用　如果他們真正是有用之才。(300)豈可以此抑之　怎麼能因為他們是剛剛歸附就埋沒他們。(301)賻襚甚厚　朝廷送給他們家很多助喪的財物。賻襚，贈送喪家布帛叫「賻」，贈送喪家的衣被叫「襚」。通常即指贈送喪家的財物。(302)存亡蒙賚　生前與死後能得到朝廷厚重賜予的人。(303)泚陽　古縣名，縣治即今河南泌陽，地處南齊與魏國的邊界地區。(304)深橋　古地名，舊址在今河南泌陽南約四十里處。(305)懸瓠　古城名，即今河南汝南縣，當時為魏國豫州的州治所在地。(306)應齊　與南齊王朝的軍事行動呼應配合。(307)舞陰　古縣名，縣治在今河南泌陽北的羊冊一帶。在南陽的東方，信陽的西北方。當時屬於南齊。(308)被創　受傷。(309)三月丁未　三月二十二。(310)舞陽城　舞陽縣城，在今河南舞陽西北。(311)五月壬辰　五月初八。(312)癸巳　五月初九。(313)南平王渾　拓跋渾，魏道武帝拓跋珪之孫，曾為涼州鎮將、領護西域校尉。傳見《魏書》卷十六。(314)甲午　五月初十。(315)復七廟子孫　免除魏國宗廟所供奉的七代先人之子孫的一切賦稅及勞役。胡三省曰：「七廟，自太祖以下。」按，太祖拓跋珪、太宗拓跋嗣、世祖拓跋燾、恭宗拓跋晃、高宗拓跋濬、顯祖拓跋弘，實際只有六廟，不知如何算出七廟？(316)外戚緦麻服已上　凡是喪禮緦麻以上的所有外戚。外戚指皇帝后妃娘家一方的親戚。緦麻服，喪服五種中最輕的一種，用細麻布製成，為疏遠的親屬、親戚所穿戴。其他四種為斬衰、齊衰、大功、小功。(317)賦役無所與　交稅服役的事情與之無關。與，參與；有關。(318)公孫邃　魏臣，官至青州刺史、鎮東將軍。傳見《魏書》卷三十三。(319)還竄荒中　又逃回到官兵不至的荒野之地。(320)表　公孫表，拓跋珪、拓跋嗣時代的將領，被拓跋嗣所殺。傳見《魏書》卷三十三。(321)餒死　飢餓而死。(322)癸未　六月二十九。(323)極言無隱　毫不保留地給皇帝提出意見、建議。(324)儲積九稔　有九年的糧食儲存。稔，年。(325)逮於中代　其後到了中古時期。逮，等。(326)亦崇斯業　仍很重視這一項，即注意儲存糧食。(327)入粟者與斬敵同爵　漢代讓百姓給國家上交粟米，可以和殺敵一樣獲得爵位。(328)參分居二　三份之中佔有兩份。(329)豐穰積年　連年豐收。(330)矜夸　指好大喜功、鋪張浪費。(331)袨服　華麗的衣服。(332)僕隸玉食　連他們的奴僕都吃著貴重的食品。(333)闕糟糠　連糟糠都沒得吃。(334)乏短褐　連件小襖都沒得穿。(335)穀帛罄於府庫　國家的府庫裡沒有糧食絲帛儲存。罄，盡。(336)寶貨盈於市里　大量值錢的東西都到了工商之家。市里，住在市場上的工商之家。(337)衣食匱於室　雖然大家在家裡都缺衣少食。(338)麗服溢於路　但走在街上卻都穿得挺好。(339)備為格式　應該做出一些具體的規定。(340)勸課農桑　應該勉勵督促人們從事農業生產。(341)盈贍　富裕。(342)校比戶貫　即清查戶籍。貫，鄉籍，戶口所在地。(343)纔可給俸　只夠給官員發薪俸。(344)略無入倉　一點存入倉庫的也沒有。(345)於民為利　對於百姓是有好處。(346)脫有

戎役　一旦有戰事發生。脫，一旦；突然。戎役，戰事。[347]供給之方　該為戰爭供應糧草的部門。[348]無所取濟　沒有獲得供應的來源。[349]歲儉　荒年；歉收的年頭。[350]私民之穀　老百姓私家的糧食。[351]宿積　預先儲存。[352]七月己丑　七月初六。[353]出關就食　到都城以外的其他地區找食物吃。關，指京都平城郊區外沿的出入檢查站。[354]造籍　給出關的飢民造冊登記。[355]分遣去留　意即進行一些有計劃的調配。[356]所過給糧廩　所到之處要給這些飢民提供一些糧食供應。[357]所至三長　所到地區的基層三長，即鄰長、里長、黨長。[358]侯醫垔石洛侯　二人名，伏名敦可汗手下的名臣。侯醫垔，《北史》作「侯毉垔」。[359]數諫止　多次勸阻。[360]陸叡　魏國名臣陸俟之孫，陸麗之子，歷官散騎常侍、定州刺史。傳見《魏書》卷四十。[361]麗　陸麗，陸俟之子，在迎立文成帝拓跋濬的過程中有大功，封平原王，位至侍中。傳見《魏書》卷四十。[362]高車阿伏至羅　高車族人，名阿伏至羅。[363]前部西北　車師前部王都城的西北方。車師前部是漢代以來的西域國名，其都城高昌，在今新疆吐魯番的西北方。[364]夏言天子　也就是中原人所說的天子。夏，華夏，泛指中原地區。[365]乃引眾東徙　胡三省曰：「史言柔然浸衰。」[366]冬二句　冬季的十月十九。[367]罷起部無益之作　停止起部管理之下的那些無價值的勞動製作。起部，官署名，如同漢族國家的尚方署，主管為宮廷製作各種生活用品，上屬於九卿中的少府。[368]出　放出宮廷，令其回家。[369]宮人不執機杼者　宮廷中不從事紡織勞動的女子。機杼，泛指織布機。杼是織機上的部件名，用途是撐直織機上的經線。[370]十一月丁未　十一月二十六。[371]罷尚方錦繡綾羅之工　撤掉尚方署內紡織錦繡與綾羅的工匠。[372]四民　士、農、工、商，意即尚方署以外的其他任何人。[373]御府　宮廷的府庫。[374]太官雜器　太官署所收存的各種生活用品。太官，即太官署，是給宮廷掌管膳食的部門。[375]太僕乘具　太僕寺所收藏的各種車馬用具。太僕，為皇帝掌管車馬以及養馬、馴馬的官員，在秦漢時代為九卿之一。[376]內庫　宮內的倉庫，也叫「內藏」。[377]弓矢刀鉾　泛指各種兵器。鉾，也是一種刀名。[378]外府　宮廷以外的國家倉庫。[379]繒布絲纊　泛指絲綢綿麻的各種原料與織品。纊，絮衣服被褥的絲綿。[380]太半　一大半；三分之二。[381]班賚百司　分發給百官。班，同「頒」。百司，即百官。[382]皁隸　衙門的差役。[383]六鎮邊戍　邊防六軍鎮的守邊士兵。[384]畿內　首都的郊區範圍。[385]皆有差　多少不等的都能分得一些東西。[386]祕書令高祐　祕書令是祕書省的主官，祕書省是為皇帝主管圖書簿籍的部門。高祐，魏國的世代儒學之臣，此時任祕書令。傳見《魏書》卷五十七。[387]丞李彪　高祐的副職李彪，時為祕書丞。[388]改國書編年為紀傳表志　把編年體的魏國史書改成為紀、傳、表、志四體的紀傳體。國書，記載魏國史事的編年體史書。[389]從祖弟　堂叔伯兄弟。兩個人的祖父是親兄弟。[390]崔光　當時有名的儒學之臣，原為劉宋人，慕容白曜平三齊，崔光始歸魏國。此時為著作郎。傳見《魏書》卷六十七。[391]改脩國書　即將編年體的《國書》改修成紀傳體。[392]道固　崔道固，原為劉宋的冀州刺史，泰始五年與徐州刺史薛安都等一同歸降魏國。傳見《宋書》卷八十八。(393)宋均立德　宋均是東漢初期的著名優秀地方官，為九江太守時，在郡打擊奸貪，獎拔忠善，做了很多好事。事見《後漢書》卷四十一。(394)猛虎渡河　宋均剛到九江太守任時，郡內多虎，後來由於宋均多行德政，以致老虎竟全部渡江而去。(395)卓茂行化　卓茂是西漢末期人，守節不仕王莽，東漢初，任密縣（在今河南境內）縣令時視民如子，教化大行，道不拾遺。事見《後漢書》卷二十五。(396)蝗不入境　卓茂任密縣縣令時，周圍二十餘縣均受蝗災，但蝗蟲獨不入密縣界。(397)守宰得人　能找到好的人才任地方官。守宰，郡太守與縣令，最接近百姓的官員。(398)選舉　選任官吏。(399)不採識治之優劣　不顧其才識與辦事能力的好壞。採，同「睬」。看。識治，才識與辦事能力。(400)專簡年勞之多少　只區別其年齡的大小與任職時間的長短。勞，任職時間的長短。(401)非盡才之謂　這不是充分發揮人的才智的做法。(402)停此薄藝　不要光是看他做了些表面的什麼小事。(403)棄彼朽勞　也不要管他都費了些什麼力氣。朽勞，沒有價值的勞動。(404)唯才是舉　只有任用有才幹的人。(405)官方斯穆　整個官場才能讓人心服，讓人聽話。穆，心平氣和。(406)年勤可錄　年齡與功勞使人不忘。可錄，可取。(407)才非撫民　沒有管理百姓的才幹。(408)可加之以爵賞　可以給他們高級別、高賞賜。(409)不宜委之以方任　不能讓他們出任方面大員，如郡太守、州刺史。(410)私人以財　可以憑私人情感賞給他財物。(411)不私人以官　不能憑私人情感而任命他為官。(412)滑臺　古代軍事要地，在今河南滑縣城東，當時處於黃河岸邊，是魏國西兗州的州治所在地。(413)郡國雖有學　各郡的郡城與各諸侯國的都城雖然都設有官辦的學校。(414)縣黨　各縣城與縣城以下各鄉鎮。黨，五鄰為一里，五里為一黨，一黨有一百二十五戶。(415)講學　講《詩》、《書》內容、義理的學堂。(416)小學　給兒童啟蒙的學校，主要是教人識字。

【校　記】[1]之　據章鈺校，十二行本、乙十一行本、孔天胤本「之」下皆有「丁酉」二字，張敦仁《通鑑刊本識誤》同。按，是年正月癸亥朔，無丁酉。[2]上　原作「帝」。據章鈺校，十二行本、乙十一行本、孔天胤本皆作「上」，今據改。[3]課調　原作「調課」。據章鈺校，十二行本、乙十一行本、孔天胤本二字皆互乙，今據改。[4]西　原作「南」。據章鈺校，十二行本、乙十一行本、孔天胤本皆作「西」，今據改。[5]恆　原作「常」。據章鈺校，十二行本、乙十一行本、孔天胤本皆作「恆」，今據改。[6]皆　原作「皆曰」。據章鈺校，十二行本、乙十一行本、孔天胤本皆無「曰」字，今據刪。[7]眾　原作「諸」。據章鈺校，十二行本、乙十一行本、孔天胤本皆作「眾」，今據改。[8]十月辛未　原作「九月辛未」，今據嚴衍《通鑑補》改作「十月辛未」。按，是年九月癸未朔，無辛未。[9]十一月丁未　原作「十月丁未」，今據嚴衍《通鑑補》改作「十一月丁未」。

按，是年十月癸丑朔，無丁未。

【語譯】三年（乙丑　西元四八五年）

春季，正月丙辰日，齊世祖武皇帝蕭賾任命擔任大司農的劉楷為交州刺史，徵調南康郡、廬陵郡、始興郡的兵力前去討伐李叔獻。李叔獻聽說朝廷派大軍前來討伐的消息之後，趕緊派使者到朝廷請求把自己的任期再往後推遲幾年，他願意向朝廷貢獻十二隊用純銀打造的武士頭盔和用孔雀羽毛製作的裝飾物。齊武帝沒有答應李叔獻的請求。李叔獻懼怕遭到劉楷的襲擊，就抄小路經由長沙一帶逃到了建康。

正月初十日戊寅，魏國的孝文帝拓跋宏下詔說：「古代一些別有用心的人專門編造一些隱語或預言以預示吉凶，煽動百姓，其興起於夏、商、周三代的末年，這些隱語或預言既不是治理國家的經典，只能被從事歪門邪道的人所利用。從今以後鼓吹這種妖術的各種偽書、載體，一律都要焚毀，保留的人以殺頭罪論處！」又嚴格禁止那些裝神弄鬼以替人祈禱為職業的人以及那些活動在街頭巷尾以占卜算命為職業的人所進行的不是經典著作所記載的活動。

魏國的馮太后發布了〈皇誥〉十八篇，正月十五日癸未，在太華殿舉行盛大宴會招待文武百官，將馮太后的十八篇〈皇誥〉下達到全國的各州、各郡、各縣、各鄉、各村。〇二十三日辛卯，齊武帝親自到南郊舉行祭天典禮，大赦天下。〇齊武帝下詔，恢復建立國家的太學，祭奠至聖先師孔子的禮儀規格要等同於祭祀當朝三公的禮儀規格。

二月初二日己亥，魏國對有封爵的皇子皇孫每年按照爵位的高低發給不同的俸祿做出了規定。〇初四日辛丑，齊武帝到北郊舉行祭祀地神的典禮。

三月二十九日丙申，魏孝文帝封自己的弟弟拓跋禧為咸陽王，拓跋幹為河南王，拓跋羽為廣陵王，拓跋雍為潁川王，拓跋勰為始平王，拓跋詳為北海王。文明太后下令設置學館，選派師傅負責教導諸王。始平王拓跋勰在兄弟當中表現最好，他聰明而又好學，擅長於寫文章，魏孝文帝特別喜歡他，認為他非同一般。

夏季，四月十七日癸丑，魏孝文帝前往方山。十八日甲寅，從方山返回平城的皇宮。

當初，宋太宗劉彧設立總明觀用來徵集儒、道、文、史、陰陽五部學士，總明觀也被稱為東觀。齊武帝因為國學已經開辦，於是在五月二十九日乙未，下令撤銷了總明觀。當時王儉兼任國子祭酒，齊武帝於是下詔在王儉的家中開設學士館，把總明觀所收藏的四部書搬到王儉家所開設的學士館中。又下詔讓王儉在自己家中的學士館上班。

自從宋世祖劉駿喜好寫作文章以來，士大夫都以擅長於寫文章為榮耀，沒有人再把鑽研儒家經典作為自己的專業。王儉從小就喜歡鑽研《周禮》、《儀禮》、《禮記》的學問以及《春秋》，說話做事、一舉一動都以儒家的思想言論作為自己的準則，因此，那些有身分、有地位的人都紛紛向他學習，轉而開始崇尚、喜好儒家學術。王儉編排制定朝廷的禮儀與國家的典章制度，晉、宋以來朝廷處理各種事務的辦法與先例，無不熟記在心，所以在朝廷當中處理事務，無不決斷如流。他經常旁徵博引、有根有據地解決問題，從尚書令、尚書左僕射、尚書右僕射與所屬的五部尚書這八個人到尚書左丞、尚書右丞以及各部尚書屬下的郎官、諸曹郎沒有人能提出不同意見。下級擔任令史的工作人員有事前來請示的經常有幾十名，簡直是賓客滿座，王儉一邊回答，一邊給他們分析講解，沒有任何解決不了的問題留在身邊，不論是說話還是寫文章，聲音又好聽，又很有文采。他每十天去國學一次，監督考試太學的生員，戴頭巾的文人和戴武冠的武生都在庭院裡等待考試，還有帶劍的警衛、下屬的工作人員，氣派非常盛大。王儉習慣於梳一種從容瀟灑的髮式，斜插著簪子，朝廷內外的人因為仰慕他，於是都爭相效仿他的裝束。王儉經常對人說：「江東所有的宰相中，要論風流倜儻，只有謝安一個人。」言外之意是把自己比作謝安。齊武帝對他十分信賴，一切都委託給他，想要委任什麼人做什麼官，只要王儉舉薦，齊武帝無不批准。

六月十五日庚戌，魏國提升河南王度易侯為車騎將軍，派遣擔任給事中的吳興郡人丘冠先出使河南，並護送柔然國的使者回國。

六月十六日辛亥，魏孝文帝前往方山。二十二日丁巳，從方山返回平城的皇宮。

秋季，七月十八日癸未，魏國派使者前往宕昌郡封宕昌郡的羌族人首領梁彌機的姪子梁彌承為宕昌王。當初，被齊國封為宕昌王的梁彌機去世之後，梁彌機的兒子梁彌博繼位為宕昌王，梁彌博深受吐谷渾的逼迫，遂逃往魏國管轄之下的仇池郡。仇池郡軍鎮的頭領穆亮認為梁彌機對待魏國一向謹慎忠誠，對他的滅亡深表同情。而梁彌博性情兇殘狂悖，他的部下都很厭惡他。而梁彌承卻深受部眾的擁護，穆亮遂上表給魏國朝廷請求派軍隊護送梁彌承返回宕昌為王。魏孝文帝下詔批准了穆亮的奏請。穆亮於是率領三萬騎兵駐紮在龍鵠，打跑了佔據宕昌的吐谷渾人，幫助梁彌承復國登上王位之後班師。穆亮，是穆崇的曾孫。

七月二十三日戊子，魏孝文帝前往魚池，登上青原岡。二十九日甲午，回到皇宮。八月初五日己亥，又前往彌澤。二十日甲寅，登上牛頭山。三十日甲子，返回皇宮。

魏國建國之初，很多百姓都依附於豪強之家以求得豪強勢力的庇護。這些投靠依附於豪強勢力的人都不給官府出徭役，而所依附的豪門貴族對他們的強徵暴斂比國家徵收的賦稅多一倍。擔任給事中的李安世上書給魏國朝廷說：「年景不好，鬧饑荒，百姓因為飢餓就會流離失所，他們的田產家業大多都被豪門大族強行佔有。雖然古代傳說中的井田制難以恢復實行，至少也應該重新丈量一次土地，使農民家庭有多少口人就可以耕種到多少土地。再有，豪門大族所強佔貧民的土地，應該規定出一個年限，對於那些因為年代久遠而難以說清楚卻又存在爭議的土地，一律劃歸現在的主人，以消除那些沒有根據的胡攪蠻纏。」魏孝文帝認為李安世的意見提得很好，於是開始研究實行均田制。冬季，十月十三日丁未，孝文帝下詔派使者分頭到各州各郡進行巡視，與州刺史和郡太守一起按照人口平均分配全國的土地：那些十五歲以上的男子每人分給四十畝土地，這些土地只能用來種糧食而不許植樹，並在一定時候要交還給官府；成年婦女每人分給二十畝土地，男女奴隸按照平民男女標準分給土地；養一頭牛，分給三十畝土地，最多只給到養四頭牛的標準。一般都是按照規定數量的兩倍授予的土地，三年耕作後需要輪休的貧瘠土地，就在原來的基礎上再增加一倍，以保證老百姓經常能耕種的土地數量以及在今後不斷的將土地還給官府、再接受分田過程中所出現的差額。年輕人一到該繳納賦稅的年齡就開始接受應分的土地，到了年老免交賦稅的時候或未老而死的就必須把土地交還給官府。奴婢、牛則隨著主人繼續擁有奴婢的多少以及繼續養牛的數量來確定他們是將已經分到的土地交還給官府還是再分得土地。第一次分給土地的人，成年男子每人分給二十畝，規定必須種植五十棵桑樹；桑樹田不用歸還給官府，死後可以作為家產遺留給子孫，作為世代相傳的產業。官府需要經常統計現有的人口，哪一家由於人口減少而出現土地超量，就不再授予土地，而其超出的部分也不用再歸還給官府。哪一家由於人口增加而出現土地不足，就可以按照規定到官府去領取土地；土地超量的人家，可以出賣超量的部分。直接管理百姓的地方官員，可以在他任職所在地的附近領取一塊大小與他職務高低相當的公田，該官員離任時要把土地移交給繼任的官員。哪一位官員要是變賣了這塊公田，他就要依法受到懲處。

十月二十七日辛酉，魏國的魏郡王陳建去世。〇魏國派遣擔任員外散騎常侍的李彪等人為使者到齊國進行友好訪問。

十二月二十二日乙卯，魏國任命擔任侍中的淮南王拓跋佗為司徒。

柔然出兵侵犯魏國的邊塞，魏國的任城王拓跋澄率領魏軍進行抵抗，柔然軍逃走。拓跋澄，是拓跋雲的兒子。魏國境內的氐族人、羌族人起兵造反，魏孝文帝下詔任命任城王拓跋澄為都督梁・益・荊三州諸軍事、梁州刺史。拓跋澄到達荊州刺史任所之後，便出兵對發動叛亂的那些氐族人、羌族人進行討伐，對那些自動歸服的氐族人、羌族人則加以撫慰，區別對待，氐族、羌族的叛亂於是全部被平息。

當初，齊太祖蕭道成命令擔任黃門侍郎的虞玩之等人檢查、審定全國的戶籍。齊武帝蕭賾即位之後，另外指定了審定戶籍的人員，並設置了專門檢查戶籍的文職小吏，同時規定了指標，要求每人每天必須要查出若干條弄虛作假的問題。一連查了幾年也沒有查完，百姓對此非常憂愁怨憤，民心不穩。擔任外監的會稽郡人呂文度向齊武帝建議，凡是在審查戶籍中被刷掉的人口，全部發配到邊遠的地方充軍守邊，於是很多百姓為了躲避充軍戍邊而逃亡。富陽縣的百姓唐寓之趁機以妖術煽動百姓起來作亂，他們攻陷了富陽縣城，吳興、吳郡、會稽三郡當中那些被刷掉戶籍的人全都投奔了唐寓之，唐寓之的部眾很快發展到三萬人。

呂文度與茹法亮、呂文顯憑藉著自己的為人奸猾、善於諂媚而得到齊武帝的寵信。呂文度擔任外監，獨自掌握著中領軍部隊的軍權，領軍將軍則成了徒有虛名的人。茹法亮擔任中書通事舍人，權勢尤其盛大。王儉曾經說：「我雖然佔據著高位，但我的實權和皇上對我的信託怎麼能比得上茹公呢？」

這一年，柔然部真可汗去世，他的兒子豆崙繼位，號稱伏名敦可汗，改年號為太平。

四年（丙寅 西元四八六年）

春季，正月初一日癸亥，魏高祖拓跋宏召開朝會的時候，開始穿漢族皇帝所穿的袞服，戴漢族皇帝所戴的冠冕。〇二十日壬午，柔然的軍隊進犯魏國的邊境。

唐寓之率領自己的部眾攻陷了錢唐縣，吳郡各縣的縣令大多數都棄城逃走。唐寓之在錢唐縣遂自立為皇帝，封太子，設置文武百官。唐寓之派屬下將領高道度等人攻陷了東陽郡，殺死了擔任東陽太守的蕭崇之。蕭崇之，是齊太祖蕭道成的堂弟。唐寓之又派遣屬下的將領孫泓率眾進攻山陰縣，他們很快便到達了浦陽江，浹口軍事據點的首領湯休武打敗了孫泓的進攻。齊武帝派出數千名禁衛軍，數百匹戰馬，向東進攻在錢唐稱帝的唐寓之。朝廷軍到達錢唐縣，唐寓之的部眾原本是烏合之眾，他們懼怕朝廷的騎兵，因此一戰即潰，朝廷軍擒獲了唐寓之，將唐寓之殺死，進而平定了各郡縣的叛亂。

朝廷派出的禁軍憑藉自己的勝利，有些放縱士兵搶掠百姓。禁軍回到京師之後，齊武帝聽到了他們得勝後搶掠百姓的消息，立即將這支軍隊的頭領擔任前軍將軍的陳天福逮捕起來，押赴到鬧市中斬首，擔任左軍將軍的劉明徹被免去官職，削去爵位，送到東冶城去服勞役。陳天福，是齊武帝的愛將，被處死以後，朝廷內外無不感到震驚而深以為戒。齊武帝派遣擔任通事舍人的丹陽人劉係宗跟隨軍隊前進的腳步，逐一安慰受難的百姓，足跡走遍了遭受賊軍踐踏的各個郡縣，百姓當中那些被賊軍裹脅、威逼而參與為亂的人，一概既往不究。

閏正月初一日癸巳，齊武帝封自己的兒子蕭子貞為邵陵王，封皇孫蕭昭文為臨汝公。

被齊國封為氐王的楊後起去世，閏正月十五日丁未，齊武帝任命擔任白水太守的楊集始為北秦州刺史、武都王。楊集始，是楊文弘的兒子。任命楊後起的弟弟楊後明為白水太守。魏國也任命楊集始為武都王。楊集始到魏國的平城朝見魏孝文帝拓跋宏，拓跋宏任命楊集始為南秦州刺史。

閏正月十九日辛亥，齊武帝到專供皇帝進行農事活動的那塊農田裡進行示範性的耕作。

二月己未日，齊武帝封自己的弟弟蕭銶為晉熙王，封蕭鉉為河東王。

魏國沒有設立基層百姓的管理建制，在一個居民點或一個部落、村落中只設有一個頭領，名叫宗主督護，很多百姓都隱瞞戶口或者假報年齡，有的三十家、五十家才報一家的戶口。擔任內祕書令的李沖上書給朝廷說：「應當依照古代的辦法：每五家為一鄰，設立一個鄰長；五個鄰為一里，設立一位里長；五個里為一黨，設立一位黨長，從當地的百姓中選擇那些既堅強又謹慎的人來擔任。當鄰長的可以免除他家中一個人的賦稅和徭役，當里長的可以免除他家中二個人的賦稅和徭役，當黨長的可以免除他家中三個人的賦稅和徭役，官當得好，三年沒有過失的就提升一等。每一對夫婦每年需要向國家繳納一匹絲織品、二石糧食的戶口稅。大體來說，朝廷將徵收上來的錢糧分為十五份，其中十份納入國庫，二份歸州政府支配，三份作為文武百官的俸祿。除此之外還有一些用於各級官府不時之需的各種雜稅。百姓中年滿八十以上的老人，允許他有一個兒子不服兵役和勞役。孤寡、衰老病弱、重病纏身、貧窮無法生存的人，由鄰長、里長、黨長負責將其收容起來輪流供養。」李沖的奏章呈遞上去之後，魏孝文帝下詔令文武百官進行討論。擔任中書令的鄭羲等人都認為行不通。擔任太尉的拓跋丕說：「我認為這個辦法如果得以實行，於公於私都有好處。但現在正值國家徵收賦稅的月分，如果核查戶口，百姓必然感到勞苦而心生怨恨。請等到過了今年的秋季，到冬天農閒的時候再派遣使者進行這項工作比較合適。」李沖說：「『老百姓只能讓他們按照命令去做，很難讓他們知道為什麼要那樣做。』如果不趁著徵收賦稅的時候清查戶口，百姓就會只知道設立三長、核對戶口的麻煩，而看不到平均徭役、減少賦稅給他們帶來的好處，因此必然產生怨恨情緒。所以要趁著徵收賦稅的時機，讓他們知道平均徭役、減少賦稅是怎麼回事，他們一旦瞭解了這件事情，又知道自己可以從中獲益，這樣做起來就比較容易。」群臣中很多人都說：「按照三等九級的戶口徵收賦稅的辦法，已經實行很久了，一旦要改變這種徵收賦稅的辦法，恐怕會造成混亂。」文明太后馮氏說：「設立了鄰長、里長、黨長之後，對各家各戶的情況瞭解的就會比較清楚，那些隱藏在豪門大族之下的黑戶口就可以清查出來，那些投機取巧企圖逃避賦稅的人就再也無法度過，為什麼不能實行呢？」二月十三日甲戌，開始設立黨長、里長、鄰長，核定百姓戶籍。開始的時候百姓都感到很愁苦，那些豪門大族更是不願意。後來百姓發現徵收的賦稅和徭役竟然減少了十多倍，上下這才安下心來。

三月初五日丙申，柔然國派牟提為使者到魏國進行友好訪問。當時敕勒人背叛了柔然，柔然國的伏名敦可汗豆崙親自率領柔然軍前往討伐敕勒人，一直把敕勒人驅逐到了大沙漠以西。魏國擔任左僕射的穆亮等人請求乘柔然國內兵力空虛的機會出兵攻打柔然，擔任中書監的高閭說：「秦、漢時期，海內一統，所以秦朝、漢朝可以出兵遠征匈奴。如今我國南方有吳地的寇盜正對我們虎視眈眈，我們怎能捨棄吳寇而不顧卻深入胡虜的王庭呢？」魏孝文帝說：「老子說：『兵器，是一種不祥的器物，聖人只有在迫不得已的情況下才會使用它。』先帝之時屢次出兵討伐柔然，是因為那時柔然還沒有歸服的緣故。如今我繼承了太平大業，為什麼要無緣無故地發動戰爭呢？」遂對柔然的使者以優禮相待，而後送他回國。

夏季，四月初一日辛酉，魏國開始制定五等官員的規定服飾。初四日甲子，魏孝文帝第一次穿上皇帝在舉行大典時所穿的禮服、坐著皇帝的車駕到平城的西郊祭天。

四月十三日癸酉，魏孝文帝前往靈泉池。十八日戊寅，回到皇宮。

齊國湘州境內的少數民族發動叛亂，擔任湘州刺史的呂安國因為正在患病而不能率軍前去討伐。四月二十七日丁亥，齊武帝任命擔任尚書左僕射的柳世隆為湘州刺史，柳世隆率軍平息了蠻人的叛亂。

六月初二日辛酉，魏孝文帝前往方山進行巡視。〇二十日己卯，魏國的文明太后馮氏給孝文帝的兒子起名叫做拓跋恂，大赦天下。

秋季，七月初九日戊戌，魏孝文帝前往方山進行巡視。

八月十七日乙亥，魏國給尚書省五等爵位以上的官員頒發朱色官服、玉佩，和大小不同的繫印的絲條。

九月初三日辛卯，魏國建造供天子舉行典禮、頒布政令以及尊賢、講學、宣明教化的明堂和辟雍。

冬季，十一月，魏國朝廷經過商議決定，直接管理百姓的各級地方官所享受的俸祿與其所管轄區域內戶口的多少進行掛鉤，區域內人口多的享受的俸祿就多，人口少的享受的俸祿就少。

十二月，柔然軍侵擾魏國的邊境。

這一年，魏國把中書學改稱為國子學。重新劃分、設置州郡，全國總共設置了三十八個州，其中有二十五個州在黃河以南，有十三個州在黃河以北。

五年（丁卯　西元四八七年）

春季，正月初一日丁亥，魏孝文帝下詔制定樂章，非高雅者一律廢除。

正月初二日戊子，齊武帝任命豫章王蕭嶷為大司馬，任命竟陵王蕭子良為司徒，任命臨川王蕭映、衛將軍王儉、中軍將軍王敬則同時加授開府儀同三司。竟陵王蕭子良請求齊武帝讓擔任記室的范雲擔任郡守的職務，齊武帝答覆說：「我聽說他總是在你面前賣弄他的學問，朕不再追究他的法律責任，雖然應當寬恕他，但要把他放到邊遠的地方去任職。」蕭子良反駁說：「不是陛下所說的那樣。范雲經常地規勸我、教導我，他勸諫我的書信我還都保存著呢。」於是拿出范雲勸諫自己的書信給齊武帝看，大約有一百多張，言辭都很中肯而且直率。齊武帝歎息了一聲，對蕭子良說：「想不到范雲能做到這樣，如此的話正好讓他給你做幫手，怎麼能讓他到外地去擔任太守呢？」文惠太子蕭長懋曾經到建築在東宮東面的東田樓上觀看農民收割莊稼，他回過頭來對跟隨在他身邊的僚屬說：「這種收割莊稼的勞動場面很好看。」眾人都隨聲附和。唯獨范雲回答說：「農民春天耕種，夏天除草，秋天收割，一年當中要經過三個季節的辛勤苦幹才能收穫，實在是一種漫長的勞動。我誠心誠意地希望殿下知道稼穡的艱難，不要追求一時的安樂！」

逃亡到荒野之中的亡命之徒桓天生自稱是桓玄的族人，他與居住在雍州、司州的少數民族互相勾結，煽動那裡的民眾起來作亂，他們佔據了南陽故城，並向魏國請求出兵救援，準備出兵入侵齊國。正月十一日丁酉，齊武帝下詔，授予擔任丹楊尹的蕭景先符節，令他統率步兵、騎兵，直奔義陽城，司州境內的各軍全部受蕭景先的調遣、指揮。又授予擔任護軍將軍的陳顯達符節，令他率領擔任征虜將軍的戴僧靜等水軍向宛縣、葉縣進發，雍州、司州境內的各軍都受陳顯達的調遣、指揮，兩路大軍同時起兵討伐桓天生。

魏國擔任光祿大夫的咸陽文公高允，一連輔佐了魏世祖拓跋燾、恭宗拓跋晃、高宗拓跋濬、顯祖拓跋弘、高祖拓跋宏等五位皇帝，先後在尚書省、中書省、祕書省三個部門擔任重要官職，任職年限長達五十多年，從來沒有受到過皇帝的批評、譴責。馮太后和魏孝文帝都非常器重他，經常讓擔任中黃門的蘇興壽攙扶著他。高允為人仁愛寬厚、儉樸恬靜，雖然身居要職，地位尊貴，但他實際上表現的就像一個平常人一樣；他常常手捧書卷吟誦閱覽，書卷晝夜不離其手；他經常教導別人要一心向善，和氣又有耐心，從來不知道疲倦；他對自己的親戚、朋友感情深厚，念念不忘，一個也不遺漏。魏顯祖拓跋弘平定了青州、徐州之後，便把青州、徐州的名門望族全部遷徙到代郡，那些人中有很多都是高允的親戚，他們流離失所、飢寒交迫。高允便拿出全部家產賑濟他們，使他們各得其所。又根據他們各自的才幹、品行，把他們推薦給朝廷量才任用。很多人都因為這些人剛剛歸附魏國而嫌棄他們，高允說：「任用賢良的人，使用有才能的人，何必要分什麼新人與舊人？如果他們真正是有用之才，怎麼能因為他們是剛剛歸附的新人就埋沒了他們呢？」高允身體一向很健康，此時雖然感到有些不舒服，還是能夠照常起居，然而沒過幾天就去世了，享年九十八歲。朝廷追贈高允為侍中、司空，贈送給高允家屬幫助辦理喪事的財物非常豐厚。從魏國建國之初到現在，不論是生前還是死後能得到朝廷厚重賜予的人，誰都比不上高允。

桓天生領著一萬多名魏軍到達泚陽縣，護軍將軍陳顯達派遣征虜將軍戴僧靜等率軍在深橋與桓天生領來的魏軍展開激戰，把魏軍打得大敗，殺死、俘虜了數以萬計的魏國人。桓天生退入泚陽縣城進行堅守，征虜將軍戴僧靜率領齊軍圍攻泚陽縣城，因為一時沒有辦法攻克遂撤軍而回。另一亡命之徒胡丘生在懸瓠城聚眾起兵，與齊國朝廷所採取的軍事行動互相呼應、配合，魏軍打敗了胡丘生，胡丘生逃到了建康。桓天生又引領魏軍進攻舞陰縣城，負責守衛舞陰城的軍事頭領殷公愍率軍進行抵抗，打敗了魏軍，殺死了魏軍的副將張麒麟，桓天生受傷退走。三月二十二日丁未，齊武帝任命護軍將軍陳顯達為雍州刺史。陳顯達率軍進駐舞陽縣城。

夏季，五月初八日壬辰，魏孝文帝前往靈泉池。○初九日癸巳，魏國的南平王拓跋渾去世。五月初十日甲午，魏孝文帝從靈泉池回到平城。他下詔免除魏國宗廟中供奉的七代先人子孫的一切賦稅和勞役，以及凡是喪禮在緦麻以上的所有外戚，繳納賦稅和服勞役的事情都與他們無關。

魏國擔任南部尚書的公孫邃與上谷公張儵率領自己的部眾與桓天生聯合起來再次侵擾齊國的舞陰城，殷公愍打敗了他們的進攻，桓天生又逃竄到了官兵不到的荒野之地。公孫邃，是公孫表的孫子。

魏國春、夏兩季連續遭遇大旱，代郡的旱情尤其嚴重，再加上牛鬧瘟疫，百姓被餓死了很多。六月二十九日癸未，魏孝文帝下詔，讓朝廷內外的大臣要毫不保留地給皇帝提意見。擔任齊州刺史的韓麒麟於是上表說：「古代的先哲聖王在執政期間，國家都有九年的糧食儲備。到了中古時期，也仍然很重視儲備糧食，漢代給國家上交粟米的百姓，可以和戰場上殺敵立功的將士一樣獲得爵位，努力種田的人可以和孝敬父母、友愛兄弟的人獲得同樣的獎賞。如今京師中的民眾，不種田的人很多，遊手好閒、不勞而獲的人佔了大約有三分之二。很久以來國家太平無事，連年五穀豐登，人們競相誇耀財富，已經逐漸形成了奢侈浪費的習俗。富貴人家，兒童小妾都穿著華麗的衣服，從事工商業的人，就連他們的奴僕都吃著貴重的食品，而農夫卻連酒糟米糠都吃不上，養蠶的婦女就連粗布做的小襖都沒得穿。所以導致耕種農田的人日益減少，田地有的已經荒蕪，國家府庫中沒有了糧食絲帛的儲備，大量值錢的東西都到了工商之家，雖然很多人的家裡缺衣少食，但走在大街上卻有很多人都穿得很華麗。引起飢寒的根本原因就在於此。我認為凡是珍稀、奇異的東西，都應該禁止流通，關於婚喪嫁娶，要制定出一些具體的規定，不許鋪張浪費，要鼓勵、督促人們努力從事種糧養蠶，嚴格執行獎賞和懲罰的制度。用不了幾年，國家一定會富裕起來。往年清查、核對戶籍，百姓繳納的租稅減輕了不少。我所管轄的齊州，百姓交納的租賦勉強剛夠給官員發放俸祿，一點沒有多餘的糧食存入倉庫，雖然對百姓有好處，卻不能維持長久，一旦發生戰爭，或是遭受天災，恐怕國家為戰爭供應糧食的部門，就沒有辦法獲得供應的糧食。以後可以讓百姓少繳納一點絹布，多繳納一些穀物，遇到豐收年景就多積蓄一些糧食，遇到歉收之年國家就拿出一部分糧食賑濟災民。這就如同把百姓私家的穀米，暫時寄存在官府，官府預先有了儲存的糧食，那麼百姓就沒有荒年了。」秋季，七月初六日己丑，魏孝文帝下令有關部門打開倉庫，把倉庫中儲存的糧食拿出來發放、借貸給災民，允許百姓到都城以外的其他地區去找食物吃。派使者給出關的飢民登記造冊，對於飢民是外出逃荒還是留在京城進行一些有計劃的調配，飢民所經過的地方，地方官府要給這些飢民提供一些糧食供應，所停留地區的鄰長、里長、黨長要負責收容這些飢民，為他們提供食宿。

柔然伏名敦可汗豆崙殘忍暴虐，他的大臣侯醫亞、石洛候多次對他進行勸諫，並勸他與魏國和親。伏名敦可汗大怒，竟然下令將侯醫亞、石洛候二位大臣滅族了，因此部眾開始離心離德。八月，柔然的軍隊侵擾魏國的邊境，魏國朝廷任命擔任尚書的陸叡為都督，率領魏軍抗擊柔然的進犯，把柔然軍打得大敗。陸叡，是陸麗的兒子。

當初，高車族人阿伏至羅擁有十多萬個部落，役屬於柔然。柔然伏名敦可汗豆崙派兵侵略魏國的時候，阿伏至羅極力勸阻，伏名敦可汗根本不聽。阿伏至羅非常憤怒，就與自己的堂弟窮奇率領自己的部落向西遷移，他們到達了車師前部王都城的西北方便停留下來，自立為王。高車人稱阿伏至羅為「候婁匐勒」，就是中原人所說的天子；稱窮奇為「候倍」，就是中原人所說的太子。兄弟二人非常親密和睦，他們各自率領自己的部眾獨立活動，阿伏至羅居住在北部，窮奇居住在南部。柔然伏名敦可汗豆崙率軍追擊他們，卻多次被阿伏至羅打敗，伏名敦可汗豆崙遂率領著柔然人向東遷移。

冬季，十月十九日辛未，魏孝文帝下令給主管為宮廷製作各種生活用品的起部，要他們停止其屬下那些無價值的勞動製作，把宮中那些不從事紡織勞動的女子全部放出宮外，令其回家。十一月二十六日丁未，魏孝文帝又下詔，撤掉尚方署內負責紡織錦繡與綾羅的工匠。尚方署以外的士、農、工、商如果想要織造錦繡、綾羅綢緞，官府不加禁止。此時，魏國太平無事已經很久，府庫中儲藏的東西堆積如山。魏孝文帝下詔，把宮廷府庫中儲藏的所有衣服珍寶、太官署所收存的各種生活用品、太僕寺所收藏的各種車馬用具、宮內府庫中儲存的弓箭刀槍等各種兵器的十分之八，宮廷以外的國家倉庫中儲存的衣服、絲綢棉麻等各種原料與織品，凡是不屬於朝廷專用的物品，就將其中的一大半分發給百官，下至工人、商人、衙門裡的差役，賞賜的範圍遍及邊防六軍鎮的守邊士兵，以及首都郊區的鰥、寡、孤、獨、貧、病等各類貧困人口，雖然分到的多少不等，但都能分到一些東西。

魏國擔任祕書令的高祐、擔任祕書丞的李彪上書給孝文帝，請求把編年體的《國書》改成紀、傳、表、志四體的紀傳體，魏孝文帝批准了他們的請求。高祐，是高允的堂弟。十二月，魏孝文帝下詔，令祕書丞李彪與擔任著作郎的崔光負責將編年體的《國書》改編成紀傳體的《國書》。崔光，是崔道固的堂孫。

魏孝文帝向祕書令高祐詢問說：「怎樣才能禁止盜賊呢？」高祐回答說：「以前，東漢初期擔任九江太守的宋均非常重視施行德政，所以就連九江境內的猛虎都渡過長江遠遠地離開了，東漢初年擔任密縣縣令的卓茂愛民如子，教化大行，路不拾遺，就連蝗蟲都不飛入他管轄的密縣境內。何況盜賊呢，盜賊也是人，如果能選擇好的人才到地方上去擔任郡太守、縣令，他們治理、教化有方，禁止盜賊就是一件很容易的事情了。」高祐又上書給孝文帝說：「現在挑選任用官吏，不顧其才識與辦事能力的高低，只看其年齡的大小與任職年限的長短，這不是充分發揮人的聰明才智的做法。應該停止這種光看他做了些什麼表面的小事，也不要管他都費了些什麼力氣，只有任用有才幹的人，那麼整個官場才能讓人心平氣和。再有，對那些舊有的功臣，雖然他們的年齡與功勞使人不忘，然而卻沒有管理百姓的才幹，對這些人可以給他們高級別、高賞賜，而不要再委任他們出任方面大員，這就是俗話所說的：君主可以把財物賞賜給他所喜愛的人，而不應該憑私人感情任命其為官。」魏孝文帝很讚賞他的意見。

擔任祕書令的高祐離開朝廷到西兗州擔任刺史，鎮守滑臺。高祐因為各郡的郡城和各諸侯國的都城都已經設有官辦的學校，認為各縣、各鄉也應該設有官辦的學校，於是下令轄區內的各縣要設立講《詩經》、《書經》內容、義理的學堂，黨裡要設立給兒童啟蒙的學校。

六年（戊辰　西元四八八年）

春，正月乙未❶，魏詔：「犯死刑者，父母、祖父母年老，更無成人子孫，旁無期親❷者，具狀以聞❸。」

初，皇子右衛將軍子響❹出繼豫章王嶷❺，嶷後有子，表留為世子❻。子響每入朝，以車服異於諸王❼，每拳擊車壁❽。上聞之，詔車服與皇子同。於是有司奏子響宜還本❾。三月己亥❿，立子響為巴東王⓫。

角城戍將⓬張蒲，因大霧乘船入清中⓭採樵，潛納⓮魏兵。戍主⓯皇甫仲賢覺之，帥眾拒戰於門中，僅能卻之⓰。魏步騎三千餘人已至塹外⓱，淮陰軍主⓲王僧慶等引兵救之，魏人乃退。

夏，四月，桓天生復引魏兵出據隔城⓳，詔游擊將軍下邳曹虎⓴督諸軍討之。輔國將軍朱公恩將兵蹋伏㉑，遇天生游軍，與戰，破之，遂進圍隔城。天生引魏兵步騎萬餘人來戰，虎奮擊，大破之，俘斬二千餘人。明日，攻拔隔城，斬其襄城太守帛烏祝，復俘斬二千餘人，天生棄平氏城㉒走。

陳顯達侵魏，甲寅㉓，魏遣豫州刺史拓跋斤將兵拒之。

甲子㉔，魏大赦。○乙丑㉕，魏主如靈泉池。丁卯㉖，如方山。己巳㉗，還宮。

魏築城於醴陽(28)，陳顯達攻拔之，進攻沘陽(29)，城中將士皆欲出戰，鎮將韋珍曰：「彼初至氣銳，未可與爭，且共堅守，待其力攻疲弊，然後擊之。」乃憑城拒戰，旬有二日，珍夜開門掩擊，顯達還。

五月甲午(30)，以宕昌王梁彌承為河、涼二州刺史(31)。

秋，七月己丑(32)，魏主如靈泉池，遂如方山。己亥(33)，還宮。

九月壬寅(34)，上如琅邪城(35)講武(36)。○癸卯(37)，魏淮南靖王佗(38)卒。魏主方享宗廟(39)，始薦(40)，聞之，為廢祭(41)，臨視(42)哀慟。

冬，十月庚申(43)，立冬，初臨太極殿讀時令(44)。

閏月辛酉(45)，以尚書僕射王奐(46)為領軍將軍(47)。○辛未(48)，魏主如靈泉池。癸酉(49)，還宮。

十二月，柔然伊吾戍主(50)高羔子帥眾三千以城附魏(51)。

上以中外(52)穀帛至賤，用尚書右丞江夏李珪之議，出上庫(53)錢五千萬及出諸州錢(54)，皆令糴買(55)。

西陵(56)戍主杜元懿建言：「吳興無秋(57)，會稽豐登，商旅往來，倍多常歲(58)。西陵牛埭稅(59)，官格(60)日三千五百，如臣所見，日可增倍。并浦陽(61)南北津(62)、柳浦[63]四埭[64]，乞為官領攝一年[65]，格外可長四百許萬[66]。西陵戍前檢稅[67]，無妨戍事[68]，餘三埭[69]自舉腹心[70]。」上以其事下會稽[71]，會稽行事[72]吳郡顧憲之[73]議以為：「始立牛埭之意，非苟逼蹴以取稅[74]也，乃以風濤迅險[75]，濟急利物[76]耳。後之監領者[77]不達其本[78]，各務己功[79]，或禁遏佗道[80]，或空稅江行[81]。按吳興頻歲失稔[82]，今茲尤甚[83]。去乏[1]從豐[84]，良由饑棘[85]。埭司責稅[86]，依格弗降[87]。舊格新減，尚未議登[88]；格外加倍，將以何術[89]？皇慈恤隱[90]，振廩蠲調[91]；而元懿幸災推利[92]，重增困瘼[93]，人而不仁[94]，古今共疾[95]！若事不副言[96]，懼貽譴詰[97]，必百方侵苦，為公賈怨[98]。元懿稟性苛刻，已彰往效[99]，任以物土[100]，譬以狼將羊[101]，其所欲舉腹心，亦當虎而冠[102]耳。書云[103]：『與其有聚斂之臣[104]，寧有盜臣[105]』，此言盜公[106]為損蓋微[107]，斂民所害乃大也。愚又以便宜[108]者，蓋謂便於公、宜於民也。竊見[109]頃之言便宜[110]者，非能於民力之外，用天分地[111]，率皆[112]即日不宜於民[113]，方來不便於公[114]。名與實反，有乖政體[115]。凡如此等，誠宜深察。」上納之而止。

魏主訪羣臣以安民之術。祕書丞李彪上封事[116]，以為：「豪貴之家，奢僭過度[117]，第宅車服，宜為之等制[118]。

「又，國之興亡，在家嗣[119]之善惡，家嗣[2]善惡，在教諭之得失。高宗文成皇帝[120]嘗謂羣臣曰：『朕始學之日，年尚幼沖[121]，情未能專，既臨萬機，不遑溫習[122]。今日思之，豈唯予咎[123]？抑亦[124]師傅之不勤[125]。』尚書李訢免冠謝[126]。此近事之可鑒[127]者也。臣謂宜準古[128]立師傅之官，以訓導太子。

「又，漢置常平倉[129]以救匱乏。去歲京師不稔[130]，移民就豐，既廢營生[131]，困而後達[132]，又於國體[133]，實有虛損[134]。曷若[135]豫儲倉粟[136]，安而給之[137]，豈不愈於驅督老弱餬口千里之外[138]哉？宜析州郡常調九分之二，京師度支[139]歲用之餘，各立官司[140]，年豐糴粟積之於倉，儉[141]則加私之二[142]糶之於人。如此，民[143]必力田以取官絹[144]，積財[145]以取官粟。年登則常積，歲凶則直給。數年之中，穀積而人足，雖災不為害矣。

「又，宜於河表七州[146]人中，擢其門才[147]，引令赴闕[148]，依中州官比[149]，隨能序之[150]。一可以廣聖朝均新舊[151]之義，二可以懷江、漢歸有道[152]之情。

「又，父子兄弟，異體同氣[153]，罪不相及[154]，乃君上之厚恩[155]。至於憂懼相連，固自然之恆理[156]也。無情之人，父兄繫獄，子弟無慘惕[157]之容；子弟逃刑，父兄無愧恧[158]之色，宴安榮位[159]，遊從自若[160]，車馬衣冠，不變華飾[161]。骨肉之恩，豈當然也[162]？臣愚以為父兄有犯[163]，宜令子弟素服肉袒[164]，詣闕請罪；子弟有坐，宜令父兄露版引咎[165]，乞解所司[166]。若職任必要[167]，不宜許者，慰勉留之。如此，足以敦厲凡薄[168]，使人知所恥[169]矣。

「又，朝臣遭親喪者，假滿赴職。衣錦乘軒，從郊廟之祀[170]，鳴玉垂緌[171]，同慶賜之燕[172]，傷人子之道[173]，虧天地之經[174]。愚謂凡遭大父母[175]、父母喪者，皆聽終服[176]。若無其人[177]，職業有曠[178]者，則優旨慰喻[179][3]，起令視事[180]，但[181]綜司出納[182]、敷奏[183]而已，國之吉慶[184]，一令無預[185]。其軍旅之警[186]，墨縗從役[187]，雖愆於禮[188]，事所宜行也。」魏主皆從之。由是公私豐贍，雖時有水旱，而民不困窮。

魏遣兵擊百濟[189]，為百濟所敗。

七年（己巳　西元四八九年）

春，正月辛亥[190]，上祀南郊，大赦。○魏主祀南郊，始備大駕[191]。○壬戌[192]，臨川獻王映[193]卒。

初[194]，上為鎮西長史[195]，主簿王晏[196]以傾諂[197]為上所親[198]，自是常在上府[199]。上為太子，晏為中庶子[200]。上之得罪於太祖[201]也，晏稱疾自疏[202]。及即位，為丹楊尹，意任如舊[203]，朝夕進[4]見，議論朝事[204]，自豫章王嶷及王儉皆降意接之[205]。二月壬寅[206]，出為江州刺史，晏不願外出，復留為吏部尚書。

三月甲寅[207]，立皇子子岳[208]為臨賀王，子峻[209]為廣漢王，子琳[210]為宣城王，子珉[211]為義安王。

夏，四月丁丑[212]，魏主詔曰：「升樓散物[213]以賚[214]百姓，至使人馬騰踐，多有傷毀，今可斷之[215]，以本所費之物[216]，賜老疾貧獨者。」

丁亥[217]，魏主如靈泉池，遂如方山。己丑[218]，還宮。

上優禮南昌文憲公王儉[219]，詔三日一還朝[220]，尚書令史出外諮事[221]。上猶以往來煩數[222]，復詔儉還尚書下省[223]，月聽十日出外[224]。儉固求解選[225]，詔改中書監[226]，參掌選事[227]。

五月乙巳[228]，儉卒。王晏既領選[229]，權行臺閣[230]，與儉頗不平[231]。禮官欲依王導[232]，諡儉為「文獻」。晏啟上曰：「導乃得此諡[233]。但宋氏以來[234]，不加異姓[235]。」出，謂親人曰：「平頭憲事已行[236]矣。」

徐湛之[237]之死也，其孫孝嗣[238]在孕得免，八歲，襲爵枝江縣公[239]，尚宋康樂公主[240]。及上即位[241]，孝嗣為御史中丞[242]，風儀端簡[243]。王儉謂人曰：「徐孝嗣將來必為宰相。」上嘗問儉：「誰可繼卿者？」儉曰：「臣東都之日[244]，其在徐孝嗣乎？」儉卒，孝嗣時為吳興太守，徵為五兵尚書[245]。

庚戌[246]，魏主祭方澤[247]。

上欲用領軍王奐為尚書令，以問王晏。晏與奐不相能[248]，對曰：「柳世隆有勳望[249]，恐不宜在奐後。」甲子[250]，以尚書左僕射柳世隆為尚書令，王奐為左僕射。

六月丁亥[251]，上如琅邪城[252]。

魏懷朔鎮將[253]汝陰靈王天賜[254]、長安鎮都大將、雍州刺史南安惠王楨[255]，皆坐贓當死[256]。馮太后及魏主臨皇信堂[257]，引見王公，太后令曰：「卿等以為當存親以毀令[258]邪？當滅親以明法邪？」羣臣皆言：「二王，景穆皇帝[259]之子，宜蒙矜恕[260]。」太后不應。魏主乃下詔，稱：「二王所犯難恕，而太皇太后[261]追惟[262]高宗孔懷之恩[263]。且南安王事母孝謹，聞於中外[264]，並特免死，削奪官爵，禁錮終身[265]。」

初，魏朝聞楨貪暴，遣中散閭文祖[266]詣長安察之，文祖受楨賂，為之隱。事覺，文祖亦抵罪[267]。馮太后謂羣臣曰：「文祖前自謂廉，今竟犯法。以此言之，人心信不可知[268]。」魏主曰：「古有待放[269]之臣。卿等自審不勝貪心[270]者，聽辭位歸第[271]。」宰官[272]、中散慕容契[273]進曰：「小人之心無常而帝王之法有常，以無常之心奉有常之法，非所克堪[274]，乞從退黜[275]。」魏主曰：「契知心不可常，則知貪之可惡矣，何必求退？」遷宰官令[276]。契，白曜之弟子也。

秋，七月丙寅[277]，魏主如靈泉池。

魏主使羣臣議，「久與齊絕，今欲通使，何如？」尚書游明根[278]曰：「朝廷不遣使者，又築醴陽[279]深入彼境，皆直在蕭賾[280]。今復遣使[281]，不亦可乎？」魏主從之。八月乙亥[282]，遣兼員外散騎常侍邢產[283]等來聘。

九月，魏出宮人[284]以賜北鎮[285]人貧無妻者。

冬，十一月己未[286]，魏安豐匡王猛[287]卒。

十二月丙子[288]，魏河東王苟頹[289]卒。○平南參軍[290]顏幼明等聘於魏。○魏以尚書令尉元[291]為司徒，左僕射穆亮[292]為司空。

豫章王嶷自以地位隆重，深懷退素[293]。是歲，啟求還第[294]，上令其世子子廉代鎮東府[295]。

太子詹事張緒領揚州中正[296]，長沙王晃屬用[297]吳興聞人邕[298]為州議曹[299]，緒不許。晃使書佐[300]固請，緒正色曰：「此是身家州鄉[301]，殿下何得見逼[302]？」

侍中江斅[303]為都官尚書[304]。中書舍人紀僧真[305]得幸於上，容表有士風[306]，請於上曰：「臣出自本縣武吏，邀逢聖時[307]，階榮[308]至此。為兒昏得荀昭光女[309]，即時無復所須[310]，唯就陛下乞作士大夫[311]。」上曰：「此由江斅、謝瀹[312]，我不得措意[313]，可自詣之[314]。」僧真承旨詣斅[315]，登榻坐定[316]，斅顧命左右曰：「移吾牀遠客[317]！」僧真喪氣而退，告上曰：「士大夫故非天子所命[318]！」斅，湛[319]之孫。瀹，朏[320]之弟也。

柔然別帥[321]叱呂勤帥眾降魏。

【章　旨】以上為第三段，寫齊武帝蕭賾永明六年（西元四八八年）、七年共兩年間的大事。主要寫了魏軍進攻角城，被齊淮陰軍主擊退；桓天生又引魏軍入寇，被齊將曹虎擊退；而齊將陳顯達攻魏之醴陽，拔之，又攻魏之沘陽，守將韋珍擊破之，陳顯達引還等一些兩國的邊境磨擦；寫魏臣李彪上言魏主宜立師傅之官以教太子；又建議魏國在京城與各州郡設立常平倉；又建議應一視同仁地任用新區的人才，以懷徠江南；又言雖不株連九族，但家有罪犯，任職之親屬當公開引咎；寫魏國由是公私豐贍，雖時有水旱，而民不困窮；寫魏主對死刑犯人的一些人性化處置；寫馮太后力禁貪汙，不避貴戚。魏主令「自審不勝貪心者，聽辭位歸第」云云；寫南齊之西陵戍主杜元懿自請利用西陵地區的水利設施重斂百姓，為國家興利，行會稽郡事顧憲之上書暢駁之，並連帶痛斥那些殘民以逞之徒，文章絕妙；寫南齊官員張緒、江斅、謝瀹為官直正，不為權臣佞幸蕭晃、紀僧真等所屈等等。

【注　釋】❶正月乙未　正月十五。❷期親　期服的親戚。期服，為死者服喪一年，在親戚中算是比較近的，如堂兄弟姐妹、姑表兄弟姐妹、姨表兄弟姐妹等等。❸具狀以聞　寫清情況報告朝廷，意思是對這種情況的犯人要做另行處理，以盡人道。❹子響　蕭子響，蕭賾的第四子。傳見《南齊書》卷四十。❺出繼豫章王嶷　過繼給蕭嶷做繼承人，因為當時蕭嶷還沒有生兒子。❻表留為世子　蕭嶷上表，請求讓蕭子響繼續留在自己門下做豫章王的太子。這裡表現了蕭嶷對其兄與蕭子響的尊重，不是一有親生，就將過繼的趕走。❼車服異於諸王　乘坐的車子與身穿的服飾都和自己的親兄弟們有了差別。因為人家都是皇帝的兒子，而自己成了別一家親王的兒子了。❽拳擊車壁　表示內心的憤怒。❾宜還本　應當重新回到皇帝蕭賾的門下，指不再給蕭嶷當過繼的兒子。❿三月己亥　三月二十。⓫巴東王　封地巴東郡，郡治魚復，在今重慶市奉節東。⓬角城戍將　駐守角城的將領。角城，古城名，在今江蘇淮安之淮陰區西。⓭清中　清水河上。清水河流經當時淮陰城的北方。⓮潛納　暗中接納；暗暗引導。⓯戍主　駐守角城的主官。⓰僅能卻之　勉強地將魏人趕出了城門外。僅，勉強；很艱難。⓱塹外　角城的護城河外，意即已到角城城下。⓲淮陰軍主　淮陰駐軍的主官。⓳隔城　古城名，舊址在今河南桐柏西北。⓴曹虎　劉宋時為前軍將軍，很早就是蕭道成的部下，蕭賾即位後為游擊將軍。傳見《南齊書》卷三十。㉑蹹伏　搜查潛伏的敵兵。㉒平氏城　即今河南唐河縣與桐柏中間的平氏鎮。㉓甲寅　四月初五。㉔甲子　四月十五。㉕乙丑　四月十六。㉖丁卯　四月十八。㉗己巳　四月二十。㉘醴陽　古城名，舊址在今河南桐柏西北的固廟一帶。㉙沘陽　縣名，即今河南泌陽，當時為魏國的東荊州州治所在地。㉚五月甲午　五月十五。㉛以宕昌王句　本句的主語是「南齊朝廷」。河州的州治枹罕，在今甘肅臨夏東北，涼州的州治即今甘肅武威。當時此二州都屬魏國。此處南齊以之封梁彌承，不過是一個名義而已。㉜七月己丑　七月十一。㉝己亥　七月二十一。㉞九月壬寅　九月二十五。㉟琅邪城　琅邪郡城，漢代的琅邪郡即今山東諸城；西晉的琅邪城在今山東臨沂北；東晉南渡後，在建業城北設立南琅邪郡，在今南京北幕府山的西南方。㊱講武　意即檢閱軍隊。㊲癸卯　九月二十六。㊳淮南靖王佗　拓跋佗，被封為淮南王，靖字是其死後的謚。㊴享宗廟　祭祀宗廟。㊵始薦　剛剛擺上祭品。薦，進獻。㊶廢祭　停止祭祀。㊷臨視　親自到喪事的現場看望。㊸十月庚申　十月十四。㊹讀時令　參加宣讀時令的典禮。時令，皇曆，即新一年的曆法書。㊺閏月辛酉　葛曉音曰：「閏十月丁丑朔，無辛酉。《南齊書・武帝紀》載：六年『冬十月庚申，立冬，初臨太極殿讀時令。辛酉，以祠部尚書武陵王曄為江州刺史。閏月……辛卯，以尚書僕射王奐為領軍將軍。』據此，「辛酉」當是「辛卯」之誤。」葛說是。㊻王奐　劉宋大官僚王球的過繼兒子，入齊後，任侍中，領驍騎將軍，此時任尚書右僕射。傳見《南齊書》卷四十九。㊼領軍將軍　京城內駐軍的最高長官。㊽辛未　這裡用的是北魏曆法。北魏閏九月，所以這「辛未」是北魏的閏九月二十五，即南朝的十月二十五。此處寫史者未加換算，且又排列失序。㊾癸酉　北魏閏九月二十七，即南朝曆十月二十七。㊿伊吾戍主　伊吾戍駐軍的頭領。伊吾戍是軍事據點名，舊址在今新疆哈密西。(51)以城附魏　帶著伊吾城投降魏國。(52)中外　建康城內與各地州郡。(53)上庫　京城裡的國家錢庫。(54)出諸州錢　讓各州郡也都拿出錢來。(55)糴買　買進。(56)西陵　軍事據點名，舊址在今浙江蕭山縣西北，即今之西興鎮，地處水陸衝要。(57)吳興無秋　吳興郡秋天沒有收成。吳興郡的郡治即今浙江湖州。58倍多常歲　所獲的利潤比平常的年頭多一倍。59西陵牛埭稅　葛曉音曰：「商旅販運通過西陵堰時所收的稅款。」牛埭，用牛力拉船過堰。下文「始立牛埭之意」中的「牛埭」則指築堰以牛轉舟，意思與此稍有不同。60官格　政府規定的收稅標準。格，標準。61浦陽　即浦陽江，錢塘江的支流。源出浦江縣大園灣，向北流經諸暨縣，到蕭山縣聞堰附近入錢塘江。62南北津　指浦陽的南津埭（後稱梁湖堰）及浦陽的北津埭（後稱曹娥堰）。63柳浦　在今浙江杭州南鳳凰山下錢塘江北岸的江濱，地處浙江南北交通津要。64四埭　指西陵牛埭、南津埭、北津埭、柳浦埭。65乞為官領攝一年　我請求替朝廷把它們收過來管理一年。官，國家；政府。領攝，管理。66格外可長四百許萬　光是計畫以外的收入就可以獲得四百多萬。67西陵戍前檢稅　檢查與收稅的事務都在西陵戍的前面進行。68無妨戍事　不影響軍事據點裡面的防守事務。69餘三埭　指上面提到的浦陽南、北津埭和柳浦埭。70自舉腹心　我可以派信得過的人去管理。71下會稽　把杜元懿的建議發到會稽郡，徵求會稽郡的意見。72會稽行事　會稽郡的代理太守。按，顧憲之當時的職務是「隨王東中郎長史、行會稽郡事」。行，代理；試用。73吳郡顧憲之　吳郡的郡治即今蘇州。顧憲之是當時有名的地方官。傳見《南齊書》卷四十六。74非苟逼蹴以取稅　並不是故意地為了逼著商旅租牛拉船以從中賺錢。苟，故意使壞。逼蹴，逼著租賃。蹴，租借。75風濤迅險　浪高水急，行船危險。76濟急利物　意思是說當初就是為了防備這個地方浪高水急，行船危險，所以才修了這個牛埭，以求讓人民的生命財產得到安全。利物，利民。77監領者　指管理埭堰的官吏。78不達其本　不明白當初築堰的本來用意。79各務己功　都想自己幹出點名堂。80禁遏佗道　把別的通道都封閉起來，逼著客商非得經過此地。81空稅江行　對只在江上經過而沒有過埭的舟船也一齊徵稅。空稅，憑空收稅。82頻歲失稔　連年歉收。83今茲尤甚　今年尤其嚴重。84去乏從豐　離開歉收的地區到豐產的地方去謀食。85良由饑棘　實在是餓得沒有辦法了。饑棘，餓得厲害。棘，同「急」。86埭司責稅　管理堤堰的官吏強制收稅。87依格弗降　按照規定從不降低。88舊格新減二句　舊標準如何減少的事情，還沒有進行討論。登，定；成。89格外加倍二句　又有人要加倍徵收，不知會採取什麼辦法。術，方法。90恤隱　哀憐苦難深重的人。恤，體憐。隱，深憂。91振廩蠲調　開倉賑濟，減免賦稅。振，發。廩，倉。蠲，免除。調，租稅。92幸災搉利　趁著百姓受災，而想獨佔專利。搉利，獨攬其利。搉，通「榷」。93重增困瘼　沉重地增加百姓的疾苦。94人而不仁　空具人形而不幹人事。95古今共疾　是古往今來人們所共同痛恨的。96若事不副言　如果事實做不到他所說可增加四百萬。副，符合。97懼貽譴詰　害怕遭到朝廷的譴責質問。98為公賈怨　為朝廷招恨招罵。99已彰往效　過去已經表現得很充分。往效，舊日的表現。100任以物土　如果現在再讓他當地方官，管百姓、管地盤。物，人。101以狼將羊　讓狼來統領羊群，比喻酷吏的為害百姓。(102)虎而冠　就像讓老虎戴上人的帽子，其本性不會變。(103)書云　古書上說。(104)聚斂之臣　幫助統治者搜刮百姓的大臣。(105)寧有盜臣　還不如有土匪強盜。寧有，不如有。以上二句見《禮記．大學》。(106)盜公　強盜是公開的，有目共睹的。(107)為損蓋微　給國家造成的損害還還不大。蓋，還；相對。(108)便宜　國家當前所最應採取的政策措施。(109)竊見　我見到。竊，謙指自己。(110)頃之言便宜　近來一些人給朝廷進言，舉出哪些是國家當前所最應該做的事情。頃，近來。(111)用天分地　即「用天之道，分地之利」，意即順其自然，順天地、四時、陰陽之自然。(112)率皆　大概都是。率，一般；大概。(113)即日不宜於民　從當前看來對百姓不利。即日，今日；當前。(114)方來不便於公　從長遠的角度看來對國家不利。方來，未來。(115)有乖政體　與我們整個國家的大政方針相違背。乖，背，抵觸。(116)封事　密封的奏章。(117)奢僭過度　奢華奢侈得超越禮法規定。僭，越分。(118)等制　分出等級；作出規定。(119)冢嗣　嫡長子；皇太子。(120)高宗文成皇帝　即拓跋濬，拓跋弘之父。(121)幼沖　幼小。沖，小。(122)不遑溫習　無暇溫習學過的東西，實即沒有工夫再看書學習。(123)豈唯予咎　豈只是我個人的責任。咎，過失；責任。(124)抑亦　其實也是。抑，轉折虛詞。(125)不勤　督促不嚴。(126)免冠謝　摘下帽子磕頭請罪。尚書李訢之所以磕頭請罪，是因為他在拓跋燾時代很受信任，曾為中書助教博士，教導年幼的拓跋濬讀經書。事見《魏書》卷四十六。(127)可鑒　可引為教訓。(128)準古　學習古代，以古代的做法為準繩。(129)常平倉　漢宣帝五鳳四年（西元前五四年）在邊郡設立的糧倉。這種糧倉具有調節糧價、備荒賑恤的作用，漢以後各朝均有設立。事見本書前文卷一百二十七。(130)京師不稔　京城地區秋季無收成。即上年所記之「魏春夏大旱，代地尤甚」事。不稔，糧食歉收。稔，豐收。(131)廢營生　拋棄了原有的謀生之道。營生，謀生。(132)困而後達　經過一番曲折而後才能解決問題。(133)國體　這裡指國家大政、國家實力。(134)有虛損　有不利；有損失。(135)曷若　何如。(136)豫儲倉粟　預先多儲備下一些糧食。(137)安而給之　（一旦遇有情況）可以很方便地供應他們。安，方便。給，供應。(138)餬口千里之外　到千里之外找食物吃。餬口，以粥為生，即覓食。(139)度支　官名，主管國家的收入與開支，這裡即指財政計畫。(140)各立官司　意即在京城與各州郡都建立常平倉。(141)儉　歉收之年，即荒年。(142)加私之二　比買入時的價錢貴出兩成。(143)民　此指種田的人。(144)取官絹　賣糧食得官絹以儲存之。官絹可以製衣，亦可以當貨幣使用。(145)積財　攢錢以買糧食。此指不從事農業的人。(146)河表七州　黃河以南的七個州：荊州、兗州、豫州、洛州、青州、徐州、齊州。河表，黃河以外。魏國建都平城，又大片國土在黃河以北，故他們所說的「河表」即黃河以南。(147)擢其門才　選拔那些門第好、有才幹的人。門，門第，主要指豪門世族。(148)引令赴闕　讓他們進京，到朝廷來。闕，宮門。(149)依中州官比　按照中州人做官、升官的程序。中州，是魏國的舊統治區，其地域東至海邊，南至黃河。比，例。規矩；程序。(150)隨能序之　依照其才能加以任用。(151)均新

舊　對新歸附之區和舊統治區的百姓一視同仁。152懷江漢歸有道　吸引長江、漢水流域的百姓前來投奔魏國。懷，吸引，使之懷念。153異體同氣　雖然不是一個軀體，但氣血相同。154罪不相及　魏國新法規定犯罪僅誅一人，不牽連父、子、兄、弟。155乃君上之厚恩　這是皇帝的格外施恩。156恆理　常理；自然的道理。157慘惕　痛苦、傷心。158愧恧　慚愧。159宴安榮位　還在安安穩穩地做他的大官。宴安，安逸。160遊從自若　帶著侍從東遊西蕩像個沒事人。161不變華飾　還像原來一樣地排場。162豈當然也　難道就該是這種樣子嗎。也，同「耶」。反問語詞。163父兄有犯　父親兄長如果犯了罪。164素服肉袒　穿著白衣服，露出膀子，這是古人表示認罪、請罪的一種姿態。165露版引咎　即今之公開檢討，承認有責任。露版，不加封，公開上報的文書。166乞解所司　請求解除其所擔任的職務。167職任必要　崗位上需要他這個人。168敦厲凡薄　使平庸輕薄的世風淳厚嚴肅起來。敦厲，磨鍊、提高。169使人知所恥　讓每個人都知道什麼是恥辱。170從郊廟之祀　隨從皇帝去祭祀天地宗廟。171鳴玉垂綏　指腰垂玉佩、頭戴官帽，一派閒暇自得的樣子。綏，帽上的帶子。172同慶賜之燕　去參加人家的喜慶宴會。173傷人子之道　不合於一個剛失去父母的兒子的孝道。174虧天地之經　有損於天地間的常情。175大父母　祖父、祖母。176皆聽終服　都讓他們服喪期滿之後再出來任職。177無其人　其現有職務無人可替代。178曠　空；無人代理。179優旨慰喻　特別下旨，進行安慰、勉請。180起令視事　破例地讓他出來任職。181但　只；也就是。182綜司出納　大體上管理一些事情。綜司，總管。出納，指該部門的日常事務。183敷奏　把一些大致情況奏明朝廷。184國之吉慶　朝廷的一切喜慶活動，如慶功、祝捷、生子、結婚、升官、祝壽等等。185無預　不參加。186軍旅之警　當戰爭突然來臨。187墨縗從役　身穿黑色的孝服走上戰場。縗，同「衰」。孝服。188雖愆於禮　雖然於禮節不合。愆，違反。189百濟　朝鮮半島上的古國名，在今韓國境內的西部沿海地區。190正月辛亥　正月初七。191大駕　皇帝所乘坐的最隆重的車駕。《史記索隱》引《漢官儀》云：「天子鹵簿有大駕、法駕。大駕，公卿奉引，大將軍參乘，屬車八十一乘；法駕，公卿不在鹵簿中，唯京兆尹、執金吾、長安令奉引，侍中參乘，屬車三十六乘。」192壬戌　正月十八。193臨川獻王映　蕭映，蕭道成的第三子，被封為臨川王，獻字是其死後的謚。傳見《南齊書》卷三十五。《謚法解》：「聰明睿智曰獻；知智有聖曰獻。」194初　這裡是指宋蒼梧王元徽四年（西元四七六年）。195上為鎮西長史　當時齊武帝蕭賾為鎮西將軍晉熙王劉燮做長史，行郢州事。196主簿王晏　當時任鎮西將軍晉熙王劉燮主簿的王晏。197以傾諂　由於他的好諂媚巴結。198為上所親　被蕭賾視為親信。199自是常在上府　從那時起，王晏就一直在鎮西長史蕭賾的府中。200晏為中庶子　王晏被任為太子中庶子。中庶子是太子屬下的僚屬之一，主管太子宮中的事務，其性質與皇帝宮中的侍中相近。201上之得罪於太祖　即由於荀伯玉在蕭道成跟前告太子蕭賾的狀。事見上卷武帝永明元年。202稱疾自疏　假託有病，主動疏遠蕭賾。按，王晏是估計蕭賾一定被廢，故想及早另謀出路。(203)意任如舊　還像以前一樣照常受信任。(204)朝夕進見二句　意思是早晚都要進宮與他議論朝中的大事。(205)降意接之　虛心地接待他。降意，低聲下氣。(206)二月壬寅　二月二十八。(207)三月甲寅　三月十一。(208)子岳　武帝蕭賾的第十六子。(209)子峻　武帝蕭賾的第十八子。(210)子琳　武帝蕭賾的第十九子。(211)子珉　武帝蕭賾的第二十子。以上四人皆傳見《宋書》卷四十。(212)四月丁丑　四月初四。(213)升樓散物　站在樓上向下撒東西。(214)賚　賞賜與人。(215)斷之　停止這種做法。(216)以本所費之物　把本來要散發給百姓的那些財物。(217)丁亥　四月十四。(218)己丑　四月十六。(219)優禮南昌文憲公王儉　給王儉以特殊的禮遇。王儉被封為南昌郡公。死後諡曰文憲。(220)三日一還朝　三天回來一次朝廷。按，胡三省曰：「『還』當作『造』。」(221)出外諮事　出皇宮到王儉家裡去請示報告。(222)往來煩數　到家找王儉的次數多，添麻煩。(223)還尚書下省　也就是讓王儉在他的家裡辦公，因前文已有「以家為府」之語。所謂「尚書下省」即王儉在家的辦公之處。(224)月聽十日出外　每個月裡有十天是他個人的活動時間，可以自由地去隨便做些什麼。(225)解選　請求免去選任官吏的事務。(226)中書監　中書省的最高長官。中書省的職務是給皇帝起草詔令。(227)參掌選事　參與過問一些吏部選官的問題。(228)五月乙巳　五月初三。(229)領選　即任吏部尚書。(230)權行臺閣　意即在朝廷掌握大權。(231)與儉頗不平　與王儉就有些疙疙瘩瘩了。頗，有一些。(232)欲依王導　想按照東晉朝廷給王導所贈的諡號。王導歷仕東晉的元、明、成三帝，出將入相，諡曰文獻。傳見《晉書》卷六十五。(233)導乃得此諡　王導才得諡曰文獻。言外之意是王儉哪能夠格呢。(234)宋氏以來　劉宋建國以來。(235)不加異姓　從沒有給異姓大臣追諡過文獻二字。(236)平頭憲事已行　給姓王的那個傢伙諡為憲字的事情，已經定下來了。胡三省曰：「『平頭』謂『王』字也。」(237)徐湛之　宋武帝劉裕的外孫，文帝末年執掌大權，與文帝謀廢元凶劉劭，未果，文帝被劉劭所弒，徐湛之被劉劭所殺。傳見《宋書》卷七十一。(238)孝嗣　宋孝武帝劉駿的女婿，仕宋拜太尉。入齊官至尚書令。傳見《南齊書》卷四十四。(239)襲爵枝江縣公　襲其祖父徐湛之之爵。徐湛之於宋武帝永初三年被封為枝江縣侯，後也未見加封，故葛曉音以為此處「公」字恐誤。(240)尚宋康樂公主　娶劉宋的康樂公主為妻。康樂公主是孝武帝之女。(241)及上即位　齊武帝蕭賾即位後。(242)御史中丞　御史府的主官，主管檢舉彈劾。(243)風儀端簡　為人正派、耿直。(244)東都之日　指辭職退休。胡三省曰：「謂周公既定洛，請明農也。周都豐、鎬，以洛為東都。」(245)五兵尚書　即日後之兵部尚書。(246)庚戌　五月初八。(247)祭方澤　即夏至日在水澤中的祭地神。胡三省曰：「方澤者，為方丘於澤中以祭地祇。」(248)不相能　和不來；有過節。(249)勳望　有功勳、有名望。(250)甲子　五月二十二。(251)六月丁亥　六月十五。(252)如琅邪城　前往琅邪城。此「琅邪」仍為南朝的僑置郡，在今南京北的幕府山西南。當時稱作「白下」。(253)懷朔鎮將　懷朔軍鎮的守將。懷朔鎮是魏國北部邊境的軍鎮名，在今內蒙古包頭北的固陽的西南側。(254)汝陰靈王天賜　拓跋天賜，拓跋晃之子，被封為汝陰王，諡曰靈。傳見《魏書》卷十九上。《諡法解》：「不勤成名曰靈；死而志成曰靈；亂而不損曰靈。」(255)南安惠王楨　拓跋楨，拓跋晃之子，被封為南安王，諡曰惠。傳見《魏書》卷十九下。《諡法解》：「柔質慈民曰惠；愛民好與曰惠。」(256)坐贓當死　因犯貪汙受賄罪被判死刑。(257)皇信堂　殿名，在魏國都城平城的太極殿南。(258)存親以毀令　保全皇親而破壞法令。(259)景穆皇帝　北魏太武帝拓跋燾的長子，名晃。延和元年立為皇太子，正平元年病死，追尊為景穆皇帝。傳見《魏書》卷四下。(260)矜恕　憐憫、寬恕。(261)太皇太后　即馮太后，承明元年，尊封太皇太后。(262)追惟　追思。(263)高宗孔懷之恩　意即他們與高宗都是親兄弟，都有深厚的情誼。高宗，即文成皇帝拓跋濬，馮太后的丈夫。孔懷之恩，即兄弟之情。孔懷，這裡即指兄弟，因《詩經・常棣》中有「兄弟孔懷」之語。(264)中外　朝廷內外。(265)禁錮終身　一輩子不准再進入官場。(266)中散閭文祖　中散大夫姓閭，名文祖。中散大夫是皇帝的侍從官員。(267)抵罪　處以相應的罪名。(268)信不可知　的確是難以預料。信，確實。(269)待放　聽候放逐，即漢代之所謂「待罪」，聽候處罰。這裡指自動辭職。(270)自審不勝貪心　自己估計著經不起物質利益的引誘。(271)聽辭位歸第　可以辭官回家為民。(272)宰官　也稱「宰人」，給皇帝掌管膳食的官名。(273)中散慕容契　中散大夫慕容契，魏國名將慕容白曜之姪，此時任宰官。傳見《魏書》卷五十。胡三省曰：「契蓋以宰官帶中散大夫也。」(274)非所克堪　不是我所能經受起的。(275)乞從退黜　請求把我放入該辭退的行列。(276)宰官令　諸宰官的頭領，宰官署的主官。(277)七月丙寅　七月二十五。(278)游明根　魏國的儒學之臣，與游雅、高閭等人對魏國的文化建設都有貢獻。傳見《魏書》卷五十五。(279)築醴陽　魏軍攻取醴陽，並在醴陽築城防守。事在上年四月。醴陽舊址在今河南桐柏西北的固廟一帶，當時屬於南齊。(280)直在蕭賾　南齊一方有理，我方不直。(281)遣使　主動地派出使者進行修好。(282)八月乙亥　八月初四。(283)邢產　魏國的文學之士，其家族中有多人曾出使南朝。傳見《魏書》卷六十五。(284)宮人　這裡指宮女。(285)北鎮　泛指魏國北部地區為防柔然而設立的軍鎮。也有人以為指懷朔鎮，因為此鎮在魏都平城的正北方。(286)十一月己未　十一月十九。(287)安豐匡王猛　拓跋猛，文成帝拓跋濬之子，被封為安豐王，匡字是諡。傳見《魏書》卷二十。(288)十二月丙子　十二月初七。(289)苟頹　魏國拓跋燾以來的名將，有戰功，正直敢言，被封為河東王。傳見《魏書》卷四十四。(290)平南參軍　平南將軍的參軍。(291)尉元　魏國拓跋弘以來的名將，曾大破宋將張永，在奪取劉宋淮北四州中立有大功。傳見《魏書》卷五十。(292)穆亮　魏國名將穆崇的曾孫，拓跋弘以來的名將，平定氐、羌頗有成效。傳見《魏書》卷二十七。(293)退素　退居為平民百姓。(294)啟求還第　請求辭去官職，回北宅居住。蕭嶷的北宅有園田之美。(295)代鎮東府　代替其父管理東府。東府是建業城東側的小城，蕭嶷原來住在東府。(296)揚州中正　揚州地區的中正官。中正官負責考察本州郡士人的品德才能，分為九等，以作為上級官府選拔官吏的依據。[297]囑用　囑託張緒任用。[298]吳興聞人邕　吳興郡人姓聞，名人邕。[299]為州議曹　為揚州刺史屬下的議曹官員。議曹是主管參謀議事的部門。[300]書佐　蕭晃部下的主管文書的官吏。[301]此是身家州鄉　揚州是我張緒的家鄉所在地。[302]何得見逼　有什麼權力逼我這樣做。[303]江斅　宋孝武帝劉彧的女婿，仕宋為太尉從事中郎，入齊後累遷侍中，領驍騎將軍，並領本州中正。傳見《南齊書》卷四十三。[304]都官尚書　官名，掌管糾察京城之內的不法之事。[305]紀僧真　齊武帝蕭賾的寵臣，與茹法亮、呂文度等同見於《南齊書》卷五十六〈倖臣傳〉。[306]容表有士風　面容舉止頗有些士大夫的風度。[307]邀逢聖時　有幸正趕上聖明的時代。邀，同「徼」。幸；僥倖。[308]階榮　官階之高的榮耀。[309]為兒昏得荀昭光女　能讓兒子娶荀昭光之女為婦。昏，同「婚」。娶。荀昭光，當時有名的大貴族。[310]即時無復所須　現時也不缺什麼別的了。[311]乞作士大夫　求你把我排在士大夫的行列。按，當時俗語有所謂「上品無寒門，下品無士族」。紀僧真請求成為士大夫，也就是請求把自己的門庭由寒門改成士族，這哪有可能！[312]謝瀹　當時著名文學家謝莊之子，謝朏之弟，此時任黃門郎，兼吏部尚書。傳見《南齊書》卷四十三。[313]不得措意　不能授意；不能把意見強加於他們。[314]可自詣之　你可以自己找他去說。詣，到。[315]承旨詣斅　按照皇帝的意思去找江斅。[316]登榻坐定　登上坐墊坐下來。[317]移吾牀遠客　把我的坐凳搬得離客人遠點兒。牀，坐具。[318]士大夫故非天子所命　看來這士大夫也實在不是皇帝所能任命得了的。表現了一種深深的無可奈何之情。[319]湛　江湛，宋文帝劉義隆晚期最受寵用的當權者之一，與劉義隆謀廢太子劉劭，未果，劉義隆被弒，江湛被殺。傳見《宋書》卷七十一。[320]朏　謝朏，劉宋末年的正直之臣，蕭道成欲篡取劉宋政權，想讓謝朏為之寫勸進表，謝朏不幹；篡位時想讓謝朏把皇帝印璽從宋順帝身上摘下來，給蕭道成佩帶上，謝朏又不幹，於是謝朏被蕭道成所廢。傳見《南史》卷二十、《梁書》卷十五。[321]別帥　另一個部落的頭領。

【校記】[1]乞　原作「之」。胡三省注云：「『去之』當作『去乞』。」今據嚴衍《通鑑補》改作「乞」。[2]嗣　原作「嗣之」。據章鈺校，十二行本、乙十一行本、孔天胤本皆無「之」字，今據刪。[3]喻　原作「諭」。據章鈺校，十二行本、乙十一行本、孔天胤本皆作「喻」，今據改。[4]進　原作「一」。據章鈺校，十二行本、乙十一行本、孔天胤本皆作「進」，張敦仁《通鑑刊本識誤》同，今據改。

【語譯】六年（戊辰　西元四八八年）

春季，正月十五日乙未，魏孝文帝拓跋宏下詔說：「對那些犯有死罪的人，如果他們的父母、祖父母年紀已老，又沒有其他成年子孫，也沒有期服的親戚，要把他們的詳細情況寫清楚報告給朝廷。」

當初，齊武帝蕭賾把擔任右衛將軍的兒子蕭子響過繼給了豫章王蕭嶷，後來豫章王蕭嶷有了自己親生的兒子，但他卻上表給齊武帝，請求把蕭子響留在了自己的門下做世子。蕭子響每次入朝，總是因為自己乘坐的車子、穿戴的服飾都和自己的親兄弟有差別而感到委屈，他常常用拳頭擊打車壁以表示自己內心的憤怒。齊武帝聽說之後，就下詔允許蕭子響乘坐的車子、身上穿戴的服飾與其他的皇子一樣。於是有關部門的官員便上書給齊武帝，認為應該讓蕭子響重新回到皇帝的門下。三月二十日己亥，齊武帝封蕭子響為巴東王。

齊國駐守角城的將領張蒲，趁著大霧天氣乘船到清水河上採伐樹木，卻暗中勾結、引導魏軍奪取角城。被駐守角城的主將皇甫仲賢發現，皇甫仲賢率領屬下的部眾在角城門內抵抗入城的魏軍，只能勉強地將入城的魏軍趕出城門以外。而此時魏國的三千多名步兵、騎兵已經到達角城的護城河邊，形勢十分危急，駐守淮陰的主將王僧慶等率領淮陰軍及時趕來相救，這才將魏軍打退。

夏季，四月，桓天生又引著魏軍佔據了齊國的隔城，齊武帝下詔，令擔任游擊將軍的下邳人曹虎率領各軍前去討伐。擔任輔國將軍的朱公恩率領軍隊負責搜查潛伏的敵人，正好遇到桓天生的游擊部隊，兩軍交戰，朱公恩所率的齊軍把桓天生的游擊部隊打敗，並進而圍困了被魏軍佔領的隔城。桓天生引領著一萬多名魏國的步兵、騎兵上前迎戰，游擊將軍曹虎奮勇反擊，把魏軍打得大敗，俘虜、斬殺了二千多名魏軍。第二天，曹虎便克復了隔城，殺死了魏國擔任襄城太守的帛烏祝，又俘虜、斬殺了二千多名魏軍，桓天生丟下平氏城逃走。

齊國擔任雍州刺史的陳顯達率領齊軍侵入魏國境內，四月初五日甲寅，魏國朝廷派遣擔任豫州刺史的拓跋斤率領魏軍抵抗陳顯達的入侵。

四月十五日甲子，魏國實行大赦。〇十六日乙丑，魏孝文帝前往靈泉池。十八日丁卯，從靈泉池前往方山。二十日己巳，回到平城的皇宮。

魏國在醴陽築城，陳顯達率領軍隊攻打正在築城的魏軍，並攻佔了醴陽城，接著又進攻魏國的沘陽縣城。

沘陽縣城中的魏軍將士都主張出城迎戰，駐守沘陽城的將領韋珍對他們說：「齊國的軍隊剛到，目前他們的士氣正盛，此時不適合與他們交戰，我們暫且共同堅守，等到他們拼命攻城，軍士疲憊不堪之時，我軍再出城攻打他們，一定能大獲全勝。」於是他們憑藉著堅固的城池進行堅守，過了十二天之後，韋珍在夜間打開城門突然向齊軍發動襲擊，陳顯達兵敗撤回。

五月十五日甲午，齊國朝廷任命宕昌王梁彌承為河、涼二州刺史。

秋季，七月十一日己丑，魏孝文帝前往靈泉池，又從靈泉池前往方山。二十一日己亥，返回皇宮。

九月二十五日壬寅，齊武帝前往琅邪郡城檢閱軍隊。○二十六日癸卯，魏國的淮南靖王拓跋佗去世。魏孝文帝當時正在祭祀宗廟，剛剛擺上祭品，就聽到了淮南靖王拓跋佗去世的消息，他為此停止了祭祀活動，親自到淮南靖王的王府看望，對淮南靖王拓跋佗的去世哀痛不已。

冬季，十月十四日庚申，是立冬日，齊武帝初次來到太極殿參加宣讀時令的典禮。

閏十月辛酉日，齊武帝任命擔任尚書僕射的王奐為領軍將軍。○按照魏國的曆法，閏九月二十五日辛未，魏孝文帝前往靈泉池。二十七日癸酉，返回皇宮。

十二月，柔然駐守伊吾軍事據點的頭領高羔子率領三千名柔然人帶著伊吾城投降了魏國。

齊武帝因為建康城內和全國各地的糧食、布帛價錢太便宜，於是採納了擔任尚書右丞的江夏人李珪的建議，從京城裡的國庫中拿出五千萬錢買進糧食和布帛，讓各州郡也都拿出錢來收購糧食、布帛進行儲備。

齊國駐守西陵軍事據點的將領杜元懿建議：「吳興郡秋糧歉收，而會稽郡五穀豐登，往來於兩地的商旅，所獲得的利潤比平常年頭多一倍。商旅販運通過西陵堰時所繳納的稅款，按照政府規定的收稅標準是每天收取三千五百錢，據我看到的情況估算，每天徵收的稅款可以增加一倍。再加上浦陽的南津埭、北津埭、柳浦埭這四個埭，我請求替朝廷把它們接管過來管理一年，除了規定的稅收以外，保證為國家多收四百萬左右的稅款。檢查與收稅的事務都是在西陵戍的前面進行，不會影響軍事據點裡的防守事務；其餘的南津埭、北津埭、柳浦埭這三個埭，我可以派信得過的人去管理。」齊武帝把杜元懿的建議下發到會稽郡，徵求會稽郡的意見，擔任會稽行事的吳郡人顧憲之發表議論說：「當初設立牛埭的本意，並不是故意逼著商旅租牛拉船以收取稅款從中獲利，而是因為那裡風高浪急，行船危險，所以才修了這個牛埭，以保證人民的生命財產安全。後來管理堤堰的官吏不明白當初築堰的本來用意，都想自己幹出點名堂來，所以有的官員就把別的通道都封閉起來，逼著過往的商旅非得經過此地不可，對只在江上經過而未經過埭的舟船也一齊徵稅。吳興郡連年歉收，今年尤其嚴重。百姓離開歉收的地區到五穀豐登的地方去謀食，確實是因為餓得沒有辦法了。管理堤堰的官吏強行收稅，還是嚴格按照規定的標準一點也不降低。雖然朝廷已經有了減少徵稅的意向，但如何減少的事情還沒有進行討論；現在又有人主張在原來的稅收標準上加倍徵稅，不知會採取什麼辦法？天子仁慈，哀憐苦難深重的人，所以才開倉賑濟，減免災民的賦稅；而杜元懿卻趁著百姓受災，想獨佔專利，加重百姓的疾苦，空具有一副人的形體而不幹人事，這樣的人是古往今來人們所共同痛恨的！如果事實做不到杜元懿所說可增加四百萬的稅收，那麼管理堤堰的官員害怕遭到朝廷的譴責質問，一定會千方百計逼迫百姓繳稅，結果必然是為朝廷招恨買罵。杜元懿為人苛刻，從他過去的處事上已經表現得很充分，如果現在再任命他去當地方官，管百姓、管地盤，就如同讓狼去統領羊群，他想委派的所謂信得過的人，也一定是老虎戴上人的帽子，其本性是不會改變的。古書上說：『與其擁有善於為國家聚斂錢財的大臣，還不如有土匪強盜』，這句話的意思是說強盜是公開的，給國家造成的損害不大，而搜刮百姓財產的大臣給國家造成的損害就很大了。我還認為，目前國家最應採取的政策措施，既要對國家有利，也要對人民有利。我見到近來有一些人給朝廷提出的建議、措施，都沒有在民力之外，提出順天地、四時、陰陽之自然的措施，大體都是一些從當前來看對百姓不利，從長遠的角度來看對國家不利的建議。名與實相反，就違背了整個國家的大政方針。像這一類的事情，陛下實在應該深思熟慮，明察秋毫。」齊武帝聽從了顧憲之的意見而否定了杜元懿的建議。

魏孝文帝向群臣諮詢安定人民的辦法。擔任祕書丞的李彪給孝文帝上了一道密封的奏章，他認為：「豪強貴族之家，奢侈的程度已經超越了禮法的規定，朝廷對於他們居住的宅第、使用的車馬、穿戴的服飾，都應該制定出一個標準。

「再有，國家是興盛還是滅亡，關鍵在於嫡長子品行的好壞，而嫡長子品行的好壞，在於教育是否得當。高宗文成皇帝曾經對群臣說：『我開始學習的時候，年紀還很幼小，不能專心學習，等到自己做了皇帝，日理萬機，又無暇溫習學過的東西。今天回想起來，豈只是我個人的責任？其實也是師傅督促不嚴造成的。』聽了此話，曾經為高宗文皇帝擔任過老師的尚書李訢趕緊摘下自己的帽子磕頭請罪。這是年代不久的可以引為教訓的事情。我認為應該學習古代，以古代的做法為準繩，設立師傅一職，以訓導太子。

「再有，漢朝在邊郡設立糧倉，遇到荒年時就開倉賑濟災民，平常年景則用來調濟豐歉。去年京師地區糧食歉收，不得不把災區的百姓轉移到糧食豐收的地方去謀生，這樣一來既荒廢了他們原有的謀生之道，又要經過一番流離失所的痛苦而後才能解除困境，這對國家實力來說，實際上是一個很大的損失。哪如預先多儲備下一些糧食，一旦遇到荒年就可以很方便地供應給災民，難道不是比驅趕著老弱到千里之外去找食物吃更好嗎？應該從州郡的正常賦稅當中拿出九分之二，京師財政計畫留夠一年的用度之後，剩餘的部分，在京師與各州郡都建立常平倉，豐收年景就購進糧食儲存到倉庫裡，遇到歉收的年景就以比買入時的價錢貴二成的價格賣給災民。如此一來，種田的人一定會努力耕作，賣糧食得到官絹儲存起來，不從事農業生產的人也會攢錢以備災年購買官府庫存的糧食。豐收之年就經常積存糧食，災荒之年就直接把糧食賣出去。幾年下來，官府的倉庫裡就會積存大量的穀米而百姓家家富足，即使遇到災荒之年，也不至於造成災害了。

「再有，應該在黃河以南七個州的人口中，選拔那些門第好、有才幹的人，讓他們進京，到朝廷來，比照中州人做官、升官的程序，根據他們的才能加以任用。一來可以體現聖朝對新附之民和舊統治區的百姓一視同仁的本意，二來可以吸引長江、漢水流域的百姓前來投奔我們魏國。

「再有，父子兄弟，雖然不是一個軀體，但都血氣相通，國家新法規定：犯罪僅誅殺罪犯本人而不牽連其父、子、兄、弟，這是皇帝的格外施恩。至於因為有人犯罪而引起其他人的憂慮恐懼，這本來是很自然的事情。對於那些無情的人來說，自己父兄被關押在監獄裡，而他們的子弟卻沒有一點痛苦、傷心的表情；自己的子弟逃避刑罰，父兄也沒有一點慚愧的神色，還在安安穩穩地做他的大官，帶著侍從東遊西逛像個沒事人一樣，他們乘坐的車馬、身上穿的衣服、頭上戴的帽子還像原來一樣的排場。骨肉之間的親情，難道就該是這種樣子嗎？我認為父親、兄長如果犯了罪，就應該讓他們的兒子、弟弟穿著白色的衣服，露出膀子，到皇宮門口去請罪；子弟有了罪過，應該讓他們的父兄公開檢討，承認自己有責任，請求解除自己所擔任的職務。如果崗位上確實需要他這個人，不適宜批准他辭職的，就安慰他、勉勵他繼續留任。如此一來，完全可以使平庸輕薄的世風淳厚嚴肅起來，讓每個人都知道什麼是恥辱。

「再有，朝廷大臣遭遇親人去世的，假期一滿就要赴任。到任所之後就要改穿錦繡的衣服，乘坐著敞篷車，跟隨著皇帝到郊外祭天，到宗廟祭祖，他們還要腰垂佩玉、頭戴官帽，與其他臣僚共同去參加人家的喜慶宴會，這實際上不合於一個剛剛失去父母的兒子的孝道，有損於天地間的人之常情。我認為，凡是遭遇祖父母、父母之喪的，都要允許他們服喪期滿之後再出來任職。如果他的職務現在無人能夠代理，導致職位空缺的，就要特別頒發一道聖旨，進行安慰、勉請，破例地讓他出來任職，但也只是讓他大體上管理一些事情，把一些大致情況奏報朝廷而已，至於國家舉行的一切喜慶活動，就一概不要他參加了。如果一旦遇到戰爭突然來臨，就要讓他身穿黑色的孝服走上戰場，雖然與禮節不合，但還是應該那樣辦。」魏孝文帝全部採納了李彪的意見。從此之後魏國不論是公家還是私人都很富足，雖然時常有水旱災害，而百姓不再遭受困苦貧窮。

魏國派出軍隊去攻打百濟，結果卻被百濟打敗。

七年（己巳　西元四八九年）

春季，正月初七日辛亥，齊武帝到南郊舉行祭天典禮，大赦天下。○魏孝文帝到平城的南郊舉行祭天典禮，出行時開始乘坐最隆重的車駕。○十八日壬戌，齊國的臨川獻王蕭映去世。

當初，齊武帝為擔任鎮西將軍的晉熙王劉燮做長史的時候，擔任主簿的王晏憑藉著自己的善於諂媚、巴結而被蕭賾視為自己的親信，從那時起，王晏就一直在鎮西長史蕭賾的府中。蕭賾為齊國太子的時候，王晏被任命為中庶子。在蕭賾得罪於太祖的那段時間裡，王晏便假託有病，主動地疏遠了太子蕭賾。等到蕭賾即位當了皇帝之後，任命王晏為丹楊尹，對待王晏還像以前一樣信任，早晚都要進宮與他議論朝中的大事，從豫章王蕭嶷到衛將軍王儉都低聲下氣地接待他。二月二十八日壬寅，齊武帝令王晏離開京城去擔任江州刺史，王晏不願意離開京城到地方任職，齊武帝便收回成命，又將王晏留在京師擔任吏部尚書。

三月十一日甲寅，齊武帝立自己的兒子蕭子岳為臨賀王，蕭子峻為廣漢王，蕭子琳為宣城王，蕭子珉為義安王。

夏季，四月初四日丁丑，魏孝文帝下詔說：「站在樓上向下撒東西賞賜給百姓，造成人馬互相踐踏，很多人受傷致殘，現在應該停止這種做法，把本來計劃散發給百姓的那些財物，賞賜給那些年老、患病、貧窮和鰥寡、孤獨的人。」

四月十四日丁亥，魏孝文帝前往靈泉池，然後從靈泉池前往方山。十六日己丑，從方山返回平城的皇宮。

齊武帝給南昌文憲公王儉以特殊的禮遇，下詔允許王儉三天回來朝廷一次，有事就由尚書令史出宮到王儉的家裡去請示報告。即使這樣齊武帝還認為到家中找王儉的次數太多，給王儉添了麻煩，於是又下詔讓王儉就在自己的家中辦公，每月有十天是王儉個人自由活動的時間。王儉堅決請求辭去選任官吏的事務，齊武帝於是下詔改任王儉為中書監，參與過問一些吏部選任官吏的問題。

五月初三日乙巳，中書監王儉去世。王晏自從擔任了吏部尚書之後，在朝廷掌握大權，與王儉有些合不來。禮部的官員想要按照東晉朝廷給王導所贈的謚號，給王儉謚為「文獻」。王晏向齊武帝奏報說：「只有王導才能得到這個謚號。劉宋自從建國以來，從來沒有給異姓大臣追謚過『文獻』二字。」出宮之後，王晏對自己的親信說：「給姓王的那個傢伙謚為『憲』字的事情，已經定下來了。」

徐湛之被劉劭殺死的時候，他的孫子徐孝嗣因為還沒有出生，所以得以幸免於難，徐孝嗣八歲的時候，繼承了他祖父徐湛之的爵位做了枝江縣公，娶了宋朝康樂公主為妻。等到齊武帝蕭賾即位當了皇帝之後，徐孝嗣擔任了齊國主管檢舉彈劾的御史中丞，為人正派、耿直。王儉曾經對人說：「徐孝嗣將來一定能當上宰相。」齊武帝曾經問王儉說：「將來誰可以接替您的職務？」王儉回答說：「我辭職退休的時候，徐孝嗣最有可能接任我的職位吧？」王儉去世的時候，徐孝嗣正在擔任吳興太守，齊武帝將他調回京師，任命他擔任五兵尚書。

五月初八日庚戌，魏孝文帝在水澤中舉行祭祀地神的活動。

齊武帝想要任用擔任領軍將軍的王奐為尚書令，便去徵求吏部尚書王晏的意見。王晏與王奐合不來，王晏便回答說：「擔任尚書左僕射的柳世隆有功勳、有名望，恐怕他的職位不應該在王奐之後。」五月二十二日甲子，齊武帝任命尚書左僕射柳世隆為尚書令，任命王奐為尚書左僕射。

六月十五日丁亥，齊武帝前往琅邪城巡視。

魏國駐守懷朔軍鎮的將領汝陰靈王拓跋天賜，擔任長安鎮都大將、雍州刺史的南安惠王拓跋楨，都因為犯有貪汙受賄罪而被判處死刑。馮太后和孝文帝親自來到皇信堂，召見王公大臣，馮太后發問說：「你們認為是應當保全皇親而破壞法令呢？還是應當大義滅親以彰明法紀呢？」群臣都說：「汝陰靈王和南安惠王，都是景穆皇帝拓跋晃的兒子，應當受到格外的憐憫和寬恕。」馮太后沒有回答。孝文帝遂下詔說：「汝陰靈王和南安惠王所犯的罪行實在難以寬恕，然而太皇太后追思他們都是高宗皇帝的親兄弟，他們兄弟之間有著深厚的情誼。而且南安王拓跋楨對待自己的母親孝敬恭謹，宮廷內外的人都知道，因此一併免去他們的死罪，剝奪他們的官職和爵位，一輩子不准再進入官場。」當初，魏國朝廷聽說南安王拓跋楨貪婪暴虐，遂派遣擔任中散大夫的閭文祖前往長安進行調查，閭文祖接受了拓跋楨的賄賂，便為拓跋楨隱瞞了罪行。事情被發覺之後，閭文祖也以相應的罪名被懲處。馮太后對群臣說：「以前閭文祖認為自己很廉潔，如今竟然也貪贓枉法。由此看來，人心確實是難以預料啊。」孝文帝說：「古代就有等待放逐的臣子。你們這些人如果估計自己經不起物質利益的引誘，就允許你們辭去官職回家為民。」擔任宰官、中散大夫的慕容契發言說：「小人之心不可預料，而帝王的法律是不變的，以不可預料之心遵守不變的法律，不是我所能經受得起的，請把我放入該辭退或罷免的行列。」孝文帝說：「慕容契知道人心之不可預料，也就知道了貪婪的可惡，何必請求辭職呢？」便提升慕容契做了宰官令。慕容契，是慕容白曜弟弟的兒子。

秋季，七月二十五日丙寅，魏孝文帝前往靈泉池。

魏孝文帝讓群臣討論，「魏國與齊國斷絕交往的時間已經很久了，現在想與齊國互通使節，你們覺得怎麼樣？」擔任尚書的游明根說：「朝廷不主動派遣人出使齊國，還修築醴陽城深入齊國境內，有理的一方是齊國的皇帝蕭賾。現在我們主動派遣使者到齊國進行友好訪問，不是也可以嗎？」孝文帝聽從了游明根的意見。八月初四日乙亥，派兼任員外散騎常侍的邢產等為使者來到齊國進行友好訪問。

九月，魏國的孝文帝把宮女放出宮去，賞賜給魏國北部地區駐守六軍鎮的那些因為貧窮而娶不到妻子的人做妻子。

冬季，十一月十九日己未，魏國的安豐匡王拓跋猛去世。

十二月初七日丙子，魏國的河東王苟頹去世。○齊國派遣擔任平南將軍參軍的顏幼明等為使者前往魏國進行友好訪問。○魏國朝廷任命擔任尚書令的尉元為司徒，任命擔任尚書左僕射的穆亮為司空。

齊國的豫章王蕭嶷覺得自己位高權重，於是便心懷退志。這一年，他向齊武帝請求辭去自己的官職回到北宅居住，齊武帝批准了蕭嶷的請求，同時讓蕭嶷的世子蕭子廉代替蕭嶷管理東府。

齊國擔任太子詹事的張緒兼任揚州地區的中正官，長沙王蕭晃囑託張緒任用吳興郡人聞人邕為揚州刺史屬下的議曹，張緒沒有答應。蕭晃又讓自己屬下擔任書佐的官吏一再向張緒請求，張緒表情嚴肅地說：「揚州是我張緒家鄉的所在地，殿下有什麼權力逼我這樣做？」

擔任侍中的江斅做了都官尚書。擔任中書舍人的紀僧真很受齊武帝蕭賾的寵信，他的儀容舉止也頗有些士大夫的風度，於是便向齊武帝請求說：「我出身於本縣一個武官的家庭，有幸趕上聖明的時代，才使我有了如此高的官階和榮耀。又為兒子娶了荀昭光的女兒，現在我已經心滿意足，不缺少什麼別的了，我只請求陛下把我排在士大夫的行列。」齊武帝說：「這事是江斅、謝瀹說了算，我不能授意他們，你可以自己去找他們商量。」紀僧真按照齊武帝的指點前去拜會江斅，當他登上坐墊坐好之後，江斅回頭命令自己左右的侍從說：「把我的座位移到離客人遠一些的地方去！」紀僧真垂頭喪氣地告辭而退，他向齊武帝報告說：「看來這士大夫也實在不是陛下所能任命得了的！」江斅，是江湛的孫子。謝瀹，是謝朏的弟弟。

柔然另一個部落的頭領叱呂勤率領自己的部眾投降了魏國。

【研　析】本卷寫齊武帝蕭賾永明二年（西元四八四年）至永明七年共六年間的南齊與北魏等國的大事，其中給人印象清晰而又有感受的事情有三件：

其一是寫史者對於南齊功臣王儉的寫法。王儉是東晉大官僚王導的後代，其祖父王曇首曾是宋文帝劉義隆駕下最受寵信的大臣之一；其父王僧綽不僅是宋文帝的大臣，而且是宋文帝的女婿。王儉本人不僅被宋明帝超遷為祕書丞，而且又娶宋明帝的女兒為妻。按說這麼一個人，應該是劉宋王朝的忠實衛護者才對，至少也不應該成為幫著蕭道成篡奪劉宋政權的急先鋒。但王儉恰恰就非常自覺積極地充當了這個急先鋒的腳色。寫《南齊書》的蕭子顯是蕭道成的孫子，自然對王儉非常歡迎，這可以理解的；但不可理解的是與王儉同時叛賣劉宋，同時給蕭道成為虎作倀的另一個大人物褚淵卻深受《南齊書》作者的嘲諷，他曾通過許多故事對褚淵進行了挖苦與諷刺。還有更加不可理解的是《資治通鑑》的作者司馬光居然也和蕭子顯站在同一立場，一方面嘲諷、挖苦褚淵，而同時又對王儉表現了濃厚的讚美與豔羨之情。例如他寫王儉辦事的才幹能力說：「儉少好《禮》學及《春秋》，言論造次必於儒者，由是衣冠翕然，更尚儒術。儉撰次朝儀國典，自晉、宋以來故事，無不諳憶，故當朝理事，斷決如流。每博議引證，八坐、丞、郎無能異者。令史諮事常數十人，賓客滿席，儉應接辨析，傍無留滯，發言下筆，皆有音彩。」讀到這裡，我們馬上想到劉宋的開國祖先劉裕身邊的一位大才劉穆之的辦事情景，司馬光在前面寫道：「劉穆之內總朝政，外供軍旅，決斷如流，事無壅滯。賓客輻湊，求訴百端，內外諮稟，盈階滿室，目覽辭訟，手答箋書，耳行聽受，口並酬應，不相參涉，悉皆贍舉。」同一種思路，現在又拉來加在了王儉頭上。這還不算，司馬光又接著稱頌王儉說：「十日一還學監試諸生，巾卷在庭，劍衛、令史，儀容甚盛。作解散髻，斜插簪，朝野慕之，相與倣效。儉常謂人曰：『江左風流宰相，唯有謝安。』意以自比也。」一種五體投地的豔羨之情溢於言表！沈約、蕭子顯表現如此媚俗的感情，可以理解，因為他們都是南朝文人，他們從來不顧大是大非，不講政治，不講道德，只講一種「氣質與風度」，難道司馬光也只停留在這種水平，對於前代史書所寫的東西只管照本宣科？

其二是關於魏國的馮太后。馮太后是魏國的女中豪傑，其才幹能力不亞於後起的武則天。馮太后在其夫拓跋濬死後，出面代其幼子拓跋弘執政五年；後來又在其子拓跋弘死後，二次出面輔佐其孫拓跋宏執政，一直到死共十五年。馮太后的事跡歸納起來有如下幾方面：一，殺掉專權跋扈的權臣乙渾，將權力奪回皇室手中；二，辨事能力強，她「自入宮掖，粗學書計，及登尊位，省決萬機」；她「性嚴明，假有寵待，亦無所縱」；「性不宿憾，尋亦待之如初」，所以很能得人才之力，魏國的一些政策制度，如均田制、三長制、常平倉，以及嚴禁圖讖、卜筮，嚴厲打擊貪汙等等，就都是施行於馮太后執政時期；三，重視宣傳教育，而且自己有文才，她以其孫年幼，「乃作〈勸戒歌〉三百餘章，又作〈皇誥〉十八篇，頒行天下」；四，生活儉素，她「不好華飾，躬御縵繒而已。宰人上膳，案裁徑尺，羞膳滋味減於故事十分之八」；下卷提到她臨終又下令薄葬，要求一切從簡。馮太后也和武則天一樣，養有幾個男寵，但和武則天不一樣的是，在這幾個男寵中有的人同時就是很能幹、很公正的國家大臣，如李沖等雖由「見寵帷幄」，亦「以器能受任」，故直至馮太后去世，李沖仍是拓跋宏時代很有作為的大臣。馮太后值得批評的應該說只有殺了她的兒子顯祖拓跋弘這件事。

其三是魏國在馮太后與拓跋宏時代，進一步致力於尊儒與尊佛。尊儒的事情下卷在講到魏國制定的祭典中有所謂「祀堯於平陽，舜於廣寧，禹於安邑，周公於洛陽，皆令牧守執事。其宣尼之廟，祀於中書省。改謚宣尼曰『文聖尼父』，帝親行拜祭。」規定皇帝親自拜祭孔子，這在漢族的歷朝皇帝中也不多見，漢族的皇帝大多把孔子看做是一位諸侯，一位幫著皇帝治理天下的股肱之臣，而皇帝是不能屈尊親自下來給諸侯行禮的。關於魏國如何尊佛的事情，本卷著筆不多，只是近幾卷來連續地出現了所謂「魏主如武州山石窟寺」之語。這「武州山石窟寺」即今之所謂「雲岡石窟」，在今山西大同（即當年魏國國都平城）的西北方。魏國在太武帝拓跋燾時代曾有一次慘烈的滅佛運動，到文成帝拓跋濬時代，佛教又開始復蘇。當時有一個名叫曇曜的和尚，建議拓跋濬在武州山開鑿五個石窟，每窟給一位魏國的皇帝雕為佛身，令全國供奉。《魏書・釋老志》對此說「曇曜白帝，於京城西武州塞鑿山石壁，開窟五所，鐫建佛像各一。高者七十尺，次六十尺，雕飾奇偉，冠於一世。」文中講述的五所佛窟，即今雲岡第十六—二十窟，學者稱之為「曇曜五窟」，大約建立於拓跋濬和平年間（西元四六〇—四六五年）。從而使武州山石窟寺升格為北魏皇室的家廟，神聖不得侵犯。利用宗教赤裸裸地為皇權服務，魏國登峰造極，也是佛教史上的一大奇觀。

卷第一百三十七

齊紀三

起上章敦牂（庚午 西元四九〇年），盡玄黓涒灘（壬申 西元四九二年），凡三年。

【題解】本卷寫齊武帝蕭賾永明八年（西元四九〇年）至永明十年共三年間的南齊與北魏等國的大事。主要寫了齊武帝蕭賾之子蕭子響任荊州刺史，因私養衛士，又與蠻族換取兵器，被部下劉寅等告密，蕭子響遂怒殺劉寅等人。蕭賾第一次命胡諧之三人率兵討伐，蕭子響請求和解而不得，遂發動襲擊，將其打敗；蕭賾第二次又派蕭順之率兵進討，蕭子響入京請罪，自縛投歸蕭順之，蕭順之承太子蕭長懋之意將蕭子響殺死。蕭子響死前上書陳述一切，蕭賾痛悔而故意硬撐，情節恰如當年漢武帝逼死太子劉據的前前後後；寫南齊對原來簡單矛盾的法律條文進行了討論修訂，齊臣孔稚珪建議在太學開設法律課以授國子，以提高法學在世人心目中的地位。這原是一項很重要的建議，雖詔從其請，而事竟不行；寫魏國馮太后死，孝文帝哀戚過度，不願下葬、不願除服；又在下葬後一再謁陵；又在是否立刻除服的問題上與諸大臣一再討價還價，喋喋不休，前後數千字，令人生厭；寫魏主重新議定宗廟應供之神主，將拓跋珪、拓跋燾定為祖宗，永世不刊；寫魏主與群臣討論各種祭祀之禮，故意賣弄小聰明；寫魏主令群臣討論魏國在五行終始中屬於何德，最終聽從李彪等議，以魏國繼於西晉之後，於五行為水德；寫魏主親養三老、五更，以及養庶老、國老等等，此種禮節在獨尊儒術的《漢書》中亦未敘及；寫魏臣宋弁出使南齊，回國後說南齊「既以逆取，不能順守；政令苛碎，賦役繁重；朝無股肱之臣，野有愁怨之民」，並預言蕭賾「其得沒身幸矣，非貽厥孫謀之道也」，為南齊之亂埋下伏筆；寫齊臣蕭琛、范雲使魏，魏主喜歡南人，稱曰「江南多好臣」，魏臣李元凱則嘲之曰「江南多好臣，歲一易主；江北無好臣，百年一易主。」見寫史者對南朝政治之深深憎惡。此外還寫了魏臣李彪、李沖之為人，史稱李沖「忠勤明斷，加以慎密，為帝所委，情義無間；舊臣貴戚，莫不心服，中外推之」；寫李彪六次到南齊聘問，深受南齊敬重，甚至齊武帝蕭賾親自送行至琅邪城，命群臣賦詩以寵之等等。

世祖武皇帝中

永明八年（庚午　西元四九〇年）

春，正月，詔放隔城俘❶二千餘人還魏。

乙丑❷，魏主如方山。二月辛未❸，如靈泉❹。壬申❺，還宮。

地豆干❻頻寇魏邊，夏，四月甲戌❼，魏征西大將軍陽平王頤❽擊走之。頤，新城❾之子也。○甲午❿，魏遣兼員外散騎常侍邢產⓫等來聘。

五月己酉⓬，庫莫奚⓭寇魏邊，安州⓮都將樓龍兒擊走之。

秋，七月辛丑⓯，以會稽太守安陸侯緬⓰為雍州刺史。緬，鸞⓱之弟也。緬留心獄訟⓲，得劫⓳，皆赦遣，許以自新，再犯乃加誅。民畏而愛之。

癸卯⓴，大赦。

丙午㉑，魏主如方山。丙辰㉒，遂如靈泉池。八月丙寅朔㉓，還宮。

河南王度易侯㉔卒。乙酉㉕，以其世子伏連籌為秦、河二州刺史㉖，遣振武將軍丘冠先㉗拜授㉘，且弔之。伏連籌逼冠先使拜，冠先不從，伏連籌推冠先墜崖而死。上厚賜其子雄，敕以喪委絕域㉙，不可復尋，仕進無嫌㉚。

荊州刺史巴東王子響㉛有勇力，善騎射，好武事，自選帶仗左右㉜六十人，皆有膽幹㉝。至鎮㉞，數於內齋㉟以牛酒犒之。又私作錦袍、絳襖，欲以餉蠻㊱，交易器仗㊲。長史高平劉寅㊳、司馬安定席恭穆等㊴[1]連名密啓，上敕精檢㊵。子響聞臺使㊶至，不見敕㊷，召寅、恭穆及諮議參軍㊸江悆、典籤㊹吳脩之、魏景淵等詰之，寅等祕而不言。脩之曰：「既已降敕，政應方便答塞㊺。」景淵曰：「應先檢校㊻。」子響大怒，執寅等八人於後堂，殺之，具以啓聞㊼。上欲赦江悆㊽，聞皆已死，怒，以隨王子隆為荊州刺史㊾。

上欲遣淮南太守戴僧靜(51)將兵討子響，僧靜面啓曰：「巴東王年少(52)，長史執之太[2]急(53)，忿不思難(54)故耳。天子兒(55)過誤殺人，有何大罪？官(56)忽遣軍西上，人情惶懼，無所不至，僧靜不敢奉敕(57)。」上不答而心善之。乃遣衛尉(58)胡諧之、游擊將軍尹略、中書舍人茹法亮(59)帥齋仗(60)數百人詣江陵，檢捕羣小(61)。敕之曰：「子響若束手自歸，可全其命。」以南平[3]內史張欣泰(62)為諧之副。欣泰謂諧之曰：「今段之行[63]，勝既無名[64]，負成奇恥[65]。彼凶狡[66]相聚，所以為其用者，或利賞逼威[67]，無由自潰[68]。若頓軍夏口[69]，宣示禍福[70]，可不戰而擒也。」諮之不從。欣泰，興世[71]之子也。

諮之等至江津[72]，築城燕尾洲[73]。子響白服登城，頻遣使與相聞[74]，曰：「天下豈有兒反[75]？身不作賊[76]，直是粗疏[77]。今便單舸還闕[78]，受殺人之罪[79]，何築城見捉邪[80]？」尹略獨答曰：「誰將汝反父人共語[81]！」子響唯灑泣[82]。乃殺牛，具酒饌，餉臺軍[83]，略棄之江流。子響呼茹法亮，法亮疑畏，不肯往。又求見傳詔[84]，法亮亦不遣，且執錄其使[85]。子響怒，遣所養勇士收集府、州[4]兵二千人，從靈溪西渡[86]；子響自與百餘人操萬鈞弩[87]，宿江隄上。明日，府州兵與臺軍戰，子響於隄上發弩射之，臺軍大敗，尹略死，諮之等單艇逃去[88]。

上又遣丹楊尹蕭順之[89]將兵繼至，子響即日將白衣左右三十人，乘舴艋[90]沿流赴建康。太子長懋素忌子響，順之之發建康也，太子密諭順之，使早為之所[91]，勿令得還。子響見順之，欲自申明，順之不許，於射堂縊殺之。

子響臨死，啓上[92]曰：「臣罪踰山海，分甘斧鉞[93]。敕遣諮之等至，竟無宣旨[94]，便建旗入津[95]，對城南岸築城守。臣累遣書信[96]呼法亮，乞白服相見[97]，法亮終不肯。羣小(98)怖懼，遂致攻戰，此臣之罪也。臣此月二十五日，束身投軍(99)，希還天闕(100)，停宅一月(101)，臣自取盡(102)，可使齊代(103)無殺子之譏(104)，臣免逆父之謗(105)。既不遂心(106)，今便命盡。臨啓哽塞，知復何陳！」

有司奏絕子響屬籍(107)，削爵土，易姓蛸氏，諸所連坐，別下考論(108)。久之，上遊華林園(109)，見一猨透擲(110)悲鳴，問左右，曰：「猨子前日墜崖死。」上思子響，因嗚咽流涕。茹法亮頗為上所責怒，蕭順之慙懼，發疾而卒。豫章王嶷表請收葬子響，不許，貶為魚復侯(111)。

子響之亂，方鎮皆啓「子響為逆」(112)，兗州刺史垣榮祖(113)曰：「此非所宜言。正應云：『劉寅等孤負恩獎(114)，逼迫巴東(115)，使至於此。』」上省之(116)，以榮祖為知言(117)。

臺軍焚燒江陵府舍，官曹文書，一時蕩盡。上以大司馬記室南陽樂藹(118)屢為本州僚佐(119)，引見(120)，問以西事(121)。藹應對詳敏，上悅，用為荊州治中(122)，敕付以脩復府州事(123)。藹繕脩廨舍(124)數百區(125)，頃之咸畢(126)，而役不及民(127)，荊部(128)稱之。

九月癸丑(129)，魏太皇太后馮氏殂，高祖勺飲不入口者五日，哀毀過禮(130)。中部曹(131)華陰楊椿(132)諫曰：「陛下荷(133)祖宗之業，臨萬國之重，豈可同匹夫之節(134)以取僵仆[135]！羣下惶灼[136]，莫知所言。且聖人之禮，毀不滅性[137]，縱陛下欲自賢[138]，於萬代，其若宗廟何[139]！」帝感其言，為之一進粥。

於是諸王公等[5]皆詣闕上表，「請時定兆域[140]，及依漢、魏故事[141]，并太皇太后終制[142]，既葬公除[143]。」詔曰：「自遭禍罰[144]，慌惚如昨[145]，奉侍梓宮[146]，猶希髣髴[147]。山陵遷厝[148]，所未忍聞。」冬，十月，王公復上表固請。詔曰：「山陵可依典冊[149]，衰服之宜[150]，情所未忍[151]。」帝欲親至陵所，戊辰[152]，詔：「諸常從之具，悉可停之，其武衛之官，防侍如法[153]。」癸酉[154]，葬文明太皇太后于永固陵[155]。甲戌[156]，帝謁陵[157]，王公固請公除。詔曰：「比當別敘在心[158]。」己卯[159]，又謁陵。

庚辰[160]，帝出至思賢門右，與羣臣相慰勞[161]。太尉丕[162]等進言曰：「臣等以老朽之年，歷奉累聖[163]，國家舊事，頗所知聞。伏惟[164]遠祖有大諱之日[165]，唯侍從梓宮者凶服[166]，左右盡皆從吉[167]。四祖三宗[168]，因[169]而無改。陛下以至孝之性，哀毀過禮，伏聞所御三食[170]不滿半溢[171]，晝夜不釋經帶[172]，臣等叩心絕氣[173]，坐不安席。願少抑至慕之情[174]，奉行先朝舊典。」帝曰：「哀毀常事，豈足關言[175]？朝夕食粥，粗可支任，諸公何足憂怖？祖宗情專武略[176]，未脩文教[177]；朕今仰稟聖訓[178]，庶習古道[179]，論時比事[180]，又與先世不同。太尉等國老[181]，政之所寄[182]，於典記舊式[183]或所未悉[184]，且可知朕大意[185]。其餘古今喪禮，朕且以所懷[186]別問[187]尚書游明根、高閭[188]等，公可聽之[189]。」

帝因謂明根等曰：「聖人制卒哭之禮[190]，授服之變[191]，皆奪情以漸[192]。今則旬日之間[193]，言及即吉[194]，特成傷理[195]。」對曰：「臣等伏尋金冊遺旨[196]，踰月而葬[197]，葬而即吉[198]。故於下葬之初，奏練除[199]之事。」帝曰：「朕惟[200]中代[201]所以不遂三年之喪[202]，蓋由君上違世[203]，繼主初立，君德未流[204]，臣義不洽[205]，故身襲袞冕[206]，行即位之禮。朕誠不德[207]，在位過紀[208]，足令億兆[209]知有君矣。於此之日[6]而不遂哀慕之心[210]，使情禮俱失[211]，深可痛恨！」高閭曰：「杜預[212]，晉之碩學[213]，論自古天子無有行三年之喪者，以為漢文之制[214]，闇與古合，雖叔世[215]所行，事可承踵[216]。是以臣等慺慺干請[217]。」帝曰：「竊尋金冊之旨，所以奪臣子之心，令早即吉者，慮廢絕政事故也。羣公所請，其志亦然。朕今仰奉冊令，俯順羣心，不敢闇默不言[218]以荒庶政[219]。唯欲衰麻廢吉禮[220]，朔望盡哀誠[221]，情在可許[222]，故專欲行之[223]。如杜預之論，於孺慕之君[224]，諒闇之主[225]，蓋亦誣矣[226]。」祕書丞李彪[227]曰：「漢明德馬后[228]保養章帝，母子之道，無可間然[229]。及后之崩，葬不淹旬[230]，尋已從吉[231]。然漢章不受譏[232]，明德不損名[233]。願陛下遵金冊遺令，割哀[234]從議。」

帝曰：「朕所以眷戀哀絰，不從所議者，實情不能忍，豈徒苟免嗤嫌[235]而已哉？今奉終儉素[236]，一已仰遵遺冊[237]，但痛慕[238]之心，事繫於予[239]，庶聖靈[240]不奪至願[241]耳。」高閭曰：「陛下既不除服於上，臣等獨除服於下，則為臣之道不足。又親御衰麻，復聽朝政，吉凶事雜，臣竊為疑[242]。」帝曰：「先后[243]撫念群下[244]，卿等哀慕，猶不忍除，奈何令朕獨忍之於至親[245]乎！今朕逼於遺冊[246]，唯望至朞[247]；雖不盡禮，蘊結差申[248]。群臣各以親疏、貴賤、遠近為除服之差[249]，庶幾[250]稍近於古，易行於今。」高閭曰：「昔王孫裸葬[251]，士安去棺[252]，其子皆從而不違。今親奉遺令而有所不從，臣等所以頻煩干奏[253]。」李彪曰：「三年不改其父之道[254]，可謂大孝。今不遵冊令，恐涉改道之嫌。」帝曰：「王孫、士安皆誨子以儉[255]，及其遵也，豈異今日[256]？改父之道，殆與此殊。縱有所涉[257]，甘受後代之譏，未忍今日之請[258]。」群臣又言：「春秋烝嘗[259]，事難廢闕[260]。」帝曰：「自先朝以來，恆有司行事[261]，朕賴蒙慈訓，常親致敬[262]。今昊天降罰[263]，人神喪恃[264]，想[7]宗廟之靈[265]，亦輟歆祀[266]。脫行饗薦[267]，恐乖冥旨[268]。」群臣又言：「古者葬而即吉，不必終禮[269]，此乃二漢[270]所以經綸治道[271]，魏、晉所以綱理庶政[272]也。」帝曰：「既葬即吉，蓋季俗多亂[273]，權宜救世[274]耳。二漢之盛，魏、晉之興，豈由簡略喪禮、遺忘仁孝哉！平日之時，公卿每稱當今四海晏安[275][8]，禮樂日新[276]，可以參美唐、虞[277]，比盛夏、商[278]。及至今日，即欲苦奪朕志，使不踰於魏、晉。如此之意，未解所由。」李彪曰：「今雖治化清晏[279]，然江南有未賓之吳[280]，漠北有不臣之虜[281]，是以臣等猶懷不虞之慮[282]。」帝曰：「魯公帶絰從戎[283]，晉侯墨衰敗敵[284]，固聖賢所許。如有不虞，雖越紼無嫌[285]，而況衰麻乎！豈可於晏安之辰[286]豫念軍旅之事[287]，以廢喪紀[288]哉？古人亦有稱王者除衰[289]而諒闇終喪[290]者，若不許朕衰服，則當除衰拱默[291]，委政冢宰[292]。二事之中，唯公卿所擇。」游明根曰：「淵默[293]不言，則大政將曠[294]，仰順聖心，請從衰服[295]。」太尉丕曰：「臣與尉元歷事五帝[296]，魏家故事，尤諱之後三月[297]，必迎神於西[298]，禳惡於北[299]，具行吉禮[300]，自皇始[301]以來，未之或改[302]。」帝曰：「若能以道事神[303]，不迎自至；苟失仁義[304]，雖迎不來。此乃平日所不當行，況居喪乎！朕在不言之地[305]，不應如此喋喋[306]，但公卿執奪朕情[307]，遂成往復[308]，追用悲絕[309]。」遂號慟[310]，羣官亦哭而辭出。

初，太后忌帝英敏[311]，恐不利於己，欲廢之。盛寒，閉於空室，絕其食三日，召咸陽王禧[312]，將立之。太尉東陽王丕、尚書右僕射穆泰[313]、尚書李沖固諫，乃止。帝初無慽意[314]，唯深德丕等[315]。泰，崇[316]之玄孫也。

又有宦者譖帝於太后[317]，太后杖帝數十，帝默然受之，不自申理[318]。及太后殂，亦不復追問[319]。

甲申[320]，魏主謁永固陵。辛卯[321]，詔曰：「羣官以萬機事重，屢求聽政。但哀慕[322]纏綿，未堪自力[323]。近侍先掌機衡者[324]，皆謀猷所寄[325]，且可委之。如有疑事，當時與論決[326]。」

交州刺史[327]清河房法乘[328]，專好讀書，常屬疾[329]不治事，由是長史伏登之得擅權，改易將吏[330]，不令法乘知。錄事[331]房季文白之，法乘大怒，繫[332]登之於獄十餘日。登之厚賂法乘妹夫崔景叔，得出，因將部曲[333]襲州，執法乘，謂之曰：「使君[334]既有疾，不宜煩勞。」因之別室。法乘無事，復就登之求書讀之，登之曰：「使君靜處[335]，猶恐動疾[336]，豈可看書！」遂不與。乃啓[337]法乘心疾動，不任視事[338]。

十一月乙卯[339]，以登之為交州刺史。法乘還，至嶺[340]而卒。

十二月己卯[341]，立皇子子建[342]為湘東王。

初，太祖[343]以南方錢少，更欲鑄錢[344]。建元[345]末，奉朝請[346]孔顗上言，以為「食貨相通[347]，理勢自然[348]。李悝[349]云：『糴甚貴傷民[350]，甚賤傷農』，甚賤甚貴，其傷一也[351]。三吳[352]，國之關奧[353]，比歲[354]時被水潦[355]而糴不貴[356]，是天下錢少，非穀賤，此不可不察也。鑄錢之弊，在輕重[357]屢變。重錢[358]患難用[359]，而難用為累輕[360]；輕錢弊盜鑄[361]，而盜鑄為禍深。民所以盜鑄，嚴法不能禁者，由上鑄錢惜銅愛工[362]也。惜銅愛工者，意謂錢為無用之器，以通交易，務欲令質輕而數多，使省工而易成，不詳慮其為患[363]也。夫民之趨利，如水走下[364]。今開其利端[365]，從以重刑[366]，是導其為非而陷之於死，豈為政歟[367]？漢興，鑄輕錢，民巧偽者多。至元狩[368]中，始懲其弊[369]，乃鑄五銖錢[370]，周郭其上下[371]，令不可磨取鋊[372]，而民[9]計其費不能相償[373]，私鑄益少。此不惜銅、不愛工之效也。王者不患無銅乏工，每令民不能競[374]，則盜鑄絕矣。宋文帝鑄四銖[375]，至景和[376]，錢益輕，雖有周郭，而鎔冶不精，於是盜鑄紛紜而起，不可復禁。此惜銅愛工之驗也。凡鑄錢，與其不衷[377]，寧重無輕。自漢鑄五銖至宋文帝，歷五百餘年，制度[378]世有廢興，而不變五銖者，明其輕重可法[379]、得貨之宜[380]故也。按今錢文[381]率皆五銖[382]，異錢[383]時有耳。自文帝鑄四銖，又不禁民翦鑿[384]，為禍既博，鍾弊于今[385]，豈不悲哉！晉氏[386]不鑄錢，後經寇戎[387]水火，耗散沈鑠[388]，所失歲多[389]，譬猶磨礱砥礪[390]，不見其損[391]，有時而盡[392]，天下錢何得不竭！錢竭則士、農、工、商皆喪其業，民何以自存？愚以為宜如舊制，大興鎔鑄[393]，錢重五銖，一依漢法。若官鑄者已布於民[394]，便嚴斷翦鑿，輕小破缺無周郭者，悉不得行[395]。官錢細小者，稱合銖兩[396]，銷以為大[397]，利貧良之民，塞姦巧之路[398]。錢貨既均[399]，遠近若一，百姓樂業，市道無爭，衣食滋殖[400]矣。」太祖然之，使諸州郡大市銅炭[401]。會晏駕[402]，事寢[403]。

是歲，益州行事[404]劉悛[405]上言：「蒙山[406]下有嚴道銅山[407]，舊鑄錢處[408]，可以經略[409]。」上從之，遣使入蜀鑄錢。頃之[410]，以功費多[411]而止。

自太祖治黃籍[412]，至上[413]，謫巧者戍緣淮各十年[414]，百姓怨望。乃下詔：「自宋昇明以前[415]，皆聽復注[416]，其有謫役邊疆，各許還本[417]；此後有犯，嚴加翦治[418]。」

長沙威王晃[419]卒。○吏部尚書王晏陳疾自解[420]，上欲以西昌侯鸞[421]代晏領選[422]，手敕問之，晏啟曰：「鸞清幹有餘[423]，然不諳百氏[424]，恐不可居此職。」上乃止。

以百濟王牟大[425]為鎮東大將軍、百濟王。

高車阿伏至羅[426]及窮奇[427]遣使如魏，請為天子討除蠕蠕[428]，魏主賜以繡袴褶[429]及雜綵百匹。

【章　旨】以上為第一段，寫齊武帝蕭賾永明八年（西元四九〇年）一年間的大事。主要寫了齊武帝蕭賾之子蕭子響任荊州刺史，私養衛士，又與蠻族換取兵器，被部下劉寅等告密，蕭賾派員檢查，蕭子響遂怒殺劉寅等人；蕭賾命胡諧之、尹略、茹法亮率兵討伐，張欣泰建議頓兵夏口，曉以威福，胡諧之不從，率軍直抵江陵，與蕭子響築城對峙。蕭子響饋送軍食、請見使者，尹略、茹法亮等皆斷然回絕；蕭子響大怒，發兵襲之，朝廷軍大敗，或死或逃；蕭賾又派蕭順之率兵進討，蕭子響單舸入京，自縛投歸蕭順之，蕭順之承太子蕭長懋之意縊殺蕭子響。蕭子響死前上書陳述一切，蕭賾痛悔而故意硬撐，情節恰如漢武帝逼死太子劉據後的矛盾表現；蕭賾對垣榮祖的措詞殊為欣賞，亦猶漢武帝之賞拔田千秋；又寫了魏國的馮太后死，孝文帝哀戚過度，不願下葬、不願除服；又在下葬後一再謁陵；又在是否喪後即吉的問題上與諸大臣一再討價還價，喋喋不休，前後近兩千字，殊覺虛張聲勢。馮太后曾殺拓跋宏之父，又欲廢掉拓跋宏，又曾對拓跋宏加以迫害，而拓跋宏竟虛情表演如此，令人生厭；此外本卷還寫了南齊因久未鑄錢而致市面錢少，孔顗上言請造重量足而又工藝精緻的五銖錢，以及南齊又因劾查黃籍遷謫民戶眾多，引起百姓憤怨，不得已而准許宋末以來的居民皆在當地落戶等等。

【注　釋】❶隔城俘　在隔城打敗魏軍所捉的戰俘。隔城，舊址在今河南桐柏西北，當時屬齊。齊武帝永明六年，荒人桓天生引魏軍佔據此城，齊將朱公恩、曹虎打敗魏軍，攻克此城，俘魏軍兩千，事見本書上卷。❷乙丑　正月二十六。❸二月辛未　二月初三。❹靈泉　即靈泉池。胡三省曰：「魏於方山之南起靈泉宮，引如渾水為靈泉池，東西一百步，南北二百步。」方山，在魏國都城平城北，魏主與馮太后都在這裡為自己預建陵墓。❺壬申　二月初四。❻地豆干　葛曉音曰：「《魏書》卷一百作『地豆于』，古代少數民族名。北魏時散居室韋山以西，北界烏洛侯，西以今興安嶺與柔然相接，南鄰奚、契丹。遊牧生活，常向北魏朝貢。」❼四月甲戌　四月初七。❽陽平王頤　拓跋頤，景穆皇帝拓跋晃之孫，官至青州刺史。傳見《魏書》卷十九上。❾新城　拓跋新城。《魏書・景穆十二王傳》作「新成」。景穆皇帝拓跋晃的第二子，太安三年被封為陽平王。傳見《魏書》卷十九上。❿甲午　四月二十七。⓫邢產　魏國的文學之臣，其家族中有多人曾出使南朝。傳見《魏書》卷六十五。⓬五月己酉　五月十二。⓭庫莫奚　古代少數民族名，分布在饒樂水流域，以游牧為生。饒樂水即今內蒙古自治區內的西拉木倫河。⓮安州　魏州名，州治即今河北隆化。⓯七月辛丑　七月初五。⓰安陸侯緬　蕭緬，蕭鸞之弟，齊國皇室的同族，此時任會稽太守。傳見《南齊書》卷四十五。⓱鸞　蕭鸞，即日後的齊明帝。傳見《南齊書》卷六。⓲留心獄訟　關心刑事案件。⓳得劫　抓到劫匪。⓴癸卯　七月初七。㉑丙午　七月初十。㉒丙辰　七月二十。㉓八月丙寅朔　八月初一是丙寅日。㉔河南王度易侯　河南地區的少數民族頭領名叫度易侯。按，此所謂「河南」，是今青海省東北部一帶的黃河以南。度易侯，《南齊書》卷五十九作「易度侯」。此民族即通常人們所說的吐谷渾。度易侯是前代國王拾寅之子。㉕乙酉　八月二十。㉖以其世子伏連籌句　此句的主語是「南齊朝廷」。伏連籌，《南齊書》卷五十九作「休留茂」。秦州的州治即今甘肅天水市，河州的州治枹罕，在今甘肅臨縣東北，當時都屬魏國，南齊的加封不過是虛名而已。㉗丘冠先　晉吏部郎丘傑的六世孫。丘冠先出使河南事見《南齊書》卷五十九。㉘拜授　前往河南王的都城予以任命。拜，任命。㉙以喪委絕域　由於其父的遺體是被丟棄在遙遠的邊地。喪，這裡指死者遺體。委，捐棄。㉚仕進無嫌　對丘雄以後的仕途沒有影響。意即不能說他有損孝道。㉛巴東王子響　蕭子響，武帝蕭賾的第四子，被封為巴東王，此時任荊州刺史。傳見《南齊書》卷四十。㉜帶仗左右　佩帶武器的隨從。㉝膽幹　有膽量、有武功。㉞至鎮　到達荊州的州治江陵，即今湖北荊州之江陵區。㉟內齋　內舍；內室。外人通常所不能到達之處。㊱餉蠻　贈送給荊州管區裡的蠻族人。㊲交易器仗　目的是想和他們換取兵器。㊳長史高平劉寅　蕭子響的高級僚屬高平郡人劉寅。長史，是當時諸王與刺史、督軍的高級僚屬，為諸史之長，位高權大。高平是郡名，郡治即今寧夏固原。㊴司馬安定席恭穆等　蕭子響的高級僚屬安定郡人席恭穆等人。司馬是刺史、將軍屬下的高級僚屬，在軍中掌管司法。㊵精檢　仔細檢查、嚴加審查。㊶臺使　朝廷派出的使者。㊷不見敕　不接皇帝的詔命。敕，皇帝的命令。㊸諮議參軍　諸王及將軍幕下參謀官員。㊹典籤　本來是刺史、督軍屬下的書記員，宋、齊時代已變成高級僚屬，權力與長史不相上下。㊺政應方便答塞　我們正好可以順勢向朝廷解釋清楚。政，通「正」。正好。答塞，回答；解釋。㊻應先檢校　應該先讓朝廷的來人進行檢查。胡三省曰：「脩之言『方便答塞』，欲為子響道地也；景淵言『應先檢校』，欲依敕行之也。」㊼具以啟聞　把殺了八個人的事情向朝廷報告。具，一一地。啟聞，向上報告。㊽欲赦江悆　意即不想讓江悆死。㊾壬辰　八月二十七。㊿以隨王子隆為荊州刺史　意即免去蕭子響的荊州刺史，並將對之查辦、討伐。隨王子隆，蕭子隆，武帝蕭賾的第八子，時為中護軍、侍中、左衛將軍。傳見《宋書》卷四十。(51)戴僧靜　南齊的名將，佐蕭道成破袁粲、沈攸之，以及此前的大破桓天生皆有大功，此時任太子右率、通直常侍。傳見《宋書》卷三十。(52)巴東王年少　時蕭子響年二十二歲。(53)長史執之太急　劉寅把蕭子響逼得太急，指其向朝廷告發等等。(54)忿不思難　一時生氣沒有考慮後果。(55)天子兒　皇帝您的兒子。(56)官　猶今稱「您」。也稱「官家」，當時對皇帝、對國家的敬稱。(57)不敢奉敕　意即不肯接受旨意去做這件事。不敢，不願的謙詞。(58)衛尉　守衛宮廷門戶的衛隊長官。(59)茹法亮　武帝身邊的佞幸之臣，此時為中書舍人。傳見《宋書》卷五十六。(60)齋仗　皇帝書房周圍的衛士。(61)檢捕羣小　查辦與逮捕蕭子響身邊的親信小人。(62)南平內史張欣泰　南平王蕭銳屬下的內史張欣泰。蕭銳是蕭道成的第十五子，被封為南平郡王，張欣泰為南平郡的行政長官。由於南平郡是諸王的封地，故其長官不稱太守，而稱內史。級別與權力相同。張欣泰自少時受蕭道成賞識，武帝時任南平內史，傳見《南齊書》卷五十一。(63)今段之行　這次出差。(64)勝既無名　差事辦好了也不會得到任何好名望。(65)負成奇恥　一旦辦砸了就會成為莫大的恥辱。(66)凶狡　兇惡狡猾。指劉子響身邊這些作亂的人。(67)利賞逼威　應作「利賞威逼」，或是為了財物的賞賜，或是被權勢所逼迫。(68)無由自潰　他們是不可能自行散夥的。(69)頓軍夏口　把我們的軍隊駐紮在夏口。夏口，即現在武漢的漢口。(70)宣示禍福　講清道理，指明出路。(71)興世　張興世，劉宋時代的名將，在討伐元凶劉劭、劉義宣，為維護宋明帝劉彧政權而大破袁顗、劉胡的作戰中皆有大功。傳見《宋書》卷五十。(72)江津　也稱江津戍，舊址在今湖北荊州江陵城南的長江邊上。(73)葴尾洲　在當時的江津戍西，是長江與靈溪水的匯口。(74)與相聞　與胡諧之等相互對話。(75)豈有兒反　哪有皇帝的兒子反對皇帝的。(76)身不作賊　我是不會造反的。身，我，自稱。(77)直是粗疏　只不過行為太魯莽了。(78)單舸還闕　我會乘坐一艘小船回朝廷請罪。舸，船。(79)受殺人之罪　我自己會去承當殺人的罪過。(80)何築城見捉邪　你們怎麼就築城與我開戰，想要捉拿我。(81)誰將汝反父人共語　誰和你這個反叛父親的傢伙說話。將，與。(82)唯灑泣　只有流淚而已。(83)餉臺軍　送給朝廷派來的人。(84)傳詔　傳達詔書的宦官。(85)執錄其使　逮捕了蕭子響的使者。(86)從靈溪西渡　渡過靈溪水襲擊朝廷軍在葴尾洲所築之城。(87)萬鈞弩　用機械裝配起來的強弓，可射大箭，而且射得遠。有如今時之重炮。(88)單艇逃去　捨棄餘軍而單身逃走。艇，輕快的小船。(89)蕭順之　蕭道成族弟，即日後的梁武帝蕭衍之父。(90)舴艋　以稱小船。(91)早為之所　早點為他找個安身之處，意即早點結果了他。(92)啓上　給其父蕭賾上表。(93)分甘斧鉞　理應處死。分，理應。甘，心甘情願。斧鉞，殺人的刑具。(94)竟無宣旨　居然沒人對我宣讀皇帝詔書。(95)建旗入津　打著朝廷的旗號進入江邊的渡口。(96)累遣書信　多次發出信件。(97)乞白服相見　意即和平友好地見面交談。白服，文士的打扮，與戎服相對而言。(98)羣小　我手下的一些下等人。(99)束身投軍　自縛雙手，投到蕭順之部下。(100)希還天闕　目的是希望能回到京城，向您當面請罪。天闕，以稱宮門。(101)停宅一月　我在我京城的老房子裡，過上一個月。(102)臣自取盡　我將自殺。(103)齊代　齊國朝廷，其實即指其父蕭賾。(104)無殺子之譏　不要讓世人與歷史家說某某人把他自己的兒子殺了。(105)臣免逆父之謗　也別讓我落一個忤逆父親的罪名。(106)既不遂心　既然不能讓我遂此心願。(107)奏絕子響屬籍　請求把蕭子響的名字從皇室的族譜中除去。(108)別下考論　另行查辦定罪。論，定罪。(109)華林園　當時京城裡的皇家花園，當年宋廢帝蕭子業即被殺於此園。(110)透擲　亂蹦亂跳。(111)魚復侯　魚復縣侯，封地魚復縣，即今重慶市奉節。(112)方鎮皆啓子響為逆　各州刺史在說到子響這件事時都用「為逆」這個詞。方鎮，指掌握一方兵權的軍事長官，即指刺史、督軍等方面大員。[113]垣榮祖　劉宋名將垣護之的姪子，劉宋末期成為蕭道成的親信，此時任兗州刺史。傳見《南齊書》卷二十八。[114]孤負恩獎　辜負蕭子響對他們的恩情獎勵。[115]逼迫巴東　逼得巴東王蕭子響無路可走。[116]上省之　蕭賾看了之後。省，視；看。[117]知言　知道該怎麼說話。[118]樂藹　劉宋時任枝江令，此時任大司馬蕭嶷的記室。傳見《梁書》卷十九。記室，也稱記室參軍，為諸王與將軍的書記官。[119]屢為本州僚佐　多次在荊州刺史治下為其充任僚屬。[120]引見　使之前來接受詢問。[121]問以西事　向他打聽荊州刺史府內的有關事情。[122]荊州治中　荊州刺史的高級僚屬。治中，也稱治中從事史，州刺史的助理，主管文書案卷。[123]敕付以脩復府州事　把修復荊州刺史府與荊州都督府的事情交給他去辦。[124]廨舍　官舍，官吏的辦公用房和住宿用房。[125]數百區　幾百個院落。[126]頃之咸畢　很快就全部修完了。[127]役不及民　此話可疑，難道是調動軍隊修的，還是讓官吏們自己動手修的？[128]荊部　荊州地區的軍政長官。[129]九月癸丑　九月十八。[130]哀毀過禮　因過分悲哀而面黃肌瘦。過禮，超過了禮節的規定。[131]中部曹　部，疑為「都」字之誤。中都曹，即中都大官的僚屬。中都官是主管魏都平城糾察治安的官員。[132]楊椿　楊播之弟，兄弟都是馮太后與拓跋宏時代的親近之臣，此時任中都官部下的法曹。傳見《魏書》卷五十八。[133]荷　承蒙；接受。[134]同匹夫之節　像一個普通百姓一樣地盡孝道。[135]以取僵仆　以至於把身體搞垮。仰面摔倒曰僵，向前摔倒曰仆，這裡即指摔倒在地，爬不起來。[136]惶灼　惶恐、著急。[137]毀不滅性　可以做到因悲哀而形體憔悴，但不能有損健康。性，生；生命。[138]自賢　自己博得好名聲。[139]其若宗廟何　（萬一有個好歹，）你又怎麼向列祖列宗交代呢。[140]時定兆域　意即及時地葬入陵墓。兆域，墓地，祖先所葬的地方。[141]依漢魏故事　按照漢、魏給去世皇帝安葬的老辦法。[142]并太皇太后終制　並遵照太皇太后臨死前的遺命。終制，遺旨，亦即後面所說的馮太后的「金冊遺旨」。[143]既葬公除　靈柩安葬之後，隨即依禮除去喪服。胡三省曰：「公除者，以天下為公而除服也。」葛曉音曰：「封建社會喪禮規定，父母死，子女當守喪三年；如果是現任官吏，還必須離職歸家居喪。但帝王或大官因身負國家重任，下葬後可因公停止居喪，這就叫『公除』。」[144]禍罰　即指馮太后去世。[145]慌惚如昨　當我思念至深的時候，太皇太后的形像就像昨天一樣清晰地在眼前。[146]梓宮　帝后的棺柩。[147]猶希髣髴　還希望恍惚之間能見到她。髣髴，見不真切的樣子。[148]山陵遷厝　遷厝山陵，即前文所說的「時定兆域」，把靈柩葬入陵墓。山陵，指帝王的墳墓。遷厝，移置。[149]山陵可依典冊　把靈柩葬入陵墓的事情，可以按照典冊上的規定。[150]衰服之宜　即上文所說的「既葬公除」。衰服，這裡指服喪。[151]情所未忍　實在是不忍心那樣做。[152]戊辰　十月初四。[153]防侍如法　隨身的衛隊與侍從人員，還按平時的規定。[154]癸酉　十月初九。[155]永固陵　在平城北之方山。[156]甲戌　十月初十。[157]謁陵　參拜馮太后的陵墓。[158]比當別敘在心　此事我會另找時間和大家說說我的想法。比，近，此指另找時間。[159]己卯　十月十五。[160]庚辰　十月十六。[161]相慰勞　相互安慰、勉勵。[162]太尉丕　拓跋丕，拓跋興都之子，拓跋提之弟。傳見《魏書》卷十四。[163]累聖　指北魏的歷代皇帝。[164]伏惟　猶言「竊思」。謙稱自己的想法。[165]遠祖有大諱之日　遠輩的祖先遇有喪禮的時候。遠祖，高祖、曾祖以上的祖先。大諱之日，逝世的時候。[166]侍從梓宮者凶服　只有在靈柩旁邊工作的人才身穿喪服。凶服，孝服。[167]左右盡皆從吉　其他皇帝的侍從都不穿孝服。從吉，仍穿平日的服裝。[168]四祖三宗　四祖指高祖昭成帝拓跋什翼犍、太祖道武帝拓跋珪、世祖太武帝拓跋燾、顯祖獻文帝拓跋弘；三宗指太宗明元帝拓跋嗣、恭宗景穆帝拓跋晃、高宗文成帝拓跋濬。[169]因　照舊；承襲不變。[170]所御三食　一日三頓所吃的飯食。御，用，這裡即指吃。[171]半溢　溢是古代的量器名，一升的二十四分之一為一溢。半溢極言其進食之少。[172]晝夜不釋絰帶　意即晝夜不脫孝服。絰，繫在頭上的孝帶。帶，指繫在腰間的孝帶。這裡代指整套喪服。[173]叩心絕氣　捶著胸膛，喘不出氣來。意即為魏主的表現感到心疼、為之擔心。[174]少抑至慕之情　稍微克制一點對太后的思念之情。[175]豈足關言　哪裡值得你們如此關心勸導。[176]情專武略　每天想的是打仗。[177]未脩文教　沒有講究什麼道德禮儀。[178]仰稟聖訓　向上稟承先王的教導。[179]庶習古道　自己也學了些古代的道理。庶，幾乎；差不多。[180]論時比事　而現時的世道人倫。[181]國老　朝廷所敬重的前輩老人。[182]政之所寄　國家的大政方針全靠你們來推廣執行。寄，依靠；倚託。[183]典記舊式　但對於古書上舊禮的說法。舊式，舊有的禮儀規定。[184]或所未悉　有些內容你們或許還不太知道。悉，知道。[185]且可知朕大意　你們先明白我的大致想法就行了。[186]且以所懷　將要把我心中所想到的。[187]別問　另外去向……詢問。[188]游明根高閭　魏國的兩位儒學之臣。游明根與游雅、高閭等人對魏國的文化建設都有很多貢獻。傳見《魏書》卷五十五。高閭早年受知於崔浩，後又與高允共參大政。傳見《魏書》卷五十四。[189]公可聽之　到時候你們要好好地聽聽。[190]卒哭之禮　即何時停止哭喪的古禮規定。古代父母去世，開始是哭無時，想起來就哭；過一段時間後，改為朝夕哭，每天的早晨、晚上哭一回；再經過一段時間後，才停止哭。[191]授服之變　守喪者所穿服裝的逐漸變化。葛曉音曰：「喪禮規定，三年之喪，服斬衰（衣服的下邊不緣）。從祔祭（將死者的神主和祖先一起合祭）開始，對死者的祭祀由喪祭改為吉祭，喪主不必再哭；服喪滿一週年時舉行小祥之祭，此時可服練（一種白色熟絹）冠；滿兩週年時舉行大祥之祭；大祥祭後一月舉行禫祭；禫祭後除服，停止居喪，恢復正常生活。」[192]皆奪情以漸　都是逐步地淡化人們的哀思。奪情，克制、轉移哀傷之情。[193]旬日之間　剛過十來天。[194]言及即吉　就開始說除去喪服。[195]特成傷理　實在是大傷倫理。[196]伏尋金冊遺旨　暗自思考皇太后所留遺囑的意思。伏尋，謙稱自己思考。金冊，書寫遺囑的金箔。胡三省曰：「蓋以文明太后遺旨書之金冊也。」[197]踰月而葬　死後一個月棺槨下葬。踰，過。[198]葬而即吉　死者下葬後，守喪者即換去喪服。

即吉，換上平常應穿的服裝。(199)練除 脫去孝服，停止居喪。練，白色絲織品，指孝帽、孝服之類。(200)惟 想；考慮。(201)中代 中世；近幾百年來。(202)不遂三年之喪 不實行守孝三年。遂，完成；做圓滿。(203)君上違世 老皇帝去世。(204)君德未流 新君主的威信尚未確立。(205)臣義不洽 群臣對君主的義務未充分體現。(206)故身襲袞冕 所以就急急忙忙地穿戴著帝王的衣帽。(207)誠不德 儘管也是德行不高。(208)在位過紀 做皇帝也超過十二年了。胡三省曰：「宋明帝泰始七年，魏孝文受禪，至是十九年。此言『在位過紀』，蓋以宋蒼梧王元徽四年顯祖方殂，逾年改元太和，至是十四年，故云『在位過紀』。十二年為一紀。」(209)億兆 指全國百姓。(210)不遂哀慕之心 意即不能按照自己的心意充分地盡其孝道。(211)使情禮俱失 讓人感到既違背了人情，又違背了古禮。(212)杜預 西晉時期的名將與學者，曾任鎮南大將軍，因策劃滅吳有功，封當陽縣侯。撰有《春秋左氏經傳集解》等書。傳見《晉書》卷三十四。(213)碩學 飽學；大學問家。(214)漢文之制 指漢文帝對於喪事的規定。葛曉音曰：「據《漢書．文帝紀》載，漢文帝反對『厚葬以破業，重服以傷生』。他在生前立下遺詔，規定在他去世時，全國吏民只舉哀三日；『殿中當臨者，皆以旦夕各十五舉音，禮畢罷。非旦夕臨時，禁無得擅哭』；下葬後，只服喪三十六天。」(215)叔世 季世；晚近之世。(216)事可承踵 可以讓人們按著他的樣子做。承踵，踏著他的足跡。(217)僂僂干請 恭敬地進行請求。干，求。(218)闇默不言 即古禮之所謂「諒闇」。古稱老帝王去世，新帝王守孝三年，一切政事委之於冢宰，自己沉默不言。(219)以荒庶政 耽誤各種政務的處理。(220)唯欲衰麻廢吉禮 只求讓我披麻戴孝地多過一些時候。(221)朔望盡哀誠 讓我能在每個月的初一、十五再哭上幾回以表哀思。(222)情在可許 這種情況應該是可以允許的。(223)故專欲行之 所以我要堅持地做下去。(224)孺慕之君 像小孩子思念父母那樣的孝子的新君。(225)諒闇之主 堅持守孝三年不言，委國政於冢宰的君主。(226)蓋亦誣矣 簡直是一種誣衊誹謗。(227)祕書丞李彪 祕書丞是祕書省的副長官。祕書省是為皇帝保管圖書檔案的部門。李彪是魏國的文史之臣，曾與高祐將編年體的魏國國史改為紀傳體。傳見《魏書》卷六十二。(228)明德馬后 漢明帝的馬皇后，東漢名將馬援之女，諡曰明德。自己無子，漢章帝劉炟由她撫養長大，母子間感情深厚。傳見《後漢書》卷十上。(229)無可間然 關係之好針插不進。《後漢書．馬皇后傳》曰：「母子慈愛，始終無纖介之間。」(230)葬不淹旬 不到十天就下葬了。淹，遲留。據《後漢書．章帝紀》載，建初四年六月癸丑馬后崩，秋七月壬戌葬，其間只九天，所以這裡說「葬不淹旬」。(231)尋已從吉 隨後不久就換上了吉服。(232)漢章不受譏 沒人說漢章帝不好。(233)明德不損名 馬皇后的名望也沒有受損。(234)割哀 猶言節哀。(235)豈徒苟免嗤嫌 豈只是怕被別人議論。嗤嫌，說長道短。(236)奉終儉素 給去世者的陪葬很少很薄。奉終，供奉去世者。(237)一已仰遵遺冊 全部遵照著遺囑。一，一概。(238)痛慕 痛切思念。(239)事繫於予 事情關係到我。(240)庶聖靈 希望皇太后的在天之靈。庶，希望。(241)不奪至

願　能滿足我這點真誠的願望。[242]臣竊為疑　我認為這樣沒法辦事。[243]先后　去世的皇太后。[244]撫念羣下　對你們恩情深厚。撫念，關心。[245]忍之於至親　對最親近的人下狠心。[246]逼於遺冊　受制於不能改變遺囑。[247]唯望至朞　就希望能守孝一年。朞，滿一年。[248]蘊結差申　內心的痛苦多少可以緩解。差申，稍微可申。[249]為除服之差　可以做出一些不同期限的除服規定。[250]庶幾　盡量爭取；盡量做到。[251]王孫裸葬　王孫，即楊王孫，漢武帝時人。學黃老之術，死前囑咐他的兒子，他死後一定要對他實行裸葬。先用布袋盛屍，下葬後，將布袋抽出，直接用土掩埋。事見《漢書》卷六十七。[252]士安去棺　士安即皇甫謐，字士安，魏晉間醫學家，主張朝死夕葬，夕死朝葬，不用棺槨，不加纏斂等等。事見《晉書》卷五十一。[253]頻煩干奏　多次地提出反對性意見。頻煩，也作「頻繁」，屢次。干，冒犯。[254]不改其父之道　不改變其父的思想主張。原文見《論語》。[255]皆誨子以儉　都是教導其子生活儉樸。誨，教。[256]豈異今日　和我今天所做哪有差別。意思是我今天完全遵守了太后的遺言，只是在我個人的服喪上略有變化而已。[257]縱有所涉　即使有什麼不合規矩的地方。[258]未忍今日之請　不忍心按著你們請求的那個樣子做。[259]春秋烝嘗　指一年四季的祭祀宗廟。春秋，指一年四季。冬季的祭祀叫烝，秋季的祭祀叫嘗。[260]事難廢闕　是絕對不能廢棄不行的。這兩句的意思是，皇帝要在一年四季主持祭祀宗廟，而皇帝祭祀宗廟是不能身穿孝服的。您要是三年不脫孝服，那不就沒法去祭祀宗廟了嗎？胡三省曰：「《禮》曰：喪三年不祭。言帝若行三年之喪，則宗廟之祭將至廢闕也。」[261]恆有司行事　經常都是由主管此事的官吏去主持祭祀。恆，經常；通常。有司，主管該項事務的官員。[262]常親致敬　常常親自前去祭祀。[263]旻天降罰　老天爺懲罰我，指失去了皇太后。[264]人神喪恃　不論活著的、死了的，都失去了依靠。人，指魏主與百官。神，指魏國宗廟裡歷代先王。恃，依靠。[265]想宗廟之靈　我估計宗廟裡的列祖列宗。想，考慮；估計。[266]亦輟歆祀　也都會中止享用祭祀。歆，享用。[267]脫行饗薦　如果我還前往祭祀宗廟。脫，如果。饗薦，饗指合祭；薦指以應時的產品祭祀。這裡泛指祭祀宗廟。[268]恐乖冥旨　恐怕也是違背列祖列宗的在天之靈的。[269]終禮　服滿三年之喪。[270]二漢　指西漢和東漢。[271]經綸治道　指導治國安邦。經綸，意即以孝道為治國安邦的準繩。[272]綱理庶政　貫穿政策法令。綱理，意即以孝道為政策法令的綱領。[273]蓋季俗多亂　是由於近代社會風俗衰敗。[274]權宜救世　用變通的辦法解決現實問題。權宜，隨機應變。[275]四海晏安　天下太平。[276]禮樂日新　制禮作樂的景象越來越好。[277]參美唐虞　和唐堯、虞舜的太平相比美。[278]比盛夏商　與夏禹、商湯的盛世相並稱。[279]清晏　河清海晏。以喻世道之太平美好。晏，安。[280]未賓之吳　未向我們投降的南齊。未賓，未降服。吳，泛指江南之地，這裡指南齊政權。[281]不臣之虜　這裡指柔然。[282]懷不虞之慮　擔心意外的災變發生。不虞，意想不到。[283]魯公帶絰從戎　魯公，指周公姬旦之子伯禽。胡三省曰：「武王崩，成王幼，管、蔡反，淮夷、徐戎起亦並興。魯公伯禽征之。時有武王之喪，故帶絰從戎也。」事亦見於《史記・魯周公世家》。(284)晉侯墨衰敗敵 魯僖公三十二年，晉文公卒，未葬，秦穆公起兵經晉國之邊地以襲鄭。文公的兒子襄公為保衛國家的利益，遂帶孝出兵，敗秦師於崤。墨衰，將喪服臨時染成黑色。事見《史記・晉世家》及《左傳》僖公三十二年。(285)雖越紼無嫌 即使越紼也在所不顧。紼是繫棺木下葬的大繩，執紼將棺木繫下墓穴是殯葬的一件大事，如在這個關頭發生突然事變，那就不得不暫停執紼之禮，是謂「越紼」。(286)晏安之辰 太平的日子。(287)豫念軍旅之事 憑空想到戰爭之事。豫，事先，這裡即指憑空。(288)喪紀 喪禮。(289)除衰除去喪服後。衰，孝服。(290)諒闇終喪 住在臨時搭建的小棚子裡服完守孝之期。諒闇，這裡指古人為守喪臨時在院裡搭建的小棚子，當時稱作廬。(291)拱默 拱手緘默，對政事不過問。(292)委政冢宰 把國家大事交給宰相管理。(293)淵默 沉默。(294)大政將曠 國家政治將因此而耽誤、荒廢。(295)請從衰服 願意接受您的衰服執政。(296)五帝 指明元帝拓跋嗣、太武帝拓跋燾、文成帝拓跋濬、獻文帝拓跋弘及此時在位的孝文帝拓跋宏。(297)尤諱之後三月 最講究的是人死後這三個月。諱，指人死。(298)迎神於西 向著西方迎接死者的靈魂。(299)禳惡於北 向著北方驅除惡鬼。禳，通過神祕的力量以驅除之。(300)具行吉禮 而後舉行換掉喪服的儀式。(301)皇始 道武帝拓跋珪年號（西元三九六—三九七年）。(302)未之或改 從來沒有改變過。(303)以道事神以合乎規矩的做法敬事神明。(304)苟失仁義 一旦做法不合仁義。(305)不言之地 即指居喪。《禮記・喪服》：「《書》云：『高宗諒闇，三年不言。』」(306)喋喋 說話沒完沒了的樣子。(307)執奪朕情 執意地逼著不讓我申展哀思。(308)遂成往復 遂造成了這種反覆的辯論。(309)追用悲絕 回想起來令人悲痛。(310)遂號慟 於是放聲大哭。(311)英敏 才德出眾，聰慧過人。(312)咸陽王禧拓跋禧，獻文帝拓跋弘的第二子，孝文帝拓跋宏之弟。傳見《魏書》卷二十一。(313)穆泰 魏國開國功臣穆崇的玄孫，此時任尚書左僕射。傳見《魏書》卷二十七。(314)初無憾意 對馮太后從來沒有一點怨恨的意思。初，從來。憾，恨。(315)深德丕等對拓跋丕等深深感激。(316)崇 穆崇，太祖拓跋珪時代的元勳。傳見《魏書》卷二十七。(317)譖帝於太后 在馮太后面前說拓跋宏的壞話。(318)不自申理 不為自己說明冤屈。(319)不復追問 不追問誣陷他的人。(320)甲申 十月二十。(321)辛卯 十月二十七。(322)哀慕 對馮太后的悲哀思念之情。(323)未堪自力 實在是不能自我克制，強打精神。(324)先掌機衡者 本來掌管機要部門的官員。(325)皆謀猷所寄 都是幫我出謀劃策，我所依賴的人。(326)當時與論決 可以隨時找我商量。(327)交州刺史 交州的州治龍編，在今越南河內的東北方，當時屬於南齊。(328)清河房法乘 清河郡人房法乘。清河郡的郡治在今河北臨清東北，清河縣的東南方。(329)屬疾 推說有病。屬，託。(330)改易將吏 更換刺史屬下的文武官吏。(331)錄事 官名，錄事參軍的簡稱，在刺史屬下掌管文祕事務。(332)繫 關押。(333)部曲 古代軍隊的編制名，一個將軍統領若干部，部的長官曰校尉；一個校尉統領若干曲，曲的長官曰軍候。這裡即指其部下的親信。[334]使君　當時對州刺史與郡太守的尊稱。[335]靜處　安靜地待著。[336]動疾　患病。[337]啓向朝廷報告。[338]不任視事　不能再擔任職務。任，堪。[339]十一月乙卯　十一月二十一。[340]嶺　南嶺。實指今江西、廣東交界處的大庾嶺，是古代北方與交州、廣州往來的交通要道。[341]己卯　十二月十六。[342]皇子子建　蕭子建，齊武帝蕭賾的第二十一子。傳見《南齊書》卷四十。[343]太祖　此指蕭道成。[344]更欲鑄錢　想再鑄造一些銅錢。[345]建元　齊高帝蕭道成的年號（西元四七九—四八二年）。[346]奉朝請　朝廷賞給一些老官僚的閒散官名，沒有具體任務，只在春秋兩季進宮拜見一下皇帝。春曰朝，秋曰請。[347]食貨相通　糧食與貨幣的多少，是有一定比例的。食，糧食，擴大即指商品。貨，貨幣。相通，相關。[348]理勢自然　大意是說，其道理、其趨勢從來就是這樣。[349]李悝　戰國時代的法家人物，曾任魏文侯相，主持變法，使魏國成為戰國初期最強的國家。[350]糴甚貴傷民　糧價太高了，其他的百姓就要吃虧受損。糴，買糧食，即糧價。民，指農民以外的士、工、商。[351]其傷一也　對國家、對百姓的傷害都是一樣的。[352]三吳　指吳興、吳郡、會稽三個郡，即今之長江三角洲與太湖流域，當時南齊最富饒的地區。[353]國之關奧　國家最緊要的地方。[354]比歲　近幾年來。比，連。[355]時被水潦　連年地遭受水災。時，不時，即連續。水潦，洪澇災害。[356]糴不貴　糧價沒有上漲。[357]輕重　貨幣的票面價值，也指金屬貨幣的重量大小。[358]重錢　錢之分量重者，即大錢。[359]患難用　使用起來不方便。[360]為累輕　造成的危害還不大。[361]輕錢弊盜鑄　小錢的弊病在於無法防止私人盜鑄。[362]惜銅愛工　指鑄出的錢既不夠分量，又不肯把錢鑄得精緻。銅，指鑄錢的原料。工，指鑄錢的工匠與所花費的工藝成本。[363]不詳慮其為患　沒有認真細緻地考慮它將造成的危害，即讓人容易盜鑄。[364]民之趨利二句　《史記·貨殖列傳》有所謂「若水之趨下，日夜無休時」；《商君書·君臣》有所謂「民之於利也，若水於下也，四旁無擇也」。[365]開其利端　給他們打開了一個盜鑄銅錢、謀取利益的路子。[366]從以重刑　接著又制定一套殘酷的懲治盜鑄錢的刑法。[367]豈為政歟　難道這就是我們制定政策的目的麼。[368]元狩　漢武帝劉徹年號（西元前一二二—前一一七年）。[369]懲其弊　糾正它的弊病。[370]五銖錢　古銅幣名，圓形、方孔，有外廓，重五銖，因錢上鑄有篆文「五銖」二字而得名。由於錢身的輕重適宜，又不容易盜鑄，所以在我國歷史上使用的時間很長。[371]周郭其上下　錢的上下兩面都鑄有外廓。[372]不可磨取鋊　不能再從銅錢上磨下銅屑來用以盜鑄錢。鋊，銅屑。[373]而民計其費不能相償　想盜鑄錢的人計算一下盜鑄的成本，比鑄出來的錢還要高。[374]不能競　指百姓私鑄的錢不能與官錢競爭。[375]四銖　古錢幣名，宋文帝所鑄的四銖錢，其形制與漢武帝的五銖錢相似，但錢的重量只有四銖，錢文上也寫作「四銖」。[376]景和　宋前廢帝劉子業的年號（西元四六五年的八月至十一月）。[377]不衷　輕重不合適。[378]制度　這裡指錢的形制、輕重等規定。[379]輕重可法　重量合適，可以作為標準。[380]得貨之宜　具備貨幣的一切優點。381錢文　錢面的文字。382率皆五銖　一般都是寫的「五銖」。率，大概；一般。383異錢　指錢文不寫「五銖」的錢。384翦鑿　砸薄、剪小，以取其銅。翦，通「剪」。385錘弊于今　弊端積累，一直到今天。錘，積累。386晉氏　晉王朝。387寇戎　指戰亂。388沈鑠　沉於水、鑠於火。389所失歲多　所損耗的銅錢一年比一年多。390磨礱砥礪　四個字都是磨的意思，指磨一件堅硬的東西。391不見其損　短時之內看不出磨掉了多少。392有時而盡　但磨到一定的時候就被磨沒了。393鎔鑄　熔銅鑄錢。394已布於民　已在民間流通開。395悉不得行　一律不許再用。396官錢細小者二句　指過去國家造的錢如果個頭偏小，但厚度大，分量還是夠五銖的。397銷以為大　那就把它們鎔化，重新改鑄成大的。398塞姦巧之路　堵塞住狡猾亂民盜鑄銅錢的口子。399錢貨既均　貨幣與商品的比例一旦合適。400衣食滋殖　豐衣足食。401大市銅炭　大量地收購銅與木炭，準備鑄錢。402會晏駕　剛好蕭道成這時去世了。晏駕，宮車沒按時出來，婉稱帝王的死。403事寢　事情遂被擱置了下來。404益州行事　即行益州刺史事，益州的代理刺史。行，代理；試用。405劉悛　劉宋名將劉勔的兒子，其父子在宋孝武帝與宋明帝時代均有大功，後得蕭道成、蕭賾的恩遇，悛此時任益州行事。傳見《南齊書》卷三十七。406蒙山　即今四川雅安地區的夾金山，在寶興、天全兩縣的西面。407嚴道銅山　當時的嚴道即今四川滎經，當時凡境內有少數民族居住的縣稱作「道」。嚴道縣內有銅山，西漢文帝時曾讓其寵愛的宦官鄧通在這裡採銅鑄錢。408舊鑄錢處　當年鄧通鑄錢的老地方。409可以經略　可以繼續開採。經略，經營。410頃之　沒過多久。411功費多　用工用錢太多，指得不償失。412治黃籍　清理戶籍。因登記戶籍用黃紙，故稱戶籍曰黃籍。413至上　一直到齊武帝蕭賾的現在。414謫巧者戍緣淮各十年　凡是弄虛作假的人都被罰往沿淮戍邊十年。415自宋昇明以前　凡是從宋代昇明以前就開始在此地居住的人。昇明，是宋順帝劉準的年號（西元四七七—四七九年）。416皆聽復注　都允許他們重新申報登記。復注，重新登記入籍。417各許還本　都允許他們返回本地。418翦治　懲治，指註銷戶籍，並給予處治。419長沙威王晃　蕭晃，蕭道成的第四子。傳見《南齊書》卷三十五。420陳疾自解　稱說有病請求辭職。421西昌侯鸞　蕭鸞，蕭道成的同族，蕭道生之子，即日後的齊明帝，此時為西昌侯。傳見《南齊書》卷六。422代晏領選　代替王晏任吏部尚書。423清幹有餘　清廉、幹練都是很好的。424不諳百氏　但對於官場上這些人各自的出身門第不是很熟悉。胡三省曰：「百氏，百家氏族也。自魏晉以來，率以門第用人。」425百濟王牟大　百濟國的國王姓牟名大。百濟是朝鮮半島上的古國名，在今韓國的西部臨海地區。426高車阿伏至羅　高車族一個部落的頭領，名阿伏至羅。此時率部居住在西域的車師前國的西北方，獨立稱王。427窮奇　阿伏至羅的堂弟，隨其堂兄居住在車師前國的西北方，為其部落的副頭領。428蠕蠕　即柔然。當時生活在今蒙古國與俄羅斯的交界地帶。429繡袴褶　服裝名。葛曉音曰：「上服為褶（夾衣），下服為縛袴，其外不復用裘裳，故名。便於騎乘，時作軍服或行旅之服。」

【校　記】[1]等　原無此字。據章鈺校，十二行本、乙十一行本、孔天胤本皆有此字，今據補。按，《南齊書・魚復侯子響傳》載：「長史劉寅等連名密啟。」[2]太　據章鈺校，十二行本、乙十一行本皆作「大」。[3]南平　原作「平南」。胡三省注云：「按《南書・張泰欣傳》，時為南平內史，當作南平。」嚴衍《通鑑補》改作「南平」，今據以校正。按，魏晉南北朝軍府中無內史一職，《晉書・職官志》：「諸王國以內史掌太守之任。」此南平即南平王蕭銳，張泰欣為南平王國內史。[4]府州　原作「州府」。據章鈺校，十二行本、乙十一行本、孔天胤本二字皆互乙，今據改。[5]等　原無此字。據章鈺校，十二行本、乙十一行本、孔天胤本皆有此字，今據補。[6]日　原作「時」。據章鈺校，十二行本、乙十一行本、孔天胤本皆作「日」，今據改。按，《魏書・禮志三》亦作「日」。[7]想　原作「賴」。胡三省注云：「『賴』，蜀本作『想』，當從之，否則『賴』字衍。」據章鈺校，十二行本、乙十一行本、孔天胤本皆作「想」，張敦仁《通鑑刊本識誤》、張瑛《通鑑校勘記》同，今據改。[8]安　原作「然」。據章鈺校，十二行本、孔天胤本皆作「安」，今據改。按，《魏書・禮志三》亦作「安」。[9]民　原無此字。據章鈺校，十二行本、乙十一行本、孔天胤本皆有此字，今據補。

【語　譯】世祖武皇帝中

永明八年（庚午　西元四九〇年）

春季，正月，齊武帝蕭賾下詔，將在隔城之戰中所俘虜的二千多名魏國人釋放回魏國。

正月二十六日乙丑，魏孝文帝拓跋宏前往方山巡視。二月初三日辛未，拓跋宏從方山前往靈泉池。初四日壬申，返回平城的皇宮。

地豆干人頻繁侵擾魏國的邊境，夏季，四月初七日甲戌，魏國擔任征西大將軍的陽平王拓跋頤率軍把入侵的地豆干人趕跑。拓跋頤，是拓跋新城的兒子。〇二十七日甲午，魏國朝廷派遣兼任員外散騎常侍的邢產等人為使者來到齊國進行友好訪問。

五月十二日己酉，庫莫奚人侵擾魏國的邊境，被魏國擔任安州都將的樓龍兒率軍打跑。

秋季，七月初五日辛丑，齊武帝任命擔任會稽郡太守的安陸侯蕭緬為雍州刺史。蕭緬，是蕭鸞的弟弟。

蕭緬一向關心刑事案件，抓到強盜劫匪之後，就把他們全部赦免，給他們一次悔過自新的機會，如果再犯罪被抓就要誅殺。當地百姓既畏懼他又愛戴他。

七月初七日癸卯，齊國實行大赦。

七月初十日丙午，魏孝文帝前往方山巡視。二十日丙辰，從方山前往靈泉池。八月初一日丙寅，從靈泉池返回皇宮。

被封為河南王的度易侯去世。八月二十日乙酉，齊國朝廷任命度易侯的世子伏連籌為秦、河二州刺史，派遣擔任振武將軍的丘冠先前往河南王的都城予以任命，並弔唁河南王度易侯的逝世。伏連籌強迫丘冠先向度易侯的靈位行叩拜禮，丘冠先堅決不從，於是伏連籌就把丘冠先推下懸崖摔死了。齊武帝重賞了丘冠先的兒子丘雄，並下令勸慰丘雄說，你父親的遺體是被丟棄在遙遠的邊地，已經無法尋找，這不能說你不守孝道，對你今後的仕途也沒有任何影響。

擔任荊州刺史的巴東王蕭子響很有力氣，又善於騎馬射箭，喜好研究軍事，他親自挑選的六十名佩帶武器的隨從，都是有膽量、有武功的人。蕭子響到達荊州州治的所在地江陵之後，多次在內室用牛酒犒勞他們。又私自縫製了錦袍、絳色的襖，準備把這些東西贈送給荊州管區內的蠻族人，以換取蠻族人的兵器。在荊州刺史府擔任長史的高平郡人劉寅、擔任司馬的安定郡人席恭穆等聯名給齊武帝上了一道密封的奏章檢舉此事，齊武帝下令派人前往江陵仔細核實、嚴加審查。蕭子響聽說朝廷派遣的使者已經來到江陵，他不接皇帝的詔命，卻召集劉寅、席恭穆以及擔任諮議參軍的江愈、擔任典籤的吳脩之、魏景淵等人，責問他們是誰告的狀，劉寅等人沉默不語。吳脩之說：「皇帝既然已經降下聖旨，我們正好可以趁勢向朝廷解釋清楚，將朝廷的調查搪塞過去。」魏景淵說：「應該先讓朝廷派來的人進行檢查。」蕭子響立即大怒，令人將劉寅等八個人抓起來，在後堂把他們全部殺死，然後把殺死八個人的事情報告給朝廷知道。齊武帝想要赦免諮議參軍江愈，聽說都已經被蕭子響殺死，因此大怒，八月二十七日壬辰，齊武帝免去了蕭子響的荊州刺史之職，任命隨王蕭子隆為荊州刺史。

齊武帝想派擔任淮南太守的戴僧靜率軍前往江陵去討伐蕭子響，戴僧靜當面向齊武帝奏報說：「巴東王年紀還小，擔任長史的劉寅把他逼得太急，憤怒之下就沒有考慮後果。皇帝的兒子因為過失而錯殺了人，有什麼大罪？陛下突然派軍隊西上征討，人心惶恐不安，就什麼事情都能做出來，我不敢接受陛下的旨意去討伐巴東王。」齊武帝雖然當時沒有說什麼，但心裡覺得戴僧靜的話很受用。齊武帝於是派遣擔任衛尉的胡諧之、擔任游擊將軍的尹略、擔任中書舍人的茹法亮等人率領著幾百名皇帝書房周圍的衛士前往江陵，查辦、逮捕蕭子響身邊的那些親信小人。齊武帝告誡胡諧之等人說：「蕭子響如果束手就擒，主動回到朝廷，可以保全他的生命。」任命在南平王蕭銳屬下擔任內史的張欣泰做胡諧之的副手。張欣泰對胡諧之說：「這次差使，即使辦好了也得不到什麼好名望，一旦辦砸了就會成為莫大的恥辱。巴東王蕭子響身邊聚集的都是一些兇惡、狡猾的人，他們所以願意為蕭子響效力，有的是貪圖得到財物的賞賜，有的是被巴東王的權勢所逼迫，他們是不可能自行散夥的。如果我們把軍隊屯紮在夏口，向他們講明道理，指明出路，就可以不戰而將他們擒獲。」胡諧之沒有聽從張欣泰的意見。張欣泰，是張興世的兒子。

胡諧之等到達江津，在燕尾洲築起城壘。蕭子響身穿白色的衣服登上江陵城的城樓，頻繁地派使者與胡諧之等人對話，蕭子響對胡諧之等人說：「天下哪裡有皇帝的兒子造皇帝的反的？我不是要造反，只是做事有些太魯莽。我現在就準備乘坐一艘小船回朝廷，去承擔殺人的罪過，你們怎麼就築城與我開戰，想要捉拿我呢？」游擊將軍尹略獨自回答他說：「誰與你這個反叛父親的人說話！」蕭子響只有流淚而已。蕭子響於是殺牛，準備酒宴，送給朝廷派來的人，尹略把這些酒菜全都抛入了江水中。蕭子響呼叫茹法亮到自己的面前來，茹法亮心存疑慮，不敢過去。蕭子響又請求會見傳達詔書的宦官，茹法亮也不放宦官前去，還把蕭子響派來的使者逮捕起來。蕭子響非常憤怒，便派遣自己所豢養的那幾十名武士率領著二千名府兵、州兵，從靈溪向西渡過長江去襲擊朝廷軍在燕尾洲所築之城；蕭子響親自與一百多人手持一種用機械裝配起來的強弩，露宿在江堤之上。第二天，二千多名府兵、州兵與朝廷的軍隊交戰，蕭子響在江堤上親手發弩射擊，朝廷的軍隊大敗；尹略戰死，胡諧之等人捨棄眾人單身乘上輕快的小船逃走。

齊武帝又派遣擔任丹楊尹的蕭順之率領軍隊隨後到達江陵，蕭子響當天親自率領著身穿白衣的三十人，乘坐著一種小船順著長江準備奔赴建康。皇太子蕭長懋一向忌恨蕭子響，蕭順之從建康出發的時候，皇太子蕭長懋就私下裡告諭蕭順之，讓他早點處置了蕭子響，不要讓他活著回到京城。蕭子響看見蕭順之率軍而來，就親自去見蕭順之想向他申明原委，蕭順之不容他分說，就在射堂裡用繩子將他勒死。

蕭子響臨死的時候，給他父親齊武帝上書說：「我的罪過超過高山大海，理應被處死而心甘情願。陛下派遣胡諧之等人前來，居然沒有人對我宣讀皇帝的詔書，便打著皇帝的旗號進入江邊的渡口，在江陵城對面的南岸築城堅守。我多次送信招呼茹法亮，請求穿著白色的衣服與他相見好好地談一談，而茹法亮始終不肯見我。我手下的那些下等人非常恐懼，遂導致了進攻朝廷軍之事的發生，這都是我的罪過。我於本月二十五日，自縛雙手，投到蕭順之的軍中自首，希望能夠回到京城，當面向您請罪，在京城自己的宅子裡過上一個月，然後我將自殺而死，我這樣做的目的就是想使我們齊國不要讓世人與歷史家說某某皇帝把自己的兒子殺了，也別讓我落一個忤逆父親的罪名。既然我無法實現自己的這個心願，現在我的生命就要結束了。我在給您寫這封書信的時候，禁不住地痛哭流涕、聲音哽咽，不知道自己在說些什麼！」

朝廷有關部門的官員奏請把蕭子響的名字從皇帝的族譜中除去，削去他的爵位，收回他的封國，將他改姓蛸氏，所有受到牽連的人，另行查辦定罪。過了很久之後，齊武帝到華林園遊覽，看見一隻猿猴正在亂蹦亂跳地發出悲哀的鳴叫，齊武帝便向身邊的人詢問，身邊的人回答說：「這隻猿猴的兒子前天墜崖摔死了。」齊武帝想起自己的兒子蕭子響，便忍不住地聲音哽咽、淚流滿面。茹法亮因為此事很受齊武帝的責備與怒斥，蕭順之也感到很慚愧、恐懼，並因此得病而死。豫章王蕭嶷上表請求把蕭子響的屍首收殮安葬，齊武帝蕭賾沒有批准，將蕭子響貶為魚復縣侯。

蕭子響作亂的時候，各州的刺史在寫給齊武帝的奏章中每當提到蕭子響這件事時都用「為逆」這個詞，擔任兗州刺史的垣榮祖在寫給齊武帝的奏章中卻說：「這麼說是不恰當的。只能說是『劉寅等人辜負了巴東王對他們的厚恩和獎勵，逼得巴東王無路可走，以至於事情發展到這種地步。』」齊武帝看了垣崇祖的奏章之後，認為垣榮祖知道該怎麼說話。

朝廷軍焚燒了江陵城中荊州刺史府、都督府中所有的官舍，府中的文書檔案等，一時之間全被焚燒得乾乾淨淨。齊武帝因為在大司馬蕭嶷的屬下擔任記室的南陽人樂藹曾經多次在荊州刺史治下充任僚屬，於是便把樂藹召到跟前，向樂藹詢問西部荊州刺史府內的有關事情。樂藹回答得很詳細而且不假思索，齊武帝很高興，於是任命樂藹為荊州治中從事史，把修復荊州刺史府與荊州都督府的事情交付給他去辦理。樂藹在很短的時間內就將幾百個院落的官府辦公用房和住宿用房全部修繕完畢，而且沒有讓百姓參與勞役，荊州地區的軍政長官對樂藹的辦事能力非常稱讚。

九月十八日癸丑，魏國的太皇太后馮氏去世，魏高祖拓跋宏一連五天滴水未進，因為過度悲哀而面黃肌瘦。擔任中部曹的華陰人楊椿勸諫高祖說：「陛下繼承了祖宗的基業，擔負著君臨萬國的重任，豈能像一個普通百姓一樣地盡孝道以至於把身體搞垮而倒地不起呢！群臣都很惶恐焦慮，不知道該說什麼才好。況且聖人制定禮儀，雖然主張對親人的去世可以因為悲哀而使形體憔悴，但不能有損於健康，即使陛下想要博得一個好名聲而流傳萬代，但萬一有個好歹，陛下又怎麼向列祖列宗交代呢！」魏高祖深深地被楊椿的話所感動，因此喝了一點粥。

於是所有的王公大臣等都到皇宮門口上表，請求高祖「及時將太皇太后葬入陵墓，並且依照漢、魏給去世皇帝安葬的老辦法以及太皇太后臨終前的遺命，靈柩安葬之後，隨即依禮除去喪服。」魏高祖下詔說：「自從遭遇太皇太后去世之後，每當我思念至深的時候，太皇太后的形像就像昨天一樣清晰地出現在我的眼前，我侍奉在太后的棺柩旁邊，還希望恍惚間能見到她。把太皇太后的靈柩葬入陵墓的話，我實在不忍心聽到。」冬季，十月，王公大臣又一再上表請求將太皇太后的靈柩安葬。魏高祖下詔說：「把靈柩葬入陵墓的事情，可以按照典冊上的規定辦，至於下葬完畢就除去喪服的事情，我實在不忍心那樣做。」魏高祖想親自前往陵墓的所在地，初四日戊辰，下詔說：「那些平常外出時跟從的儀仗等各種用具，可以全部不帶，隨身的衛隊與侍從人員，還按照平常的規模。」初九日癸酉，把文明太皇太后馮氏安葬於永固陵。初十日甲戌，魏高祖拜謁馮太后的陵墓，王公大臣堅決請求除去喪服。魏高祖下詔說：「關於此事我會另找時間和大家說說心中的想法。」十五日己卯，魏高祖又去拜謁馮太后的陵墓。

十月十六日庚辰，魏高祖從皇宮出來到達思賢門右側，與群臣互相安慰、勉勵。擔任太尉的拓跋丕進前說：「我等以老邁衰朽之身，一連侍奉了幾代聖君，對國家過去的事情，非常熟悉。仔細想來，遠輩的祖先遇有喪禮的時候，只有在靈柩旁邊工作的人才身穿喪服，皇帝左右的侍從仍舊穿著平日的服裝。高祖昭成帝拓跋什翼犍、太祖道武帝拓跋珪、世祖太武帝拓跋燾、顯祖獻文帝拓跋弘，再加上太宗明元帝拓跋嗣、恭宗景穆帝拓跋晃、高宗文成帝拓跋濬，都承襲了這種做法而沒有什麼改變。陛下的本性最為孝敬，因為過於哀傷，聽說陛下一日三餐吃下的飯食還不到半碗，晝夜不脫孝服，我等心疼陛下心疼得捶著胸膛喘不過氣來，坐臥不安。希望陛下稍微克制一下對太后的思念之情，按照先朝的老辦法辦理。」魏孝文帝說：「親人去世，因為哀傷而使人形體憔悴，這是人之常情，哪裡就值得你們如此的關心勸導？早晚吃點粥，大約身體可以支撐得住，諸位王公大臣何必如此擔心呢？先祖在世的時候一天到晚想的都是打仗，顧不上講究什麼道德禮儀；如今我向上秉承了先王的教導，自己也學了一些古代的道理，而現時的世道人倫，都與先世不同。太尉等都是朝廷所敬重的老前輩，國家的大政方針都要依靠你們來推廣執行，你們整日忙於政務而對古代典籍上所記載的舊有的禮儀規定，有些內容你們或許還不太知道，只要你們明白我的大致想法就行了。其他有關古今喪禮的事情，我將把自己心中所想的另外去請教擔任尚書的游明根、高閭等，到時候你們要好好地去聽聽。」

魏孝文帝趁機詢問游明根等人說：「聖人制定了何時停止哭喪的古禮，守喪者在三年居喪期間所穿的喪服是在逐漸變化的，都是為了逐步淡化人們的哀思。如今太皇太后去世剛過去十來天，就開始說起除去喪服、改穿平日的衣服之事，這樣做實在是太傷倫理。」游明根回答說：「我等暗自尋思太皇太后生前書寫在金冊上的有關她的喪事的遺囑，太后去世後一個月棺槨下葬，下葬之後，守喪者即除去喪服，換上平常應穿的衣服。所以才在下葬之後，就奏請陛下除去孝服。」孝文帝說：「我考慮近幾百年來所以不實行守孝三年，恐怕都是由於老皇帝去世，新皇帝剛剛即位，新皇帝的威信還沒有確立，群臣對皇帝的義務沒有充分體現出來的緣故，所以新皇帝不得不急急忙忙地穿戴上皇帝的袞冕，舉行即位大典。儘管我的德行也不高，做皇帝的時間已經超過十二年了，足以讓全國的百姓知道我是皇帝了。在這種情況下如果還不能按照自己的心意充分地盡其孝道，會讓人感到既違背了人情，又違背了古禮，實在令人深深地感到痛心和遺憾！」高閭說：「杜預，是晉代有名的大學問家，他論證自古以來天子從來沒有服滿三年之喪的，認為漢文帝對於喪事的規定，與古代規定的喪葬不謀而合，雖然是晚近之世才開始實行，但可以讓人們按照他的樣子做。所以我等才恭恭敬敬地請求陛下除去喪服。」孝文帝說：「我私下揣摩太皇太后的遺旨，太皇太后所以讓臣子早日解除悲哀，囑咐早日脫去喪服改穿吉服的用意，是擔心我等因此而耽誤了政事的緣故。諸位王公大臣請求我除去喪服改穿平日該穿的衣服，其想法和太后是一樣的。我今天上遵太皇太后的金冊遺命，下從群臣的心意，不敢像古禮規定的那樣守孝三年，沉默不語，而耽誤各種政務的處理。但我只想為太皇太后披麻戴孝多一些時間，而不想在太皇太后的靈柩下葬之後就立即改穿吉服，讓我在每個月的初一、十五再哭上幾回以表達我的哀思，這也在情理之中，是可以允許的，所以我才堅持要這樣做。如果像杜預所說的那樣，對那些像小孩子思念父母一樣的新君主，對那些堅持守孝三年不言不語，將國家政務全部委託給冢宰的君主，豈不是一種誣衊誹謗嗎。」擔任祕書丞的李彪說：「東漢明帝的馬皇后將漢章帝劉炟撫養長大，母子之間關係好得連插根針的縫隙都沒有。等到馬皇后駕崩，不到十天就下葬了，隨後不久，漢章帝劉炟就除去喪服，改穿平日的衣服。然而並沒有人說漢章帝劉炟不好，明德馬皇后的名望也沒有因此而受損。希望陛下遵守太皇太后的金冊遺命，節哀止痛，聽從群臣的建議。」孝文帝說：「我所以要堅持披麻戴孝，不肯聽從你們的建議，實在是因為感情上無法忍受太皇太后逝世的悲痛，難道只是因為懼怕遭受別人的議論嗎？如今我給太皇太后的陪葬很少很薄，一切都遵從了金冊上的遺囑，但痛切思念之情，事情關係到我，希望皇太后的在天之靈能滿足我這點真誠的願望。」高閭說：「陛下既然不肯除去喪服，我等臣屬如果單獨除去喪服，那麼我等的為臣之道就有了缺失。再有，陛下親身披麻戴孝，又要聽取朝政，喪事與政事混雜在一起，我認為這樣沒法辦事。」孝文帝說：「先皇太后對她的臣子恩情深厚，你們都為她的逝世感到哀傷悲痛，尚且不忍心除去喪服，為什麼唯獨讓我對最親近的人忍心除服呢！如今我受制於太皇太后的金冊遺囑，只盼望能守孝一年；雖然不完全合乎古禮的規定，我心中的痛苦多少可以得到一些緩解。各位大臣根據自己與皇太后血緣關係的親疏、地位的尊卑貴賤、關係的遠近，可以做出一些不同期限的除服規定，盡量地做到與古禮的規定差不多，現在實行起來也比較容易。」高閭說：「漢武帝時期的楊王孫生前囑咐他的兒子，他死後一定要對他實行裸葬，魏晉時期的皇甫謐在臨終前囑咐他的兒子，自己朝死夕葬、夕死朝葬，不用棺槨，不加纏殮，他們的兒子都遵從了父親的遺囑而沒有違背父親的遺願。如今陛下手捧著太后的金冊遺令卻有所不從，所以我等才多次上奏提出反對的意見。」李彪說：「三年之內不改變其父的思想主張，就是最大的孝敬。如今陛下不遵從太后的金冊遺令，恐怕就有改變太后思想主張的嫌疑了。」孝文帝說：「楊王孫、皇甫謐都是教育他們的兒子要生活節儉，他們的兒子遵從他們的遺囑，和我今天所做哪有差別？而改變父親的思想主張，恐怕就與此不同了。即使我所做的有什麼不合規矩的地方，我甘願受到後代人的譏諷，也不忍心按照你們今天請求的那個樣子做。」群臣又說：「如果陛下非要堅持穿孝服的話，那麼一年四季的祭祀宗廟活動就要廢缺了，因為皇帝是不能身穿孝服主持祭祀的。」孝文帝說：「自從先朝以來，經常都是由主管此事的官吏去主持祭祀，我承蒙太皇太后的疼愛、教訓，經常親自去主持祭祀。如今老天爺降罪懲罰我，使我失去了皇太后，現在不論是活著的，還是死去的都失去了依靠，想來宗廟裡的列祖列宗，也都要中止享用祭祀了。如果我還去主持祭祀宗廟，恐怕也是違背列祖列宗的在天之靈的。」群臣又說：「古時候下葬之後就脫去喪服改穿平日的服裝了，不一定非要服滿三年之喪，這是兩漢作為治國安邦的準繩，魏、晉作為政策法令的綱領。」孝文帝說：「下葬之後就改穿吉服，是因為近代社會世風擾亂，只能用變通的辦法來解決現實的問題。兩漢之所以強盛，魏、晉之所以興隆，難道是因為喪禮從簡、遺忘仁孝嗎！平常的時候，公卿大臣往往都說當今之世天下太平，制禮作樂的景象越來越好，可以和唐堯、虞舜時期的太平盛世相比美，與夏禹、商湯兩朝的盛世相並稱。而到了現在，你們卻苦苦逼迫我改變自己的心志，不讓我超過魏、晉。你們這樣做的用意，我實在不理解究竟是為了什麼。」李彪說：「如今雖然是河清海晏、世道太平，然而長江以南還有不肯降服的齊國，大漠以北也有不肯臣服的柔然，所以臣等仍然擔心會有意外的災變發生。」孝文帝說：「魯公伯禽身穿喪服率軍討伐管、蔡的叛亂，晉襄公身穿臨時染成黑色的喪服率領軍隊保家衛國，在崤山打敗了秦軍，這件事本來就是聖賢所稱許的。如果突然有意外的災變發生，即使正在執紼將棺木繫下墓穴，也要暫停執紼之禮，何況是脫下喪服呢！豈能在太平的日子就預先憑空想到戰爭之事，而廢掉服喪的規定呢？古人中也有君主除去喪服後住在臨時搭建的小棚子裡服完守孝之期的，如果不准許我身穿喪服處理政務，那就讓我除去喪服，拱手緘默，對政事不聞不問，把國家大事全部委託給宰相去管理。這兩種做法，任由你們選擇。」游明根說：「陛下如果堅持沉默不語，國家政治將因此而耽誤、荒廢，我們體會陛下的心情，願意接受陛下穿著喪服處理政務的做法。」太尉拓跋丕說：「我與尉元已經連續侍奉過五位皇帝，按照魏國的慣例，最講究的是人死後這三個月，一定要向著西方迎接死者的靈魂，向著北方驅除惡鬼，而後舉行換掉喪服的儀式，從道武帝皇始年間到現在，從來沒有改變過。」孝文帝說：「如果能以合乎規矩的做法敬事神靈，不用迎接，神靈自己就會來；一旦做法不合仁義，即使去迎接，神靈也不會來。這些事情就是平常的日子也不應該去做，何況是在居喪期間呢！我現在正在居喪期間，本來應該保持緘默，不應該如此喋喋不休地說個沒完沒了，但公卿執意地逼著不讓我申展哀思，這才導致今天的這種反覆辯論，回想起來，實在令人悲痛欲絕。」孝文帝說完便放聲大哭，群臣也都痛哭流涕地告辭而出。

當初，馮太后忌恨孝文帝拓跋宏才德出眾，聰慧過人，恐怕對自己不利，就想把拓跋宏廢掉。當時正是最寒冷的季節，馮太后把孝文帝關在一間空屋子裡，三天沒給他飯吃，馮太后把咸陽王拓跋禧召入皇宮，準備立拓跋禧為皇帝。當時擔任太尉的東陽王拓跋丕、擔任尚書右僕射的穆泰、擔任尚書的李沖對馮太后堅決勸阻，馮太后才停止加害孝文帝拓跋宏。而孝文帝對馮太后從來沒有一點怨恨的意思，只是非常感激拓跋丕等人。穆泰，是穆崇的玄孫。

又有一個宦官在馮太后面前說孝文帝的壞話，馮太后便用木棍責打孝文帝好幾十下，孝文帝默不作聲地忍受，並不為自己申明冤屈。等到馮太后去世之後，孝文帝也沒有追究進讒言誣陷自己的那個宦官。

十月二十日甲申，魏孝文帝前往永固陵祭拜馮太后。二十七日辛卯，孝文帝下詔說：「群臣以朝廷政務事關重大，多次請求我來主持朝政。但我對馮太后的悲哀思念之情纏綿不去，使我實在不能自我克制，強打起精神。近侍當中本來就掌管機要部門的官員，都是平時幫助我出謀劃策，是我所依賴的人，可以暫且把國家大事委託給他們去管理。如果遇到疑難問題，可以隨時找我商量解決。」

齊國擔任交州刺史的清河郡人房法乘，專愛讀書，經常推說有病而不出來管理州府事務，因此擔任長史的伏登之得以獨攬權柄，他私自更換刺史屬下的文武官吏，而不讓房法乘知道。在刺史屬下掌管文祕事務的房季文將伏澄之的所作所為報告給了房法乘，房法乘一怒之下，就把伏登之逮捕入獄，關押了十多天。伏登之用重金賄賂了房法乘的妹夫崔景叔，這才得以出獄，伏登之出獄後就率領自己部下的親兵襲擊了交州刺史府，抓住了刺史房法乘，伏登之對房法乘說：「使君既然有病，刺史府的事情就不應該再辛勞麻煩您了。」就把房法乘囚禁在另外的一間房子裡。房法乘無事可做，就又向伏登之討要書籍來讀，伏登之說：「使君即使安靜地待著，還怕引發您的病根，豈能再看書呢！」於是連書也不給房法乘看。伏登之又向朝廷報告說房法乘心臟病發作，不能再擔任交州刺史的職務。十一月二十一日乙卯，齊武帝任命伏登之為交州刺史。房法乘在返回建康途中，死在了大庾嶺。

十二月十六日己卯，齊武帝封自己的兒子蕭子建為湘東王。

當初，齊太祖蕭道成因為南方的銅錢太少，就準備再鑄造一些銅錢。建元末年，擔任奉朝請的孔顗上書給齊太祖，孔顗認為「糧食與貨幣的多少，都是有一定比例的。戰國時代的李悝說：『糧食的價格太高，買糧食的人就要吃虧受損，糧食的價格太便宜，就會傷害種糧食的農民』，所以糧食不論是太賤還是太貴，對國家、對百姓的傷害都是一樣的。吳興、吳郡、會稽這三個郡，是國家最緊要的地方，近幾年來時常遭受水澇災害而糧價卻不貴，是因為天下的銅錢太少，而不是糧食便宜，這種情況不能不分辨清楚。鑄錢的弊病，在於銅錢的重量多次發生變化。錢的分量重，使用起來就不方便，而重錢難用所造成的危害還不大；銅錢的分量輕雖然方便使用，但其弊病在於無法防止私人盜鑄，而私人盜鑄所造成的禍害就很深重了。百姓所以敢於私自鑄錢，就是再嚴格的法律也不能夠完全禁止，是由於國家鑄的錢既不夠分量，又不肯把錢鑄得精緻一些。將銅錢鑄成這種樣子的人，認為錢是沒有什麼實際用處的東西，為了方便流通交易，就一定要使錢的分量輕而數量多，既省工又容易鑄造，而沒有認真地考慮到它所造成的危害有多大。百姓追逐利益，就像水往低處流一樣，沒有止境，不擇手段。如今給他們打開了一個盜鑄銅錢、謀取利益的路子，接著又制定出一套殘酷的懲治盜鑄錢的刑法，無疑是在引導他們為非作歹而又陷他們於死地，這難道就是我們制定政策的目的嗎？漢朝剛剛建立的時候，鑄造的銅錢分量很輕，私人鑄造銅錢以牟取暴利的人很多。等到漢武帝元狩年間，開始糾正這一弊端，於是開始鑄造五銖錢，錢的正反兩面都鑄有外廓，使人不能從銅錢上磨取銅屑再去盜鑄銅錢，而那些想要盜鑄銅錢的人考慮到盜鑄的成本比鑄成的銅錢本身的價格還要高，根本就無利可圖，所以私自鑄錢的人越來越少。這就是國家不吝惜銅和工本費所帶來的效果。能把國家治理得強大的人不用擔心缺乏銅、缺乏工本，往往讓百姓私鑄的銅錢無法與官府鑄造的銅錢競爭，那麼私自盜鑄的事情就會絕跡。宋文帝劉義隆執政期間開始鑄造四銖錢，到宋前廢帝劉子業景和年間，銅錢的分量越來越輕，雖然銅錢的四周有廓，而冶煉鑄造的銅錢並不精緻，於是盜鑄銅錢的人又蜂擁而起，再也無法禁止。這就是吝惜銅、吝惜工本造成危害的明證。凡是鑄造銅錢，與其輕重都不合適，那就寧可使銅錢重一些而不要使錢的分量輕。從漢武帝時期鑄造五銖錢一直到宋文帝劉義隆鑄造四銖錢，中間經歷了五百多年，關於銅錢的形制、輕重等標準，每個朝代都有自己的規定，而五銖錢卻始終沒有改變，說明五銖錢的重量合適，可以作為鑄錢的標準，具備貨幣一切優點的緣故。看看現在的銅錢，錢上的文字一般都寫的是『五銖』，而不寫五銖的銅錢也時有發現。自從宋文帝劉義隆開始鑄造四銖錢以來，對百姓將銅錢剪邊、砸薄以取其銅的行為又不加禁止，其危害已經很廣，其弊端一直延續到今天，難道不是很可悲嗎！晉王朝不鑄造銅錢，後來經過戰亂、水災、火災，銅錢或沉於水、或鑠於火，所損耗的銅錢一年比一年多，這就如同一塊磨刀石，天天在上面磨礪，看不見它被磨損，但磨到一定的時候就被磨沒了，天下的銅錢怎麼能不枯竭呢！銅錢枯竭了，那麼士、農、工、商就都失業了，百姓依靠什麼養活自己呢？我認為應該依照舊有的制度，大量的熔銅鑄錢，規定銅錢重五銖，完全依照漢代的標準。如果由官府鑄造的銅錢已經在民間流通開，就要嚴格禁止那些剪邊、鑿薄等毀壞銅錢的行為，對於那些分量輕、規格小，或是出現破損、缺邊以及沒有外廓的銅錢，一律禁止流通，不許再用。過去國家鑄造的銅錢如果個頭偏小，但厚度大，分量還夠五銖的，那就把它銷毀熔化，改鑄成大個的合乎標準的銅錢，這樣做不僅對貧窮、善良的百姓有利，而且能堵塞那些奸猾之徒盜鑄銅錢以獲利的路子。錢幣與商品的比例一旦合適，遠近都一個樣，百姓就會安居樂業，街市和道路上就不會再發生爭執，衣食就會越來越豐足了。」齊太祖很贊成孔顗的主張，於是下令讓各州各郡大量收購銅與木炭，準備鑄造銅錢。剛好齊太祖這時去世了，鑄錢之事遂被擱置了下來。

這一年，齊國擔任益州行事的劉悛上書給齊武帝說：「蒙山之下的嚴道縣境內有銅山，是漢文帝時期鄧通鑄錢的地方，可以在那裡繼續開銅礦冶煉鑄錢。」齊武帝採納了劉悛的建議，遂派遣使者進入蜀地鑄造銅錢。沒過多久，因為用工、用錢太多而被迫中止。

自從齊太祖下詔清理戶籍以來，一直到現在的齊武帝，凡是弄虛作假的奸猾之徒都被流放到淮河沿岸戍邊十年，百姓因此而心懷不滿。齊武帝於是下詔說：「凡是從宋順帝昇明年間以前就開始在此地居住的人，都允許他們重新註冊登記入籍，其中有被發配到邊疆服役的，都允許他們返回本地；此後再有人犯法，就要嚴加處治，一律註銷戶籍。」

齊國的長沙威王蕭晃去世。○齊國擔任吏部尚書的王晏稱說自己有病請求辭職，齊武帝想讓西昌侯蕭鸞代替王晏擔任吏部尚書，便親手寫了一張便條徵求王晏的意見，王晏回覆說：「西昌侯蕭鸞在為人清廉以及辦事能力方面都是很好的，然而對於官場上這些人各自的出身門第不是很熟悉，恐怕不適合擔任這個職務。」齊武帝遂打消了任用蕭鸞為吏部尚書的念頭。

齊國朝廷任命百濟王牟大為鎮東大將軍、百濟王。

高車族的部落首領阿伏至羅和窮奇都派使者到魏國進行訪問，他們主動請求出兵為魏國的皇帝討伐、消滅柔然人，魏孝文帝把一襲繡袴褶和一百匹各種綵緞賞賜給他們。

九年（辛未 西元四九一年）

春，正月辛丑❶，上祀南郊❷。

丁卯❸，魏主始聽政於皇信東室❹。

詔太廟四時之祭❺：薦宣皇帝❻，起麪餅❼、鴨臛❽；孝皇后❾，筍、鴨卵；高皇帝❿，肉膾⓫、葅羹⓬；昭皇后⓭[1]，茗⓮、粣⓯、炙魚⓰，皆所嗜也⓱。上夢太祖謂己：「宋氏諸帝⓲常在太廟從我求食⓳，可別為吾致祠⓴。」乃命豫章王妃㉑庾氏四時祠二帝、二后於清溪故宅㉒。牲牢㉓、服章㉔，皆用家人禮㉕。

臣光曰㉖：「昔屈到嗜芰㉗，屈建去之㉘，以為不可以私欲干國之典㉙，況子為天子，而以庶人之禮祭其父，違禮甚矣！衛成公欲祀相㉚，甯武子猶非之㉛，而況降祀祖考於私室㉜，使庶婦尸之㉝乎！」

初，魏主召吐谷渾王伏連籌㉞入朝㉟，伏連籌辭疾不至，輒修洮陽、泥和㊱二城，置戍兵㊲焉。二月乙亥㊳，魏枹罕鎮將長孫百年㊴請擊二戍，魏主許之。

散騎常侍裴昭明㊵、散騎侍郎謝竣如魏弔㊶，欲以朝服行事㊷，魏主客㊸曰：「弔有常禮，何得以朱衣入凶庭㊹！」昭明等曰：「受命本朝，不敢輒易㊺。」往返數四，昭明等固執不可。魏主命尚書李沖選學識之士與之言，沖奏遣著作郎上谷成淹[46]。昭明等曰：「魏朝不聽使者朝服[47]，出何典禮？」淹曰：「吉凶不相厭[48]。羔裘玄冠不以弔[49]，此童稚所知[50]也。昔季孫如晉[51]，求遭喪之禮以行[52]。今卿自江南遠來弔魏，方問出何典禮[53]。行人得失，何其遠哉[54]！」昭明曰：「二國之禮，應相準望[55]。齊高皇帝之喪[56]，魏遣李彪來弔，初不素服[57]，齊朝亦不以為疑[58]，何至今日獨見要逼[59]！」淹曰：「齊不能行亮陰之禮[60]，踰月即吉[61]。彪奉使之日，齊之君臣，鳴玉盈庭，貂璫曜目[62]。彪不得主人之命，敢獨以素服廁其間[63]乎！皇帝[64]仁孝，侔於有虞[65]，執親之喪[66]，居廬食粥[67]，豈得以此方彼乎[68]！」昭明曰：「三王不同禮[69]，孰能知其得失！」淹曰：「然則虞舜、高宗皆非邪[70]？」昭明、竣相顧而笑曰：「非孝者無親[71]，何可當也[72]？」乃曰：「使人之來[73]，唯齎袴褶[74]，此既戎服，不可以弔，唯主人裁其弔服[75]！然違本朝之命，返必獲罪。」淹曰：「使彼有君子[76]，卿將命[77]得宜，且有厚賞[78]；若無君子，卿出而光國[79]，得罪何傷！自當有良史書之。」乃以衣、帢[80]給昭明等，使服以致命[81]。己丑[82]，引昭明等入見，文武皆哭盡哀。魏主嘉淹之敏，遷侍郎，賜絹百匹。昭明，駰[83]之子也。

始興簡王鑑[84]卒。

三月甲辰[85]，魏主謁永固陵。夏，四月癸亥朔[86]，設薦於太和廟[87]。魏主始進蔬食[88]，追感哀哭，終日不飯。侍中馮誕[89]等諫，經宿乃飯。甲子[90]，罷朝夕哭[91]。乙丑[92]，復謁永固陵。

魏自正月不雨至于癸酉[93]，有司請祈百神，帝曰：「成湯遭旱，以至誠致雨[94]，固不在曲禱山川[95]。今普天喪恃，幽顯[96]同哀，何宜四氣未周[97]，遽行祀事[98]！唯當責躬[99]以待天譴[100]。」

甲戌[101]，魏員外散騎常侍李彪等來聘，為之置燕設樂[102]。彪辭樂[103]，且曰：「主上[104]孝思罔極[105]，興墜正失[106]。去三月晦[107]，朝臣始除衰絰[108]，猶以素服從事[109]，是以使臣不敢承奏樂之賜。」朝廷從之。彪凡六奉使[110]，上甚重之。將還，上親送至琅邪城[111]，命羣臣賦詩以寵之[112]。

己卯[113]，魏作明堂[114]，改營太廟。

五月己亥[115]，魏主更定律令[116]於東明觀[117]，親決疑獄。命李沖議定輕重[118]，潤色辭旨[119]，帝執筆書之。李沖忠勤明斷，加以慎密，為帝所委，情義無間。舊臣貴戚，莫不心服，中外推之[120]。

乙卯[121]，魏長孫百年攻洮陽、泥和二戍，克之，俘三千餘人。○丙辰[122]，魏初造五輅[123]。

六月甲戌[124]，以尚書左僕射王奐為雍州刺史[125]。○丁未[126]，魏濟陰王鬱[127]以貪殘賜死。

秋，閏七月乙丑[128]，魏主謁永固陵。

己卯[129]，魏主詔曰：「烈祖[130]有創業之功，世祖[131]有開拓之德，宜為祖宗，百世不遷[132]。平文[133]之功少於昭成[134]，而廟號太祖，道武[135]之功高於平文，而廟號烈祖，於義未允[136]。朕今奉尊烈祖為太祖，以世祖、顯祖[137]為二祧[138]，餘皆以次而遷[139]。」

八月壬辰[140]，又詔議養老[141]及禋于六宗[142]之禮。先是，魏常以正月吉日於朝廷設幕，中置松柏樹，設五帝座[143]而祠[144]之。又有探策之祭[145]，帝皆以為非禮，罷之。

戊戌[146]，移道壇[147]於桑乾之陰[148]，改曰崇虛寺[149]。

乙巳[150]，帝引見羣臣，問以「禘祫[151]，王、鄭之義[152]，是非安在[153]？」尚書游明根等從鄭[154]，中書監高閭等從王。詔：「圜丘[155]、宗廟[156]皆有禘名[157]，從鄭；禘祫并為一祭[158]，從王。著之於令[159]。」戊午[160]，又詔：「國家饗祀諸神[161]，凡一千二百餘處，今欲減省羣祀[162]，務從簡約。」又詔：「明堂、太廟，配祭、配享[163]，於斯備矣(164)。白登(165)、崞山(166)、雞鳴山(167)廟，唯遣有司行事(168)。馮宣王廟(169)在長安，宜敕雍州(170)以時供祭。」又詔：「先有水火之神四十餘名及城北星神(171)，今圜丘之下既祭風伯、雨師、司中、司命(172)，明堂祭門、戶、井、竈、中霤(173)，四十神(174)悉可罷之。」甲寅(175)，詔曰：「近論朝日、夕月(176)，皆欲以二分之日(177)於東、西郊行禮。然月有餘閏(178)，行無常準。若一依分日(179)，或值月於東而行禮於西，序情即理，不可施行。昔祕書監薛謂等以為朝日以朔(180)，夕月以朏(181)。卿等意謂朔朏、二分，何者為是？」尚書游明根等請用朔朏，從之。

丙辰(182)，魏有司上言，求卜祥日(183)。詔曰：「筮日求吉(184)，既乖敬事之志(185)，又違永慕之心(186)。今直用晦日(187)。」九月丁丑(188)夜，帝宿於廟(189)，帥羣臣哭已(190)，帝易服縞冠(191)、革帶黑屨(192)，侍臣易服黑介幘(193)、白絹單衣、革帶烏屨(194)，遂哭盡乙夜(195)。戊子晦(196)，帝易祭服，縞冠素紕(197)、白布深衣(198)、麻繩履(199)，侍臣去幘易帢(200)。既祭，出廟，帝立哭久之，乃還。

冬，十月，魏明堂、太廟成。

庚寅(201)，魏主謁永固陵，毀瘠(202)猶甚。司空[2]穆亮(203)諫曰：「陛下祥練已闋(204)，號慕如始。王者為天地所子，為萬民父母，未有子過哀而父母不戚(205)，父母憂而子獨悅豫(206)者也。今和氣不應(207)，風旱為災，願陛下襲輕服(208)，御常膳(209)，鑾輿時動(210)，咸秩百神(211)，庶使天人交慶(212)。」詔曰：「孝悌之至(213)，無所不通。今飄風(214)、旱氣，皆誠慕未濃，幽顯無感(215)也。所言過哀之咎(216)，諒為未衷(217)。」十一月己未朔(218)，魏主禫(219)於太和廟(220)，袞冕以祭(221)。既而服黑介幘，素紗深衣，拜陵而還。癸亥(222)，冬至，魏主祀圜丘(223)，遂祀明堂，還，至太和廟，乃入。甲子(224)，臨太華殿，服通天冠(225)，絳紗袍，以饗羣臣。樂縣而不作(226)。丁卯(227)，服袞冕，辭太和廟，帥百官奉神主(228)遷于新廟。

乙亥(229)，魏大定官品(230)。戊寅(231) [3]，考諸牧守(232)。○魏假(233)通直散騎常侍李彪等來聘。○魏舊制，羣臣季冬(234)朝賀，服袴褶行事，謂之小歲。丙戌(235)，詔罷之。

十二月壬辰(236)，魏遷社(237)於內城之西。○魏以安定王休(238)為太傅，齊郡王簡(239)為太保。

高麗王璉(240)卒，壽百餘歲。魏主為之制素委貌(241)，布深衣(242)，舉哀於東郊(243)，遣謁者僕射李安上策贈太傅(244)，諡曰康。孫雲嗣立(245)。

己酉(246) [4]，魏主始迎春(247)於東郊。自是四時迎氣(248)皆親之(249)。

初，魏世祖克統萬(250)及姑臧(251)，獲雅樂(252)器服(253)工人(254)並存之(255)。其後累朝無留意者，樂工浸盡[256]，音制多亡[257]。高祖始命有司訪民間曉音律[258]者議定雅樂[259]，當時無能知者。然金、石、羽旄[260]之飾，稍壯麗於往時[261]矣。辛亥[262]，詔簡置樂官[263]，使脩其職[264]，又命中書監高閭參定[265]。

初，晉張裴[5]、杜預共註律[266]三十卷，自泰始[267]以來用之，律文簡約，或一章之中，兩家所處[268]，生殺頓異[269]，臨時斟酌[270]，吏得為姦[271]。上[272]留心法令，詔獄官詳正舊註[273]。七年，尚書刪定郎王植集定二註[274]，表奏之。詔公卿、八座[275]參議考正[276]，竟陵王子良總其事[277]；眾議異同不能壹[278]者，制旨平決[279]。是歲，書成。廷尉[280]山陰孔稚珪[281]上表，以為「律文雖定，苟用失其平[282]，則法書徒明於袠裏[283]，冤魂猶結於獄中。竊尋古之名流[284]，多有法學[285]；今之士子，莫肯為業[286]。縱有習者，世議所輕[287]，將恐此書永淪走吏之手[288]矣。今若置律助教[289]，依五經例[290]，國子生[291]有欲讀者，策試高第[292]，即加擢用[293]，以補內外之官[294]，庶幾[295]士流有所勸慕[296]。」詔從其請，事竟不行[297]。

初，林邑王范陽邁[298]，世相承襲[299]。夷人范當根純[300]攻奪其國，遣使獻金簟[301]等物。詔以當根純為都督緣海諸軍事、林邑王。

魏冀州刺史咸陽王禧[302]入朝。有司奏：「冀州民三千人稱禧清明有惠政，請世胙冀州[303]。」魏主詔曰：「利建雖古[304]，未必今宜[305]，經野由君[306]，理非下請[307]。」以禧為司州牧[308]、都督司・豫等六州諸軍事。

初，魏文明太后寵任宦者略陽苻承祖[309]，官至侍中，知都曹事[310]，賜以不死之詔。太后殂，承祖坐贓應死，魏主原之[311]，削職禁錮於家，仍除悖義將軍[312]，封佞濁子[313]，月餘而卒。承祖方用事，親姻[314]爭趨附以求利。其從母楊氏為姚氏婦，獨否[315]，常謂承祖之母曰：「姊雖有一時之榮，不若妹有無憂之樂。」姊與之衣服，多不受，彊與之，則曰：「我夫家世貧，美衣服使人不安。」不得已，或受而埋之。與之奴婢[316]，則曰：「我家無食，不能飼[317]也。」常著[318]弊衣，自執勞苦[319]。承祖遣車迎之，不肯起，彊使人抱置車上，則大哭曰：「爾欲殺我！」由是苻氏內外號為「癡姨」。及承祖敗，有司執其二姨至殿廷。其一姨伏法，帝見姚氏姨貧弊，特赦之。

李惠之誅[320]也，思皇后[321]之昆弟[322]皆死。惠從弟鳳為安樂王長樂[323]主簿，長樂坐不軌誅[324]，鳳亦坐死。鳳子安祖等四人逃匿獲免，遇赦乃出。既而魏主[325]訪舅氏存者，得安祖等，皆封侯，加將軍。既而引見，謂曰：「卿之先世[326]，再獲罪[327]於時。王者設官以待賢才，由外戚而舉[328]者，季世之法[329]也。卿等既無異能，且可還家。自今外戚無能者視此[330]。」後又例降爵為伯[331]，去其軍號[332]。時人皆以為帝待馮氏太厚，待李氏太薄，太常高閭嘗以為言[333]，帝不聽。及世宗[334]尊寵外家，乃以安祖弟興祖為中山太守[335]，追贈李惠開府儀同三司、中山公，謚曰莊。

【章　旨】以上為第二段，寫齊武帝蕭賾永明九年（西元四九一年）一年間的大事。主要寫了齊武帝制定祭祀宗廟之禮，司馬光評其不守古制；寫南齊對原來簡單矛盾的法律條文進行了討論修訂，孔稚珪建議在太學開設法律課以授國子，以提高法學在世人心目中的地位。這是一項很重要的建議，結果卻「詔從其請，事竟不行」；寫齊使裴昭明、謝竣入魏弔祭馮太后，欲吉服以見魏主，魏使文學之臣成淹執禮以責之，往返駁難，裴昭明等無詞，遂依魏人易服以弔；寫魏臣李彪、李沖之為人，史稱李沖「忠勤明斷，加以慎密，為帝所委，情義無間；舊臣貴戚，莫不心服，中外推之」；寫李彪六次到南齊聘問，深受南齊敬重，甚至齊武帝蕭賾親自送行至琅邪城，命群臣賦詩以寵之；寫魏主重新議定宗廟應供之神主，將拓跋珪、拓跋燾定為祖宗，永世不刊；寫魏主與群臣討論各種祭祀之禮，極其繁瑣碎細，故意賣弄小聰明；寫魏主為馮太后服喪，由始喪至小祥、再至除服的過程極其瑣細，極其冗長；以及魏主的嚴格對待外戚，無功者不得為吏，不得封侯等等。

【注　釋】❶正月辛丑　正月初八。❷上祀南郊　齊武帝蕭賾到南郊祭天。❸丁卯　葛曉音曰：「本月甲午朔，無『丁卯』。按，《北史》卷三〈高祖孝文帝元宏傳〉載：『（太和）十五年春正月丁巳，帝始聽政於皇信東室。』據此，此『丁卯』當是『丁巳』之誤（《魏書》亦誤）。」葛說是。丁巳，正月二十四。❹始聽政於皇信東室　胡三省曰：「自居馮太后之喪，至是始聽政。」皇信東室，皇信堂的東室。❺四時之祭　四季之祭所用的供品。按，此句的主語是「南齊皇帝蕭賾」。❻薦宣皇帝　進獻給宣皇帝蕭承之的供品。宣皇帝，蕭道成即位後追稱其父蕭承之曰宣皇帝。❼起麪餅　食品名，即發麵餅。❽鴨臛　鴨肉羹。❾孝皇后　進獻給蕭道成的生母孝皇后的供品。孝皇后是蕭承之的夫人，蕭道成稱帝後追尊之為孝皇后。❿高皇帝　即蕭道成。⓫肉膾　肉絲。⓬菹羹　肉粥。⓭昭皇后　蕭道成的妃子，曰劉智容，建元元年被諡為昭皇后。⓮茗　茶。⓯粣　糉子。一說即今饊子，一種油炸麵食。⓰炙魚　烤魚。⓱皆所嗜也　都是他們愛吃的。⓲宋氏諸帝　劉宋王朝的幾位皇帝。⓳從我求食　向我要吃的。⓴別為吾致祠　在別處另為我立個廟，給我上供。㉑豫章王妃　豫章王蕭嶷的王妃。豫章王蕭嶷行二，除去皇后外，蕭嶷的妻子就是蕭道成諸兒媳中最長的嫂子了，故由她主持四季之祭祀。㉒清溪故宅　清溪水邊的蕭道成的故居。清溪，水名，在當時建康臺城的東側，源於鍾山，流入秦淮河。㉓牲牢　供祭祀用的牲畜，指牛、羊、豬等。㉔服章　祭祀時穿戴的衣帽。㉕用家人禮　按照平民百姓祭祀老人的禮節。㉖臣光曰　這是《資治通鑑》的編著者司馬光對相關問題發表的評論。因為《資治通鑑》其書當時是寫給皇帝宋神宗看的，故而他自稱「臣光」。㉗屈到嗜芰　屈到是春秋時楚國令尹，生前好吃芰（菱角），遂囑託宗人，往後祭祀他時，其祭品也用芰。㉘屈建去之　屈建是屈到之子，他維護祭典的嚴肅，當宗人用芰作為祭品祭祀屈到時，屈建命令把芰去掉。因為屈到是楚國的大夫，依照祭典規定應用一隻羊和一頭豬，不能以他個人的私欲而違反祭祀大典。以上事見《國語・楚語上》。㉙干國之典　違反國家的祭典。干，違反；觸犯。㉚衛成公欲祀相　衛成公是春秋時的衛國國君。魯僖公三十一年衛國遷都於帝丘（今河南濮陽西南），他夢見衛國的始祖康叔對他說：「夏帝相搶奪我的祭品。」於是衛成公下令祭祀夏帝相。相是夏帝啟的孫子，帝中康之子，世居於帝丘，長期無人祭祀，故搶奪康叔的祭品。㉛甯武子猶非之　甯武子是衛國大夫，他認為衛成公祭祀夏帝相是不合適的。因為成王、周公只讓衛國祭祀康叔，沒讓他們祭祀夏帝相，夏帝相根本不屬於衛國這一族，「鬼神非其族類，不歆其祀。」事見《左傳》僖公三十一年。㉜祀祖考於私室　即前文所說的在蕭道成的故居裡祭祀蕭承之與蕭道成。祖考，祖父和父親。㉝使庶婦尸之　讓一個非嫡長子的媳婦來主持祭祀。豫章王蕭嶷雖和齊武帝蕭賾是親兄弟，但不是嫡長子，故司馬光稱蕭嶷的媳婦為「庶婦」。尸，主；主持。㉞吐谷渾王伏連籌　吐谷渾是當時活動在今青海東部的少數民族名，即現在的羌族，當時臣屬於魏國。伏連籌是吐谷渾的老國王拾寅之孫，度易侯之子，繼度易侯為吐谷渾王。事見《魏書》卷一百一。㉟入朝　到魏都平城朝拜魏主。㊱洮陽泥和　吐谷渾的二城名，洮陽舊城即今甘肅臨潭，泥和城在今甘肅卓尼東北。㊲戍兵　防守之兵。㊳二月乙亥　二月十二。㊴枹罕鎮將長孫百年　枹罕是魏國軍事重鎮，也是河州的州治所在地，在今甘肅臨夏東北。其守將姓長孫名百年。㊵裴昭明　當時的文史之臣，裴松之之孫，裴駰之子，此時為散騎常侍。傳見《南齊書》卷五十三。散騎常侍是帝王的侍從官員。㊶如魏弔　到魏國弔馮太后之喪。㊷欲以朝服行事　想穿著原有的朝服進行弔唁，想擺文明大國的架子。㊸主客　負責接待外賓的官名。

(44)凶庭　祭弔死者的靈堂。(45)不敢輒易　不敢私自更換。輒，就；隨便地。(46)上谷成淹　上谷是郡名，郡治即今北京市延慶。成淹是當時的文學之臣，此時任著作郎。傳見《魏書》卷七十九。(47)不聽使者朝服　不讓我們使者穿著朝服進弔。(48)吉凶不相厭　吉服凶服二者是不能調和的。厭，同「饜」。滿足；適應。(49)羔裘玄冠不以弔　身穿華貴裘衣與頭戴黑帽子的人不能弔孝。羔裘，貴重的皮衣。玄，黑色。(50)童稚所知　這是連小孩子也都知道的常識。按，以上二句出自《論語・鄉黨》。《論語》是家喻戶曉的書，故曰童稚所知。(51)季孫如晉　春秋時代的魯國大臣季孫行父要出使晉國。(52)求遭喪之禮以行　預先準備好了如果遇到對方有喪事該遵守怎樣的禮節，而後才出發。事見《左傳》文公六年。(53)方問出何典禮　才向我們詢問是出於何種禮節。(54)行人得失二句　同樣是使者，一個想得那麼周到，一個卻那麼疏忽，相差該是多麼遠哪。行人，古代對使者的通稱，也是官名。(55)應相準望　相互應該對等。準，如水之平。望，如月之平分。(56)齊高皇帝之喪　蕭道成死的時候。(57)初不素服　根本沒有穿孝服。(58)不以為疑　沒有向他提出問題。(59)獨見要逼　特別對我們強制逼迫。(60)不能行亮陰之禮　即下葬後除去孝服，皇帝隨即掌管政事。亮陰，同「諒闇」。指皇帝默然無語，在廬守孝，委政事於冢宰。(61)踰月即吉　一個月之後就換上了吉服。(62)鳴玉盈庭二句　群臣身上的佩玉鳴聲悅耳，內侍頭上的貂尾珥璫閃耀發光，好一派華麗、喜慶的景象。(63)廁其間　夾雜在其間。廁，參與；處於。(64)皇帝　此自稱魏帝拓跋宏。(65)侔於有虞　和當年的虞舜一樣。侔，與……一樣。(66)執親之喪　為自己的祖母守孝，一守就是三年。(67)居廬食粥　住在守喪的小棚子裡天天喝粥。葛曉音曰：「古代喪禮規定，親始死，水漿不入口，三日不舉火；既殯，食粥，朝一溢米，暮一溢米。」(68)豈得以此方彼乎　你怎麼能拿我們的皇帝與你們的皇帝相比呢。方，比擬；等同。(69)三王不同禮　三王的禮節各不相同。三王，指夏禹、商湯、周文武，即夏、商、周三朝的開國帝王。(70)然則虞舜高宗皆非邪　照你這麼說，虞舜、武丁的守孝三年都錯了嗎。高宗，指商王武丁，為父守孝，「三年不言，政事決定於冢宰」。事見《史記・殷本紀》。(71)非孝者無親　非難孝子的人，就不會有人親近他。(72)何可當也　我們怎麼敢成為非難孝子的人呢。(73)使人之來　我們出來的時候。(74)唯齎袴褶　只帶著幾件參加軍事活動的服裝。胡三省引〈晉志〉曰：「袴褶之制，未詳所起，近世唯車駕親戎，中外戒嚴服之，服無定色。」(75)唯主人裁其弔服　這就只有請你們定奪我們穿什麼衣服進行弔唁了。唯，表示祈請。裁，定奪。(76)使彼有君子　假如你們齊國還有明白事理的人。彼，指齊朝。君子，有道德、明事理的人。(77)將命　奉命出使。將，持；奉。(78)且有厚賞　一定會得到重賞。且，將；一定會。(79)光國　給國家爭得了榮譽。(80)衣帢　單衣與白色便帽，是當時官僚、文人間時穿的一種服飾。(81)致命　向魏主表達了南齊皇帝的弔慰之情。致，送；轉達。(82)己丑　二月二十六。(83)駰　裴駰，裴松之之子，當時著名的歷史學家，著有《史記集解》，為今之《史記》

三家注之一。其父裴松之撰有《三國志注》。傳見《宋書》卷六十四。(84)始興簡王鑑　蕭鑑，蕭道成的第十子，被封為始興王，謚曰簡。傳見《南齊書》卷三十五。(85)三月甲辰　三月十二。(86)四月癸亥朔　四月初一是癸亥日。(87)設薦於太和廟　在太和廟設馮太后的神主舉行祭祀。薦，是祭祀的一種，以當時季節所生的果菜而祭之。按，《北史》作「太和殿」，又《魏書》太和元年有「起太和、安昌二殿」之語。胡三省引《水經注》曰：「太和殿在太極殿東堂之東。」(88)始進蔬食　給太后神主擺上應時的蔬菜食品。(89)馮誕　馮太后之兄馮熙的兒子，時任侍中。傳見《魏書》卷八十三上。(90)甲子　四月初二。(91)罷朝夕哭　停止每天早晨、晚上的哭喪。按，馮太后死於上年的九月十八，至此已過了六個月零十四天。按三年喪的規定，是人死滿一年後，才停止朝夕哭，故胡三省說：「蓋亦不能及期矣。」(92)乙丑　四月初三。(93)癸酉　四月十一。(94)以至誠致雨　胡三省曰：「謂湯以六事自責也。」按，湯以六事自責事，《史記・殷本紀》不載。(95)曲禱山川　轉著彎地去祭祀別的神靈。曲禱，曲求，即不當祭而祭。(96)幽顯　無形者與有形者。幽者指鬼神。顯者指人，黎民百姓。(97)四氣未周　四季尚未輪過一回，即未滿一週年。(98)遽行祀事　就匆匆忙忙地去主持祭祀山川諸神。祭祀山川百神不能身穿喪服，這就勢必逼著魏主迅速即吉。(99)責躬　責備自己。躬，自身。(100)以待天譴　以等候上天的懲罰。(101)甲戌　四月十二。(102)置𤋮設樂　安排筵席，旁設樂舞。𤋮，同「宴」。安樂地飲酒吃飯。(103)辭樂　請求將樂舞撤走。(104)主上　指魏主孝文帝。(105)孝思罔極　哀痛尚無窮無盡。罔極，無盡。(106)興墜正失　胡三省曰：「言行喪禮，興百王之墜典而正其失也。」(107)去三月晦　在上個月（即三月）的月底。(108)始除衰絰　才剛剛脫下喪服。(109)以素服從事　穿著白色衣服處理公務。(110)六奉使　六次奉命出使南齊。(111)琅邪城　南朝設置的琅邪郡的僑置地，在當時的建康城北，今南京北部的幕府山西南，靠近長江。(112)寵之　優禮相待，給他面子，以表示對他尊敬與喜愛。(113)己卯　四月十七。(114)明堂　儒家傳說中的古代帝王興禮布政、祭天尊賢的莊嚴所在，通常也指帝王臨朝的殿堂。古詩有所謂「歸來見天子，天子坐明堂」是也。(115)五月己亥　五月初八。(116)更定律令　重新修訂國家的法令。(117)東明觀　魏國朝廷的宮殿之一，魏主太和四年，起東明觀。(118)議定輕重　意即拓跋宏做出了判決後，再讓李沖評論一回。(119)潤色辭旨　把對罪犯的判詞再潤色一遍。潤色，進行語言文字方面的加工。(120)中外推之　朝裡朝外的人都很推崇。按，李沖既是馮太后的男寵，又是一個有能力、辦事盡心、品行公正的人，故孝文帝也終生依賴之。(121)乙卯　五月二十四。(122)丙辰　五月二十五。(123)五輅　皇帝乘坐的五種車駕。胡三省曰：「五輅：玉、金、象、革、木也。」(124)六月甲戌　六月十三。(125)雍州刺史　南齊的雍州州治在今湖北襄樊的襄陽區。(126)丁未　這年的六月壬戌朔，無「丁未」，應有訛誤。(127)濟陰王鬱　景穆帝拓跋晃之孫，濟陰王小新成之子，孝文帝之叔，此時任徐州刺史。傳見《魏書》卷十九上。(128)閏七月乙丑　閏七月初五。(129)己卯　閏七月十九。[130]列祖　指道武帝拓跋珪。傳見《魏書》卷二。[131]世祖　指拓跋燾，任用崔浩等治理政事，統一了北方，諡太武皇帝，廟號世祖。傳見《魏書》卷四。[132]百世不遷　靈牌永遠供在宗廟大殿的正中央。[133]平文　即平文帝拓跋鬱律。天興初，被道武帝拓跋珪追尊為太祖；太和十五年，孝文帝元宏認為不合適，取消太祖廟號。傳見《魏書》卷一。[134]昭成　即昭成帝拓跋什翼犍。十六國時代國的國君，西元三三八—三七六年在位，年號建國。後來代國被前秦苻堅所滅。魏道武帝拓跋珪建立魏國後追尊為高祖。傳見《魏書》卷一。[135]道武　即道武帝拓跋珪，魏國政權的建立者，西元三八六—四〇九年在位。諡宣武帝，泰常五年改尊為道武帝。拓跋嗣永興二年上廟號為烈祖，太和十五年孝文帝議定宗廟，改尊為太祖。[136]未允　不公平；不適合。[137]顯祖　即獻文帝拓跋弘，在位七年，皇興五年八月禪位給太子宏，死後諡獻文帝，廟號顯祖。[138]二祧　太祖的兩個繼承者、接續者。意即把世祖、顯祖的靈牌，接放在太祖之次。[139]餘皆以次而遷　意即將上面提到的平文、昭成以及未提到的景穆帝、文成帝都遷到他處擺放。[140]八月壬辰　八月初三。[141]養老　朝廷尊敬老人的禮節。自漢代起朝廷就有在過年時對三老、五更等給與酒食招待的禮節。[142]禋于六宗　古代朝廷所祭祀的自然界的六個大神。禋，將供品放在柴垛上燒，以其煙祭神。六宗所指，其說不一，有說指天、地、春、夏、秋、冬；有說指天、地、東、西、南、北；有說指日、月、星、四時、寒暑、水旱。其他不錄。[143]設五帝座　擺上一個五帝的靈牌。五帝究竟是何神，眾說紛紜，有說是代表東、西、南、北、中的五位大神；有說是代表金、木、水、火、土的五位大神；有說是分居於天上五個方位的上帝；有說是指天空太微垣裡的五顆星等等，可參見《史記》中的〈封禪書〉與〈天官書〉。[144]祠　祭祀。[145]揲策之祭　即占卦、算命所拜求的神靈。策，占卜用的蓍草或小竹片。[146]戊戌　八月初九。[147]道壇　道教的祭天神壇。[148]桑乾之陰　桑乾河的南側。[149]崇虛寺　胡三省曰：「此即寇謙之之道壇也。」寇謙之是拓跋燾時代的道教頭面人物，曾在魏國掀起一股崇信道教的狂潮，並被魏國的統治者所寵愛，詳見本書卷一百二十四元嘉二十三年。[150]乙巳　八月十六。[151]禘祫　古代的兩種祭祀名，意思是把列祖列宗的靈牌都聚合在一起，進行祭祀，三年合祭叫作「祫」，五年合祭叫作「禘」。大意如此，經學家對此解釋不同。[152]王鄭之義　王肅與鄭玄各自對於「禘」和「祫」解釋。鄭玄是東漢時期的經學家，曾遍注群經，是漢代經學的集大成者。傳見《後漢書》卷三十五。王肅是三國時魏國的經學家，也遍注群經，在學術上和鄭玄學派對立。傳見《三國志》卷十三。[153]是非安在　各自的是非如何，好在哪裡，不好在哪裡。[154]從鄭　同意並採取鄭玄的解釋。[155]圜丘　皇帝每年在南郊祭天的圓臺，如北京市現存的天壇圓臺就是明清時代的圜丘。[156]宗廟　皇帝家族的祖廟，如北京市今存的勞動人民文化宮就是明清時代皇帝家族的祖廟。[157]皆有禘名　都曾有過合祭列祖列宗的事實，也就是都有過「禘祭」與「祫祭」的名稱。這並不奇怪。宗廟是專門祭祀的地方，當然有一套列祖列宗的靈牌；而南郊祭天的圜丘，雖說是祭天的地方，但每次祭天，也都是把祖宗的靈牌放在上帝靈牌的旁邊一同享受祭祀，叫作配享，因此圜丘那裡自然也有現成的一套列祖列宗的靈牌。因此，關於宗廟、圜丘都有禘祭問題，魏主說他贊成鄭玄的說法。❶⁵⁸禘祫并為一祭　「禘」和「祫」既然都是合祭祖先的名稱，只不過是在間隔的年頭多少，或是在其他方面略有差別，那我們就聽從王肅的意見，把這兩個名字合併起來。❶⁵⁹著之於令　把我說的這個意思寫在法典上，以後不再討論。❶⁶⁰戊午　八月二十九。❶⁶¹饗祀諸神　祭祀大大小小、各式各樣的鬼神。❶⁶²減省羣祀　對各種祭祀對象進行規範精簡。❶⁶³配祭配享　陪同受祭、陪同享受馨香。如祭祀劉邦，令蕭何、張良等人配祭；如祭祀孔子，令顏回、子路等人配享等等。❶⁶⁴於斯備矣　選定給圜丘、宗廟配祭、配享的人士都要經過認真評定，都要經過皇帝同意。❶⁶⁵白登　山名，在今山西大同東北，當時山上建有宣武廟（拓跋珪初謚宣武）。❶⁶⁶崞山　山名，在今山西渾源西北，當時山上建有太武帝拓跋燾的保母竇氏的寢廟。❶⁶⁷雞鳴山　山名，在今河北宣化東南，當時山上建有文成帝拓跋濬的保母常氏的寢廟。❶⁶⁸唯遣有司行事　對以上這三個廟，只派主管該事務的官員去看管祭祀就行了。❶⁶⁹馮宣王廟　馮太后的父親馮朗的廟。葛曉音曰：「馮朗先仕北燕，後降北魏，官至秦、雍二州刺史，坐事被殺。馮太后臨朝，追贈假黃鉞、太宰、燕宣王，立廟長安。」❶⁷⁰雍州　指雍州刺史。魏國的雍州州治長安，即今西安的北部。❶⁷¹城北星神　葛曉音曰：「古代在國都西北郊設有祭祀司中、司命、司祿等星宿的壇臺，並在立冬後的亥日舉行祭祀。」❶⁷²圜丘之下既祭風伯雨師司中司命　在圜丘祭天時順便在圜丘四周的下面也祭祀一些風伯、雨師一類的自然界的小神。圜丘一般分上下兩層，上層設上帝之位，下層設自然界的各種小神之位。參見《史記・封禪書》。❶⁷³中霤　也稱中室，所住屋子的中央。南方的屋子中央有天井，故有雨水從上流下。❶⁷⁴四十神　即上文所說的「水火之神四十餘名及城北星神」。❶⁷⁵甲寅　八月二十五。❶⁷⁶朝日夕月　古代對太陽、月亮的祭祀。南北朝時，以每年的春分之日在東郊祭日，秋分之日在西郊祭月。今北京市留有日壇、月壇，即明、清時代祭日神、月神之處。❶⁷⁷二分之日　即指春分和秋分。❶⁷⁸月有餘閏　月亮的運行，每個月不是固定的準數。每年的秋分，月亮所處的位置不相同。❶⁷⁹一依分日　一成不變地在秋分祭月。❶⁸⁰朝日以朔　祭日神之禮在初一舉行。朔，陰曆的每個月初一。❶⁸¹夕月以朏　祭月神在每個月的初三。葛曉音曰：「我國古代曆法將每月的初三叫做『朏』，取月牙初出之意，又叫『哉生魄』。」❶⁸²丙辰　八月二十七。❶⁸³求卜祥日　請求占卜一個日子，舉行小祥。古代喪禮，父母喪後滿一週年時，舉行小祥之祭。從此孝子除去原來的孝服，改戴白色的帽子。❶⁸⁴筮日求吉　通過卜筮選定日子以求改換服喪的形式。筮，用蓍草占卜。❶⁸⁵乖敬事之志　與恭敬地侍奉喪者的做法相背。乖，背；抵觸。❶⁸⁶永慕之心　指服孝者無法割捨的思戀之情。❶⁸⁷直用晦日　就定在這個月的最後一天。直，逕；就。晦日，月末的一天。(188)九月丁丑　九月十八。(189)帝宿於廟　宿於馮太后陵墓前的祭廟。(190)哭已　痛哭過後。(191)易服縞冠　換去原孝服，改戴上白色的帽子。易，改。縞，以指白色。(192)黑屨　黑顏色的麻鞋。(193)黑介幘　黑顏色的長耳的裹髮巾。(194)烏履　黑色鞋。(195)哭盡乙夜　在二更時整整哭了一個更次。乙夜，二更，約當今之晚上九點至十一點。(196)戊子晦　這個月的最後一天是戊子日，即九月二十九。(197)縞冠素紕　用生絹鑲了邊的白帽子。紕，衣冠上所鑲的邊緣。(198)白布深衣　用白布製作的祭服，上衣和下裳相連，樣式限定，並具有嚴格的尺寸要求。(199)麻繩履　用麻繩編成的鞋。(200)去幘易帢　摘掉黑顏色的裹髮巾，戴上白紗製成的帽子。(201)庚寅　十月初二。(202)毀瘠　因哀傷過度而消瘦。(203)司空穆亮　穆亮是魏國名將，先後仕於獻文、孝文、宣武三朝，此時任司空。傳見《魏書》卷二十七。(204)祥練已闋　小祥之禮已經完畢。祥練，因小祥時喪主頭戴白練冠，所以小祥之禮又叫「祥練」。已闋，已經完成。《說文》：「闋，事已也。」(205)戚　悲；痛苦。(206)悅豫　高興；愉快。(207)和氣不應　意即陰陽失調。不應，不成；不至。(208)襲輕服　穿上輕喪之服。(209)御常膳　吃平常應該吃的飯。御，用。(210)鑾輿時動　讓您的車駕也適當地活動活動，到各處轉轉。(211)咸秩百神　對各種神靈都依次給予祭祀。(212)庶使天人交慶　以求讓人神都能得到幸福。慶，福。(213)孝悌之至　只要把孝悌做得到家。至，頂點；到家。(214)飄風　旋風，古代以旋風為惡風，表示不祥。(215)幽顯無感　天地眾神與黎民百姓都還不滿意。無感，不感到愉悅。(216)過哀之咎　悲哀過度引發的問題。(217)諒為未衷　實在是不合適。諒，實在。(218)十一月己未朔　十一月初一是己未日。(219)禫　祭名，除喪服之祭。葛曉音曰：「禫祭本當在大祥後進行，因孝文帝這次服的是一年之喪，所以在小祥之後就舉行了。禫祭和祥祭之間要間隔一個月。」(220)太和廟　此指魏國原來的太廟，與下文之「新廟」相對而言。(221)袞冕以祭　穿著皇帝的禮服，戴著皇帝的禮帽進行祭祀。(222)癸亥　十一月初五。(223)祀圜丘　即到南郊祭天。(224)甲子　十一月初六。(225)通天冠　也叫「卷雲冠」，皇帝在郊祀、朝賀、燕會等場合戴的一種帽子。(226)樂縣而不作　樂器掛在那裡，但不演奏。仍表示哀悼之意。(227)丁卯　十一月初九。(228)奉神主　捧著列祖列宗的靈牌。(229)乙亥　十一月十七。(230)大定官品　給各個官職定出級別。(231)戊寅　十一月二十。(232)考諸牧守　對各州刺史、各郡太守進行考核。(233)假　代理。(234)季冬　即農曆的十二月。(235)丙戌　十一月二十八。(236)十二月壬辰　十二月初五。(237)社　即社稷，皇帝祭祀土神與農業之神的壇臺。今北京市之中山公園即明清時代的社稷壇所在地，歷代的社稷壇也大都在皇城的西側。(238)安定王休　景穆帝拓跋晃之子，皇興二年受封，官至內都大官、太傅。傳見《魏書》卷十九下。(239)齊郡王簡　文成帝拓跋濬的第四子。傳見《魏書》卷二十。(240)高麗王璉　高麗國王名璉。高麗亦稱高句麗，都城即今平壤。當時一方面討好南齊，同時也討好魏國。(241)素委貌　葛曉音曰：「古代一種禮帽名。據《後漢書．輿服志》載，與皮弁冠同制，長七寸，高四寸，制如覆杯，前面又高又寬，後面又矮又尖。」(242)布深衣　布料的深衣。按，魏主「制素委貌，布深衣」，算是一種降服，以表示對與國的致哀。(243)舉哀於東郊　遙望東方以致祭。(244)策贈太傅　追封高麗王璉為太傅之職。策，帝王加封某人所寫的委任狀，寫在竹簡或金片上。

(245)孫雲嗣立　高麗王璉之孫名雲者接續為高麗王。(246)己酉　十二月二十二。(247)迎春　古代祭祀之一，一般在立春之日進行。

(248)迎氣　迎節氣，迎春夏秋冬每個季節之氣的開始。(249)親之　都親自主持。(250)統萬　古城名，舊址在今陝西橫山縣西，是當時夏王赫連氏的都城。夏國於宋元嘉四年（西元四二七年）被魏主拓跋燾所滅。(251)姑臧　古城名，即今甘肅武威，當時是北涼國沮渠氏的都城。沮渠氏的北涼於宋元嘉十六年被魏主拓跋燾所滅。(252)雅樂　用於郊廟祭祀與朝會典禮的樂舞。(253)器服　樂器和樂工所穿的服飾。(254)工人　演奏樂器與表演歌舞的樂工。(255)並存之　都還一直保留著。胡三省曰：「晉永嘉之亂，太常樂工多避地河西，夏克長安，獲秦雅樂，故二國有其器服工人。」(256)浸盡　漸漸地都死光了。(257)音制多亡　音聲和演奏的儀式禮制也大都遺失。(258)曉音律　懂得音樂，記得當初雅樂的旋律與節奏。音，指宮、商、角、徵、羽五個音階。律，指黃鐘、太簇、姑洗、蕤賓、無射、夷則六個定音管。(259)議定雅樂　商量並制定出一套演奏雅樂的章程。(260)金石羽旄　金、石泛指各種演奏的樂器，羽旄泛指舞蹈者所執的道具。(261)稍壯麗於往時　比漢、魏時代的樂器與表演是越來越華麗了。(262)辛亥　十二月二十四。(263)簡置樂官　挑選並設置管理音樂的官署。簡，選拔。(264)使脩其職　讓他們各自鑽研有關的音樂業務。(265)參定　斟酌確定。(266)共註律　共同編定了《律》書。(267)泰始　晉武帝司馬炎的年號（西元二六五—二七四年）。(268)兩家所處　二人所擬定的處理意見。處，處理。(269)生殺頓異　犯人該活還是該殺，其意見完全不同。(270)斟酌　考慮處理意見。(271)吏得為姦　執法官吏可以由此鑽空子做壞事。(272)上　指齊武帝蕭賾。(273)詳正舊註　詳細地檢查補充舊有的法律條文。(274)集定二註　將張斐、杜預解釋矛盾的地方進行修改統一。(275)八座　指尚書令、尚書左右僕射，與其下屬的五部尚書。(276)參議考正　共同商量考察。(277)總其事　總負其責。(278)不能壹　有不同意見不能統一。(279)制旨平決　由皇帝作出裁定。制旨，即聖旨。皇帝的命令叫制。(280)廷尉　國家的最高司法長官。(281)孔稚珪　當時著名的文學家，官至太子詹事，加散騎常侍。傳見《南齊書》卷四十八。(282)用失其平　使用得不好，即執法不公正。(283)徒明於表裏　只在書面上體現英明公正。徒，只；白白地。表裏，書本上；字面上。表，同「帙」。裝書的套子。(284)古之名流　古代的著名學派。(285)多有法學　其中就有不少法學家，如商鞅、申不害、韓非。(286)莫肯為業　不肯鑽研這一行。(287)世議所輕　也往往被人瞧不起。(288)永淪走吏之手　永遠只供那些做具體工作的小吏所閱讀。(289)置律助教　在太學裡開設律學這門課。助教，教官名，太學博士的助手，幫著博士開展教學活動。(290)依五經例　按照太學裡給儒家的《五經》開課講學的舊例。《五經》指《周易》、《尚書》、《詩經》、《儀禮》、《春秋》，各門都有博士進行教學。[291]國子生　在太學裡上學的學生。國子，公卿大夫的子弟。[292]策試高第　通過考試，成績優異。高第，高等。[293]擢用　提拔任用。[294]補內外之官　補充到朝廷與各州郡的司法隊伍中去。[295]庶幾　以期能讓。[296]士流有所勸慕　社會上的文人士大夫能夠喜歡並願意從事這個行業。勸慕，喜歡、受鼓勵。[297]事竟不行　最後還是沒有付諸實行。[298]林邑王范陽邁　林邑是今越南境內的古國名，在今越南的中南部。秦時為林邑縣，漢代以後為林邑國。范陽邁為林邑王，在劉宋初期。事見《南齊書》卷五十八。[299]世相承襲　范陽邁之子名叫楊邁，繼其父在林邑稱王，其孫亦相繼稱王。事見《南齊書》卷五十八。[300]夷人范當根純　林邑境內的另一民族之人姓范名當根純。[301]獻金簟　向南齊獻上金絲織成的席子。[302]咸陽王禧　拓跋禧，獻文帝拓跋弘之子。傳見《魏書》卷二十一上。[303]世胙冀州　意即讓他們家世世代代管理冀州。胙，帝王祭祀用過的祭肉，可以分賜有功之臣，以示褒獎，這裡用為「享有」的意思。此建議帶有分封制的意味。[304]利建雖古　分封功臣為諸侯的做法，雖起源很早。利建，即「利建侯」，《周易・屯卦》有所謂「屯，元亨利貞，勿用有攸往，利建侯」。這裡是截取其語為典故。此亦見魏人積極漢化，努力學習南朝咬文嚼字的習氣。[305]未必今宜　未必適合於今天。[306]經野由君　治理國家、管理領土的權力在於國君。《周禮・天官》有所謂「惟王建國，辨方正位，體國經野」，此用其語。[307]理非下請　這件事絕不是你們所當請求的。理，事理。[308]司州牧　司州刺史。魏國的司州治即今河南洛陽。[309]杵承祖　馮太后的寵幸，曾任吏部尚書等要職，被封為略陽公。傳見《魏書》卷九十四。[310]知都曹事　知尚書都曹事。知，過問；兼管。都曹，各曹，亦即各部尚書。[311]原之　寬恕了他。[312]仍除悖義將軍　遂任之為悖義將軍以示諷刺。仍，同「乃」。除，任。[313]封佞濁子　封以子爵，號為佞濁，以示羞辱。[314]親姻　各種親戚。[315]其從母楊氏為姚氏婦二句　杵承祖的一個嫁給姓姚的人家做媳婦的姓楊姨媽，這個姨媽獨獨地不趨附杵承祖。獨否，獨獨地與眾不同。[316]與之奴婢　送奴婢給她。[317]不能飼　養不起。[318]著　身穿。[319]自執勞苦　親自從事很辛苦的勞動。執，持；從事。[320]李惠之誅　李惠時為青州刺史，所歷有善政，因被馮太后所忌，被誣以將南叛，被殺。事見本書卷一百三十四宋順帝昇明二年。[321]思皇后　李惠之女，獻文帝拓跋弘的夫人，孝文帝拓跋宏的生母。皇興三年因兒子被立為太子而依例賜死，承明元年追諡為思皇后。[322]昆弟　兄弟。[323]安樂王長樂　拓跋長樂，文成帝拓跋濬的兒子。傳見《魏書》卷二十。[324]坐不軌誅　長樂以謀反的罪名被殺事，見本書卷一百三十五齊高帝建元元年。[325]魏主　指孝文帝拓跋宏。[326]卿之先世　指李惠和李鳳。[327]再獲罪　指兩次被強加罪名。[328]由外戚而舉　單憑是外戚而為大官。[329]季世之法　那是一個王朝行將滅亡之時的做法。[330]視此　都以此為例。[331]例降爵為伯　依前例由侯爵降為伯爵。[332]去其軍號　免去其將軍的稱號。[333]嘗以為言　曾因此提出意見。[334]世宗　宣武帝拓跋恪，孝文帝拓跋宏的兒子。傳見《魏書》卷八。[335]中山太守中山郡的郡治即今河北定州。

【校記】①后 原作「帝」。據章鈺校，十二行本、乙十一行本、孔天胤本皆作「后」，今據改。②司空 原無此二字。據章鈺校，十二行本、乙十一行本、孔天胤本皆有此二字，今據補。③戊寅 原作「戊戌」。今據嚴衍《通鑑補》改作「戊寅」。按，是年十一月己未朔，無戊戌。《魏書・高祖紀》亦作「戊寅」。④己酉 原作「乙酉」。今據嚴衍《通鑑補》改作「己酉」。按，是年十二月戊子朔，無乙酉。⑤張裴 原作「張斐」。據章鈺校，孔天胤本作「張裴」，今據改。按，《晉書・刑法志》：「其後，明法掾張裴又注律，表上之。」

【語譯】九年（辛未 西元四九一年）

春季，正月初八日辛丑，齊武帝蕭賾到建康城的南郊舉行祭天典禮。

正月丁卯日，魏孝文帝拓跋宏開始在皇信堂的東室聽政。

齊武帝下詔，頒布一年四季祭祀太廟時所用的供品：進獻給宣皇帝蕭承之的供品是發麵餅、鴨肉羹；進獻給齊太祖蕭道成的生母孝皇后的供品是筍、鴨蛋；進獻給高皇帝蕭道成的供品是肉絲、肉粥；進獻給昭皇后的供品是茶、粽子、烤魚，都是他們生前最喜歡吃的東西。齊武帝夢見太祖蕭道成對自己說：「劉宋王朝的幾位皇帝經常到太廟來向我索要東西吃，可以在別的地方祭祀我。」齊武帝於是令豫章王蕭嶷的王妃庾氏在清溪水邊蕭道成的故居主持一年四季對宣皇帝蕭順之、高皇帝蕭道成二位皇帝和孝皇后、昭皇后二位皇后的祭祀。供祭祀用的牲畜、祭祀時穿戴的衣帽，都按照平民百姓祭祀家中老人的禮節。

司馬光說：「春秋時期楚國的令尹屈到，生前愛吃菱角，臨死囑託宗人在祭祀他的時候，祭品一定要用菱角，屈到的兒子屈建為了維護祭典的嚴肅，當宗人把菱角作為祭品祭祀屈到的時候，屈建令人把菱角去掉，認為不能因為屈到的私人所好而違反了祭祀大典，何況作為兒子的蕭賾貴為天子，竟然按照平民百姓的禮節來祭祀他的父親，也太違背禮法了吧！春秋時期衛國的國君衛成公因為夢見衛國的始祖對自己說『夏帝相搶奪我的祭品』，於是下令祭祀夏帝相，衛國的大夫甯武子尚且認為衛成公祭祀夏帝相是不合適的，何況齊武帝降低祭祀的規格，在私宅中祭祀自己的祖父和父親，而且是讓一個非嫡長子的媳婦來主持祭祀呢！」

當初，魏孝文帝邀請吐谷渾王伏連籌到魏國的京師平城來朝拜，伏連籌推說自己身體有病而不肯來，隨後就修築起洮陽、泥和二座城池，並派兵防守。二月十二日乙亥，魏國駐守枹罕的將領長孫百年請求出兵攻打洮陽城和泥和城，孝文帝批准了他的請求。

齊國擔任散騎常侍的裴昭明、擔任散騎侍郎的謝竣前往魏國弔唁馮太后之喪，他們想穿戴著原有的朝服進行弔唁，魏國主持接待賓客的官員說：「弔喪都有一定的禮儀規定，你們怎能穿著紅色的吉慶衣服進入祭弔死者的靈堂呢！」裴昭明等人回答說：「我們是奉齊國朝廷之命前來弔唁，不敢私自更換。」兩國使臣之間反覆交換了四五次意見，裴昭明等人都堅持不可更換服裝。魏孝文帝令擔任尚書的李沖負責挑選飽學之士去與裴昭明等進行交涉，李沖奏請派遣擔任著作郎的上谷郡人成淹。裴昭明等人對成淹說：「魏國朝廷不允許齊國的使臣身穿朝服進入靈堂弔唁，是根據哪一部典籍的規定？」成淹回答說：「吉慶的衣服與喪服，這二者是不能調和的。身穿華貴的袞衣、頭戴黑色的帽子的人是不能弔孝的，這是連小孩子都知道的常識。春秋時期魯國的大臣季孫行父準備出訪晉國，他預先詢問好了如果遇到對方有喪事應該遵守怎樣的禮節，而後才出訪。現在您等從江南遠道來到魏國弔喪，到現在才向我們詢問出於何種禮節。同樣是使者，一個想的那樣周到，一個卻如此的疏忽，兩者相差該是多遠呢！」裴昭明說：「二國之間的交往，相互應該是對等的。我們齊國的高皇帝蕭道成駕崩的時候，魏國派李彪為使者前來弔唁，根本就沒有穿孝服，齊國朝廷也沒有認為有什麼不妥當，為什麼今天卻特別地強制、逼迫我們改穿喪服呢！」成淹駁斥他說：「齊國沒有遵循先皇去世之後，新皇帝要默然無語，在廬守孝，委託政事於冢宰的禮節，先皇去世一個月之後就除去喪服換上了吉服。李彪出使貴國的時候，齊國的君臣，都身穿朝服，群臣身上的佩玉鳴聲悅耳，內侍頭上插的貂尾珥璫光芒耀眼。李彪得不到主人的命令，怎敢獨自身穿喪服夾雜在百官之中呢！我們魏國的皇帝仁慈孝敬，可以和古代的虞舜相並稱，為自己的祖母守孝期間，住在守喪的小棚子裡，每天只喝一點粥，你怎麼能把我們魏國的皇帝和你們齊國的皇帝相比呢！」裴昭明說：「夏、商、周三代的禮節各不相同，誰能知道在禮節方面他們誰的算好，誰的算不好呢！」成淹說：「照你這麼一說，難道虞舜、高宗武丁守孝三年都錯了嗎？」裴昭明與謝竣相視而笑，說：「非難孝子的人，就不會有人親近他，我們怎麼敢成為非難孝子的人呢？」於是向成淹解釋說：「我們前來出使的時候，只帶著幾件袴褶，這些都是參加軍事活動的服裝，我們總不能穿著這些軍服弔喪吧，所以只能請你們定奪我們穿什麼衣服進行弔唁了！然而我們這樣做就違背了我朝的命令，回去之後一定會被判罪。」成淹說：「假設你們齊國還有有道德、明事理的人，就會認為你們此次奉命出使很得宜，一定會得到重賞；如果你們齊國那裡根本就沒有有道德、明事理的人，你們奉命出使，為自己的國家爭得了榮譽，即使回國之後獲罪又有什麼關係呢！一定會有秉筆直書的史官把你們的事跡載入史冊，流芳百世。」於是把單衣和白色的便帽交給裴昭明等人，讓他們穿上之後，向魏國的孝文帝表達了齊國皇帝對他的弔唁慰問之情。二月二十六日己丑，魏國負責接待賓客的官員引導著裴昭明等人進入馮太后的靈堂進行弔唁，魏國的文武百官全都痛哭流涕，極盡悲哀。魏孝文帝很讚賞成淹的聰敏，遂提升成淹為侍郎，賞賜給成淹一百匹絲織品。裴昭明，是裴駰的兒子。

齊國的始興簡王蕭鑑去世。

三月十二日甲辰，魏孝文帝前往永固陵祭拜馮太后。夏季，四月初一日癸亥，在太和廟設馮太后的神主，擺上季節性果蔬作為供品舉行祭祀。孝文帝從這時起開始進食一些蔬菜，追思起太后來又忍不住悲哀哭泣，一整天都沒有吃飯。擔任侍中的馮誕等人極力勸說，過了一宿孝文帝才吃飯。初二日甲子，停止每天早晨、晚上的哭喪。初三日乙丑，孝文帝又去拜謁永固陵。

魏國從正月開始到四月十一日癸酉一直沒有下雨，有關部門的官員請求孝文帝主持祭祀祈禱儀式，祈求百神為旱區普降甘霖，孝文帝說：「成湯時遇到旱災，成湯誠心誠意地檢討了自己的過失因而感動上天降下雨水，原本不需要轉著彎地去祭祀別的神靈。如今全國上下都因為太后的去世而失去了依靠，鬼神都與我們一同悲哀，怎麼能在喪期還未滿一週年的時候，就匆匆忙忙地去主持祭祀山川諸神的活動呢！只應當責備自己，以等待上天的懲罰。」

四月十二日甲戌，魏國擔任員外散騎常侍的李彪等來到齊國的都城建康進行友好訪問，齊國朝廷專門為他擺設宴席，安排樂舞進行招待。李彪請求將樂舞撤走，他說：「我們魏國的皇帝非常孝順，他對太皇太后的去世有無窮無盡的哀痛和思念，正在復興被百王廢棄的喪禮以糾正他們的缺失。在上個月的月底，朝中的群臣才剛剛脫下喪服，仍然穿著白色的衣服處理公務，所以我這個使者不敢接受貴國賞賜樂舞。」齊國朝廷接受了李彪的意見馬上撤去了樂舞。李彪總計六次奉命出使齊國，齊武帝非常敬重他。在李彪準備返回魏國的時候，齊武帝親自送李彪到琅邪城，並命令群臣賦詩惜別，表達對李彪的尊敬與喜愛。

四月十七日己卯，魏國修建明堂，改建太廟。

五月初八日己亥，魏孝文帝在東明觀重新修訂國家的法令，親自判決疑難的刑事案件。他讓擔任內祕書令的李沖評論對罪犯量刑的輕重，再把判詞潤色一遍，然後由孝文帝執筆書寫。李沖忠誠勤勉，聰明而有決斷，再加上辦事謹慎周密，所以孝文帝非常依賴他，君臣之間情投意合，親密無間。舊臣貴戚，無不心悅誠服，朝廷內外的人都很推崇他。

五月二十四日乙卯，魏國駐守枹罕的將領長孫百年率領魏軍攻打洮陽城與泥和城，很快便將二城攻克，俘虜了三千多名吐谷渾人。○二十五日丙辰，魏國開始為孝文帝製造五種車駕。

六月十三日甲戌，齊武帝任命擔任尚書左僕射的王奐為雍州刺史。○丁未日，魏國擔任徐州刺史的濟陰王拓跋鬱因為貪汙受賄、為人殘暴而被孝文帝下詔賜死。

秋季，閏七月初五日乙丑，魏孝文帝前往拜謁永固陵。

閏七月十九日己卯，魏孝文帝下詔說：「烈祖道武帝拓跋珪有開創基業的功勳，世祖太武帝拓跋燾有開拓疆土的美德，應該把他們奉為祖宗，他們的靈牌將永遠供奉在宗廟大殿的正中央。平文帝拓跋鬱律的功勞比不上昭成帝拓跋什翼犍，然而廟號卻是太祖，道武帝拓跋珪的功勞大於平文帝拓跋鬱律，而廟號卻是烈祖，從道理上來說有些不公平。現在我尊奉烈祖道武帝拓跋珪為太祖，把世祖拓跋燾、顯祖拓跋弘作為太祖的兩個繼承者、接續者，他們的靈牌應該接放在太祖之次，其他人的靈牌都依照順序遷到別處擺放。」

八月初三日壬辰，魏孝文帝又下詔讓朝廷大臣討論有關尊敬老人以及朝廷祭祀自然界六位大神的禮儀。

先前的時候，魏國經常在正月挑選一個好日子在朝廷的庭院中拉上帷幕，當中放置松柏樹，擺放一個五帝的靈牌進行祭祀。還有對占卦、算命所拜求的神靈進行祭祀的活動，孝文帝認為這些祭祀都不符合禮法的規定而被撤銷了。初九日戊戌，魏國把道教的祭天神壇遷移到了桑乾河的南面，改稱為崇虛寺。

八月十六日乙巳，魏孝文帝召見群臣，向他們詢問有關「禘」、「祫」兩種祭祀的區別，以及三國時期魏國的經學家王肅和東漢時期的經學家鄭玄對「禘」、「祫」兩種祭祀各自所做的解釋如何，好在什麼地方，不好在哪裡？」擔任尚書的游明根等人同意並採納鄭玄的解釋，而擔任中書監的高閭等人則同意並採納王肅的解釋。孝文帝下詔說：「天子在南郊祭天的圜丘和宗廟中都曾有過合祭列祖列宗的事實，也就都有過『禘祭』、『祫祭』的名稱，在這方面鄭玄的解釋有道理，我贊成鄭玄的解釋；『禘』、『祫』既然都是合祭祖先的名稱，只不過是在間隔的年頭上、或是在其他方面略有區別，那我們就聽從王肅的意見，把這兩個名字合併起來。把我說的這個意思寫在法典上，以後不再討論。」二十九日戊午，魏孝文帝又下詔：「國家祭祀大大小小、各式各樣鬼神的場所，總計有一千二百多處，現在準備對各種祭祀對象進行規範精簡，一定要本著簡單、節約的原則。」又下詔說：「明堂、太廟，陪同受祭、陪同享受馨香的人選都已經齊備。白登山上的宣武廟、崞山上太武帝保母的竇氏寢廟、雞鳴山上文成帝保母的常氏寢廟，對這三處廟宇，只需派主管該項事務的官員去看管祭祀就行了。馮宣王的寢廟在長安，應該下令給雍州刺史，讓他按時上供祭祀。」又下詔：「以前需要祭祀的水神、火神等有四十多位，以及在京城西北郊設壇祭祀的司中、司命、司祿等星神，如今在圜丘祭天時順便在圜丘下層的四周祭祀風伯、雨師、司中、司命，又在明堂裡祭祀門神、戶神、井神、灶神、中霤神等，所以對水神、火神等四十多位神靈的祭祀全部可以廢除。」二十五日甲寅，孝文帝下詔說：「近來討論對太陽、月亮進行祭祀的有關問題，都認為應該以每年的春分之日在東郊祭日，秋分之日在西郊祭月。然而有閏月，有大小盡，每年的秋分，月亮所處的位置不固定。如果一成不變地在秋分日祭祀月亮，有時候就遇到月亮在東邊而我們在西邊祭祀的情況，於情於理都不可行。過去擔任祕書監的薛謂等人認為祭祀日神的典禮在每月的初一舉行，祭祀月神的典禮在每月的初三舉行為好。你們認為是選擇每月的初一、初三祭祀好呢，還是選擇春分、秋分之日祭祀好呢？」擔任尚書的游明根等人請求選擇每月的初一、初三分別祭祀日神和月神，孝文帝採納了他們的意見。

八月二十七日丙辰，魏國有關部門的官員上奏，請求用占卜的方式確定舉行小祥的日期。孝文帝下詔說：「通過卜筮選定日子以求改換服喪的形式，既與恭敬地侍奉喪者的做法相抵觸，又違背了服喪者對死者無法割捨的思戀之情。現在就定在這個月的最後一天舉行小祥之祭。」九月十八日丁丑夜間，孝文帝住宿在馮太后陵墓前的祭廟裡，率領群臣痛哭之後，孝文帝脫去孝服，換上白色的帽子，腰束皮帶，腳穿黑色麻鞋，陪侍的大臣也都更換了衣服，頭戴黑色長耳的裹髮巾，身穿白絹做的單衣，腰束皮帶，腳穿黑色的鞋子，然後在二更時分又接著哭泣，整整哭了一個更次。九月最後一天二十九日戊子，孝文帝換上祭祀的服裝，頭戴著用生絹鑲邊的白帽子，身穿白布縫製的連體祭服，腳穿麻繩編製的鞋子，陪侍的大臣摘掉黑色長耳的裹髮巾，戴上白紗製成的帽子。祭祀結束，君臣全都退出祭廟，孝文帝又在祭廟前站著哭了很長時間，這才返回。

冬季，十月，魏國修建的明堂、太廟竣工。

十月初二日庚寅，魏孝文帝前往拜謁永固陵，因為哀傷過度身體消瘦得非常厲害。擔任司空的穆亮勸諫他說：「陛下已經舉行了小祥之祭，而哀號思慕之情仍然像開始的時候一樣。君王是天地的兒子，是萬民的父母，沒有兒子過於哀傷而父母不感到痛苦，父母憂愁而兒子卻獨自高興、快樂的。如今陰陽失調，連續發生風災和旱災，希望陛下穿上輕喪之服，正常吃飯，讓您的車駕也適當地活動活動，對各種神靈都依次給予祭祀，以求得人神都能得到幸福。」孝文帝於是下詔說：「只要把孝悌做到家，就會無所不通。如今旋風、乾旱肆虐，都是因為我思慕親人的感情還不夠濃厚，天地眾神與黎民百姓還都不滿意。如果說這都是因為我悲哀過度引發的問題，實在是不合適。」十一月初一日己未，孝文帝在太和廟舉行除喪服之祭，孝文帝穿著皇帝的禮服，戴著皇帝的禮帽進行祭祀。祭祀完畢，便頭戴黑色長耳的裹髮巾，身穿白紗製作的深衣，拜別馮太后的陵墓後回宮。初五日癸亥，是冬至日，孝文帝到南郊的圜丘祭天，又到明堂祭祀，回來以後，到太和廟，然後才入宮。初六日甲子，孝文帝來到太華殿，他頭戴通天冠，身穿絳色紗袍，用酒食款待群臣。鐘磬等樂器懸掛在大廳周圍，但不演奏。初九日丁卯，孝文帝穿著皇帝的禮服，戴著皇帝的禮帽，辭別了太和廟，然後率領百官捧著列祖列宗的靈牌遷到新建的太廟裡安放。

十一月十七日乙亥，魏國給各個官職定出級別。二十日戊寅，魏國朝廷對各郡太守進行考核。〇魏國代理通直散騎常侍的李彪等來到齊國進行友好訪問。〇按照魏國舊有的制度，群臣在十二月舉行朝賀的時候，都要穿袴褶，稱為過小年。二十八日丙戌，孝文帝下詔廢除了這一制度。

十二月初五日壬辰，魏國把皇帝祭祀土神、穀神的社稷壇遷到平城內城的西邊。〇魏國朝廷任命安定王拓跋休為太傅，任命齊郡王拓跋簡為太保。

高麗王高璉去世，享年一百多歲。魏國的孝文帝為了哀悼高麗王，特別製作了一種名叫素委貌的禮帽，一身布料的深衣，在平城東郊舉行哀悼活動，還派遣擔任謁者僕射的李安上前往高麗的都城追封高璉為太傅，諡號為康。高璉的孫子高雲繼位為高麗王。

十二月二十二日己酉，魏孝文帝在平城的東郊舉行迎接春天之氣開始的祭禮典禮。從此以後，每年在立春、立夏、立秋、立冬的這一天，孝文帝都親自主持迎接每個季節之氣開始的祭典。

當初，魏世祖拓跋燾攻克統萬城以及姑臧的時候，所繳獲的用於郊廟祭祀與朝會典禮的樂舞、樂器、樂工所穿的服飾以及演奏樂器與表演歌舞的工人，都還一直保留著。後來的歷朝皇帝都沒有人留意這些，樂工也慢慢地都死光了，音聲和演奏時的儀式禮制也大都遺失。魏高祖拓跋宏開始令有關部門的官員到民間去訪問懂得音樂、記得當初雅樂的旋律與節奏的人，商量並制定出一套演奏雅樂的章程，當時並沒有人知曉。然而那些用金銀、玉石做裝飾的各種演奏的樂器以及舞蹈者所執的各種道具比起以往漢代、魏晉時代的樂器與表演是越來越華麗了。十二月二十四日辛亥，孝文帝下詔，挑選管理音樂的樂官、設置管理音樂的官署，讓樂官研究有關音樂的業務，又令擔任中書監的高閭負責斟酌確定。

當初，晉朝張裴、杜預共同編訂了一部《律》書，總計三十卷，從晉武帝司馬炎的泰始年間開始一直沿用，這部《律》書文字簡略，有的一章之中張斐、杜預二人所擬定的處理意見，犯人該活還是該殺，意見完全不同，都得由執法官吏臨時考慮處理意見，因此執法官員得以鑽空子做壞事。齊武帝關注法令，下詔令獄官詳細地檢查補充舊有的法律條文。七年，擔任尚書刪定郎的王植把張斐、杜預兩家解釋互相矛盾的地方進行了修改統一，然後上表奏報朝廷。齊武帝下詔令公卿、八座參與討論考正，由竟陵王蕭子良對此事總負責；對眾人的不同意見不能統一的，就交由皇帝做出裁決。這一年，新律書修改完成。擔任廷尉的山陰郡人孔稚珪上表給朝廷，他認為「《律》書的文字雖然確定下來了，假設執法官不能準確的運用法律，造成執法的不公平，那麼法律的公平就只能停留在法律條文的字面上，冤死者的陰魂仍然聚結在監獄中。我私下查閱了古代的著名學派，其中就包括很多法學家；如今的讀書人，都不願意鑽研法律這門專業。即使有人學習，也往往被世人所瞧不起，恐怕這部律書只能永遠供那些做具體工作的小吏去閱讀了。現在如果在太學裡開設律學這門功課，依照太學裡給儒家的《五經》開課講學的舊例，在太學裡上學的學生如果有人願意學習律學，經過考試，成績優異的，立即加以提拔任用，補充到朝廷與各州郡的司法隊伍當中去，以期讓社會上的文人士大夫能夠喜歡並願意從事這個行業。」齊武帝下詔批准了他的請求，但最後還是沒有付諸實施。

當初，林邑國王范陽邁，世代相傳做林邑王。林邑境內的另一個民族首領名叫范當根純的率眾攻佔了林邑國，然後派使者向齊國獻上金絲編織的席子等物品。齊武帝下詔，任命范當根純為都督緣海諸軍事、林邑王。

魏國擔任冀州刺史的咸陽王拓跋禧回到京師平城朝見孝文帝。有關部門的官員上奏說：「冀州的三千名百姓稱讚咸陽王拓跋禧在擔任冀州刺史期間清正廉明，為百姓做了不少好事，請求讓咸陽王拓跋禧家世世代代管理冀州。」孝文帝下詔說：「分封功臣為諸侯的做法雖然起源很早，但未必適合於今天，治理國家、管理領土的權力在於國君，這件事情絕對不是你們所應當請求的。」孝文帝任命拓跋禧擔任司州牧、都督司、豫等六州諸軍事。

當初，魏國的文明太后馮氏寵愛信任宦官略陽郡人苻承祖，提升苻承祖做了侍中，兼管知尚書都曹事，並賜予他免死牌。文明太后馮氏去世之後，苻承祖犯了貪贓受賄罪，理應被判處死罪，孝文帝還是寬恕了他，把他削職為民，禁錮在家裡，於是任命苻承祖為悖義將軍，封他為佞濁子爵，一個多月後苻承祖就死了。苻承祖剛剛得到太皇太后寵信、手中握有權力的時候，他的各種親戚都主動地前來投靠他，以便得到利益。唯獨一個姓楊的嫁給姚家做媳婦的姨媽，不肯趨炎附勢，她經常對苻承祖的母親說：「姐姐雖然享有一時的榮華富貴，卻不如妹妹我可以享受無憂無慮的快樂。」苻承祖的母親送給妹妹楊氏衣服，楊氏多數情況下都沒有接受，如果強行送給她，她就說：「我丈夫家裡世代貧窮，穿漂亮的好衣服讓人感到不安。」如果迫不得已接受了姐姐送的衣服，回家之後就把衣服埋掉了。如果是送給她奴婢，她就說：「我家裡沒有足夠的糧食，養不起他們。」楊氏經常穿著破舊的衣裳，親自從事很辛苦的勞作。苻承祖派車子去接她，她不肯上車，讓人強行把她抱上車，她就大哭著說：「你想要殺死我嗎！」因此苻氏的家裡人給她起了一個外號叫「癡姨」。等到苻承祖敗落之後，有關部門的官員把苻承祖的兩個姨媽逮捕起來，押送到殿廷。其中一個姨媽被處以死刑，孝文帝看見苻承祖嫁給姚氏的姨媽很貧窮，穿著破衣爛衫，就特別赦免了她。

擔任青州刺史的李惠因為遭到馮太后的忌恨而被誣以將南叛的罪名被誅殺，李惠的女兒、嫁給獻文帝拓跋弘的思皇后所有的兄弟都被處死了。李惠的堂弟李鳳當時正在安樂王拓跋長樂的屬下擔任主簿，拓跋長樂以圖謀不軌的罪名被誅殺，李鳳受到牽連也被處死。李鳳的兒子李安祖等四個人逃走隱藏起來得以活命，遇到魏國實行大赦才敢露面。不久孝文帝尋找自己舅父家裡的倖存者，於是找到了李安祖等人，把他們都封了侯，還給了他們一個將軍的稱號。不久孝文帝召見李安祖等，對他們說：「你們的先人李惠、李鳳，當年兩次被強加上罪名。君王設置官位是為了接納賢良才俊，如果光是憑藉外戚的身分而做大官，那是一個即將滅亡的王朝的做法。你們幾個人既然沒有什麼特殊的才能，還是暫且回家去吧。從今以後，身為外戚而沒有才能的人都以此為例。」後來又依照前例把他們的爵位由侯爵降為伯爵，免去了他們將軍的稱號。當時的人都認為孝文帝對待皇太后馮氏太優厚，對待自己舅舅家的李氏太苛薄，擔任太常的高閭曾經就此事勸說過孝文帝，但孝文帝沒有採納高閭的意見。等到孝文帝的兒子世宗拓跋恪做了皇帝，尊崇外戚的時候，就任命自己的舅舅李安祖的弟弟李興祖為中山郡太守，追贈自己的外祖父李惠為開府儀同三司、中山公，諡號為莊。

十年（壬申　西元四九二年）

春，正月戊午朔❶，魏主朝饗羣臣於太華殿，懸而不樂。

己未❷，魏主宗祀顯祖於明堂以配上帝❸，遂登靈臺❹以觀雲物❺，降居青陽左个❻，布政事❼。自是每朔依以為常❽。

散騎常侍庾華❾等聘於魏，魏主使侍郎成淹引華等於館南，瞻望行禮❿。

辛酉⓫，魏始以太祖配南郊。

魏主命羣臣議行次⓬。中書監高閭議，以為「帝王莫不以中原為正統⓭，不以世數為與奪⓮，善惡為是非⓯。故桀、紂⓰至虐，不廢夏、商之曆⓱；厲、惠⓲至昏，無害周、晉之錄⓳。晉承魏⓴為金，趙承晉㉑為水，燕承趙㉒為木，秦承燕㉓為火。秦之既亡㉔，魏乃稱制玄朔㉕。且魏之得姓，出於軒轅㉖，臣愚以為宜為土德㉗。」祕書丞李彪、著作郎崔光等議，以為：「神元㉘與晉武往來通好㉙，至于桓、穆㉚，志輔晉室㉛。是則司馬祚終於郟鄏㉜，而拓跋受命於雲、代㉝。昔秦并天下㉞，漢猶比之共工㉟，卒繼周為火德㊱。況劉、石、苻氏㊲，地褊世促㊳，魏承其弊㊴，豈可捨晉而為土㊵邪？」司空穆亮等皆請從彪等議。壬戌㊶，詔承晉為水德，祖申㊷、臘辰㊸。

甲子(44)，魏罷祖祼(45)[1]。

魏宗室及功臣子孫封王者眾，乙丑(46)，詔：「自非列祖之胄(47)，餘王皆降為公，公降為侯，而品(48)如舊。」蠻王桓誕(49)亦降為公，唯上黨王長孫觀(50)，以其祖有大功，特不降。丹楊王劉昶(51)封齊郡公，加號宋王。

魏舊制，四時祭廟皆用中節(52)，丙子(53)，詔始用孟月(54)，擇日而祭。

以竟陵王子良領尚書令。

魏主毀太華殿為太極殿。二月[2]戊子(55)，徙居永樂宮(56)。以尚書李沖領將作大匠(57)，與司空穆亮共營之(58)。

辛卯(59)，魏罷寒食饗(60)。○甲午(61)，魏主始朝日于東郊。自是朝日、夕月皆親之。○丁酉(62)，詔祀堯於平陽(63)，舜於廣寧(64)，禹於安邑(65)，周公於洛陽(66)，皆令牧守執事(67)。其宣尼之廟(68)，祀於中書省。丁未(69)，改諡宣尼曰文聖尼父，帝親行拜祭。

魏舊制，每歲祀天於西郊，魏主與公卿從二千餘騎，戎服遶壇，謂之「蹹壇」。明日，復戎服登壇致祀，已又遶壇，謂之遶天。三月癸酉(70)，詔盡省之。

辛巳(71)，魏以高麗王雲為督遼海諸軍事、遼東公、高句麗王，詔雲遣其世子(72)

入朝。雲辭以疾，遣其從叔升千[73]隨使者詣平城。

夏，四月丁亥朔[74]，魏班[75]新律令，大赦。

辛丑[76]，豫章文獻王嶷[77]卒，贈假黃鉞[78]、都督中外諸軍事、丞相，喪禮皆如漢東平獻王[79]故事[80]。嶷性仁謹廉儉，不以財賄[81]為事。齋庫[82]失火，燒荊州還資[83]，評直[84]三千餘萬，主局[85]各杖數十而已。疾篤，遺令諸子曰：「才有優劣，位有通塞[86]，運有貧富，此自然之理，無足以相陵侮[87]也。」上哀痛特甚，久之，語及嶷，猶欷歔[88]流涕。嶷卒之日，第庫[89]無見錢[90]。上敕月給嶷第錢百萬，終上之世乃省[91]。

五月己巳[92]，以竟陵王子良為楊州刺史。

魏文明太后之喪，使人告于吐谷渾。吐谷渾王伏連籌拜命[93]不恭，羣臣請討之，魏主不許。又請還其貢物[94]，帝曰：「貢物乃人臣之禮。今而不受，是棄絕之，彼雖欲自新，其路無由矣。」因命歸洮陽、泥和之俘[95]。

秋，七月庚申[96]，吐谷渾遣其世子賀虜頭入朝于魏。詔以伏連籌為都督西垂[97]諸軍事、西海公、吐谷渾王，遣兼員外散騎常侍張禮使於吐谷渾。伏連籌謂禮曰：「曩者[98]宕昌常自稱名[99]而見謂為大王[100]，今忽稱僕[101]，又拘執使人[102]。欲使偏師往問[103]，何如？」禮曰：「君與宕昌皆為魏藩[104]，比輒[105]興兵攻之，殊違臣節[106]。離京師之日，宰輔[107]有言，以為君能自知其過，則藩業[108]可保；若其不悛[109]，禍難將至矣。」伏連籌默然。

甲戌[110]，魏遣兼員外散騎常侍廣平宋弁[111]等來聘。及還，魏主問弁：「江南[112]何如？」弁曰：「蕭氏父子無大功於天下，既以逆取[113]，不能順守[114]；政令苛碎，賦役繁重；朝無股肱之臣，野有愁怨之民。其得沒身幸矣[115]，非貽厥孫謀[116]之道也。」

八月乙未[117]，魏以懷朔鎮將陽平王頤[118]、鎮北大將軍陸叡[119]皆為都督，督十二將，步騎十萬，分為三道以擊柔然：中道出黑山，東道趣士盧河，西道趣侯延河。軍過大磧[120]，大破柔然而還。

初，柔然伏名敦可汗與其叔父那蓋分道擊高車阿伏至羅，伏名敦屢敗，那蓋屢勝。國人以那蓋為得天助，乃殺伏名敦而立那蓋，號侯其伏代庫者[121]可汗，改元太安[122][3]。

魏司徒尉元、大鴻臚卿游明根累表請老[123]，魏主許之。引見，賜元玄冠、素衣[124]；明根委貌[125]、青紗單衣，及被服雜物等而遣之。魏主親養[126]三老、五更[127]於明堂。己酉[128]，詔以元為三老，明根為五更。帝再拜三老[129]，親袒割牲[130]，執爵而饋[131]，肅拜五更[132]；且乞言[133]焉，元、明根勸以孝友化民[134]。又養國老[135]、庶老[136][4]於階下。禮畢，各賜元、明根以步挽車[137]及衣服，祿三老以上公[138]，五更以元卿[139]。

九月甲寅[140]，魏主[5]序昭穆於明堂[141]，祀文明太后於玄室[142]。

辛未[143]，魏主以文明太后再朞[144]，哭於永固陵左，終日不輟聲，凡二日不食。甲戌[145]，辭陵，還永樂宮。

武興氐王楊集始[146]寇漢中[147]，至白馬[148]。梁州[149]刺史陰智伯遣軍主桓盧奴、陰仲昌[6]等擊破之，俘斬數千人。集始走還武興，請降于魏。辛巳[150]，入朝于魏。魏以集始為南秦州刺史、漢中郡侯、武興王。

冬，十月甲午[151]，上[152]殷祭太廟[153]。

庚戌[154]，魏以安定王休[155]為大司馬，特進[156]馮誕為司徒。誕，熙[157]之子也。◯魏太極殿成[158]。

十二月，司徒參軍蕭琛、范雲[159]聘於魏[160]。魏主甚重齊人，親與談論。顧謂羣臣曰：「江南多好臣。」侍臣李元凱對曰：「江南多好臣，歲一易主；江北無好臣，百年一易主。」魏主甚慚。

上使太子家令沈約[161]撰宋書，疑立袁粲傳[162]，審之於上。上曰：「袁粲自是宋室忠臣。」約又多載宋世祖[163]、太宗[164]諸鄙瀆事[165]。上曰：「孝武事迹，不容頓爾[166]。我昔經事明帝[167]，卿可思諱惡之義[168]。」於是多所刪除。

是歲，林邑王范陽邁之孫諸農，帥種人攻范當根純，復得其國。詔以諸農為都督緣海諸軍事、林邑王。

魏南陽公鄭義[169]與李沖昏姻，沖引為中書令。出為西兗州[170]刺史，在州貪鄙。文明太后為魏主納其女為嬪[171]，徵為祕書監[172]。及卒，尚書奏諡曰宣[173]。詔曰：「蓋棺定諡，激揚清濁[174]。故何曾[175]雖孝，良史載其繆醜[176]；賈充[177]有勞，直士謂之『荒公[178]』。義雖宿有文業[179]，而治闕廉清[180]。尚書何乃情違至公[181]，愆違明典[182]！依諡法[183]：『博聞多見曰文；不勤成名[184]曰靈。』可贈以本官[185]，加諡文靈。」

【章　旨】以上為第三段，寫齊武帝蕭賾永明十年（西元四九二年）一年間的大事。主要寫了魏主令群臣討論魏國在五行終始中屬於何德，最終聽從李彪等議，以魏國繼於西晉之後，於五行為水德；寫魏國頒行新律法；寫魏將陸叡等三道伐柔然，大勝而回；寫魏主親養三老、五更，以及養庶老、國老等等，此種禮節在獨尊儒術的《漢書》中亦未敘及；寫魏國大臣鄭義死，魏主改尚書之諡「宣」，而乃諡之曰「文靈」，並夾帶批判了前代何曾、賈充之為人，表現了魏主能堅持公正地用諡；寫魏臣宋弁出使南齊，回國後說南齊「既以逆取，不能順守；政令苛碎，賦役繁重；朝無股肱之臣，野有愁怨之民」，並預言蕭賾「其得沒身幸矣，非貽厥孫謀之道也」，為南齊之亂埋下伏筆；寫齊臣蕭琛、范雲使魏，魏主喜歡南人，稱曰「江南多好臣」；魏臣李元凱則嘲之曰「江南多好臣，歲一易主；江北無好臣，百年一易主。」見寫史者對南朝政治之深深憎惡。此外還寫了南齊豫章王蕭嶷死，家無餘財。在整個南齊王朝中最令人賞心悅目的就是這個人了，蕭嶷留給人的印象可以說是深刻難忘。

【注釋】❶正月戊午朔　正月初一是戊午日。❷己未　正月初二。❸宗祀顯祖於明堂以配上帝　此句乃模仿《孝經》之「宗祀文王於明堂以配上帝」，意思是在明堂祭祀上帝的時候，以其父的靈位做配享。宗祀，區別「郊祀」、「廟祀」，目的是為了祭祀他的父親，故而特別選在明堂；又為了突出其父的地位，而採取祭上帝於明堂，而令其父為配享。❹靈臺　觀測天象的地方。❺雲物　天象雲氣之色。❻降居青陽左个　從靈臺上下來，就住在了寢殿東屋北側的偏室。青陽，指皇帝寢殿的東屋。左个，東屋左側的偏室。❼布政事　向群臣宣布有關的政事。❽每朔依以為常　每月的初一都照此這麼做。❾庾蓽　當時的文學之臣，博涉群書，能說會道。傳見《梁書》卷五十三。❿瞻望行禮　遠望魏主祀明堂、登靈臺以觀雲物的活動。⓫辛酉　正月初四。⓬行次　金、木、水、火、土五行相生相剋的循環，以及表現在歷代王朝相互取代、相互承繼的次序。⓭莫不以中原為正統　中原，指建都於中原地區的王朝，如夏、商、周、秦、漢、曹魏、西晉，以及拓跋魏是也。至於東晉、劉宋、蕭齊等等，拓跋氏稱之為蠻夷，因為他們不在中原，不在正統五行的循環之中。⓮不以世數為與奪　不以統治時間的長短為去取根據，有一個算一個。世數，統治時間的長短，與傳承帝王的多少。與奪，指算不算一個王朝。⓯善惡為是非　也不以某個帝王的善惡為去取標準，都得承認他們的存在。⓰桀紂　夏桀、殷紂，夏、商兩代的末代國君，被傳說為暴虐荒淫的典型。事見《史記》中的〈夏本紀〉與〈殷本紀〉。⓱不廢夏商之曆　不能不統計到夏朝、商朝的年頭之內。⓲厲惠　周厲王、晉惠帝，前者是西周的暴君，後者是西晉的昏君。⓳無害周晉之錄　也都得寫入周、晉帝王的名單。⓴晉承魏　西晉是接續著曹魏。西元二六五年，司馬炎廢魏帝曹奐自立，開始了晉朝。㉑趙承晉　這裡的「趙」是指十六國時的前趙和後趙。西晉末年，歸附於中原王朝的匈奴族頭領劉淵在山西境內建立漢國，劉淵的族子劉曜先後俘獲晉懷帝和晉愍帝，西晉滅亡。劉曜又於西元三一八年殺死劉淵的子孫，奪得漢國帝位，定都長安，稱為前趙。其後，劉淵的大將羯人石勒又於西元三二八年殺死劉曜，滅掉前趙，而以襄國（今河北邢臺）為都城，建立了後趙。㉒燕承趙　這裡的「燕」指前燕。西元三三七年，鮮卑人慕容皝在龍城（今遼寧朝陽）建立前燕，接著滅掉繼後趙而起的冉魏，遷都於薊城（今北京市的西南部）。㉓秦承燕　這裡的「秦」指前秦。西元三五二年氐族首領苻健繼父業，在長安稱帝，建立前秦。西元三五五年苻健之姪苻堅奪得前秦帝位，並於西元三七〇年攻滅前燕，接著又滅前涼和北魏前身的代國，統一北方。㉔秦之既亡　西元三八三年，秦主苻堅統兵進攻東晉，被東晉打敗於淝水後，前秦瓦解，紛亂的北方又落入羌人姚興之手，建都長安，是為後秦。㉕魏乃稱制玄朔　當長安的後秦姚氏正在統治黃河流域的時候，由代國的復國者拓跋珪建立的魏國又在大北方發展起來。稱制，指建立國家，行使皇帝權力。玄朔，極北之地。拓跋珪復國建立的魏國都城最初是盛樂，在今內蒙古的和林格爾北，呼和浩特的東南方。㉖魏之得姓二句　意思是說拓跋氏的魏國是黃帝軒轅氏的後代。按，少數民族要想統治中國必須首先把自己說成是黃帝的後代，此事從司馬遷的《史記》開始，從此以後遂成為少數民族的自覺行動。拓跋氏是鮮卑族的一支。而《魏書》卷一的〈序紀〉裡說：鮮卑族的祖先出自黃帝軒轅氏。說「黃帝有子二十五人，少子昌意受封北土，國有大鮮卑山，因以為號」。㉗宜為土德　根據五德相生說，晉既已為「金」，趙已為「水」，燕已為「木」，秦已為「火」，「火」下來當然就是「土」了。所以高閭說北魏「宜為土德」。㉘神元　指魏國的始祖神元帝拓跋力微。經過長期征戰，鮮卑族拓跋部的力微征服了其他部落，取得了大酋長的世襲權，北魏的前身代國實際上從此開始。由於力微的這一功勞，道武帝拓跋珪即位後，追尊為北魏始祖。㉙與晉武往來通好　晉武，指晉武帝司馬炎，西元二六五—三〇六年在位。拓跋力微與三國時的曹魏政權及西晉王朝關係甚密，往來不絕。事見《魏書》卷一。㉚桓穆　桓帝與穆帝。桓帝指北魏遠祖拓跋猗㐌，猗㐌是力微的嫡長孫，被後世尊為桓帝，穆帝指拓跋猗盧，猗盧是猗㐌之弟。㉛志輔晉室　都是一心幫著晉王朝。猗㐌曾幫助西晉擊敗前趙，被西晉封為代公，四年後又進封為代王。傳見《魏書》卷一。㉜司馬祚終於郟鄏　晉王朝的滅亡應從洛陽被滅開始。司馬，指晉王朝。祚，國運。郟鄏，古地名，在今河南洛陽西，這裡即指西晉的都城洛陽。西元三一一年，劉曜攻克晉都洛陽，俘虜晉懷帝，次年晉懷帝死於趙國。其姪晉愍帝逃到長安，苟延了四年，又被劉曜攻克長安，俘虜而去。所以晉王朝早在洛陽失守，就已經算是亡國了。㉝拓跋受命於雲代　意思是說，當晉王朝滅亡於洛陽的時候，拓跋氏的國家就已經在北方接受天命，正式進入歷史王朝的序列了。事實上也正是在建興三年（西元三一五年），晉愍帝封拓跋猗盧為代王，從此建立了代國。雲、代，指雲中郡、代郡，約當於現在山西、陝西的北部，河北的西北部，和與之鄰近的內蒙古南部一帶地區，當時的代國就在這一帶。㉞秦并天下　秦始皇所建立的秦王朝是曾經統一過天下的。㉟漢猶比之共工　漢王朝建國後，不承認秦王朝的實際存在，說它是一個「閏朝」，說秦始皇是一個共工一樣的強梁，不把秦朝列入歷史王朝的序列。共工，傳說是黃帝時代的一個諸侯，為人大逆不道。㊱卒繼周為火德　漢王朝既然不承認秦王朝的存在，既然把它排斥在五德循環之外，所以漢王朝就認為自己是上繼周王朝了。他們又說武王伐商建立周室，是水生木，周為木德；說漢高祖繼周，是木生火，漢為火德。(37)劉石苻氏　即前文提到的前趙主劉曜、後趙主石勒、前秦主苻堅。(38)地褊世促　領土狹小，存在的時間又短。褊，狹窄。前趙共存在十五年；後趙共存在二十六年；前秦共存在三十七年。(39)魏承其弊　魏國就是趁著他們的衰敗而發展起來的。(40)豈可捨晉而為土　豈能不說是接續晉王朝，而去接在趙國、燕國、秦國的後頭去當土德呢。(41)壬戌　正月初五。(42)祖申　祭路神在申日。祖，也稱「祖道」，祭路神。申，申日。(43)臘辰　年終的祭祖先在辰日。臘，歲末祭祖先。辰，辰日。(44)甲子　正月初七。(45)罷祖裸　不准祖衣裸體。(46)乙丑　正月初八。(47)自非烈祖之胄　除了拓跋珪的嫡系子孫以外的其他任何人。胄，嫡系子孫。(48)品　官職的級別。(49)蠻王桓誕　東晉末年的亂臣桓玄之子，桓玄被殺後，桓誕逃入襄陽以北的大陽蠻中，因有謀略，遂成為大陽蠻的酋長。宋明帝泰豫元年被魏國打敗，投降於魏，被封為蠻王。從此經常引導魏人南侵。事見《魏書》卷一百一。(50)長孫觀　拓跋珪、拓跋燾時代的功臣長孫道生之孫，襲其祖之爵為上黨王，官至司空、征南大將軍。傳見《魏書》卷二十五。(51)劉昶　宋文帝劉義隆之子，孝武帝即位後，逃向魏國，被魏國封之為王，時常引魏兵南侵。傳見《魏書》卷五十九。(52)中節　葛曉音曰：「古人將二十四節氣分為節氣和中氣兩類。如立春為正月節，雨水為正月中；驚蟄為二月節，春分為二月中，……依次類推。」(53)丙子　正月十九。(54)孟月　每季度的第一個月，即農曆的正月、四月、七月、十月。(55)二月戊子　二月初二。(56)永樂宮　在平城的北苑內。胡三省曰：「魏主太和元年起永樂遊觀於平城之北苑。」(57)將作大匠　朝官名，負責宮室、宗廟、路寢、陵園的土木營建。(58)共營之　共同主管修建太極殿。(59)辛卯　二月初五。(60)罷寒食饗　停止寒食節的祭祖活動。寒食，節日名，通常說在清明的前三天，古人從寒食起禁火三天，只吃冷食，到清明節重新起火。關於此節的起源有說是為了紀念晉文公的侍從介子推，因為他在這一天被燒死在綿山。其實早在《周禮》中就有所謂「仲春，以木鐸徇火禁於國中」之說。注云：「為仲春將出火。」(61)甲午　二月初八。(62)丁酉　二月十一。(63)平陽　古城名，在今山西臨汾的西南部，相傳堯建都於此。(64)廣寧　舊縣名，縣治在今河北涿鹿西，相傳舜都於上谷，廣寧本屬上谷郡。按，上谷郡的郡治即今北京市延慶。(65)安邑　古城名，在今山西夏縣西北，相傳夏禹建都於此。(66)洛陽　古都名，故城在今河南洛陽的東部。(67)令牧守執事　讓當地的刺史、太守主持祭祀。(68)宣尼之廟　祭祀孔子的廟。漢昭帝始元元年（西元前八六年）追謚孔子為褒成宣尼公。(69)丁未　二月二十一。(70)三月癸酉　三月十七。(71)辛巳　三月二十五。(72)世子　意同太子。(73)從叔升干　堂叔，名升干。(74)四月丁亥朔　四月初一是丁亥日。(75)班　頒布；下達。(76)辛丑　四月十五。(77)豫章文獻王嶷　蕭嶷被封為豫章王，文獻是其死後的謚。《謚法解》：「經緯天地曰文；道德博聞曰文。」「聰明睿哲曰獻；知智有聖曰獻。」(78)假黃鉞　授予黃鉞，意即賦予生殺大權。

假，給予。79漢東平獻王　漢光武帝劉秀的第八子劉蒼，建武十五年封東平公，十七年進爵為王。全力輔佐漢明帝、漢章帝，備受二帝尊重，其地位一直在諸王之上。傳見《後漢書》卷四十二。80故事　先例；規格。81財賄　錢財；財物。82齋庫　公館裡的倉庫。齋，指荊州刺史的公館。83荊州還資　從荊州刺史任上可以帶走的家產。胡三省曰：「高祖建元二年，嶷自荊州還任揚州。」揚州的州治即建康。84評直　估量其價值。85主局　主管該事之官。86位有通塞　職位有人升得快，有人升得慢。87相陵侮　相互攀比，相互忌妒。88欷歔　歎息聲。89第庫　豫章王家中的倉庫。90見錢　現存之錢。91終上之世乃省　一直到齊武帝去世這筆錢才不再發。92五月己巳　五月十四。93拜命　接受使者通知馮太后去世的消息。94還其貢物　將他的貢品退回去。95歸洮陽泥和之俘　把去年魏將長孫百年攻克二縣所俘獲的吐谷渾人全都放回去。96七月庚申　七月初六。97西垂　西部邊地。垂，同「陲」。98曩者　前些時候。99宕昌常自稱名　宕昌王對我說話常自稱其名。說話自稱其名是對人表示謙卑、客氣。宕昌是當時的少數民族小國名，其所居住的地區即今甘肅宕昌，當時的宕昌王名梁彌承。傳見《南齊書》卷五十九。100見謂為大王　稱我為大王。101今忽稱僕　現在忽然改口自稱曰僕，意即不再自稱其名了。自稱僕是平等相待的表示。102拘執使人　又扣留了我派去的使者。103欲使偏師往問　我想派一支小部隊前去向他問罪。用「偏師」一詞，透露輕視之意。104魏藩　魏國的附屬國。諸侯國向天子自稱為藩國。105比輒　近來時常。輒，就；總是。言外之意是嫌他不向魏國請示，擅自動手。106殊違臣節　實在不像一個藩臣的樣子。107宰輔　自稱魏國的執政大臣，即宰相或三公。108藩業　作為一個藩國的名號與權力。109不悛　不思悔改。110甲戌　七月二十。111宋弁　魏國的儒學之臣，與李沖、李彪等齊名，很受孝文帝器重，此時任中書侍郎。傳見《魏書》卷六十三。112江南　這裡即指南齊。113逆取　取得政權的方式不道德，不得人心。114不能順守　取得政權後，又不能實行好的政策以收買人心，爭取臣民的擁護。115其得沒身幸矣　終蕭賾一世，如能使國家不亂，那就是幸運的了。116非貽厥孫謀　完全沒有一點為兒孫後輩做打算的樣子。貽厥孫謀，是古代成語，即為後輩兒孫做打算。117八月乙未　八月十一。118陽平王頤　拓跋頤，景穆帝拓跋晃之孫，拓跋新成之子，襲其父爵為陽平王。此時為懷朔鎮的守將。傳見《魏書》卷十九上。懷朔鎮是魏國北部邊境上的軍鎮名，在今內蒙古固陽西南。119陸叡　魏國的元勳老臣陸俟之孫，陸麗之子，此時任鎮北大將軍。傳見《魏書》卷四十。120大磧　約指今內蒙古與蒙古國邊境一帶的沙石地。磧，沙石地。121候其伏代庫者　那蓋可汗的尊號。胡三省引魏收曰：「魏言悅樂也。」122改元太安　改年號曰太安。123請老　因年老請求退休。124玄冠素衣　黑色的禮帽、白色的衣衫。都是上朝穿戴的服飾。125委貌　也是一種上朝的黑色絲織禮帽，與前文講喪服時所說的「委貌」意思不同。126親養　親自接待並向其行禮敬酒。127三老五更　兩個德高望重的老年賢人的代表，一個叫三老，一個叫五更。皇帝通過尊敬他們以表示對全國所有老年賢人的尊敬。(128)己酉　八月二十五。(129)再拜三老　向著三老拜兩拜，表示禮節隆重。(130)親袒割牲　親自挽起袖子割下一塊祭肉。袒，露出胳膊。(131)執爵而饋　捧著酒杯給他敬酒。(132)肅拜五更　轉身又向著五更拱手作揖。肅拜，鄭玄曰：「但俯下手，今揖是也。」(133)乞言　向他們求教，徵求治國治民的意見。(134)孝友化民　通過自己的對長輩孝順、對兄弟友愛，來帶動、感化全國的臣民。(135)國老　貴族退職的老年代表。(136)庶老　庶民老者的代表。(137)步挽車　人拉的小車。(138)祿三老以上公　讓三老享受上公的俸祿。上公，即指公爵。因公爵在侯、伯、子、男諸爵之上。(139)元卿　即上卿。上卿的級別相當於各部尚書，即今之部長。(140)九月甲寅　九月初一。(141)序昭穆於明堂　在明堂上排定各列祖列宗靈牌的左右次序。中間是太祖，其餘按輩分一左、一右地向下排。排在左邊的稱「昭」，排在右邊的稱「穆」。(142)玄室　這裡指北堂，一間向北的屋子。(143)辛未　九月十八。(144)再朞　指去世兩週年。朞，週年。(145)甲戌　九月二十一。(146)武興氐王楊集始　武興是古城名，即今陝西略陽。楊集始是當地氐族的頭領，其祖輩世襲統治仇池一帶地區。東晉以來，楊氏叛依於南朝與北朝之間。楊集始的前一代氐王名楊後起，被蕭道成封為武都王。楊後起死，蕭賾封楊後起的族人楊集始為武都王。傳見《南齊書》卷五十九。(147)寇漢中　進攻南齊的漢中郡，即今陝西漢中一帶地區。(148)白馬　古城名，舊址在今陝西勉縣城西。(149)梁州　南齊的州名，州治即今陝西漢中。(150)辛巳　九月二十八。(151)十月甲午　十月十一。(152)上　這裡指齊武帝蕭賾。(153)殷祭太廟　在太廟舉行盛大的祭祀。按，這種大祭一般指五年一次的大祭祖廟，即所謂「禘」；或三年一次的合諸祖神主於一起合祭，即所謂「祫」。(154)庚戌　十月二十七。(155)安定王休　拓跋休，景穆帝拓跋晃之子，被封為安定王。傳見《魏書》卷十九下。(156)特進　加官名，只表示一種權力和地位，通常加給位高年老的大臣。(157)熙　馮熙，馮太后之兄。傳見《魏書》卷八十三上。(158)太極殿成　本年自二月開始修太極殿，至今十一月始成。(159)蕭琛范雲　當時著名的文士。蕭琛好音律，好書及酒，仕齊至尚書左丞。傳見《梁書》卷二十六。范雲是當時有名的詩人。傳見《南史》卷五十七。(160)聘於魏　出使魏國作禮貌性訪問。(161)太子家令沈約　太子家令是掌管太子家庭各種事務的官員。沈約是齊梁時代著名的文人，著有《宋書》。傳見《宋書》卷一百。(162)疑立袁粲傳　寫了〈袁粲傳〉，又自己拿不定，因為袁粲是為反對蕭道成而死的。(163)宋世祖　即宋孝武帝劉駿，廟號世祖。(164)太宗　即宋明帝劉彧。(165)鄙瀆事　骯髒見不得人的事情。(166)不容頓爾　不能寫成這個樣子。頓，停留；止於。(167)經事明帝　曾經在宋明帝手下做過事。(168)諱惡之義　即孔子所說的「為尊者諱」，以及「隱惡揚善」的道理。(169)鄭羲　魏國的有學識、有才幹之臣，但為人貪婪。傳見《魏書》卷五十六。(170)西兗州　魏州名，州治滑臺，在今河南滑縣東南。(171)納其女為嬪　招其女入宮為嬪妃。(172)祕書監　祕書省的長官，為朝廷掌管圖書文籍。(173)謚曰宣　《謚法解》：「聖善周聞曰宣。」[174]激揚清濁　意即是為了懲惡勸善。[175]何曾　三國時曹魏的大官僚，在幫著司馬氏篡取曹魏政權的過程中大效犬馬之力，但其人在家卻頗有孝順之名。傳見《晉書》卷三十三。[176]載其繆醜　寫出了他的荒謬與醜惡。按，《晉書》本傳除記載了何曾在家至孝的一些事情外，還記載了他為人的外寬內忌、諂事賈充、生活奢侈等惡劣之處。[177]賈充　原是三國時曹魏的官僚，曾任大將軍司馬、廷尉等職，永安三年指使其部下的成濟殺了魏國的皇帝曹髦，為司馬氏的篡魏效力多多；入晉後任尚書令，又作惡多端。傳見《晉書》卷四十。[178]直士謂之荒公　賈充死後禮官為他議諡時，正直的秦秀根據賈充的一生表現請求給他諡曰荒。事見本書卷八十一晉武帝太康三年。《諡法解》：「外內從亂曰荒；好樂怠政曰荒。」[179]宿有文業　平時在給人出謀劃策，以及在為官任職方面都有很好的表現。[180]治闕廉清　為官不清廉。闕，意思同「缺」。[181]情違至公　從情理上說這是不公正。[182]愆違明典　從過錯上說這是違背法典。[183]諡法　即我們引用的《諡法解》，是古代評定諡號的標準。[184]不勤成名　《諡法解》舊注：「任本性，不見賢思齊。」具體說到賈充，就是本性很壞，又從來不想學好。[185]贈以本官　出殯時就寫他生前所任之官職，不再追加什麼新的。通常說來，朝廷對死者多是另追加一個較好的官稱。

【校　記】1祖裸　原作「祖課」。嚴衍《通鑑補》改作「祖裸」，今據以校正。按，《北史》亦作「祖裸」。2二月　原無此二字。據章鈺校，十二行本、乙十一行本、孔天胤本皆有此二字，今據補。3太安　據章鈺校，十二行本、乙十一行本、孔天胤本皆作「大安」。按，《魏書．蠕蠕傳》、《北史．蠕蠕傳》皆作「太安」。4國老庶老　原作「庶老國老」。據章鈺校，十二行本、乙十一行本、孔天胤本二詞皆互乙，今據改。5主　據章鈺校，十二行本作「大」。6陰仲昌　原作「陰沖昌」。今據嚴衍《通鑑補》改作「陰仲昌」。按，《南齊書．氐傳》亦作「陰仲昌」。

【語　譯】十年（壬申　西元四九二年）

春季，正月初一日戊午，魏孝文帝拓跋宏在太華殿用酒食款待群臣，鐘磬等樂器懸掛在大廳周圍，但不演奏。

正月初二日己未，魏孝文帝在明堂祭祀上帝的時候，以其父顯祖拓跋弘的靈位做配享，祭奠完畢，孝文帝登上靈臺觀看天象雲氣之色，從靈臺上下來以後，就住進了寢殿東屋北側的偏室，向群臣宣告有關的政事。從此以後，每月的初一都照此這麼做。

齊國擔任散騎常侍的庾華等人到魏國進行友好訪問，魏孝文帝派遣擔任侍郎的成淹把庾華等人領到賓館南邊，從遠處觀看孝文帝祀明堂、登靈臺以觀雲物的活動。

正月初四日辛酉，魏國在南郊祭天的時候，開始以魏太祖道武帝拓跋珪的靈位做配享。

魏孝文帝命令群臣討論有關金、木、水、火、土五行相生相剋的循環，以及表現在歷代王朝相互取代、相互承繼的次序。擔任中書監的高閭發表議論，他認為「歷代皇帝都是以建都中原地區的王朝為正統，而不是以統治時間的長短為去取根據，也不是以某個帝王的善惡為去取標準，都得承認他們的存在。所以夏桀、商紂雖然最荒淫暴虐，但都不能不把他們統計到夏朝、商朝的年頭裡去；周厲王姬胡、晉惠帝司馬衷最昏庸無能，也都得寫入周朝、晉朝帝王的名單。西晉接續曹魏為金德，匈奴人劉曜建立的前趙、羯人石勒滅掉前趙建立了後趙，接續晉為水德，鮮卑人慕容氏建立的前、後燕，接續前、後趙為木德，氐族人苻氏建立的前秦和羌人姚氏建立的後秦，接續前、後燕為火德。前秦滅亡之後，當建都長安的姚氏正在統治黃河流域的時候，由代國的復國者拓跋珪建立的魏國又在北方強大起來。況且魏國的拓跋氏是黃帝軒轅氏的後代，也是中原華夏的正統，根據五德相生說，魏自然就應該是土德了。」祕書丞李彪、著作郎崔光等人議論，認為：「魏國的始祖神元帝拓跋力微與晉武帝司馬炎關係甚密，往來不絕，至於遠祖桓帝拓跋猗㐌、穆帝拓跋猗盧，都是一心幫助晉王朝。所以司馬氏所建立的晉王朝的滅亡應該從洛陽被滅開始，而拓跋氏的國家就已經接受天命在雲中的代地興起，正式進入歷史王朝的序列。過去秦始皇所建立的秦朝是曾經統一過天下的，漢朝建國後，仍然不承認秦王朝的存在，說它是一個閏朝，說秦始皇是一個共工一樣的強梁，所以便把秦朝排斥在五德循環以外，漢王朝認為自己是上繼周王朝，周王朝是木德，漢朝接續周朝則是火德。何況前趙劉曜、後趙石勒、前秦苻堅，他們所佔有的土地狹小，存在的時間又短，魏國就是趁著他們的衰敗而興盛、發展起來的，豈能捨去接續晉朝而去接在趙、燕、秦國之後去當土德呢？」擔任司空的穆亮等人都請求聽從李彪等人的意見。正月初五日壬戌，孝文帝下詔，接續晉朝金德之後為水德，申日，祭路神，辰日，祭祖先。

正月初七日甲子，魏國不准袒身露體。

魏國宗室以及功臣的子孫被封為王爵的很多，正月初八日乙丑，魏孝文帝下詔說：「除了列祖拓跋珪的嫡系子孫以外，其他任何人原來是王爵的都降為公爵，是公爵的降為侯爵，而官職的級別不變。」鑾王桓誕也降為公爵，只有上黨王長孫觀，因為他的祖先為國家建立了大功勳，特地不降低爵位。丹楊王劉昶改封為齊郡公，加號宋王。

魏國舊有制度，四季祭廟都選擇在中節舉行，正月十九日丙子，孝文帝下詔，今後在每季度的第一個月選擇日期祭祀。

齊武帝蕭賾任命竟陵王蕭子良兼任尚書令。

魏孝文帝拆毀太華殿建造太極殿。二月初二日戊子，孝文帝搬到永樂宮居住。任用擔任尚書的李沖兼任將作大匠，與司空穆亮共同主管建造太極殿。

二月初五日辛卯，魏國停止寒食節的祭祖活動。○初八日甲午，魏孝文帝開始在平城的東郊主持祭日活動。從此以後，祭日、祭月的活動孝文帝都親自主持。○十一日丁酉，魏孝文帝下詔，在平陽縣祭祀堯帝，在廣寧縣祭祀舜帝，在安邑祭祀禹帝，在洛陽祭祀周公，讓當地的州刺史、郡太守主持祭祀儀式。祭祀孔子的廟，在中書省舉行。二十一日丁未，把孔子宣尼的諡號改為文聖尼父，孝文帝親自前去拜祭孔子。

按照魏國原有的制度，每年在平城西郊舉行祭天儀式，魏國皇帝與公卿帶著二千多名騎兵，身穿軍服圍著祭壇轉，叫做「蹹壇」。第二天，再身穿軍服登上祭壇祭祀，祭祀完畢，繼續圍著祭壇轉，稱之為遶天。三月十七日癸酉，魏孝文帝下詔，把這些儀式全部省去。

三月二十五日辛巳，魏國朝廷任命高麗王高雲擔任督遼海諸軍事、遼東公、高句麗王，下詔讓高雲把他的世子送到平城。高雲以世子有病為由，遂派自己的堂叔高升干隨同魏國的使者前往平城。

夏季，四月初一日丁亥，魏國頒布新的《律令》，大赦天下。

四月十五日辛丑，齊國的豫章文獻王蕭嶷去世，齊武帝追授蕭嶷黃鉞、都督中外諸軍事、丞相，喪禮都按照漢朝東平獻王的規格辦理。豫章王蕭嶷性情仁厚謹慎、廉潔節儉，不看重錢財。荊州刺史公館裡的庫房失火，燒毀了從荊州任上可以帶走的家產，估計價值三千多萬，只是把主管該項事務的官員每人杖擊了幾十下而已。蕭嶷病重以後，給自己的幾個兒子留下遺言說：「人的才能有優有劣，官位有人升得快有人升得慢，命運有貧有富，這些都是自然的常理，不要以此而互相攀比，互相嫉妒。」齊武帝對豫章王蕭嶷的去世感到非常的哀傷悲痛，過了很久，每當談到蕭嶷，仍然欷歔流涕。蕭嶷去世之日，府中的倉庫裡沒有現錢。齊武帝下令，每月撥給蕭嶷府中一百萬錢，一直到齊武帝去世，才停止撥給這筆錢。

五月十四日己巳，齊武帝任命竟陵王蕭子良為楊州刺史。

魏國文明太后去世的時候，派使者通知吐谷渾。吐谷渾王伏連籌在接受使者通知馮太后去世的消息時表現得很不恭敬，魏國的群臣請求出兵討伐吐谷渾，魏孝文帝不允許。群臣又請求將吐谷渾的貢品退回去，孝文帝說：「貢物乃是作為人臣的禮節。如今不接受貢品，就等於和他們徹底決裂，他們即使想要悔過自新，也沒有辦法了。」於是下令將攻占洮陽、泥和兩城時俘虜的吐谷渾士兵全部釋放回去。

秋季，七月初六日庚申，吐谷渾王伏連籌派遣自己的世子賀虜頭到魏國朝拜孝文帝。孝文帝下詔任命伏連籌為都督西垂諸軍事、西海公、吐谷渾王，派遣兼任員外散騎常侍的張禮出使吐谷渾。伏連籌對張禮說：「前些時候，宕昌王梁彌承對我說話常自稱其名，而稱我為大王，如今忽然不自稱其名而改稱自己為僕，又扣留了我派去的使者。我準備派一支小部隊前去向他問罪，你覺得怎麼樣？」張禮說：「大王與宕昌王都是魏國的藩屬國，近來時常興兵互相攻打，實在不像一個藩臣的樣子。我離開京城的時候，朝廷大臣曾經對我說過，如果大王能知道自己錯在什麼地方，那麼作為一個藩國的名號與權力就可以保住；如果不思悔改，那就難免大禍臨頭了。」伏連籌默然無語。

七月二十日甲戌，魏國派遣兼任員外散騎常侍的廣平郡人宋弁等到齊國進行友好訪問。宋弁結束訪問回到魏國之後，魏孝文帝向宋弁詢問說：「江南的情況怎麼樣？」宋弁回答說：「蕭氏父子原本沒有給江南人民立下大功，而是通過不道德的方式篡奪了宋朝的天下，奪取政權以後，又不能實行好的政策以收買民心，爭取臣民的擁護；他實行的政策法令苛刻繁瑣，人民所承擔的賦稅勞役非常繁重；朝廷之中又沒有得力的股肱大臣，民間到處是對當權者充滿愁怨的百姓。終蕭賾一世，如能使國家不亂，那就是幸運的了，完全沒有一點為後輩兒孫做打算的樣子。」

八月十一日乙未，魏孝文帝任命擔任懷朔鎮將的陽平王拓跋頤、鎮北大將軍陸叡同時擔任都督，統領十二位將領，十萬名步兵、騎兵，分作三路去攻打柔然：中路軍進攻黑山，東路軍進攻士盧河，西路軍進攻侯延河。大軍穿過大沙漠，把柔然打得狼狽逃竄，而後班師回國。

當初，柔然伏名敦可汗與他的叔父那蓋分兩路進攻高車首領阿伏至羅，伏名敦可汗屢戰屢敗，而那蓋卻能屢次獲勝。柔然國中的百姓都認為那蓋得到了上天的保佑，於是就殺死了伏名敦可汗，擁戴那蓋擔任可汗，號稱候其伏代庫者可汗，改年號為太安。

魏國擔任司徒的尉元、擔任大鴻臚卿的游明根多次上表給孝文帝因為年老請求退休，魏孝文帝同意他們退休。孝文帝在召見他們的時候，賞賜給尉元的是黑色的禮帽、白色的衣衫；賞賜給游明根的是黑色絲織禮帽、青色紗罩衣，還有被子、服裝、各種雜物等，然後送他們回家養老。孝文帝親自在明堂接待德高望重並被封為三老、五更的老年賢人代表，並向他們行禮敬酒。八月二十五日己酉，孝文帝下詔，任命尉元為三老，任命游明根為五更。孝文帝向被封為三老的尉元拜了兩拜，然後挽起袖子，親自割下一塊祭肉，端著酒杯給他敬酒，又向被封為五更的游明根拱手作揖；並且向他們求教，徵求治國治民的意見，尉元、游明根都勸說孝文帝要通過自己的對長輩孝順、對兄弟友愛，來帶動、感化全國的臣民。孝文帝又走到臺階下向貴族退職老者的代表、庶民的老年代表行禮敬酒。儀式結束以後，孝文帝分別賞賜給尉元、游明根每人一輛人拉的小車以及衣服，讓三老尉元享受上公的俸祿，讓五更游明根享受上卿的俸祿。

九月初一日甲寅，魏孝文帝在明堂排定列祖列宗靈牌的左右次序，在北堂祭祀文明太后。

九月十八日辛未，魏孝文帝因為文明太后去世兩週年的紀念日，便在永固陵左側哭祭，一整天都沒停止，一連二天不吃不喝。二十一日甲戌，孝文帝辭別了永固陵，回到永樂宮。

武興城的氐族首領楊集始率領自己的部眾進攻齊國的漢中郡，軍隊挺進到白馬城。齊國擔任梁州刺史的陰智伯派遣軍主桓盧奴、陰仲昌等把楊集始打敗，俘虜、殺死了楊集始的好幾千名部眾。楊集始逃回武興城，請求向魏國投降。九月二十八日辛巳，楊集始到魏國朝拜魏孝文帝。魏孝文帝任命楊集始為南秦州刺史、漢中郡侯、武興王。

冬季，十月十一日甲午，齊武帝在太廟舉行盛大的祭禮活動。

十月二十七日庚戌，魏國朝廷任命安定王拓跋休為大司馬，位在特進的馮誕為司徒。馮誕，是馮熙的兒子。○魏國的太極殿竣工。

十二月，齊國擔任司徒參軍的蕭琛、范雲前往魏國進行友好訪問。魏孝文帝特別敬重齊國人，親自與蕭琛、范雲交談。孝文帝回顧群臣說：「江南有很多好的大臣。」在旁邊的侍臣李元凱回答說：「江南有很多好大臣，可是一年就換一次主人；江北沒有好大臣，一百年才換一次主人。」孝文帝聽了感到非常慚愧。

齊武帝讓擔任太子家令的沈約撰寫《宋書》，沈約不知道應不應該撰寫〈袁粲傳〉，便請求齊武帝進行裁定。齊武帝說：「袁粲自然是宋室的忠臣，應該撰寫。」沈約又寫了很多有關宋世祖劉駿、太宗劉彧那些骯髒見不得人的醜事。齊武帝看了之後說：「孝武帝的事跡不能寫成這個樣子。我曾經在宋明帝的手下做過事，你應該想想孔子所說的『為尊者諱』以及『隱惡揚善』的道理。」於是沈約刪除了很多有損他們形象的內容。

這一年，林邑王范陽邁的孫子范諸農，率領族人進攻范當根純，恢復了自己的國家。齊武帝下詔，任命范諸農為都督緣海諸軍事、林邑王。

魏國的南陽公鄭羲與李沖結為兒女親家，李沖推薦鄭羲擔任中書令。魏孝文帝派鄭羲離開朝廷去擔任西兗州刺史，鄭羲在西兗州刺史任上貪贓枉法，卑鄙下流。文明太后馮氏為孝文帝召鄭羲的女兒入宮為嬪妃，徵調鄭羲回朝擔任祕書監。等到鄭羲去世以後，尚書奏請給鄭羲上諡號為宣。孝文帝下詔說：「蓋棺以後確定諡號，是為了懲惡勸善。所以三國時期魏國的大官僚何曾雖然最為孝順，但良史仍然記載了他很多荒謬與醜惡的言行；賈充雖然對晉國的建立有大功勞，在賈充死後，正直之士仍然請求給他諡號為『荒公』。鄭羲雖然平時在給人出謀劃策以及在為官任職方面都有很好的表現，然而為官並不清廉。尚書怎麼能這樣的不公平，而違背法典呢！依照《謚法》的規定：『博聞多見曰文；不勤成名曰靈。』出殯時就寫他生前所任的官職，不再追加什麼新的，給他的謚號為文靈。」

【研　析】本卷寫齊武帝蕭賾永明八年（西元四九〇年）至永明十年共三年間的南齊與北魏等國的大事，其中令人深有感慨與深有疑慮的事件主要有三：

其一是齊武帝蕭賾的兒子蕭子響因謀反而被蕭賾討滅的前前後後。蕭子響是蕭賾的第四子，他「有勇力，善騎射，好武事，自選帶仗左右六十人，皆有膽幹。至鎮，數於內齋以牛酒犒之。又私作錦袍、絳襖欲以餉蠻，交易器仗。」自己好武還不說，身邊還經常帶著一夥子武藝高強的亡命徒，還要不斷地拿一些東西去與山裡的少數民族交換武器。這些行為不能就說是要造反，但容易讓人抓辮子則是顯而易見的。於是心懷叵測的部下劉寅等人偷偷地向皇帝蕭賾告了他一狀，皇帝派人下去核查，而蕭子響則一怒之下把劉寅等一夥全給殺掉了。蕭賾越發憤怒，派衛尉胡諧之等人率兵前去捉拿。蕭子響本來沒有造反的心，請求與朝廷的將軍見面溝通，示意和好；而胡諧之等人水平太低，不容其辯解，故意激化矛盾。於是蕭子響又一怒之下，派兵將其襲擊大敗。雪球越滾越大，誤會變成為仇恨。劉賾又派蕭順之率兵進討，蕭子響再也不能硬抗，於是單身自縛乘小船往投於蕭順之軍前。他滿懷委曲地希望能有機會見到父親，向父親說明原委。沒想到蕭順之又受了皇太子蕭長懋的密令，讓他及早殺掉蕭子響，不要讓他進京見到皇帝。於是蕭子響就這樣不明不白地被夾在中間的一群小人殺掉了。臨終他寫了一封信向蕭賾泣訴了整個事件的過程，文辭憤怨而悲涼。面對蕭子響的死，不由得讓我們想到漢武帝太子劉據當年被逼造反、自殺，以及漢武帝內心痛苦，而又不想公開認錯，卻又建立思子臺的曲折婉轉的情景。在這個過程中有幾個人的話說得很好，特別是戴僧靜。蕭賾頭一回是準備派戴僧靜率兵前往的，戴僧靜不幹，他說：「巴東王年少，長史執之太急，忿不思難故耳。天子兒過誤殺人，有何大罪？官忽遣軍西上，人情惶懼，無所不至，僧靜不敢奉敕。」他對形勢的分析與應該採取的辦法都說得十分精到，如果蕭賾能派戴僧靜出使荊州，事情豈不就會解決得盡美盡善麼？給蕭賾分析形勢的戴僧靜，簡直就是當年給漢武帝分析形勢的田千秋。令人驚奇的還有，當蕭子響已經自殺，朝廷百官與各地藩鎮紛紛落井下石，請求朝廷「絕子響屬籍，削爵土，易姓蛸氏，諸所連坐，別下考論」；而進討荊州的臺軍在佔領荊州後，「焚燒江陵府舍，官曹文書，一時蕩盡」。這又是在幹什麼呢？別說受攻的是皇帝兒子的城鎮，即便是攻克匈奴、柔然的城鎮，也不至於仇恨到如此地步吧？這可真應了《史記‧韓長孺列傳》所說的話：「雖有親父，安知其不為虎？雖有親兄，安知其不為狼？」在平民之家很普通的天倫關係，一到帝王之家就冷酷起來；在平民之家很容易解決的問題，一到帝王之家就非得鬧到刀兵相見、人頭落地。而在這場並不複雜的父子矛盾中，其間又夾雜著多少心狠手辣的傢伙在煽風撥火，唯恐事情鬧得不大呀？幾千年的文明史，真是可悲可哀也哉！

其二是本卷寫了魏國馮太后的死，寫了孝文帝拓跋宏為其祖母哭喪守孝的情景。文章說從馮太后死的那一刻起，孝文帝就一直哭，他「勺飲不入口者五日」。而後又不願下葬、不願除服；又在下葬後三天兩頭地前去謁陵；又在是否喪後即吉的問題上與諸大臣一再堅持要守孝三年；大臣據理以爭，孝文討價還價，喋喋不休，前後寫了兩千多字，殊覺弄虛作假、虛張聲勢，令人心煩。當時的歷史家為什麼要這樣寫？五百年後的司馬光為什麼又要這樣不厭其煩地抄到《通鑑》上？王夫之《讀通鑑論》曾批評孝文帝善於作偽，說他的因天旱不雨而三日不食說：「人未有三日而可不食者，況其在養養之子乎？高處深宮，其食也孰知之？其不食也孰信之？太官不進，品物不具，宦官宮妾之側孰禁之？果不食也與哉？而告人曰『不食數日，猶無所感』，將誰欺，欺天乎？」因天旱不雨而不食，只有三天，這裡則是「勺飲不入口者五日」，不僅不吃東西，而且不喝水，居然還能安然無恙地繼續與群臣進行辯論，豈不可怪也哉？我認為孝文帝是一個很有謀略的人，馮太后掌權二十多年，先曾殺了孝文帝的父親拓跋弘，後來又一度想廢掉孝文帝，又受人挑撥曾將孝文帝打了一頓。但孝文帝都能忍辱負重，對這位嚴厲的祖母恭敬馴順有加。馮太后死了，但她的心腹嫡系還滿布朝野，稍不當心就要發生政變。所以他就不歇地繼續表現對馮太后的忠心，這樣既可以安定馮氏一派的餘黨，又可以在自己這一派的勢力中落一個不計前嫌、胸襟寬廣的美名。這方面的智慧真是越想越深奧，如果後來清代末年的光緒能從中悟出一星半點，我想他的命運也許就不會如此悲慘了吧？搞政治是人世間最微妙、最難以把握的一門學問，局外人有時是很難理解透的。漢代的霍光，他接受漢武帝的遺命輔佐年幼的漢昭帝，的確是盡了心、盡了力，但後來的行為之惡劣就很令人髮指了。昭帝死後無子，他先立了昌邑王劉賀；不久又說劉賀不好，將劉賀廢掉，改立了當年太子劉據的孫子劉詢，也就是歷史上的漢宣帝。漢宣帝即位後，霍光專權跋扈，妻子兒女滿布朝堂，霍光居然縱容他的妻子、女兒毒死了漢宣帝患難之交的結髮妻子許皇后，以便讓他的女兒霍成君去做皇后。而漢宣帝全然不顧，仍一如往日地對霍光恭敬有加。後來儘管消滅了霍氏家族的陰謀集團，但對霍光本人仍讓他高居於麒麟閣畫像的十八位功臣之首，就像是霍光完全沒有參與過那些罪惡的行徑一樣。漢宣帝不計前嫌，忍辱負重，寬容如此，他內心在想著什麼？我想其中有關鍵的一條，那就是他畢竟要感謝霍光，感謝霍光讓他把這個皇位一直地繼承了下來，這才有他漢宣帝自己日後的種種作為。你想魏孝文帝是不是也有類似的成分呢？

其三是通過兩個生動的小故事表現了歷史家對江南晉、宋、齊諸王朝腐朽政治、腐朽社會風習的無比憎惡。第一個是寫魏臣宋弁出使南齊，回國後魏主問他南齊政權的狀況如何，宋弁說：南齊「既以逆取，不能順守；政令苛碎，賦役繁重；朝無股肱之臣，野有愁怨之民」，並預言齊武帝蕭賾「其得沒身幸矣，非貽厥孫謀之道也」，說得可謂入木三分。第二個是寫齊臣蕭琛、范雲出使魏國，兩個人都相貌堂堂，伶牙利齒，很討魏主拓跋宏的喜歡。魏主不由地稱讚說：「江南多好臣。」一邊侍立的魏臣李元凱順聲接了一句說：「江南多好臣，歲一易主；江北無好臣，百年一易主。」魏主聽後很慚愧自己的失言，不知蕭琛、范雲聽了有何感想。但讀者不必著急，南齊朝廷的動亂殘殺，下卷就又要開始了。讓我們說一句：且聽下回分解。

卷第一百三十八

齊紀四　昭陽作噩（癸酉　西元四九三年），一年。

【題　解】本卷寫齊武帝蕭賾永明十一年（西元四九三年）一年間的南齊與北魏等國的大事。主要寫了南齊太子蕭長懋死，蕭賾立其孫蕭昭業為皇太孫；寫王奐為雍州刺史，擅殺寧蠻長史劉興祖，被朝廷派將討平，王奐與其親屬皆死，獨一子王肅逃脫入魏；寫蕭賾做露車，準備從步道北伐彭城，劉昶又請魏主南征，齊派名將崔慧景駐兵壽春以防之；寫了齊武帝蕭賾病危遺囑後事，令蕭子良與蕭鸞共輔皇太孫，但蕭子良不樂俗務，一切委之蕭鸞，故實權遂落入了蕭鸞之手；寫齊武帝蕭賾死，中書郎王融欲廢太孫蕭昭業而矯詔以立蕭子良，事未果，而蕭昭業繼位；寫蕭昭業即位後先殺王融，並因王融之謀而猜忌蕭子良，先對之種種防範，隨又免其司徒；寫蕭鸞主管尚書省，免除三調及眾逋，恩信兩行，百姓悅之；接著史文大段寫小皇帝蕭昭業的一貫作惡，說他早在為太孫時就「矯情飾詐，陰懷鄙慝」；說他「所愛左右，皆逆加官爵，疏於黃紙，使囊盛帶之，許南面之日，依此施行」；說他「常令女巫楊氏禱祀，速求天位」；說他在世祖病危時「與何妃書，紙中央作一大喜字，而作三十六小喜字繞之」；說他「大斂始畢，悉呼世祖諸伎，備奏眾樂」；又說「輼輬車未出端門，亟稱疾還內。裁入閤，即於內奏胡伎，鞞鐸之聲，響震內外」云云；寫了魏主拓跋宏欲南遷洛陽，為怕魏國臣民反對而假意聲稱南伐，向全國進行軍事動員；寫了魏主單獨接見任城王拓跋澄，向其說明原委，取得拓跋澄的竭忠效力，成為自己的堅定擁護者，於是作河橋、講武選將；寫魏主御駕起行，到達黃河以南，向群臣說明遷都之意，並令穆亮、李沖等修築洛陽城，建諸宮室；寫魏主委任于烈往駐平城管理留臺庶政，自己則巡察諸州郡及小駐鄴城以等待洛陽宮室之建成；寫王奐之子王肅逃到魏國，見到魏主後，彼此相見恨晚，在漢化的過程中王肅起了不少作用；此外還寫了魏國境內北地、秦州一帶的民變頭領支酉、王廣等起兵反魏，一時之間七州並起，有眾十餘萬，後被魏將盧淵、薛胤等打敗平息等等。

世祖武皇帝下

永明十一年（癸酉　西元四九三年）

春，正月，以驃騎大將軍王敬則❶為司空，鎮軍大將軍陳顯達❷為江州刺史。顯達自以門寒❸位重，每遷官❹，常有愧懼之色，戒其子勿以富貴陵人。而諸子多事豪侈❺，顯達聞之，不悅。子休尚為郢府主簿❻，過九江❼。顯達曰：「麈尾、蠅拂❽是王、謝家物❾，汝不須捉此❿！」即取於前燒之⓫。

初，上⓬於石頭造露車⓭三千乘，欲步道⓮取彭城⓯，魏人知之。劉昶⓰數泣訴於魏主，乞處邊戍⓱，招集遺民⓲，以雪私恥⓳。魏主大會公卿於經武殿以議南伐，於淮、泗⓴間大積馬芻㉑。上聞之，以右衛將軍崔慧景㉒為豫州㉓刺史以備之。

魏遣員外散騎侍郎邢巒㉔等來聘。巒，穎㉕之孫也。

丙子㉖，文惠太子長懋㉗卒。太子風韻甚和㉘，上晚年好遊宴㉙，尚書曹事㉚

分送太子省[31]之，由是威加內外。

太子性奢靡，治堂殿、園囿[32]過於上宮[33]，費以千萬計，恐上望見之，乃傍門列脩竹[34]，凡諸服玩，率多僭侈[35]。啓[36]於東田起小苑[37]，使東宮將吏更番築役[38]，營城包巷[39]，彌亙華遠[40]。上性雖嚴，多布耳目，太子所為，人莫敢以聞[41]。上嘗過太子東田，見其壯麗，大怒，收[42]監作主帥[43]，太子皆藏之，由是大被誚責[44]。又使嬖人[45]徐文景造輦及乘輿御物[46]，上嘗幸東宮[47]，怱怱[48]不暇藏輦，文景乃以佛像內輦中[49]，故上不疑。文景父陶仁[50]謂文景曰：「我正當掃墓待喪[51]耳！」仍移家避之[52]。後文景竟賜死，陶仁遂不哭。

及太子卒，上履行[53]東宮，見其服玩，大怒，敕有司隨事毀除[54]。以竟陵王子良與太子善，而不啓聞，并責之。

太子素惡西昌侯鸞[55]，嘗謂子良曰：「我意中[56]殊不喜此人，不解其故[57]，當由其福薄故也！」子良為之救解[58]。及鸞得政[59]，太子子孫無遺[60]焉。

二月，魏主始耕藉田[61]於平城南。

雍州刺史王奐[62]惡寧蠻長史[63]劉興祖，收繫獄，誣其搆扇山蠻[64]，欲為亂。敕[65]送興祖下建康[66]，奐於獄中殺之，詐云自經[67]。上大怒，遣中書舍人呂文顯[68]、直閤將軍曹道剛[69]將齋仗[70]五百人收奐，敕鎮西司馬[71]曹虎從江陵步道會襄陽[72]。

奐子彪，素凶險，奐不能制。長史殷叡，奐之壻也，謂奐曰：「曹、呂來，既不見真敕[73]，恐為姦變，正宜錄取[74]，馳啓聞[75]耳。」奐納之。彪輒[76]發州兵千餘人，開庫配甲仗，出南堂[77]，陳兵，閉門[78]拒守。奐門生鄭羽叩頭啓奐，乞出城迎臺使[79]，奐曰：「我不作賊[80]，欲先遣啓自申[81]，正恐曹、呂輩[1]小人相陵藉[82]，故且閉門自守耳。」彪遂出，與虎軍戰，兵敗，走歸[83]。三月乙亥[84]，司馬黃瑤起[85]、寧蠻長史河東裴叔業[86]於城內起兵，攻奐，斬之，執彪及弟爽、弼、殷叡，皆伏誅。彪兄融、琛死於建康，琛弟祕書丞肅[87]獨得脫，奔魏。

夏，四月甲午[88]，立南郡王昭業[89]為皇太孫，東宮文武[90]悉改為太孫官屬，以太子妃琅邪王氏[91]為皇太孫太妃，南郡王妃何氏[92]為皇太孫妃。妃，戢[93]之女也。

魏太尉丕[94]等請建中宮[95]，戊戌[96]，立皇后馮氏。后，熙[97]之女也。魏主以白虎通[98]云「王者不臣妻之父母[99]」，下詔令太師[100]上書不稱臣，入朝不拜，熙固辭。

光城蠻帥[101]征虜將軍田益宗[102]帥部落四千餘戶叛，降于魏。

五月壬戌[103]，魏主宴四廟子孫[104]於宣文堂，親與之齒[105]，用家人禮[106]。

甲子[107]，魏主臨朝堂[108]，引公卿以下決疑政，錄囚徒[109]。帝謂司空穆亮[110]曰：

「自今朝廷政事，日中以前，卿等先自論議；日中以後，朕與卿等共決之。」丙子[111]，以宜都王鏗[112]為南豫州[113]刺史。先是廬陵王子卿[114]為南豫州刺史，之鎮[115]，道中戲部伍為水軍[116]，上聞之，大怒，殺其典籤[117]，以鏗代之。子卿還第，上終身不與相見。

襄陽蠻酋[2]雷婆思[118]等帥戶千餘求內徙於魏[119]，魏人處之沔北[120]。

魏主以平城地寒，六月雨雪[121]，風沙常起，將遷都洛陽，恐羣臣不從，乃議大舉伐齊，欲以脅眾。齋[122]於明堂左个[123]，使太常卿[124]王諶筮[125]之，遇革[126]，帝曰：「『湯、武革命，順乎天而應乎人[127][3]。』吉孰大焉[128]！」羣臣莫敢言。尚書任城王澄[129]曰：「陛下奕葉重光[130]，帝有中土[131]。今出師以征未服，而得湯、武革命之象，未為全吉[132]也。」帝厲聲曰：「繇[133]云『大人虎變[134]』，何言不吉？」澄曰：「陛下龍興已久[135]，何得今乃『虎變』[136]？」帝作色曰：「社稷我之社稷，任城欲沮眾邪[137]！」澄曰：「社稷雖為陛下之有，臣為社稷之臣，安可知危而不言！」帝久之乃解[138]，曰：「各言其志，夫亦何傷[139]！」

既還宮[140]，召澄入見，逆謂之[141]曰：「嚮者革卦[142]，今當更[143]與卿論之。明堂之忿[144]，恐人人競言[145]，沮我大計[146]，故以聲色怖文武[147]耳。想識朕意[148]。」因屏人[149]謂澄曰：「今日之舉[150]，誠為不易。但國家興自朔土[151]，徙居平城，此乃用武之地，非可文治。今將移風易俗，其道誠難，朕欲因此遷宅中原[152]，卿以為何如？」澄曰：「陛下欲卜宅中土[153]以經略四海[154]，此周、漢之[4]所以興隆[155]也。」帝曰：「北人習常戀故[156]，必將驚擾[157]，柰何？」澄曰：「非常[158]之事，故非常人之所及[159]。陛下斷自聖心[160]，彼亦何所能為[161]？」帝曰：「任城，吾之子房也[162]！」

六月丙戌[163]，命作河橋[164]，欲以濟師。祕書監盧淵[165]上表，以為「前代承平之主[166]，未嘗親御六軍[167]，決勝行陳[168]之間，豈非[169]勝之不足為武[170]，不勝有虧威望[171]乎？昔魏武[172]以弊卒一萬破袁紹[173]，謝玄[174]以步兵三千摧苻秦[175]，勝負之變，決於須臾，不在眾寡也。」詔報[176]曰：「承平之主，所以不親戎事者[5]，或以同軌無敵[177]，或以懦劣偷安[178]。今謂之同軌則未然，比之懦劣[179]則可恥。必若[180]王者不當親戎[181]，則先王制革輅[182]，何所施也？魏武之勝，蓋由仗順[183]；苻氏之敗，亦由失政[184]。豈寡必能勝眾，弱必能制彊邪？」丁未[185]，魏主講武[186]，命尚書李沖典武選[187]。

建康僧法智[188]與徐州民周盤龍[189]等作亂，夜攻徐州城[190]，入之。刺史王玄邈[191]討誅之。

【章　旨】以上為第一段，寫齊武帝永明十一年（西元四九三年）前半年的大事。主要寫了南齊將領陳顯達地位崇高而謙卑自處，子弟執麈尾，陳顯達取而燒之；寫南齊太子蕭長懋死，其子蕭昭業被立為皇太孫；蕭長懋生前驕侈無度，築東田園囿，又造輦與諸種御物，皆豪華奢僭之極，與其父當年所為一樣；寫南齊王奐為雍州刺史，擅殺寧蠻長史劉興祖，齊武帝蕭賾派呂文顯、曹虎等發兵討之，王奐城守兵敗被殺，親屬皆死，獨一子王肅逃脫入魏；寫蕭賾的兒子蕭子卿在往任南豫州刺史途中戲用部下為水軍，致典籤被殺，蕭子卿遭終身棄置；寫蕭賾做露車，準備從步道伐彭城，劉昶又請魏主南征，齊派名將崔慧景駐兵壽春以防之；寫魏孝文帝拓跋宏以平城地偏嚴寒，欲遷都洛陽，假言御駕南伐以動員全國上下，任城王拓跋澄出面反對，孝文帝召之個別談話，使之成為自己的堅定擁護者，於是作河橋、講武選將，並繼續駁斥其他反對者；此外還寫了魏主立馮氏為皇后，對皇后父馮熙不以臣相待，令其入朝不拜，馮熙辭之等等。

【注　釋】❶王敬則　蕭道成的開國元勳，此時任驃騎大將軍。傳見《南齊書》卷二十六。❷陳顯達　蕭道成的開國功臣，此時任鎮東大將軍。傳見《南齊書》卷二十六。❸門寒　門第低微，不是出身於大士族。陳顯達是今江蘇鎮江人，出身行伍。❹遷官　官職晉升。如果降級則稱左遷。❺多事豪侈　多幹一些豪華奢侈的事情。❻郢府主簿　郢州刺史府的高級僚屬。主簿，主管文祕，有如今之祕書長。郢州的州治即今武漢的漢口區。❼過九江　自建康到郢府，需先經過九江。九江，即今江西九江市，時為江州的州治所在地。❽麈尾蠅拂　本是一物，俗名拂塵，用以揮除塵埃或驅趕蚊蠅。後來演變成一種貴族雅士把玩的物件，遂改用名貴的麈尾為毛，用玉為柄，魏晉南朝的名士們在清談時常拿在手中。❾王謝家物　是東晉大貴族王導、謝安一流的人所手持的物件。王導、謝安都在東晉任過宰相，對東晉王朝的建立與維持有過大功，《晉書》中都有其傳。王、謝並稱，常用以代表東晉南朝的大貴族。唐詩有所謂「舊時王謝堂前燕，飛入尋常百姓家」，即此之謂。❿不須捉此　沒有資格拿著它。不須，不必；沒資格。捉，執；拿。於此見陳顯達對當時腐朽貴族的迷信崇拜與自卑自賤之情。⓫即取於前燒之　遂奪過來當面給燒掉了。⓬上　以稱齊武帝蕭賾。⓭於石頭造露車　在石頭城製造露車。石頭城在今南京西部的秦淮河東側，是當時守衛建康城的軍事要地，今南京之石頭城公園即其遺址的一部分。露車，一種沒有帷蓋的車。⓮步道　指經由陸路。與過去桓溫、劉裕的北伐皆由水路出兵相對而言。⓯彭城　古城名，即今江蘇徐州。徐州在劉宋前期尚屬劉宋管轄，自宋明帝泰始三年與大片淮北領土一齊淪陷於魏人之手。⓰劉昶　宋文帝劉義隆的第九子，景和元年（西元四六五年）被前廢帝劉子業逼反，兵敗後北投魏國，被魏國視為奇貨以寶養之，封之為丹楊王，其後遂經常引魏兵南侵。事見《宋書》卷七十二。⓱乞處邊戍　請求駐紮在魏與南齊的邊界據點。處，屯駐。⓲遺民　指南齊建國後心裡還想著劉宋王朝的南國之民。⓳雪私恥　以報蕭氏篡奪劉宋政權之仇。⓴淮泗　淮河、泗水，魏與南齊邊境上的兩條大河。淮河自河南的西南方流來，經河南之南部東流入安徽，再東流入洪澤湖；泗水自山東曲阜一帶流來，經徐州再南流入淮河。㉑馬芻　餵馬的草料。㉒崔慧景　蕭道成的舊部，南齊的將領，此時為右衛將軍。傳見《南齊書》卷五十一。㉓豫州　南齊的豫州州治即今安徽壽縣，當時為齊國的北部重鎮。㉔邢巒　魏國的文學之臣，曾為中書博士，現任員外散騎侍郎。傳見《魏書》卷六十五。員外散騎侍郎，是皇帝的侍從參謀人員。㉕穎　邢穎，拓跋燾時代的文學之臣，曾出使劉宋。事見《魏書》卷六十五。㉖丙子　正月二十五。㉗文惠太子長懋　蕭長懋，武帝蕭賾的太子，死後諡曰文惠。傳見《南齊書》卷二十一。㉘風韻甚和　風度平和可親。㉙好遊宴　喜好吃喝玩樂。㉚尚書曹事　尚書省各部門的事務，猶今之行政院各部會。㉛省　視。審閱；審批。㉜園囿　意即園林。囿，動物園。㉝過於上宮　比皇帝的宮室、園囿還要好。㉞傍門列脩竹　在門牆外面種上高高的竹子。脩竹，長竹。㉟率多僭侈　大都奢侈越分。率，大都。僭，過分，不該如此而如此。㊱啓　稟告。㊲於東田起小苑　在太子宮的東方再蓋個小別墅。苑，有樓臺的院落。胡三省曰：「時太子作東田於東宮之東，綿亙華遠，壯麗極目。」〈齊紀〉又有所謂「太子立樓館於鍾山下，號曰東田。」㊳更番築役　輪流地去參加建築勞動。㊴營城包巷　外有城牆，內有街巷。㊵彌亙華遠　一眼望去華麗的建築不見盡頭。彌，滿。亙，連綿不斷。㊶莫敢以聞　沒人敢把這些情況向他說。有其父必有其子，當年蕭賾對蕭道成就是如此。㊷收　抓捕。㊸監作主帥　監工蓋房的頭目人。㊹大被誚責　大大地挨了其父一頓罵。誚，責備。㊺嬖人　男寵。㊻輦及乘輿御物　輦，指皇帝乘坐的車駕。乘輿御物，指皇帝日常使用的各種東西。這裡的「乘輿」即指皇帝。㊼幸東宮　偶然來到太子的住所。幸，來到。古代敬稱皇帝駕臨某地叫「幸」。㊽怱怱　胡三省曰：「怱怱者，急遽之意。」㊾以佛像內輦中　表示這個輦是給佛爺坐的。內，同「納」。放在裡面。㊿陶仁　徐陶仁。南朝齊官吏。文惠皇太子於東宮玩弄羽儀時，曾說過：「終當滅門，正當掃墓待喪耳。」後徐文景被賜死，不哭，時人以為有古風。(51)掃墓待喪　打掃好墓地，等著你的屍體回來。意即你的死日不遠了。(52)仍移家避之　於是自己搬家躲開了他的兒子。仍，當時的用法同「乃」，於是。(53)履行　步行巡視。(54)隨事毀除　見到什麼就隨即把什麼焚毀。(55)西昌侯鸞　蕭鸞，蕭道成的同族，蕭道生之子，即日後的齊明帝，此時為西昌侯。傳見《南齊書》卷六。[56]意中　心中。[57]不解其故　說不出是由於什麼原因。[58]救解　勸說。勸蕭長懋不要加害於他。[59]得政　做了皇帝之後。[60]無遺　全家一個沒留下。[61]始耕藉田　魏主開始耕種藉田。耕藉田是古代帝王親自進行農業活動，以表示重視農業，鼓勵全國百姓積極從事農業勞動的意思。藉田，皇帝親自勞動的那塊示範田。[62]王奐　宋、齊之際的大官僚，在宋任吏部尚書，在齊為左僕射，又為雍州刺史。傳見《南齊書》卷四十九。雍州的州治即今襄樊的襄陽區。[63]寧蠻長史　寧蠻將軍的長史。寧蠻將軍是主管雍州一帶諸郡蠻夷事務的官員，駐地襄陽，上屬雍州刺史管轄。長史是將軍屬下的高級僚屬。[64]搆扇山蠻　勾結煽動山區的蠻夷。[65]敕　朝廷命令。[66]送興祖下建康　把劉興祖押送到建康。因從襄陽到建康是順流而下，故曰「下」。[67]自經　自縊。[68]呂文顯　蕭賾的幸臣，此時任中書舍人，由於分別控制各部，很有實權。傳見《南齊書》卷五十六。[69]直閤將軍曹道剛　蕭賾的幸臣。傳見《南史》卷七十七。直閤將軍是皇帝身邊的警衛頭領。[70]將齋仗　率領宮廷衛隊。齋仗是皇帝身邊的執仗衛士。胡三省解釋為「齋庫精仗以給禁衛勇力之士」，似過於繞遠。[71]鎮西司馬　鎮西將軍的司馬官，司馬在軍中主管司法。當時荊州刺史蕭子隆任鎮西將軍，駐兵於今湖北江陵。[72]步道會襄陽　從江陵走旱路與呂文顯等會師於襄陽，共同捉拿王奐。[73]真敕　真正的聖旨。[74]正宜錄取　應把他們逮捕起來。[75]馳啓聞　派使者飛馬向朝廷報告。[76]輒　就；隨即。[77]南堂　雍州刺史府的南堂。[78]閉門　閉城門。[79]臺使　朝廷的使者。[80]我不作賊　我根本不想造反。[81]遣啓自申　派人去向他們說明實情。[82]陵藉　踐踏；欺壓。[83]走歸　逃回。[84]三月乙亥　三月二十五。[85]司馬黃瑤起　王奐的司馬官。[86]河東裴叔業　河東郡的郡治在今山西夏縣西北，當時屬魏。裴叔業早期在劉宋為低級軍吏，入齊後為右軍將軍，劉興祖被殺後，接任寧蠻長史。傳見《南齊書》卷五十一。[87]祕書丞肅　王肅，王奐之子。奔魏後甚受重用，位至宰輔。傳見《魏書》卷六十三。祕書丞是祕書省的官員，主管圖書文籍。[88]四月甲午　四月十四。[89]南郡王昭業　蕭昭業，文惠太子蕭長懋之子，蕭賾之長孫，即日後的鬱林王。傳見《南齊書》卷四。[90]東宮文武　當年太子長懋屬下的所有官員。[91]琅邪王氏　名寶明，王曄之之女，蕭昭業的生母。傳見《南齊書》卷二十。[92]南郡王妃何氏　名婧英，何戢之女，蕭昭業之妃。傳見《南齊書》卷二十。[93]戢　何戢，劉宋大官僚何尚之之孫，何偃之子，宋孝武帝女山陰公主的丈夫。傳見《南齊書》卷三十二。[94]太尉丕　拓跋丕，拓跋興都之子，拓跋提之弟。傳見《魏書》卷十四。[95]中宮　皇后的住處，這裡即指皇后。[96]戊戌　四月十八。[97]熙　馮熙，馮太后之兄，官至侍中、太師，封昌黎王。有三女，二人為孝文帝皇后，一為昭儀。傳見《魏書》卷八十三上。[98]白虎通　即《白虎通義》，也稱《白虎通德論》，東漢班固等人編撰，內容是敘述漢章帝建初四年（西元七九年）在白虎觀對經學的許多問題辯論的結果。此會議由漢章帝親自主持，班固在會上做記錄，是充分反映漢代尊儒的一場活動。(99)不臣妻之父母　不以妻之父母為臣。(100)太師　這裡即指馮熙。(101)光城蠻帥　光城郡的少數民族頭領。光城郡的郡治即今河南光山縣，這時本屬南齊。(102)田益宗　劉宋時曾為沈攸之的部下，受任為將軍，後叛降於魏。傳見《宋書》卷五十八、《魏書》卷八十三上。(103)五月壬戌　五月十三。(104)四廟子孫　指世祖拓跋燾、恭宗拓跋晃、高宗拓跋濬、顯祖拓跋弘四代的子孫。這是魏國與拓跋宏血緣關係最近的一些人。(105)親與之齒　只論輩分年齡，不論官位高低。齒，列，只以輩分、年齡相列。(106)用家人禮　用平民百姓人家那樣的禮節。家人，平民百姓。(107)甲子　五月十五。(108)朝堂　即通常所說的金鑾殿。(109)錄囚徒　也作「慮囚徒」。覆審囚犯的罪狀，以防產生冤案。(110)穆亮　魏國名將，先後仕於獻文、孝文、宣武三朝，此時任司空。傳見《魏書》卷二十七。(111)丙子　五月二十七。(112)宜都王鏗　蕭鏗，蕭道成的第十六子。傳見《南齊書》卷三十五。(113)南豫州　南齊的州名，州治在今安徽當塗。(114)廬陵王子卿　蕭子卿，武帝蕭賾的第三子。傳見《南齊書》卷四十。(115)之鎮　在前往南豫州上任的途中。鎮，刺史、督軍的行轅所在地。(116)戲部伍為水軍　讓自己的部下裝作水軍的樣子。部伍，這裡即指部下。(117)典籤　州刺史與督軍屬下的大吏。典籤原是文書、書記員一類的小吏，因劉宋出任刺史的親王都年齡甚小，所以此職的權力日益擴大，後來遂成為了長史、別駕一樣的高級僚屬。(118)襄陽蠻酋雷婆思　襄陽一帶的蠻族頭領姓雷名婆思。(119)求內徙於魏　叛齊請魏人容其遷入魏境。(120)魏人處之沔北　雷婆思等原先居住在沔水以南，今魏人將其遷移到了沔水以北。沔水即今之漢水，這裡指今湖北襄陽西北的一段。(121)六月雨雪　夏天六月有時就下雪。雨雪，降雪。按，山西北部很早就有「雁門關外野人家，早穿皮襖午穿紗，懷抱火爐吃西瓜」的說法。(122)齋　齋戒，古人為做某事之前而做出的一種虔敬的活動，如沐浴、更衣、獨居等等。(123)明堂左个　明堂左側的偏室。个，通「個」。(124)太常卿　官名，掌管各種祭祀的事宜。(125)筮　用蓍草占卜。(126)革　《周易》六十四卦中的第四十九卦，本卦主要是講變革的道理。孔穎達疏曰：「革者，改變之名也。此卦明改制、革命，故名革也。」(127)湯武革命二句　見《周易・革卦》的〈彖辭〉。〈彖辭〉是古人分別對六十四卦每個卦象所作的解釋。是《周易》的「十翼」之一。其〈革卦〉的〈彖辭〉中有「天地革而四時成，湯、武革命，順乎天而應乎人」之句。(128)吉孰大焉　再沒有什麼比這個更吉利的了。孝文帝想遷都，這是一種變革，占卜時正好碰上〈革卦〉，而該卦的〈彖辭〉中又正好有「湯、武革命，應乎天而順乎人」這樣的話，所以孝文帝說「吉孰大焉」。(129)任城王澄　景穆帝拓跋晃之孫，拓跋雲之子，時為尚書令。傳見《魏書》卷十九中。(130)奕葉重光　意即在以往幾代先王的光輝事業的基礎上。奕葉，累世。重光，重重疊疊的光輝。(131)帝有中土　擁有了中原地區的領土。帝，統治；擁有。漢代以來，例以今河南一帶為中土。(132)未為全吉　還不能說是十全十美的徵兆。因為「湯、武革命」才是發動變革的開始，而當今的魏國乃是一個天下無敵的國家，而不是什麼剛剛開始變革。(133)繇　繇辭，也就是「爻辭」。《周易》六十四卦，每一卦由六爻組成，對六爻分別進行解釋的詞語稱作爻辭。(134)大人虎變　語見《周易·革卦·九五·爻辭》。原文作：「大人虎變，未占有孚。」〈象辭〉對此解釋說：「大人虎變，其文炳也。」〈象辭〉也是《周易》的「十翼」之一。〈象辭〉既有對每一卦的整個卦象進行分析的詞語，也有對一卦中的某一爻進行分析的詞語。孝文帝見〈九五·爻辭〉中有「大人虎變」之語，〈象辭〉中又有「其文炳也」，故駁拓跋澄曰「何言不吉」。(135)龍興已久　意謂做皇帝已經多年了。(136)何得今乃虎變　按通常習慣，小人物變成大人物可以說是「虎變」，孝文帝久已做皇帝，現乃只有「虎變」，的確有些引喻失當，故孝文帝無言再對，只能發脾氣。(137)欲沮眾邪　莫非想動搖瓦解我們的軍心麼。沮眾，動搖軍心，瓦解鬥志。(138)解　消除怒氣，緩和下來。(139)各言其志二句　各自發表看法，即使有些看法不同，說說又有什麼關係呢。夫，發語詞。(140)還宮　從明堂左个回到寢宮。(141)逆謂之　迎面首先提出問題。逆，迎面。(142)嚮者革卦　剛才咱們討論的〈革卦〉。嚮者，前些時候，這裡即指剛才。(143)更　再；重新。(144)明堂之忿　剛才我在明堂上發脾氣。(145)恐人人競言　是怕人們紛紛地發表反對意見。(146)沮我大計　破壞我的大事。沮，敗壞。(147)怖文武　嚇唬那些朝臣，意即不是針對你。(148)想識朕意　我想你會明白我的用心。(149)屏人　支開身邊的其他人。屏，用如動詞，同「摒」。(150)今日之舉　指遷都洛陽。(151)朔土　指北方。魏國的舊都盛樂，在今內蒙古的和林格爾北。(152)遷宅中原　搬家到中原地區居住。宅，安家。(153)卜宅中土　意同「遷宅中原」。卜宅，物色個居住的好地方，意即搬家。(154)經略四海　意即統一天下。經略，經營；開拓。(155)此周漢之所以興隆　當年周、漢兩朝之所以興隆，就是這樣做的。周、漢，這裡指西周的成王、康王，漢代的光武帝、漢明帝，他們都是選擇了洛陽作為國都。(156)習常戀故　指不想變革、不想搬家。(157)驚擾　因害怕而產生紛亂、動盪。(158)非常　不同於尋常。(159)故非常人之所及　本來就不是一般人所能夠幹出來的。故，通「固」。本來。常人，普通人。漢代司馬相如〈喻巴蜀檄〉有所謂「世必有非常之人，然後有非常之事；有非常之事，然後有非常之功」；漢武帝〈求賢詔〉有所謂「蓋有非常之功，必待非常之人」，意思皆同。(160)斷自聖心　意即只要您的主意已定。(161)彼亦何所能為　他們即使反對又能怎麼樣。(162)吾之子房也　孝文帝自比劉邦，把拓跋澄比作劉邦的謀士張良。子房，即張良，是劉邦的心腹謀士，幫著劉邦打敗秦朝、打敗項羽，又幫著劉邦翦除功臣，是劉邦的開國元勳。事見《史記·留侯世家》。(163)六月丙戌　六月初七。(164)作河橋　在黃河上搭建橋樑。(165)盧淵　魏國的儒學之臣，盧玄之子，此時為祕書監。傳見《魏書》卷四十七。(166)承平之主　太平時代的繼任皇帝。(167)親御六軍　親自率領國家軍隊。御，統率。六軍，天子的軍隊。古代唯天子有六軍，大國諸侯三軍，次者二軍、一軍。(168)行陳　同「行陣」。軍隊的陣式，這裡即指戰場。(169)豈非　不就是因為。(170)勝之不足為武打勝了也不能給自己提高威名。(171)有虧威望　降低威信。(172)魏武　指曹操，被其子曹丕追稱為魏武帝。傳見《三國志》卷一。(173)破袁紹　曹操破袁紹於官渡事，見本書卷六十二漢獻帝建安五年。(174)謝玄　東晉丞相謝安之姪，中國古代的著名將領。傳見《晉書》卷七十九。(175)摧苻秦　摧毀了以苻堅為首的前秦政權。西元三八三年苻堅率大軍六十多萬進攻東晉，被謝玄大破於肥水，從此前秦迅速崩潰。事見本書卷一百五晉孝武帝太元八年。有人說此處的「苻秦」應作「苻堅」。二者皆可。(176)報答覆。(177)同軌無敵　當時天下一統，沒有敵國存在。同軌，車同軌，書同文，指天下一統而太平。(178)懦劣偷安　軟弱而又苟且偷安。偷，苟且；苟活。(179)比之懦劣　與那些懦劣偷安的君主一樣地沒有作為。(180)必若　如果一定像有的人所說。(181)王者不當親戎　當皇帝的人不該親自上前線。此駁所謂「勝之不足為武，不勝有虧威望」。(182)制革輅　在帝王的車駕中也備有革輅一種。革輅，古代帝王乘坐的兵車。(183)仗順　即上文所謂「應乎天而順乎人」。(184)失政　政策方略的失誤。(185)丁未　六月二十八。(186)講武　意即檢閱軍隊。(187)典武選　主持選拔軍事將領。(188)建康僧法智　建康籍的和尚名法智。(189)周盤龍　此與南齊名將周盤龍不是同一個人。(190)徐州城　這裡是指北徐州，南齊的北徐州州治燕縣，也稱鍾離城，在今安徽鳳陽東北。(191)王玄邈　劉宋將領王玄謨的堂兄弟，初忠於劉宋，入齊後，又頗受蕭氏器重，先後任梁、南秦二州刺史、徐州刺史等職。傳見《南齊書》卷二十七。

【校　記】[1]輩　原作「等」。據章鈺校，十二行本、乙十一行本、孔天胤本皆作「輩」，張敦仁《通鑑刊本識誤》同，今據改。[2]鑾酋　據章鈺校，十二行本、乙十一行本皆作「鑾首」。按，《魏書‧高祖紀》作「鑾酋」，然他卷則「鑾酋」、「鑾首」互見。[3]順乎天而應乎人　原作「應乎天而順乎人」。據章鈺校，十二行本、乙十一行本、孔天胤本皆作「順乎天而應乎人」，今據改。[4]之　原無此字。據章鈺校，十二行本、乙十一行本、孔天胤本皆有此字，張敦仁《通鑑刊本識誤》同，今據補。[5]者　原無此字。據章鈺校，十二行本、乙十一行本、孔天胤本皆有此字，張敦仁《通鑑刊本識誤》同，今據補。

【語　譯】世祖武皇帝下

永明十一年（癸酉　西元四九三年）

春季，正月，齊武帝蕭賾任命擔任驃騎大將軍的王敬則為司空，任命擔任鎮軍大將軍的陳顯達為江州刺史。陳顯達因為自己不是豪門士族出身，而官位很高、權力很重而感到不安，每當官位晉升，臉上總會流露出一種慚愧、敬懼的神情，他告誡自己的兒子不要因為自己的家庭富有、地位尊貴而陵駕於別人之上。然而他的兒子們卻幹了很多豪華奢侈的事情，陳顯達知道以後，很不高興。他的兒子陳休尚擔任了郢州刺史府的主簿，在前往郢州刺史府赴任途中，經過九江時，看望了自己的父親陳顯達。陳顯達對陳休尚說：「這種用名貴的麈尾做成的拂塵本來是東晉大貴族王導、謝安一流人物手中所持的物件，你沒有資格拿著它！」說完就從陳休尚面前拿過那柄用麈尾做成的拂塵燒毀了。

當初，齊武帝在石頭城製造了三千輛沒有帷蓋的車子，準備從陸路攻取彭城，魏國人預先知道了消息。劉昶屢次向魏孝文帝拓跋宏哭訴，請求派自己率領一支魏軍駐紮在魏國與齊國的邊界據點，以便召集那些心裡仍舊想著劉宋王朝的南國之民，以報蕭氏篡奪劉氏政權的恥辱。魏孝文帝在經武殿召集公卿大臣，討論了有關出兵南伐齊國的事情，於是在魏、齊兩國邊境上的淮河、泗水岸邊大量積存餵馬的草料。齊武帝聽到消息之後，便任命擔任右衛將軍的崔慧景為豫州刺史，以防範魏軍的入侵。

魏孝文帝派遣擔任員外散騎侍郎的邢巒等人到齊國進行友好訪問。邢巒，是邢穎的孫子。

正月二十五日丙子，齊國的文惠太子蕭長懋去世。皇太子蕭長懋風度平和可親，齊武帝到了晚年之後喜歡吃喝玩樂，尚書省各部門的事務就都分別送到了皇太子蕭長懋那裡，請求太子審閱、批示，於是皇太子蕭長懋在朝廷內外享有很高的威望。

皇太子蕭長懋喜好奢侈豪華的生活，他所修建的殿堂、園林比他當皇帝的父親的宮室、苑囿還要好，所花費的錢財數以千萬計，他擔心被齊武帝看見，於是就在門牆外面種上高高的竹子遮擋視線，所有的服飾、器物、玩好，大都奢侈得超過規定的標準。蕭長懋向齊武帝稟告在太子宮的東邊再營造一處院落，派東宮將吏輪流去參加建築勞動，外有城牆，內有街巷，一眼望去華麗的建築不見盡頭。齊武帝雖然性情嚴厲，到處都安排有自己的耳目，然而太子蕭長懋的所作所為，卻沒有人敢把這些情況向他報告。齊武帝曾經路過皇太子的東田，看見其修建得十分壯麗，不禁大怒，就要將監工蓋房的頭目逮捕起來，太子事先得到消息就把他們全都藏了起來，因而大大地挨了齊武帝的一頓責罵。蕭長懋又讓自己的男寵徐文景為自己製造皇帝乘坐的車駕、皇帝日常使用的各種器物，齊武帝曾經偶然來到皇太子的東宮，皇太子匆忙之間來不及將輦車隱藏起來，徐文景急中生智，就把一尊佛像放入輦車之中，所以當時並沒有引起齊武帝的懷疑。徐文景的父親徐陶仁對徐文景說：「我只應當打掃好墓地，等著你的屍體回來！」於是帶著全家搬到別處避禍去了。後來徐文景被皇帝賜令自殺而死，徐陶仁沒有悲傷哭泣。

等到太子蕭長懋去世之後，齊武帝步行來到東宮巡視，這才看到蕭長懋的那些奢華得超過規定標準的服飾、器玩等物品，不禁大為震怒，立即下令給有關部門的官員把東宮中的東西搜查一遍，見到什麼越分的東西就隨即把它焚毀。齊武帝認為竟陵王蕭子良與太子蕭長懋關係親密友好，一定知道太子的所作所為，而不向自己報告，於是連同蕭子良一起進行了責備。

皇太子蕭長懋一向厭惡西昌侯蕭鸞，他曾經對竟陵王蕭子良說：「我心中最不喜歡蕭鸞這個人，也不明白是什麼緣故，大概是由於他的福氣太薄的原因吧！」蕭子良勸說太子不要殺害西昌侯蕭鸞。等到蕭鸞做了齊國的皇帝之後，太子蕭長懋的子孫全部被殺，沒留下一個。

二月，魏孝文帝開始在平城南部耕種籍田。

齊國擔任雍州刺史的王奐因為厭惡在寧蠻將軍屬下擔任長史的劉興祖，就把劉興祖逮捕入獄，誣陷他勾結煽動山區裡的少數民族，準備起兵作亂。齊武帝下令把劉興祖從襄陽順流而下押赴建康接受審問，而王奐卻在襄陽的監獄中把劉興祖殺死，詐稱劉興祖畏罪自殺。齊武帝得知消息後龍顏大怒，立即派遣擔任中書舍人的呂文顯、擔任直閤將軍的曹道剛率領著五百名宮廷衛隊前往襄陽逮捕雍州刺史王奐，同時下令給在鎮西將軍蕭子隆屬下擔任司馬的曹虎從江陵走旱路趕往襄陽和呂文顯、曹道剛會合，共同捉拿王奐。

王奐的兒子王彪，一向兇惡陰險，就連王奐都管教不了他。在王奐屬下擔任長史的殷叡，是王奐的女婿，殷叡對王奐說：「曹道剛、呂文顯此次前來，我們卻沒有接到皇帝的真正聖旨，恐怕其中有詐，我們應該把他們逮捕起來，然後派使者飛馬向朝廷報告。」王奐採納了殷叡的建議。王彪隨即調動了一千多名雍州的士兵，打開武庫取出鎧甲兵器，分發給那些士兵，然後走出雍州刺史府的南堂，擺好陣勢，關閉襄陽城門進行堅守，抗拒呂文顯等入城。王奐的門生鄭羽給王奐磕頭，請求王奐出城去迎接朝廷派來的使者，王奐說：「我根本就沒想造反，我是想先派使者去向他們說明情況，正是因為懼怕遭到曹道剛、呂文顯一類的小人的欺壓，所以才暫且關閉城門自守。」王彪遂出城，與直閤將軍曹虎的軍隊進行交戰，王彪戰敗，逃回城中。三月二十五日乙亥，在王奐屬下擔任司馬的黃瑤起、在寧蠻將軍屬下擔任長史的河東郡人裴叔業在襄陽城內起兵，進攻王奐的雍州刺史府，把王奐殺死，並捉獲了王彪以及王彪的弟弟王爽、王弼和王奐的女婿殷叡，這些人全都被依法處死。王彪的哥哥王融、王琛全都死在建康城中，只有王琛的弟弟擔任祕書丞的王肅脫逃，投降了魏國。

夏季，四月十四日甲午，齊武帝封南郡王蕭昭業為皇太孫，皇太子蕭長懋屬下的所有文武官員便都變成了皇太孫的僚屬，封太子妃琅邪郡人王氏為皇太孫太妃，封南郡王蕭昭業的妃子何氏為皇太孫妃何氏，是何戢的女兒。

魏國擔任太尉的拓跋丕等人向孝文帝請求立皇后，四月十八日戊戌，孝文帝立馮氏為皇后。馮皇后，是馮熙的女兒。孝文帝按照《白虎通》中所說的「君王不以妻子的父母為臣」的理論，下詔令太師馮熙在給自己上書的時候不要稱自己為臣，入朝的時候也不用向皇帝叩拜，而馮熙卻態度堅決地推辭了。

齊國光城郡內的少數民族首領擔任征虜將軍的田益宗率領自己部落中的四千多戶背叛了齊國，投降了魏國。

五月十三日壬戌，魏孝文帝在宣文堂設宴款待魏世祖拓跋燾、魏恭宗拓跋晃、魏高宗拓跋濬、魏顯祖拓跋弘四代祖先的子孫，與他們只論輩分，不論官位的高低，完全使用平民百姓人家那樣的禮節。

五月十五日甲子，魏孝文帝來到金鑾殿，主持公卿以下朝臣一起討論裁決疑難政務，覆審囚犯的罪狀，以防止出現冤假錯案。孝文帝對擔任司空的穆亮說：「從今以後朝廷中的政務，中午以前，先由你們自己進行討論；中午以後，我再與你們一同討論決定。」

五月二十七日丙子，齊武帝任命宜都王蕭鏗為南豫州刺史。此前齊武帝原本是任命廬陵王蕭子卿為南豫州刺史，蕭子卿在前往南豫州赴任的途中，讓自己的部下裝作水軍的樣子，齊武帝聽說之後，非常生氣，就把在蕭子卿手下擔任典籤的人給殺了，這才讓宜都王蕭鏗代替蕭子卿為南豫州刺史。蕭子卿回到自己的廬陵王府，齊武帝在其有生之年一直不與他相見。

齊國襄陽一帶的蠻族頭領雷婆思等率領著一千多戶蠻族人背叛了齊國，請求魏國人允許他們遷入魏國境內居住，魏國人把他們安置在沔水以北。

魏孝文帝因為平城處在寒冷地帶，經常在六月分就開始下雪，又常常颳起沙塵暴，於是準備將首都從平城遷往洛陽，他擔心群臣不肯服從命令，於是就討論大舉進攻南齊，想用這種辦法脅迫眾人南遷。孝文帝在明堂左側的偏室中進行齋戒之後，就讓擔任太常卿的王諶用著草進行占卜，得到的是《周易》六十四卦中講述變革的〈革卦〉，孝文帝說：「〈革卦〉的〈彖辭〉中有這樣的解釋：『湯、武革命，順乎天而應乎人。』再也沒有什麼比這個卦象更吉利的了！」群臣中沒有人敢發表不同意見。擔任尚書令的任城王拓跋澄說：「陛下在以往幾代先王所創建的光輝事業的基礎上，擁有了中原地區的領土。如今大舉出兵，去征服不肯歸服的齊國，而用著草進行占卜的時候，得到的又是講述商湯王、周武王革命是應天命、順民心的〈革卦〉，這還不能說是十全十美的徵兆。」孝文帝厲聲質問說：「〈革卦〉的〈象辭〉對〈爻辭〉的『大人虎變，未占有孚』解釋說『大人虎變，其文炳也』，你為什麼說不全是吉利的呢？」拓跋澄回答說：「陛下做皇帝已經很多年了，怎麼到今日才只有如虎之變呢？」孝文帝發怒說：「社稷是我的社稷，任城王莫非想要動搖瓦解我們的軍心麼！」拓跋澄回答說：「社稷雖然是陛下所有，而我身為社稷之臣，怎麼能夠明明知道有危險而不說出來呢！」孝文帝過了好一會兒才消除怒氣，態度緩和下來，說：「各人發表各人的看法，即使意見有所不同，又有什麼關係呢！」

魏孝文帝回到皇宮之後，便召見任城王拓跋澄，他迎著拓跋澄說：「剛才咱們討論過〈革卦〉，現在應當與你再重新討論一下。我剛才在明堂上發脾氣，是怕人們紛紛地發表反對的意見，破壞了我的大事情，所以我才聲色俱厲地嚇唬那些朝臣。我想你會明白我的用意。」於是支開了身邊的其他人之後，對拓跋澄說：「今天的遷都洛陽之舉，確實不是一件容易的事。但是我國興起於北方，曾經建都於盛樂，從盛樂搬遷到了平城居住，平城適合於用兵打仗，卻不適合於用禮樂教化來治理國家。如今我準備進行移風易俗的改革，但在平城很難實現這個願望，所以我想藉此機會把都城遷到中原地區的洛陽，你認為怎麼樣？」拓跋澄回答說：「陛下想要尋找個好地方作為國家的都城以便實現統一天下，這正是當年周朝、漢朝兩個朝代之所以興盛發達的原因。」孝文帝說：「北方人不想變革，眷戀故土，必將因為害怕遷都產生紛亂而引起社會動盪不安，你看該怎麼辦好呢？」拓跋澄說：「非比尋常的事情，本來就不是一般人所能幹得出來的。只要陛下的主意已定，他們即使反對又能怎麼樣呢？」孝文帝說：「任城王，你就是我的心腹謀臣張良啊！」

六月初七日丙戌，魏孝文帝下令在黃河上搭建橋樑，準備讓軍隊從黃河大橋上通過黃河。擔任祕書監的盧淵上表給孝文帝，盧淵認為「以前太平時代繼任的皇帝，還從來沒有哪一位親自率領國家的軍隊，決勝於戰場之上的，不就是因為打了勝仗也不能提高皇帝的威名，打了敗仗卻會降低皇帝的威望嗎？過去魏武帝曹操親自率領一萬名疲憊不堪的士卒在官渡打敗了兵力數倍於己的袁紹，東晉的著名將領謝玄率領三千名步兵摧毀了以苻堅為首的前秦政權，戰爭的勝負變化莫測，往往決定於瞬息之間，而不完全取決於作戰雙方軍隊數量的多少。」孝文帝下詔答覆說：「太平年代的皇帝，所以不親自統兵打仗的，有的時候是因為當時天下已經統一，沒有敵國存在，有的時候是因為皇帝本身性格軟弱而又苟且偷安。如今還不能說國家已經統一，如果拿我與那些懦劣偷安、沒有作為的君主相比，對我來說簡直是一種恥辱。如果一定像有的人所說的當皇帝的人不應該親自上前線，那麼古代帝王所乘坐的車駕中也備有一種名叫革輅的兵車，是幹什麼用的呢？魏武帝所以能戰勝袁紹，是由於應乎天而順乎人；前秦苻堅之所以被東晉的謝玄打敗，也是由於他政策方略的失誤造成的。難道少數就一定能夠戰勝多數，弱小就一定能夠戰勝強大嗎？」二十八日丁未，孝文帝檢閱部隊，命令擔任尚書的李沖主持選拔軍事將領之事。

建康籍的一個名叫法智的和尚與北徐州的百姓周盤龍等人聚眾作亂，他們在夜間攻入了徐州城內。擔任徐州刺史的王玄邈率軍對他們進行討伐，將其消滅。

秋，七月癸丑❶，魏立皇子恂❷為太子。○戊午❸[1]，魏中外戒嚴，發露布❹及移書❺，稱當南伐❻。詔發揚、徐州民丁❼，廣設召募以備之。

中書郎王融❽，自恃人地❾，三十內望為公輔❿。嘗夜直省中⓫，撫案歎曰：「為爾寂寂⓬，鄧禹笑人⓭！」行逢朱雀桁開⓮，喧湫⓯不得進，搥車壁歎曰：「車前無八騶⓰，何得稱丈夫⓱！」竟陵王子良⓲愛其文學，特親厚之。

融見上有北伐之志，數⓳上書獎勸⓴，因大習騎射㉑。及魏將入寇，子良於東府㉒募兵，版融㉓寧朔將軍，使典其事㉔。融傾意㉕招納，得江西傖楚㉖數百人，並有幹用㉗。

會上不豫㉘，詔子良甲仗㉙入延昌殿侍醫藥㉚，子良以蕭衍、范雲㉛等皆為帳內軍主㉜。戊辰㉝，遣江州刺史陳顯達鎮樊城㉞。上慮朝野憂遑㉟，力疾㊱召樂府奏正聲伎㊲。子良日夜在內，太孫㊳間日參承㊴。

戊寅㊵，上疾亟㊶，蹔絕㊷。太孫未入，內外惶懼，百僚皆已變服㊸。王融欲矯詔㊹立子良，詔草已立㊺。蕭衍謂范雲曰：「道路籍籍㊻，皆云將有非常之舉㊼。王元長㊽非濟世才㊾，視其敗也㊿。」雲曰：「憂國家者，惟有王中書(51)耳！」衍曰：「憂國，欲為周、召(52)[2]，欲為豎刁[3]邪(53)？」雲不敢答。及太孫來，王融戎服絳衫[54]，於中書省閤口[55]斷東宮仗[56]不得進。頃之，上復蘇[57]，問太孫所在，因召東宮器甲[58]皆入，以朝事[59]委尚書左僕射西昌侯鸞[60]。俄而上殂，融處分[61]以子良兵禁諸門[62]。鸞聞之，急馳至雲龍門，不得進，鸞曰：「有敕召我！」排[63]之而入，奉太孫[64]登殿，命左右扶出子良[65]。指麾[66]部署，音響如鍾[67]，殿中無不從命。融知不遂[68]，釋服還省[69]，歎曰：「公誤我[70]！」由是鬱林王[71]深怨之。

遺詔曰：「太孫進德日茂[72]，社稷有寄[73]。子良善相毗輔[74]，思弘治道[75]；內外眾事，無大小悉與鸞參懷[76]，共下意[77]！尚書中事，職務根本，悉委右僕射王晏[78]、吏部尚書徐孝嗣[79]。軍旅之略，委王敬則、陳顯達、王廣之[80]、王玄邈、沈文季[81]、張瓌、薛淵[82]等。」

世祖留心政事，務總大體[83]，嚴明有斷，郡縣久於其職[84]，長吏犯法，封刃行誅[85]。故永明之世[86]，百姓豐樂，賊盜屏息[87]。然頗好遊宴，華靡[88]之事，常言恨之[89]，未能頓遺[90]。

鬱林王之未立也，眾皆疑立子良，口語喧騰[91]。武陵王曄於眾中大言[92]曰：「若立長[93]，則應在我[94]；立嫡[95]，則應在太孫[96]。」由是帝[97]深憑賴之[98]。直閤周奉叔、曹道剛素為帝心膂[99]，並使監殿中直衛[100]。少日[101]，復以道剛為黃門郎[102]。

初，西昌侯鸞為太祖所愛，鸞性儉素，車服儀從，同於素士[103]，所居官[104]名為嚴能[105]，故世祖亦重之。世祖遺詔，使竟陵王子良輔政[106]，鸞知尚書事[107]。子良素仁厚，不樂世務[108]，乃更推鸞[109]，故遺詔云「事無大小，悉與鸞參懷」，子良之志[110]也。

帝少養於子良妃袁氏，慈愛甚著[111]。及王融有謀[112]，遂深忌子良。大行[113]出太極殿[114]，子良居中書省[115]，帝使虎賁中郎將[116]潘敞領二百人仗[117]屯太極殿西階[118]以防之。既成服[119]，諸王[120]皆出，子良乞停至山陵[121]，不許。

壬午[122]，稱遺詔，以武陵王曄為衛將軍，與征南大將軍陳顯達並開府儀同三司；尚書左僕射、西昌侯鸞為尚書令；太孫詹事[123]沈文季為護軍[124]。癸未[125]，以竟陵王子良為太傅[126]。蠲除三調[127]及眾逋[128]，省[129]御府及無用池田、邸治[130] [4]，減關市征稅[131]。先是，蠲原之詔[132]，多無事實，督責如故[133]。是時西昌侯鸞知政，恩信兩行[134]，眾皆悅之。

魏山陽景桓公尉元[135]卒。

魏主使錄尚書事廣陵王羽[136]持節安撫六鎮[137]，發其突騎[138]。丁亥[139]，魏主辭永固陵。己丑[140]，發平城，南伐，步騎三十餘萬。使太尉丕與廣陵王羽留守平城，並加使持節[141]。羽曰：「太尉宜專節度[142]，臣正可為副。」魏主曰：「老者之智，少者之決[143]，汝無辭也。」以河南王幹[144]為車騎大將軍、都督關右[145]諸軍事，又以司空穆亮、安南將軍盧淵、平南將軍薛胤[146]皆為幹副，眾合七萬出子午谷[147]。胤，辯[148]之曾孫也。

鬱林王性辯慧[149]，美容止[150]，善應對，哀樂過人[151]；世祖由是愛之。而矯情飾詐[152]，陰懷鄙慝[153]，與左右羣小共衣食，同臥起。

始為南郡王[154]，從[155]竟陵王子良在西州[156]。文惠太子每禁其起居[157]，節其用度，王密就富人求錢[158]，無敢不與。別作鑰鉤[159]，夜開西州後閤[160]，與左右至諸營署[161]中淫宴。師史仁祖[162]、侍書胡天翼[163]相謂曰：「若言之二宮[164]，則其事未易[165]；若於營署為異人所毆[166]及犬物所傷，豈直罪止一身，亦當盡室及禍[167]。年各七十，餘生寧[5]足吝邪？」數日間，二人相繼自殺，二宮不知也。所愛左右，皆逆加官爵[168]，疏於黃紙[169]，使囊盛帶之[170]，許南面之日[171]，依此施行。

侍太子疾及居喪，憂容號毀[172]，見者嗚咽，裁還私室[173]，即歡笑酣飲。常令女巫楊氏禱祀[174]，速求天位[175]。及太子卒，謂[176]由楊氏之力，倍加敬信。既為太孫[177]，世祖有疾，又令楊氏禱祀。時何妃猶在西州，世祖疾稍危，太孫與何妃書，紙中央作一大喜字，而作三十六小喜字繞之。

侍世祖疾，言發淚下[178]。世祖以為必能負荷大業[179]，謂曰：「五年中一委宰相[180]，汝勿措意[181]，五年外勿復委人。若自作無成[182]，無所多恨。」臨終，執其手曰：「若憶翁[183]，當好作[184]！」遂殂。大斂始畢，悉呼世祖諸伎[185]，備奏眾樂[186]。即位十餘日，即收王融下廷尉，使中丞孔稚珪奏融「險躁輕狡[187]，招納不逞[188]，誹謗朝政。」融求援於竟陵王子良，子良憂懼，不敢救，遂於獄賜死，時年二十七。

初，融欲與東海徐勉[189]相識，每託人召之[190]。勉謂人曰：「王君名高望促[191]，難可輕襲衣裾[192]。」俄而融及禍，勉由是知名。太學生會稽魏準，以才學為融所賞，融欲立子良，準鼓成其事[193]。太學生虞羲、丘國賓竊相謂曰：「竟陵才弱，王中書無斷，敗在眼中[194]矣。」及融誅，召準入舍人省[195]詰問，惶懼而死，舉體皆青，時人以為膽破。

壬寅[196]，魏主至肆州[197]，見道路民有跛眇者[198]，停駕慰勞，給衣食終身。

大司馬安定王休[199]執軍士為盜者三人以徇於軍[200]，將斬之。魏主行軍遇之，命赦之。休不可，曰：「陛下親御六師，將遠清江表[201]，今始行至此，而小人已為攘盜，不斬之，何以禁姦？」帝曰：「誠如卿言。然王者之體[202]，時有非常之澤。三人罪雖應死，而因緣遇朕，雖違軍法，可特赦之。」既而謂司徒馮誕曰：「大司馬[203]執法嚴，諸君不可不慎[204]。」於是軍中肅然。

臣光曰[205]：「人主之於其國，譬猶一身，視遠如視邇[206]，在境如在庭[207]。舉賢才以任百官，修政事以利百姓，則封域之內無不得其所矣。是以先王黈纊塞耳[208]，前旒蔽明[209]，欲其廢耳目之近用，推聰明[210]於四遠也。彼廢疾[211]者宜養，當命有司均之於境內[212]；今獨施於道路之所遇，則所遺者多矣，其為仁也，不亦微乎？況赦罪人以橈有司之法[213]，尤非人君之體也。惜也！孝文，魏之賢君，而猶有是[214]乎！」

戊申[215]，魏主至并州[216]。并州刺史王襲[217]，治有聲跡[218]，境內安靜，帝嘉之。襲教民多立銘[219]置道側，虛稱其美[220]，帝聞而問之，襲對不以實。帝怒，降襲號二等[221]。

九月壬子[222]，魏遣兼員外散騎常侍勃海高聰[223]等來聘。○丁巳[224]，魏主詔車駕所經，傷民秋稼者，畝給穀五斛[225]。○辛酉[226]，追尊文惠太子為文皇帝，廟號世宗。

世祖梓宮[227]下渚[228]，帝於端門[229]內奉辭[230]。輼輬車[231]未出端門，亟[232]稱疾還內。裁入閤，即於內奏胡伎[233]，鞞鐸[234]之聲，響震內外。丙寅[235]，葬武皇帝於景安陵[236]，廟號世祖。

戊辰[237]，魏主濟河[238]。庚午[239]，至洛陽。壬申[240]，詣故太學[241]觀石經[242]。○乙亥[243]，鄧至王像舒彭[244]遣其子舊[245]朝于魏，且請傳位於舊，魏主許之。

魏主自發平城至洛陽，霖雨[246]不止。丙子[247]，詔諸軍前發[248]。丁丑[249]，帝戎服，執鞭乘馬而出，羣臣稽顙[250]於馬前。帝曰：「廟筭[251]已定，大軍將進，諸公更欲何云？」尚書[252]李沖等曰：「今者之舉，天下所不願，唯陛下欲之，臣不知陛下獨行[253]，竟何之[254]也？臣等有其意而無其辭[255]，敢以死請[256]！」帝大怒曰：「吾方經營天下，期於混壹[257]，而卿等儒生，屢疑大計[258]。斧鉞有常[259]，卿勿復言！」策馬將出。於是安定王休等並慇勤泣諫[260]，帝乃諭[261]羣臣曰：「今者興發[262]不小，動而無成，何以示後？朕世居幽朔[263]，欲南遷中土，苟不南伐[264]，當遷都於此。王公以為何如？欲遷者左[265]，不欲者右。」安定王休等相帥如右[266] [6]。南安王楨[267]進曰：「『成大功者不謀於眾[268]。』今陛下苟輟[269]南伐之謀，遷都洛邑，此臣等之願，蒼生[270]之幸也。」羣臣皆呼萬歲。時舊人[271]雖不願內徙，而憚[272]於南伐，無敢言者，遂定遷都之計。

李沖言於上曰：「陛下將定鼎洛邑[273]，宗廟宮室[274]，非可馬上行遊[275][7]以待之。願陛下暫還代都[276]，俟羣臣經營畢功[277]，然後備文物[278]、鳴和鸞[279]而臨之。」帝曰：「朕將巡省州郡[280]，至鄴小停[281]，春首[282]即還，未宜歸北。」乃遣任城王澄還平城，諭留司百官以遷都之事，曰：「今日真所謂『革』也[283]。王其勉之[284]！」

帝以羣臣意多異同[285]，謂衛尉卿、鎮南將軍于烈[286]曰：「卿意如何？」烈曰：「陛下聖略淵遠[287]，非愚淺所測。若隱心而言[288]，樂遷之與戀舊，適中半[289]耳。」帝曰：「卿既不唱異[290]，即是肯同，深感不言之益。」使還鎮平城，曰：「留臺庶政[291]，一以相委。」烈，栗磾[292]之孫也。

先是，北地民支酉[293]聚眾數千，起兵於長安城北石山[294]，遣使告梁州刺史陰智伯[295]。秦州[296]民王廣亦起兵應之，攻執魏刺史劉藻，秦、雍間七州[297]民皆響震[298]，眾至十萬，各守堡壁以待齊救。魏河南王幹引兵擊之，幹兵大敗；支酉進至咸陽北濁谷，穆亮與戰，又敗；陰智伯遣軍主[299]席德仁等將兵數千與相應接。酉等進向長安，盧淵、薛胤等拒擊，大破之，降者數萬口。淵唯誅首惡，餘悉不問，獲酉、廣，並斬之。

冬，十月戊寅朔(300)，魏主如金墉城(301)，徵穆亮(302)，使與尚書李沖、將作大匠董爾[8]經營洛都[9]。己卯(303)，如河南城(304)。乙酉(305)，如豫州(306)。癸巳(307)，舍于石濟(308)。乙未(309)，魏解嚴(310)，設壇于滑臺(311)城東，告行廟(312)以遷都之意。大赦，起滑臺宮。任城王澄至平城，眾始聞遷都，莫不驚駭。澄援引古今，徐以曉之，眾乃開伏(313)。澄還報於滑臺，魏主喜曰：「非任城，朕事不成。」

壬寅(314)，尊皇太孫太妃(315)為皇太后，立妃為皇后(316)。

癸卯(317)，魏主如鄴城。王肅見魏主於[10]鄴，陳伐齊之策。魏主與之言，不覺促席移晷(318)。自是器遇(319)日隆，親舊貴臣莫能間(320)也。魏主或屏左右與肅語，至夜分(321)不罷，自謂君臣相得之晚(322)。尋除輔國將軍、大將軍長史。時魏主方議興禮樂，變華風(323)，凡威儀文物(324)，多肅所定。

乙巳(325)，魏主遣安定王休帥從官迎家於平城(326)。

辛亥(327)，封皇弟昭文為新安王，昭秀為臨海王，昭粲為永嘉王。

魏主築宮於鄴西，十一月癸亥(328)，徙居之。

御史中丞江淹(329)劾奏前益州刺史劉悛(330)、梁州刺史陰智伯贓貨巨萬(331)，皆抵罪(332)。初，悛罷廣、司二州(333)，傾貲以獻世祖(334)，家無留儲。在益州，作金浴盆，餘物稱是[335]。及鬱林王即位，悛所獻減少。帝怒，收悛付廷尉，欲殺之，西昌侯鸞救之，得免，猶禁錮終身[336]。悛，勔[337]之子也。

【章　旨】以上為第二段，寫齊武帝蕭賾永明十一年（西元四九三年）下半年的大事。主要寫了南齊的文臣王融自恃才地，輕浮狂妄，恨不能三十歲以前為三公；寫齊武帝病危時遺囑後事，令蕭子良與蕭鸞共輔皇太孫，但蕭子良不樂俗務，一切委之蕭鸞，故實權遂落入了蕭鸞之手；寫齊武帝蕭賾死，王融欲廢太孫蕭昭業而矯詔以立蕭子良，事未果而蕭昭業繼位；寫蕭昭業即位後先殺王融，並因王融之謀而猜忌蕭子良，先對之種種防範，隨又免其司徒；寫蕭鸞主管尚書省，免除三調及眾逋，恩信兩行，百姓悅之；接著史文大段寫小皇帝蕭昭業的一貫作惡，說他早在為太孫時就「矯情飾詐，陰懷鄙慝」；說他「所愛左右，皆逆加官爵，疏於黃紙，使囊盛帶之，許南面之日，依此施行」；說他「常令女巫楊氏禱祀，速求天位」；說他在世祖病危時「與何妃書，紙中央作一大喜字，而作三十六小喜字繞之」；說他「大斂始畢，悉呼世祖諸伎，備奏眾樂」；又說「轀輬車未出端門，亟稱疾還內。裁入閤，即於內奏胡伎，鞞鐸之聲，響震內外」云云；寫魏主拓跋宏御駕南征，到達黃河以南，向群臣說明遷都之議，並令穆亮、李沖等修築洛陽城，建築諸宮室；又命任城王拓跋澄返北以說服眾人南遷，遣安定王拓跋休往取家族於平城；寫魏主委任于烈往守平城以管理留臺庶政，自己則巡察諸州郡及小駐鄴城以等待洛陽宮室之建成；寫王奐之子王肅逃到魏國，見到魏主後，彼此相見恨晚，在漢化的過程中威儀文物多為王肅所定；此外還寫了魏國境內北地、秦州一帶的民變頭領支酉、王廣等起兵反魏，一時之間七州並起，有眾十餘萬，南齊梁州刺史派兵援之。魏將河南王拓跋幹、穆亮率兵往討，皆敗；後來支酉、王廣在進攻長安時，被魏將盧淵、薛胤等打敗平息等等。

【注　釋】❶七月癸丑　七月初五。❷皇子恂　拓跋恂，林皇后所生，被馮太后所養育。傳見《魏書》卷二十二。❸戊午　七月初十。❹露布　即今之公告，曉諭全國軍民的文書。❺移書　也稱「檄文」，發向全國各地，也可發向同盟國、敵對國的一種書信，用以說明主張，申訴理由，指斥或批駁某種觀點，痛斥或聲討敵人，給對方指出道路等等。❻稱當南伐　宣講所以要討伐南齊的原因。❼詔發楊徐州民丁　此句的主語是「南齊政權」。楊州的州治即在建康城內，徐州的州治鍾離，在今安徽鳳陽東北。❽王融　東晉大官僚王導的後代，劉宋大官僚王僧達之孫，南齊大官僚王儉的堂姪，當時著名的文人，好大喜功，狂妄無比。傳見《南齊書》卷四十七。❾人地　自己的才能與出身門第。❿望為公輔　期望達到三公與宰相一類的職位。⓫夜直省中　在中書省值夜班。當時王融任中書郎。中書省是皇帝起草文件的機關。直，同「值」。⓬為爾寂寂　像你這樣默默無聞。爾，王融自指。寂寂，冷清寂默的樣子。⓭鄧禹笑人　意思是真叫鄧禹看著笑話。鄧禹是東漢光武帝劉秀的開國元勳，在二十四歲時為大司徒，位同丞相。事見《後漢書・鄧禹傳》。王融當時已過二十四歲，離著宰相還挺遠，故而有此牢騷。⓮朱雀桁開　建康朱雀門（南門）外秦淮河上的浮橋因河中行船而打開，造成過橋車馬行人的中斷。⓯喧湫　因交通阻塞而嘈雜擁擠。⓰八騶　古代貴族高官出行時，在前邊喝道開路的八名先遣隊員，也稱「頂馬」。⓱何得稱丈夫　怎麼能算是個大丈夫。⓲竟陵王子良　蕭子良，武帝蕭賾的第二子，為人禮賢下士，喜歡結交文人，此時官為尚書令。傳見《南齊書》卷四十。⓳數　屢屢；多次。⓴獎勸　鼓勵；推波助瀾。㉑大習騎射　指王融本人也裝腔作勢地練習騎射以討好齊武帝。㉒東府　當時建康城東側的一座小城，自東晉以來經常是丞相居住辦公的場所，這時蕭子良任司徒，即丞相之職，住在東府。㉓版融　任命王融。版，猶如今之委任狀，將任命某人為某職的事由書於簡冊以公布之。㉔典其事　主管招兵的事情。典，主管。㉕傾意　盡心；努力做事。㉖江西傖楚　今安徽中北部和與之鄰近的江蘇、河南一帶地區的人。這片地區處於長江流向的西北部，故自秦漢以來被習稱為江西。傖楚，當時江東（吳地）人對江西以及大量北方人的蔑稱，其涵義是動作粗俗而說話的聲音又難聽。㉗並有幹用　都有能起骨幹作用的才能。按，當時的吳人討厭江西、江北人的「傖楚」，但一般說來他們也知道論打仗他們比不過江西、江北人。㉘會上不豫　正好這時皇帝病了。不豫，不舒服。但這是委婉的說法，一般說來凡皇帝一稱「不豫」，大都是病情已經相當沉重。㉙甲仗　披甲執兵的衛士。㉚侍醫藥　實際意思是加強警備，以防突然事變的發生。㉛蕭衍范雲　蕭衍是蕭道成同族，是宋齊之際的將領蕭順之之子，即日後的梁武帝。傳見《梁書》卷一。范雲是當時有名的文人。傳見《南史》卷五十七。㉜帳內軍主　蕭子良身邊的親信頭領。㉝戊辰　七月二十。㉞樊城　即今湖北襄樊之樊城區，當時為南齊北方前線的軍事要地之一。㉟憂遑　恐懼、慌張。㊱力疾　勉強支撐病體。㊲正聲伎　這裡指清商樂。魏晉南北朝時期以「清商三調」（在漢代相和歌基礎上發展起來的一種新音樂）為正聲，伎，這裡指樂曲、音樂。(38)太孫　指南郡王蕭昭業，前已確定為太孫，即未來的接班人。(39)間日參承　隔天來參拜問候一回。承，接，聽取皇帝的囑託。(40)戊寅　七月三十。(41)疾亟　病情緊急。亟，意思同「急」。(42)暫絕　暫時停止了呼吸。(43)變服　穿上了孝服。(44)矯詔　假傳聖旨。(45)詔草已立　假詔書的草稿已經寫好。按，王融任中書郎，他就管這方面的事情。(46)道路籍籍　道路上的人們喊喊喳喳。籍籍，七嘴八舌的樣子。(47)將有非常之舉　意謂將有人發動政變。(48)王元長　敬稱王融。王融字元長。(49)非濟世才　不是那種能救國救民的材料。(50)視其敗也　我們馬上就會看到他的失敗。(51)王中書　敬稱王融。王融時為中書郎。(52)欲為周召　是想和周公、召公一樣謹遵武王遺囑維護小皇帝嗎。周、召，指周公旦、召公奭，都是周武王之弟，在周武王死後，成功地輔佐年幼的周成王治理國家。事見《史記》中的〈周本紀〉與〈魯世家〉、〈燕世家〉。(53)欲為豎刁邪　還是想和豎刁一樣違背老國君的意願而改立另一個新人。豎刁是春秋時期齊桓公的寵臣，桓公死後，諸子爭奪權位，豎刁等違背齊桓公的意旨，趕走了太子昭，而另立公子無虧，齊國因此內亂連年。事見《史記・齊世家》與《左傳》。(54)戎服絳衫　身穿軍服表示事態嚴重，身披紅衫又表示老皇帝安然無事，這樣就可以不讓太孫見皇帝。(55)中書省閤口　中書省的門口。中書省離皇帝的寢殿很近，此門應是通向皇帝寢殿的必經之路。(56)斷東宮仗　攔住了太孫與其侍衛等一應來人。仗，衛士。(57)復蘇　又清醒過來。(58)東宮器甲　即上文所說的「東宮仗」，太孫所帶領的全部衛隊。(59)朝事　國家政事。(60)西昌侯鸞　蕭鸞，蕭道成的同族，即日後的齊明帝，此時任尚書左僕射。傳見《南齊書》卷六。(61)處分　安排；部署。(62)禁諸門　守住進宮的所有門口。(63)排　推開。(64)奉太孫　簇擁著太孫蕭昭業。(65)扶出子良　將蕭子良架出宮去。這一點非常緊要。(66)指麾　意同「指揮」。(67)音響如鍾　聲音有如洪鐘，在大殿迴盪。響，反響；回聲。(68)不遂　立蕭子良的願望不能實現。(69)釋服還省　脫去戎服回到中書省，因為剩下的事情已經沒有他的份了。(70)公誤我　蕭子良耽誤了我。因為在緊急關頭蕭子良一籌莫展，沒有任何積極行動。公，敬稱蕭子良。(71)鬱林王　即太孫蕭昭業，因其不久就被廢為鬱林王，故寫史者以此相稱。(72)進德日茂　品德修養一天比一天好。進，增長。茂，美。(73)社稷有寄　國家政權有了依靠。(74)善相毗輔　好好地輔佐他。毗，意思同「裨」，輔助。(75)思弘治道　要千方百計把國家的大事越辦越好。弘，光大。(76)悉與鸞參懷　都和蕭鸞一道商量。參懷，參與謀劃。(77)共下意　你們兩個彼此都要虛心相待。胡三省曰：「令降心相從，以濟國事也。」(78)王晏　早在劉宋時就成為蕭氏的親信，武帝蕭賾時期先任吏部尚書，又為右僕射。傳見《南齊書》卷四十二。(79)徐孝嗣　劉宋大官僚徐湛之之孫，娶孝武帝之女康樂公主為妻。入齊後為吏部尚書。傳見《南齊書》卷四十四。(80)王廣之　宋齊時代的名將，在宋曾為徐州刺史，入齊後又兩度任徐州刺史。傳見《南齊書》卷二十九。81沈文季　劉宋名將沈慶之之子，入齊後曾為郢州刺史。傳見《南齊書》卷四十四。82薛淵　劉宋名將薛安都之姪，後投歸蕭道成部下，入齊後曾任徐州刺史、司州刺史。傳見《南齊書》卷三十。83務總大體　只求抓好一些大的方面。84郡縣久於其職　任太守、任知縣的地方官任職的時間較長。85封刃行誅　等於說賜劍自裁，為有罪者保留體面。86永明之世　西元四八三—四九三年，共十一年。87屏息　憋住氣不敢出，意即不敢活動。88華靡　靡麗奢侈。89常言恨之　說起來常常感到後悔。90未能頓遣　但行動上始終未能斷然糾正。遣，拋開。91口語喧騰　指議論得很厲害。92大言　大聲地說。93若立長　如果要立年齡大的為皇帝。94則應在我　武陵王蕭曄是蕭道成的第五子，當時武帝蕭賾在世的兄弟中，蕭曄最為年長；其二弟蕭嶷永明十年去世，其三弟蕭映永明七年去世，其四弟蕭晃永明八年去世。95立嫡　如果要說立嫡長子、嫡長孫。96則應在太孫　文惠太子是嫡長子，蕭昭業又是文惠太子的嫡長子，按嫡系來說最當立。97帝　這裡指皇太孫，亦即日後的鬱林王。98深憑賴之　實實在在地依靠武陵王蕭曄。憑賴，依靠。99心膂　意即心腹。言心極喻親密；言膂極喻得力。膂，膀臂。100監殿中直衛　監督管理在朝堂值班的那些衛士。101少日　沒過多久。102為黃門郎　黃門郎是皇帝的侍從官員。這裡的意思是曹道剛不僅是主管警衛，而且還管理其他侍從官員的事務。103素士　平民身分的士人。104所居官　不論是任什麼官職。105名為嚴能　都以嚴格能幹聞名。嚴，指辦事嚴格。能，能幹。106輔政　指任司徒，為丞相之職，以總體地幫著皇帝照看大體上的事情，即當年陳平所說無管無不管。107知尚書事　管理尚書省的各部門，這就是管理各方面的具體事務了。知，意思同「行」，代理，此時尚未正式任命。108不樂世務　不願意管理那些具體而瑣碎的事情。109乃更推鸞　所以他向武帝蕭賾推薦了蕭鸞。110子良之志　這是蕭子良的想法。史家寫此一筆，一是表明蕭子良根本沒有篡權的想法；二是也說明日後蕭鸞的得以篡位為帝是蕭子良現在這種失誤的安排。111慈愛甚著　意即小皇帝與蕭子良夫婦的感情都很好。著，明顯；深厚。112王融有謀　有立蕭子良為帝的陰謀。113大行　此指齊武帝蕭賾的遺體。凡皇帝死至其棺槨下葬這一段時間裡，人稱這已死的皇帝曰「大行皇帝」。114出太極殿　遺體抬出太極殿以入殮。115子良居中書省　當時蕭子良日夜住宿在中書省裡。這是他既為兄弟，又是臣子的一種職責。116虎賁中郎將　皇帝的衛隊長，上屬郎中令，即光祿勳。117二百人仗　二百名手執武器的士兵。118屯太極殿西階　當時的中書省在太極殿之西，所以使衛士列於西階以防中書省有人衝出為亂。119成服　舊時喪禮，死者的遺體入殮後，親屬則根據與死者關係的遠近穿上不同規格的喪服，叫做成服。120諸王　指武帝蕭賾的諸弟與其諸子，當時只有這些人能被封王。121乞停至山陵　請求繼續留居在中書省，等到梓宮出葬後再回家，這也是蕭子良的盡禮盡責。山陵，帝王的陵墓，這裡指葬入陵墓。122壬午　按，《南齊書·鬱林王紀》永明十一年有「八月壬午，詔稱先帝遺詔，以護軍將軍武陵王曄為衛將軍」

之記載。據此知「壬午」當在「八月」，八月壬午日即八月初四。123太孫詹事　即通常的太子詹事，主管太子宮家庭事務的官員。因蕭昭業是以太孫的身分居接班人之位，故稱其詹事曰太孫詹事。124護軍　護軍將軍的簡稱。護軍將軍是皇帝禁軍六軍的統領之一，兼管京城以外所有軍隊。125癸未　八月初五。126子良為太傅　太傅與太師、太保合稱三公，地位崇高，但在南齊是虛銜。關鍵是蕭子良從此被免去司徒，成了閒人。127蠲除三調　免除百姓的三種賦稅。胡三省曰：「三調，謂調粟（徵收糧食）、調帛（徵收絹帛）、雜調（攤派勞役等）。」蠲，免除。128眾逋　百姓拖欠官府的各種稅賦。逋，欠。129省　撤銷；取消。130御府及無用池田邸冶　屬於宮廷管轄的或沒有利用的水田與諸王府所辦的冶煉作坊。御府，宮廷裡掌管經濟事務的部門。池田，供養殖使用的池沼。邸冶，王侯府第所開辦的冶煉與鍛造作坊。131關市征稅　商旅經過關卡和在市場上被徵之稅。132蠲原之詔　朝廷所下的免除賦稅和徭役的詔書。133督責如故　主管單位還是照常收繳。督責，催討。134恩信兩行　既有恩惠，又言而有信。135山陽景桓公尉元　魏國拓跋弘以來的名將，曾大破宋將張永，在奪取劉宋淮北四州中有大功。傳見《魏書》卷五十。尉元被封為山陽公，景桓二字是諡。《諡法解》：「由義而濟曰景；布義行剛曰景。辟土懷遠曰桓；辟土兼國曰桓。」136廣陵王羽　拓跋羽，獻文帝拓跋弘之子。傳見《魏書》卷二十一。137六鎮　魏國北部邊境上的六個軍鎮，即：沃野鎮，在今內蒙古五原北，懷朔鎮，在今固陽西南，武川鎮，在今武川縣的西土城，撫冥鎮，即今四子王旗東南的土城子，柔玄鎮，在今興和的臺基廟東北，懷荒鎮，在今河北張北縣境內。138發其突騎　徵調那裡的騎兵。突騎，勇猛的騎兵。139丁亥　八月初九。140己丑　八月十一。141使持節　皇帝派將出征賦予他們特別權力有三種加官：其一是使持節，其二是持節，其三是假節。賦予使持節者權力最大，可以誅殺一切違反軍令者。142專節度　即受任使持節，有最大權力。節度，部署、調度。143老者之智二句　兩句的意思是指二人合作，互為補充。老者經事多，能智慮深遠；少者氣盛，能臨時有斷。144河南王幹　拓跋幹，顯祖拓跋弘的第三子，當時被封為河南王。145關右　即關西，函谷關或潼關以西地區，指今陝西中部和與之鄰近的甘肅、寧夏等地區。146薛胤　魏國名將，曾任鎮西大將軍，與穆亮齊名。傳見《魏書》卷四十二。147子午谷　秦嶺上的山路名，北口在今陝西長安南，南口在今陝西漢陰西北。148辯　薛辯，先為後秦姚興的部將，姚氏亡後歸魏，曾任雍州刺史。傳見《魏書》卷四十二。149辯慧　聰明，有口才。150美容止　形貌亮麗，舉止文雅。151哀樂過人　易動感情，喜悅與悲哀都很敏感。152矯情飾詐　虛情假意，善於偽裝。153陰懷鄙慝　即今所謂一肚子壞水。鄙慝，卑鄙邪惡。154南郡王　封地南郡，南郡的郡治即今湖北江陵。155從　跟著。156西州　當時的揚州治所所在地，在當時的建康城西，今南京的西部。按，當時蕭昭業由蕭子良妃袁氏撫養，蕭子良當時為揚州刺史，所以蕭昭業也跟著住在西州。157禁其起居　不讓他和那些下人們混在一起。[158]就富人求錢　向那些財主們要錢。[159]別作鑰鉤　自己另配了一把鑰匙。[160]西州後閤　即揚州刺史府的後門。[161]諸營署　揚州刺史管轄下的各軍營、各官署。[162]師史仁祖　教師姓史名仁祖。[163]侍書胡天翼　教書法的官員胡天翼。侍書，陪著他學書法，實即教給他書法。[164]二宮　指當時的皇帝蕭賾與當時的太子蕭長懋。[165]其事未易　這事情很難開口，也很難有好結果。[166]為異人所毆　被別的什麼不認識的人所打。[167]盡室及禍　全家都要跟著遭殃。[168]逆加官爵　預先給他們加官進爵。逆，預先。[169]疏於黃紙　寫在黃紙上。疏，寫。[170]囊盛帶之　用袋子裝起來帶在身邊。[171]南面之日　即做了皇帝之後。[172]憂容號毀　愁容滿面，哭得像得了重病。[173]裁還私室　剛一回到自己的屋子。裁，通「才」。[174]禱祀　祈禱祭祀。祭祀以求鬼神幫忙叫禱祀。[175]速求天位　意即求鬼神讓他的祖父、父親快點死。[176]謂　以為。[177]既為太孫　意即被確定為接班人之後。按，蕭昭業被立為太孫以後，便移居東宮，故下文有所謂「何妃猶在西州」之語。[178]言發淚下　一說話就掉眼淚。[179]負荷大業　擔起治國治民的重任。負荷，擔當。[180]一委宰相　所有政事都交由宰相去處理。[181]勿措意　不必過問。措意，上心。[182]自作無成　自己幹不出成績。[183]若憶翁　如果想念爺爺。[184]當好作　就應當好好幹。[185]諸伎　各種歌舞演員。[186]備奏眾樂　把各種歌舞都表演了一遍。[187]險躁輕狡　陰險貪婪，輕狂狡猾。[188]招納不逞　聚集了一批心懷不滿的惡人。不逞，心懷叵測。[189]徐勉　當時的有識之士，在齊任尚書殿中郎，入梁官至左僕射、中書令。傳見《梁書》卷二十五。[190]託人召之　想召來與之共事。[191]名高望促　名聲雖大，威望不高。促，短狹。[192]難可輕褻衣裾　意思是他得勢的時間長不了，用不了穿破一件衣服的時光。褻，破裂。裾，衣後襟。[193]鼓成其事　幫助王融，給王融做吹鼓手。[194]敗在眼中　眼看就將失敗。[195]舍人省　中書舍人辦公的所在。[196]壬寅　八月二十四。[197]肆州　魏州名，州治在今山西忻州西北。[198]跛眇者　都指殘疾人。跛，一條腿瘸。眇，一隻眼瞎。[199]安定王休　拓跋休，景穆帝拓跋晃之子，時任大司馬。傳見《魏書》卷十九下。[200]徇於軍　在軍前示眾。[201]遠清江表　遠出平定江南之地。清，廓清；平定。江表，江外；長江以南。[202]王者之體　作為一個帝王的行事。體，行；處事。[203]大司馬　這裡指大司馬安定王拓跋休。[204]不可不慎　千萬不要在他手下犯事。[205]臣光曰　這裡是《通鑑》的作者出面發表議論，一般是在該事有重要意義、重要影響，或者是他深有感慨的地方。[206]視遠如視邇　對待遠方的事情就像對待眼前的事情一樣。視，對待。[207]在境如在庭　處理邊方的問題就像處理院子裡的問題一樣。[208]黈纊塞耳　用綿球將耳朵堵起來。古代帝王之冕的兩側懸掛著兩個黃色的綿球，象徵他不聽那些無用、無益之言。顏師古《漢書注》：「黈，黃色也；纊，綿也。」[209]前旒蔽明　用珠串把眼睛擋起來。古代帝王之冕的前面懸垂著許多珠串，象徵他不看那些沒用的、虛假的東西。旒，古代帝王之冕前面的懸掛物。《漢書・東方朔傳》有所謂「冕而前旒，所以蔽明；黈纊塞耳，所以塞聰。」其意思是帝王治理國家，關鍵在於要有好政策，並有一批善於掌握推行這種政策的賢人，而不在於帝王本人的某些小聰明。(210)聰明　此指其大聰明、大智慧，即高瞻遠矚地制定政策，任用賢才。(211)廢疾　無法再治的殘疾。(212)均之於境內　對整個國境內的廢疾者都給予贍養。(213)橈有司之法　妨礙主管官員的執法。橈，曲；改變。(214)猶有是　居然還有這樣的問題。指上述施行小仁和橈有司之法的做法。(215)戊申　八月三十。(216)并州　魏州名，州治在今山西太原的西南部。(217)王襲　文明太后的幸臣王叡之子，官至鎮西將軍、并州刺史。傳見《魏書》卷九十三。(218)治有聲跡　為官有聲望、有業績。(219)多立銘　刻了許多給王襲歌功頌德的碑文。(220)虛稱其美　誇大王襲的好處。(221)降襲號二等　將王襲的封號降了兩級。(222)壬子　九月初四。(223)高聰　（西元四五二—五二〇年）今河北景縣人，仕魏孝文、宣武、孝明三朝，官終光祿大夫。傳見《魏書》卷六十八。(224)丁巳　九月初九。(225)五斛　即五石，一斛十斗。(226)辛酉　九月十三。(227)世祖梓宮　武帝蕭賾的棺槨。梓宮，敬稱皇帝的用梓木製作的棺材。(228)下渚　向水邊進發。渚，水邊，即建康城南的秦淮河邊。蕭賾預建的陵園在當時的武進縣境，今江蘇丹陽東，在建康城的正東方，出殯的隊伍要通過秦淮河的水路前往。(229)端門　建康皇城的南門。(230)奉辭　向靈柩告辭，意即送行到此地為止。(231)轀輬車　載著靈柩的車駕。(232)亟　意思同「急」，急急忙忙地。(233)胡伎　北方民族的音樂。(234)鞞鐸　泛指北方民族的樂器。鞞，軍中使用的一種小鼓。鐸，一種銅製的打擊樂器。(235)丙寅　九月十八。(236)景安陵　在今江蘇武進境。(237)戊辰　九月二十。(238)濟河　渡過黃河。(239)庚午　九月二十二。(240)壬申　九月二十四。(241)故太學　當年東漢時代的太學。(242)石經　刊刻在石碑上的儒家經典。當時魏主可看的石經共有兩種，一種是漢靈帝熹平四年所刻；一種是曹魏正始二年所刻。(243)乙亥　九月二十七。(244)鄧至王像舒彭　鄧至地區的羌族頭領，名叫像舒彭。此人在本書〈齊紀一〉出現時，名叫「像舒」，無「彭」字。鄧至是地名，在今四川九寨溝一帶，取名於曹魏的鄧艾伐蜀時曾經至此；也是當地所生活的羌族的部落名，是我國古代羌族的一支，分布在今甘肅之武都一帶地區。(245)其子舊　其子名舊。(246)霖雨　連續不斷地下雨。(247)丙子　九月二十八。(248)前發　向前方開拔。(249)丁丑　九月二十九。(250)稽顙　古代的一種叩拜禮，屈膝下拜，以額觸地。(251)廟筭　由朝廷制定好的方針大計。古代有大事，議定於宗廟、朝廷，故稱廟筭。筭，同「算」。(252)尚書　此指尚書令。(253)獨行　違背眾人意願的行動。(254)竟何之　到底想到哪裡去。(255)有其意而無其辭　我們心裡有想法不知道該怎麼說。(256)敢以死請　意即請您給我們說明白。(257)期於混壹　想的是統一全國。(258)屢疑大計　總是對方針大計產生懷疑。(259)斧鉞有常　什麼罪該怎麼懲罰，都有一定之規。(260)慇勤泣諫　懇切地請求他說明原因和目的。(261)諭　告知；說明。(262)興發　發動、動員的力度。(263)世居幽朔　世世代代地住在北方。幽朔，幽州、朔方，都是北方的古稱，後又成為北方的州郡名。(264)苟不南伐　你們如果不願意南伐。(265)欲遷者左　贊成遷都的站到左邊。(266)安定王休等

相帥如右　如右，站到了右邊。267南安王楨　拓跋楨，景穆帝拓跋晃之子。傳見《魏書》卷十九下。268成大功者不謀於眾　此句乃《商君書．更法》中語。269苟輟　只要能夠停止。270蒼生　通常用以稱黎民百姓。271舊人　指與拓跋氏同起於北方的各族子民。272憚　害怕；不樂意。273定鼎洛邑　把代表國家鼎彝祭器安置在洛邑，即在洛陽建都。274宗廟宮室　宗廟、宮殿的建成。275馬上行遊　騎在馬上的遊蕩之間，極言時間之短。276代都　指平城。277經營畢功　指將宗廟、宮室建築完畢。「經之營之」是《詩經》中描述周公建築洛陽宮室的用語。278備文物　帶著各種典章制度、各種章服器物。279鳴和鸞　乘坐著帝王的車駕，帶著全副的儀仗。280巡省州郡　先到各州各郡去視察一回。巡省，巡視；視察。281至鄴小停　再到鄴城住上一段時間。鄴城是當年後趙石勒的都城，慕容氏的南燕也曾在這裡暫住，舊址在今河北臨漳西南。282春首　明年一開春。283真所謂革也　真算是到了「變革」的時候了。284王其勉之　希望任城王再接再厲。285意多異同　還有許多不同的意見。286于烈　魏國的名將于栗磾之孫，于洛拔之子，此時任衛尉卿。傳見《魏書》卷三十一。衛尉卿是守衛宮廷的武官。287聖略淵遠　您的謀略深遠。稱「聖」是恭敬之詞。288隱心而言　按我的估計。隱，估計。289適中半　正好各佔一半。290不唱異　不公開反對。291留臺庶政　留守朝廷的各種政務。292栗磾　于栗磾，拓跋珪、拓跋嗣、拓跋燾三代的名將，在破慕容氏之燕國、抵禦劉裕、滅赫連氏之夏國皆有大功。傳見《魏書》卷三十一。293北地民支酉　北地郡的百姓姓支名酉。北地郡的郡治在今甘肅慶陽西南，當時屬魏。294石山　胡三省引《水經注》曰：「石山當在長安城東北，有敷谷，敷水出焉。」295陰智伯　當時任南齊的梁州刺史，駐守在今陝西漢中。296秦州　魏州名，州治下邽，即今甘肅天水市。297秦雍間七州　指雍州（治長安）、岐州（治雍縣）、秦州（治下邽）、南秦（治洛谷）、涇州（治涇川）、邠州（治今甘肅寧縣）、華州（治今陝西蒲城東）。298響震　響應、震動。299軍主　軍隊的統領。軍主不是固定官名，猶今所謂部隊長。300十月戊寅朔　十月初一是戊寅日。301金墉城　當時洛陽城西北角的小城名，為攻戰戍守的要地，在北魏前期曾是有名的河南四鎮（金墉、虎牢、滑臺、碻磝）之一。302徵穆亮　指將穆亮從關西前線調回來。303己卯　十月初二。304河南城　古城名，即西周時的王城，在今洛陽的王城公園一帶，在古代洛陽城的西側。305乙酉　十月初八。306豫州　這裡指北豫州，州治在今河南滎陽西北的汜水鎮，當時也叫虎牢關。307癸巳　十月十六。308舍于石濟　住宿在石濟津，舊址在今河南衛輝東的古黃河邊上。309乙未　十月十八。310解嚴　解除對南齊的軍事緊急狀態。311滑臺　古代軍事要地名，在今河南滑縣東南的古黃河南岸。312行廟　古代帝王出征，軍中帶著先王的神主，亦猶武王奉文王神主以伐紂之意也，故可以隨時祭之。313開伏　受到啟發而解除蒙昧，變得心服。314壬寅　十月二十五。315皇太孫太妃　即文惠太子之妃王氏。316立妃為皇后　這裡的「妃」即小皇帝蕭昭業之妃，姓何，何戢之女。317癸卯　十月二十六。(318)促席移晷　極言兩人談話之投機與所談的時間之長。促席，把坐席向前移動。漢文帝聽賈誼說話，不覺席之前也。此用其語。晷，古代觀測日影的設備，古人觀測日影以計時。日影移動表示人的說話時間之長。(319)器遇　器重與優待。(320)莫能間　誰也不能離間他們的關係。(321)夜分　半夜。(322)相得之晚　意即相見恨晚。相得，相遇。(323)變華風　改變魏人的風俗習慣為中原人的風俗習慣。(324)威儀文物　朝廷與官場上的種種儀式規矩，與各種場合陳列擺設的器物。(325)乙巳　十月二十八。(326)迎家於平城　把平城的家族都接到洛陽來。(327)辛亥　按，是年十月戊寅朔，無辛亥。《南齊書・鬱林王紀》書此三字於「辛亥」字上，當是。齊永明十一年十一月辛亥日為十一月初四。(328)癸亥　十一月十六。(329)江淹　當時著名的詩人、辭賦家，名作有〈恨賦〉、〈別賦〉等等，在宋曾任驃騎將軍蕭道成的參軍，入齊後任御史中丞。傳見《南史》卷五十九。(330)劉悛　劉宋名將劉劻之子，入齊後深受蕭賾的賞識，二人為布衣交，生活豪華。傳見《南齊書》卷三十七。(331)巨萬　萬萬，指銅錢。(332)抵罪　處以刑罰。(333)罷廣司二州　此非一時事。劉悛罷廣州刺史應在蕭賾為太子時，罷司州刺史是蕭賾在位時。(334)傾貲以獻世祖　把從廣州、司州貪汙來的錢全都獻給了齊武帝蕭賾。(335)餘物稱是　其他方面的豪奢也與此成比例。(336)禁錮終身　一輩子不准再進入官場。(337)劻　劉劻，劉宋時的名將，幫著宋明帝劉彧鞏固政權有大功。傳見《宋書》卷八十六。

【校　記】[1]戊午　原作「戊子」，今據嚴衍《通鑑補》改作「戊午」。按，是年七月己酉朔，無戊子。《魏書・高祖紀》作「戊午」。[2]召　此下原有「邪」字。據章鈺校，十二行本、乙十一行本、孔天胤本皆無「邪」字，今據刪。[3]豎刁　據章鈺校，十二行本、乙十一行本皆作「豎刀」。[4]邸治　原作「邸治」。胡三省注云：「『治』，據蕭子顯《齊書》當作『冶』。謂冶鑄之所也。」嚴衍《通鑑補》改作「邸冶」，今從改。按，《南齊書・鬱林王紀》、《南史・齊紀下》皆作「邸冶」。[5]甯　原作「豈」。據章鈺校，十二行本、乙十一行本、孔天胤本皆作「甯」，今據改。[6]安定王休等相帥如右　原無此九字。據章鈺校，十二行本、乙十一行本、孔天胤本皆有此九字，張敦仁《通鑑刊本識誤》同，今據補。[7]行遊　原作「遊行」。據章鈺校，十二行本、乙十一行本二字皆互乙，今據改。[8]董爾　胡三省注云：「『董爾』，《北史》作『董爵』。」嚴衍《通鑑補》改作「董爵」。[9]洛都　據章鈺校，孔天胤本作「洛邑」，張敦仁《通鑑刊本識誤》同。[10]於　據章鈺校，十二行本、乙十一行本、孔天胤本皆作「如」。

【語　譯】秋季，七月初五日癸丑，魏孝文帝拓跋宏立自己的兒子拓跋恂為太子。〇初十日戊午，魏國宣布全國進入緊急軍事狀態，並向全國軍民發布公告和公開信，宣傳所以要大舉出兵討伐齊國的原因。齊武帝蕭賾下詔，動員楊州、徐州的青壯年入伍，到處設立兵站進行招募，以防備魏軍的入侵。

齊國擔任中書郎的王融，依仗自己的才能以及出身門第高貴，在不到三十歲的年紀，就希望達到三公和宰相一級的職位。王融曾經在中書省值夜班，他撫摸著自己的辦公桌歎息著說：「像你這樣默默無聞，如果鄧禹這樣的人還活著一定會笑話你！」一次，王融走到建康朱雀門外的時候，正遇到秦淮河上的浮橋因為河中行船而打開，造成準備過橋的車馬、行人等無法通過，人們因為等待過橋而嘈雜擁擠，王融因為自己的車子無法前進，於是就敲打著車壁唉聲歎氣地說：「車前沒有喝道開路的八名先遣隊員，怎麼能算是個大丈夫呢！」竟陵王蕭子良因為欣賞王融的文學才能，所以特別親近他、厚待他。

王融看到齊武帝有北伐的志向，遂多次上書進行鼓勵支持，推波助瀾，王融本人也裝腔作勢地開始練習騎馬射箭以討好齊武帝。等到魏國軍隊即將入侵的時候，擔任司徒的竟陵王蕭子良在東府招募軍隊，他任命王融為寧朔將軍，讓王融掌管招兵之事。王融盡心盡力，努力要做好此事，居然招到了好幾百名長江以西以及來自於北方的人，他們都有作為骨幹的才能。

正好此時齊武帝病倒了，齊武帝下詔讓蕭子良帶領屬下那些披甲執兵的衛士進入延昌殿侍候皇帝延醫吃藥，蕭子良任命蕭衍、范雲等人擔任帳內軍主。七月二十日戊辰，齊武帝派遣擔任江州刺史的陳顯達鎮守樊城。齊武帝擔心朝廷和民間人心惶恐，便勉強地支撐著病體召樂府進宮演奏清商樂。蕭子良則日夜守候在皇宮之內，皇太孫蕭昭業隔一天來問候一回，聽取皇帝的囑託。

七月三十日戊寅，齊武帝病情突然加重，暫時停止了呼吸。此時皇太孫蕭昭業沒有入宮，朝廷內外一片驚慌恐懼，文武百官都已經換上了孝服。王融想要假傳皇帝聖旨立竟陵王蕭子良為皇位繼承人，詔書的草稿都已經寫好了。擔任帳內軍主的蕭衍對范雲說：「道路上的人們嘁嘁喳喳，都說將要有人發動政變。王融根本不是救國救民的材料，我們馬上就會看到他的失敗。」范雲說：「為國家擔憂的人，恐怕只有王融而已！」蕭衍說：「王融為國擔憂，他是想做謹遵武王遺囑，成功輔佐年幼的周成王治理國家的周公旦、召公奭那樣的人呢，還是想做違背齊桓公的意願另立新人，而導致齊國連年內亂不休的豎刁那樣的人呢？」范雲不敢回答蕭衍的問題。等到皇太孫蕭昭業進宮的時候，王融身穿軍服，外面披著一襲紅衫，在中書省的門口攔住了皇太孫蕭昭業和他的衛士，不許他們進宮。過了一會兒，齊武帝又清醒過來，詢問皇太孫在什麼地方，這才召皇太孫和他所帶領的全部東宮衛隊進入皇宮，齊武帝把國家政事全部委託給擔任尚書左僕射的西昌侯蕭鸞。不一會兒，齊武帝就死了，王融把蕭子良的軍隊布置在宮城各門口嚴密把守。蕭鸞聽說皇帝去世的消息之後，急忙騎馬飛奔到雲龍門，守衛的士兵卻不讓他入宮，蕭鸞說：「皇帝召我入宮！」說罷，推開阻攔他的衛兵衝進宮中，然後簇擁著皇太孫蕭昭業登上金殿，令左右將蕭子良架出宮去。蕭鸞指揮部署，聲音響亮得就像洪鐘一樣，殿中的人沒有人不聽從他的命令。王融知道擁立竟陵王蕭子良的願望已經不能實現，就脫去軍服回到了中書省，歎了口氣說：「是竟陵王耽誤了我！」因為這個緣故，鬱林王蕭昭業非常怨恨王融。

齊武帝臨終前的遺詔中說：「皇太孫的品德修養一天比一天好，國家政權就有了依靠。蕭子良要好好地輔佐他，要千方百計把國家的大事辦好，朝廷內外的各種政事，無論大小，都要與蕭鸞一道商量著辦，你們兩個彼此之間都要虛心相待，共同輔佐蕭昭業治理好國家！尚書省的事務，是國家的根本，全部委託給擔任尚書右僕射的王晏、擔任吏部尚書的徐孝嗣負責。國家有關軍事、國防方面的事務，則委託給王敬則、陳顯達、王廣之、王玄邈、沈文季、張瓌、薛淵等人負責。」

齊世祖武皇帝蕭賾生前留心國家政務，只求抓好一些大的方面，他為人嚴格、明察而有決斷，擔任太守、知縣的地方官任職時間都比較長，職位高的官吏如果犯了法，就賜劍給他們讓他們自殺。所以在齊武帝執政的永明年間，百姓生活豐足、快樂，就連賊盜也都屏息斂跡，不敢出來活動。然而齊武帝喜好吃喝玩樂，對自己靡麗奢侈的生活，說起來常常感到後悔，但實際行動上卻始終未能斷然糾正過。

鬱林王蕭昭業在沒有被立為皇太孫的時候，大家都猜測齊武帝是不是要立蕭子良做接班人，人們議論得很厲害。武陵王蕭曄在眾人當中大聲地說：「如果皇帝立年齡大的為繼承人，就應當立我；如果皇帝要立嫡長子為接班人，最應當立的是皇太孫。」因為這個原因，皇太孫蕭昭業深深地依靠著武陵王蕭曄。擔任直閤將軍的周奉叔、曹道剛一向被蕭昭業視為最得力的心腹之臣，所以都派他們去監督管理在朝堂值班的那些衛士。沒過多久，又任命曹道剛為黃門郎。

當初，西昌侯蕭鸞深受太祖蕭道成的喜愛，蕭鸞性情節儉、樸素，他的車馬、服飾、儀容、侍從，就像平民身分的士人一樣，不論擔任什麼官職，都以辦事嚴格、能幹而聞名，所以世祖蕭賾也很器重他。世祖蕭賾留下遺詔，讓竟陵王蕭子良擔任司徒，幫助皇帝照看大面上的事情，讓蕭鸞擔任管理尚書省各部門事務的知尚書事。竟陵王蕭子良一向仁慈厚道，不樂意管理那些具體而瑣碎的事務，於是便向齊武帝推薦了蕭鸞，所以齊武帝才在遺詔中說「事情無論大小，都要與蕭鸞一同商量裁決」，這都是出自蕭子良的想法。

小皇帝蕭昭業小的時候，由竟陵王蕭子良的妃子袁氏撫養，竟陵王蕭子良和袁氏對蕭昭業非常慈愛，他們之間的感情很好。等到王融有了擁立蕭子良為帝的陰謀之後，蕭昭業就非常忌恨蕭子良了。大行皇帝蕭賾的遺體被抬出太極殿入殮的時候，蕭子良日夜住宿在中書省，小皇帝蕭昭業派擔任虎賁中郎將的潘敞率領著二百名手持兵器的衛兵排列在太極殿的西階以防蕭子良有不軌行為。入殮以後，眾人都穿好喪服，那些諸侯王也都出宮去了，蕭子良請求繼續留居在中書省，等皇帝的梓宮安葬之後再回家，蕭昭業不允許。

八月初四日壬午，小皇帝蕭昭業稱奉了先帝遺詔，任命武陵王蕭曄為衛將軍，與征南大將軍陳顯達一同加授開府儀同三司；任命擔任尚書左僕射的西昌侯蕭鸞擔任尚書令；任命擔任皇太孫詹事的沈文季為護軍將軍。初五日癸未，任命竟陵王蕭子良為太傅。免除向百姓徵收糧食、布帛以及攤派勞役這三種賦稅，免除百姓拖欠官府的各種稅賦，取消屬於宮廷管轄的或沒有使用的水田與諸王府所辦的冶煉作坊，減輕商旅經過關卡和在市場上被徵之稅。在此之前朝廷所下達的關於免除賦稅和徭役的詔書，多數都沒有得到落實，官府依然照常催促收繳。現在西昌侯蕭鸞執政，對百姓既有恩惠，又言而有信，百姓都很擁護他。

魏國的山陽景桓公尉元去世。

魏孝文帝拓跋宏派擔任錄尚書事的廣陵王拓跋羽帶著符節去安撫北部邊境上的六個軍鎮，徵調那裡的勇猛騎兵。八月初九日丁亥，魏孝文帝辭別了永固陵。十一日己丑，從平城出發，率領三十多萬步兵、騎兵，向南來討伐齊國。孝文帝安排太尉拓跋丕與廣陵王拓跋羽留守平城，並且加授他們使持節。廣陵王拓跋羽說：

「太尉拓跋丕應該受任使持節，我可以做他的副職。」孝文帝說：「你們兩人要通力合作，互為補充，老者經過的事情多，能深謀遠慮，年輕人氣盛，遇事能有決斷，你就不要推辭了。」孝文帝任命河南王拓跋幹為車騎大將軍、都督關右諸軍事，又任命司空穆亮、安南將軍盧淵、平南將軍薛胤都擔任拓跋幹的副將，總共七萬人經過子午谷南下進攻齊國。薛胤，是薛辯的曾孫。

齊國的鬱林王蕭昭業能言善辯，又很聰慧，形貌亮麗，舉止文雅，善於應對，喜悅與悲哀都表現得比一般人敏感，因此世祖蕭賾非常喜歡他。然而蕭昭業又有虛情假意、善於偽裝的一面，憋著一肚子的壞水，他與身邊的一群小人吃穿不分，同起同坐。

蕭昭業開始的時候被封為南郡王，跟著竟陵王蕭子良住在西州的揚州刺史府。文惠太子蕭長懋總是不讓他和那些下人混在一起，並控制蕭昭業的花費，於是身為南郡王的蕭昭業就偷偷地向那些富人們要錢，沒有人敢不給他。蕭昭業又私下裡另配了一把鑰匙，夜裡打開揚州刺史府的後門，與他的那些侍從人員一起到揚州管轄下的各軍營、各官署中縱情地飲酒作樂。擔任蕭昭業老師的史仁祖、負責教書法的官員胡天翼互相商議說：「如果把蕭昭業的所作所為報告給當今皇帝和東宮的皇太子，這件事情我們很難開口，也很難有好結果；如果蕭昭業在各軍營、各官署中被別的什麼不認識他的人毆打或者被狗等動物傷害，豈只是我們自己被殺頭，恐怕全家人都要跟著遭殃。我們都是七十歲的人了，剩下的那點歲月難道還值得吝惜嗎？」於是在幾天的時間裡，二人相繼自殺而死，皇宮裡的齊武帝蕭賾和東宮裡的皇太子蕭長懋並不知情。蕭昭業對於自己所喜歡的那些左右侍從人員，都預先給他們加官進爵，並寫在黃紙上，用袋子裝起來帶在身邊，許諾等到自己做了皇帝之後，就依照現在寫在黃紙上的進行封賞。

鬱林王蕭昭業在侍奉他父親蕭長懋疾病以及後來在居喪期間，愁容滿面，哭得就像得了一場重病，看見他這個樣子的人都被感動得忍不住落下淚來，然而他只要一回到自己的屋子，立即就歡聲笑語，開懷暢飲。蕭昭業經常讓女巫楊氏進行祈禱祭祀，祈求鬼神能讓他的爺爺、父親早點死掉，自己好快點當上皇帝。等到太子蕭長懋去世之後，蕭昭業認為是女巫楊氏祈禱祭祀的結果，於是對女巫楊氏更加敬重和信任。等到蕭昭業被立為皇太孫之後，世祖蕭賾得了病，蕭昭業又讓女巫楊氏進行祈禱祭祀，詛咒世祖蕭賾快死。當時皇太孫蕭昭業的妃子何氏還在西州的揚州刺史府居住，世祖蕭賾病情稍微有些加重，皇太孫蕭昭業在寫給何妃的信紙中央寫了一個大喜字，在大喜字的周圍還寫了三十六個小喜字。

蕭昭業在侍奉世祖蕭賾疾病期間，一說話就掉眼淚。世祖認為蕭昭業善良孝順，一定能夠承擔起治理國家的重任，於是對他的這個孫子諄諄告誡說：「我去世之後，五年之內你要把所有政事都交給宰相去處理，不要過問，五年以後你就不要再把政事委託給他人去處理。如果你自己沒有幹出成就來，不要怨天尤人。」臨死的時候，他拉著蕭昭業的手說：「如果你想念爺爺，你就應當好好幹！」隨後就去世了。齊世祖的遺體剛剛入棺，蕭昭業就把世祖的各類歌舞演員全部召集在一起，讓他們把各種歌舞都盡情地表演了一遍。

蕭昭業才做了十幾天皇帝，就下令把王融抓起來交給廷尉審理治罪，他讓擔任中丞的孔稚珪上書舉報王融有關「陰險貪婪，輕狂狡猾，聚集了一批心懷不滿的惡人，誹謗朝政」等方面的罪行。王融向竟陵王蕭子良求救，蕭子良懼怕引火燒身，所以不敢搭救王融，蕭昭業遂下令讓王融在監獄中自殺了，當時王融年僅二十七歲。

當初，王融想結識東海郡人徐勉，常常託人召請徐勉來與自己共事。徐勉對別人說：「王融名聲雖然很大，但是威望不高，得勢的時間長不了，用不了穿破一件衣服的時光就會敗亡。」不久王融果然被殺，徐勉因此而出了名。在太學讀書的會稽郡人魏準，因為才學出眾而受到王融的賞識，王融想要擁戴竟陵王蕭子良為皇位繼承人，魏準便幫助王融，給王融做吹鼓手以成就此事。太學裡的另外兩名學生虞羲、丘國賓私下裡互相議論說：「竟陵王蕭子良才能低下，中書王融又沒有決斷，眼看著他們就要失敗了。」等到王融被殺之後，蕭昭業令人把魏準叫到舍人省進行責問，魏準因為過度的驚惶恐懼而暴死，死後遍體都是青紫色，當時的人都認為魏準是被嚇破了膽。

八月二十四日壬寅，魏孝文帝到達肆州的時候，看到路上有一個瘸了一條腿、瞎了一隻眼的人，就停下車來進行安慰，並許諾供給他們一輩子吃穿。

擔任大司馬的安定王拓跋休將三名偷盜的士兵抓起來押到軍前示眾，並準備把他們處死。魏孝文帝行軍途中剛好碰上，就命令拓跋休赦免了他們。拓跋休認為不可以赦免，說：「陛下親自統率全國的軍隊，就要掃平江南，統一天下，如今才剛走到這裡，這幾個小人就已經成為竊賊，如果不殺了他們，怎麼能禁止別人作奸犯科呢？」孝文帝說：「你說的確實很有道理。然而作為一個帝王，行事經常會有特殊的恩澤。三個人所犯的罪過雖然應該被處死，然而他們因為特殊的緣分遇到了我，即使他們違反了軍法，還是可以特別赦免他們。」接著又對擔任司徒的馮誕說：「大司馬拓跋休執法嚴格，你們這些人可千萬不要在他的手下犯事。」於是軍中無人敢不恭恭敬敬地服從命令。

司馬光說：「君王和他的國家，就像一個人的身體，對待遠方的事情就像對待眼前的事情一樣，處理邊境上的問題就像處理庭院裡的問題一樣。舉薦賢才並根據他們的實際才能任用他們擔任各類官職，治理好國家的政事而給百姓帶來實實在在的利益，那麼在這個國家中人們就能各得其所了。所以古代帝王之冕的兩側都懸掛著兩個黃色的綿球，表示帝王為了不聽無益之言，隨時準備把耳朵用綿球堵起來；古代帝王之冕的前面懸垂著許多玉珠串用來遮擋視線，象徵著君王不看那些沒用的、虛假的東西，就是希望君王不要光聽近處的聲音，光看眼前的事情，而應把大聰明、大智慧用在制定好政策、任用好賢才方面，最終把國家治理好。那些無法治療的殘疾人當然應當得到贍養，但是皇帝應當命令有關部門的官員對整個國境之內所有的殘疾人都給與贍養；如今魏孝文帝只對路上遇到的殘疾人給與贍養，那麼被遺忘的殘疾人就太多了，這樣的仁慈，不是很微小嗎？更何況赦免罪人而妨礙主管官員公正執法，這尤其不是君王應當做的事情。可惜啊！孝文帝，稱得上是魏國的賢明君主，居然還有這樣的問題！」

八月三十日戊申，魏孝文帝到達并州。擔任并州刺史的王襲，為官有聲望、有業績，并州境內安靜祥和，孝文帝誇獎了他。王襲卻教百姓在道路兩邊立了很多給自己歌功頌德的石碑，誇大王襲的好處，孝文帝聽說了這件事之後就詢問王襲，王襲沒有實事求是地回答。孝文帝立即發怒，將王襲的封號一下子降了兩級。

九月初四日壬子，魏國派遣兼員外散騎常侍的勃海郡人高聰等到齊國進行友好訪問。〇初九日丁巳，魏孝文帝下詔，凡是車駕所經過的地方，如果損壞了百姓的莊稼，一律按照每畝五斛糧食的標準進行賠償。○十三日辛酉，齊國小皇帝蕭昭業追尊自己的父親文惠太子蕭長懋為文皇帝，廟號世宗。

齊世祖蕭賾的靈柩準備向水邊進發，小皇帝蕭昭業在端門之內向靈柩告辭。載著靈柩的喪車還沒有走出端門，蕭昭業就急急忙忙地推說自己有病而返回皇宮。剛進入皇宮的東小門，立即就令樂隊在宮中演奏北方的民族音樂，鞞鼓、金鐸之聲響徹皇宮內外。九月十八日丙寅，把齊武帝蕭賾安葬於景安陵，廟號世祖。

九月二十日戊辰，魏孝文帝向南渡過黃河。二十二日庚午，到達洛陽。二十四日壬申，前往東漢時期的太學遺址觀看刻在石碑上的儒家經典。○二十七日乙亥，鄧至地區的羌族人首領像舒彭派他的兒子像舊到魏國朝見孝文帝，並向孝文帝請求允許自己把王位傳給像舊，孝文帝同意了他的請求。

魏孝文帝自從離開平城到達洛陽以來，一直連綿不斷地下著雨，從來沒有停止過。九月二十八日丙子，孝文帝下詔，命令各軍向前方開拔。二十九日丁丑，孝文帝身穿軍服，手執馬鞭，騎著戰馬準備出發，群臣都攔在他的馬前跪在地上磕頭。孝文帝說：「朝廷的大政方針已經定好，大軍即將開拔，各位還想要說什麼呢？」擔任尚書令的李沖等回答說：「如今舉全國之力去討伐齊國，天下的人都不願意這樣做，只有陛下一個人願意，我等不知道陛下違背眾人的意願，獨自採取行動，究竟要到什麼地方去？我們心裡有想法卻不知道該怎麼說，我們冒著被殺頭的危險，請陛下給我們說明白！」孝文帝立即大怒說：「我正在籌劃如何治理天下，希望能夠統一全國，而你們這些儒生，總是對我的方針大計產生懷疑。犯什麼罪，該怎麼懲罰，都有一定之規，你們不要再說什麼了！」說完策馬就要出發。此時安定王拓跋休等人全都流著眼淚懇切地請求孝文帝向大家說明原因和目的，孝文帝於是告訴群臣說：「現在動員的力度不算小，行動了而沒有成果，怎麼向後代做出交代？我世世代代居住在北方，現在想要向南搬遷到中原居住，你們如果不願意向南討伐齊國，就應當把都城遷到這裡。各位王公大臣覺得怎麼樣？贊成遷都的站在左邊，不願意遷都的站在右邊。」安定王拓跋休等一個接一個地站到了右邊。南安王拓跋楨進前說：「『能夠成就大事業的人不與眾人一起謀劃。』現在陛下只要能夠停止南伐的計畫，而把都城遷到洛陽，這是我們群臣的願望，也是黎民百姓的幸福。」群臣全都高呼萬歲。當時與拓跋氏同起於北方的各族人民雖然不願意向中原地區遷移，然而他們擔心如果不同意遷都洛陽，就要南伐齊國，所以沒有人再敢提出反對遷都的意見，於是遷都洛陽的事情就這樣確定了下來。

尚書令李沖對魏孝文帝說：「陛下準備在洛陽建都，而宗廟、宮室，卻不可能在短時間內馬上建好。希望陛下還是暫且回到平城，等待群臣把洛陽的宗廟、宮室建造完畢之後，陛下再帶著各種典章制度、各種章服器物，乘坐著皇帝的車駕，帶著全副的儀仗進入新都洛陽。」孝文帝說：「我準備先到各州各郡去視察一回，再到鄴城住上一段時間，明年一開春就回到洛陽來，不應該再回到平城了。」於是派遣任城王拓跋澄返回平城，把遷都洛陽的事情告訴給留守平城的文武百官知道，他對拓跋澄說：「今日遷都之事真算得上是『變革』了。希望任城王你再接再厲，努力做好說服遷都的工作吧！」

魏孝文帝因為群臣還有許多不同意見，就對擔任衛尉卿、鎮南將軍的于烈說：「你對遷都怎麼看待？」于烈回答說：「陛下謀略深遠，不是我這種頭腦愚鈍、見識淺陋的人所能預料的。如果按照我的估計，樂意遷都的與眷戀舊都的，正好各佔一半。」孝文帝說：「你既然不公開反對遷都，就是肯定贊同遷都，我深刻感受到了你不提反對意見的好處。」於是派于烈回去鎮守平城，對他說：「留守朝廷的各種政務，一切都委託給你了。」于烈，是于栗磾的孫子。

先前的時候，魏國北地郡有一個名叫支酉的人聚集了好幾千人，在長安城東北的石山上起兵造反，他派使者報告了齊國擔任梁州刺史的陰智伯。秦州一個名叫王廣的人聚眾起兵響應支酉，他們進攻並且抓獲了魏國擔任秦州刺史的劉藻，魏國秦州、雍州等七個州的百姓全都群起響應，聲勢震動了朝野，他們的部眾很快便發展到十萬人，各自據守堡壘村寨等待齊國出兵援救。魏國的河南王拓跋幹率領官軍前去討伐起義軍，拓跋幹被起義軍打得大敗；支酉所率領的起義軍到達咸陽北面的濁谷，穆亮與支酉的軍隊作戰，又被支酉打敗；齊國的梁州刺史陰智伯派遣屬下一位名叫席德仁的統領率領數千名士卒前來接應。支酉等率領部眾繼續向長安進軍，魏國的安南將軍盧淵、平南將軍薛胤等人率領軍隊進行抗擊，把支酉等人的起義軍打得大敗，好幾萬起義軍向魏軍投降。安南將軍盧淵只誅殺了其中的首惡分子，其他的人全部不予追究，抓獲了起義軍首領支酉、王廣，把他們一併殺死。

冬季，十月初一日戊寅，魏孝文帝前往金墉城，把司空穆亮從關西前線調回來，讓穆亮與擔任尚書的李沖、擔任將作大匠的董爾負責修建洛陽都城。初二日己卯，魏孝文帝前往河南城。初八日乙酉，前往豫州。十六日癸巳，住宿在石濟津。十八日乙未，魏國解除了對齊國的緊急軍事狀態，孝文帝在滑臺城東設壇祭祀，把準備遷都洛陽的事情告訴給軍中帶著的先王的神主。大赦天下，在滑臺興建宮室。任城王拓跋澄奉命回到平城，留守平城的眾人這才知道孝文帝準備遷都洛陽的事情，人們無不感到非常震驚。拓跋澄於是援引古往今來的例子，慢慢地給他們解釋，說明遷都重大而深遠的意義所在，眾人受到啟發後這才變得心服口服。拓跋澄返回滑臺城向孝文帝報告自己執行說服工作的情況，孝文帝非常高興地說：「如果不是任城王替我去做說服工作，我的大事不會成功。」

十月二十五日壬寅，齊國的小皇帝蕭昭業尊皇太孫太妃王氏為皇太后，立皇太孫妃何氏為皇后。

十月二十六日癸卯，魏孝文帝前往鄴城。王肅在鄴城拜見了魏孝文帝，他向孝文帝進獻了討伐齊國的計策。孝文帝與王肅談話的時候，兩人都不斷地把自己的坐席拉近，不知不覺中時間已經過去了很久。從此孝文帝對王肅越來越器重、優待，不論是親臣、舊臣還是貴臣，沒有人能夠離間他們之間的關係。有時候孝文帝支開左右的人員單獨與王肅談話，一直談到半夜也談不完，孝文帝與王肅之間都有一種相見恨晚的感覺。不久，孝文帝就任命王肅為輔國將軍、大將軍長史。當時孝文帝正準備在魏國推行儒家的禮儀制度，改變魏國人的風俗習慣為中原人的風俗習慣，凡是朝廷與官場上的種種儀式規矩，與各種場合陳列擺設的器物，大多都是王肅制定的。

十月二十八日乙巳，魏孝文帝派遣安定王拓跋休率領隨從的官員返回平城，把那裡的家族全都接到洛陽來。

辛亥日，齊國小皇帝蕭昭業封自己的弟弟蕭昭文為新安王，封蕭昭秀為臨海王，封蕭昭粲為永嘉王。

魏孝文帝在鄴城西郊修建宮室，十一月十六日癸亥，孝文帝遷到鄴城西郊的新宮室居住。

齊國擔任御史中丞的江淹上書彈劾前任益州刺史劉悛、現任梁州刺史陰智伯貪汙受賄萬萬錢，他們都被處以刑罰。當初，劉悛被罷免廣州刺史、司州刺史的時候，他把自己從廣州、司州刺史任上貪汙來的錢財全都獻給了世祖蕭賾，家中一點都沒有留下。劉悛在擔任益州刺史的時候，又製作了金浴盆獻給齊武帝，所貢獻的其他物品的豪侈程度也大體與此相類似。等到鬱林王蕭昭業即位當了皇帝以後，劉悛所貢獻的東西就減少了。小皇帝蕭昭業因此大怒，下令把劉悛抓起來交給廷尉審理法辦，蕭昭業本來想殺死劉悛，因為西昌侯蕭鸞出面營救，劉悛才得以活命，但還是被處以終身不得進入官場為官的懲罰。劉悛，是劉勔的兒子。

【研　析】本卷寫齊武帝蕭賾永明十一年（西元四九三年）一年間的南齊與北魏等國的大事，主要寫了南齊武帝蕭賾死，其孫蕭昭業繼立為帝，與魏國孝文帝拓跋宏為遷都洛陽所做的種種努力這兩方面的事情：

關於前者，涉及的問題較多，其一是史文寫了齊武帝的太子蕭長懋的早死與蕭長懋生前的種種奢華與僭越表現，簡直與其父蕭賾當年為太子時的情況完全相同，真可謂有其父必有其子。再有就是蕭長懋的為人不正，由於他與其弟蕭子響不和睦，故而在蕭子響與朝廷發生矛盾時，蕭長懋就暗中支使蕭順之擅自逼死蕭子響。不過這些已是舊話，蕭長懋已死不必再說。其二是關於南齊的狂妄分子中書郎王融，此人仗著自己是歷代名臣之後，只嫌自己官小，只恨自己現已二十七歲還沒有升官到宰相。他不滿齊武帝臨終的安排，不願讓蕭長懋的兒子，也就是被立為皇太孫的蕭昭業繼立為帝，於是他假傳遺詔，改立蕭賾的二兒子蕭子良為皇帝，結果由於蕭子良對此沒有興趣，未與之相互配合而遭到失敗，招致了王融被殺，蕭子良也由此受到了小皇帝的懷疑與忌恨；其三是齊武帝的臨終遺命是讓二弟蕭子良與皇室的族人蕭鸞二人合作共同輔佐蕭昭業，但蕭子良不樂俗務，把一切大事都推歸蕭鸞去管，而蕭鸞本來就想趁機篡位，於是他順水推船，趁機收買人心，安置親信，很快地一切水到渠成；其四是寫史者大肆鋪陳小皇帝蕭昭業的種種罪惡，說他早在為皇孫時就是一肚子壞水，說他「矯情飾詐，陰懷鄙慝」；說他「所愛左右，皆逆加官爵，疏於黃紙，使囊盛帶之，許南面之日，依此施行」；說他「常令女巫楊氏禱祀，速求天位」；說他在世祖病危時「與何妃書，紙中央作一大喜字，而作三十六小喜字繞之」；說他「大斂始畢，悉呼世祖諸伎，備奏眾樂」；又說他「轀輬車未出端門，亟稱疾還內。裁入閤，即於內奏胡伎，鞞鐸之聲，響震內外」云云。接著在下卷裡還說蕭鸞對他忠心耿耿，力挽危局，而蕭昭業沒有良心，反而對蕭鸞一再排斥陷害等。這一來蕭昭業的垮臺被殺與蕭鸞的篡得帝位就自然地成了順理成章、理所當然了。讀書讀到這裡，我想我們這些後世的讀者應該稍稍掩卷想一想，這些可信嗎？孟子早就說過：「紂之惡，不若是之甚也」，是周武王的史官把殷紂王的罪惡寫成這種樣子的。想當初，周勃、陳平發動政變殺了呂氏諸人後，擁立劉邦的兒子劉恆為皇帝，但當時漢惠帝的兒子還在皇帝位上，於是劉恆就與周勃、陳平等一起編造謠言說惠帝根本不能生兒子，惠帝的兒子都是呂氏的野種，於是把他們兄弟幾個都殺了。到了蕭道成要殺掉宋明帝劉彧的兒子劉昱與其弟劉準時，又撿起了漢文帝用過的破旗，他一方面說劉彧的這幾個兒子都不是劉彧的種；另一方面就是大張旗鼓地寫劉昱的作惡多端，這些我們在評述本書〈宋紀〉十六的時候已經說過了。劉昱被殺的時候年十五，劉準被殺的時候年十三。到現在蕭鸞要殺蕭昭業了，蕭子顯又撿起沈約寫《宋書》的辦法，盡量向蕭昭業、蕭昭文的頭上潑髒水。蕭昭業被殺的時候年二十一，蕭昭文被殺的時候年十五。

王夫之《讀通鑑論》書此數君之事曰：「史於宋主子業及昱，皆備紀其惡，窮極穢渫，不可以人理求者，而言之已確，豈盡然哉？亂臣賊子弒君而篡其國，詎可曰君有小過而我固不容，則極乎醜詆而猶若不足，固其所矣。此三數君者亦嘗逆師保之訓，殺忠謀之臣否邪？此可以知在廷之心矣。人道絕，廉恥喪，公然訐數其君之惡，而加以已甚之辭，曰：此其宜乎弒而宜乎篡者也。惡足信哉！」《宋書》的作者是沈約，《南齊書》的作者是蕭子顯，當他們操筆寫作時，殺劉昱、劉準的蕭道成與殺蕭昭業、蕭昭文的蕭鸞都正坐在皇帝位上，他們寫成這種樣子是不得已，這可以理解，怎麼能夠要求每個歷史家都像司馬遷呢？但令人不解的是司馬光，他這位生在五百年以後的歷史家在敘述這些歷史過程時，居然還對當時人不得已而不得不這樣寫的東西照抄過來，以愚後世讀者，這難道是應該的嗎？接著宋朝人又編有《通鑑紀事本末》、清朝人又編有《二十二史劄記》，還有人寫讀書筆記或專門輯錄古史佚事，還都是客觀抄錄而不加任何按斷，以及有人專門編寫歷代昏君的故事，將這些誨淫、誨盜的東西傳播於民間大眾，這些難道是一個負責任的學者所應該做的事情嗎？

關於後者，主要是孝文帝遷都洛陽的問題。魏國為什麼要遷都呢？孝文帝自己說是因為「平城地寒，六月雨雪，風沙常起」。現代歷史家錢穆《國史大綱》給他歸納了三條：其一是「元魏政治久已漢化，塞北荒寒，不配做新政治的中心」；其二是「北方統一以後，若圖吞併江南，則必先將首都南移」；其三是「當時北魏政府雖則逐步漢化，而一般則以建國已逾百年，而不免暮氣漸重，魏孝文帝實在想用遷都的政策來與他的種人以一種新刺激」。但遷都是大事，世代居住在北方的鮮卑人出於習慣贊成遷都的人不會多，因此孝文帝不想先為此而引發激烈的辯論，甚至鬧出內部分裂。於是他先宣布出兵南伐，他要御駕親征，群臣反對，一概不聽。當他渡過黃河到達洛陽後，王公群臣與大小三軍再也不想向南走了。孝文帝這時才提出來，既然你們這麼反對南伐，那我們就降一步，把國都遷到這裡。王公群臣由於更加反對南伐，所以只好降而求其次，同意了遷都。但還有許多具體問題，孝文帝一一地進行了安排處理，如派得力的大臣穆亮、李沖、董爾負責建造洛陽城，派拓跋澄回平城向軍民百姓宣傳曉諭遷都的意義，以及讓于烈還鎮平城，並充當留臺的總管等等。可以說這萬事開頭難的一步算是比較順利地走過來了，接著就是著手進一步實行漢化的問題，這要到下一卷再詳細說。接著我們應該再討論一下，孝文帝這場遷都究竟該還是不該。明代袁俊德說：「不念平城根本之地，襲用周、漢故迹，其後土宇分裂，雖由政事不綱，亦輕率遷都，自失形勢所致。昔婁敬說漢高，以漢取天下與周室異，不可效成周之事。孝文可謂殷鑒不遠。」他的意思是把魏國遷都四十年後的分裂以及又二十年後的滅亡都算在了遷都的帳上，這是沒有多少道理的。一個國家應該建都在何處，是根據當時的時間、地點以及國家的實力與周邊的地緣關係來確定的，而不是空洞的談什麼道德。婁敬建議劉邦建都關中是可以的，但洛陽怎麼就不是好地方？劉邦建都於關中，西漢不到二百年；洛陽是四戰之地，東漢反而超過了二百年，是不是說明劉秀就比劉邦的道德又高許多？文王、武王都說是道德高，西周在關中的鎬京只維持了二百多年；周平王認賊作父，引狼入室，應該是最沒有道德的東西，可東周卻在洛陽這個四戰之地維持了五百多年。婁敬之流所說的那套玩藝兒究竟有什麼可取之處，居然在兩千多年的封建歷史中一直被某些儒家分子當做旗幟揮舞?范文瀾《中國通史》說:「大河南北諸州郡是魏國的真實基礎,居住在這個地面上的是漢士族和漢民眾,鮮卑統治者依靠偏遠的畿內和不多的鮮卑人想控制全國,事實上有極大的困難。孝文帝深慕漢文化,所以要變鮮卑俗為華風。但更重要的原因還在於適應政治上的需要。他想用同化的辦法保持拓跋氏的統治地位,因之排除阻礙,決計遷都。」「魏國經過這次大改革,政治制度與南朝完全相同,漢士族滿意了,魏國的統治權也確實穩定下來了。」旨哉斯言。

古籍今注新譯叢書

【哲學類】

新譯四書讀本　謝冰瑩等編譯
新譯學庸讀本　王澤應注譯
新譯論語新編解義　胡楚生編著
新譯孝經讀本　賴炎元等注譯
新譯易經讀本　郭建勳注譯
新譯乾坤經傳通釋　黃慶萱著
新譯易經繫辭傳解義　吳　怡著
新譯禮記讀本　姜義華注譯
新譯儀禮讀本　顧寶田等注譯
新譯孔子家語　羊春秋注譯
新譯老子讀本　余培林注譯
新譯老子解義　吳　怡著
新譯莊子讀本　黃錦鋐注譯
新譯莊子讀本　張松輝注譯
新譯莊子本義　水渭松注譯
新譯莊子內篇解義　吳　怡著
新譯列子讀本　莊萬壽注譯
新譯管子讀本　湯孝純注譯
新譯墨子讀本　李生龍注譯
新譯公孫龍子　丁成泉注譯
新譯晏子春秋　陶梅生注譯
新譯鄧析子　徐忠良注譯
新譯荀子讀本　王忠林注譯
新譯尹文子　徐忠良注譯
新譯尸子讀本　水渭松注譯
新譯鬼谷子　王德華等注譯
新譯韓非子　傅武光等注譯
新譯呂氏春秋　朱永嘉等注譯
新譯韓詩外傳　孫立堯注譯
新譯淮南子　熊禮匯注譯
新譯春秋繁露　朱永嘉等注譯
新譯新書讀本　饒東原注譯
新譯新語讀本　王　毅注譯
新譯潛夫論　彭丙成注譯
新譯論衡讀本　蔡鎮楚注譯
新譯申鑒讀本　林家驪等注譯
新譯人物志　吳家駒注譯
新譯張載文選　張金泉注譯
新譯近思錄　張京華注譯
新譯傳習錄　李生龍注譯
新譯呻吟語摘　鄧子勉注譯
新譯明夷待訪錄　李廣柏注譯

【文學類】

新譯詩經讀本　滕志賢注譯
新譯楚辭讀本　傅錫壬注譯
新譯文心雕龍　羅立乾注譯
新譯世說新語　劉正浩等注譯
新譯昭明文選　周啟成等注譯
新譯古文觀止　謝冰瑩等注譯
新譯古文辭類纂　黃　鈞等注譯
新譯樂府詩選　溫洪隆注譯
新譯古詩源　馮保善注譯
新譯千家詩　邱燮友等注譯
新譯詩品讀本　成　林等注譯
新譯花間集　朱恒夫注譯
新譯南唐詞　劉慶雲注譯
新譯唐詩三百首　邱燮友注譯
新譯宋詞三百首　汪　中注譯
新譯宋詞三百首　劉慶雲注譯
新譯元曲三百首　賴橋本等注譯
新譯明詩三百首　趙伯陶注譯
新譯清詩三百首　王英志注譯
新譯清詞三百首　陳水雲等注譯
新譯唐人絕句選　卞孝萱等注譯
新譯唐才子傳　戴揚本注譯
新譯拾遺記　石　磊注譯
新譯搜神記　黃　鈞注譯
新譯唐傳奇選　束　忱等注譯
新譯宋傳奇小說選　束　忱注譯
新譯明傳奇小說選　陳美林等注譯
新譯容齋隨筆選　朱永嘉等注譯
新譯明散文選　周明初注譯
新譯人間詞話　馬自毅注譯
新譯白香詞譜　劉慶雲注譯
新譯幽夢影　馮保善注譯

新譯菜根譚	吳家駒注譯
新譯小窗幽記	馬美信注譯
新譯圍爐夜話	馬美信注譯
新譯郁離子	吳家駒注譯
新譯歷代寓言選	黃瑞雲注譯
新譯賈長沙集	林家驪注譯
新譯揚子雲集	葉幼明注譯
新譯諸葛亮集	朱永嘉等注譯
新譯曹子建集	曹海東注譯
新譯建安七子詩文集	韓格平注譯
新譯阮籍詩文集	林家驪注譯
新譯嵇中散集	崔富章注譯
新譯陸機詩文集	王德華注譯
新譯陶淵明集	溫洪隆注譯
新譯江淹集	羅立乾等注譯
新譯庾信詩文選	歸　青注譯
新譯初唐四傑詩集	李福標注譯
新譯駱賓王文集	黃清泉注譯
新譯王維詩文集	陳鐵民注譯
新譯孟浩然詩集	楊　軍注譯
新譯李白詩全集	郁賢皓注譯
新譯李白文集	郁賢皓注譯
新譯杜甫詩選	張忠綱等注譯
新譯杜詩菁華	林繼中注譯
新譯高適岑參詩選	孫欽善等注譯
新譯昌黎先生文集	周啟成等注譯
新譯劉禹錫詩文選	閻　琦注譯
新譯柳宗元文選	卞孝萱等注譯
新譯白居易詩文選	陶　敏等注譯
新譯元稹詩文選	郭自虎注譯
新譯李賀詩集	彭國忠注譯
新譯杜牧詩文集	張松輝注譯
新譯李商隱詩選	朱恒夫等注譯
新譯范文正公選集	王興華等注譯
新譯蘇洵文選	羅立剛注譯
新譯蘇軾文選	滕志賢注譯
新譯蘇軾詞選	鄧子勉注譯
新譯蘇轍文選	朱　剛注譯
新譯曾鞏文選	高克勤注譯
新譯王安石文選	沈松勤注譯
新譯柳永詞集	侯孝瓊注譯
新譯李清照集	姜漢椿等注譯
新譯陸游詩文選	韓立平注譯
新譯辛棄疾詞選	聶安福注譯
新譯歸有光文選	鄔國平注譯
新譯徐渭詩文選	周　群等注譯
新譯薑齋文集	平慧善注譯
新譯顧亭林文集	劉九洲注譯
新譯方苞文選	鄔國平等注譯
新譯袁枚詩文選	王英志注譯
新譯聊齋誌異全集	袁世碩等注譯
新譯聊齋誌異選	任篤行等注譯
新譯閱微草堂筆記	嚴文儒注譯
新譯浮生六記	馬美信注譯
新譯弘一大師詩詞全編	徐正綸編著

【歷史類】

新譯史記	韓兆琦注譯
新譯漢書	吳榮曾等注譯
新譯後漢書	魏連科等注譯
新譯三國志	吳樹平等注譯
新譯資治通鑑	韓兆琦等注譯
新譯史記—名篇精選	韓兆琦注譯
新譯尚書讀本	吳　璵注譯
新譯尚書讀本	郭建勳注譯
新譯周禮讀本	賀友齡注譯
新譯逸周書	牛鴻恩注譯
新譯左傳讀本	郁賢皓等注譯
新譯公羊傳	雪　克注譯
新譯穀梁傳	顧寶田注譯
新譯春秋穀梁傳	周　何注譯
新譯戰國策	溫洪隆注譯
新譯國語讀本	易中天注譯
新譯說苑讀本	左松超注譯
新譯說苑讀本	羅少卿注譯
新譯新序讀本	葉幼明注譯
新譯吳越春秋	黃仁生注譯
新譯西京雜記	曹海東注譯
新譯列女傳	黃清泉注譯
新譯越絕書	劉建國注譯
新譯燕丹子	曹海東注譯